何谓语文学

现代人文科学的方法和实践

沈卫荣
姚 霜

／

编

What is Philology? The Methodology and
Practice of Modern Humanities

上海古籍出版社

国家社会科学基金重大项目西域历史语言研究

（批准号：10&ZD086）阶段性成果之一

目　　录

Contents

导　论

沈卫荣　姚　霜

一、从《教授与疯子》谈起

2019 年新上映的好莱坞影片《教授与疯子》(*The Professor and the Madman*)中有这样一幕令天下语文学家动容的场景：梅尔·吉普森(Mel Gibson)饰演的詹姆斯·穆雷(James Augustus Henry Murray，1837—1915)被带进牛津大学基督教教堂学院一间神圣庄严的学堂里，面对着牛津大学出版社的代表们——一群维多利亚时期最桀骜不驯的精英知识分子，穆雷神色凝重，开始了以下这样一段陈述：

> "我不得不说语文学，不管是比较的还是专门的，都是我毕生挚爱的追求。我对雅利安和叙利亚—阿拉伯语系的语言和文学有一般的了解，并不是说我对它们全部或者说它们中的全部都很熟悉。但我拥有一般的词汇的和结构性的知识，故只需要有机会应用就能够获得更精通的知识。同时，我熟习罗曼语种，包括意大利语、法语、加特罗语、西班牙语、拉丁语，还懂得一定程度的葡萄牙语、瓦尔多和诸多地区方言。在条顿语支系中，我完全掌握荷兰语、弗莱明语、德语和丹麦语。而我自己专注于盎格鲁—撒克逊和莫西亚天主教研究，出版过不少文章和专著。我懂一点点凯尔特语，目前正在学习斯拉夫语系，俄语水平已经够用了。我也看得懂一些波斯语、梵语支系的，主要是为了做比较语文学研究。当然，为了研读《旧约》和伯西托本《圣经》，我掌握了希伯来文和叙利亚文……"[1]

---

[1] 《教授和疯子》这部电影改编自西蒙·温彻斯特(Simon Winchester)于 1998 年发表的一部畅销历史小说《克劳索恩的外科医生：一段有关谋杀者、疯狂和对语词之爱的传奇》(*The Surgeon of Crowthorne: A Tale of Murder, Madness and the Love of Words*)，此书同年在美国和加拿大（转下页）

　　显然，穆雷试图以他出色的语文能力让考官们相信，在他们面前站着的这位没有任何文凭的苏格兰穷书生就是《牛津英语词典》(*Oxford English Dictionary*，简称 OED) 主编的不二人选。学术委员会的大专家们对他的这番陈述见仁见智，对他的学术能力将信将疑，但最终做出决定，同意把主编《牛津英语词典》的重任托付给穆雷这位懂得几十种语言的语文学家。据电影所依据的传记小说《克劳索恩的外科医生》中交代，当时在场决定穆雷是否合格担任《牛津英语词典》主编职位的评审团成员中有伟大的东方学家、比较宗教学家弗里德里希·马克斯·穆勒 (Friedrich Max Müller，1823—1900)[1]，英国史学巨匠、主教威廉·斯塔布斯 (William Stubbs，1825—1901) 等伦敦语文学学会的成员们。[2] 作为一位非学院派的学者，穆雷能得到他们的认可实在是一件非常不容易的事情。

　　接着，电影以一幕幕震慑人心的戏剧性场景告诉观众，为完成这一项大英帝国的伟大文化工程，穆雷这位略显木讷和冬烘的语文学"教授"带领着他的几位助理，经年累月，青灯古卷，"焚膏油以继晷，恒兀兀以穷年"，付出

（接上页）出版时改名为《教授与疯子：一段关于谋杀者、疯狂与〈牛津英语词典〉成书的传奇》(*The Professor and the Madman: A Tale of Murder, Insanity, and the Making of the Oxford English Dictionary*, Harper Collins, 1998)。这段话的原文为："I have to state that Philology, both Comparative and special, has been my favorite pursuit during the whole of my life, and that I possess a general acquaintance with the languages and literature of the Aryan and Syro-Arabic classes—not indeed to say that I am familiar with all or nearly all of these, but that I possess that general lexical and structural knowledge which makes the intimate knowledge only a matter of a little application. With several I have a more intimate acquaintance as the Romance tongues, Italian, French, Catalan, Spanish, Latin & in a less degree Portuguese, Vaudois, Provençal and various dialects. In the Teutonic branch, I am tolerably familiar with Dutch (having at my place of business correspondence to read in Dutch, German, French & occasionally other languages), Flemish, German Danish. In Anglo-Saxon and Meoso-Gothic my studies have been much closer, I have prepared some works for publication upon these languages. I know a little of the Celtic, and am at present engaged with the Sclavonic, having obtained a useful knowledge of Russian. In the Persian, Achaemenian Cueiform, & Sanscrit branches, I know for the purposes of Comparative Philology. I have sufficient knowledge of Hebrew and Syriac to read at sight the Old Testament and Peshito; to a less degree I know Aramaic Arabic, Coptic and Phoenician to the point where it was left by Genesius." 电影台词改编自穆雷提交给大英博物馆职位申请的自荐信中。穆雷虽然被大英博物馆拒绝，却被伦敦语文学协会 (London Philological Society) 接纳，从而得到了《牛津英语词典》主编的职位，详见温彻斯特：《教授与疯子》，第 63 页。值得一提的是，"对语言之爱"正是《牛津英语词典》对"语文学"一词所做的定义。

①　关于马克斯·穆勒的学术与近代语文学的发展的最新研究参见约翰·R. 戴维斯 (John R. Davis) 编：《弗里德里希·马克斯·穆勒与维多利亚思想中的语文学角色》(*Friedrich Max Müller and the Role of Philology in Victorian Thought*)，伦敦：劳特里奇出版社，2019 年。

②　伦敦语文学协会早期历史参见由谢菲尔德大学历史学家费昂娜·马歇尔 (Fiona Marshall) 撰写的《语文学协会的早年历史》("History of The Philological Society: the Early Years") 一文（可由伦敦语文协会官方网站获取：http://www.philsoc.org.uk/history.asp)。

了常人难以想象和承受的艰辛。而为这部词典的编成作出了巨大贡献的还有一位天才的疯子威廉·彻斯特·麦诺尔（William Chester Minor, 1834—1920）——电影中由好莱坞最富激情的魅力型演员肖恩·潘（Sean Penn）扮演——他是一位美国军队的退休外科医生，因精神错乱而犯下了谋杀罪，被囚于精神病院长达近四十年之久（1872—1910）；而这名疯子原来竟也是一位酷爱读书的书虫，拥有十分丰富的私人古书收藏，平生以读书为乐，且过目不忘。某日，他偶然看到了穆雷发出的一则为编纂《牛津英语词典》招募志愿者的字条，顿时他似困兽般被长期囚禁着的身体重新充满了活力，被压抑着的那股激情终于找到了一个出口，喷薄而出。随后的十余年间，他于半疯半醒之间，为《牛津英语词典》贡献了数不清的语词引文资料，以它们为基础形成了这部词典中的大量辞条。

　　《教授和疯子》这部电影记录的《牛津英语词典》的编纂是英国"民族语文学"（national philology）学术史上的一件大事，也是近代欧洲文化史上的一个重大事件。相信看过这部电影的观众们都无法不为教授和疯子这二位"语文学者"的执着和疯狂而动容，同时也对"语文学"（philology）这门学问留下了难忘的印象。对今天的观众/读者们来说，语文学是一个相当陌生的名词，它听起来有点"高大上"，穆雷之所以能够担当起《牛津英语词典》主编的职责，并最终成就为一位杰出的词典编纂学家（lexicographer），主要就是因为他是一位懂得几十种语言的语文学家（philologist）。人们不禁会对语文学十分好奇，想弄明白它到底是一门什么样的学问？为何有如此巨大的魅力，能使教授和疯子都为它如此着迷、如此激情，乃至如此疯狂，直可以性命相许？谁掌握了语文学这把钥匙，谁就真的可以打开尘封千年的世界古代文明的神秘大门吗？

　　其实，语文学并不仅仅是一门语言的学问。穆雷自称"毕生挚爱和追求语文学"，为此他自学了二十多种语言，令人肃然起敬。[①] 长期以来，人们总是对能懂得很多种语言的学者充满了好奇和敬意，对一位优秀学者的神话化叙述往往从历数他/她到底精通多少门语言开始，中外皆然。譬如，我们

---

① 关于《牛津英语词典》的编纂和穆雷的学术贡献参见门马晴子（Haruko Momma）:《从语文学到英语研究：十九世纪的语言与文化》（*From Philology to English Studies: Language and Culture in the Nineteenth Century*），剑桥：剑桥大学出版社，2013 年，特别是其中的第四章《伦敦语文学协会：作为民族语文学的编纂学》（"The Philological Society of London: Lexicography as National Philology", pp.95 – 136）。

常常会听到别人数说陈寅恪、季羡林二位先生懂得多少种语言的故事,也听到过有人津津乐道西藏僧人根敦群培喝醉了酒还能说十二种语言的传奇。这或给人以错觉,以为语文学家无非就是一些懂得很多种语言的天才,或者说一位好的学者首先必须懂得很多种语文,谁懂得的语文越多,他/她的语文学造诣就越深,作为学者的他/她就越卓越、越伟大。可是,穆雷之所以能被选为《牛津英语词典》的主编,后来还曾当选伦敦语文学学会的主席,自然不只是因为他精通几十种语言。

伦敦语文学协会是一个建立于 19 世纪上半叶的欧洲学术精英团体。早期成员包括剑桥大学古典学家托马斯·赫威特·柯伊(Thomas Hewitt Key, 1799—1875)、乔治·朗(George Long, 1800—1879)、比较语言学创始人之一拉斯姆斯·拉斯克(Rasmus Kristian Rask, 1787—1832)、欧洲东方学奠基人之一弗兰兹·葆朴(Franz Bopp, 1791—1867)、弗莱德里希·罗森(Friedrich August Rosen, 1805—1837)等许多名重一时的大学者,他们都是誉满天下的语文学家,聚集在一起形成了伦敦语文学协会这一尊贵而专业的精英学术组织。而穆雷能够出任这个协会的会长,说明他除了通几十种语文之外,还有其他卓越的学术训练和学术成就。例如,他对苏格兰南部方言的专业研究,并为《大英百科全书》(Encyclopædia Britannica)第九版撰写了英语的发展史等。

伦敦语文学协会成立时的学术使命是资助语言,特别是历史语言的学习和研究,但它很快就突破了语言学习的界限,开始结合当时的新、旧语文学,打造出了能够代表大英帝国最先进、最前沿的人文学术。这里所谓的"旧语文学",亦称"大陆语文学"(continental philology),指的是以希腊语、拉丁语著作为主要研究对象的古典学研究,是沿袭自人文主义时代的语文学主流;而与它相对应的"新语文学"则专指对各种语言的结构、关联和历史的探索。[1] 显然,穆雷是新语文学家的代表,以对多种语言的历史和比较研究作为其学术事业的重点。新、旧语文学的区分亦是传统语文学与比较语言学(历史语言学)在 19 世纪的分水岭,新语文学则是伦敦语文学协会正式成立后所从事的最主要的工作,所以在当时英国的学术语境中,语文学基本等同于包含"审音勘同"在内的历史〔比较〕语言学,而不是以解读多语种文献资料为基础,尽可能多地发现和利用一切相关的文献资料,从而进行细致

---

[1] 前揭 F.马歇尔:《语文学协会的早年历史》,第 1—3 页。

扎实的实证型的文本和历史研究的广义语文学。

不管是传统语文学,还是新语文学,它们都不等同于语言学,后者是从语文学中演变出来的一门专门研究人类语言的学问,研究语言的性质、功能、结构、运用和历史发展,以及其他与语言有关的问题。而传统语文学不仅仅研究语言,更重视研究记录语言的文本,它以正确读懂文本,从而理解这些文本所记录和传承的整个人类文化、文明为目标。此外,不管是语言学,还是语文学,它们也都不是只要懂得许多种语言就可以成就的一门学问。要成为一名优秀的语言学家或者语文学家,除了要学习和掌握多种语言以外,还需要接受现代科学和人文诸多领域的精深的学术和科学训练,懂得多种语言或只是语言学、语文学的必要条件和外在标志之一。学习语言和从事语言学研究只是语文学的开始,而不是它的结束和目的。

因此,与其说穆雷所主持编纂的《牛津英语词典》是一部语言学作品,倒不如说它是一部语文学的著作。从电影中看,它的基本编纂方法非常语文学,它从追寻每个语词的词源开始,进而搜集这个语词于自古及今各种代表性文本中出现的难以计数的引文(quotations),将它们按照年代顺序进行排列、比较和分析,进而来确定这个语词在不同时间和语境中的不同涵义及其用法,从而对这个语词的意义作出全面的、多元的和正确的解释。不管是追寻这个语词的词源,还是探索它在不同时代、语境中的不同意义,编纂者都还特别重视它与英语之外的其他古代欧洲语言,甚至梵语,或者属于所谓印欧语系的各分支语言的关系。尽管最终编成的词典对每个语词的解释只能列出最简要的几个条目,但如果把他们为每个词条的编写所收集到的语言资料,放在不同时代的文本语境中进行分析、研究的话,那么每个词条的编辑记录都可以发展成为一篇语文学的好文章。①

穆雷编纂《牛津英语词典》所用的这种方法无疑包括了语文学实践最基本的内容。哈佛大学语文学教授扬·茨奥科夫斯基(Jan Ziolkowski)先生曾经这样说过:“语文学绝不仅仅是宏伟的词源学或辞典编纂式的工作。它也涉及我们尽可能地为言词重构它们的本来生命和其微言大义。正确地阅读

---

① 对一个词语进行专门的语文学研究,以历史地揭示这个词语的政治、社会和文化意义,曾是语文学家们的一个常规的做法。在汉学研究领域的范例,参见杨联陞:《报——中国社会关系的一个基础》,《中国文化中“报”“保”“包”之意义(钱宾四先生学术文化讲座)》,北京:中华书局,2016 年版;卓鸿泽:《浅说“啸”的语文学》,载于《西域历史语言研究集刊》第七辑,北京:科学出版社,2014 年,第 117—128 页。

过去了的文明的文字记录,需要广泛意义上的文化史知识:如民俗、神话、律法和习俗等(知识)。语文学亦包含文本表达其信息的形态(forms),所以,它也包括文体学(stylistics)、韵律学(metrics),以及其他类似的研究。"[1]

在 18、19 世纪时的英国,以研究历史中的语言(language in history)和多种古代语言的比较研究为主要内容的历史语言学(historical linguistics)常被当作是语文学的代名词。[2] 所以,懂得几十种语言的穆雷可以自信和自负地标榜自己是一位语文学家,并有足够的底气来竞争《牛津英语词典》的主编职位。然而,即使在他那个时代的英国大学学术建制中,对英语等现代地方性语言(白话、方言)及其文学(文献)的研究尚没有得到充分的发展和足够的重视,学院内的权威学术位置通常都被研究古代印欧语的比较语文学(comparative philology)和欧洲古典语文学所把持。而在整个世界文明史和学术史上,语文学有着远远超越多种语言和包括历史语言学在内的专业语言研究的更广阔和重要的内容和意义。即使在 18、19 世纪的英国,除了历史语言学以外,新语文学至少也还要包括文本对勘(textual criticism)和语言风格分析(stylistic analysis of language)等其他多种学术实践。[3]

二、Philology Matters!

如前所述,虽然主编《牛津英语词典》的穆雷通几十种语言,是一位优秀的语文学家,但语文学本身既不是语言学,也不只是词典编纂学。语文学包括对语言的学习和研究,但它与近代才逐渐形成的专业的、科学的语言学(linguistics)并不是一回事:语言学从语文学发展出来,它或可被视为语文学的一个分支,但不能被认为是语文学的代名词。从事语文学研究必须经历学习语言以外的其他各种学术训练,并掌握一整套从事语言和文本研究的科学方法。那么,语文学到底是什么? 于世界文化史和学术史上,它曾经扮演过怎样的角色? 它于今天又有何用处? 我们应该如何理解语文学与当

---

① 原文见扬·茨奥科夫斯基:《何谓语文学? ——导论》("What is Philology?" Introduction),载于《比较文学研究》1990 年第 27 辑第 1 期,第 7 页(见本书收录译文,第 52 页)。
② 于此让我们想起好莱坞去年上映的另一部以英国著名学者、作家托尔金(John Ronald Reuel Tolkien, 1892—1973)的生平为主线的传记电影《托尔金》(Tolkien)。影片中具有特殊天赋、能够构建各种欧洲古代语言的托尔金同样也被称为语文学家。
③ 见扬·茨奥科夫斯基编:《论语文学》(On Philology),大学城 & 伦敦:宾夕法尼亚州州立大学出版社,1990 年,第 7 页。

代人文学术研究之间的关系？要回答好以上这些问题,需要我们对语文学的历史和现状有全面和深刻的了解。

1983 年,耶鲁大学的比较文学家保罗·德曼(Paul de Man, 1919—1983)教授发表了一篇题为《回归语文学》的文章,其本来的目的只是为了用语文学这块老牌子来抵挡美国学术同行对源自法国的结构学派所倡导的新潮文艺理论的批评,不料一石激起千层浪,竟然引起了西方人文学界许多不同学科的学者们的激烈反应,从此不断有人站出来回应他的呼吁,一时间涌现出了各种各样的语文学,如"新语文学"(New Philology)、"圣经语文学"(Biblical Philology)、"女性主义语文学"(Feminist Philology)、"激进语文学"(Radical Philology)等等,讨论"语文学与权力"成为一种学术时尚。1988 年,哈佛大学文学与文化研究中心(Center for Literary and Cultural Studies)也在德曼这篇文章的启发和影响下,专门召集了一次题为"何谓语文学?"的学术讨论会,邀请哈佛人文学科不同领域的专家们一起来讨论语文学的过去和现在,尝试要给它做一个适当的定义。①

可是,要给语文学下一个明确的定义,并让大家都接受它,这几乎是一件不可能做到的事情。在西方学术著作中,我们见到的对语文学的定义五花八门,让人眼花缭乱。近年来讨论语文学的论著层出不穷,但作者们对语文学的定义依然似盲人摸象,各执一是。譬如,我们常见有人将语文学定义为"对言语的爱"(love of the word)、"对学问和文献的热爱"(the love of learning and literature)、"对文本的厘定"(the establishment of texts)、"对文字记载的研究"(the study of written records)、"对文本的研究"(the study of texts)、"对文化的研究"(the study of culture)、"文学批评的基础"(the basis of literary criticism)、"对语言的结构和发展的研究"(the study of the structure and development of language)、"对语词的历史性研究"(the study of words historically)、"语言中的人类精神"(the human spirit in language)等等。②

此外,历史上也有一些世界著名的大学者们曾对语文学下过各种别出心裁的定义,例如尼采曾经把语文学定义为"一种慢慢阅读(文本)的艺术"

---

① 会议的论文集则是前述扬·茨奥科夫斯基于 1990 年出版的编著作品《论语文学》。

② 唐纳德·麦多克斯(Donald Maddox),"Philology: Philo-logos, Philo-Logica or Philologicon",《趋于共识？新语文学论文集》(*Towards A Synthesis? Essays on the New Philology*),凯思·卜思碧(Keith Busby)编,阿姆斯特丹、亚特兰大：洛多皮 B.V.版本出版社(Editions Rodopi B.V.),1993 年,第 60—61 页。

（*ein Lehrer des langsamen Lesens*，the art of reading slowly），说它是一种处理言辞（文本）的金匠般的艺术和鉴赏力。① 瓦尔特·本杰明（Walter Benjamin，1892—1940）则"不把语文学定义为语言的历史或者科学，而是把它〔定义为〕专用名词的历史（*Geschichte der Terminologie*）"。② 奥尔巴赫（Erich Auebach，1892—1957）则把语文学相对广义地理解为"对一个民族文化的历史研究"（The historical studies of the culture of a nation）。③ 晚近，美国哥伦比亚大学的印度学家谢尔顿·波洛克（Sheldon Pollock）先生给语文学下的一个最新定义是一门"让文本产生意义的学科"（the discipline of making sense of texts）。④ 以上所列这些语文学的定义显然都是下定义者们分别从文学、哲学、历史或者语言、文献研究等不同角度，给予语文学所下的不同定义，分别强调它对于自身学科或者定义者自己所做学术研究的重要性，从中我们很难挑选出一个最完美和最能被人普遍接受的定义。

为了便于大家更好地理解 philology 这个词的意义，我们不妨从头开始，即从探究这个词的词源开始。英语中的 philology，在法语和德语中均作 *philologie*，来源于希腊语 φιλολογία，它由 "φιλο-"（热爱）和 "λόγια"（语词）两个部分组成，通常被人认为它的意思 "对言语的热爱"。然而，在古希腊语中，"λόγια" 可以有 logos 和 logia 两种形式，前者意为 word（言语），后者意为 reason（理性）。与此相应，φιλολογία 这个复合词实际上拥有 "对言语的热爱" 和 "对理性的热爱" 两层含义。⑤ 尽管在现代西方语文中的 philology 更多的是指其前一种意义，即 philo-logos 的意义，是 "对言语的热爱"，但它的后一层意义，即 "对理性的热爱" 也并不是可以被轻易地忽略的。

在穆雷主编《牛津英语词典》（初版）的 "philology" 条目下，我们见到以

---

① 尼采：《全集：15 卷精校版》，前言，乔治·科利（Giorgio Colli）和马志诺·蒙提纳里（Mazzino Montinari）编，共 15 卷，慕尼黑，1980 年，第 3 卷，第 17 页（转引自谢尔顿·波洛克《未来语文学？一个硬世界中的软科学之命运》一文，见本书译文第 400 页）。

② 瓦尔特·本杰明：《瓦尔特·本杰明通信录：1910—1940 年》（*The Correspondence of Walter Benjamin 1910—1940*），芝加哥：芝加哥大学出版社，1994 年，第 175—176 页。

③ 参见奥尔巴赫：《时间、历史与文学：埃里希·奥尔巴赫论文选集》（*Time, History, and Literature, Selected Essays of Erich Auerbach*），詹姆斯·I.波特（James I. Porter）编，简·O.纽曼（Jane O. Newman）译，普林斯顿、牛津：普林斯顿大学出版社，2016 年。

④ 谢尔顿·波洛克：《语文学的三个维度》（"Philology in Three Dimensions"），载于《后中世纪：中世纪文化研究期刊》（*Postmedieval: a Journal of Medieval Cultural Studies*）2014 年第 5 期，第 398 页（见本书译文，第 427 页）。

⑤ 见唐纳德·麦多克斯，"Philology: Philo-logos, Philo-logica or Philologicon"，第 59—79 页。

下两条定义：

1. 对言语、文本／文献和学问的热爱；对文本的研习，广义而言，包含语法、文学批评和诠释，文学作品与文字记载与历史记述的关系等；文学与古典学术，或典雅教育（polite learning）——如今该词汇很少作此广义应用；

2. 特殊用法（在现代用法中）对语言结构及其演变的研究；语言科学；语言学——实际上是第一个义项的一个分支。

同时，完整本《新韦氏国际词典》（*Webster's New Universal Unabridged Dictionary*）对"philology"做了如下定义：

1. 本义，对学习和文学〔献〕（literature）的热爱；研习；学术。

2. 对文字记录，特别是文献（literary text，文学文本）的研究，以抉择其真实性和含义等。语言学：当代用法。①

这两部英语词典对语文学的定义大同小异，显然它们都将 φιλολογία 作为由 philo 和 logos 组成的一个复合词，故将语文学首先定义为"对语言和文本的研究"，可引申为所有的（人文）学术和学问，这当是现代西方学界较为普遍的一种认识。同时，它们都把语言学作为现代才出现的语文学的一个特殊的用法，虽然语文学并不等于语言学习，但语言学可以被认为是语文学的一个分支学科。当然，这两部词典中对语文学的定义和解释都不足以完全概括语文学于西方文明史上的涵义和功用，它们基本忽略了语文学作为"对理性的热爱"这一层面的意义。而从古典到现代，语文学在不同的时代有不同的担当，也被赋予了不同的内容和意义。

于整个西方的学术史和高等教育史上，语文学的影响可谓甚深广大、举足轻重，一句话，Philology Matters！简单说来，语文学和哲学是人类精神文明最重要的两个组成部分，二者形成人类两大精神和知识体系，缺一不可。如果说哲学是思想和智慧，那么，语文学就是知识、学问和学术。如果世上从来没有过语文学，那么我们很难想象各种神秘灿烂的古代文明今天依然能

---

① 转引自扬·茨奥科夫斯基：《何谓语文学？——导论》，第5—6页（见本书译文第50页）；同时，参见温彻斯特：《教授与疯子》，第43页，此 OED 词条作为介绍詹姆斯·穆雷出场的序言。于《牛津英语词典》先后不同的版本中，对语文学这个词条也有不同的解释，对此的讨论见门马晴子：《从语文学到英语研究：十九世纪的语言与文化》导论部分《语文学在何处？》（第4—7页），见本书译文第66—70页。

够被人理解、继承和发展,也很难想象今日世界的人文科学研究能够如此的博大精深、绚丽多姿。语文学是现代人文科学研究的源泉,今天属于人文科学的各个分支学科,如文学、历史、哲学、宗教、语言、音乐研究等,不但都源自语文学,而且也从来都以语文学为其最基本的学术实践和学术方法。正如美国学者詹姆斯·特纳(James Turner)所说的那样,"在英语世界中,〔形成于欧洲文艺复兴与二十世纪之间的〕现代人文学术即脱胎于语文学"。①

语文学不但是一门几乎与人类文明历史一样悠久的古老的学问,而且它曾经也是一门十分前卫的人文科学学科,是"十九世纪欧洲大学中的科学女皇"。遗憾的是,今天的语文学却早已经成为"现代人文科学的被遗忘了的源头"。在当代人文科学研究的学科建制中,语文学早已经无家可归,失去了它应得的一席之地。由于今天的人文科学研究已被明确地划分为文学、历史学、哲学和宗教学等学科,每个学科的研究主题、资料、方法(范式)、理论等看似都有了不言而喻的明确的分野,所以,从事人文科学研究的各科学者们各擅其长、各尽所能,各自占有了属于自己的一方青天。与此同时,他们却已经不知道何谓语文学,也说不清语文学与他们所从事的学科研究之间有什么历史的和现实的关联。这实在是一件十分令人遗憾和危险的事情。

近代欧洲最激进的虚无主义哲学家尼采先生曾经是一位十分失败的古典语文学家,他的第一部专著《悲剧自音乐精神的诞生》(*Die Geburt der Tragödie aus dem Geister der Musik*)从语文学学术实践的角度来看,是一部十分失败的作品,故而受到了他同时代语文学家们十分激烈和尖锐的批评,被讥讽为"未来语文学"(*Zukunftsphilologie*)。然而,尼采于语文学历史上可称是一位"悲剧英雄",晚年的尼采最终从他可怕的失败经验中顿悟出了今天最为人宝贵的语文学精神,他说语文学就是"一种慢慢读的艺术",是读书人必须具备的金匠般的手艺。尼采提醒世人:失去语文学这门艺术就意味着我们将会失去一种最好的教学方式,失去众多宝贵和丰富的历史记忆,也将不再能够接近已被现代性摧毁了的生活方式,不能享受和人类的过去相沟通的那份奥妙。语文学水准的降低意味着人类文明的失落,表明人类阅读他们自己的过去和现在、并因此而能够保存他们人性尺度的能力的丧失。

---

① 詹姆斯·特纳:《语文学:被遗忘的现代人文学科的起源》(*Philology: the Forgotten Origins of the Modern Humanities*),普林斯顿:普林斯顿大学出版社,2014 年,第 xiii 页。

而人之为人,无非就是要理解古典、现实和我们自己,而这正是我们语文学家的任务!①

无疑,"理解古典、现实和我们自己"从来都是每一位人文学者和人文科学研究者毕生所追求的目标,就如历史学家们对自己一生之学术成就的最高期待无非就是太史公司马迁所说的"究天人之际,通古今之变,成一家之言"一样。可是,对于今天大部分人文学者来说,语文学更像是一个历史名词,它离我们是如此遥远,对它我们或仅有一些模糊的记忆了。在这样的现实条件下,人文学者要实现"理解古典、现实和我们自己"这样崇高的追求又将是何等的不易!有鉴于此,近几十年来,国际学界不断有学者振臂呼吁,号召人文科学研究要回归语文学,并特别指出在我们这个以全球化和数据化为标志的新世纪中,语文学依然举足轻重、意义重大。②

语文学远离人们的学术视野实在已经太久了,如今不只是普通的读者,就是专业的人文学者亦有很多人茫然不知何谓语文学,更不知道自己做学问应该回归到哪里去?少数对语文学有着根深蒂固的信仰和汹涌澎湃的激情,急切希望语文学能够回到 21 世纪世界学术前沿的当代"教授和疯子"们,却也很难说明白语文学到底是什么,它对今天的人文世界到底有什么重要的意义,让大家可以心悦诚服、激情满怀地和他们一起走上语文学的康庄大道。语文学源远流长,几千年来迭经流变,在今日之精英学术和大众文化语境中,它的涵义千变万化,人们对它的理解也众说纷纭。语文学可以是一门十分特殊的语言学科,一种实践已久的人文学术方法,或者是一个具体的知识和学术领域;它也可以是一种解读文本的手艺(the craft of interpreting texts),一门阅读的艺术和学问(the art and scholarship of reading),甚至说,它只是一种学术观念(academic perspective)或者一种学术和生活的态度,或者一段有趣的学术掌故。总之,今天没人能够三言两语把语文学的涵义说个明白,语文学是一个说不清、也说不尽的话题,但是,谁也不能否认 Philology Matters!

---

① 参见尼采(Friedrich Nietzsche)著、威廉·阿罗史密斯(William Arrowsmith)编:《尼采与〈我们语文学家〉的注释》("Nietzsche, Notes for 'We Philologists'"),载于《阿里昂》(Arion)第 1 辑第 2 期,1973 年/1974 年,第 281 页;更多讨论参见沈卫荣:《语文学、东方主义和未来语文学》,《回归语文学》,上海:上海古籍出版社,2019 年,第二章。
② 参见哈里·罗恩罗斯(Harry Loennroth):《Philology Matters! 关于慢读艺术的论文集》(Philology Matters! Essay on the Art of Reading Slowly),莱顿、波士顿:博睿出版社,2017 年。

三、语文学的六大范畴

与对语文学的定义无法达成绝对的统一相应,在汉语世界中,我们对 Philology 这个词的翻译〔译名〕迄今也远未达成一致。在汉语文中,对 Philology 先后出现了语学、言语学、语言学、历史语言学、文献学、古文字学、小学、朴学和语文学等种种不同的译法,仍然有人坚持对 Philology 不做翻译,[①]或者坚持沿用日本学界的惯例,将它翻译成"文献学"。[②] 显然,这些单个的译名都不足以全面地表达和界定语文学的性质和意义。迄今我们无法为 Philology 找到一个能被普遍认同的译名的原因,除了前述对 Philology 难做统一定义之外,长期以来我们对来自西方的语文学的学术实践并没有全面和深刻的了解也是其中的一个重要原因,上述各种译名每每只触及语文学中的某一个侧面而忽略了其余部分的内容。而这种无法达成一种统一一致的译名的现象,反过来又加深了人们对语文学之理解的表面性和片面性,使它难以和中国传统的人文学术整合,并名正言顺地成为现代人文科学研究的主流。[③]

我们一贯主张将 Philology 统一翻译成"语文学"的主要理由,一是遵从 Philology 最首要的字面意义,即"对言语(语词)、文本和学问的热爱"(a love of words, texts/literature and learning);二是相对认同将作为现代人文学术的 philology 定义为"对语言和文化的研究"(studies of language and culture, Sprach-und Kulturwissenschaft),并把它当作一切人文科学研究的基础和根本。但我们充分认识到语文学的定义、功能及其发展和演变的历程十分复杂,且变化多端。如前所述,古往今来,语文学曾有过太多种不同的

---

① 参见张谷铭:《Philology 与史语所:陈寅恪、傅斯年与中国的"东方学"》,载于《中研院历史语言研究所集刊》第八十七本,第二分,2016 年,第 375—460 页。

② 日本学界通常将 Philology 翻译成"文献学",其意义相当于是英语中的"the study of written records",这种译法和对语文学的定义受到了日本古典英语语文学家的质疑,参见门马晴子:《从语文学到英语研究:十九世纪的语言与文化》导论部分,第 xi 页。

③ 例如由傅斯年先生在"中央研究院"创立的"历史语言研究所"长期以来被人认为是历史和语言(学)研究所,实际上按照它的英文名称"Institute of History and Philology"可知,这里的"历史语言研究所"指的应该是"历史和语文学研究所",其中的语言并不是指"语言学"(linguistics),而是指"语文学"(Philology)。可是,即使傅先生自己在《历史语言研究所工作之旨趣》这一名篇中也将他所要引进中国学界、并再三强调的"语文学"翻译成了"语言学"或者"语学",尽管文中对语言学的解释分明指的是语文学。见傅斯年:《历史语言研究所之工作旨趣》,原刊于民国十七年(1928)十月《中研院历史语言研究所集刊》第一本第一分。

定义、涵义，有太多不同的能指、所指，所以，今天我们虽然希望将它统一、固定地用语文学这一个词语来翻译它，但也深知我们必须要以更加开放和全面的态度来对它作出相对宽泛和恰当的定义、表述和解释。在我们看来，语文学至少可以有以下六个不同的层面或者范畴：

第一，顺应语文学一词的字面意义，即对言语、文本/文献和学问的热爱，我们可以将它引申为泛指世界上所有与语言和文本相关的知识、学问和学术。它与热爱思想的哲学（*philo-sophia*）相应而生，形成为人类知识、文化和精神文明体系的两大部类。我们或可以笼统地说：人类的精神文明不外乎哲学和语文学两大部类，非此即彼。哲学是智慧和思想，语文学则是知识和学问。所以，语文学是人类所能拥有的最大、最基本的知识和学问的宝库，人之为人或可以没有思想，缺乏智慧，但不可能不学习和掌握一定的语言、知识和学问。

第二，自西方古典时代至近代人文科学研究形成之前，一切与语言、文本（文献）、甚至文物相关的学术活动和学术实践都可以被称为语文学。从古希腊的文法、修辞学到近世的《圣经》文本研究，从学者们最初在博物馆和图书馆内所进行的对《荷马史诗》等古希腊经典文本（抄本）的收集、编目、修复、整理、校勘、印刷，到人文主义的宗教学者对多语种《圣经》版本进行翻译、对勘、文本分析和解经活动等等，都可归属于语文学的范畴。西方古典学即是对西方古典文本的语文学研究，而西方古典教育的主体即围绕学习希腊文、拉丁文，解读希腊文、拉丁文经典文本而展开，形成了典型的语文学教育和研究传统。若没有语文学的传统，就很难想象西方古典文明能够传承至今，生生不息。

第三，语文学是近〔现〕代人文科学学术研究（Modern Humanities）的总称或者代名词，它是现代人文科学研究的被遗忘了的源头。近〔现〕代人文科学研究最初并没有文、史、哲等分支学科的明确划分，不管是对西方民族及其多种古代语文的文学、历史和哲学的研究，还是对某个特殊地区、民族/国家的人文学术研究，如汉学、印度学、埃及学、亚述学、伊斯兰学，或者笼统的东方学等等，它们都必须是一种语文学的研究，即从这些民族、地区、国家和宗教的语言、文献出发，进而对它们的历史、文化和思想的研究。所以，语文学曾经是19世纪欧洲人文学术的皇后，它与自然科学相对应，是研究人类精神和文化的科学（Geisteswissenschaft）。语文学就像是生物学、地质学一样，是研究人类文化的一种准科学。

第四，自现代人文科学研究被明确地划分为文、史、哲等不同的学科，特别是当引入了社会科学研究方法的区域研究逐渐取代了包罗万象的传统语文学研究，如汉学被中国研究、佛学被佛教研究取代，且具有更强阐释性、普适性的理论范式逐渐引领学界的发展方向，语文学不再是人文科学研究的龙头老大和主流之后，它就常常被人狭义地当成一种历史语言学的研究，如对印欧语系的建构一类的研究（比较语文学），或者专指一套特别精深的、批判性的文献学处理和研究方式，即把对古典文献的收集、整理、编辑、对勘和译解等作为语文学的核心实践，把采用这种方式所进行的古典语言、文本的学术研究定义为语文学研究。随之，原本作为人文科学研究之主流的语文学却反而被越来越边缘化，成了一门拾遗补阙的流亡中的学问。好像只有当它的研究对象离西方越遥远、离今天的时代越久远，语言越冷门、文本越破碎，这个时候才要求语文学最大程度地到位。于是，西方的东方学，特别是其中的印度和梵文研究、印藏佛教研究等等，渐渐成为语文学研究最重要的阵地。与此同时，语文学在西方学术的中心则越发变得可有可无，乃至被人彻底遗忘了。

第五，于当今世界，语文学和对语文学的坚守可以是一种难能可贵的学术态度、学术立场和学术精神。这种学术态度可以是仅仅反映语文学的本来意义，即对语言、文本和学问的热爱，也可以表现为对语文学学术方法的坚守，即对实事求是的、实证的、科学的、理性的学术研究方法的坚持和追求，对最基本的人文科学研究的学术规范和学术伦理的积极维护等等。语文学的基本精神既可以是傅斯年先生倡导的"上穷碧落下黄泉，动手动脚找东西"和"以汉还汉，以唐还唐"，即是对全面、彻底和准确地理解文本和历史的坚持不懈的追求；它也可以是尼采先生所主张的将语文学当作一种慢慢读书的艺术，即一种用于读书的金匠般的手艺。囫囵吞枣、不求甚解地读书，和信口开河、炫人耳目地诠释文本，都是违背语文学精神，并与现代人文科学研究的理性和科学准则背道而驰的。语文学的精神也可以是陈寅恪先生所倡导的"独立之精神"和"自由之思想"，语文学家是现代性的开创者和奠基人，作为"现代精神"的理性主义、批判主义和自由主义是和语文学同一天诞生的。① 斯宾诺莎（Baruch de Spinoza，1631—1677）用语文学的方法对

---

① 此句出自恩斯特·勒南（Ernst Renan，1823—1892）《科学的未来》一书，转引自杰弗里·哈芬（Geoffrey Harpham）：《根源、种族与回归语文学》，载于《表现》（Representations）2009年第106辑第1期，第40页（本书译文见第354页）。

《圣经》所做的新的、去圣化的解读，打破了基督教教条对西方思想和意识形态的统治，打开了去往西方现代性（modernity）的通道。[1]

第六，语文学可以是值得当代人信仰和践行的一种世界观和生活方式。我们提倡"语文学式的生活"（living philologically），即是倡导一种理解、宽容和和谐的世界观和生活态度。语文学和诠释学（Hermeneutics）一样，都是一门理解的学问，它的精髓就在于寻求正确和全面地理解语言、信息和文本所蕴涵的真实和丰富的意义，进而寻求对人和世界的理解。若我们能坚持用这种语文学的态度，不遗余力地寻求对他者、对世界的正确、多元和甚深的理解，寻求以一种宽容、开明、自在和和谐的语文学方式来与这个充满了矛盾和冲突的世界交往，这无疑是一种能够促成世界和平共处、和谐发展的十分积极的世界观和人生态度。对于每一个个人而言，只有当你能够与众不同地读书、阅人、知世时，你才会成为一个与众不同的人。读什么书不见得就能让你成为什么样的人，但你怎样读书将决定你会成为怎样的一个人。只有当你能够学会多方面的、从多种不同角度出发去读书，学会从其原本的语言和文化语境中，设身处地地去体会和理解他者发出的信息时，你才能够成为一位既与众不同、出类拔萃，又能够和这世界同进共退、和谐共处的开明和博雅的君子。

因为语文学已被我们忽略、遗忘得实在太久了，而信息技术的不断更新已经彻底地改变了我们的阅读习惯和接受、消化信息的方式，乃至于我们完全有理由担心人类或将前所未有地进入一个没有语文学的时代，所以，我们今天不厌其烦地重弹语文学的老调，相信只有语文学才能够让我们理解古代圣贤们留下的源远流长的思想和字字珠玑的文本，让我们领略圣贤书中所描写的数千年来人类创造性劳动的奥妙，并让我们有能力与先贤们展开无与伦比的深刻的思想性交流。相反，语文学的消亡，则意味着我们不但再也无法保全古典教育与历史记忆、无法追寻被摧毁于现代化之下的各种古典的生命形态，而且终将丢失与过去进行对话的要门和秘诀，这将是人类无法承受的损失和灾难。

不言而喻，回归语文学是我们面临的一件迫在眉睫的大事。但是，我们今天倡导要回归的语文学绝对不只是一套学习语言和处理文本的技术性的

---

①　参见波洛克对斯宾诺莎与《神学政治论》（*Tractatus Theologico-politicus*）的讨论于：谢尔顿·波洛克：《语文学的三个维度》，第 402—404 页（本书译文见第 433—435 页）。

手艺,更不是一套拾遗补阙、收藏遭别人遗弃了的古董的学问,而应该是对以上所讨论的这六种范畴的语文学的综合、结晶和升华。于今日世界的学术语境和学术体系中,人文科学研究早已经被细分成文学、历史、哲学和神学(宗教研究)等多种分支学科,这样明确的学科分野已经是如此地根深蒂固,很难设想我们还能将它们重新整合起来,退回到那个只有语文学的时代。甚至,我们也不再可能像当代最著名的语文学推手谢尔顿·波洛克教授所梦想的那样,让语文学作为凌驾于文、史、哲等多种人文学科之上的一个超级学科,重新回到 21 世纪世界一流大学之学科设置的中心位置。但是,我们至少应该让语文学重新现身,把它广泛地认同为人文科学研究最重要的学术方法和最基本的学术态度,以此来重新整合人文科学的各个分支学科,并组织开展于语文学框架结构中进行的真正的跨学科研究。呼吁语文学的回归,本质上就是要号召人文科学研究的从业者,能够以上述语文学的精神和立场出发,从正确读懂和理解文本开始,进行历史的、文学的和哲学的、思想的研究。唯有如此,我们的人文科学研究才能重新回到科学的和理性的人文科学的轨道上来。

尤其需要强调的是,那些于今被狭义地定义为语文学的专门学术领域,眼下于世界范围内都面临着十分严重的危机,很多甚至已经成为名副其实的"绝学",例如对梵文、藏文、吐火罗文、粟特文、古回鹘文、西夏文、蒙古文、满文等语言、文献和历史的研究等等,这同样是人类文化和精神文明所遭受的不可估量的重大损失。今天我们呼吁振兴绝学,就是要挽救这些濒危的学科。但是,振兴绝学并不只是需要我们投入大量的人力和物力,去收集、保护、整理和出版这些濒临失传的语言和文献资料,它更要求我们加强从事这类学术研究的学者们的语文学训练,提高他们的语文学学术水准。从振兴绝学的角度而言,语文学确实是一门门槛极高的学术手艺,对于一名狭义的专业语文学家而言,需要接受长期的语言、历史语言学、古文字学、古文书学和文本对勘(textual criticism)等学科的十分专业和精深的学术训练,否则他们就无法担此重任,读懂这些古代文字和文献,并对它们所传达的思想和历史文化做出正确和精到的研究。而对于一名普通的人文学者来说,回归语文学首先是要求他们回归将人文科学研究作为历史学的和语文学的研究的学术传统,同时还要求他们坚守语文学的学术态度、学术精神和学术规范,坚持以实证的、科学的和理性的学术态度来从事人文科学研究,从语言和文本出发,力求全面、彻底和准确地理解文本和历史,著书立说则追求学术表述的平实、准确和学术写作的规范和精致。学术研究既不是自娱自乐，不能避苦趋乐，披着职业的外衣而奉行快乐原则（the Pleasure Principle），也不是为了讨别人的喜欢（to please），以沽名钓誉，获得社会的承认和报答。学术研究的目的是求得真知、真如，它是一种理性和科学。如果缺乏扎实的语文学的基本训练，不遵守语文学的基本学术规范，那么，任何花样百出的人文研究都是不科学和不学术的。

四、从古典语文学到近代语文学

我们今天倡导的语文学是一门建立于科学理性的批评精神之上（philologia），借助语言学、古文字学、文本对勘、比较分析等学术方法，以正确设定与解读文本、构建历史和文化、理解古典和现实为目的的人文科学（philologos）。作为近代人文科学的代名词的语文学是于近代才形成和建立起来的，它的形成和发展是近代人文学科突破中世纪神学的束缚，建立起各自独立、规范和科学的学术领域的基础和标志。在近代人文科学诞生的整个 19 世纪，语文学被认为是一种可与数学、生物学、地质学等自然科学学科相媲美的准科学，是"一切人类精神科学"（Geisteswissenschaft）的王中之王，享有至高无上的学术地位。严格说来，自进入科学的人文研究时代以来，不管是文学、史学，还是哲学、宗教学和神学研究，所有人文科学研究都必须是一种语文学的和历史学的研究（philological and historical studies），这是区分近代人文科学与中世纪神学和经学控制下的哲学的和神学的研究（philosophical and theological studies）的最重要的标志，只有前者是科学的人文和学术研究，而后者不过是神学、经学的说教，或者说是一种"书院学究式"的学问。①

但是，语文学是一门具有悠久历史的学问。如果说近代人文科学研究

---

① 傅斯年于《历史语言研究所工作之旨趣》中对作为科学的历史学、语言学（语文学）研究与传统的"书院学究的研究"之间的差别做了非常好的说明。例如，他说："历史学和语言学在欧洲都是很近才发达的。历史学不是著史；著史每多多少少带点古世中世的意味，且每取伦理家的手段，作文章家的本事。近代的历史学只是史料学，利用自然科学供给我们的一切工具，整理一切可逢着的史料，所以近代史学所达到的范域，自地质学以至目下新闻纸，而史学外的达尔文论，正是历史方法之大成。""最近一世语言学所达到的地步，已经是生物发生学、环境学、生理学了。无论综比的系族语学，如印度日耳曼族语学等等，或各种的专语学，如日耳曼语学、芬兰语学、伊斯兰语学等等，在现在都成大国。本来语言即是思想，一个民族的语言即是这一个民族精神上的富有，所以语言学总是一个大题目，而直到现在的语言学的成就也很能副这一个大题目。"

是从古代欧洲的语文学转变、演化而成的话,那么,当我们追溯语文学于欧洲文明传统中的源头时,无疑就需要直接回溯到古希腊这个人类人文学术最初发源地方。① 正如特纳教授十分形象地描述的一样:"想象一下几条书虫极有耐心地沿着现代西方人文学科的根茎钻下去,直到找到最后的、埋藏得最深的根须。当书虫钻到底的时候,它们来到了古代的地中海世界,聆听着希腊语言。"②

大约公元前 9 世纪,希腊人在腓尼基文字的基础上创造了自己的字母,开始了自己的书写,于是,希腊文学诞生了。在希腊文最初成型的几个世纪里,各种对语言和文本的研究开始大量出现,希腊人对语言及其学术产品的好奇心从此绵延不断地持续了下来。而这类语言和文本研究,在其长期的历史发展过程中,相继形成了语文学的四大领域,即语言学、修辞学、文本语文学与语法学。在当时,修辞学是语文学的重中之重,它不仅在古希腊文化中扮演着重要角色,而且也代表了传统语文学一直承担的阐释功能。在盛行辩论的古希腊公共生活中,修辞术占有中心地位:在亚里士多德眼中,辩证法从普遍接受的意见出发,而修辞术则从个别案例开始,理清具体事实需要的逻辑推演。③ 如是,哲学与语文学于古希腊思想史的发展中交相辉映——哲学通达普遍适用的真理,语文学则诠释具体的个案,而二者的不同追求有时也被看作是自然科学(如物理、化学)与人文学科(如历史、文学)的区分。

公共辩论除了需要阐释的技法,更需要能在雄辩说辞中"引经据典",这成为文本语文学(textual philology)形成和发展的重要基础。同时,文本语文学亦必须在一个手稿、书本足够普及,文本形式足够复杂的年代才有可能出现。公元前 3 世纪,托勒密一世于今天埃及亚历山大港建立了一座"缪斯宫"(mouseion),这是欧洲历史上第一个公共图书馆——亚历山大图书馆。④ 修建此宫的目的是要搜罗和收藏所有用希腊文写成的文献,建成之后托勒密一世和他的继任者们雇用了一大批皇家学者与科学家们,让他们集中在

① 本节是从一个大体的西方学术史、特别是侧重文本研究的历史来勾勒语文学的发展,而本书还收录了从语言研究史角度(例如语法发展等)回溯语文学历史的文章,参见本书门马晴子著、刘雨桐译:《语文学在何处?》,第 63—92 页。
② 詹姆斯·特纳:《语文学:被遗忘的现代人文学科的起源》,第 35 页。
③ 同上,第 42 页。
④ "缪斯宫"是古希腊城市文化活动中心,见于希腊诸城邦中,该词汇也是英文"museum"(博物馆)的来源。

此宫中专事讲学与研究。这项巨大的工程需要处理大量与文本相关的各种问题,如鉴定、甄选文本、识读搜集到的手稿残片、对它们进行编辑、分类和编目等,文本语文学由是便在这座"缪斯宫"中应运而生了。①

　　由古希腊的书本文化发展出来的文本语文学,塑成了西方人文学术的雏形。而崇尚古希腊文化的罗马知识分子们则掌握了更多的语言,他们处理文本的方法和技能也愈加精密和复杂。他们采用了更加精确的方法去厘定那些流传到他们手中的古希腊文献、手稿,并尝试以作注释的方式去更好地阅读和理解它们。辅助他们阅读古希腊文献的方法,除了逻辑推演的修辞术,还有对句子结构、词汇变化的语法分析等等。此外,他们还罗列出相关的旧文献,将它们与他们正在整理的文本进行对勘和比较研究,据此为它们作出详细的注释和评论,以此呈现出一种新的文本形式——这样的文本处理工作被称为"scholia",也正是如今我们理解的标准语文学的文体形式。② 除了学术研究外,以"scholia"为核心的"schooling"("上学")实际道破了早期教育以文本训练为主体的本质。罗马学者们将语法学、修辞学的推行深入到高等教育中,受到了精英阶层的普遍认可,譬如昆体良(Quintilian, 35—100)的《雄辩术原理》(*Institutio oratoria*)即在任何一个阶段都是最佳的课程教材。而这些学科的概念远比我们今天理解的意义广阔,更确切地说是一种语文学的教育,它将文本对勘、语言分析,乃至历史书籍与文物的学习使用都结合了起来。

　　当欧洲进入基督教的时代以后,语文学的传统依然被继承了下来。尽管古典文献开始退居次要地位,对《圣经》的厘定、诠释、甚至翻译,在实际需求的推动下,成为最庞大和首要的语文学工程。要制作出一部标准的、易于推广的基督教《圣经》曾是一件非常困难的事情,即使是犹太人尊崇的希伯来语的圣典与其注释就有很多不同的传承版本。早期的基督徒使用的圣典是希腊文的"七十子译本",而大约直到千禧年,现在基督徒使用的《旧约》的原希伯来文本才被确认下来。基督教与犹太教在共享圣典时的竞争与争

① 关于更多语文学在早期欧洲文明中的历史详见《语文学:被遗忘的现代人文学科的起源》一书中第一部分(第34—177页)。本书中收录了该书第一部分第一章《"幽居的书虫,在缪斯的鸟笼里争论不休":语文学从古希腊到约1400年的历史》(见本书第101—149页);此题材亦可见弗兰克·蒙塔纳里(Franco Montanari):《从书本到版本:古希腊的语文学》,载于谢尔顿·波洛克、本杰明·艾尔曼(Benjamin Elman)、张谷铭编:《世界语文学》(*World Philology*),剑桥:哈佛大学出版社,2015年,第25—45页。
② 参见特纳:《语文学:被遗忘的现代人文学科的起源》,第58页。

执往往都源于对文本的解读,即语文学的工作。

在这样的情况下,一批杰出的经院学者相继涌现,他们借鉴异教传统,提出了各种不同的解经法,影响了圣典与学术传统的形成。譬如,早期基督教学者奥利金(Origen, 185—254)提出了三重解经法,即先做字义解释,再解读表达的基督教的价值观,最后揭示寓意下的神性旨意;为了读懂圣经,他常常借用历史和语法研究,甚至去研究语言的起源与性质。同时,他将不同语言的《旧约》希腊语译本平行罗列出来,将之与希伯来文本进行校勘,标出歧义的地方,将罗马流传下来的、并在犹太拉比中更加常用的文本语文学这一工具普及于基督教学术。而哲罗姆(St. Jerome, 347?—419)则抛弃了希腊语这一媒介,直接使用希伯来文本,他沉浸在犹太学术中,通过文本语文学的方法厘定完整文本,并将它翻译成拉丁文,形成了教会最终可以推行的通行译本“武加大本”(Latin the Vulgate)。无疑,语文学在圣典学术中扮演了主导角色,整个基督教文化研究都离不开这个最基本的学术工具。以教会史编写为例,尤西比乌(Eusebius,约260—339)的《编年史》(Chronicon)为此设定了标准,其中引用并标明原始文献出处这一学术规范首次出现在他的著作里。如此有理有据的实证路径,在后世研究者看来,更能强有力地证明基督教的真理,而这正是他书写历史的根本目的。[1]

尽管早期基督教的传统非常辉煌,可当东西罗马帝国分裂后,只有拜占庭很好地继承了多语种文本语文学的传统,而西罗马自进入中世纪后,普遍意义上的学术活动(如学校教育等)明显趋于衰微,仅剩延续着香火的、为基督教服务的经院学者们还用心于对知识的开拓与古典作品的训练。有些具有稳定社会条件的教会学校还会教授阅读西塞罗、维吉尔等古典作家的文学、语法和修辞作品,为接下来的“文艺复兴”奠定基础。然而,这一时期的经院教育只注重辩证,强调文本与神学教义的联系,并没有以语文学的方法处理文本。

中世纪之后,希腊、罗马时代的学术方法和学术实践,重新在西方复兴,塑造了人文主义时期与近代的欧洲学术。人文学者们首先掌握的语文学,确切来说,仍然是对《圣经》分析法的继承。当拉丁语的武加大译本不再是《圣经》唯一的经典权威时,人文主义者们利用希伯来语的《旧约》、希腊文的《新约》等不同译本和版本的《圣经》,开始重新解读和诠释圣典。他们将

① 参见特纳:《语文学:被遗忘的现代人文学科的起源》,第68页。

东方保留下来的实证、考据式解读《圣经》的方法（例如人文学者大量涌向君士坦丁堡学习希腊文），重新用来对古典作品进行解读和分析，促成了以经典为基础的高等学科和教育的改革。一方面，部分牧师和主教本身就是人文主义学者，他们在对文本进行对勘和比较时发现了圣典的权威诠释者们诸多叙述间的不一致性，进而在教义阐释上促发了顺应时代的宗教改革；另一方面，伴随着人文主义的发展，在意大利大学中出现了经院神学学科和新兴学术方法的结合：例如，一位想要学习法律或神学的年轻人首先要修习人文主义的课程，他不仅需要掌握古典修辞学，而且还要进行希伯来文、古希腊文等多种语言的严苛训练。与此相应，法律与神学的教授们由此也了解到历史、希伯来文、希腊文之于这些高等学科传统的相关性与相容性。至此，如今在西方大学里仍占有一席之地的"古典语文学"（classical philology）或"古典学研究"（classical studies）便逐渐成形。[1] 很快人文主义者们注意到通过古代语言的学习，进而对文本、文献进行历史分析，这不仅适用于神学与法学，而且更应广泛应用于文学、艺术、古物等整个古代文化的研究。

被认为是近代语文学奠基人的德国语文学家弗莱德里希·奥古斯特·沃尔夫（Friedrich August Wolf, 1759—1824），将 18 世纪欧洲学界新兴的、用于研究《圣经》的文本分析法率先应用于对荷马作品的分析和研究之中。[2] 在他的代表作《荷马导论》（*Prolegomena ad Homerum*, 1795）中，沃尔夫将伟大的古希腊诗人荷马的作品视为几个世纪间不断被人传抄、转写的产物，认为虽然荷马史诗基本以一种口头形式流传，但每一个还能找到的文本都暗藏着真实和已经过了编辑的荷马的原声，而读者可以通过一整套缜密的学术劳动，即对文本语言的分析——"从杂质经年累月的腐蚀之下将其破解"。[3] 文本只是一种展现出来的表象，其内核则必须通过包括语法的、修辞的和历史的学术方法去考证和鉴定后方才能够识别出来。在这种围绕文

---

[1]　在本书中相关文章有安东尼·格拉夫顿：《人文主义的语文学——西方近代早期文本、古物及其学术演变》、理查德·F. 托马斯：《古典语文学之过去与将来》；关于古典语文学在国内的发展现状与展望可参见冼若冰、程炜：《古典语文学之旅》，载于《文汇报——文汇学人·访谈录》2019 年 3 月 22 日，第 W11 版。

[2]　1777 年，当沃尔夫进入德国哥廷根大学学习时要求以当时并不存在的"语文学"学科名目注册入籍，竟然得到校方批准，成为欧洲大学历史上第一位语文学学科专业的学生。参见谢尔顿·波洛克：《语文学与自由》（Philology and Freedom），《语文学的相遇》（*Philological Encounters*）2016 年第 1 期，第 5 页（参见本书译文第 445 页）。

[3]　此部分具体阐述可参见本书文章杰弗里·哈芬：《根源、种族与回归语文学》。

本分析进行的准科学的学术实践中,语文学孕育了诸多现代学术的规范,包括厘定文本、书写注释、编辑方法等等。①

总而言之,在西方学术史中,语文学是一门关于文字、文本和文献的精湛的技艺,它所要求的训练之严苛、分析之精密、题材之古老,均凸显出它作为"精神科学之王者"的崇高和它与凡俗的脱离。语文学起源于遥远的希腊、罗马时代,在解读《圣经》的学术实践与人文主义教育中得到了锤炼和发展。不论是学者还是神职人员,他们对新、旧《圣经》文本所作的不同方式的注疏、诠释,推动了基督教在整个欧亚大陆的传播。在思想史领域,人文主义者洛伦佐·瓦拉(Lorenzo Valla,1407—1457)通过对古代文献的文本语文学研究——对比语法、修辞、校订抄写错误、进行历史分析——重塑了我们对罗马、对古代历史的认识。而传统语文学通过语言、修辞学的训练塑造了欧洲的古典教育,或称绅士教育;法律、医学和神学的课程无不建立在对古代文献的学习上——一位随口援引希罗多德的牛津本科生,或是一位言辞凿凿有据的英国下议院成员,都是成功接受了这种古典教育的杰出代表。可以说,在从古典时代到近代西方,语文学具有卓越的历史传统,也得享无上的辉煌和荣耀,而语文学的训练和技能是进入西方学术殿堂的至高门槛,其学术作品则代表了西方古典学术的最高成就。于语文学实践中培育出的这套学术技能是一套适用于诠释任何古代文化的综合学术方法,具有明显的广泛性与普适性,它赋予以完美诠释古典文明为己任的语文学家们以十足的学术自信和难以抑制的雄心壮志。这种阐释的野心使语文学家将有限的经验与无限的推断结合起来,完成了从文本细读到文本语言研究的转变,继而将注意力投向了文本作者本人、其所属的文化、文化的起源,最后延伸到人类起源。

因此,语文学成为欧洲大航海时代最根本的知识支撑,为帝国培养了如今看来十分"全球化"的殖民主义人才。譬如,伦敦语文学协会建立时,它的成员就已不仅仅局限于研究古希腊文、拉丁文的专家,而且还有不少从事东方语文研究的专家。在"新语文学"运动中,最具代表的成果可推"印欧语系"(Indo-European Language Family)的构建。印度学家威廉·琼斯(William Jones,1746—1794)最早提出了希腊语、拉丁语和梵语或拥有

① 在近代学术中,语文学如何被中学、大学与出版界推动发展详见安东尼·格拉夫顿:《人文主义的语文学——西方近代早期文本、古物及其学术演变》;也可见同氏的其他著作,例如安东尼·格拉夫顿著,张弢、王春华译:《脚注趣史》,北京:北京大学出版社,2014年。

共同的源头。① 随之在接下来的一批批东方学家和语言学家,如在弗兰兹·葆朴、威廉·冯·洪堡(William von Humboldt, 1767—1835)、奥古斯特·施莱谢尔(August Schleicher, 1821—1868)、卡尔·布鲁格曼(Karl Brugmann, 1849—1919)和索绪尔(Ferdinand de Saussure, 1857—1913)等人的努力推动下,围绕"印欧语系"以及与它紧密相连的"雅利安人"的想象,构建出了一套十分精致的学术和政治话语,遂使比较语言学与种族主义完成了一次完美的联姻。同样,《牛津英语词典》的编纂作为一项伟大的语文学文化项目,其初衷即是因为"这一门伟大的语言将要延伸到世界各地",反映出大英帝国要文化征服整个世界的野心。② 这种由语文学家参与构建和创造出来的文化优越感在精心雕琢的学术和文化叙述中蔓延开来,最终成为西方主流认知非西方世界的一种典型形式,它为种族主义和帝国主义、殖民主义政治的实施铺平了前路,语文学变相成为了帝国主义的学术利器和帮凶。正如前美国国家人文中心主任、文学史家杰弗里·哈芬(Geoffery Harpham)先生所说的那样,"语文学的历史就像是一面透视镜,在同一图像中,它结合了学术研究的最高远的志向和最黑暗的恐惧"。③

　　正因为如此,进入 20 世纪后半叶之后,语文学便成了后殖民主义文化批判火力最集中和最猛烈的对象,以至于今天在以美国为代表的西方人文学术中,语文学这门带有原罪式的欧洲传统学问似乎已鲜有人问津。虽然,语言学,特别是比较语言学,依然在后殖民时代发展壮大,但它们看似急切地想要撇开语文学传统中那个令人生畏的文化历史阐释功能,而专注于打磨出一种更加符合自然科学规范的语言学研究。文本文献不再是新兴语言学研究的重点关注对象,相反口头语言与任何时下发生的语言应用现象都变成了语言学的考察对象,这与传统语文学家专门研究上古时代手稿残片的景象迥然不同。自 20 世纪下半叶开始,于西方主流学界,语文学已被遗忘和忽视是一个不争的事实。

---

① 关于威廉·琼斯对于印欧语系的构建和现代语文学所做的贡献,参见门马晴子:《语文学的觉醒:威廉·琼斯与学问的建筑》("Philological Awakening: William Jones and the Architecture of Learning"),《从语文学到英语研究:十九世纪的语言与文化》,第 28—59 页。特别是关于他那段被后人称为"语文学段落"(philology passage)的最早提出印欧语系构想的讲话片段,参见该书第 31 页以及随后的讨论。

② 可参见电影《教授与疯子》开头穆雷接收牛津大学出版社委员会面试的情节。

③ 参见本书杰弗里·哈芬:《根源、种族与回归语文学》,第 348—375 页;对于 19 世纪语文学与种族主义的专门讨论,本书收录的文章还有马库斯·麦思林:《文本与决定——十九世纪欧洲语文学中的种族主义》。

五、区域研究的兴起和语文学衰落

1958 年 3 月，美国加州大学伯克利校区东方语言系（Department of Oriental Language）教授、著名汉学家薛爱华（Edward H. Schafer，1913—1991）先生十分罕见地给《美国东方学会会刊》（*Journal of American Oriental Society*）和《亚洲研究杂志》（*Journal of Asian Studies*）这两个迄今为止依然是北美最重要的亚洲（东方）研究学术期刊投了一封公开信，①信中不假掩饰地挑明了传统汉学所遭遇的困境，表达了对新兴的"区域研究"（Area Major）的强烈不满，提出汉学家们应当彻底放弃汉学和汉学家这样名重一时的专业和称号，为自己在语言、文学、历史、哲学和语文学等专业学科中，重新选择一条学术出路，并按照那个学科通行的学术标准来要求自己，做一名可与所在学科同行们进行公平竞争的优秀学者。

众所周知，薛爱华是美国著名汉学家，是研究中国中古时期中西物质文化交流史的一位专家，他的名作《撒马尔罕的金桃：唐代舶来品研究》是西方汉学研究史上的一部经典著作。② 学界常有人将薛爱华的学术兴趣、方法和成就与伟大的德裔美国汉学家、博物学家劳费尔（Berthold Laufer，1874—1934）先生相提并论，他们都继承了传统欧洲汉学的优良传统，其博学深邃的学术品质令人肃然起敬。薛爱华取得加州大学的终身教职时，却正好赶上了与战后冷战中的国际政治形势直接相关的美国大学"区域研究"（Area Studies）急速兴起的时代，这对他所从事的以研究古代语言、文本和文化为主的传统汉学（语文学）研究造成了巨大的困扰和影响，汉学在北美大学人文学术体制内失去了稳固的学术家园，它被更注重于现实政治、经济和国际关系的"中国研究"（China Studies）所取代。

在信中，薛先生谈到当汉学面对"区域研究"强势崛起和人文科学学科已有精细分工这双重挑战时，汉学和汉学家应该如何重新确定自己于人文社会科学学术体系内的专业定位问题。他给出的让"汉学长大"的解决方案

---

① 薛爱华：《公开信》（"Open Letter"），载于《美国东方学会会刊》1958 年第 78 辑第 2 期，第 119—120 页。

② 原版为：Edward H. Schafer, *The Golden Peaches of Sarmarkand: A Study of T'ang Exotics*. Berkeley and Los Angeles, California: University of California Press, 1963；汉译本见薛爱华著，吴玉贵译：《撒马尔罕的金桃：唐代舶来品研究》，北京：社会科学文献出版社，2016 年。

是效法"欧洲学"的先例,彻底抛弃传统汉学,以适应北美大学既定的人文社科学术分工体制。同时,他对新兴的"区域研究"这样的畸形怪物表示了强烈的反感,在他看来,对一个地理区域的研究无法构成一个独立的学科,它缺乏严格的学术方法和学术评判标准,"区域研究"无异于一个"半吊子的避难所和庸才的收容站"(asylums for dilettantes and refuges for mediocrities)。如果汉学也必须成为一个"半吊子"的"区域研究"类学科,那还不如让它从此消失。汉学家们与其成为"非鱼非鸟""非驴非马"的怪物,不如立刻起身揖别,各奔前程,转型成为语言、文学、历史、哲学、政治学等不同的学科领域的专家学者,相忘于人文与社会科学研究的大江大湖之中。但是,薛先生自己则郑重声明他既不是语言学家,也不是历史学家,而是一名对"与物质文化相关的中古汉语文献特别关心的语文学家"。换言之,作为一名传统的汉学家,他依然要守住传统汉学这块在北美大学建制中已经无家可归的学术阵地。

这封公开信发表至今已经过去了六十余年,今日读来,却依然觉得胜义纷披,意味深长。它不但是我们了解1950年代北美大学中汉学向"中国研究"转变这一段学术史的宝贵资料,而且也对我们理解今天世界人文、社会科学学科的分类,以及"汉学"(国学)和"中国研究"(区域研究)的不同学术取径有很深刻的启发意义。当然,若要充分领悟这封信的微言大义,恐怕还需要我们下一点语文学的功夫,对它作一番语境化和历史化的处理,解释清楚汉学、语文学和"区域研究"之间错综复杂的关系,以了解"区域研究"的兴起何以会对汉学的生存带来如此严重的挑战。

前述我们提到了西方学科中"-logy"的定义,明晰了很多以"logy"结尾,是表示对"某物的研究"的词汇,而在人文学科中,大部分实则都是语文学研究,或者说是以语文学为基本学术方法的某一种很专门的学问。特别是那些与东方某个地区、民族(国家)、宗教和文化相关的人文科学学科(humanities),例如汉学(Sinology)、印度学(Indology)、藏学(Tibetology)、突厥学(Turkology)、亚述学(Assyriology)、埃及学(Egyptology)和佛教学(Buddhology)等等,它们无一例外都属于语文学研究范畴。这些学科通常也都被归属于广义的东方学(Orientalistics)研究领域之内,从其学术特点来看,大部分又都属于东方语文学(Oriental Philology),或者东方文本语文学(Oriental Textual Philology)的分支学科。尽管萨义德确实把西方的东方学,特别是它的狭义形式,即西方对近东、阿拉伯世界和伊斯兰教的学术研究,作为他所讨论的"东方主义"的一个重要层面,但是作为学术的东方研究在西方通常被称为 Orientalistics(德语 Orientalistik),或者 Oriental Studies(Orientwissenschaft 东方科学),它与作为一种思想观念、思想方式或者意识形态的 Orientalism(东方主义,Orientalismus)并不是同一回事。后殖民时代对东方主义思想及其后果的激烈批判,曾对西方的东方学研究带来了巨大的困扰和打击,当人们知道了由于东方主义,西方对东方的所有知识、研究和认知,无不都打上了帝国主义和殖民主义的烙印,他们自然会问:那么对古代的东方语言、文本和文化的学术研究于今天又究竟有何重要意义呢?

然而,从学术史的角度来看,这些可归属于西方之东方学范畴的很多不同地域的研究学科,它们在西方的形成和发展恰好与以语文学为主导的欧洲现代人文科学学术蓬勃兴起同时,所以,从诞生之日起,它们就都是典型的语文学学科。它们要求其从业者们从学习这些地区、民族、国家和宗教的语言、文字开始,通过对它们遗存的文本的收集、整理、翻译、解读,来对它们的历史、社会、宗教和文化做出符合西方人文学术(语文学)规范的研究和构建。而汉学无疑是这类东方学分支学科中的典型,西方早期的汉学研究主要就是对古代汉语语言和文献的研究,是对大量汉语文文献的整理、翻译、解释和研究。

19 世纪末、20 世纪初,西方殖民探险家们在中国西北广大地区开展了很多次大规模的科学考察,于西域文物考古领域掠夺了大量珍贵的文物资料,进而取得了丰硕的学术成果,特别是他们相继发现和劫取了敦煌、吐鲁番和黑水城等西域语文文献宝库,这给当时的世界汉学和中亚(西域)语文学研究的蓬勃发展注入了强劲的动力,使这两个学科得以在西方东方学研究领域内异军突起,令举世瞩目。正是在这样的学术背景下,法国汉学家伯希和(Paul Pelliot, 1878—1945)先生于国际学术界脱颖而出,声誉卓著,被公认为世界汉学第一人,其学术地位至今不可动摇。伯希和那些不拘一格的学术著作,虽然经常缺乏明确主题、脚注长于正文,但汪洋恣肆、博大精深,是汉语语文学和中亚(西域)语文学研究的典范和登峰造极之作。在他那个时代,汉学是一门经典的语文学学问,汉学家必须是一名语文学家。

不幸的是,自 20 世纪中叶开始,语文学于西方,特别是北美的人文科学学术领域内进入了一个全面的衰退时期。随着人文科学研究逐渐被明确地划分成文学、哲学、历史、宗教、语言、艺术等学科,语文学虽然作为人文科学研究的基本学术方法或依然隐性地存活于上列各个分支学科之中,但它在北美大学的学术建制中已经接近于无家可归了。只有在美国的一些老牌大学中或还保留有古典研究系（Department of Classical Studies），给语文学的某些特别专门的学科，如古希腊语文、拉丁文和梵文研究等，保留有一席之地，但仅仅起着一种拾遗补阙的作用。只有像梵文研究和与它关联极深的印藏佛学研究（Indo-Tibetan Buddhist Studies），还能够在欧洲和日本的人文学术界继续保持着一定的发展势头，成为今日世界语文学研究的典范。

　　与此同时，大部分本来属于语文学范畴的东方学分支学科于北美大学的学术建制中纷纷失去了独立存在的基础。随着现代人文科学各分支学科之间的分野越来越细致和明确，像汉学、印度学这样从语文入手对一个地区、民族和国家进行百科全书式的研究，与现代人文学科的学术分类明显相矛盾，故很难继续维持下去。于是，这些曾享有崇高学术威望的语文学学科迅速被肢解，融入了文学、历史和哲学（宗教）研究等不同的分支学科之中。此外，二战之后的美国，在冷战愈演愈烈的国际政治背景之下，由中央情报局和联邦调查局等政府机构，和福特、洛克菲勒等许多民间财团和基金会的联合推动和支持下，北美各大学中纷纷建立起了名目繁多的"区域研究"项目，开始将"区域研究"作为一个主修学科，整合进大学的教学和研究体系之中。

　　所谓"区域研究"，简单说来就是对一个地理的、民族的、国家的和文化的特定区域，进行结合人文和社会科学的跨学科研究，它涵盖语言、历史、地理、文学、文化、政治、经济、社会、战略和国际关系等所有学科的研究，尤其重视对这些地区之现实政治和经济进行社会科学的研究，明显偏重政治导向和理论阐释。在这样的大背景下，前述那些属于东方学范畴的分支学科则纷纷被改变成为一种"区域研究"，如汉学和印度学被分别改变成为"中国研究"（China Studies）和"南亚研究"（South Asian Studies）。像汉学这样传统以语言、文献和文化研究为主要内容的民族、国家的语文学研究，在北美大学中通常会被整合进入东亚语言文学研究系（Department of East Asian Language and Literature），成为对东亚地区之"区域研究"的一个重要组成部分。

　　事实上，当汉学被"中国研究"取代时，曾经辉煌的汉学时代到此就已宣告结束了。语文学从来不是"中国研究"最基本的学术研究方法，用像诸如"理性选择理论"（Rational Choice Theory）这样的社会科学理论，看起来完全可以更好地解释中国现实的政治和经济形势，预测其将来的发展趋势，所以,人们似乎完全不必再花那么大的力气,去学习和研究中国古代的语言、文献和历史文化了。当然,将众多有着完全不同的学术背景和专业训练的学者们聚集在一起,组成一个被称为"中国研究"的跨学科的区域研究项目,这并不是轻而易举就能取得成功的。如何在不同学科之间,就对学术主题的设定和分配、不同学术方法的选择和使用,和不同学术标准的确定和统一等等,进行有效的协调和整合,这是十分棘手和难以解决的问题。

前述北美"区域研究"的崛起和传统汉〔语文〕学的衰落就是薛爱华写作这封公开信的时代历史背景。"区域研究"的兴起和文史哲等学科的明确划分,这二者促成了使曾经享有崇高学术地位的汉学和汉学家们失去其学术家园的尴尬局面。而将研究同一个地域范围的语言、历史、金石文献、文艺批评、经院哲学、政治进程、社会动态、财务形势,甚至花岗岩石的学者们都集合在一起,形成一个"区域研究"主修学科,这在薛爱华看来十分荒唐可笑。"区域研究"既没有统一的学科性质,也没有严格的学术方法,何以能够成为一个主修学科?不甘平庸的薛先生自然不乐意与从事"区域研究"的庸才和半吊子们为伍,也不愿意做一名非驴非马的汉学家,坐视曾经德隆望尊的汉学蜕变为众多不伦不类的"区域研究"项目中的一个——"中国研究"。

正是在这种极其困难的形势下,薛爱华不得不承认汉学已经走到了它的终点,汉学不能再那么天真、幼稚了,是它"该长大的时候了",于是,他向自己的学术同行们建言,干脆彻底抛弃曾经给他们带来过荣耀的汉学和汉学家的身份认同。与其像曾经的非鱼非鸟的"欧洲学家"一样,做一名非驴非马的"汉学家",和一伙道不同不相与谋的"中国学家"们为伍,倒不如自觉地投身和融入语言、历史、文学和哲学研究等人文学术的分支学科之中,成为可与这些学术领域的同行们在普遍流行的学术标准下公平竞争的专家学者。早在"区域研究"兴起以前,幸运的欧洲学家们就已经卸下了"欧洲学家"的包袱,成为分别研究欧洲文学、历史和哲学的专家学者,得以免受因"区域研究"的兴起而给汉学家们带来的冲击和羞辱,所以,汉学家们只要抛弃汉学和汉学家这个名头,转而在文学、历史、哲学、宗教和政治学等专业领域中寻找自己的学术出路,他们就能摆脱困境,涅槃重生。

当然,薛爱华先生自己则不想"拥有自大的'历史学家'或者自负的'语言学家'这样的名头",而要继续做一名"对与物质文化相关的中古汉语文献特别关心的语文学家"。他认为语文学家或可以是二流的,但语文学并不是一个二流的学科,不能让某些二流的语文学家破坏了语文学这个具有悠久传统的一流学科,语文学家绝非天生就是二流的学者。虽然薛先生研究中古汉语文献,但汉学可以是一门世界性的学问,故他不以汉学家或者中国研究的同行们为学术上的竞争对手,他的目标是要做一位可以与世界上研究比鲁尼、阿格里克拉和乔叟的优秀学者们并驾齐驱的一流语文学家。

值得强调的是,薛先生在公开信的一个注释中还专门给出了他给语文学下的一个明确的定义,他说:"我使用'语文学'这个词并不是,如先前一样,作为那个我们现在称之为'语言学'的一个同义词,而大约是如《韦氏新国际字典》(第二版)中开篇所说的那个意思,即'对主要是在其语言、文献和宗教中表现出来的文明人的文化的研究……'我更倾向我自己的定义:'〔语文学〕是对文本遗存的分析与阐释,利用如金石学、古文字学、训诂(解经)、低等和高等批评等学术手段,引向对作为文化复杂性和思想微妙性的一种直接表现的文献/文学的研究。'语文学,像整体的人文科学一样,目的在于〔获取〕比较而言抽象水准较低的知识,例如与社会学相比较,尽管其技术可能是高度抽象的。终究,语文学关心的是具体的、个人的、直接的、具象的、表现的知识,故而与传记、图像、象征与神话等相关。语文学之家,正如历史之家,拥有众多宅邸。我想,在我的定义中,风格批评、民俗学家、词典编纂学者和许多其他别的人都各有其位置。"这样的一个语文学定义当然首先是薛先生对他自己的学术实践的一个总结,但它也是对传统汉学,或者说汉语语文学研究及其方法所作的一个十分确切的定义和总结。

正是由于对语文学的坚持,薛爱华最终成为一位名满天下的优秀汉学家。但是,他于这封公开信中所表达出来的这份对"区域研究"的愤愤不平之情和要拯救汉学的良苦用心,显然都未能阻挡住汉〔语文〕学受"区域研究"冲击而彻底走向衰落的进程。那些在"区域研究"的学科框架下从事中国研究的学者们,自然不都是一些非鱼非禽(非驴非马)的"庸才"和"半吊子"(票友),他们当于不同的学科专业领域内学有专精,术有专攻,各有各的优秀和卓越。严格说来,"区域研究"始终不是一个学科(academic discipline),它更像是一块汇聚各路英雄的金字招牌,美国的大部分中国研究专家,正如薛先生所希望的那样,因抛弃了汉学家的名分,而得以成为能在文学、历史、哲学、政治和经济等学科内各领风骚的专家学者。当然,不得不说的是,在美国的中国研究领域内,从此再难见到像薛爱华这样毕生以语文学为职业的具有经典性意义的优秀汉学家。这或亦一如薛先生之所愿,汉学和汉学家于北美学界业已成为一个历史名词。

六、语文学 Vs 超语文学

20 世纪中叶以后,语文学于西方学界的境遇和影响力每况愈下,逐渐走下了学术神坛。语文学开始被人认为是一种机械、守旧的学问,不但枯燥乏味,事倍功半,而且对于人生也毫无价值和意义可言。导致语文学于世界范围内衰落的原因,细究起来有很多,除了区域研究的兴起是其中的一个很重要的原因外,新理论范式、新思想的流行,特别是以解构为标志的后现代主义的兴盛,无疑也给语文学的生存和发展带来了十分致命的打击。语文学家们不管有多么的优秀,也都难以摆脱时代政治、社会和思想的影响和束缚,任何细致的文本分析和客观的意义阐释或也终难抵达语文学实践之究竟,完美地揭示文本的真实意义。所以,语文学的魅力和权威随着后现代主义思潮的登场而不断受到质疑和挑战,终于成为明日黄花(aging lady philology),不再辉煌。

可是,当红丽人般的后现代文艺理论(Lady Theory)如火如荼地发展着的 20 世纪 80 年代,西方文学界却开始频频有人发出"回归语文学"(The Return to Philology)的呼吁,让语文学这个在当代社会几乎被遗忘了的词汇重新回到了人文思想界的视野之中。从近现代人文科学学术史的角度来看,"语言学"和"文学研究"本来就是以语言和文本为研究对象的语文学的最直接的传人。语文学是一门带着人文和历史关怀来研究人类语言和文献的准科学,它既有科学理性的一面,同时也离不开推测的维度。进入 20 世纪之后,语文学开始裂变为语言学和文学研究(比较文学)两大各自独立的学科,前者向更加科学的方向发展,而后者则越来越朝着人文和历史研究的方向进步。随着语言学和文学研究这两个学科的发展和成熟,语文学便渐渐在学术体制内消失了。可是,语言学不断增长的科学性和技术性,使它渐渐失去了学科的人文性质。而文学研究则因过分强调阐释的力量,不再给文本以应有的地位,逐渐沦为一门没有学术聚焦点的、无所不包的人文学科,且日渐远离科学理性,与精准、严密的文本语文学形成强烈的对照。这大概就是为何自 20 世纪 80 年代以来时常会有文学界的大佬们,如保罗·德曼和爱德华·W.萨义德(Edward W. Said, 1935—2003)等,站出来呼吁文学研究要"回归语文学"的重要原因。

"东方主义"(Orientalism)理论之父萨义德先生在去世前不久所作的一

次题为《回归语文学》演讲中开宗明义："语文学于二十一世纪之初差不多是与人文科学相关的所有学术分支中最不时髦、最不性感、最不现代的，同时也是最不可能在有关人文科学对于生命的重要意义的讨论中出现的。"①可是，他又认为当下的文学研究学科已经失去了明确的主题和发展方向，文学批评中充满了不着边际的大话或者行话，很多不过是作者们"职业性的自我迷恋"（professional self-absorption）和"轻率的政治性的装腔作势"（facile political posturing），讨论的又都是诸如"广大的权力结构"（vast structure of power）一类的宏大叙事。而导致文学研究失去其焦点的主要原因是职业训练中语文学的衰落和缺失。而没有了语文学的文学批评，则无异于一种披着职业外衣的避苦趋乐的本能行为〔或曰"快乐原则的职业形式"（the professional form of the pleasure principle）〕，只有悔罪式地回归语文学，作为学术的文学研究方可获得新的整合，以重归正道。

保罗·德曼是早于萨义德的一位北美著名文艺理论家、耶鲁解构学派的灵魂人物，他曾针对当时美国文学教学和研究界对以德里达（Jacques Derrida，1930—2004）的解构主义为代表的流行文学理论的激烈批评做出了的回应，率先发表了题为《回归语文学》的文章，提出了"在实践中转向理论即出现为对语文学的回归"，②鲜明地倡导一种全新的、升华的语文学形式。德曼和萨义德对"回归语文学"的呼吁，促使许多几乎没有在意过语文学的人开始关注语文学。斯坦福大学的比较文学大家汉斯·乌尔里希·贡布莱希特（Hans Ulrich Gumbrecht）也发表了一部题为《语文学的力量：文本学术的活力》的著作，③不但呼吁人文学术，特别是比较文学研究要回归语文学，而且还对语文学的学术方法做了简要的介绍。这几位著名文学研究大家对回归语文学的呼吁或给人以这样的错觉，即正当结构主义理论为标志的文艺批评甚嚣尘上之时，北美文学研究领域依然对语文学有着强烈的兴趣和一种较之过去不同的理解。

前述已经提到，早在 1988 年，当时还很年轻的哈佛大学中世纪拉丁语文学助理教授茨奥科夫斯基先生受德曼《回归语文学》一文的感召，在哈佛

---

① 见本书中爱德华·萨义德：《回归语文学》，第 328—346 页。
② 见本书中保罗·德曼：《回归语文学》，第 322—327 页；关于保罗·德曼倡导的"回归语文学"或"对理论的抵抗"等一系列结构主义理论讨论亦见沈卫荣：《文学研究的理论转向与语文学的回归——评保罗德曼的〈重回文学〉》，《回归语文学》第一章，上海：上海古籍出版社，2019 年。
③ 汉斯·乌尔里希·贡布莱希特：《语文学的力量：文本学术的活力》（*The Powers of Philology: Dynamics of Textual Scholarship*），乌尔巴纳与芝加哥：伊利诺伊大学出版社，2003 年。

大学文学与文化研究中心发起组织了一次题为"何谓语文学"的学术讨论会。逾二百余人参与了这次会议,会后出版了《论语文学》一书,汇集了十二位发言人及其回应者对语文学及其与古典研究、文学研究、文艺理论、女性研究等学科的关系的看法,篇幅虽然短小,但寓意深远。在《论语文学》一书的导言中,茨奥科夫斯基说明组织这次会议的初衷是想让在不同科系中的教师们来检验自身对语文学的认知,并以语文学的方式去分析语文学,从而试图寻找语文学的真相,包括不同学科对"语文学"这一词汇的最早和后续的应用、语文学和阐释学在圣典研究中的不同、语文学与语言学的关系,以及语文学在文学批评中的位置等。① 茨奥科夫斯基意图从语文学的历史中去打破人们对这一学问的刻板印象,他与多位古典学家一起,强调语文学之于当代任何一个涉及文本、文献的人文学科的基础作用。然而,从会议的成果来看,此次讨论似乎是语文学与理论二者在文学研究与教学中的"权力"较量的战场。对此,茨奥科夫斯基感到十分疑惑,认为我们不能将自身的专业割裂为两个层面,一层完全专注于概念上的问题,一层完全投入文本与技术工作,希望在某些理论的解构意图和语文学普遍的重构工程之间找到一条中间道路。遗憾的是,在此以后的近二十年时间内,这样的一条中间道路显然并没有被找见。

2005 年,已经是哈佛大学讲座教授的茨奥科夫斯基先生发表了一篇题为《超语文学》的长篇书评,同时对贡布莱希特的《语文学的力量:文本学术的活力》和另一位美国著名的比较文学研究大家、加州大学圣地亚哥校区文理学院院长塞思·雷厄(Seth Lerer)的《错误与学术自我:从中世纪到现代的学术想象》②这两部著作提出了十分尖锐的批评。③ 茨奥科夫斯基毫不顾惜这二位学术同行的情面,对这两本语文学著作表现出了明显的不满,甚至不屑;他不厌其烦地在书中挑各种错漏,对作者的学术态度和学术水准提出了犀利的批评。从这篇书评中,我们不但可以看出茨奥科夫斯基先生自己对语文学的执着和坚守,而且也能看出他对当下学术因背离语文学传统而有失水准的痛心。

---

① 参见本书收录的《论语文学》一书的导言:扬·茨奥科夫斯基:《何谓语文学?——导论》,第46—56 页。

② 赛思·雷厄:《错误与学术自我:从中世纪到现代的学术想象》(*Error and the Academic Self: The Scholarly Imagination, Medieval to Modern*),纽约:哥伦比亚大学出版社,2002 年。

③ 扬·茨奥科夫斯基:《超语文学》("Metaphilology"),载于《英语与日耳曼语文学集刊》(*Journal of English and Germanic Philology*)2005 年第 104 期第 2 辑,第 239—272 页。

首先,茨奥科夫斯基毫不含糊地批评贡布莱希特的《语文学的力量》一书或是"有关语文学的著作中最不语文学的一种",它的范围和做派或可以"超语文学""泛语文学""假语文学"和"伪语文学"等等名称来界定,但绝不是正宗的语文学。[①] 它更像是一种"philo-blogging",即"热爱—写博客"的网文类作品。尽管这本书的主题是讨论语文学的核心实践,即如何收集、整理(编辑)、评注、历史化和教学文本等,但尽是些泛泛之论,浅尝辄止,没有提供足够的实例可以引导读者去深入了解语文学的具体做法。而书中对所诠概念定义的模糊和不一致、写作手法的随意和不规范、援引资料的片面和不准确等等,无一不都正好走向了语文学的对立面。为了说明这本书在语文学意义上的不学术和不严肃性,茨奥科夫斯基列举了书中由于不严谨而造成的种种错误,指出在结集出版中亦未对原已发表的文章中出现的明显错误进行修改等等不专业、不认真的学术态度。

茨奥科夫斯基觉得,贡布莱希特虽然著作等身,但更像是一名公知,本没有能力和资格写作一部有关语文学的著作,更没有必要出版这样一本已经重复发表多次的小书,他完全不应该"趁热点"而写作这样一本以"语文学"标题的著作来误导读者对语文学的认知。因此,贡布莱希特和德曼一样,他们在意的不是语文学,而是一种似龙而非龙的"超语文学"。茨奥科夫斯基在他的这篇书评中,即以挑拣语文学错误的方式——一种传统语文学的实践——指出贡布莱希特这本著作的非语文学性质。

茨奥科夫斯基评论的第二部作品雷厄的《错误与学术自我:从中世纪到现代的学术想象》探讨的是文学研究的职业化与界定错误之间的共生关系,讨论了强调批判和正确的学术写作风格是如何和为何如此发展起来的,并指出这个问题的答案应当在中世纪和文艺复兴时期的语文学中,特别是在错误中去寻找。在导论开篇,雷厄说道:"我不认为我已经出版的任何东西中有哪一种是没有一个错误的。各种打字错误悄悄地混杂在里面,逃过了校对。错误的引文和错误的翻译拒绝接受改正;有时事实和判断看起来差不多是故意地要与实际的证据和被普遍接受的观念相违背。所以,去找出这样的错误看来是读者们的责任。为出版者〔服务〕的评审者们,和他们之后的图书评论人等,经常带着善意开始得很好,但赞扬很快散落为〔一地鸡毛〕,成为对学问的卖弄,最终的报告和评阅书常常就是对〔书中〕错乱的

---

① 此书的导言部分被收录于本书,见贡布莱希特:《何谓语文学的力量?》,第57—62页。

句子和短语的罗列。"显然,这段带着几分自嘲的开场白本来是雷厄用来抵御批评的新战略,可是,它不但没有堵住茨奥科夫斯基的大嘴巴,反而引来了异常猛烈的批判。

在这个号称"作者已死"的后结构主义时代,每本著作都像是一个独立自主的生命体,意义有自己的意志,对错也有自己的逻辑,人文科学也无法像自然科学那样用实验来证明它能否再生或重现;但是,茨奥科夫斯基坚持认为避免错误和找出错误依然是作者,而不是读者的责任,学术著作常以别人的著作为依据,所以在恰当的地方作者必须准确地标明其观点的依据和出处,以便读者能够验证这些说法是否言之成理,持之有故。① 作者不应该将读者的赞扬释为"善意",将批评斥为"卖弄学问"。茨奥科夫斯基对《错误与学术自我》中随处可见的打字错误、引文错误、翻译错误,以及各种与实际的证据和被普遍接受的观念相违背的事实与判断等等,都挑选出典型的例子,对它们做了细致,乃至琐碎的说明和纠正,指出雷厄的书中出现了足够多有意的、无意的,严重的和次要的错误,足以令人对他书中表述的那些最引人注目的观点的可靠性产生十分严重的怀疑。

不论是对德曼"新语文学"的批评,还是对继承发扬这一理念的贡布莱希特和想跳跃出基础语文学的雷厄的揭穿,孜孜不倦于拉丁语文学实践的茨奥科夫斯基对挂着语文学的羊头、却卖着文艺理论的狗肉,企图在新文化的冲击下再拾文艺理论之往日辉煌的这些理论家们,难抑心中的怒火。他慧眼独具,看出隐藏在这一波"超语文学"浪潮背后的一个事实是:语言文学在与电影、音乐等相应的人文学专业的对比中逐渐失去了重要性,而相较于社会科学和工科专业,人文学科又在整体地急速衰退。因此,语言文学的教授们感到被边缘化了,不像从前一样受到尊重了。于是,这些文学理论家们开始将"语文学"这一身份作为一根救命的稻草,大声疾呼"回归语文学"其实更像是一场后现代的表演,而非对作为人文科学基石的语文学对于当下学术和教育之发展和进步的意义有深切的理解。

从《超语文学》这篇精彩的书评中可以看出,茨奥科夫斯基擅长的主要是通过分析语言的形式、结构、语法来讨索其词义,以达到正确理解文本意

---

① 关于"作者已死"对传统语文学文本研究的影响参见李婵娜:《从被遗忘的卡尔·拉赫曼谈起:我们为什么必须回归语文学》,载于《文汇报》2019 年 8 月 2 日第 W12 版,"文汇学人·书评",第 1—5 页。

义的狭义语文学研究工作。当然，一位优秀的语文学家绝对不是没有思想、不懂哲学，只会故弄玄虚、卖弄学问的书呆子，读过《超语文学》这篇书评的人，大概没有人会把茨奥科夫斯基当作是雷厄笔下那种注定会遭受作者〔和读者们〕嫌弃的"pedantry"（卖弄学问的书呆子）。相反，语文学家身上散发出的博学、精致、执着和脱俗的气质，则正是"学术魅力"（academic charisma）之所在。而贡布莱希特出版于 2003 年的《语文学的力量》，是极少数标题中直接使用"语文学"这一名称的学术著作，在当时各种后现代理论于西方文化研究领域内甚嚣尘上，各种天马行空式的文本解释法和各种高深莫测、不知所云的学术行话层出不穷，令人目眩神迷、无所适从之时，贡布莱希特对语文学的公开倡导，对收集、编辑、评注和历史化及教学文本等语文学的核心实践的解释，至少使差不多已被人遗忘了的语文学重新回到了大众学界的视野之中。

　　人们常常将语文学的衰落归诸于语文学家无法将语文学哲学化，没有能力将他们所做学问的意义提升到哲学的高度，故以文艺理论家称闻于世的贡布莱希特给语文学正名，给一门被世人看扁了的古董式学问从哲学的高度赋予其当代的学术和思想意义，并没有把它当作一部可以用来训练自己语文学技能的书。然而，正如茨奥科夫斯基所示，《语文学的力量》在很多方面直接与语文学背道而驰，这对他所倡导的语文学无疑是一个莫大的讽刺。如今，我们习惯于将语文学与哲学、语文学与理论绝对地对立起来，但是，一种哲学或者一种理论，如果完全经不起语文学的实证检验，那么，它怎能值得人们相信？它的力量从何而来呢？早在 19 世纪早期，德国著名哲学家、语文学家施莱格尔（Friedrich Schlegel，1772—1829）就曾经这样说过："语文学家应该像语文学家一样做哲学的研究，而哲学家应该把哲学也应用于语文学。"（Der Philolog soll〔als solcher〕philosophiren, der Philosoph soll Philosophie auch auf die Philologie anwenden）[①]语文学与哲学本应当相辅相成，而不是相互对立或者排斥。

　　茨奥科夫斯基指出《错误与学术自我》中出现的林林总总的语文学的错误，这自然不是有意要吹毛求疵，同样也不是为了要全盘否定雷厄这本书的学术成就和价值。严肃的学术批评的意义是为了让学术变得更好，所以有

---

① 　转引自伊恩·巴福尔（Ian Balfour）：《语文学的哲学与阅读的危机》，载于《语文学及其历史》，肖恩·古尔德（Sean Gurd）编："古典记忆/现代身份系列"丛书，俄亥俄州立大学出版社，2010 年，第 192—212 页。

必要告诉读者做好学术是多么的不易。鲁迅先生曾经说过："对于历史小说，则以为博考文献、言必有据者，纵使有人讥为'教授小说'，其实是很难组织之作。"①小说尚且如此，更何况学术呢？语文学研究，要做到十分的彻底和究竟，几乎是一件不可能完成的使命，需要一代代的学者们前赴后继的努力。

茨奥科夫斯基于《超语文学》的最后说："在一个节骨眼上，当许多学术出版机构无法遵循过去的常规，为书稿的初审和后期编辑做很多的时候，不管我们将我们自己称为语文学家、比较学家、文学批评家、文艺理论家、文化史家、中世纪研究学者，还是任何其他什么东西，且不说是对语文学的回归，只要我们能够承诺将开始重新小心谨慎地对待学术，那么，一切都还会不错。也许别人会觉得我还有这样的信念是过时到了无可救药的地步了，但是我还是要把它说出来：只有对言语、事实和观念等同样地显示出我们的关心，方才对得起我们自己，对得起学问的分类和我们表述的思想，最终也是最重要的，是对得起文学。假如我们必须'重新语文学化'语言和文学研究，那么，我们就应该在这个范围内开始做。不管我们正在做语文学还是超语文学，让我们热爱语文（let us love the *logos*）。"诚哉斯言！"热爱语文"是语文学的本质，也是人文科学实践的核心。

七、未来语文学和世界语文学

尽管说清"语文学"本身在西方学术史和概念史中的定义和意义是一个极其复杂的课题，任何学术实践要完全符合语文学于其长期的发展历史中所形成的一整套学术规范和达到它所期待的学术水准，实在是一件十分不容易做到的事情。但是，我们可以确信的是，"热爱语文"的精神与其衍生出来的学术实践根植于世界每一个文明及其学术的历史中。近年来，又有一批受过很好的语文学训练，然而对学术史、思想史有着浓厚兴趣的专业语文学学者，携手一些对语文学于近代人文学术研究历史中的意义和价值有过深入探讨的思想史、哲学史家们，开始高调重提回归和复兴语文学这个话题，探索世界各种宗教、文化和学科、学术背景中的不同的语文学传统，试图构建出一幅"世界语文学"的历史全景图。他们分门别类地讨论当代人文学

---

① 鲁迅：《故事新编：序言》，文化生活出版社，民国36年，第1页。

术研究各个学科与语文学的关系，并再次将语文学提升到人文科学研究之最基本的学术形式的高度，其中最具有代表性的成果即是近年哈佛大学出版社初版的论文集——《世界语文学》。①

这部论文集的主编之一是美国哥伦比亚大学南亚、印度学教授谢尔顿·波洛克先生，他是当今国际学界对语文学最卓越和最有影响力的推手。在《世界语文学》的导言中，波洛克先生强调今天的语文学学科正面临着前所未有的危机，人类文明将首次进入一个没有语文学的时代。"语文学已经在如今'学术大产业链'中被置于最末端"，当诸多附属学科——文学史、文学批评、比较文学、语言学——在 20 世纪上半叶逐渐脱离语文学时，学科之间的界限，不论是在制度上，还是在思维上，都被僵化了。尽管语文学的历史本身展示它曾经是一门多么综合的学问，但是，在目前高校教育与人文学术中，语文学的综合性已被肢解，而且它被刻板印象化为一种与理论对立的东西。因此，不论是从西方文明的历史进程来探索，还是从世界不同文明现象中去打破术语困境，"世界语文学"的提议则是试图通过多样性的展示来把语文学塑造为一个统一的全球知识领域（a unitary global field of knowledge）。②

诚然，通过对不同文化中的语文学现象和实践的对比发现，西方从古希腊罗马传统中发展而来的语文学的定义并非能够适用和囊括世界其他文明中的各具特色的文本传统，例如阿拉伯文化中的"ṣināʿat al-adab"（文学艺术）、中国晚清时期的"考证学"、日本近代早期的"kokugaku"（国故、国学）等等；然而，这些非西方文化传统中表现出来处理文本的方式，其中有关注语法问题的、有处理写本历史和印刷本来源的，还有对比校正不同读本和思考阐释问题的等等，均应该是我们理解的语文学的组成部分。"世界语文学"的构想无疑想通过对世界文学史、思想史的研究，在当下全球高等教育体系中，为作为一门独立和完整的学科的语文学，构建其成立的理论基础。

虽然，"世界语文学"与世界学术史上的语文学息息相关，但不得不说，对"世界语文学"的建构和设计更多是为创造一种推动"未来语文学"发展的新的学术理论和学术范式，它们与德曼和萨义德等人早年提出的"回归语

---

① 本书中收录翻译其中关于欧洲人文主义、梵语语文、伊斯兰《古兰经》语文与文学诗歌研究的四篇文章。

② 见谢尔顿·波洛克等编：《世界语文学·导言》，第 22 页。

文学"的呼吁可谓异曲同工。① 如前所述,20 世纪 80 年代学者们受德曼的启发而讨论"何谓语文学",并开始寻找一条能兼顾思想概念与文本处理技术的中间道路,不幸的是,在波洛克先生等构建的这个世界语文学图景中,我们似乎依然见不到这条中间道路的正确轨迹。

波洛克重建"未来语文学"的计划在他近年接连发表的语文学"三部曲"中得到了最鼓舞人心的说明,这三部曲分别是:《未来语文学? 一个硬世界中的软科学之命运》《语文学的三个维度》和《语文学与自由》。在《未来语文学?》一文中,他系统阐释了自己立志让语文学作为一门独立的学科、一门软科学重新回到世界人文学术之中心位置的雄心壮志。他对语文学进行了哲学化的提升,精心设计了一整套"未来语文学"的理想。不但要把语文学从全球性的衰亡中拯救出来,而且更要对这门古老的学术传统给以革命性的改造,使它成为 21 世纪世界性大学中的一门具有独立学科地位的显学。② 接下来,波洛克又在《语文学的三个维度》一文中为语文学提供了一个具有创新意义的、广泛的定义,他说语文学是"一门让文本产生意义的学科",即把语文学当作一门解读和诠释文本的学问;同时,他认为语文学及其研究应该具有三个层面的展现:文本的创生("历史的层面")、文本的接受传统("传统的层面")以及文本对于语文学家自身的意义("当下的层面")。语文学家若要真正读懂一个文本,并能说明白它的意义,就必须同时兼顾这个文本于这三个不同层面上所产生的所有意义。③ 而《语文学与自由》则把这个语文学重建计划推向了一个理论巅峰,波洛克哲学式地探讨了语文学的历史、理论与伦理观三者的关系,提出了语文学学科范式的新定义,指出语文学的"主要议题在于使文本产生意义,其鲜明的理论概念在于给予解释,而其独到的研究方法则包括以文本对勘、修辞学以及诠释学等各

① "未来语文学:重访文本学术的经典"(Zukunftsphilologie:Revisiting the Cannons of Textual Scholarship)是由德国柏林自由大学主办、创建于 2010 年的跨学科论坛项目,专门支持全世界范围内语文学与文本学术史的批判研究,旨在重审欧洲中心主义与殖民主义的范式(官网:https://www.zukunftsphilologie.de)。2016 年,项目启动了专有期刊《语文学的相遇》,目前已出版 5 期。本书中收录有多篇出自此期刊的文章。关于该项目的缘起与构想详见创刊号文章:伊斯兰·达耶(Islam Dayeh):《世界语文学的潜力》("The Potential of World Philology"),载于《语文学的相遇》2016 年第 1 期,第 396—418 页。

② 见本书中谢尔顿·波洛克:《未来语文学? 一个硬世界中的软科学之命运》,第 394—426 页;关于此篇文章的进一步探讨可参见沈卫荣:《语文学、东方主义和"未来语文学"》,《回归语文学》第二章,上海:上海古籍出版社,2019 年,第 63—124 页。

③ 见本书中谢尔顿·波洛克:《语文学的三个维度》,第 427—443 页。

种形式进行的文本分析";同时,波洛克还指出我们之所以需要维护语文学,只是因为我们需要维护在语文学影响下所培养的核心价值观——致力于追求真理、人类团结以及批判性自我意识。重新定义语文学旨在帮助语文学自我解放,而确定核心价值,是为了促使我们理解语文学如何能够解放作为学者及公民的我们。① 波洛克大胆的理论创新、开阔的思维与卓越的远见无疑给语文学家及其爱好者们以极大的鼓舞,正如他所宣称的那样,对语文学定义的拓展是在新的人文学术环境下重新确定语文学的核心价值。兴许通过这样的调整与解放,我们在哲学与语文学、思想与技术之间可以找到一条中间道路。

有意思的是,作为一名南亚梵语文学研究———门于近代西方语文学实践中学术标准达到了极致的东方学学科——的教授,波洛克并未以任何应用于古典学科的大陆语文学实践案例去复兴这门高技艺、高智识的"硬科学"。在他的一系列专业作品中,波洛克一致地带着理论的观照在不同时期的梵文文献中勾勒自己关心的图景,他的研究大概依然应该归属于以理论为基点,叙述阐释为论点的北美文学研究的主流大军,②其专业研究的基本方法并没有传统欧洲语文学的复杂和精致。他以研究印度史诗《罗摩衍那》专业出道,在执业初期翻译了《阿逾陀篇》和《森林篇》,其英文翻译之流畅体现了梵文诗歌节奏,去除了陌生古老的梵文术语所带来的阅读障碍,为英语读者提供了一个清晰的、可读的和忠实原文的读本。③ 在这部专著中,波洛克强调罗摩在文学叙述中复杂的本质,提出需将作品与同体的天神当作一个文学创作的整体进行阅读,从而提出了在印度史诗中体现的一种神授君权(divine kingship)的理论。④ 这样的研究理路在其收录在《世界语文学》中的文章《何谓梵语语文学?》中仍然体现得淋漓尽致。因此,当波洛克在大谈语文学学科理论时,许多欧洲语文学的同行,特别是他的欧洲印度学同行们并不以为然。波洛克曾经发表过一篇题为《深度东方主义》的文章,揭露

① 见本书中谢尔顿·波洛克:《语文学与自由》,第444—464页。
② 波洛克在最新对一部印度大诗研究新作的书评中又提出了"大小语文学"的概念,他显然更加关注的是古代印度研究的视角与理论发展,见谢尔顿·波洛克:《大小语文学》,载于《南亚、非洲与中东比较研究》2018年第38期,第一辑。波洛克的著作均可通过其个人官方网站查询:www.sheldonpollock.org。
③ 罗伯特·P.古德曼(Robert P. Goldman)编、谢尔顿·波洛克译:《跋弥的〈罗摩衍那〉:一部古代印度的史诗》卷二 & 卷三,新泽西:普林斯顿大学出版社,1986年 &1991年。
④ 对《森林卷》的书评参见理查德·H.戴维斯(Richard H. Davis),载于《亚洲研究集刊》1994年第53期第一辑,第263—264页。

和批判德国印度学家对印欧语系和雅利安人的构建所做的贡献,尖锐地谴责他们是德国纳粹法西斯主义的帮凶。① 对于这样的批判,显然德国的印度学家们难以接受,所以他们也同样难以接受波洛克宣扬的语文学理论,他们觉得虽然语文学曾被波洛克批得一钱不值,但他们从来没有离开过语文学,更搞不明白波洛克为何又要他们重回语文学,也不知道他要他们回到哪个语文学中去?②

八、作为人文科学研究之基本方法的语文学实践

尽管波洛克对语文学的倡导和宣传非常鼓舞人心,他的博学和雄辩不但使语文学重新回到世界学术视野中,而且也给本来被认为是保守、琐碎的语文学赋予了思想和理论的意义,但是,他要让语文学作为一门独立的学科、一门软科学重新回到世界人文学术之中心位置的雄心壮志是注定难以实现的。如前所述,语文学本来曾经是所有人文科学的起源和代名词,在文学、历史、哲学(神学、宗教学)等学科建立成为人文科学研究的主要分支学科之后,语文学总体代表人文科学研究的时代就已告结束。现代人文科学研究的标志是它必须是一种语文学的和历史学的研究,因此,长期以来语文学依然是文史哲等人文学科研究的基本学术方法。波洛克将语文学宽泛地定义为"一门让文本产生意义的学科",这看似想要人们重新回到语文学总括所有人文科学研究的那个黄金时代。今天流传到我们手中的文本,其内容无所不包,它们可以涉及语言、文学、历史、哲学、宗教、思想等所有人文,甚至社会科学和自然科学等所有学术领域,所以,作为"一门让文本产生意义的学科"的语文学应当囊括所有的人文和社科学术领域,这势必要超越波洛克要把作为"人文之书的语言"的语文学,和"作为自然之书的语言"的数学一样,作为一门独立的学科重新回到当代国际性大学的学术建制之中的

---

① 参见谢尔顿·波洛克:《深度东方主义? 关于梵文与超越国王的权力》("Deep Orientalism? Notes on Sanskrit and Power Beyond the Raj"),《东方主义与后殖民困境:来自南亚的视角》(*Orientalism and the Postcolonial Predicament: Perspectives on South Asia*),第76—133页。相关讨论可参见沈卫荣:《语文学、东方主义与"未来语文学"》。

② 参见尤根·哈能德尔(Jürgen Hanneder):《未来语文学:下一个方法〔时尚〕?》("'Zukunftsphilologie' oder die nächste M〔eth〕ode),《德国东方学会期刊》(*Zeitschrift der Deutschen Morgenländischen Gesellschaften*)2013年第163辑第1期,第159—172页。

野心。

　　平心而论,要让当下已经划分得如此明确和精细的人文科学研究重新回到文史哲不分家的语文学时代,这显然已经是不可能的了。即使是近二十年来学界不断积极倡导的跨学科研究,它也与语文学的学术精神和学术方法没有任何实际的关联,它并不是鼓励用语文学来整合整个人文科学研究。所以,要把语文学建设成为像自然科学中的数学一样的一门独立的人文科学学科,这似乎也很难实现。因为我们难以界定语文学这门学科的具体的学习和研究对象,我们无法把所有有可能的文本作为一门特定学科的研究对象。使人文学术回归语文学的一条最好、最可行的途径,应当是要号召人文学者们将语文学同时作为文学、历史、哲学(思想、宗教)研究的最基本的学术方法。只有这样,文史哲等学科之间才能获得有机的整合,我们倡导的跨学科研究也能够在人文学术研究中首先得到实现,而语文学则因此而可以真正返回世界人文科学研究的中心位置。我们都应该相信哈佛大学拜占庭学研究大家伊霍尔·谢维森科(Ihor Ševčenko, 1922—2009)教授曾经说过的那段话,即使在今天,语文学依然主要是由"设定和解释流传到我们手中的文本所构成的。它是一个很狭窄的东西,但离开了它,任何其他研究都是不可能的。"①

　　如何在人文科学研究中,坚持语文学为最基本的方法,我们或可以目前依然将语文学作为岿然不动的学术主流的印藏佛学研究为例略作说明。于印藏佛学研究领域出现了许多位现象级的语文学家,他们通过对梵、藏文佛教文献的整理、译注而对印藏佛学所作的精湛研究已把语文学实践的方法和效益发挥到了极致。有人说语文学是一门于流亡中成长的学问,一种语言、一个文本距今的空间距离越遥远、年代愈久长、文化越隔膜、文本越残破,就越要求语文学最大程度地到场。或正因为如此,对古典梵、藏文佛教文献的研究,已成为当下西方语文学研究中一个特别令人瞩目的领域,其语文学实践的标准已经达到了一个令人难以企及的高度。

　　国际印藏佛教语文学研究的标准做法大致如此:选择一部前人尚未发现、注意或者研究过的梵文佛教文本,尽可能地收集到它现存的所有不同的传〔抄〕本,先将其中一个最早或者最完好的本子逐字逐句的照录,以此为基础对众多传抄本进行十分细致的对勘,即释读、比较、编辑,由此整理出一个

---

① 转引自扬·茨奥科夫斯基:《何谓语文学?——导论》,见本书中第51页。

既能汇集各种传〔抄〕本又能显示它们之异同的精校本。在这个精校本中，语文学家要对文本中的用字、音读、语法、修辞、逻辑和上下联系等做仔细的考量，并依此对这个文本做出基本的释读；然后通过对文本所传达的意义的推敲，再参照相应的藏文译本及其释论等，对文本中出现的各种文字的差异做出当如何取舍的解释和建议。紧接着，严格按照原文的文字、结构和意义，将这个文本翻译成现代语文，并根据与这个文本相关的其他一手的文本和二手的前期研究成果等所能提供的资料，对这个文本中出现的所有经、续、论、赞颂、仪轨，以及各种名物制度的名称等，于脚注中尽可能多地举证相应的资料，并对它们做出详细的分析和解释。值得注意的是，语文学作品中字典般的脚注信息并不比亚于任何一种新颖的阅读视角所带来的认知价值。

　　通常，一个佛教文本的精校本和它的译注本的完成，就表明一部合格的语文学著作的诞生，欧洲早期的佛学研究著作绝大部分属于这一类作品。可是，一位优秀的佛教语文学家，通常也是一位杰出的佛教哲学家、思想家，他们从事佛教语文学研究的目的不仅仅是从文献学的角度来厘定文本，而且还要从哲学史和思想史的角度来诠释文本，所以，他们常常会在精细地厘定和忠实地翻译文本的基础之上，再花一番被称为"高等批评"（higher criticism）的语文学工夫，即对文本的作者、成书背景、流传和被接受的历史等作进一步的探究，从对文本的分析、对勘中构建这个文本形成、传播的历史，再通过对文本的释读和分析，对文本的微言大义作出哲学的和思想的分析和阐发。或者从对文本的分析、对勘中构建这个文本形成、传播的历史（history through textual criticism）。分析和解释文本的思想和意义，也是语文学实践的核心内容，即如波洛克给语文学的所做的一个最新定义是"一门让文本产生意义的学问"。① 因此，相比波洛克去除"印度性"的流畅的英文翻译，一部专业的语文学翻译著作也许往往并不具备较高的可读性，它要求与原文对应的精准性很难被当下阅读的理论臆测化约。

　　在同一种古代语言文献研究中比较，较之波洛克的《何谓梵语语文学?》，牛津大学南亚语文学家艾莱克斯·桑德森（Alex Sanderson）对梵文密教典籍的研究却展现了截然不同的学科路径，而后者才被认为是优秀的欧

---

① 对此做法的首次归纳讨论见沈卫荣：《说不尽的语文学》，载于《光明日报》2019 年 8 月 31 日，第 9 版。

亚语文学代表作品。① 同样是对梵文历史文献的处理,波洛克提出了可否在梵语文学传统中找到某些古代印度语文学实践的理论,他从文学史的案例中,从思想史的角度探讨印度先哲处理、阐释文本的不同方式;与之形成鲜明对比的是,桑德森通过对南亚古代宗教文献的广泛、细致的比较研究,重新考察了密教起源的历史。显而易见,虽然二者均从当下我们的关注立场出发,即解开我们欲想了解的古老过去的面貌,但波洛克带着当下的问题回到了思想史中,他一再地强调印度本土历史上对于文献文本阅读不同的方式,带领我们回到了一种传统主义;而桑德森则采用了"通过文本的对勘、分析来构建历史"的方法,他对密典中出现的大量平行的段落进行同定、对勘和分析,揭示了这些文本互相间的连接及其相互引用的先后顺序,为建立起这些宗教传统的相对可靠的年代学顺序提供证据,最终建构起了这三种南亚的宗教传统形成、发展及其相互关系的历史脉络。② 如果说,波洛克通过文化的广度对比拓展了我们认知思维的局限性,那么,桑德森则是通过对文化深度的挖掘撬动了我们知识领域的广度。语文学之于前者是阅读对不同历史传统的回归,而对于 19 世纪已降的传统欧亚语文学而言,语文学将阅读导向了"科学的"历史文化研究。

　　对于语文学的讨论,我们最终又回到了认知模式的问题,或者说诠释学的问题。任何与文字打交道的人都在用自己的方式赋予其意义,但对于历史文化研究者来说,特别是在处理那些与我们不论时间还是空间距离更远的文本、文献时,我们的第一步无疑是需要一个正确的解读。比起担心语文学家"只见树木、不见森林"的迂腐,比如在一个貌似无关紧要的词汇上无休止地纠结,不如更加警惕和反省那些急于充当文本证据的、服务于理论范式的"凭直觉与自信"所作的文本阐释。例如,在极大程度上依靠文本研究的佛教学界,有一种声音认为北美学者是差劲的语文学家,他们鲜有使用原始文本资料,或这些材料被人以无知、夸张和轻浮的方式对待,以用于支持过分宽泛且目的可疑的学术假说。③ 实际上,并不是理论本身出了问题,严肃

---

① 艾莱克斯·桑德森:《从湿婆教(Śaivism)、五夜崇拜(Pañcarātra)和佛教瑜伽续(Yoginītantra)的文本对勘中构建历史》,弗朗索瓦·格力莫(François Grimal)编:《来源与时间》,巴黎:彭迪彻里法国研究所,法国远东研究学院,2001 年,第 1—47 页。

② 关于语文学进一步在印度学、西藏学与佛教研究中的应用参见沈卫荣:《文本的形成与历史叙事的建构——语文学与藏传佛教史研究》,《回归语文学》第四章,上海:上海古籍出版社,2019 年,第 125—172 页。

③ 关于语文学与理论各自在佛教研究的学术取径参见本书收录的两篇专文:K.R.诺曼:《佛教与语文学》,第 223—241 页;何塞·伊格纳西奥·卡贝松:《作为一门学科的佛教研究与理论的角色》,第 242—269 页。

认真的学术实践者关心的是研究的基石足够坚实与否。传统语文学和理论研究或许代表的是不同学术取径，或学术风格的选择。然而，我们不论是想从女性主义的视角去探讨佛教中的性别问题，还是通过对梵文、藏文、汉文多语版本《心经》的翻译对读去领悟"色即是空、空即是色"的基本佛学涵义，都需要从对佛教文本的正确理解出发，进而完成翻译，或其他语境下的再现阐释。任何人文学者都需要将一把"达摩克利斯之剑"悬置头上：当一位语文学家在挑剔、排查"语文学的地雷"时，正如茨奥科夫斯基的书评，其对语文学回归呼吁没有任何理论暗示，而是在实践中去纠正、修正简单明了的理解错误、偏差，为了维护一个有规范、赋有批判精神的现代学术而付诸行动。而只有拥有一个相对的文本真实，任何理论层面的解读才有意义。语文学作为人文科学基石，并不排斥理论研究，它只是一直在抗拒着"坏的学问"——那些没有依据、不甚严谨、缺乏学术规范的做法。

总而言之，语文学是现代人文科学的活水源头，在现代人文科学体系中，任何学科，哪怕是神学或者哲学，都必须首先是一种语文学的研究，否则就不能被认为是一种科学的人文研究。语文学式的人文科学研究并非要求每个人都必须像传统欧亚语文学家或者印藏佛教语文学家一样做这种令人望而生畏的学问，语文学实践的核心是要求学术研究必须从语言和文本出发，将文本放在它原有的语言、历史、社会和文化语境中对它作出合理和正确的解读。长期以来，人们习惯于将语文学与理论作为互相对立的两个极端，把它们看作是人文学术研究的两种截然不同的学术方法，推崇理论而鄙视语文学。事实上，语文学和理论本不可同日而语，语文学是人文科学最基本的学术方法，而理论或能给人打开一种新的视野，或是一种能给人以启发的新的思维角度，或者给人提供一种新颖的叙事方式，但任何一种理论都不可能直接成为人文科学学术研究的基本方法，也不可能替代细致、扎实的文本研究。人文科学学术研究的目的一定不是为了证明某种理论是如何的放之四海而皆准，而是为了揭示人类精神文明的丰富性、复杂性，揭示人类历史的发展轨迹。

本书集结了西方学界关于语文学讨论的十九篇经典文章，涵盖介绍作为现代人文学研究之基础的语文学的定义，其形成和发展的历史，其基本的学术理念和学术方法，分门别类地探索语文学于历史、文学、宗教、语言研究，特别是于东方学中的运用和具体实践，最后总结讨论作为一种学术方法和世界观的语文学对于当今人文研究的发展和进步的现实意义。同时,本书的主要目的在于引导读者,特别是在大学高等教育中的学生,或者任何一位致力于人文学术的实践者,于各自的学科内思考和运用语文学这一基本的学术工具,进而倡导中国的文科研究回归到现代人文科学基础的轨道上来。

正如任何一部先前打着"语文学"旗号的著作,我们不得不承认本书仍是在概念层面上探讨语文学的实践,从西方思想史、文学史、学术史的角度为中国读者引介关于这一人类精神科学的知识体系。然而,我们希望的是通过"使语文学产生意义"向曾经拥有过黄金时代的中国人文学术再次勾勒其"被遗忘的历史",提醒中国的现代人文学科始终秉承严谨的态度、科学的精神,将"对学问的热爱"付诸行动,在真正的人文学科实践中大力弘扬、发展语文学。

何谓语文学？——导论

扬·茨奥科夫斯基(Jan Ziolkowski)* 著　李梦溪　译

　　1988 年 3 月 19 日,周六,哈佛大学文献与文化研究中心(Center for Literary and Cultural Studies, Harvard University)资助召开了名为"何谓语文学?"的主题会议。《比较文学研究》(*Comparative Literature Studies*)以特刊的形式收录了学者们所发表的演讲,其中,有些观点经过了大幅度的修订,有些几乎没有改变。会议议题的深度与广度十分令人满意。这么多来自不同语种和文献研究部门的学者齐聚一堂,是我此前在哈佛从未经历过的,我希望通过出版会议记录惠及学校之外的更多人群。

　　我将以导论的方式介绍该活动的缘起。我的叙述将探讨下述问题的几个原因:为何一个共由十二位发言者和回应者组成的跨学科会议,能够吸引两百余名观众;为何一个听起来曲高和寡的题目,能够集合跨学科的参与者,而他们的主要研究领域和教学兴趣跨越了从古代印欧语言到当代非裔美国文学的整个范畴。总之,出于这一话题的紧迫性,我将尝试为语文学(philology)、语言学(linguistics)、文学史(literary history)、文学批评(literary criticism)和文学理论(literary theory)等领域的学生、教授以及自由学者们提供解释。

　　在叙述和解释会议内容的同时,我期待这一话题与比较文学家(comparatists)的关系(以及推动编纂《比较文学研究》的恰当性)能够不言自明。传统的读者可能会觉得将探讨语文学含义的论文收入一本文集本身即具比较性,因为这样的文集是在探究比较文学领域生长的根基。文学理论爱好者们会留意到发言者花名册上那些著名的理论家,并总结道,此次会议本即应有比较性,因为无论是否合理,比较文学与文学理论已经紧密地扭结在一起了。最后,就连那些不认为语文学或理论本身即具比较性的人也

---

*　扬·茨奥科夫斯基现为美国哈佛大学古典学系教授,主要研究方向为中世纪拉丁语文献与文化。本文原文为: "'What is Philology?' Introduction", *Comparative Literature Studies*, Vol.27, No.1(1990): pp.1 - 12.——译者注。

会看到，几乎对于所有论文而言，不比较就不能说明问题。其中包括文献（literature）与文献之间的比较，文献学与其他学科的比较，抑或文献记录与社会或政治情形的比较。一些论文甚至对文学文本（literary texts）进行比较。

一

从 1986 至 1987 学年开始，哈佛大学文学与文化研究中心资助了一个年度会议。在 1987 年秋季，中心主任马骏瑞·盖博（Marjorie Garber）召集了一次会议，意在让研讨会主任和执行委员会成员为来年会议推荐合适的主题。我提议了"何谓语文学？"这一主题，这是让同时作为拉丁语学者和中世纪历史学者的我始终执着的问题。通过对中世纪拉丁语的研究，我愈加赞赏这个被古典语文学家发展了几个世纪的方法，及其所取得的成绩的价值。同时我注意到，仅仅在古典学系（Department of the Classics）的会上谈到"语文学"这个术语就会产生两极分化的效果。一套令人尊崇的技术和知识何以在一方面激发了如此强烈的骄傲与保护欲，而另一方面则是相当根深蒂固的怀疑甚至憎恨？

不过，我对语文学的思考并非仅仅来自古典学。我注意到我的中世纪学家同事们在其领域中对语文学的执着日趋强烈，例如在罗曼语语文学中就经常遇到这个词汇。有时语文学被轻视为一套基本工具或者数据，而不是被正式认可的方法。譬如，会议不久前我阅读了一本关于古代法国文学的著作："语文学是中世纪学研究者起步的渡船。尽管如此，若将其设定为知识的独立分支，即相当于设想人类学者从不回头评估其材料的意义。"[1] 这一陈述反映出普遍存在于语文学和社会科学间的，方法与模式上的负面对比。语文学被贬损地当成文学研究发展中的一个阶段来展现，几乎被摈弃（"老态龙钟的语文学"）。[2] 这一评价认为，活跃在语文学时代的学者们自我欺骗，自以为客观，而实际上他们受到了 19 世纪殖民主义和种族主义

---

① 霍华德·布洛赫（R. Howard Bloch）：《词源学与系谱学：法兰西中世纪的文学人类学》，芝加哥：芝加哥大学出版社，1983 年，第 235 页，注释 19。
② 玛丽·罗萨·梅诺卡尔（María Rosa Menocal）：《阿拉伯在中世纪文学史中的角色：一个被遗忘的遗产》，费城：宾夕法尼亚大学出版社，1987 年，第 ix 页。

意识形态的影响。①

　　我在古典学和中世纪研究中都察觉到了尖刻的分殊。一端站着为自己辩护的语文学者,他们害怕这个努力了几个世纪方才取得的极其精妙的技艺有被摒弃而消失的危险。处于另一端的人们则担心语文学者会丢失验证自身预设,并提出新问题的能力和愿望,这将导致其领域日渐陈腐且不切实际。在二者中间,一类学者蜷伏在双重火力的围攻之下。他们的某些同事和学生可能会认为他们过度拘泥于语文学,而另一些则觉得他们做得还不够。为了缓解这种矛盾,他们会继续阅读并磨炼自身的语文学功力,同时也期待着是否会出现些创新,从而为自身领域带来有价值的回报。

　　语文学的唯一真相——或者多重真相在哪里呢?我在起草简要计划的时候,设想了这样一个会议:来自不同科系的教师们可以检验自身对语文学的认知,并以语文学的方式分析语文学。需要考虑的问题包括:不同学科对"语文学"这一词汇的最早和后续的应用;语文学和阐释学在圣典研究中的不同;语文学与语言学的关系;以及语文学在文学批评中的位置。

　　最初,委员会主席团的成员对这个主题并不感兴趣,认为它不重要,这是因为他们之中大部分人的研究领域是现代文学;也即,尽管古典学者和中世纪历史学者经常热烈地探讨语文学的功用,现代学研究者却很少涉及这一话题。但是我对此情形施加了压力,我的理由是,很多研究古代和中世纪语言文献的学者肯定会很有兴趣来讨论语文学的含义并评估其价值;而且,我们不论专注于哪一时期的研究,或者坚持哪种理论,都起码下意识地涉及了语文学,因为我们是通过期刊来阅读并出版文章的,这些期刊都以其标题(《美国语文学杂志》〔*American Journal of Philology*〕、《古典语文学》〔*Classical Philology*〕、《哈佛古典语文学研究》〔*Harvard Studies in Classical Philology*〕、《现代语文学》〔*Modern Philology*〕、《新语文学通讯》〔*Neuphilologische Mitteilungen*〕、《语文学季刊》〔*Philological Quarterly*〕、《语文学家》〔*Philologus*〕、《罗曼语文学》〔*Romance Philology*〕、《德语语文学杂志》〔*Zeitschrift für deutsche Philologie*〕,和《罗曼语文学杂志》〔*Zeitschrift für romanische Philologie*〕)或副标题(例如《安格利亚:英语语文学杂志》〔*Anglia:Zeitschrift für englische Philologie*〕、《雅集:古代瑞典语文学》〔*Eranos:Acta philological Suecana*〕、《赫尔墨斯:古典语文学杂志》〔*Hermes:*

───────────

① 多次出现于梅诺卡尔:《阿拉伯在中世纪文学史中的角色:一个被遗忘的遗产》。

Zeitschrift für klassische Philologie〕、《维也纳研究：古典语文学与古基督教著作研究杂志》〔*Wiener Studien：Zeitschrift für klassische Philologie und Patristik*〕）揭示自身的主题。

我的诸多论证几乎没有怎么打动人。但当我提醒他们保罗·德曼（Paul de Man）的论文《回归语文学》（"The Return to Philology"）[1]时，我的同事们来了兴趣，这篇文章也使他们相信该会议将具有广泛的吸引力。此文的作者是美国最重要的文学理论学家之一，他鲜明地倡导了一种全新的、升华的语文学形式，从而使许多几乎没有在意过语文学的人开始关注语文学；同时，德曼的论文回击了哈佛最有名的英国学者沃特·杰克逊·贝特（Walter Jackson Bate）的一篇文章，[2]因此提升了美国本土学者的兴趣。从19世纪乌尔里希·冯·维拉莫维茨–默伦多夫（Ulrich von Wilamowitz-Moellendorf）和弗里德里希·尼采（Friedrich Nietzsche）的交锋[3]中，我们可以明确地预见到当下语文学和文学理论间的冲突，想到这里，学者们的热情最终被点燃了。

以语文学作为会议主题的想法被通过之后，接下来需要组织一个发言者和回应者的花名册。我的原始清单中有十一位候选讨论者，但"语文学会议委员会"，包括马骏瑞·盖博、芭芭拉·强森（Barbara Johnson）、约翰·科克（John Koch）、格雷戈里·纳吉（Gregory Nagy）和我自己，对它做了大规模的改动。例如，因为最初的名单上只有一位女性，委员会成员感到困扰是很有道理的。我自己也注意到了这个不均衡，但并未设计出一个修改的办法。尽管女性在哈佛语言学系与文学系的比例有所提高，但大部分专攻文艺复兴或更晚的时期。此外，她们中大多是文学批评家、历史学家和理论学家。要让古典学和中世纪学研究者来定义，她们中很少有人主要专注于语文学的研究和教学。实际上，玛格丽特·阿莱克西奥（Margaret Alexiou）在将早期语文学描述为"男性管辖保留区"时提到了这一"性别鸿沟"。尽管如此，经过可以想见的替换，女性在共由十二位发言人和回应者组成的花名册中被扩充为三位。

---

① 参见保罗·德曼：《回归语文学》，载于《抵抗理论》，明尼阿波利斯：明尼苏达大学出版社，1986年，第21—26页。
② 沃特·杰克逊·贝特：《英语研究的危机》，载于《哈佛杂志》1982年9—10月期，第46—53页。在会议中，对贝特该文的引用量远远超越了其他文章。
③ 参见《尼采之于古典学与古典学者（第二部分）》，威廉·阿罗史密斯（William Arrowsmith）拣选并翻译，《阿瑞图萨》（*Arethusa* 2/3），1963年，第5—27页；及弗里德里希·尼采：《我们教育机构的未来：荷马与古典语文学》，J.M.肯尼迪（J. M. Kennedy）译，纽约：罗素出版社，1964年。

发言者的专业领域也发生了相应的变化。研究古代或中世纪语言和文献,如亚述语和古英语的学者,让位给了研究更晚近的语言和文学,如现代希腊语和非裔美国文学的专家。以文学理论闻名的一位发言人和一位回应者也参与进来,这使名单更为混杂了。

最终的会议日程包括了三个部分,各有三名发言人和一名回应者。我所负责监督的会议开幕阶段名为"问题所在"。其中,文德尔·克劳森(Wendell Clausen)、埃克哈德·西蒙(Eckehard Simon)和卡维特·瓦金斯(Calvert Watkins)进行了发言。乔纳森·卡勒(Jonathan Culler)在名为"危机所在"的中间阶段担任回应者,这一场中芭芭拉·强森、约翰·科克和格雷戈里·纳吉发表了文章。宇文所安(Stephen Owen)回应了最后一场"未来所在",发言人是玛格丽特·阿莱克西奥、卡萝里维亚·贺荣(Carolivia Herron)和理查德·托马斯(Richard Thomas)。会议以开放式讨论结束,主题为"此复何如"。

二

在会议中,回应者乔纳森·卡勒要求我阐明我自己对语文学的见解。我迟疑了,并且承认自己组织会议的初衷正是想要寻求语文学的真正含义。此时此刻,我仍然没有足够的勇气提供字典式的定义;但是我将转述自己在会议中的所学,尽己所能地界定该术语。不这样做是不负责任的,因为为了使会议更加吸引人,且涵摄尽可能多的内容,我们冒险将语文学的含义延展到了极限。不论描述什么文学批评技法,术语"语文学"(或者在此语境下为"文学理论")的实用性到底如何?

在英语中,语文学这一词汇长久以来都使人困惑。初版《牛津英语词典》(*Oxford English Dictionary*)的两个主要定义如下:

1. 对学习和文献的热爱;对文献的研习;广义而言,包含语法、文学批评和诠释,文学作品与历史记述的关系等;文学与古典学术;典雅教育(polite learning)。如今该词汇很少作广义应用。

2. 特殊用法(在现代用法中)对语言结构及其演变的研究;语言科学;语言学(实际上是第一个义项的一个分支)。

再版的《新韦氏国际词典》(完整本)(*Webster's New Universal Unabridged*

Dictionary)对字面所表达的含义解释得更加明晰,但在仔细地检视下该含义其实如海市蜃楼般不切实际:

1. 本义,对学习和文献(literature)的热爱;研习;学术。
2. 对文字记录,特别是文学文本(literary text)的研究,以抉择其真实性和含义等。
3. 语言学:当代用法。

在会议上,大家一致否认语文学与语言学的对等。会议中,尽管"对学习和文献的热爱"这个泛泛的义项很少被提及,相比之下,韦氏滑稽而暧昧地提出的"抉择"文字记录的"真实性"、"含义"等到底是什么,从而评估语文学的实用性,就占用了会议大部分时间。

如果语文学可被极为宽泛(也许过于广宽泛)地看成"慢速阅读的艺术",①它则是旨在构建并评论文本的更为狭义的"慢速阅读"。拜占庭学家伊霍尔·谢维森科(Ihor Ševčenko)曾在分科的语境下做过精辟的观察,"语文学由架构和解释流传到我们手中的文本所构成,它是一个很狭窄的东西,但离开了它,任何其他研究都是不可能的"。该定义与索绪尔(Ferdinand de Saussure)对语文学任务的精炼描述不谋而合,即"尤其针对文本进行校订、阐释和评论"。②

何谓架构文本?现代学者有时会忘记构建一个文本的难度和重要性,除了少数事件对此问题有所提醒(例如近期针对乔伊斯《尤利西斯》〔*Ulysses*〕的争议)。但是研究早期语言和文献的学者不得不面对特殊的要求,如处理楔形文字的碑文、古抄本、羊皮纸文本,以及尝试辨别抄写本和原始写本。这些学者必须利用诸如古文书学、抄本学和文本对勘等手段。对我而言,这些方式是广义设想中语文学的组成部分。

构建文本远非机械行为。相反,如果没有诠释与评论,编辑就无法进行。但若说编辑是语文学的工作,并且需要诠释和评论,一切诠释和评论在本质上就都符合语文学的标准吗? 没错,这之间确实存在抵牾。

---

① 引文原文由罗曼·雅各布森(Roman Jakobson)(译注:俄裔美籍语言及文学理论学家,1896—1982 年)提出,来自卡维特·瓦金斯(Calvert Watkins)(译注:美籍语言及语文学家,1933—2013年)的引用。在会议上,芭芭拉·强森和乔纳森·卡勒复述了这条引文。

② 索绪尔:《普通语言学教程》,由查理·巴利(Charles Bally)和埃尔伯特·薛施霭(Albert Sechehaye)等合作编辑,韦德·巴斯金(Wade Baskin)译,纽约:麦格劳希尔出版社,1966 年。卡维特·瓦金斯(Calvert Wakins)在其文中的引用使我发现了这条引文。

让我们仔细观察一下几种通常和语文学相关联的诠释和评论形式。理解文本的一种方式是,逐一考察文字,并基于该文字前、后的证据明确其含义。但是尽管文字语文学(*Wortphilologie*)是语文学的一个面向,语文学绝不仅仅是宏伟的词源学或辞典编纂式的工作。它也涉及我们尽可能地为言词重构它们的本来生命和其微言大义。正确地阅读过去文明的文字记录,需要广泛意义上的文化史知识:如民俗、神话、律法和习俗等(知识)。语文学亦包含文本信息自我展现的形式(forms),所以,它也包括文体学(stylistics)、韵律学(metrics),以及其他类似的研究。

由前文的叙述可知,语文学的实用性、适用性和根本含义在不同领域中各有差异。在某些领域中,文本的构建与对其所进行的诠释密切纠缠(不管是含蓄的还是直率的),此时语文学通常不可或缺且受到尊崇。而其他分支则较少用到语文学。

语文学在不同领域中各有差异也有其他原因。此处,可从古典希腊语(文献)和拉丁语文献的差异中得到启示。概言之,必须在口语传统和仪式表演的背景下看待多数古代希腊语文献,而金银时代(Golden and Silver Ages, 100BC—130AD)的大部分古典拉丁语文献则在高度文献化的文化中诞生,因此与仪式联系较疏。结果导致拉丁语学者更易倾向强调文献之间的比对,而希腊文献研究者则会吸收社会科学的方法以重构仪式情境。不过,不论怎么区别这两种倾向之间的观点和结论,为了阐释文献,它们最终都需要倚赖对文本和词汇证据进行语文学的研究。

在某种程度上,不论哪个领域,一个人是否想要学习并应用语文学(的方法)取决于他的性格倾向;这是因为性格无疑可以影响其对文献的态度。正如有些人在处理观点与想法时退缩,另一些则不敢面对对知识与事实的整合。同样,一些人从观念研究回归文本研究,另一些则从文本中发展出观念。若用当下文学研究中极为常见的术语开个玩笑,即是,只要有一个反对理论的人,就会有另一个抗拒语文学的人。[1]

三

在会议中,大部分辩论并不关注如何定义语文学,而重视明确其在文献

---

[1] 该说法来自保罗·德曼:《抵抗理论》。

研究层级中的位置。第一位发言者文德尔·克劳森断言："语文学是文学批评的基础。"相比之下，乔纳森·卡勒在两种见解下处理问题，既借鉴视语文学为根基、基石和奠基的专门看法，亦采用试图重构文化与文本的整体观念。不过，如果我们不清楚语文学的替代品是什么，将如何在它的两个可能（语文学作为根基与不作为根基）中选择，以衡量其利弊呢？说起文本中的遇见"他者"很令人兴奋，但什么是"他者学"（otherology）或言"他异性"（alteritics）的方式？

希波克拉底（Hippocrates，公元前5世纪的医学家）时期的一条格言说道："生也有时，技也无穷。"①尽管该格言描绘的是对医药学科的要求，它仍道出了多数学者在我们这个急煎煎的社会中的处境。我们的时间太少了，使人很难离开成熟而实际的方式，去冒险尝试未经具体说明的，且适用性在本领域亦未经论证的革新。实际上，古典语文学家与中世纪语文学家一度非常善于接受新途径，支持这些方法的学者花了很长时间将它们应用于阐释更早期文明的文本：我们只需考虑以下学者对其领域稳定持续的兴趣：米尔曼·帕里（Milman Parry）和阿尔伯特·B.罗德（Albert B. Lord）之于口头形式文学，乔治·杜美兹（Georges Dumézil）之于结构主义，以及汉斯·罗伯特·乔斯（Hans Robert Jauss）之于接受学理论（reception-theory）。

我认为，当下对于文学学者组成中理论应占有的比重的争论与12世纪针对培养计划和教学大纲的激烈辩论极为相似，只不过在12世纪，主导术语不是语文学和理论，而是文法和辩证法，引领者也不是雅克·德里达（Jacques Derrida），而是亚里士多德（Aristotle）。② 在旧体系之下，某一领域的方法（*rationes*）是通过与权威作者（*auctores*）密切结合来传授的；新体制中，则需通过学习从希腊语、拉丁语新译而成的亚里士多德哲学（Aristotelian philosophy）的逻辑原则（来获得）。接受过传统文法（*grammatica*）训练的人（通常是男性！）会对辩证法的盛行存有疑虑，认为新学科不顾那些精明的青年的无知，而允许他们向高处攀援。每当两种方法，一者强调纯粹逻辑，一者珍视累积学习的权威性（*auctoritas*），产生竞争，这类怀疑就会觉醒。

---

① 拉丁原文为"Vita brevis, ars longa"，参见奥古斯特·奥托（August Otto），《谚语与罗马谚语式惯用语》（*Die Sprichwörter und sprichwörtlichen Redensarten der Römer*），莱比锡：B. G. 托伊布讷出版社（B. G. Teubner），1890年，第375页，注释1915。

② 若想快速概览12世纪的辩论，参见扬·茨奥科夫斯基：《里尔的艾兰之〈性别的语法〉：十二世纪知识人眼中的语法含义》，载于《明鉴》周年纪念系列论著之十，马萨诸塞州剑桥：美国中世纪学会，1985年，第77—89页（特别是第86—88页）。

如果不能在当今的冲突阵营之间达成平衡,语文学和理论都将会重蹈文法、辩论法和修辞学的覆辙:演说艺术中曾经不可撼动的三科最终都变得无关紧要。为了达到有意义的平衡,作为专业学者,我们必须认识到以下二者的重要性,也即反思我们正在做什么,以及明白我们正在做什么。

一方面,我们需要意识到,对各类方法论的曝光,不能以使它们成为"晦涩的技艺"为代价。有时我觉得,恐怕我们已经在许多文献研究领域走上了可悲的道路,尽管电脑使查询字典或类似资料的时间比从前缩短了很多,我们正在培养的学生还是不能或不愿问道于它们。文字是狡猾的东西,没有人会对此提出质疑。问题在于,我们是应该崇拜它们的狡猾,还是尽可能地持续专注并理解它们。面对此类模棱两可的情形时,我们可以考虑不同阐释的适合程度,以此对它们进行排序。这么做既不代表我们不会出错,也不是说我们不能在深入思考或者取得进一步证据之后改变观点。

另一方面,语文学家必须明白,想要使其文本更接近现代读者,就要针对文本提出新问题,这种做法本身并非华而不实;反而是一种迫切的需要。大部分人接近文献是出于愉悦和精神层次的挑战(它们曾被称为娱乐和熏陶),而不是为了练习精雕细琢的技艺以获得满足。正如标准遭到抛弃时知识会丧失,某领域中的代表若不能为今天的读者和今天的问题在文本中找到意义,该领域也将会死亡。当出版文献让位给电视、电影和音乐时,学者们能够清楚地指出为何学生和同僚应当关注手头所研究的书籍,这是极其重要的。

四

在"何谓语文学"的会议上,关于语文学在培养计划中地位的辩论竟毫不掩饰地被呈现为一场权力竞争,程度之深,始料未及。确实,当格雷戈里·纳吉(在其口头发表的论文中)宣称"这才是我认为真正利害攸关的事:权力,政治权力",以及"所涉及的利害,也即,我所追求的权力"时,语文学的问题似乎没有政治学严重。乔纳森·卡勒简要地涉及了权力的问题,他认为在会议中提出最关键的问题是如何划分 P 首字母的辖域,此处他指涉国会图书馆编目系统中语言与文献的编号。玛格丽特·阿莱克西奥说到了霸权斗争,特指语文学研究历史上的性别主义和民族主义。

卡萝里维亚·贺荣描述了她如何在史诗的阅读中将愉悦和政治激进主义结合起来：在她的叙述中，她在欧洲古典文学和非裔美国文学之间建立起语文学的内在联系，并以之作为政治工具，去吸引那些有权制定典范阅读清单的人的注意。

语文学者是在运用钳制权力的手段，从而为已被淘汰的修辞学正名吗？他们可能仍在一些科系这样做，但并未涵盖整个学校。"丽人理论"（Lady Theory）在哈佛文献与文化研究中心位列首席，因为"文学理论和阐释研讨会"在所有宣传手册和议程排行中是最受欢迎的；而"徐娘语文学"（aging Lady Philology）根本不在按字母顺序排列的研讨会名单中。在核心培养计划的"文学与艺术（一）"方向（我最熟悉这一方向）中列有十五门课程，其中四门由本次会议出席的女老师担任。对这些课程的描述中，没有一处用到"语文学"这个字眼，却明确提到了人类学和心理学的方法。不论作为犬儒主义的手段，还是过去不公的遗留，修辞学都落伍了。语文学家有充足的理由宣称近年来他们是被除名的受害者，而非犯罪者。

五

在会议的当天，为了发挥组织者和调解人的职责，我尽力保持中立；但是在此处对会议的描述中，我并没有隐藏自己对语文学者的同情。我的这种倾向部分得自学术训练，部分出于家庭背景，部分基于性格原因。尽管我十分同情语文学者，但会议的全体发言人都非常有智慧，并且诚恳地表达了他们对语文学的态度和对文献（literature）研究的热情，以至于对我而言一时难以全部消化。我异常激动地听着同事们从毕生的工作中提取自身的哲学，并将之凝练展现为十到十五分钟的演讲。

本次会议最大的功效，莫过于使许多文学研究者发觉他们共同地热爱着文献和精读。我们几乎没人相信此般"对学习和文献的热爱"本身就构成了语文学，尽管我们见到了这个词汇过去有这个意思。几乎没人希望"语文学"这一词汇的含义越变越空洞抽象，因为语文学家珍惜他们得之不易的文凭，同时也因为许多不同派别的文学学者并不希望被视为语文学家。

这次会议亦使我确信，我们不能将自身的专业割裂为两个层面，一层完全专注于概念上的问题，另一层完全投入文本与技术工作。建高楼和桥梁的工作有所分工，有监管统筹设计的建筑师和确保所建的大厦不会倒塌的土木工程师,但这无法行之于文献(研究)！如果我们所有人都热爱阅读,并同意古谚所说"阅读但不理解,即是漠视",那么我们应当去找寻中道。[①] 但是在某些理论的解构意图和语文学普遍的重构工程之间,有这样的中道存在吗?

---

① 拉丁原文为"*legere enim et non intellegere neglegere est.*"这个双关语出现在《卡图的双行诗》(*Dicta Catonis*)中,见 J.怀特·达夫(J. Wight Duff)及阿诺德·M·达夫(Arnold M. Duff)编辑并翻译:《少见的拉丁诗歌》,"洛布古典丛书",马萨诸塞州剑桥:哈佛大学出版社,1934 年,第 592 页。参见奥古斯特·奥托:《谚语与罗马谚语式惯用语》,第 189 页,注释 928。

何谓语文学的力量?

汉斯·乌尔里希·贡布莱希特(Hans Ulrich Gumbrecht)﹡ 著

石美 译

出于某些我大概永远不能完全理解的原因,我的母亲作为一名医学研究者,却始终如一甚或有些顽固地使用德语词汇"Philologe"去指代那些小学教师。我的一些非常优秀的美国同事,把"语文学家"(philologist)一词也一直用在他们伟大的承继德国传统的前辈们身上,诸如恩斯特·罗伯特·科迪厄斯(Ernst Robert Curtius)、利奥·斯皮策(Leo Spitzer)、埃里希·奥尔巴赫(Erich Auerbach)。我母亲这种奇怪的语义创造其意也大致如此。这些声名显赫的学者们,并没有一个人曾专长于所谓归属于"语文学"领域下的训练。恩斯特·罗伯特·科迪厄斯在19世纪20年代即以杰出的当代法国和西班牙文学专家著称,以此奠定了其学术声誉的基础;之后,他于19世纪30年代早期开始关注中世纪诗学概念和文体的历史。在20世纪最初的20年,利奥·斯皮策接受训练成为一位历史语言学家,但他很快转向了高度主观化的内在性文本诠释(其中"生命体验"的概念是其重点)。最后,埃里克·奥尔巴赫,他在文学史领域内一手创造了一个新的话语体系,但当涉及最基本的语文学技能时,他的薄弱也是人所共知的。① 无论是科迪厄斯、

﹡ 汉斯·乌尔里希·贡布莱希特是美国斯坦福大学文学文化语言系荣休教授,主要研究方向为法意比较文学。本文原文为:"What are The Powers of Philology?": *The Powers of Philology: Dynamics of Textual Scholarship*, Urbana and Chicago: University of Illinois Press, 2003, pp.1 - 8。——译者注。

① 参见我所著的《卡尔·沃斯勒、恩斯特·罗伯特·科迪厄斯、利奥·斯皮策、埃里希·奥尔巴赫、沃纳·克劳丝:伟大的浪漫语言的生死》(*Vom Leben und Sterben der großen Romanisten: Carl Vossler, Ernst Robert Curhus, Leo Spitzer, Erich Auerbach, Werner Krauss*),慕尼黑:翰泽尔出版社,2002年;奥尔巴赫散文的英文原版出现在《文学史及语文学的挑战:埃里希·奥尔巴赫的遗产》,赛思·雷厄(Seth Lerer)编,加利福尼亚州:斯坦福大学出版社,1996年,第13—35页;我曾在《文学的历史学家——他们的动机从哪里来》一文中探讨过同时期的文学学者们主观和制度性的动机,《诗学的转变:纪念乌瑞奇-舒尔茨-布什豪斯浪漫主义研究》,沃纳·赫尔米克(Werner Helmich)、赫尔穆特·米特(Helmut Meter)、阿斯特丽德·波尔伯纳德(Astrid Poier-Bernard)编,慕尼黑:芬克出版社,2002年,第399—404页。

斯皮策,还是奥尔巴赫都从未在文本研究中取得过像文本编辑或者历史评注作者这类的成就。因此,我并不是非常清楚为什么我的同事们,像我母亲一样固执地坚持传统称他们为"语文学家",我想,这或多或少是基于对两种文本研究方法之间差别的一种下意识反应,即特定的德国人(或大陆人)过去处理文献的方式与盎格鲁—美洲人新批评主义的解释传统。科迪尼斯、斯皮策、奥尔巴赫的著作与阿诺德(Matthew Arnold,1822—1888)、理查兹(I. A. Richards,1893—1979)、或辛格尔顿(Charles S. Singleton,1909—1985)的作品的确有显著差异,但这种差异还不足以令我们称前者为语文学家。

总之,我所提及的这两个使用"语文学"这一词汇的例子,意在证明一种令人惊讶但不可否认的观点,"语文学"这一概念看似被设定为一种简单而普通的方法在被应用,但其已然发展出了时不时令人混淆的更广泛的含义和用途,即使你去查阅一些通用的或专门的百科全书或相关参考书籍,也不会更加明晰。一方面,你会发现,关于"语文学"这一词汇的定义,若回到语源学"对字词的兴趣或迷恋"这一意义上,便使这个概念等同于任何关于语言的研究,或更普遍而言,几乎等同于任何对人类精神产物的研究。[①] 另一方面,更具体且更常见的是,语文学被狭义的限定为仅针对书面文本的历史性文本整理与展示。

在这本书的标题及其所有章节中,"语文学"一词一直用的是其第二方面的意义,即指一种整理与展示历史性文本的学术能力的配置。关于这一概念的意涵,有四点值得简略展开。首先,语文学的实践跟某些历史时期密切相关,这些历史时期自认为追随着某个伟大的文化阶段,这一阶段的文化被认为比当前文化更重要。并非巧合的是,公元前 2、3 世纪的希腊文化通常被认为是作为学术实践的语文学的历史源头(与此相反,柏拉图则用这个词表达"繁言赘语")。以同样的逻辑看,历史上语文学的其他重要时刻有:教父时期;欧洲文艺复兴时期,彼时人文主义者们希求回到古典时代的学问和文本中;对中世纪充满怀旧的 19 世纪浪漫主义时期。第二,因为它产生于对文本的过去的探寻,所以语文学的两个核心任务是从文本所在的文化过去中识别和修复它们。[②] 基于推测,这项任务包括识别我们获得的残片形

[①] 参见《牛津英语词典》之"*philologist*":"致力于学问或文献;字词或学术的爱好者;有知识或有文化的人"。

[②] 参见在《柯然百科全书 RIALP 版》(*Crran Enciclopedia RIALP*)中的首条定义(马德里:RIALP 版,1972 年)之"*filología*"。

式的文本;对于有若干并不完全一致的版本的完整文本集,保留其版本的多样性或是从中提炼出一个最初的版本或最有价值的版本;辨别那些为我们在知识的鸿沟之间,即一个文本被假定在当时的读者中所表达的知识以及后世读者对其特有的认知之间的鸿沟,搭建桥梁提供了信息的评注。识别残片,编辑文本,撰写历史性评注是语文学的三个基本实践。然而,在使用这些实践及其潜在的学术能力之前,在语文学这三个基本技能之外,我们应该对不同历史时段和文化的差异有所意识,这种意识也即"历史化的能力"。最后,这些能力的激活,应以(且不可避免地)在教学的体制环境中利用过去的文本和文化为前提。换言之,若没有教学目标,至少是基本的历史意识,很难想象语文学能产生作用。

第三,对于过去文本的识别和修复——就本书所理解的语文学而言——它确立了诠释学和诠释学指导下文本实践的解释学二者的智力空间与距离的关系。[1] 语文学发展了这样一种自我形象,它如同一门耐心的手艺,其主要价值是理智、客观、合理,[2]而不是如新批评主义那样,依于杰出的解释者们的灵感和瞬时的直觉。

第四也是最后一点,从迄今为止我所陈述的关于语文学的一切可以看出,这种手艺和能力在处理那些从历史和文化上讲都很遥远的过去片段的学科中,发挥着尤其重要,而且经常是主导性的作用(让我们可以处理假设,至少提供一些能引导我们回到那些过去片段的书写传统的痕迹)。因而,语文学对于亚述学和埃及学是非常重要的,而且大多数的古典学者仍视其为他们的核心能力。此外,自浪漫主义时代以来,人们使用语文学来重构中世纪的文本并设想其为不同民族文化传统的原始语境。

尽管我是以中世纪研究开始了自己的学术生涯,相对而言更接近语文学的传统,但可以肯定的是,倘若没有智识的激发以及后来五次研讨会的鼓励,我从未想过要写关于"语文学的力量"这样一本书。这五次研讨会是在1995 年到 1999 年之间于海德堡大学举办的,我非常钦佩的朋友、古典学家格伦·莫斯特(Glenn Most)极其友好地邀请了我。他的项目是沿着五个基

---

① 《大字典百科全书》(*Grande Dizionario Enciclopedico*)(图林:UTET,1987 年)之"*filologia*":"将解释学从语文学中分开的边界是微妙但又清晰的。"

② 参见卡尔·乌蒂(Karl Uitti):《语文学》,收录于《约翰霍普金斯文学理论与批评指南》,迈克尔·格罗登(Michael Groden)、马丁·克雷斯沃斯(Martin Kreiswirth)编,马里兰州巴尔的摩:约翰·霍普金斯大学出版社,1994 年,第 567—573 页。

本的语文学实践的历史,即识别残片、编辑文本、撰写评论、历史化以及教学,来重溯自己的学科领域,即古典学的历史。当然,这种对于过去值得尊敬的学术传统的多重回归,意在为作为一门学科的古典学的未来产生启发和确定方向。

作为一名非古典学家,我被指派从自己的学术领域和他们学科领域的历史中提供一些比较材料,也就是从罗曼语和德国文学的历史和比较文学中,虽然怀着尽可能这样做的意图,但很快,我还是偏离了方向。在海德堡研讨会上对语文学的核心实践进行分析时,越来越吸引我的是相关学者们的投入,也许是一种下意识的投入,这似乎与语文学作为一种费力的(不是体力的)智识性技艺的自我形象相互矛盾。当然,我并不是第一个意识到这一层面的观察者。例如,自古典时代晚期开始,关于文本编辑的讨论就包含了一种自由的束缚,即承认编辑者的想象力对于语文学式重构任务的重要性。对于我所发现的这一印象,我认为可能是崭新而刺激的,不管怎样,作为语文学核心实践中的一个层面,其不仅仅是对所讨论的文本解释的补充。① 因此,我首先想通过把其归于"语文学的诗意"这一概念下,强调处于讨论中的态度和现象的差异性。

然而,我很快就意识到,在过去的十年中,以"某某的诗学"这一模式提及类似的观察已经如此普遍,坦白而言,已很无趣。② 在反思我的选择时,我开始明白,诗学这一概念所意味的规律性的内涵,甚或其所意味的可预见性,并不符合我的发现的特点。但是,我究竟看到了什么呢? 为什么我最后会把我所看到的呼为"语文学的力量"?

首先,我在这里使用的"力量"(power)的概念与米歇尔·福柯所使用的"权力"一词相去甚远,目前这个词在人文学者中间非常流行。不同于福柯,我认为,只要我们在笛卡尔关于知识结构、生产、使用的限定范围下使用"权力"一词,我们就无法抓住其特性。我的对策是将权力定义为一种用身体占据或堵塞空间的潜能。将其表述为一种潜能,即意味着力量——甚至是活跃的政治性力量——并不总是产生暴力(暴力,当然是力量从其潜能到其性能的转变)。我坚持认为,那样的力量,无论有怎样多重的媒介,始终都必须基于物质性的优势——也因而,其将不可避免地被任何可视为人类意志的

---

① 相反的意见参见《西班牙语百科全书》(*Enciclopedia Hispánica*)(巴塞罗那:大英百科全书,1994—1995 年)之"*Filología*":"语文学家试图分析文本的含义,并同时解释它。"
② 感谢威利斯·杰瑞(Willis Regier)的反对,避免我在这个词上陷入窘境。

结构特征或内容所支配。

然而，这并未考虑到另一个决定性问题，即语文学的实践与力量的概念（和暴力的概念）是如何无隐喻地联系起来的。在语文学的实践中，我所看到的——作为隐藏的、充满活力的、真正吸引人的一面——是一种渴望，尽管它可能会自我显露，往往超出了语文学实践的明确目标。此外，在每种具体情况下，这种渴望让语文学家的身体连同某种空间维度一起，乍看起来似乎不同于人文学科内的任何一种学术性实践。我要在"语文学的力量"这一题目下讨论的，无疑会被看成是对语文学实践的官方学术形象和自我形象的破坏。与此同时，我认为讨论这些由语文学的实践所"唤起"的渴望是完全适合的，因为这些渴望必将不可避免且独立地显露每位语文学家的意图。而这些渴望究竟是指代什么或者想要什么呢？在我的印象中，所有的语文学实践都以不同的方式激发着对在场的渴望，[1]欲与世间事物（包括文本）形成一种具象的、以空间为媒介的联系，而如此对在场的渴望着实是语文学能够产生实质性影响的基础（甚至有时这也是现实之所在）。

在与英国艺术史学家斯蒂芬·班恩（Stephen Bann）的讨论中，我第一次明白了过去的文化艺术品的物质残片是怎样触发了对拥有和真实存在的渴望，这种渴望近乎生理性食欲的程度。[2] 与此相对，文本编辑唤起了一种将所讨论的文本具像化的渴望，它可自行转化为一种将文本体现的作者也具像化的渴望。历史评注的写作则更是由丰富的且相应的几何维度的渴望所驱动，也就是说，在环绕文本的空白边缘处评注。历史化意味着将过去的物体转化为神圣的物体，也即与此物同时建立一种距离，一种让人想触碰的渴望。理解透彻、成功的学术教学最终要求指导者不要把所教授的每一个内容和现象都转化为预先分析的和预先解释的对象，也就是说，去处理这些内

---

① 这是我《语文学的力量》这篇文章的视角，也是对于我即将出版的《在场的产生：意义的静面》（加利福尼亚：斯坦福大学出版社，2003 年）一书的补充。

② 正是这一点促成了早期版本的标题，也即变成现在章节名的：《识别残片：吃掉你的残片》，《收藏残片》，格伦·莫斯特（Glenn Most）编，哥廷根：万登霍克 & 卢普利彻特，1997 年，第 315—327 页。我之后四次在海德堡研讨会论文集的文章中遵循相同的句法模式：《巧妙经营你的角色！关于文本编辑的语用学：希求识别与抵制理论》，《编辑文本》，格伦·莫斯特编，哥廷根：万登霍克 & 卢普利彻特，1998 年，第 237—250 页。《填充你的空白：关于评论和复制》，《注疏》，格伦·莫斯特编，哥廷根：万登霍克 & 卢普利彻特，1999 年，第 443—453 页。《后退一步远离死亡：历史化的浪潮》，《历史化》，格伦·莫斯特编，哥廷根：万登霍克 & 卢普利彻特，2001 年，第 365—375 页。《尽情体验不合时宜：作为职业的传统语文学的现状与潜能》，《规训经典》，格伦·莫斯特编，哥廷根：万登霍克 & 卢普利彻特，2002 年，第 253—269 页。

容和现象是一种对未被驯化的复杂性的挑战,这些内容和现象不可能完全脱离物质性实体的状态。这些由语文学实践所唤起的大多数对于存在的不同类型的渴望,也为语文学家带来了想象的能量。这种想象和对在场的渴望的同时出现,绝不是随机的。因为想象是意识中相对古老的能力,这也意味着它与人体的多种功能具有特定的密切联系。

意料之外但情理之中的是,我们可以声称,这些含糊之处——语文学的实践可以在精神效果和存在效果之间释放这些不安、干扰和振荡——在其结构和作用两方面都是接近当代美学体验的。① 然而,尽管语文学和美学体验之间的联系,会使其与语文学的传统概念和形象更加疏远,但这一点绝不是我在语文学力量的反思中最吸引我的方面。本书中,我尤其感兴趣的是(但是,每个读者当然可以随意去发掘自己的阅读兴趣)一种处理文化对象的新的且可替代的方式,尤其是非解释性的方式。我希望以一种非解释性的方式处理文化对象,逃离人文学科作为"精神科学"(*Geisteswissenschaften*)的长期阴影,后者将所涉及的物体去物质化,使得不同类型文化经历中的人的投入无法主题化。语文学实践所引起的语文学家对于存在的多重渴望,这些反应毕竟很难符合人文学科中任何学术性的官方自我参照。从这个意义上讲,尽可能地远离语文学自我想象的学科体系,甚至在程序上可能是一种新的思想风格出现(甚至是创造)的开始。这种风格有能力挑战人文学科的边界,后者的说法来自在 20 世纪初期人文学科对诠释学范式的标榜(亦即指对西方哲学形而上遗产的标榜)。② 承认语文学在或不在这种学术传统语境中的力量,就像是享受一场具有破坏性、又吸引人的,美丽的、又具有智识挑战的"特殊效果"的烟花汇演。

---

① 关于这方面参见《在场的产生》,第三章。
② 参见同上,第二章。

语文学在何处?

门马晴子(Haruko Momma)[*] 著　刘雨桐　译

我是一名语文学家,而不是哲学家。——保罗·德曼(Paul de Man)

对词汇的热爱

词汇学(lexicology),即对词汇的研究,是语言学研究的一个分支,并在19世纪对其做出了重大贡献。语文学家在这一时期发展出的不同方法可以总称为历史原则,因为他们视每个单词为具有自身时间深度的实体。历史原则帮助词汇学家解释,为什么一些单词拥有看似全异甚至互相冲突的多元含义。对于某种特定语言的个体使用者,多义词的语义图式似乎像雪花的晶体图式一样变化无穷、神秘复杂。在19世纪的语文学家眼中,每个单词都拥有一个语义网络,这个网络的布局体现单词的历史关切,例如其传播的时间和广泛程度。在很短的时间跨度内,某个特定单词展现的语义改变可能很轻微,其对现存含义的偏离几乎可以忽视。但久而久之,积累下来的含义变化将足以使单词看似产生语义分裂。在一个单词中,此种变化的轨迹会在其语义网络中展现独特的图式。如果一个单词大量保留了早期用法,该图示将展现不同含义间的渐变。如果其丧失了大量早期含义,则网络会出现孔洞阻断当前可用含义之间的联系。至少在早期阶段,历史词汇学从本质来讲是具修复性(的工作),因为通过修复这些语义孔洞,它从前代人

---

* 门马晴子为美国纽约大学英语系教授,主要方向为古英语文学、英语史、语文学与语言史等。本文原文为其专著《从语文学到英语研究:十九世纪的语言与文化》(*From Philology to English Studies: Language and Culture in the Nineteenth Century*,剑桥:剑桥大学出版社,2013年)的导论部分"Introduction:Where is Phiololgy?"(第1—27页)——译者注。

那里恢复对于词汇的记忆。

历史词汇学家持有与先前时代相悖的观点。19世纪以前,对词汇有兴趣的学者通常出于两种目的。一种是规范主义(prescriptivism),其将词汇的某一种用法权威化,并给所有其他用法贴上错误的标签。于是,对于规范主义者,每个单词的语义网络包含位于中心的一个或几个正确含义,以及周围混乱的"误差"和"语法错误"。另一种是语源主义(etymologism),其力图识别每个单词的原始含义并与衍生含义区分。所以,对于语源主义者,语义网络的轮廓不过是次级含义的阴霾,它们遮蔽了网络中心原始含义的光芒。虽然规范主义和语源主义的方向相反,一个指向永恒的当下,一个指向时间无法企及的原始时刻,但本质上他们是语言学普遍主义的两面,目的在于保护语言免于衰落和捕捉词汇在理想状态下的含义。由于对过去的兴趣,19世纪的语文学家和语源主义者共享研究材料,但他们只回到材料可以带他们回去的时间。在那一节点,他们将转身追溯每个单词的语义足迹,有时遵循从一种语言借用到另一种语言的路线,有时还会停下来研究可能对其用法产生重要影响的文化问题、社会关切和政治事件。

几乎没有词素能够比单词"语文学"(philology)自身更能证明语义变化的错综复杂。其已知的最早形式是希腊语复合词"φιλολογια",它由"φιλο-"(热爱)和"λόγια"(词汇)组成。于是单词"φιλολογια"作为一个集合的整体(logos),比单独的实体(onoma)更适于表达对词汇的热爱。单词"philology"反复推翻了赋予其单一清晰定义的尝试,而其形态学建设能够为该现象的原因提供线索:在古希腊语中,单词"logos"已经在语义上非常相异,以至于这个复合词拥有包括"对学问和文学的热爱"和"对论证或理性的热爱"在内的多元含义。① 当苏格拉底用"φιλολογια"的形容词形式"φιλόλογος"修饰自身时,他似乎利用了其语义的模糊性。在亚里士多德的作品中,语文学研究关注修辞、文学风格和历史。② 后古典时代,埃拉托色尼(Eratosthenes,前275年—前194年)提出了"φιλόλογος"这一被大量使用的称谓,这位希腊博学家和诗人曾担任亚历山大图书馆馆长。同时代有人称他为"pentathlos",即"全能型选手",以尊崇其对多门学问的精通。也有人

---

① 亨利·乔治·立德尔(Henry George Liddel)、罗伯特·斯科特(Robert Scott)编:《希腊文—英文词典》,牛津:克拉伦登出版社,1996年,附录。
② 约翰·埃德温·桑迪斯(John Edwin Sandys):《古典学术史》,剑桥:剑桥大学出版社,1903—1908年,第1卷,第4—5页。

称他为"*beta*"，即"第二人"，这未必指他是二流学者，而是因为他没有在任何专门学科被视为首屈一指。① 不论"*beta*"确切的隐喻是什么，这一绰号揭示了埃拉托色尼的参与的本质：他并非一名专家，而是一个词汇的热爱者，将天资运用到以语言为中介的学科上。虽然语文学在传统上与文学相关，但它也和需要仔细考察文本的其他学科相辅相成，不管是历史叙述、哲学短文、宗教评论、法律文件还是科学论文。希腊语"φιλολογια"对应的拉丁语是"*philologus*"，后者被大量使用的含义也在变化，从"投身学问或文学追求的人""作家"到"有学问的人""学者"。与"*grammaticus*"相比，"*philologus*"关注为"更广大文化"服务的语言，比如在"历史学、古物学和文学"中的语言。②

单词"philology"经常被算作以"-logy"结尾、表示"对某物的研究"的复合词范畴，例如：占星学（astrology）、神学（theology）、考古学（archaeology）。因为词素"-logy"长期被用于创造专门研究领域的新术语，所以英语中有大量此类复合词，多数情况下这些术语是严肃的，例如：细菌学（bacteriology）、免疫学（immunololgy），但偶尔也有开玩笑的情况，例如"地下学"（undergroundology）、"帽子学"（hatology）。③ "Philology"虽然是最早被证明属于这一范畴的单词之一，但其在结构上与大多数其他以"-logy"结尾的复合词不同。以"archaeology"为例，这个单词包含两个成分（中间有连接成分-o-），第二个成分"-logy"表示行为（即"研究"），第一个成分"*archaios*"表示其对象（即"古老或原始的东西"）。在"philology"中，这个关系则是相反的，行为（即"热爱"）由第一个成分表示，行为的对象（即"词汇"）则通过第二个成分传达。④

在现代英语中，词素"philo-"可能用于组成名词性复合词，表示"热爱某物的人"，例如"热爱编剧者"（philo-dramatist）、"热爱理论者"（philo-theorist）；或构成形容词性复合词，意味着"热爱某物的"，例如："热爱音乐

---

① 迈克尔·格兰特（Michael Grant）：《希腊语和拉丁语作家：公元前 800 年至公元 1000 年》，纽约：威尔逊出版公司，1980 年，第 147 页。鲁道夫·普法伊费尔（Rudolf Pfeiffer）：《古典学术史：自肇端诸源至希腊化时代末》，牛津：克拉伦登出版社，1968 年，第 156—160 页。
② 查尔顿·T.刘易斯（Charlton T. Lewis）、查尔斯·肖特（Charles Short）：《拉丁文词典：以弗雷德拉丁文词典的翻译为基础》，纽约、辛辛那提、芝加哥：美国图书公司，1907 年，附录。
③ 约翰·辛普森（John Simpson）：《牛津英文词典第三版》网页版，牛津：克拉伦登出版社，2000 年至今，"-LOGY"词条。
④ 托马斯·舍斯塔克（Thomas Schestag）：《语文学，知识》，载《泰劳斯》2007 年总第 140 期，第 28—44 页。

的"(philo-musical)、"热爱数学的"(philo-mathematical)。两千多年来,虽然词素"philo-"在构成新单词方面非常高产,但在被严格视为学术投入的脑力劳动这一含义上,并没有很多"philo-"类复合词被认为可以表明此类行为。[①]例如,我们能认为"对荣誉的热爱(philotimy)""对款待的热爱(philoxeny)"是一门正式的分支学科吗?那么"对猪的热爱(者)(philo-pig)"呢?希波的奥古斯丁(Augustine of Hippo)在关于是否有某种研究可以将人导向真理和幸福的讨论中,详细考察了两种热爱行为,即哲学(philosophy)和美学(philocaly)。他指出二者"有非常相似的姓氏",在通过热爱追求知识这一方面视二者为兄妹:

> 可以说,他们看似——实际上,他们正是——源自同一家庭。事实上,何谓哲学?是对智慧的热爱。而何谓美学?是对美的热爱。请向希腊人请教这一点。然而,何谓智慧?其本身不正是真正的美吗?因此,二者确实是同类的、由相同的父母产生。[②]

通过相似的方式,索尔兹伯里的约翰(John of Salisbury)在《元逻辑》(*Metalogicon*)中,将语文学作为美学和哲学的姐妹引入,分别视三者为代表一个人对于理性、美和智慧之内在嗜好的寓言形象。于是,一个人对三者的喜爱多于其他任何事物,并且尽可能审慎地追求它们:"虽然人性的弱点不敢向自身承诺这三者,但它追寻它们,即追寻真正的善、智慧和理性,并且它全力热爱它们,直到它在上帝的恩典下(最终)获得了热爱的对象"。[③]

英文词典中的语文学

英文单词"philology"从现代早期开始使用,并且在五百年的迭代中形成了复杂的意义网络。随后的章节会考察语文学在 19 世纪的实践,而本部分将为英文单词"philology"的历史提供概述,其中,特别关注其在 19 世纪前后的用法。不同版本的牛津英文词典(*OED*)对这一单词的处理,或许是一个方便的出发点。在最初两个版本中,"philology"被表述为法语"*philologie*"

---

① 约翰·辛普森:《牛津英文词典第三版》网页版,"PHILO-"词条。
② 奥古斯丁:《对怀疑论者的回应》,载于丹尼斯·J.卡瓦纳(Denis J. Kavanagh)译:《圣奥古斯丁著作集》,纽约:塞玛出版公司,1948 年,第 140 页(《驳学院派》原文,第二篇第三章第七节)。
③ 索尔兹伯里的约翰著,丹尼尔·D.麦克加里(Daniel D. McGarry)译:《元逻辑:十二世纪三艺的语言和逻辑艺术辩护》,费城:保罗·德莱图书公司,第 246—247 页。

的一个变体,而后者本身又是拉丁文中的希腊语借词"*philologia*"的变体。这两个版本中的"philology"划分出两种主要的语义,普遍的和特殊的。二者中,普遍含义早于特殊含义,前者的首次引用可追溯到 1614 年,而后者在1716 年。第三版牛津英文词典通过引用约翰·斯凯尔顿(John Skelton)的诗("既不是哲学,也不是语文学,既不是好的政策,也不是天文学"),将普遍语义的起点推到了 1522 年。如果我们能够注意到乔叟(Chaucer)和利德盖特(Lydgate)对卡佩拉(Martianus Capella)的著作《语文学和墨丘利神的联姻》(*De nuptiis Philologiae et Mercurii*)中人格化语文学的引用,这个日期还可以推到更远的中世纪末期。①

第一版牛津英文词典于 1928 年以《新英文词典》(*New English Dictionary*)为标题完成,1933 年又进行了订正再版。其中,普遍含义下"philology"的定义使人联想到希腊语"φιλολογια"和拉丁语"philologia":"对文本的研习,广义而言,包含语法、文学批评和诠释,文学作品和文字记载与历史的关系等;文学与古典学术,或典雅教育(polite learning)"。这一段以对用法的简短评论结尾:"现在极少使用普遍含义"。而其特殊含义的定义则很简明:"对语言结构及其演变的研究;语言科学;语言学"。这些特殊含义被贴上"现代用法"的标签,而该段以置于方括号中的简短评论结束,即对于普遍意义上的语文学而言,它"实际上是一个分支"。②

第二版牛津英文词典保留了"philology"词条的基本框架,但增加了取自 1982 年出版的《附录》③中的材料。因此,它对普遍含义提供了与之前相同的定义(即"广义上的文献研究"等)和用法注解(即"现在极少用普遍含义")。但这一注解现在增补了看似细微的修正:"除美国之外"。④ 第二版词典印制了第一版中所有对于普遍含义的引证,但也提供了大量新的引证。这一源自《附录》的重大新增内容的功能似乎是支持修改后的用法注解,因为很多引证来自 20 世纪美国作家的作品,例如下述本杰明·沃尔夫

---

① 约翰·辛普森:《牛津英文词典第三版》网页版,附录。
② 詹姆斯·A.H.默里(James A.H. Murray)等:《牛津英文词典:带有〈以历史原则编纂的新英语词典〉的引言、附录和参考书目的更正再版》,牛津:克拉伦登出版社,1933 年,附录。
③ J.A.辛普森(J. A. Simpson)、E.S.C.韦纳(E. S. C. Weiner):《牛津英文词典》,牛津:克拉伦登出版社,1989 年,附录;伯奇菲尔德:《牛津英文词典附录》,牛津:克拉伦登出版社,1972—1986 年,附录。
④ 这一观点在伯奇菲尔德(R. W. Burchfield)的《附录》中似乎可以得到支持,只是措辞稍有不同:"在美国仍是寻常用法"(伯奇菲尔德:《牛津英文词典附录》,附录)。

（Benjamin Whorf）的作品：

> 由于主要的语言学难题已经被攻克了，这一领域的研究变得越来越语文学；也即，主要题材、文化资料和历史发挥着不断增加的作用……这是语文学。但语文学的根基必须是语言学。
>
> ——B. L. 沃尔夫：《玛雅象形文字语言学部分的解读》（Decipherment of the linguistic portion of the Maya hieroglyphs），《史密森协会董事会年报》1941 年，第 502 页

"philology"特殊含义的所有原始定义都可在第二版词典中找到（即"对语言结构的研究"等），但伴随着一段很长的解释性批注："现在通常限于对特定语言或语族发展的研究，尤其是基于书面材料对音韵学和形态学历史的研究。"①第二版词典形成的总体印象是，"philology"的特殊含义在 20 世纪特殊到了几乎被荒废的程度。这种印象似乎被附加的用法注解证实，这段注解仍然取自《附录》，用较小的字体印刷在结尾："这种含义在美国从未成为主流，表述对语言结构的研究时，'语言学'（linguistics）是更常见的术语，它甚至与大量形容词和形容词性词组一起，在受到限定的语义上取代着'语文学'（philology）"。

刚刚考察的两个版本的"philology"词条有助于我们理解该词的含义和功能在 20 世纪的变化。② 在 20 世纪早期，特殊（或现代）含义的"philology"太过突出，以至于该词的普遍（或传统）含义非常罕见。到了 20 世纪 80 年代，"philology"的特殊含义变得极其狭窄，因为其大多数语义领域都被"linguistics"取代。看到"philology"的含义在不到一百年的时间内，从普遍变得特殊、再到非常狭窄，人们可能会好奇，前两版牛津英文词典是否见证了这种在语言研究领域的衰落，正是这种衰落使上述产物得以出现呢？然而，第二版词典的"philology"词条为我们提供了一个不同的图景：前两版词典中勾勒出的渐进语义收缩对英语世界的影响似乎是不匀等的。尤其在美国，特殊含义从未生根，而普遍含义也可能从未被边缘化。③

通过注释"philology"的原始词条在 20 世纪 80 年代的细微变化，我们可

---

① 《附录》将其指定为英式用法，主张这一含义在美国从未广泛传播（同上）。
② 《新英文词典》将"philology"的原始词条放置在"Ph-Piper"分册出版的时间是 1906 年。
③ 另一种可能是，到了 1906 年，"philology"的普遍含义在英语世界已经很罕见，但其在 1989 年以前于美国得到复兴（约翰·辛普森：《牛津英文词典第三版》网页版，附录）。

能会识别出很多问题,这些问题似乎促成了"philology"的语义领域在过去一个世纪中的不稳定:该词的含义在普遍与特殊(或传统与"现代")之间的冲突、"philology"和"linguistics"的对抗、可见于英语世界的用法差异。不论看起来如何无关紧要,在这幅已经很复杂的图景上可能仍需再附加一个因素:英文单词"philology"与其他语言中同源单词的关系。关于"philology"同源词的语义介入,最早的范例可能是现在已经取消的含义,"对交谈或论辩的热爱",这个含义在 17 世纪短暂地流传,最早和最晚的可知范例分别出自 1623 和 1678 年。这个被认为"主要是贬低性的"用法,似乎由学识渊博的博士从希腊语"φιλολογια"借用,并应用到已有的英文单词"philology"上,后者是法语借词"*philologie*"的变体并且在普遍含义上使用。① 至于英文单词"philology"的特殊含义,这是丹麦学者奥托·叶斯伯森(Otto Jespersen)早在 1922 年就已经提出的问题。在《语言》(*Language*)一书中,叶斯伯森指出,"philology"和"linguist(ics)"的用法与二者在欧洲大陆上的同源词类似:

> 在这本书中,我将使用"philology"一词在欧洲大陆的含义,其在英文中经常被表述成含混的"学术"(scholarship),意味着对于一个民族特定文化的研究;于是我们称拉丁语文学、希腊语文学、冰岛语文学等。另一方面,"linguist"一词则常用于表述只拥有关于一些外语的实用知识的人;但我认为,如果我称这类人为"实用语言学家",并把"linguistic"本身用于指科学地学习语言的人,我是与数目渐增的英美学者保持一致的。②

正如叶斯柏森所暗示的,"philology"的特殊含义几乎是英语中独有的发展。但这并不意味着,其他现代欧洲语言中,"语文学"具有完全统一的含义或固定的用法。恰恰相反,语文学的复杂性启发了欧洲大陆学者的想象,

---

① 约翰·辛普森:《牛津英文词典第三版》网页版,附录第 2 节。

② 奥托·叶斯伯森:《语言:它的性质、发展和起源》,纽约:麦克米伦出版社,1922 年,第 64 页。约翰·韦伯斯特·斯帕戈(John Webster Spargo)翻译过郝尔格·裴特生(Holger Pedersen)的《语言的发现》(*The Discovery of Language*),他也提出过类似的论点。1930 年,他在英文版前言中解释道:"在翻译丹麦语单词'sprogvidenskab'和'filologi'时,过去使用的英文单词分别是'linguistics'和'philology'。现在的用法则非常不同,趋向对早先'philology'一词含义中兼有的行为作出术语上的区分……这种用法丝毫没有偏离'philology'过去用法,而且还引入了更专门化的领域所需的精确度"(郝尔格·裴特生著,约翰·韦伯斯特·斯帕戈译:《语言的发现:十九世纪的语言学科学》,伯明顿:印第安纳大学出版社,1931 年,第 viii 页)。第三版牛津英文词典记录了葡萄牙语"filologia"和德语"Philologie"的早期用法,因此表明了现代欧洲语言中同源词之间的相互联系。

尤其是那些在两次世界大战之间被迫研究其潜力的学者。在 1921 年 2 月 14 日写给格哈德·肖勒姆(Gerhard Scholem)的信中,沃尔特·本雅明(Walter Benjamin)呼吁关注语文学从多元视角看待过去的独特能力——换言之,有力地矫正历史本身的整合效应的能力:

> 我对语文学进行了一些思考……我总能意识到其引人注意的一面。对我而言——我不知道和你是否在相同的含义上做出理解——语文学似乎与所有历史研究一样,承诺了新柏拉图主义者在禁欲主义沉思中寻求的快乐,但语文学将其发挥到极致。完美,而不是完成,保证道德的消亡(而不熄灭其火焰)。其展现了历史的一个方面,更好的表述是,历史性事物的一个层面,一个人确实能因其获得调节性的、系统的和构成性的基本逻辑概念;但是它们之间的联系必须保持隐秘。我不将语文学定义为语言的科学或历史,而在将其在最深层定义为术语的历史(Geschichte der Terminologie)。由此,一个极其令人困惑的时间概念和非常令人困惑的现象必须被纳入考虑。如果我没有弄错,当你提出语文学和被视为编年(Chronik)的历史非常相近时,我虽然不能详细说明,但能够了解你的意思。编年史从根本上来说即是被篡改的历史。对编年史的语文学篡改仅仅是在形式上揭示出内容的意图,因为其内容是对历史的篡改。①

语文学的转向

第二版牛津英文词典被描述为"早期词典和伯奇菲尔德的四卷本附录的融合",其不只记录了 20 世纪现代语文学的衰落,还预期了 21 世纪的新语文学运动。② 因为 20 世纪的上一个十年出现了大量关于语文学的作品,我在此将主要关注这场运动中最早出版的两部作品,二者都是出现于 1990

---

① 沃尔特·本雅明著,舍姆·肖勒姆(Gershom Scholem)、西奥多·W.阿多诺(Theodor W. Adorno)编注,曼弗雷德·R.雅各布森(Manfred R. Jacobson)、伊夫林·M.雅各布森(Evelyn M. Jacobson)译:《本雅明的信件:1910—1940 年》,芝加哥大学出版社,1994 年,第 175—176 页;沃尔特·本雅明:《信集》,美因河畔法兰克福:苏尔坎普出版社,1995—2000 年,第 2 卷,第 136—137 页;塞思·雷厄(Seth Lerer)编:《文学史和语文学的挑战:埃里希·奥尔巴赫的遗产》,斯坦福大学出版社,1996 年。

② 夏洛特·布鲁尔(Charlotte Brewer):《语言宝库:鲜活的〈牛津英文词典〉》,康涅狄格州纽黑文、伦敦:耶鲁大学出版社,2007 年,第 11 页。

年的文集。首先是中世纪研究杂志《明鉴》(*Speculum*)的特别期刊上发表的一组题为"新语文学"(The New Philology)的文章,其发表立即激起回应,回应者有的对其新奇感到困惑,有的在当中看到研究中世纪语言文学的新路径的潜力。①

这一斩获大奖的期刊通过重新考察该领域已有的研究方法,大体上思索出了新的方向。这些投稿者努力脱离被视为旧语文学的一切,通常在两种在时间定向性上相反、但并不互相排斥的选择中采取一个。② 一种选择是,根据语言研究在 20 世纪产生的两个领域,即语言学和语言学导向的文学理论,对语文学进行再思考。另一种选择是提倡回归语文学的早期实践,不论这一原点定位在何处。将旧语文学识别为文艺复兴时期的语文学的投稿者们赞成,现代语文学和印刷术发明之前的前现代文本不相容。在他们看来,手稿代表既不固定又无限定的文本,因为这一人造物产生于基于口述的文化,在此类文化中,"书写是听写,阅读是口头形式"。③ 他们认为,文艺复兴之后,语文学家将文本视为通过印刷永久固定下来的书面材料。这些语文学家包括人文主义者,其为了用印刷形式复制古典文学而专注于收集古代作品;还包括 19 世纪的德国编辑,其出于浪漫理想主义将中世纪文本的手稿整理成有序的谱系,并将重构的"原始底本"(*Urtexts*)置于最上方;甚至还有 20 世纪的文本批评家,遵循法国传统,他们认为对前现代文本的编辑等同于印制其认为的最佳版本,同时,他们将"变体本"列在每一页底部作为一种体例。④

《明鉴》"新语文学"这期屡次呼吁源头的观点,"对写本的回归不仅作为版本的来源,还作为'原始文本'"。⑤ 由于语文学的历史可以追溯到古

① 基思·巴斯比(Keith Busby)编:《走向综合? 新语文学随笔》,阿姆斯特丹、佐治亚州亚特兰大:荷兰罗多比出版社,1993 年;威廉·D.帕登(William D. Paden)编:《中世纪的未来:20 世纪 90 年代的中世纪文学》,盖恩斯维尔:佛罗里达大学出版社,1994 年。
② 史蒂芬·G.尼科尔斯(Stephen G. Nichols):《导论:手稿文化中的语文学》,载于《明鉴》1990 年总第 65 期,第 1—10 页。
③ 苏珊娜·弗莱希曼(Suzanne Fleischman):《语文学、语言学和中世纪文本的话语》,载于《明鉴》1990 年总第 65 期,第 19—37 页。
④ 史蒂芬·G.尼科尔斯:《导论:手稿文化中的语文学》,第 2—7 页;苏珊娜·弗莱希曼:《语文学、语言学和中世纪文本的话语》,第 20、25—27 页;参见贝尔纳·塞克利尼(Bernard Cerquiglini)著、贝西·温(Betsy Wing)译:《赞颂变体:语文学的历史批判》,马里兰州巴尔的摩、伦敦:约翰霍普金斯大学出版社,1999 年。
⑤ 苏珊娜·弗莱希曼:《语文学、语言学和中世纪文本的话语》,第 25 页。

代,任何对回归语文学源头的呼吁都必须在时间的相对性中理解。① 具有启发性的是,20世纪末重新思考语文学的最早尝试之一,是由研究中世纪的专家们进行的,而引用一位投稿者的话,中世纪被现代人据斥为"中间的一千年,即仅仅是用于区分古代的开端和文艺复兴的再开端的空白"。② 于是,"新语文学"期刊尤其在质问"庞大的大师叙述"时非常有效,通过这些叙述,"现代性伴随文艺复兴确定了自我身份,并且通过定义前现代来拒斥中世纪"。按照中世纪学家的观点,普遍且似乎无法消除的"大叙述"(grand récit)组成了西方文化史,但其不过是自信的现代人发明与重新题写的一种叙事,而彼特拉克(Petrarch)或许可以算作第一人。③

　　另一个对于重新思考语文学的合作性尝试整体发生在文学研究领域。1990年,《比较文学研究》(Comparative Literature Studies)杂志出版了一期题为"何谓语文学?"(What is Philology?)的专刊,④这一合集包含的文章基于1988年哈佛大学文学与文化研究中心承办的一场会议。参会者是许多研究不同时期、不同语言群体的专家,他们的观点——经常被两极化为文本与理论——展现了语文学实践的差异程度。一名专家组成员坚持,语文学"对于文本事实和真理的追求"应当指向"文学与批评的分野,因为二者性质不同进而没有竞争性"。⑤ 另一人则附和保罗·德曼的论点,认为"理论中真正激进的正是语文学"。⑥ 一人以"语文学是文学批评的基础"为前提展开论述,而另一人则得出结论,"语文学概念作为多少优先于文学和文化阐释的观点应当被严肃拷问"。⑦ 一名发言者察觉到语文学在公元前496年面临的一场危机:当时希俄斯城邦的大量学童死于一次屋顶坍塌,这不仅被理

① R.H.布洛赫(R. H. Bloch):《新语文学和旧法语》,载于《明鉴》1990年总第65期,第38页。
② 李·帕特森(Lee Patterson):《边缘:后现代主义、讽刺史和中世纪研究》,载于《明鉴》1990年总第65期,第92页。
③ 同上,第92页。参见弗雷德·C.罗宾逊(Fred C. Robinson):《中世纪的,中世纪》,载于《明鉴》1984年总第59期,第745—756页;西奥多·蒙森(Theodor Mommsen):《彼特拉克之"黑暗时代"的概念》,载于《明鉴》1942年总第17期,第226—242页。
④ 第27卷,第1期。同年,题为"关于语文学(On Philology)"的独立卷本重新发行。
⑤ 理查德·F.托马斯(Richard F. Thomas):《古典语文学之过去与将来》,载于扬·茨奥科夫斯基编:《论语文学》,宾夕法尼亚州立大学帕克分校、伦敦:宾夕法尼亚州立大学出版社,第66—74页。
⑥ 芭芭拉·强森(Barbara Johnson):《语文学:什么危如累卵?》,载于扬·茨奥科夫斯基编:《论语文学》,第29页。
⑦ 乔纳森·卡勒:《反基础主义语文学》,载于扬·茨奥科夫斯基编:《论语文学》,第52页。文德尔·克劳森(Wendell Clausen):《语文学》,载于扬·茨奥科夫斯基编:《论语文学》,第13页。

解为当地政治灾难的凶兆，还预示着语文学视野收缩至书面文本和字母（*grammata*）。① 但另一名发言者主张，我们只有关注 19 世纪早期的语文学，才能使其摆脱冗繁而堕落的工作，比如教授哈佛或其他学校忧心忡忡的英文系研究生如何在用德文写成的语法的帮助下翻译哥特语。② "何谓语文学？"这场会议围绕其题目得出的答案与参会者一样多，用其组织者扬·茨奥科夫斯基（Jan Ziolkowski）的话说，这是因为"这场关于语文学在教学课程中位置的争论，毫不掩饰地被表现为了一场权力争斗"。③ 如果语文学被严格视为权力的中介，其拥有的不过是乔纳森·卡勒（Jonathan Culler）所表述的"相对性身份"，因为其身份"取决于其反对的对象"。因此"何谓语文学的问题，就是何谓相关对立的问题，这些对立区分、划定和制造了'P'的领域"，即语言和文献书写的主体，其中，字母 P 代表的是美国国会图书馆的分类系统设定。④

卡勒在其 2002 年题为"回归语文学"（The Return to Philology）的文章中再次呼吁语文学。这篇文章从保罗·德曼的文章中获得题目灵感，将文学领域重新构想为与语文学极其相似的对应物。语文学拥有打破领域和学科边界的能力，文学也是一样的学科，不只能将人文和历史结合，还能"在为文化上的重要文本确定含义这一阐释任务中将自己与神学相结合，在对处理人类深层经验的作品集的责任上将自己与道德哲学相结合"。⑤ "回归语文学"这一表述也被萨义德（Edward Said）用作《人文主义与民主批评》（*Humanism and Democratic Criticism*, 2004）的章节标题。本章开头对语文学的描述与怀特（Wyatt）对"Phil"的描述一模一样：萨义德写道，"语文学只与人文主义学问中最落伍、最乏味和最陈旧的分支有关"。但不论多么陈旧和

---

① 格雷戈里·纳吉（Gregory Nagy）：《一个学童的死亡：一场语文学危机的早期希腊开端》，载于扬·茨奥科夫斯基编：《论语文学》，第 37—48 页。

② 埃克哈德·西蒙（Eckehard Simon）：《中世纪语文学的案例》，载于扬·茨奥科夫斯基编：《论语文学》，第 16—20 页。这一研究生教学法的概述基于 W.杰克逊·贝特：《英文研究的危机》，载于《哈佛杂志》1982 年总第 85 期，第 46—53 页。

③ 扬·茨奥科夫斯基：《何谓语文学？》，《论语文学》导论，第 9 页。

④ 乔纳森·卡勒：《反基础主义语文学》，载于扬·茨奥科夫斯基编：《论语文学》，第 49 页。图书馆学的专家可以迅速告诉我们，在索绪尔或柏拉图的《赫谟根尼》（*Hermogenes*）中，图书编目号码中的字母是完全任意的。然而研究性图书馆的普通使用者几乎不可避免地会将编码字母和其代表的学科联系起来：例如，〈G〉代表地理学、〈M〉代表音乐、〈T〉代表技术、〈R〉可能代表药学。甚至在"P"的领域（即语言和文学）内，PE 代表英语，而 PD 代表德语或日耳曼语（duetsch）。

⑤ 乔纳森·卡勒：《回归语文学》，载于《美育》2002 年总第 36 期，第 12—16 页。

乏味,语文学仍然是萨义德自身学术和文化身份的组成部分。作为对词汇的热爱,语文学包含了"对词汇和修辞详细、耐心的考察和终身的关注",而这些词汇和修辞属于"历史上的人类使用的语言"。同时,"作为一门学科,语文学在所有主要文化传统的不同时期内,也拥有拟科学的知识和精神声望,包括西方传统和为我自身发展提供框架的阿拉伯—伊斯兰传统"。① 在萨义德看来,美国当今的人文主义极其需要语文学,因为:

> 真正的语文学阅读是积极的;其包括进入语言已在词汇中运行的过程,并揭示我们以前的任何文本可能隐藏、未完成、伪装或曲解的内容。通过这一语言视角,词汇不是低调代替更高级现实的被动标志或记号,相反,它是现实本身的组成部分。②

在 21 世纪的开端,至少在美国,"philology"的普遍含义(即'广义上对文献的研究')似乎重新获得了其先前的地位。③ 对语文学的呼吁自此充斥于人文学科的每个角落,包括比较文学和外语研究④、拉美研究⑤、古典学⑥和印度学⑦。这些以及其他很多作品用语文学的视角重新考察了这些学科的当下状态、回顾语文学在不同领域的历史、讨论关键人物并为学科的未来重新定义语文学。有时一些作品试图将语文学的视野扩展到人文学科之外。例如,赫伯特・格雷伯斯(Herbert Grabes)通过将语文学与社会学、人类学、心理学以及其他像对待书面文本一样考察人类行为模式的学科联系

---

① 爱德华・W.萨义德(Edward W. Said):《人文主义与民主批评》,纽约:哥伦比亚大学出版社,2004 年,第 57—58、61 页。

② 同上,第 59 页。

③ 这个观点得到了《牛津英文词典》的最新版本(附录)的支持,在 2008 年 6 月起草的"philology"词条中,第二版中的用法注解("除美国之外现在极少用普遍语义")已经被去除,而替换成更加简短和有限定性的"现在主要在美国(使用)"。

④ 迈克尔・霍奎斯特(Michael Holquist):《忘记我们的名字,记住我们的母亲》,载于《美国现代语言学协会会刊》2002 年总第 115 期,第 1975—1977 页;汉斯・劳格・汉森(Hans Lauge Hansen)编:《变化的语文学:关于全球化时代外国语言研究再定义的投稿》,哥本哈根:图斯库兰姆博物馆出版社、哥本哈根大学,2002 年;沃纳・哈马彻(Werner Hamacher):《摘自〈95 篇语文学论文〉》,载于《美国现代语言学协会会刊》2010 年总第 125 期,第 994—1001 页。

⑤ 马修・雷斯托尔(Matthew Restall):《新语文学史和历史上的新语文学》,载于《拉丁美洲研究评论》,2003 年总第 38 期,第 113—134 页。

⑥ 布莱恩・P.哥本哈弗(Brian P. Copenhaver):《我们的同代人瓦拉:哲学和语文学》,载于《思想史杂志》2005 年总第 66 期,第 507—525 页;朱莉亚・黑格・盖瑟(Julia Haige Gaisser):《关于语文学的一些思考》,载于《美国语文学协会学报》2007 年总第 137 期,第 477—481 页。

⑦ 谢尔顿・波洛克(Sheldon Pollock):《未来语文学? 一个硬世界中的软科学之命运》,载于《批判研究》2009 年总第 35 期,第 931—963 页。

起来,将语文学想象为文化科学(Kulturwissenschaft)的一门包罗万象的学科。① 语文学今天的地位似乎与 5 世纪早期相似,当时,语文学不只被卡佩拉设想为技艺的基础,还是所有学问的灵感。

语文学和语法

在西方世界漫长的语言研究历史中,语文学在不同的时空节点经历了起伏。语文学的命运起初看似听命于无常的趋势和个别的天才。然而经过仔细观察,非常清晰的是,语言研究具有和特定外部因素相同的方向性。通过思考每一次早期语文学运动发生在特定时间的原因及其发挥的作用,我假定在语言研究的历史中有一种循环模式或"周期"。

每个周期始于个体或个体群对其共同体的语言产生兴趣。这样的个体可能会开始详细阐述通用语或考察其现象。此阶段的语言研究可能会激励对文本的发现或再发现,包括旧式或非标准的通用语版本、此类文本的传播、对语言种类的考察、对语言非共同形式的观察、对不熟悉单词和表述的注释和对广义上文本理解难题的评论。② 语言研究周期第一部分的特点是发现、复原、熟悉化和理解行为,称作"语文学阶段"。如果译者能够关注增加由旧式或陌生版本通用语书写的文本的可及性,以及引入能够辅助阐述通用语的外国文本,那么翻译也可加入语文学活动的列表中。通过这些活动,语文学家成为语言与其环绕的共同体之间的媒介。一场语文学运动经常发生于对另一种更有声望的语言的回应,该语言被认为对通用语的功能或其使用群体的一致性具有妥协性影响。

为了使一场语文学运动有结果——例如,对通用语的详细阐述、口头或书面文本的传播、注释和评论的生产——共同体需要具有一定的稳定性和繁荣程度。一旦一个共同体进入语文学阶段并因之开启了语言研究的新周期,通用语只要被视为共同体的联结代理,就会得到培育、研究和阐述。但是当语言的地位在共同体内部或在与其他共同体的关系中发生改变时,在

---

① 赫伯特·格雷伯斯:《语文学的文化转向》,载于汉斯·劳格·汉森编:《变化的语文学:关于全球化时代外国语言研究再定义的投稿》,第 51—62 页;参见纳吉:《1991 年伊利诺伊州芝加哥的总统讲话:荷马问题》,载于《美国语文学协会学报》1992 年总第 122 期,第 17—60 页。

② 参见汉斯·乌尔里希·贡布莱希特(Hans Ulrich Gumbrecht):《语文学的力量:文本学术的活力》,厄巴纳、芝加哥:伊利诺伊大学出版社,2003 年。

周期中建立起的语言研究的本质很可能也会发生改变。如果一种语言在共同体内部获得威望，或是共同体获得了足以将其语言的地位提升到其他语言共同体之上的政治或其他方面的权威，对它的研究周期则从语文学阶段进入新阶段。因为语法是语言研究第二阶段的主要产物之一，所以我称其为"语法阶段"。这里的"语法"与对一种语言的形态学描述（就像在"霍皮语的语法"中的含义）相比，更是一种规范语言用法并促进其时空传递的规定。就像但丁曾做的注解，权威和保守主义是激励学者精心制作语法技艺的两个因素："对他们而言，语法（*gramatica*）不亚于语言在不同时空下不可变的特定身份。其规则曾在多人共同许可下制定，不可能为个人意志服务，因此不可改变。"①

语法阶段具有天然的保守性。一旦语言研究的周期进入该阶段，语法学家将致力于尽可能长期地保存语言的形式和地位。只有语言群体本身的灭亡能够终止语法阶段并结束周期。在语法阶段中，发展出不同的维护（和监督）语言地位的运作机制。例如，规范语法承诺不仅使当代，还有后代的受教育阶级同质化。达到语法阶段的共同体也将为文献的规范背书。与语文学阶段的"文献"相比，语法阶段的文献倾向拥有更专门化的含义，指称相对少数作者及其被认为是高级、权威或强势的文本。经典的建立和批评的发展联合出现，因为这两种制度互相供养，以维护文学传统并为那些"知道"的人培育高雅的品味。如果批评被视为语法的高级形式，那么语法学家的最高学术层次是语言和文学的理论化，因为按照定义，理论是普遍并永恒的。普遍语法就是一个恰当的例子，因为它旨在揭示所有语言形式未变并且不可改变的结构，不论这些语言表面上多么不同，其深层都被认为具有该结构。但是，尽管理论声称追求普遍性，这样的理论仍通常建立在规范语法上，后者则基于权威语言。普遍语法的出现通常是特定语言研究周期达到终极阶段的标志。

语言研究的周期是一个时间性模型，并且新周期不必每次都经历全程。每个周期的持续时间由该共同体的存续长度决定，而其能达到的阶段最终取决于共同体为其语言能发展到的声望水平。一般来说，语文学阶段兴起于共同体内部繁荣时，语法阶段则在共同体外部繁荣时兴旺发展。普遍语法的理论很可能在权威语言的地位被认为达到最高点时得到发展。

---

① 史蒂文·博特瑞尔（Steven Botterill）编译：《但丁〈俗语论〉》，剑桥大学出版社，1996 年。

语法的机器在帝国可得到最好的维护。西方历史上出现过三四个语言研究的主要周期，每个周期都始于由通用语识别的共同体的出现，而结束于使用该语言的帝国的灭亡。接下来的内容粗略描绘了前三个语言研究周期的轮廓，强调了每个周期的突出特点，并参考了一些现象以作说明。迫使这些周期进行转换的语言是：（1）希腊语、（2）（通俗）拉丁语和（3）古典拉丁语及其"罗曼语"后裔。

古代地中海地区

虽然古希腊政治分裂并且地理分散，但古希腊人仍将自身视为同一个群体，其中，语言是可论证的唯一最重要的因素。用于区分希腊人与外邦人的表述"βάρβαροι"原本是一个拟声词，在原始印欧语系中可能意味着口齿不清的话。① 然而对古希腊人而言，"βάρβαροι"并不是当今"barbarians"最常见的含义，该词专用于米堤亚人和波斯人，二者都自诩是比希腊更早的文明。② 在希罗多德的《历史》(History)中，雅典人通过诉诸"我们共同的希腊性：即我们在血统和语言上同一"，劝阻斯巴达的使者与波斯人谈判。③

对古希腊人而言，荷马史诗是其教育和身份形成方面最重要的"文学作品"。荷马的断代及号称"荷马问题"(Homeric Question)的各方面已有千年的争论。④ 但似乎有一普遍共识，即截至公元前 8 世纪，"《伊利亚特》和《奥德赛》已经实际完成"，并且"最晚到六世纪上半叶，希腊人认为史诗的创作时期已经结束了。"⑤吟游诗人促进了荷马史诗在整个希腊世界的传播，其任务不仅是背诵史诗，还要进行阐释它们。⑥ 荷马的语言是一种理想的通用语，因为它不仅是古体的，而且它的方言形式——尽管其爱奥尼亚(Ionic)风

① 尤利乌斯·伯克尼(Julius Pokorny)：《印欧语源词典》，伯尔尼、慕尼黑：弗兰克出版社，1959年，"BABA-"词条。
② 亨利·乔治·立德尔、罗伯特·斯科特编：《希腊文—英文词典》，"βάρβαρος"词条。
③ 希罗多德著、戴维·格林(David Grene)译：《历史》，芝加哥大学出版社，1987年，第611页(原文 8.144)。
④ 格雷戈里·纳吉：《1991年伊利诺伊州芝加哥的总统讲话：荷马问题》；芭芭拉·格拉齐奥斯(Babara Graziosi)：《创造荷马：史诗的早期接受》，剑桥大学出版社，2002年。
⑤ 鲁道夫·普法伊费尔：《古典学术史：自肇端诸源至希腊化时代末》，第5—6页；芭芭拉·格拉齐奥斯：《创造荷马：史诗的早期接受》，第84—85页。
⑥ 鲁道夫·普法伊费尔：《古典学术史：自肇端诸源至希腊化时代末》，第3—15页。

味混合着"一种重要的伊欧里斯（Aeolic）成分"——无法定位到任何区域。据说古希腊的每个城市都声称自己是荷马的出生地。[1]

众所周知，规范主义含义的语法技艺在古典时代尚未存在。[2] 正如上述格雷戈里·纳吉（Gregory Nagy）所述例子所表明的，5世纪早期教给学童的"*grammata*"并不是语法而是字母表中的字母。[3] 在古典时代，"γραμματιός"通常指认识字母的人，而"τεχνη γραμματικη"仅指阅读的技艺。因此，"不论是柏拉图还是亚里士多德，都不会将其自己描述为'γραμματιός'，除非该词表示通用于所有可读写的人的含义"。[4]

规范主义语法的后古典源头并不惊人。系统传播到地中海地区的希腊文化伴随马其顿东征返回，在这一过程中，亚历山大的军队每征服一个地区，就在当地留下说希腊语的官员进行统治，这些殖民地多少带有标准化官僚制的性质。在亚历山大帝国（及后帝国）的很多地区，如果当地人志在去政府求职，希腊语是必须学习的外语。[5] 但远在地中海世界被马其顿人希腊化以前，马其顿人可能早在5世纪就已经历了类似的过程。[6] 据彼得 A. M.苏润（Pieter A. M. Seuren）所言，"马其顿语并非希腊语或其方言，而是一种完全不同的语言"，于是"严格说来，尽管希腊语得到广泛使用，希腊文化也迅速渗透，马其顿人仍然被视为野蛮人，即非希腊人"。[7] 传记作者告诉我们，亚历山大在东征时带了一本以前的老师亚里士多德注释的《伊利亚特》（即"金匣中的伊利亚特"）的复制本，并将其与短剑一起放在枕下。不论这一逸闻的历史真实性如何，我们从这位哲学家赠礼的行为中可以感受

---

① 芭芭拉·格拉齐奥斯：《创造荷马：史诗的早期接受》，第84页。

② P.B.R.福布斯（P. B. R. Forbes）：《语文学和语法的希腊先驱》，载于《古典学评论》1933年总第47期，第105—112页；鲁道夫·普法伊尔：《古典学术史：自肇端诸源至希腊化时代末》，第64页。

③ 格雷戈里·纳吉：《一个学童的死亡：一场语文学危机的早期希腊开端》，载于扬·茨奥科夫斯基编：《论语文学》，第37、42页。

④ 约翰·埃德温·桑迪斯：《古典学术史》，第1卷，第7页；亨利·乔治·立德尔、罗伯特·斯科特编：《希腊文—英文词典》，附录。

⑤ 彼得·A.M.苏润：《西方语言学：历史导论》，马萨诸塞州莫尔登、牛津：布莱克威尔出版社，1998年，第19页；J.N.亚当斯（J. N. Adams）、西蒙·斯万（Simon Swain）：《导论》，载于J.N.亚当斯、马克·詹斯（Mark Janse）、西蒙·斯万编：《古代社会的双语：语言接触和书面文本》，牛津大学出版社，2002年，第12页。

⑥ 费洛兹·瓦苏尼亚（Phiroze Vasunia）：《尼罗河的馈赠：从埃斯库罗斯到亚历山大的埃及希腊化》，伯克利：加利福尼亚大学出版社，2001年，第252页。

⑦ 彼得·A.M.苏润：《西方语言学：历史导论》，第18页。古希腊人质疑马其顿国王的世系；例如，希罗多德著、戴维·格林译：《历史》，第364、607—608页（原文5.22、8.137—8.139）。

到比为师姿态更多的意义。① 至于马其顿语，其似乎没有得到恰当的记录，几乎已经佚失了。②

公元前 4 世纪末到前 3 世纪初，由于早期托勒密王朝的资助，亚历山大城成为希腊世界的学术中心。尤其是前两代国王——托勒密一世和托勒密二世——负责建立了著名的亚历山大图书馆和被称作缪斯神庙的学术圣地。③ 历代图书馆馆长与学术共同体中的其他活跃分子有时也被称为亚历山大语文学家。这些学者的作品确实拥有语文学的特点。亚历山大图书馆首任馆长（约公元前 285 年—前 270 年），即以弗所的泽诺多托斯（Zenodotus），被视为"最早的文本批评家"，他通过比较不同手稿完成了荷马史诗的首部校注本。④ 泽诺多托斯与其后的荷马史诗的编辑者不同，因为他并未废除可疑的段落，而只在存疑的诗行边缘标一个他发明的叫作"剑号"（obelus）的记号。据说他做了一个汇编，但没有注释。⑤ 另一任馆长埃拉托色尼自认为语文学家，但其最著名的或许是记时法和地理学作品。⑥ 亚历山大语文学达到的高度以馆长拜占庭的阿里斯托芬（Aristophanes of Byzantium）为代表，据说他通过引入一些文本变体的标记将重音和标点系统化。⑦

然而，同样重要的是，亚历山大城受到埃及法老的支持，以使其与其他——主要是更古老的——希腊学术中心抗衡。于是，亚历山大语文学家的任务不是强化其自身共同体的语言——实际上，他们中的很多人来自其他地区——而是通过联系已备受尊崇的语言，增加王朝的声威。因此，亚历山大语文学家的作品展现了非常早期的"语法"特点，包括普法伊费尔（Pfeiffer）所称的对语言和文献"学究式"的态度，这也成为希腊学术最主要的特点。⑧ 在 3 世纪，亚历山大城的语言和文学研究愈发倾向语法。将阿里

---

① 费洛兹·瓦苏尼亚：《尼罗河的馈赠：从埃斯库罗斯到亚历山大的埃及希腊化》，第 253—255 页。
② 见彼得·A.M.苏润：《西方语言学：历史导论》，第 18 页。
③ 约翰·埃德温·桑迪斯：《古典学术史》，第 1 卷，第 105—108 页。
④ M.C.霍华森（M. C. Howatson）编：《牛津古典文学指南》第二版，牛津大学出版社，1989 年，第 602 页；迈克尔·格兰特：《希腊语和拉丁语作家：公元前 800 年至公元 1000 年》，第 480 页。
⑤ 鲁道夫·普法伊费尔：《古典学术史：自肇端诸源至希腊化时代末》，第 115 页。约翰·埃德温·桑迪斯：《古典学术史》，第 1 卷，第 120 页。
⑥ M.C.霍华森编：《牛津古典文学指南》第二版，第 220—221 页。
⑦ 同上，第 56 页。鲁道夫·普法伊费尔：《古典学术史：自肇端诸源至希腊化时代末》，第 178—180 页。
⑧ 鲁道夫·普法伊费尔：《古典学术史：自肇端诸源至希腊化时代末》，第 102 页。

斯托芬任命为馆长就是象征此种转变的一个标志性事件。与前人不同的是,阿里斯托芬不是学者型诗人,而是纯粹的学者,因此能够在亚历山大的历史上首次给予学术研究"自主的存在"。① 其学生和继任者(约公元前 180 年—前 145)阿利斯塔克斯(Aristarchus)因编制了"首部完整规模的荷马史诗评注"(因而得名"无上评论家"〔supreme critic〕)并"令语法得到极大发展"而闻名。② 像老师阿里斯托芬一样,他订立了最优秀古典诗人的列表,"形成了后续经典分类的基础"。③ 狄奥尼修斯·特拉克斯(Dionysius Thrax,约公元前 100 年)是阿利斯塔克斯的学生,他被普遍认定为《读写技巧》(Techne grammatike, Τέχνη γραμματική)的作者。这部专著据称影响了"此后主流传统中的希腊和拉丁语语法",并"在欧洲语言学研究的实践和文学取向上打下了自己的烙印"。④

亚历山大城的学术研究虽然逐渐转向语法,但却从未失去语文学的核心。甚至其语法研究的高峰《读写技巧》,也始于对语法(γραμματική)非规范主义的定义,即"关于诗人和散文家大多如何说的经验性知识"。⑤ 换言之,特拉克斯的语法仍然是"观察性的;材料取自公认作家的书面作品,这些作家的用法证明他的描述的正确性"。⑥ 正如普法伊费尔的观点,"技术性语法是希腊学术研究的最新成果。如果亚里士多德真如众人相信一般是语文学之父,则该成果本可出现得更早,但实际上,创造了该成果的学者型诗人转向了解读(ἑρμηνεία τῶν ποιηῶν),并将语言研究视为文本批评和诠释的不二助手"。⑦

由于坚实的基础,语法技艺的存续时间比希腊时期更久。没有什么比希腊学术在罗马人中的声威更能证明"语法"的持久权力,甚至在罗马实现

---

① 迈克尔·格兰特:《希腊语和拉丁语作家:公元前 800 年至公元 1000 年》,第 44 页;约翰·埃德温·桑迪斯:《古典学术史》,第 1 卷,第 126 页。

② M.C.霍华森编:《牛津古典文学指南》第二版,第 54 页;迈克尔·格兰特:《希腊语和拉丁语作家:公元前 800 年至公元 1000 年》,第 37—38 页;R.H.罗宾斯(R.H. Robins):《简明语言学史》第 4 版,伦敦、纽约:朗文出版社,1997 年,第 37 页。

③ 迈克尔·格兰特:《希腊语和拉丁语作家:公元前 800 年至公元 1000 年》,第 38 页。对于"古典"的古代定义,见恩斯特·罗伯特·库尔提乌斯(Ernst Robert Curtius)著、威拉德·R.特拉斯克(Willard R. Trask)译:《欧洲文学与拉丁中世纪》,普林斯顿大学出版社,1990 年,第 248—251 页。

④ 同上,第 38 页。

⑤ 鲁道夫·普法伊费尔:《古典学术史:自肇端诸源至希腊化时代末》,第 268 页。

⑥ R.H.罗宾斯:《简明语言学史》第 4 版,第 38 页。

⑦ 鲁道夫·普法伊费尔:《古典学术史:自肇端诸源至希腊化时代末》,第 272 页。

对希腊语世界的政治统治后依旧如此。① 因为罗马作为新的世界秩序从旧秩序中继承了语法技艺及语言研究周期，古罗马人没有正规地经历植根于其自身语言的语文学阶段，就进入了语法阶段。因此，语言研究的首个周期包含了罗马时代，当时，希腊语继续作为特权语言而得到研习。②

至于拉丁语，罗马人用其作为军队和法律的官方语言。拉丁语尽管在行政上意义重大，但仍被认为低于希腊语——罗马人的本土语言源自希腊语而且可能是其声望较小的方言，这一简要的常识象征性表现出一种等级制。③ 因此，即使拉丁语的重要性足以构成语法时，其仍被压缩进希腊语的模子里，或者更准确地说，压进已建立的语法技艺——一种将在接下来的两千年中被重复的模式。但可能是因为罗马人比亚历山大语文学家更能在抽象的层面处理语言学规范化的问题，这一时期的学者能够推动语法阶段向更先进的阶段发展。帝国的知识精英倾向对希腊语采取一条"纯粹主义"的进路，经常展现出对"阿提卡化的"（atticized）希腊语的偏爱，用其作为纯文学文本的标准并反对希腊通用语（koine），后者当时是对于有声望的方言之外的所有希腊语版本的总括性词汇。④ 罗马时代甚至出现了语言学普遍性的观点。瓦罗（Varro，公元前 116 年—前 27 年）是罗马共和国晚期最伟大的拉丁语语法学家，其在二十五卷的《拉丁语》（De Lingua Latina）中专门用六卷谈句法。虽然这部分语法已经佚失，但瓦罗仍被认为是"首个把句法看作语言结构的组成部分的人"。在西方语言研究的传统中，句法是逻辑的小弟，因为句法也产生于普遍的人类意识，并因此在额前被打上理性的标记。瓦罗曾被称为"具有高度原创性的语言学理论家"，他的独创性可从其对拉丁语语法的形式和功能进行理论化的尝试中得到体现。⑤ 下述段落中，瓦罗对语法变化的普遍性提出了新颖的观点（尽管我们的有利位置使我们能够反驳他的论点）：

---

① R.H.罗宾斯：《简明语言学史》第 4 版，第 58 页。
② 西蒙·斯万：《希腊主义与帝国：公元 50 年—250 年希腊世界的语言、古典主义和权力》，牛津：克拉伦登出版社，1996 年。
③ 西蒙·斯万：《希腊主义与帝国：公元 50 年—250 年希腊世界的语言、古典主义和权力》，牛津：克拉伦登出版社，1996 年，第 41—42 页。
④ 同上，第 19 页。
⑤ 罗伊·哈里斯（Roy Harris）、塔尔博特·泰勒（Talbot Taylor）：《语言学思想的里程碑：从苏格拉底到索绪尔的西方传统》第二版，伦敦、纽约：劳特里奇出版社，1997 年，第 49 页；R.H.罗宾斯：《简明语言学史》第 4 版，第 60—66 页。

由于变形非常实用且必须,它不仅被引入了拉丁语,而且进入了所有人类语言;因为如果这一系统没有发展,我们无法习得已掌握的大量词汇——因为单词可能的变形形式在数字上是无限的——所以,在我们本应学到的东西中也看不出,就意义而言这些单词的关系是什么。[1]

此外,拉丁语从希腊语中接受了格律——然后是一个语法分支——并几乎抛弃了其自身。对于传统拉丁语的韵律学,可能除了古拉丁诗律(Saturnian metre)之外,我们知之甚少,该格律下的诗行与日耳曼长句不同,而是装饰了头韵,并被分成各具不同格律模式的两部分。[2] 罗马人不只从希腊文学传统中接受了格律,还接受了体裁。当维吉尔(Virgil)为新帝国写下奠基史诗时,他使用了"华丽的六步格诗"。[3]

西部拉丁文化圈

第二个语言研究周期始于罗马帝国或多或少因为语言差异分裂成东西两部分时。但在 3 世纪罗马帝国经历政治、经济和社会危机时,其学术已经开始衰落了。甚至在 4 世纪的复兴运动之后,罗马也未能从悲剧中完全复原:各种障碍阻止罗马人恢复其传统学术,直到其"不再阅读希腊语"。[4] 5世纪早期,日耳曼部族的入侵使罗马放弃了外围领地,而其持续的行动最终导致西罗马帝国在公元 476 年陷落。接下来的两个世纪,罗马人主要通过与拜占庭帝国控制的东部地中海地区保持联系,使其多数学术成果得以保存。这一文化的细流为西方保存了希腊—罗马文明的鲜活记忆,但随着伊斯兰教在 7 世纪的兴起,也走向干涸。到 8 世纪早期,阿拉伯人征服了波斯、叙利亚、罗马帝国在非洲的领土和西班牙,最终成为"地中海地区的主宰"。[5] 正是在这一古典文明的衰退期,拉丁语反常地成为西方最负盛名的语言。

---

[1] 罗伊・哈里斯(Roy Harris)、塔尔博特・泰勒(Talbot Taylor):《语言学思想的里程碑:从苏格拉底到索绪尔的西方传统》第二版,伦敦、纽约:劳特里奇出版社,1997 年,第 55 页。

[2] M.C.霍华森编:《牛津古典文学指南》第二版,第 54 页。W.贝尔(W. Beare):《拇指扬音、萨图努尔斯诗体和〈贝奥武夫〉》,载于《古典语文学》1955 年总第 50 期,第 89—97 页。

[3] R.H.罗宾斯:《简明语言学史》第 4 版,第 59 页。

[4] 恩斯特・罗伯特・库尔提乌斯著、威拉德・R.特拉斯克译:《欧洲文学与拉丁中世纪》,第72 页。

[5] 同上,第 21 页。

日耳曼部族在迁徙时，其自身语言接受了很多读写工具（可能哥特语除外）。尽管大多数罗马制度——军事、政治、技术等——在该转型时期遭到削弱或佚失，在公元 381 年以后代表国教的教会经受住了最初的猛攻，并通过使"野蛮人"（不论是教外人还是异教徒）接受出自其手的基督教束缚，将统治扩大到日耳曼王国。根据库尔提乌斯的说法，从公元 395 年狄奥多西大帝去世，到 8 世纪末查理大帝（Charlemagne）的崛起，是"欧洲传统上最重要的时期"。这一形成阶段的作家包括：4 世纪末至 5 世纪初的哲罗姆（Jerome）、奥古斯丁（Augustine）、"首位伟大的基督教诗人普鲁登修斯（Prudentius）和首位基督教通史学家奥罗修斯（Orosius）"；5 世纪末至 6 世纪的波爱修（Boethius）和努西亚的圣本笃（Saint Benedict of Nursia），前者是《哲学的安慰》（De Consolatione Philosophiae）的作者并翻译了一些亚里士多德的逻辑学著作，后者建立了西方的僧院制度；6 世纪末至 7 世纪的格里高利一世（Gregory the Great）和塞维利亚的伊西多尔（Isidore of Seville），二者分别著述训诂和百科全书作品；7 世纪末到 9 世纪早期的阿尔德姆（Aldhem）、比德（Bede）、卜尼法斯（Boniface）、阿尔克温（Alcuin）及其他对英国和欧洲大陆"宗教和知识的繁荣"做出贡献的与世隔绝的学者。[①]

语言研究的第二个周期从首个周期中继承了各种分支学问，这些学问已经在几世纪以来承受住了有时很艰难的政治气候。例如，在卡佩拉的《联姻》中，语法被寓言化为"一个的确很老但很有魅力的女人"：

> 她说自己生于孟斐斯，当时奥西里斯仍然是法老；在躲藏了很长时间后，她被塞列尼安（Cyllenian，即墨丘利）本人找到并抚养长大。这个女人声称，在阿提卡这个她度过了大半生并且事业蒸蒸日上的地方，她穿着希腊的服装四处走动；但由于拉丁诸神、卡皮托（Capitol）、玛尔斯（Mars）的种族和维纳斯（Venus）的后裔，根据罗穆卢斯的风俗（Romulus，即罗马风俗），她穿着罗马斗篷进入了诸神殿。[②]

同样地，中世纪早期学者的任务是为通识人文（liberal arts）披上基督教术语的外衣：例如，修辞在奥古斯丁的《论基督教教义》（De doctrina

---

① 恩斯特·罗伯特·库尔提乌斯著、威拉德·R.特拉斯克译：《欧洲文学与拉丁中世纪》，第 22—23 页。

② 威廉·哈里斯·斯塔尔（William Harris Stahl）、理查德·约翰逊（Richard Johnson）、B.L.柏奇（B.L. Burge）：《卡佩拉和七艺》，纽约：哥伦比亚大学出版社，1917—1977 年，第 2 卷，第 64—65 页。

christiana,本书也是语文学导向的)中找到了新的表达。① 卡佩拉笔下异教徒梅尼普的讽刺作品(Menippean satire)先后被纳入僧院和教会学校的课程,语法在此属于"七艺(artes)之首",因此是"所有中唯一专有"获得栽培的。② 可以说,这一时期最重要的语文学事件是哲罗姆使用希伯来语原本而非希腊语译本《旧约圣经》(*Septuagint*)翻译《旧约》,这基于其翻译理论,即"为理性演绎而非逐字逐句的翻译辩护"。③ 哲罗姆在《圣经》拉丁通行本中使用的是当代人广泛使用的、而非古典时期少数学者所培养的拉丁语,而本书此后成为注释、神学、教会决定和纪律、甚至世俗层面的文本基础。④ 因此,在其翻译的时代,帝国中的多数人都可以理解拉丁通行本。然而几个世纪后,拉丁语与帝国此前领土使用的本地语(或许可统称为"罗马语")渐行渐远,直至其也成为新生罗曼语族的使用者必须学习的僵化语言。此外,拉丁通行本使用的语言——或者任意一种拉丁语皆可——对日耳曼语的使用者来说是陌生的,他们使用的语言在罗马世界都属于"野蛮人的语言"(*lingua babara*)。⑤

当教会通过专门向非罗马领地传播文学(广义的)建立起西部的拉丁文化圈时,第二个语言研究周期的语文学阶段仍在延续。在整个中世纪,拉丁语是无异议的权威语言,因为其不仅掌握着知识财富的关键,还掌握着救赎的奥秘,当生命像麻雀疾飞一样从地球上消逝后,救赎等待着每个灵魂。基督教话语向北欧扩张的一个标志是,公元800年查理大帝从东法兰克的国王转变为神圣罗马帝国的国王。如果我们还记得,查理大帝作为日耳曼语的母语者,通过召集西方所有基督教国家的学者促进了古拉丁语文本的复原、新拉丁语文本的创作以及二者的传播,那么"加洛林文艺复兴"(Carolingian Renaissance)的名称就部分现代学者而言并不完全是一次用词不当。⑥

---

① 恩斯特·罗伯特·库尔提乌斯著、威拉德·R.特拉斯克译:《欧洲文学与拉丁中世纪》,第73—74页。
② 同上,第42—43页。当拉丁文圣经被用于指导时,甚至语法的技艺也被"基督教化"了(维维安·罗尔〔Vivien Law〕:《语法研究》,载于罗莎蒙德·麦克科特里克〔Rosamond McKitterick〕:《加洛林文化:模仿与创新》,剑桥大学出版社,1994年,第102页)。
③ R.H.罗宾斯:《简明语言学史》第4版,第84页。
④ 托马斯·雷纳(Thomas Renna):《圣哲罗姆》,载于约瑟夫·R.斯特雷耶(Joseph R. Strayer)编:《中世纪词典》,纽约:查尔斯·斯克里伯纳出版社,1989年,第7卷,第58页。
⑤ 恩斯特·罗伯特·库尔提乌斯著,威拉德·R.特拉斯克译:《欧洲文学与拉丁中世纪》,第30—35页。
⑥ 艾因哈德(Einhard)著,塞缪尔·艾普斯·特纳(Samuel Epes Turner)译:《查理大帝传》,密歇根州安阿伯:密歇根大学出版社,1960年,第57—58页;恩斯特·罗伯特·库尔提乌斯著,威拉德·R.特拉斯克译:《欧洲文学与拉丁中世纪》,第478页;罗莎蒙德·麦克科特里克:《查理大帝:欧洲认同的形成》,剑桥大学出版社,2008年。

　　第二个语言研究周期中语文学阶段向语法阶段的转变是渐进的过程，大概与 8 世纪末至 11 世纪之间的时期，即查理大帝兴起与丧失"西部国境"（该国境因维京人的入侵变得多样而易变）、重开"东部前线"之间的时期一致。在第二个周期中，由于多纳图斯（Donatus，约公元 350 年）、普里西安（Priscian）和其他拉丁语作家的作品，学者得以使用传统的语法技艺。学生在学校通常接受的训练，首先要致力于记忆多纳图斯在《小艺》（Ars Minor）中描述的八个词性的说明，其次转向其研究发音、修辞和格律的《大艺》（Ars Major）。① 普里西安的《语法惯例》（Institutiones grammaticae）提供了"对古典拉丁语作家的全面描述"，该书是一部"在上千部手稿中存续下来"的极有影响力的作品。② 但即使是《惯例》在根本上也是"亚历山大式的"，因为其在对发音、音节构成和形态学提供详细描述的同时，只对句法和语言的其他理论方面进行了有限的处理。③ 中世纪盛期，由于十字军开辟的道路带来希腊语文本的涌现，对亚里士多德逻辑学的兴趣再兴，因而出现了反对实用语法的异议。根据经院哲学的观点，语法不是"修辞和文学研究的入门"，而是保证其自身理论结构的自主学科。④ 而《惯例》不足以提供此种框架，因为普里西安本应考察基本理论及其所用要素和范畴的正当性，实际却仅在描述语言而未深入钻研。⑤

　　西部拉丁文化圈的语法阶段以思辨语法（speculative grammar）为顶点，这是 13 世纪在北欧产生的语言学学派。思辨语法学家也被称为摩迪斯泰学派（Modistae），其理论以 14 世纪早期埃尔福特的托马斯（Thomas of Erfurt）的作品《论思辨语法》（Grammatica speculativa）为代表。在这部语法专著中，托马斯没有考虑语音学，因为发音并不是语言的本质成分，而是与意识中产生的图像任意联系的独立实体，这些图像是对物理世界刺激的回应。托马斯的《语法》强调句法，他认为句法反映了思维的运作（因此属于"思辨"）。于是，句法使思辨语法学家得以将人类意识

---

① 　恩斯特·罗伯特·库尔提乌斯著，威拉德·R.特拉斯克译：《欧洲文学与拉丁中世纪》，第 43 页；罗伊·哈里斯、塔尔博特·泰勒：《语言学思想的里程碑：从苏格拉底到索绪尔的西方传统》第 2 版，第 55 页。

② 　R.H.罗宾斯：《简明语言学史》第 4 版，第 74 页；迈克尔·格兰特：《希腊语和拉丁语作家：公元前 800 年至公元 1000 年》，第 135 页。

③ 　R.H.罗宾斯：《简明语言学史》第 4 版，第 69—73 页。

④ 　罗伊·哈里斯、塔尔博特·泰勒：《语言学思想的里程碑：从苏格拉底到索绪尔的西方传统》第 2 版，第 79 页。

⑤ 　R.H.罗宾斯：《简明语言学史》第 4 版，第 89 页。

的机制理论化为由不同理解和意义模式构成的普遍合作(因此得名"modistae")。尽管《语法》中展现的原始记号语言学理论对亚里士多德的逻辑学尤其具有革新性,语言学史家仍然指出,托马斯"仅是借用了多纳图斯和普里西安给出的拉丁语语法的传统差异,并用摩迪斯泰学派的术语进行重新表述"。① 因而托马斯只选择了拉丁语的例子,似乎没有反映任何"不同语言具有不同语法结构或记号模式的可能性"。② 但是,这种局限只在我们的优势位置上可以察觉,而摩迪斯泰学派的理论语法与中世纪晚期的智识取向产生了共鸣。1366 年,普里西安的作品最终从巴黎的文科课程中撤销,取而代之的是维尔迪厄的亚历山大(Alexander of Villedieu)偈颂体的《传授》(Doctrinale, 1199 年)和贝蒂讷的埃伯哈德(Eberhard of Béthune,活跃于约 1212 年)的《仿希腊语习拉丁语》(Grecismus)。③

现 代 欧 洲

当内外各个方面开始挑战教会及其语言的权威时,第二个语言研究周期逐渐结束。从语言学的角度看,这一运动要么采用本土主义(vernacularism)、要么采用"古典主义"的形式。欧洲本土主义的起源很多,但作为远离罗马教廷的自觉行动,其最早的范例之一是但丁的《俗语论》(De Vulgari Eloquentia,约公元 1303 年—1305 年),该书可以被描述为欧洲本土民族主义的一个有远见的宣言。在这部拉丁语论著中,但丁拷问了人造语法的价值,并寻求一种"卓越的意大利本地语",该本地语应作为"衡量、斟酌和比较意大利所有城市的方言"的标准。④ 但丁将这种"卓越且主要的宫廷和教会本地语"比作动物寓言集中的豹子:正如这种传奇性的动物据信会在任何地方都留下自己的气味而不被发现,这一卓越的本地语"属于每一个意大利城市但又似乎不属于任何一个"。他注意到,意大利因为没有皇室发挥"整个王国的共同家园"的功能,所以还没有出现过这样的语言。⑤ 但丁的卓越本地语概念

---

① 罗伊·哈里斯、塔尔博特·泰勒:《语言学思想的里程碑:从苏格拉底到索绪尔的西方传统》第 2 版,第 81 页。
② 同上,第 86 页;R.H.罗宾斯:《简明语言学史》第 4 版,第 103—104 页。
③ 迈克尔·格兰特:《希腊语和拉丁语作家:公元前 800 年至公元 1000 年》,第 360 页;恩斯特·罗伯特·库尔提乌斯著,威拉德·R.特拉斯克译:《欧洲文学与拉丁中世纪》,第 43 页。
④ 史蒂文·博特瑞尔编译:《但丁〈俗语论〉》,第 41、47 页。
⑤ 同上,第 41、43 页。

反映其政治抱负,即将意大利联合成一个语言共同体、并使其获得作为一个国家的独立性。他这些通常潜藏在本土主义作品中,尤其体现在《神曲》(*Commedia*)中的志向,预言了现代的欧洲本土主义,更意味深长的是,预示着约六个世纪后意大利的统一。[①]

北欧的本土主义通常伴随宗教运动。14 世纪末,从威克里夫派(Wycliffites)开始,圣经翻译由改革者支持并实践,并以 1534 年路德(Luther)的德译本圣经和 1539 年都铎英国的《大圣经》(*the Great Bible*)的出版为高潮。许多与罗马教会断绝联系的国家和地区都属于日耳曼语族。

古典主义作为远离教会语言的运动在 14 世纪的人文主义中最早得到证明,因为早期"文艺复兴者"试图将此前的千年封闭为黑暗的"中世纪",并将现代世界(*moderni*)与古代世界(*antiqui*)直接联系起来。[②] 彼特拉克在历史编纂学中避开了中世纪就是一个范例。关于查理大帝对欧洲历史的贡献,彼特拉克的评价很低,称其为"国王查理",并在一封信中写道,通过冠以其"伟大"的称号,"野蛮民族胆敢提升庞贝和亚历山大城的地位"。正如蒙森(Theodor Mommsen)所坚称的,当"彼特拉克否定查理大帝的职务和个人头衔时,他不只否定了个人的伟大:他表现了对整个制度的无视——查理大帝是这个制度首个、也是最伟大的代表——该制度自认继承自中世纪帝国和罗马帝国"。[③]

现代早期的古典主义不只关注拉丁语,还关注希腊语和希伯来语。这两种语言对致力于圣经文本批评的学者非常重要。在这样的智识氛围下,理想的学者是"三语种人"(*homo trilinguis*),即精通三种当时被认为——无论措辞多么模糊——是欧洲语言祖先的语言。[④] 拉丁语长期以来促进了欧洲不同语种的学术阶层的交流,希腊语,即《新约》的语言,仍然被视为拉丁语的母本。而希伯来语不只在这三种语言中被认为是最古老的,并且是可

---

① 恩斯特·罗伯特·库尔提乌斯著,威拉德·R.特拉斯克译:《欧洲文学与拉丁中世纪》,第 350—357 页。

② 然而,库尔提乌斯提醒我们,"modernus(即'现在、当代')"一词创造于古代末期,并在 6 世纪已经得到传播(恩斯特·罗伯特·库尔提乌斯著,威拉德·R.特拉斯克译:《欧洲文学与拉丁中世纪》,第 251—255 页)。他称拉丁语中世纪为"从古代通向现代世界的摇摇欲坠的罗马道路",但将"'现代'世界的开端"置于大约公元 675 年(同上,第 19—20 页)。亦见特奥多尔·蒙森:《彼特拉克之"黑暗时代"的概念》,载于《明鉴》1942 年总第 17 期,尤其第 237 页。

③ 同上,第 235 页。

④ R.H.罗宾斯:《简明语言学史》第 4 版,第 113 页。

在诺亚、亚当甚至上帝自身处找到源头的人类最古老的语言。① 现代早期的人文主义者可能被比作亚历山大语文学家，因为他们的作品——复原他们视为由祖先语言所写的文学作品——在本质上是语文学的，但由于他们研究的文本是一些上个周期中有威望的文本，这些文本——最典型的是圣经、荷马史诗和维吉尔的作品——已经积累了大量的学术研究。

在第三个周期中，本土主义和古典主义是推动语言研究的两个原则。二者中，前者通常被认为更有声望，但后者具有时间性优势，因为本土主义研究可从古典研究中获益，反之则不然。② 许多欧洲的本地语在上一个周期中已经得到详细阐述——例如，12、13 世纪的法语和 14 世纪的意大利语。自从 16 世纪盎格鲁—撒克逊人转变信仰以来，英语在历史上被多次作为书面语言培育。但到了现代早期，这一本地语才增加了大量来自古典语言的借词，以至于后代人认为，是文艺复兴时期的作家将英语提升到匹敌法语、意大利语、甚至拉丁语的高度。③ 教育改革家、伦敦麦钱特泰勒斯公学（Merchant Taylor's School）校长马卡斯特（Richard Mulcaster）的一段评论，是体现现代早期英语作家从罗马教会语言中解放的野心的典型：“为了学术成为语言的奴仆，这难道不是一种真正的奴役，一种由拉丁语提醒着我们的、顶着欢乐的‘自由’头衔的奴役吗？我喜爱罗马，但我更爱伦敦；我喜爱意大利，但我更爱英国；我尊敬拉丁语，但我崇拜英语。”④

17 世纪末，“古代人和现代人”之间爆发了一系列文化战争，古典主义和本土主义的对立在此时公开化。⑤ 起初，由于历史上的优势，这场战争看似倒向“古代人”一边：希腊语和拉丁语都在第一个周期中得到了详细阐述，拉丁语教学法也在第二个周期里深深植根欧洲土壤。尽管欧洲人的政

---

① 毛里斯·奥兰德（Maurice Olender）著，亚瑟·戈德哈默（Arthur Goldhammer）译：《天堂的语言：十九世纪的种族、宗教和语文学》，马萨诸塞州剑桥、伦敦：哈佛大学出版社，2008 年，第 1—5 页。

② 恩斯特·罗伯特·库尔提乌斯著，威拉德·R.特拉斯克译：《欧洲文学与拉丁中世纪》，第 352 页。

③ 查尔斯·巴伯（Charles Barber）：《早期现代英语》，爱丁堡大学出版社，1997 年，第 42—102 页。

④ "*it is not in dede a meruellous bondage, to becom seruants to one tung for learning sake ... our own bearing the joyfull title of our libertie and fredom, the Latin tung remembring vs, of our thraldom & bondage? I loue Rome, but London better, I fauor Italie, but England more, I honor the Latin, but I worship the English.*"（理查德·马卡斯特〔Richard Mulcaster〕：《基础的第一部分：主要讲英语的正确写作》，1582 年，第 254 页。）

⑤ 若昂·德让（Joan DeJean）：《古代人对抗现代人：文化战争和十九世纪末期的形成》，芝加哥、伦敦：芝加哥大学出版社，1997 年。

治和宗教史差异很大,古典主义仍在第三个周期中对促进欧洲人的统一感发挥了重要作用;但与此同时,现代语言在"罗马的"国家起源于拉丁语,因此古典主义亦增加了这些国家本土主义的威望。例如,文艺复兴早期古典拉丁语的文学研究可以视为本土主义运动,因为意大利现代主义者希望建立与祖先世界的联系。在某种意义上,通过对古代拉丁语和希腊语文本的发现、再发现和传播,来自所有背景的早期现代学者帮助罗曼语使用者丰富了其语言学和文学遗产。

在 17 和 18 世纪,欧洲的教育继续以拉丁文为中心,但法语保持住了其地位,即学者进行交流的语言——或许萨缪尔·约翰逊(Samuel Johnson)除外,其在访问法国时"总的来说,对说拉丁语非常坚定执着"。[①] 此种语境下,新古典主义可视为第三个语言研究周期的语法阶段,因为整个欧洲都认可法语及其母本语言的地位。法国波尔瓦耶尔(Port Royal)学派首建于 1637 年,当其学者转向逻辑学,以"为普遍语法提供理性主义基础"时,这一周期的语法阶段达到成熟。[②] 该学派学者最著名的作品大概是安托尼·阿尔诺(Antoine Arnauld)和克洛德·朗斯洛(Claude Lancelot)于 1660 年出版的《普遍唯理语法》(Grammaire générale et raisonnée)。这部论著运用"大量拉丁语的语法传统"建立普遍的语言理论,但亦引用了各种日耳曼语言来证明这种理论性语法解释了"所有语言的实际构成"。虽然阿尔诺和朗斯洛把拉丁语视为所有语言的理性基础,他们有时也表达了"对于在法语中见到的明晰、优雅与美丽的自豪",[③]例如,他们在解释本地语助动词的中途暂停,并评论法语如何"最热爱语言的整洁和表达方式的自然安排"。[④] 尽管波尔瓦耶尔学派在 1661 年由于政治和宗教混乱解散,理性和普遍语法的概念对语言学思想的影响继续维持了一个多世纪。

在 18 世纪相对和平和稳定的时期,法语继续提升着其文化资本。1804 年它甚至成为一个完全成熟的帝国语言。但在法兰西帝国得以于语言学边

---

① 詹姆斯·鲍斯韦尔(James Boswell)著,R.W.恰普曼(R. W. Chapman)编:《约翰逊传》,牛津大学出版社,1998 年,第 1775 页。

② 罗伊·哈里斯、塔尔博特·泰勒:《语言学思想的里程碑:从苏格拉底到索绪尔的西方传统》第 2 版,第 108 页。

③ R.H.罗宾斯:《简明语言学史》第 4 版,第 143 页。

④ 安托尼·阿尔诺、克洛德·朗斯洛著,雅克·里厄(Jacques Rieux)、伯纳德·E.罗林(Bernard E. Rollin)编译:《普遍唯理语法:波尔瓦耶尔语法》,海牙、巴黎:穆彤出版社,1975 年,第 163—164 页;G.A.帕德利(G. A. Padley):《西欧的语法理论:公元 1500 年—1700 年》,剑桥大学出版社,1985—1988 年。

界之外应用语法机器之前,由法语威望维持的语法阶段戛然而止。在革命及其后续的混乱中,对于法国腾出的地位,欧洲语言至少在理论上再次成为机会平等的竞争者。[①] 在漫长的 19 世纪的开端,西方世界的语言研究再次走上起点,等待开启新周期的语文学运动。

刚刚给出的对前三个语言研究周期的概述的确是简短并且有选择的,因为我的目的在于,为 19 世纪英国的本土语文学提供一个大概的背景。因此,文学和语文学研究的一些非常重要的方面没有被考察,包括:第一个周期中在亚历山大城之外建立起的希腊学术、第二个周期中的本地语作品、第三个周期中斯宾诺莎(Spinaza)的圣经批评和维柯(Vico)的历史人文主义,以及三个周期中皆有的对维吉尔的研究。此外,上述对前三个周期的描述在某种程度上简化了语文学和语法的关系。虽然这两个范畴用于表征每个周期中的两个阶段,但我们必须记住,就像语法阶段仍要进行语文学实践一样,语文学阶段中也会建立起语法导向的研究。类似地,19 世纪绝不是英语世界中唯一发生语文学运动的时间。如果我们视语文学项目为对(广义上)一个人语言的考察,以加强特定语言学共同体中的交流,那么我们将认识很多人,例如:在 9 世纪西撒克逊王国工作的人,在那里,阿尔弗雷德大帝(Alfred)将教父文本翻译为英国本地语,以在自己的领地内提高平民文化水平并在全英格兰复兴学术;或者在当代加勒比地区工作的人,当地初等教育的低年级在口头上使用基于英语的克里奥耳语(creole)进行授课。[②] 因为语文学可以在没有背书或权威的情况下付诸实践,所以语文学事业数量众多且无处不在。但并不是每一项这样的事业都是成功的,也并非每个语文学项目都在其共同体中留下持久的影响。同样地,并不是每个语文学阶段之后都是语法阶段,语法阶段通常利用语文学当前阶段产生的工作主体来规范、编纂和理论化所讨论的语言。阿尔弗雷德大帝及其学者圈在本地语项目中成功地生产和传播了大量英语文本,并推广了"angelcynn"(即英国人)一词的使用,以在这片被维京人割裂的土地上提倡"作为政治共同体的英国"的观点。[③] 虽然他的平民扫盲愿景是不成熟的,但通过下个世纪国

---

① 法国的文化声威确实苟延残喘了一段时间。例如,见 T.瓦特(T. Watts):《论英语语言的未来地位》,载于《语文学学会会刊》1850 第 4 期,第 207—211 页。

② 唐纳德·温福德(Donald Winford):《加勒比地区的英语》,载于门马晴子、迈克·马托(Michael Matto)编:《英语语言史指南》,牛津:威利—布莱克威尔出版社,2008 年,第 420 页。

③ 莎拉·富特(Sarah Foot):《"英国人"的形成:诺曼征服前的英国认同》,载于《皇家历史学会学报》1996 年第 6 期,第 25 页。

家支持的宗教改革，在其任上开始的本地语运动硕果累累，英语成为首个有书面标准的欧洲本地语。① 本地语运动在 9 世纪末到 11 世纪初得到推行，这一时期西撒克逊王国统治着英格兰，但当 1016 年克努特大帝（Cnut）登上王位时，这一运动失去了动力；而当 1066 年诺曼人（Norman）到来时，其至少在世俗层面已经被抛弃了。

上述前三个语言研究周期的概况使我们意识到，在语言和文学研究的历史上，语文学和语法各自发挥着不同的作用。语法的基本系统从古代一直延续到现代。相较之下，语文学在一定程度上似乎很善变，因为它可以研究任何一种语言、方言和用语，可以由任何一个或一组个体实践，并且可以考察任何文本或使用任何方法。换言之，除了对词汇（λόγος）的热爱之外，语文学没有任何其他的本质特征。在先前的部分，我提到语文学在各种词典和其他作品中的定义。但是这些定义非常不同，以至于经常看似互相矛盾——甚至互相抵消。然而，我找到了两个似乎经受住了语义学考验的定义。第一个定义被公认属于罗曼·雅格布森（Roman Jakobson），主张"语文学是慢读的艺术"，②这一名言的深层概念可能来自尼采，它告诉我们，与"阅读什么"相比，语文学更关注"如何阅读"。③ 第二个定义声称语文学是"语文学家做的事情"。④ 不论听起来多么重复，它都提醒我们，如果建立者如此认识语言和文学研究，那么这类研究将是语文学的，并且，当语言和文学研究的学生在如此认识自身时，他们将成为语文学家。就苏格拉底称就自己热爱学习或辩论（或二者皆然）而言，他是"语文学的"（φιλόλογος）。同样地，保罗·德曼的作品是语文学，因为他称自己为语文学家，以强调其

① 赫尔穆特·格努斯（Helmut Gneuss）：《标准古英语的起源和温彻斯特的埃索沃德学派》，载于《盎格鲁—撒克逊英国》1972 年第 1 期，第 63—68 页。
② 卡维特·瓦金斯（Calvert Watkins）：《何谓语文学？》，载于扬·茨奥科夫斯基编：《论语文学》，第 25 页；扬·茨奥科夫斯基：《何谓语文学？》，《论语文学》导论，第 11 页，注释 7。
③ 谢尔顿·波洛克：《未来语文学？一个硬世界中的软科学之命运》，载于《批判研究》2009 年总第 35 期，第 933 页，注释 11。
④ 理查德·詹达（Richard Janda）等：《讨论》，载于安德斯·阿克维斯特（Anders Ahlqvist）编：《第五届国际历史语言学会议文集》，阿姆斯特丹：约翰·本杰明出版公司，1982 年，第 454 页。詹达在 1982 年第五届国际历史语言学会议的讨论环节做出了如下评价："我们应当关注自称'语文学家'或将其作品命名为'语文学'的人，并确切探明其致力的活动是什么——因为总而言之，语文学是语文学家做的事情（同上）"。霍奎斯特指出了另一条来自奥古斯特.柏克（August Boeckh）的毋庸置疑的评价：语文学寻求"已知的知识（das Erkenntnis des Erkannten）"（迈克尔·霍奎斯特：《忘记我们的名字，记住我们的母亲》，载于《美国现代语言学协会会刊》2002 年总第 115 期，第 1997 页。）。

观点"总是源于文本,源于对文本的批判性考察"。①

人们普遍认为,下述将自己识别为语文学家的言外行为(illocutionary speech act)是现代德国语文学的开端:1777 年——准确地说是 1777 年 4 月 8 日——尽管代理校长提出反对,认为"语文学并不是哥廷根大学的四大学科之一,弗莱德里希·沃尔夫(Friedrich August Wolf)如果想成为教师应当作为'神学学生'入学",②而年轻的沃尔夫仍然将自己的名字作为"语文学学生"(studiosus philologiae)写进该校的入学登记簿。1795 年,当沃尔夫出版《荷马史诗导论》(Prolegomena to Homer)时,该书在欧洲一些地区被视为"对文学的不敬"。但沃尔夫的历史主义方法启发了很多德国知识分子,包括施莱格尔(Schlegel)兄弟,后者在许多其他文本上应用了相同的方法。③到 19 世纪的第二季度,德国的大学已经承认一些语文学的分支为学术性学科,沃尔夫则被尊为"德国语文学家的英雄和别名"。④ 19 世纪和 20 世纪早期,当德国语文学对欧洲其他地区(以及美国)的语言和文学研究产生强烈影响时,英国语文学在此期间产生了有其自身文本、问题和参与者的独特轨迹。虽然该语文学也始于一名语言专业的学生在重重困难下将自己定位为语文学家,但是这一自我承认的行为并未发生在处于国家学术中心的大学,而是产生于一个建立在殖民地的学术团体,该团体旨在研究当时被认为与欧洲人没有历史联系的人的文化。⑤

---

① 斯蒂法诺·罗素(Stefano Rosso):《保罗·德曼访谈》,载于保罗·德曼:《抵抗理论》,明尼阿波里斯、伦敦:明尼苏达大学出版社,第 118 页。

② 约翰·埃德温·桑迪斯:《古典学术史》,第 3 卷,第 51—52 页。关于"言外行为",见 L.J.奥斯汀(L. J. Austin)著,J.O.厄姆森(J. O. Urmson)、玛丽娜·斯比萨(Marina Sbisà)编:《如何以言行事》第 2 版,马萨诸塞州剑桥:哈佛大学出版社,1975 年,尤其第 57、148—64 页。

③ 约翰·埃德温·桑迪斯:《古典学术史》,第 3 卷,第 56 页。

④ 安东尼·格拉夫顿(Anthony Grafton)、格伦·W.莫斯特(Glenn W. Most)、詹姆斯·E.G.蔡策尔(James E. G. Zetzel):《导论》,载于 F.A.沃尔夫著,安东尼·格拉夫顿、格伦·W.莫斯特、詹姆斯·E.G.蔡策尔译:《1795 年荷马史诗导论》,普林斯顿大学出版社,1985 年,第 28 页。

⑤ 此处指英国学者威廉·琼斯(William Jones)。1786 年 2 月 2 日,琼斯在亚洲学会发表的第三周年演讲中被称作"语文学家段落"(philologer passage)的内容精确而细致入微地描述了东西方语言的关系,指出梵语、希腊语和拉丁语三者在动词词根和语法形式上强烈的同源性,被视为现代语言学比较方法的开端。——译者注。

古典语文学之过去与将来

理查德·F.托马斯（Richard F. Thomas）* 著　郭华苓　译

　　如果我们可以将语文学想要达到的目的之一总结为建立起一套关于文本的知识，那么在试图赋予语文学一个定义或是探讨它的未来前，先讨论一下语文学的过去将是大有用处的，尤其当我们将关注点投注在一些古典学术成果上，这些成果往往满足以下条件：它们由语文学家编写，是同类型著述中的最优代表，增进了我们对于其所处理的文本的知识。然而，这些成果中，我们也会关注到一些失误的情形。但进一步讲，这些失误并不要紧，因为一代又一代的语文学家曾试图修正和改进它们，同时由此来提升知识的境界与继续探究的过程。在面对这些成果时，我们还会看到探寻的过程仍未终结，从语文学界集体的视角来看，这些工作仍在"进行中"。

　　让我们暂且将值得关注的古典学术成果清单限定在上世纪末、本世纪初关于维吉尔（Virgil）的学术作品的范围内。首先，奥托·里贝克（Otto Ribbeck），在他1859—1862和1894—1895的维吉尔全集精校本中同时对勘了古典时代晚期大写体（late antique capital）抄本和加洛林手稿（Carolingian manuscripts），收集了古代作者引用维吉尔的引文，同时也汇集了历代及其同辈许多学者的猜想推测。里贝克为随后的研究工作提供了基础，正如在其之后面世并且现在仍被使用的两个校本中有力声明的那样。[①] 迈纳斯（Mynors）表明了语文学世界的永恒性，由他完成的维吉尔全集校本的第一版与里贝克的版本相隔已逾百年。他对里贝克的熟悉感是直接的，仿佛就像二人之间相隔的年代并不存在："我尤为感谢奥托·里贝克；他为维吉尔

*　理查德·F.托马斯为美国哈佛大学古典学系教授，主要研究方向为古希腊、罗马经典文献，特别是罗马诗人维吉尔的研究。本文原文为："Past and Future in Classical Philology"，载 *Comparative Literature Studies*，Vol.27，No.1，*What is Philology?*（1990），pp.66-72。——译者注。

①　此处两种维吉尔全集校本（P. Virgil Maronis：Opera）指的是 R.A.B.迈纳斯（R.A.B Mynors）编校的版本（首版于1969年），牛津大学出版社，1980年；和 M.杰莫纳特（M. Geymonat）1973年版本，都灵：帕拉维亚出版社（Paravia）。

研究所作贡献之大很难以言语来形容。"①然而,正是这个里贝克也曾遭到质疑"没有采取任何方法对维吉尔的诗行进行删减或调换等处理(这是那一时期几乎所有语文学家的恶习)"。② 但是,这不会损害里贝克的成就,因为后续的语文学传统仅仅只是从他的著作中取用了"好"的和"正确"的内容(在他的著述中,这样的内容很多),并修改或抛弃了其中不"好"的和不"正确"的内容。而这个过程尚未结束,因为查尔斯·穆尔吉亚(Charles Murgia)正在为托伊布纳(斯图加特)(Teubner〔Stuttgart〕)系列准备一个新的精校本。

爱德华·诺顿(Eduard Norden)的《〈埃涅阿斯纪〉卷六注疏》③是关于拉丁文学作品的重要注疏之一。诺顿用以阐明这部分诗歌的诸多信息令人却步,它们或是来自希腊语与拉丁语文献,或源自其他出处。同时,他的注疏,目前已出版到第五版,正是所有相关学术工作的起点。即便如此,也常常有不同的声音提出,诺顿的注疏著作尽管会令它的读者有所收获,却并不能回答读者原本希望借助此书解决的问题;其次,这部注疏始终拒绝直面或令人满意地谈论文学议题。这样的缺憾是内在于注疏文体本质的,同时也内在于伟大文学作品的本质之中,没有任何注疏可以解答这些作品中产生的所有问题。因此,尽管诺顿注疏的第五版仍在不断重印,我们的潜在受众还是可以去借鉴另一本出自 R.G.奥斯汀(R.G. Austin)的注疏著作。④ 同时不出意外的是,另一本即将面世、出自 F.M.阿尔(F.M. Ahl)之手的注疏也会对 R.G.奥斯汀的成果有所补充。这一切建立在诺顿学术工作(它本身也建立在原有的注疏传统之上)基础上的学术成果也将组成一个语文学的集合体,它们尽管仍没能穷竭某一文本所产生的所有问题,仍然会通过不断的尝试来增加我们关于这一文本的知识。同时,未来的语文学家们仍然会在这

① 拉丁语原文见迈纳斯所作前言(Praefatio),第 xiii 页:"我首先要感谢奥托·里贝克,其对维吉尔的研究赐予我力量的措施,很难说有多少。"(Gratias ago in primis Ottoni Ribbeck, qui quantum studiis Vergilianis tribuerit, difficile est dictu.)亦可参看杰莫纳特前言第 ix 页。

② 拉丁原文见杰莫纳特所作前言 ix 页:"没有使用任何方法,或删除维吉尔或调换(这几乎是所有那一时期的语言学家都会做的)的诗行。"(nullo adhibito modo, Virgili versus vel deleret vel transponent〔quae erat fere omnium illius aetatis philologorum libido〕.)需要紧急补充的是,杰莫纳特是在一句让步从句中提及此事的,同样,他分享了迈纳斯的热情。

③ E.诺顿:《〈埃涅阿斯纪〉卷六注疏》(P. Vergilius Maro, Aeneis Buch VI),第 5 版(1903 年首版),斯图加特:B.G.托伊布纳,1970 年。

④ R.G.奥斯汀:《〈埃涅阿斯纪〉卷六注疏》(P. Vergili Maronis Aeneidos Liber Sextus),牛津大学出版社,1977 年。其范围和目标与诺顿的非常不同。

一个集合的基础上继续进行甄别、删减和修改的工作。

在 1903 年,除了诺顿注疏的第一版,理查德·海因兹(Richard Heinze)所著《维吉尔史诗技艺》(Virgils epische Technik)①的第一版也出版面世。约 60 年后,布鲁克斯·奥蒂斯(Brooks Otis)曾对这本著作有所评论,没有任何一本海因兹同时代的著述可以在定义阐明语文学的过程中回避他本人的这部作品,"关于《埃涅阿斯纪》这一整部作品,仍然没有任何一本书或对它的总体论述,具有像海因兹的伟大作品这样的重要性"。② 正如奥蒂斯所提到的,海因兹其中一个主要贡献就是表明了维吉尔叙事技巧的非荷马性(un-Homericness),在"心理和戏剧方面(它是)不同于我们所熟知的任何一部希腊史诗"。(第 414 页)但是,相较于将技巧看作诗歌展开和运动中不可或缺的部分,海因兹更倾向将它看作是一个可以分离的元素,同时回避了关于阐释的问题。不同寻常的是,奥蒂斯对海因兹的批评(第 414页)与杰莫纳特(Geymonat)对里贝克的批评十分接近:"然而,这正是海因兹时代特有的局限。"正如前文提到的里贝克和诺顿的例子(exempla)所表现的那样,在海因兹之后,以波希尔(Victor Pöschl)的研究③及随后柯瑙尔(Georg Nicholaus Knaur)的巨著④为主的学术成果开启了建立在其成果之上的修正和推进工作。后者尤其与目前的讨论相关。柯瑙尔用 359 页的篇幅继续了关于维吉尔式技巧的阐释性讨论,但在最后的 160 页中,他给出了两个列表:一个是《埃涅阿斯纪》中对荷马史诗参考的诗行,另一个是荷马史诗中对《埃涅阿斯纪》产生影响的诗行。为什么要列出这两类内容呢?因为正如柯瑙尔所觉察到的那样,围绕维吉尔技巧开展的研究考察作为一种既有自身意义又与荷马式技艺传统有所关联的现象,仍在进展中。在同语文学共存的文学阐释及批评中,我们可以为后续的探究找到一种语文学工具或资源,以上提到的便是一个文学阐释类型的案例。

---

① 巧合的是,两本书均于 1957 年出版了它们的第四版;海因兹的书最近一次再版是在 1965 年,并仍在出版中。

② 布鲁克斯·奥蒂斯:《维吉尔:文明化的诗歌研究》,牛津大学出版社,1964 年,第 414 页。

③ 维克多·波希尔(Victor Pöschl):《维吉尔的诗:〈埃涅阿斯纪〉中的意象和象征》(Die Dichtkunst Virgils: Bild und Symbolin der Aeneis)第 3 版(首版于 1950 年),柏林:德格鲁伊特,1977 年。

④ 柯瑙尔:《〈埃涅阿斯纪〉与〈荷马史诗〉的引用研究》(Die Aeneis und Homer: Studien zur poetischen Technik Virgils mit Listen der Homerzitate in der Aeneis),原载于《回忆书》(Hypomnemata),第 7 辑〔1964〕,第 2 版,1979 年。

同时,考虑到目前对于叙事学的集中关注,①我们可以对柯瑙尔著作的另辟新用有所期待,这也将促使这个领域的古典语文学多样发展,使之重焕生机。

这里举出了一些自上个世纪以来语文学领域公认的"最好的"的研究范例。在每一示例中,存有的瑕疵都被随后的学术传统的发展所祛除。对于"糟糕"的语文学研究来说,情况又是怎样呢?很简单,正如存在于优秀的语文学中的缺陷一样,它同样也会获得改善和修正。无论是豪斯曼序言(Housman preface)②一般的恶言相向,还是审阅的过程,抑或是研讨会和专业会议的考验,有时仅仅是沉默,都能推动修正与调整的过程。糟糕的语文学研究依然是语文学的一部分,同时被语文学所吸收利用,甚至会对语文学的发展进程有所贡献,因为它促使我们去面对它之所以糟糕的原因。同理,那些对语文学的批评与抨击也能对其自身发展有所裨益,无论是来自尼采,还是来自美学家的传统,③或者是最近以来女权主义者和理论家们的攻击。尽管这种将语文学看作是"逻格斯中心主义的"(logocentric),或者是更为糟糕的"非格斯—逻各斯主义的"(phallogocentric),并由此将其解读为一种理念层面十分荒唐、政治层面不甚合理的活动的观点,无法获得语文学界专业人士的苟同,但这些建议在哲学或意识形态层面的合理部分会迫使(并且已经这样做了)语文学家们去解决关于语言的稳定性、意向性以及经典构成等方面的问题。在此过程中,语文学自身发展得更加充实多样。

那么,我们如何定义语文学呢?或许我们能做的不过是根据组成这个词的各个部分的释义来综合定义,由此,语文学便意指与"语言"(λόγος,logos)(即"词语"或"文本")之间建立起一种"爱"(ψιλία,philia)的关系(即处于一种"喜爱""尊重"和"极为接近"的关系)。这种关系所要达成的

---

① 当使用这个合成词时,我语文学家的身份退缩了,但语文学家是灵活的,且这个词使用起来很方便。

② 阿尔弗雷德·爱德华·豪斯曼(Alfred Edward Housman)于 1903 出版了由其编撰的《天文》第一卷(Astronomicon: Liber Primvs)的精校本。豪斯曼在序言中对其他语文学家的工作进行了冷酷的批评,其"恶言恶语"成为本书的标志之一。——译者注。

③ 这一点在威廉·阿罗史密斯(William Airowsmith)1963 年对尼采之批评的翻译中体现得很好:"仅仅是关于语文学方法边界的困惑或傲慢……允许语文学家在当下声称他们'欢迎'文学批评进入古典学的范畴,但当涉及研究生学习、晋升、研究和招聘时,很清楚,在大多数地方重要的还是语文学本身。"《尼采对古典和古典主义者》(第二部分),《阿里昂》(Arion)第二卷第二期,第 9 页,注释 3,1963 年。比较清晰地按当前的说法来说,文学批评和阐释,在美国、欧洲显然被认为是古典语文学的一个基本组成部分。正是语文学扩大了自身以纳入这样的元素,这一观点大概部分是回应诸如阿罗史密斯等的批评。

目标是：语文学相信，或者是语文学家们相信，关于语言与文学的历史的、客观的真相是存在的，同时尽管存在极大的阻碍，通过多种多样的方法，这些真相是可以被获得的，或者至少是能够被接近的。①

显然，在这样的定义下，语文学这一术语涵盖范围极广：它既是文本批评与编辑、注疏编撰、文体与格律研究的一部分，同时也是那些对文本间保持着"喜爱""尊重"以及"亲近"关系的阐释模式与文学史的一部分。② 同时，语文学也从历史学、考古学、古文字学、金石学、历史语言学、人类学、宗教研究和批评理论中获得借鉴，这些学科很可能为探寻关于文学文本的事实与真相提供帮助。但十分怪异的是，在当下的讨论中，语文学不知为何被认为是狭隘的。而在我看来，但凡文本中能产生多少问题，语文学的范畴就有多么广泛。在古典学的领域内，这一广度可以通过哈佛大学置于"古典语文学"标题下的博士论文题目的多样而得以证明（这些内容被收录在《哈佛古典文献学研究》〔*Harvard Studies in Classical Philology*〕的后面部分），同时，这种广度也可以通过这本期刊自身收录的多篇文章，以及出现在《古典语文学》（*Classical Philology*）或《美国语文学杂志》（*American Journal of Philology*）中的文章来显明。我并不是在暗示说所有这些学位论文或文章都是语文学，但我想说明的是它们中的许多，或多或少采用了语文学的相关内容。阿罗史密斯③声称，"对尼采来说，重要的是古典著作，而不是语文学"。然而在尼采的世界里，文学批评和阐释几乎不存在，所以像阿罗史密斯一样简单地复活尼采所感受到的敌意是很难的——其所批评的对象已经改变了身份并扩大了所涵盖的范畴。

语文学，在同文本所保持的"喜爱""尊重"以及"亲近"关系的定义下，必定涉及批评者对文本的尊敬；也就是说，它涉及一种文学与批评之间的分

① 我认为，正是在这一点上，在那些将探索真理看作是不可容忍以及过分简单的实证主义者的人（解构主义者），与那些（在其他语文学家中）不再将语言的复杂性看作是必然的虚无主义混乱表现的人之间发生了分离。

② 在同语文学意涵互斥的术语中，我想到了过度美学主义（excessive aestheticism）。它可能也在同语文学相分离，因为它的关注点经常是文本之外的东西，倾向于只是作为一个失控、主观和个人讨论的提示。在这方面，保罗·德曼（Paul de Man）有能力对美学主义作出抨击，参见《回归语文学》，收录在《抵抗理论》，明尼阿波利斯：明尼苏达大学，1986 年，第 25 页；但另一种替代选择并非一定是解构主义。实际上，语文学早已长期地针对过度美学主义，当批评家的目光从文本偏离至文本对他的情绪（盲目的）状态产生的影响时，当他的"爱"（ψιλία，philia）和"语言"（λόγος，logos）间的关系被中断时，过度美学主义便成为更占上风的理解模式。

③ 见上页注释③。

离,由于彼此性质不同,因而才能超乎竞争之外。在这里,我们会发现自己正身处一场近期主要的解构主义者以及批评理论之间潜在的争端中,这些理论的目标,用雷蒙德·塔利斯(Raymond Tallis)的话来说,便是"主导而不是解释文学"。[①] 或者用一句对解构主义更有共鸣的话来说:"读者或批评家所扮演的角色从消费者转变为生产者"。[②] 但是这些界限对于语文学来说是不可跨越的。这种跨越界限的尝试不是一个关乎邪恶或力量的问题(正如解构主义批评家可能会认为的那样),而是代表着一种概念上的不可能性与怪诞。

这不应当被视为对理论的盲目抵制或敌意,[③]尽管它确实意味着对某种类型(type)的理论的合理敌意。[④] 我真正想要表达的是,相比于语文学,解构主义是一种"另外的"存在,它否定了一种初步印象(prima facie),即否定存在任何关于语言的真理性认识,否认真正理解文学文本相关内容的可能性,所以从某种意义上来说,解构主义正是对语文学核心尝试的偏离。这种模式很大程度上并不是被"排除"在语文学的领域之外,而是根据其自身根基的特性,自愿将自身逐出在外。然而,有趣的是,德曼试图在他的文章《回归语文学》中使语文学适用于后结构主义。[⑤] 但是很少会有语文学家从他的说法中看到很多值得认同的内容。而对于其他的理论模型,诸如新批评主义、结构主义、读者接受理论(reader response theory),或者新历史主义

---

① 雷蒙德·塔利斯(Raymond Tallis):《非索绪尔:后索绪尔的文艺理论批评》,贝辛斯托克和伦敦:麦克米兰出版,1988 年,第 9 页。

② 特里·伊格尔顿(Terry Eagleton):《文学理论导言》,明尼阿波利斯:明尼苏达大学出版社,1983 年,第 137 页。

③ 理论家太频繁地提出关于来自非理论家的"敌意"的指控,然而,即使只是通过积累这样的指控,敌意似乎经常反其道而行之。正如西蒙教授在他的文章中指出的那样,与这些指控背后的暗示相反,以文本语文学或严肃的语文学内容为题的论文的作者,不会始终比那些论文题目更多涉及阐释的作者更早被优先录用。

④ 因此,例如,人们不会从语文学的领域中排除所有结构主义,因为它仍然允许作者参与意义的生成,同时并不包含许多解构理论中存在的语言的虚无主义。在这方面,如其他情况一样,解构主义产生前后的理论世界之间有质的区别。

⑤ 保罗·德曼,第 21—26 页。也许,将语文学适用于后结构主义的基础存在于"精读"之中,这种"精读"被称作是解构主义批评的特征,同时德曼将之与一些方法相联系起来,以鲁本·布劳尔(Reuben Brower)为例,当我们试图去定义它们的时候,这些方法具备语文学批评的品质:"相比于文学理论,他(布劳尔)对希腊和拉丁文学更感兴趣。"第 23 页。但是雷蒙德·塔利斯很好地指出,即使对德里达(Derrida)而言,这些所谓"精读""通常以此为特征,即偶然看到一篇文章中的一小段话,通常是一段偶发的言论,然后夸大其意义到完全不相称的程度。"第 170 页。语文学的目的就是避免选择如此稻草人谬误的论证方式。关于这一点同样参看伊格尔顿,第 133 页。

（New Historicism）（看起来与旧历史主义有很多相似之处），它们都有为语文学做出贡献的潜力。

那么，语文学的未来将会怎样呢？我自己的专业是在古典语文学领域，在一定条件下，一个健康的未来是有所保证的。它首先取决于语文学自身稳定性的维持，尤其在面对那些本质上来自外部的压力的时候，特别是不断创新的压力。在学院业已市场化的环境中，"新"和"创新"已经被认定为是可取且令人向往的。在拉丁语中，单词 nouus 不仅意味着"新的"，同时还有"陌生的""令人惊讶的"和"奇怪的"的意思。对于古典语文学家来说，"新"并不像对于社会科学家一样，总是好的或是可取的——社会科学家可能需要对创造这些压力负责。如果在语言和文学中存在这样一个作为"真理"的东西，它不需要只有遵循通过新奇才能获得的道路。同时，高校管理者必须区分群组中的差异，诸如"新黑板""新建筑""新电脑"与"新理论""新文化""新文学"等。

同样，语文学未来的可靠性取决于面对相关的问题，面对的过程既不能太具防御性，也不能持有倾向性，要允许古典语文学不再是、也不应再像 19世纪那样成为课程的中心，但也要坚持平等地去争论，这些文化和文学（再次强调对于它们的理解即为古典语文学的目的），尽管代表着西方思想，仍能教给我们一些东西，仍旧值得被阅读和思考。

即便如此，古典语文学领域仍有许多有待完成的事项，究其原因，我有一些粗略的想法。首先，存在着一个事实，那就是新奇依然存在，新的材料依然存在。古典语文学相比英语语文学有一个惊人的优势，在过去的一个多世纪里，关于莎草纸文献的发现源源不断，它们属于诗歌文献的一部分，区别于英国文学的新材料，它们作为一种传统文学文化的产物，不仅正等待被阐释，同时也能对存世文本的阐释提供帮助。举个例子，在 1927 年以前，我们并不了解维吉尔《牧歌》其六（Sixth eclogue）的纲领性意义，因为我们并不知道它"翻译"并重新应用了卡利马科斯（Callimachus）《起源》（Aetia）开篇的诗学。直到 1977 年以来，我们才能够完全了解维吉尔的职业生涯的转变，正如在《农事诗》（Georgics）第三卷开头所展现的那样，正是因为同年卡利马科斯的《起源》第三卷为众人所知，而维吉尔显然是在对它作出回应。纯粹在希腊文学中举例，新希腊喜剧诗人米南德（Menander）最好的文集在上个世纪一直在扩充，甚至至今也还在继续扩充，不仅有大量的残篇被发现、甚至还有完整的戏剧作品面世。

与此同时,随着时间的推移和品味的变化,对经典的处理已经变得更加灵活和开放。因此,奥维德(Ovid),作为最高产的罗马诗人,可能也是当下被讨论最多的罗马诗人,而他过去曾被尚古圈看作是一个乏味、肤浅的修辞学者,总是无休止地重复着虚伪的陈词滥调。现在他却被广泛地接受,被评价为在隐喻、叙事方法和体裁革新等方面表现出较高水准的诗人。而语文学近期已经在这些领域扩展了其自身的兴趣。类似的事情也发生在塞涅卡(Seneca)身上。维吉尔的《农事诗》在 17 世纪和 18 世纪都吸引了人们极大的兴趣,但在 19 世纪以及直到最近的 20 世纪,这种兴味便不太浓厚了。其目前的吸引力的基础与早期年代不再一致。二十几年前,很少有人愿意费心阅读古希腊小说;而今年夏天在达特茅斯学院将举行一场纯粹关于这个话题的为期一周的会议,已有 90 篇论文被列入会议议程!

还要关注主要由计算机带来的新技术。从所有希腊和拉丁文献中进行全面的词汇搜索、词汇类聚、格律和文体模式的检索,以及类似的语文学操作现在都可以在几分钟或几小时内完成,而 19 世纪的学者则要花费数年的辛劳。当然,我们仍然必须确定自己提出了正确的问题,机器也只是语文学的工具,并且永远不会担任更重要的角色。显然,语文学训练(即,完善的语言基础训练和对古代世界的文学、历史和文化的沉浸体验)是提出正确问题的先决条件。迄今为止,用计算机完成的大部分工作仅仅印证了语文学家的直觉和劳动。这种直觉建立在深刻的语言学、韵律学和文体学知识上,是语文学训练的结果。

但是,更重要的是,即使没有特定理论的帮助,也总会有新的方式去接近我们的文本文献,去再次理解其结构技法和文化根基。一个明显的例子是针对荷马史诗的研究中,帕里(Parry)和洛德(Lord)的发现仍在被改进,同时被调整以适应其他更传统的荷马的批评模式。或者,在对希腊悲剧的批评中,人类学或对宗教以及仪式行为的研究,有助于我们理解文学中的文化和宗教背景。再或者,在拉丁语诗歌中,当我们距离浪漫主义越远,我们便越少以一种纯粹的个人和自发的形式去读罗马的抒情和挽联诗,我们越容易去接受它的隐喻层次、它对诗学的处理等。同样,当我们对典故和引用的创造性理解得越多——这种理解同样涉及对浪漫主义的远离——我们越不会将拉丁文学视为希腊文学的附录,反而会更加欣赏它的创造力。

总之,我将宣告古典语文学的生机盎然,并预言它将拥有一个健康的未来。语文学可以从任何它想要涉足的地方获取它想要的东西——从理论中、从技术里、从许多不断发展的其他学科中——同时使之对文本造成影响。这正是它难以定义的原因,但同时它也因此获得了持续发展的保证。古典语文学的任务是继续调研这些文化背景下的文学文本,努力了解与之相关、可以被获知的事实。文本自身,以及由这些文本产生的问题,将完成剩下的工作。

"幽居的书虫，在缪斯的鸟笼里争论不休"

——语文学从古希腊到约 1400 年的历史

詹姆斯·特纳(James Turner)[*] 著　王珞　译

　　"书虫"(bookworm)就像其字面的"泥土里的虫"(即蚯蚓,earthworm)一样喜欢深钻。想象一下几条书虫极有耐心地沿着现代西方人文学科的根茎钻下去,直到找到最后的、埋藏得最深的根须。当书虫钻到底的时候,它们来到了古代的地中海世界,聆听着希腊语。

　　要追溯这个旅程——沿着时间顺序讲述从源起到数千年以后现代西方人文学科开枝散叶的历史——我们必须从书虫们最后找到的根源开始说起。古希腊人并没有创造出现代欧美所熟知的"人文学科"(humanities)的概念;今天西方人文知识的概念和希腊人的思想大相径庭。不过,古希腊的确是人文学术最初发源的地方。是他们最早开始系统性地对语言进行思辨考察,发明了修辞学,开始精密地考订文本,并在这些材料的基础上创造了语法。古希腊人是广义而言的语文学(philology)欧洲传统的鼻祖。而语文学最终变成了我们今天所谓的人文学科。

　　"语文学"是唯一一个可以把所有研究语言的性质、各种不同语言和文本的学问都涵盖进去的一个词。这个名词本身(φιλολογία , *philología*) 和

---

[*]　詹姆斯·特纳是美国圣母大学历史系荣休教授。本文原题为："'Cloistered Bookworms, Quarreling Endlessly in the Muses' Bird-Cage': From Greek Antiquity to circa 1400", *Philology: The Forgotten Origins of the Modern Humanities*, Princeton University Press, 2014, Part 1, Chapter 1。本章标题来自瑙克拉提斯的阿特纳奥斯,见瑙克拉底的雅典娜乌斯(Athenaeus of Naucratis):《博学的宴会》第 8 卷,道格拉斯·奥尔森(Douglas Olson)译,马萨诸塞州剑桥市:哈佛大学出版社,2007 年第一版,第 124—125 页(1.22d)。他引用的是讽刺作家菲力亚修斯的第蒙(Timon of Phlius)所说的关于亚历山大缪斯宫(Museum)学者们的话。英文译文糅合了以上给出的道格拉斯·奥尔森的译文以及 P.M.弗雷泽(P.M. Fraser):《托勒密的亚历山大》第 3 卷,牛津:克拉伦登,1972 年,第 1 至 317 页的译文。本章提及的所有古代人物的时代和生平事迹,参考西蒙·霍恩布劳尔(Simon Hornblower)、安东尼·斯伯福斯(Anthony Spawforth)编:《牛津古典词典》第三版,牛津:牛津大学出版社,1996 年。古代作者的姓名和地点给出英文读者最熟悉的拼写形式。——译者注。

它相应的形容词形式最早出现在柏拉图的作品里。这个词的意义和其词根 Λόγος（lógos）一样复杂：爱交谈，爱论辩，爱理性。但这个词很快开始专指对语言的研究，包括阅读、修辞、文学、文本考订。公元前 3 世纪，昔兰尼的埃拉托斯特尼（Eratosthenes of Cyrene）可能是历史上第一个自称"语文学家"的人。对他来说，"语文学家"大约宽泛地指博学而雅好文字的人。后来的罗马人把这种语言、文学无所不通的学者称为"语法学者"（grammaticus）或者"批判家"（criticus），而"语文学"这个说法则仅仅指对虚构文学的研究。虽然"语文学"这个词的意义并不稳定且有时很不恰当，但仍然是唯一一个涵义足够宽泛的词。有时候甚至修辞学也几乎可以被包含在内。①

　　想要很好地理解古代语文学的发展，势必要把它拆分成不同的主题，不过拆分本身可能就意味着扭曲。大约公元前 9 世纪，当希腊人在腓尼基文字的基础上创造了自己的字母表之后，希腊语文学才成为可能。绝大多数希腊人的生活当然不会因为这些新字母有什么改变。②但即使受众极其有限，在希腊文成为书面文字最初的几个世纪里，各种对语言和文本的研究就大量出现了。从此希腊人对语言及其产品的学术好奇心就绵延不断持续下来。这些研究相互勾连、相互影响，想把它们区隔成清楚定义的不同领域非常困难。但为清楚起见，我们可以把

① 约翰·埃德温·桑迪斯（John Edwin Sandys）:《古典学术史第 3 卷》,第三版第一册,第 5—6 页,康涅狄格州曼斯菲尔德中心: 马蒂诺,2009 年（1921 年首版）;P.M.弗雷泽:《托勒密的亚历山大》第 3 卷,牛津: 克拉伦登,1972 年,第 1: 456—458 页;斯坦利·F.邦纳（Stanley F. Bonner）:《古代罗马的教育: 从老加图到小普林尼》,伯克利和洛杉矶: 加利福尼亚大学出版社,1977 年,第 55—56 页。

② 罗莎琳德·托马斯（Rosalind Thomas）:《古希腊的文本识读和口头陈述》,1992 年,第 4 章;凯文·罗伯（Kevin Robb）:《古希腊的识读和"派代亚"（paideia）教育》,纽约: 牛津大学出版社,1994 年,第 21 页;巴里·B.鲍威尔（Barry B. Powell）:《荷马》,牛津: 布莱克维尔,2004 年,第 22—27 页;史蒂文·罗杰·费舍尔（Steven Roger Fischer）:《写作的历史》,伦敦: 里可欣出版社,2001 年,第 68—133 页;沃尔特·伯克特（Walter Burkert）:《巴比伦、孟菲斯、波斯波利斯: 希腊文化的东方背景》,马萨诸塞州剑桥市: 哈佛大学出版社,2004 年,第 16—20 页;汉斯·海因里希·霍克（Hans Heinrich Hock）和布赖恩·D.约瑟夫（Brian D. Joseph）:《语言史、语言变迁和语言关系: 历史语言学概论》,柏林: 德古意特,1996 年,第 84—88 页;威廉·哈里斯（William Harris）:《古代识读》,马萨诸塞州剑桥市: 哈佛大学出版社,1989 年。众所周知,希腊人之前的米诺斯人和迈锡尼人也是有自己的书写系统的: 线型文字 A 和线型文字 B。后者被用来书写迈锡尼希腊文,但不是很好用。一些学者认为腓尼基字母（更准确的术语是音节符号"syllabary"）被用来拼写希腊文要早得多。其中代表性学者之一,参见休·劳埃德-琼斯（Hugh Lloyd-Jones）:《休·劳埃德·琼斯爵士学术论文再编》,牛津: 牛津大学出版社,2005 年,第 13—16 页。对希腊书写系统最新研究的综述,见雪莉·沃纳（Shirley Werner）:《古典学中的识读研究: 过去二十年》,选自《古代识读: 希腊和罗马的阅读文化》,牛津: 牛津大学出版社,2009 年,第 334—335 页。

古代语文学划分成四个领域：语言学、修辞学、文本语文学和语法学。这四个学科也是大约按照以上顺序在历史上先后出现的。这种划分虽谈不上违背史实，但主要是为了此处叙述方便，并不能完全反映古代世界的实践。这一点说清楚之后，我们就可以开始追溯语文学在古代世界的发展，从希腊人的创造开始，直到罗马人和他们的继承者对希腊文化的发扬光大。

首先，我们想象一下古代地中海世界的语言分布。今天的希腊包括的是巴尔干半岛南部及周边岛屿。但古代希腊语的使用者（他们自称 Hellenes①）是海上的民族、积极的殖民者，他们散布的地方远为广阔。在公元前 7 世纪，希腊人建立的城市已经散布在从西西里岛和意大利南部，到巴尔干半岛和东地中海各岛屿，沿安纳托利亚（今天土耳其）西海岸，一直到黑海沿岸的广大地区。亚历山大大帝在公元前 336 年到前 323 年的军事征服更使得希腊语成为从安纳托利亚到叙利亚和埃及的广大地区的通用语言。非希腊语的使用者在这个"希腊化"世界里说着各式各样的方言——亚美尼亚语、叙利亚语、阿拉美语、埃及语等等。而希腊语则是商贸和政府治理的语言。这种希腊语不是德摩斯第尼（Demosthenes）和柏拉图的阿提卡希腊语（Attic Greek），而是一种简化的形式，特别适合作为第二外语在实际生活中使用，也叫作 κοινή（koiné，"普通的，共同的"）。基督徒对这种希腊语很熟悉了，因为它是新约圣经所使用的语言。"古典"希腊语，特别是阿提卡方言，仍然在教育和上层文化中被使用。其情形类似于拉丁语在中古和现代早期欧洲的地位。

与此同时，一个从意大利中部崛起的新的人群开始传布一种可以和希腊语抗衡的语言。通过连年征战，说拉丁语的罗马人首先控制了大部分的意大利，而后在公元前 3 世纪出兵海外。军事征服当然是血腥残酷且年长日久。但到公元前 100 年，罗马已经控制了伊比利亚半岛、北非大部、希腊主岛，还有部分小亚细亚。一百年以后，罗马人不但控制了整个地中海沿岸，而且帝国往北伸展到今天的法国和低地国家（此后英格兰也被纳入版图）。粗粗来看，在那些希腊语早已生根的地方——地中海东部——它仍然是通用语言。而在西地中海和北到莱茵河以西的欧洲大陆，拉丁语起到了希腊语在帝国东部所起的作用：拉丁语是商贸、政府治理、学校教育和精英

---

① "希腊人"（Greeks）来自拉丁语 Graeci，是罗马人对大约相当于今天希腊地区的人口的称谓。

阶层的语言。① 在亚历山大利亚或以弗所的广场（希腊语：*agora*），旅人听到的是希腊语；而在希波或者巴塞罗那的广场（拉丁语：*forum*），则是拉丁语。②

语文学在希腊的起源

希腊人开创了语文学的欧洲传统大约并非偶然。古希腊语有许多地区方言，这本身没什么不寻常。但特殊的是，希腊语的各方言之间有异常清晰的界线。希腊语使用者虽然能够也常常讲别地方言，但他们在希腊语和其他所有（"蛮族"）语言间划了一条清晰的界线。可能是希腊语这种"统一中有多样化"的特性促使一些人开始思考语言的性质。无论起源如何，希腊人开始研究语言及其文字产品，而在这种研究中西方语文学便诞生了。③

希腊哲学家已经开始思考语言的起源和性质。公元前 6 世纪后半期，毕达哥拉斯思考过事物命名之由来。前 6 世纪末，以弗所的赫拉克里特（Heraclitus of Ephesus）提出词能反映所命名之物的内在本质。和他同时期的米利都的赫卡泰乌斯（Hecataeus of Miletus）提出人名和地名之后潜伏着历史事件的线索。这些最早期的设想现在只有片段保存下来。在前 4 世纪前半期的对话《克拉底鲁篇》（*Cratylus*）中，柏拉图提出了三种关于语言的不同立场：（1）语言是约定俗成的，即词的意义仅仅是由人们约定的用法来决定；（2）语言是自然的：即词语表达所名之物的自然本性（否则词就没有意义）；（3）语言两性兼备：词语是基于事物的自然本性，但可随使用习惯而变化。最后这个立场在《克拉底鲁篇》中由苏格拉底之口表达出来，也是柏拉图自己的立场。柏拉图认为，语词起源于人类欲以声音模仿自然界的事物；但后来的用法改变了这些语词的形态，习俗又进而固化了它们的意义。《克拉底鲁篇》里有很多异想天开的词源学讨论，大约本来有戏谑调侃

① 希腊殖民的地区很广泛，这一点使语言分布显得更复杂一点。罗马治下的马塞利亚（Massilia，今天的法国马赛）原本是个希腊城市，所以在那里希腊语仍然沿用；希腊语在意大利南部部分地区一直沿用到 20 世纪。
② 詹姆斯·克拉克森（James Clackson）和杰弗里·霍洛克（Geoffrey Horrocks）：《拉丁语的布莱克威尔历史》，牛津：布莱克维尔，2007 年，第 85—88 页。
③ R.H.罗宾斯（R.H. Robins）：《语言学简史》，布卢明顿：印第安纳大学出版社，1967 年，第 11—12 页。

的意思。但这篇作品也是古希腊世界现存最早的严肃分析语言现象的尝试。柏拉图和他的学生亚里士多德提出了一些最基本的语言学概念,比如词和句、动词短语和名词短语,还有词形变化。这些概念被后世学者传承和发展。①

语文学在早期希腊的发展还有另一源流,而且这一脉学术对古典文化的影响远比那些对语言性质和历史的猜测来得深远。希腊人非常迷恋公共辩论。想想《伊利亚特》里那些争辩不休的集会或者现在几乎每个希腊城市遗址都可以发现的 βουλευτήριον(bouleutérion,议事厅)就明白了。因此修辞术发展成为一门学问也就不奇怪了。大约公元前 500 年左右,雅典建立了以公民参与为基础的政治和司法制度。在这些民主改革的前夜,一些"智术师"(sophists)开始开业授徒,教人如何有效地进行公共辩论。(sophist 这个词来源于 σοφοσ——sophos,"有智慧的"——不过在早期希腊语里也可以指"有技巧的"。)对反对者而言,这种标新立异的思想鄙薄真理和传统,而一味追求蛊惑人心的邪恶力量。这种智术师们所谓的"无道德感"就招来了柏拉图的盛怒。不过吊诡的是,柏拉图作品中苏格拉底式的辩证法本身正是修辞术的极佳范本。即使苏格拉底的辩证法目的是要获得确定性,而不是像修辞术那样目的是左右人的偏好。柏拉图认为辩证法(哲学论辩)能通向笃定无疑的真理,而修辞术关心的是意见或者仅仅是可能性。他的这番说法影响深远。同样影响深远的是修辞术和公共生活的联系。柏拉图的学生亚里士多德比他的老师对实际政治更感兴趣,因此对修辞术的敬意也就远超过他的老师。对于柏拉图来说,知识仅限于一小撮普世的、亘古不变的本质,而对亚里士多德来说,具体特定的和大致的一般化的认识也可以算作知识。亚里士多德认为,**辩证法从普遍接受的意见出发**,而**修辞术则从个体具体的意见**开始。所以他

① 约翰·埃德温·桑迪斯:《古典学术史第 3 卷》第三版,第一册,第 5—6 页,2009 年(1921 年),康涅狄格州曼斯菲尔德中心:马蒂诺,1: 91—95;鲁道夫·普法伊费尔(Rudolf Pfeiffer):《古典学术史:从希腊语时代的开端到终止》,牛津:克拉伦登,1968 年,第 12 页,第 58—65 页;R.H. 罗宾斯:《语言学简史》,第 11 页,第 24—30 页;柏拉图:《柏拉图对话与书信集》,新泽西州普林斯顿市:普林斯顿大学出版社,1961 年,第 422—474 页;彼得尔·塞伦(Pieter Seuren):《西方语言学:历史简介》,牛津:布莱克维尔,1998 年,第 5—12 页;维维安·罗(Vivien Law):《从柏拉图到 1600 年的欧洲语言学史》,剑桥:剑桥大学出版社,2003 年,第 19—23 页;杰拉尔德一世·布伦斯(Gerald I Bruns):《古今解释学》,康涅狄格州纽黑文市:耶鲁大学出版社,1992 年,第 92—93 页;维维安·罗和伊内克·斯莱特(Ineke Sluiter)编:《色雷斯的狄奥尼修斯和语法的技艺》,明斯特:结点出版社,1995 年,第 14 页。

强调厘清具体事实的重要性,并从事实开始逻辑推演。①

　　在此后几个世纪里,这对二元对立以各种形式反复出现:即哲学通达普遍适用的真理,而语文学则诠释个别个案。这个思想里也蕴含着现代对所谓追求普遍法则的如物理和化学这样的自然科学和所谓"诠释性"的如文学和历史这样的学科的区分。

　　现在我们回到古典时代。亚里士多德《修辞术》的影响后来逐渐被伊索克拉底(Isocrates,436BC—338BC)的著作所取代。修辞术被柏拉图诋毁丧失掉的声誉,很大程度上因为伊索克拉底被挽救回来。伊索克拉底坚持演说者绝不能"把坏的说得更好";演说应该为公义服务;使用崇高文风会有助于提升演说者的道德修养。伊索克拉底提倡的风格强调均衡,句式齐整,"小至短语大至段落尽量多用排比(parallelism)和对比(antithesis)",(用托马斯·康勒的话来说)以达到一种均衡的效果。如果说伊索克拉底的风格听上去很巴洛克华丽风让人难以接受,那么想想爱德蒙·伯克(Edmund Burke)或者丹尼尔·韦伯斯特(Daniel Webster)就不难想象伊索克拉底的教导为什么会大受欢迎了。②

　　但是伊索克拉底在修辞术理论上并没有任何创新;他的影响力在于他使修辞变成了高等教育的核心。在他以前,古希腊的教育在基本的读写以外的其他部分是很散乱不成体系的。其实除了少数几个杰出生徒之外,我们对伊索克拉底开设的学校知之甚少。他现存的著作里有关教学的论述也

---

① 乔治·肯尼迪(George A. Kennedy):《古典修辞学新史》,新泽西州普林斯顿市:普林斯顿大学出版社,1994年,第3—4页、第6—8页、第11—43页;爱德华·西卡帕(Edward Sciappa):《古典希腊修辞理论的起源》,康涅狄格州纽黑文市:耶鲁大学出版社,1999年;曼弗雷德·福曼(Manfred Fuhrmann):《古代修辞学:导言》(*Die antike Rhetorik: eine Einführung*)重编版,杜塞尔多夫:帕特莫斯,2007年,第15—41页;托马斯·M.康利(Thomas M. Conley):《欧洲传统中的修辞》,芝加哥:芝加哥大学出版社,1990年,第4—13页;托马斯·科尔(Thomas Cole):《古希腊修辞学的起源》,巴尔的摩:约翰霍普金斯大学出版社,1991年,第1—68页、第120—25页;布莱恩·维克斯(Brian Vickers):《为修辞辩护》,牛津:克拉伦登,1998年,第2—3章。修辞术的早期历史很有争议,证据模糊。本书作者试图找到被各方认可的共识。因为柏拉图作品的影响,现在最为人所知的早期"智术师"是普罗泰格拉斯(Protagoras)和高尔吉亚(Gorgias)。

② 托马斯·科尔:《古希腊修辞学的起源》,第96—97页;托马斯·M.康利:《欧洲传统中的修辞》,第14—20页;乔治·肯尼迪:《古典修辞学新史》,第43—49页,第55—58页;H.I.马鲁(H. I. Marrou):《古代教育史》,乔治·蓝伯译,麦迪逊:威斯康星大学出版社,1982(1948)年,第79—91页;爱德华·西卡帕:《古典希腊修辞理论的起源》,第163—64页;乔伊·康诺利(Joy Connolly):《剑桥的"修辞教育政治"与古代修辞学》,剑桥:剑桥大学出版社,2009年,第130页;G.M.A.格鲁布(G. M. A. Grube):《希腊和罗马批评家》,印第安纳波利斯:哈克特,1995(1965)年,第41页。

很少,我们只知道他非常强调"议事修辞"(deliberative discourse)的重要性,无论是口头表达还是书面写作。不过古典希腊罗马的高等教育正来源于他所开创的修辞术教育。伊索克拉底的修辞教育随着亚历山大大帝的征服战争传布到整个地中海世界。此后的罗马帝国又全盘接受希腊化时代的修辞教育,并推广到世界各地,最后经过改良传入中世纪。伊索克拉底的持久影响使得修辞一直是语文学中显赫的一支。不过修辞术和语文学**学术**的关系一直是比较暧昧的。的确有少数学者去严肃从事修辞术的研究,但是大多数情况下修辞术只是学校老师让学生反复做的一种枯燥练习罢了。①

最早自称语文学家的学者是和修辞术保持距离的。他们出现在图书馆而不是公共广场。他们研究文本而不是口头表达。而最吸引他们的文本,就是荷马的作品。

要明白语文学和荷马史诗的关系,我们需要先回到柏拉图和伊索克拉底的时代。《伊利亚特》和《奥德赛》在古希腊文化中受到至高的尊崇,就好像犹太人和基督徒尊崇圣经一样。② 甚至有人认为荷马史诗的重重寓意之下隐含了神圣的智慧。正如约翰·桑迪斯(John Sandys)所言,"从梭伦的时代开始,荷马就被不断地研读和引用,常被作寓意解释,既可作理性的解读,也可作文学的解读"。但荷马这个名字对雅典的立法者梭伦(约公元前638—前558)的时代和后来者究竟意味着什么呢? 在梭伦之前的漫长世纪里,不识字的歌者常常吟唱关于特洛伊战争和奥德修斯的漫游的各种故事以娱大众。到了梭伦的时代,这些支离的故事被统统归到一个名叫荷马的不知所来的歌者身上。希腊人学会书写字母(大约公元前 800 年后)之后,

① 乔伊·康诺利:《剑桥的"修辞教育政治"与古代修辞学》,第 134—35 页;乔治·肯尼迪:《古典修辞及其从古代到现代的基督教和世俗传统》,教堂山:北卡罗来纳大学出版社,1980 年,第 31—32 页、第 34—35 页;《古典修辞学新史》,第 81—84 页;G.M.A. 格鲁布:《希腊和罗马批评家》,第 39 页、第 40 页、第 44 页;爱德华·西卡帕:《古典希腊修辞理论的起源》,第 168—80 页;H.I. 马鲁:《古代教育史》,第 95—96 页、第 194—205 页;特蕾莎·摩根(Teresa Morgan):《希腊和罗马世界的文学教育》,剑桥:剑桥大学出版社,1998 年,第 190—98 页。凯西·伊登(Kathy Eden):《解释学与修辞传统:古代遗产篇章及其人文接受》,康涅狄格州纽黑文市:耶鲁大学出版社,1997 年,第 21 页。强调修辞学和文本语文学在方法——"诠释学策略"——上的相似处。这种相似还包括教育理念。不过讽刺的是伊索克拉底本人有些残疾,是不能作公共演讲的。一些为境供得起的男童们提供读写教育的学校大概在公元前 6 世纪就出现了;到了公元前 5 世纪末,几乎所有的城邦们似乎都有这样的学校了;威廉·哈里斯:《古代识读》,第 57—59 页、第 96—102 页。

② 有圣经研究者提出《新约》作者在有意识地模仿荷马;见丹尼斯·R. 麦克唐纳(Dennis R. MacDonald):《荷马史诗与马可福音》,《〈新约〉是模仿荷马吗? 使徒行传中的四个例子》,康涅狄格州纽黑文市:耶鲁大学出版社,2000 年,2003 年。

有人把这些故事用文字形式写了下来，可能最初是为了有助于口头表演。今天已经没有人知道是谁、在哪里、什么时候、以什么方式记录下这些诗歌。一个并不完全可信的传统说法是，雅典统治者庇西特拉图（Pisistratus）在公元前 550 年前后下令把荷马史诗写成文本。也有一些现代古典学学者认为可能要更早上一两个世纪。如果庇西特拉图的确这么做了，他的初衷可能是为了让在四年一度的泛雅典娜节（Greater Panathenaea）上表演《伊利亚特》和《奥德赛》的表演者有一份台本。不过我们今天所看到的荷马史诗成型不会早于公元前 2 世纪。这所有因素，包括大量引用，纷纭的阐释，和对权威版本的渴望，都解释了为什么文本语文学（textual philology）最后会发展起来。①

　　语文学只能出现在书本足够普及而能够形成复杂的文本问题的时代。公元前 5 世纪，无论是韵文还是散文，文本的数量都如滚雪球般剧增。与此同时，那些本来是用来对口头吟诵进行评价的普通词汇开始获得全新的、术语般的意义；比如说，μέτρον（metron）意思是"步骤"，开始有了诗歌"格律"（meter）的意思。这些习惯用语比较适合用于讨论写本，最后也为学术提供了行话。在前 5 世纪末，书籍售卖虽然略显罕见，但已经是广受认可的行业。有卖书者，就意味着有制书者。作者和抄写者在长方形的莎草纸粘连而成的长卷上写字。卷轴的宽度是正好是莎草纸一张的宽度。这些卷子然

① N.G.威尔逊（N.G. Wilson），《拜占庭学者》，巴尔的摩：约翰霍普金斯大学出版社，1983 年，第 18—19 页；鲁道夫·布鲁姆（Rudolf Blum），《卡利马科斯与希腊文学目录：传记史研究》，法兰克福：书商协会，1977 年，第 27—29 页；罗伯特·兰伯顿（Robert Lamberton），《神学家荷马：新柏拉图主义寓言阅读与史诗传统的成长》，伯克利和洛杉矶：加利福尼亚大学出版社，1986 年，第 10—15 页等多处；约翰·埃德温·桑迪斯，《古典学术史第 3 卷》第三版，1：5—6，康涅狄格州曼斯菲尔德中心：马蒂诺，2009 年（1921 年），1：37；L.D.雷诺兹（L.D.Reynolds）、N.G.威尔逊：《抄工与学者：希腊和拉丁文学传播指南》第三版，牛津：克拉伦登，1991 年，第 1 页；约翰·卜德曼（John Boardman）、尼古拉斯·哈蒙德（N.G.L.Hammond）编，《公元前 8 世纪至 6 世纪希腊世界的扩张》，"剑桥古代历史"系列，第 3 卷，第 3 部分，剑桥：剑桥大学出版社，1982 年，第 412 页；马丁·L.韦斯特（Martin L. West），《荷马的文本批评和编辑》，德国哥廷根：范登霍克和鲁普雷支，1998 年，第 95 页、第 97—98 页；托罗莎琳德·托斯，《古希腊的文本识读和口头陈述》，第 119 页、第 123—124 页；J.A.戴维森（J.A. Davison），《文本的传输》，纽约：麦克米伦，1962 年，第 216—217 页、第 219—221 页。关于荷马史诗文本的年代和性质的讨论，参见查尔斯·卡恩（Charles Kahn），《哲学与文字：关于赫拉克利特和希腊早期散文使用的思考》，选自《早期希腊哲学中的语言与思想》，拉萨尔：一元论哲学图书馆，1983 年，第 110 页；格雷戈里·纳吉（Gregory Nagy），《荷马问题》，奥斯汀：得克萨斯大学出版社，1996 年；同氏，《柏拉图狂想曲与荷马音乐：古典雅典泛美音乐节的诗学》，哥伦比亚特区华盛顿：希腊研究中心和雅典：希腊世界研究基金会，2002 年；阿尔宾·莱斯基（Albin Lesky）：《希腊文学史》第二版，瑞士伯尔尼：弗朗克，1963 年，第 49—58 页；沃尔特·伯特：《巴比伦，孟菲斯，波斯波利斯：希腊文化的东方背景》，第 47、91 页。（纳吉是我认为最有说服力的，不过我想强调的是各家学说众说纷纭。）

后被卷起来,易于使用和存放。① 读者双手各执卷轴的一端,他边读边将卷轴展开或者收拢。(或者她边读边卷,虽然这种情况更少见些。古典时代虽然男权,但并不完全排斥女孩的教育,尤其是出身高贵的女孩。)在整个古典时代,其实一直到现代来临以前,书籍都是精英们的嗜好;只不过后来这个本来极少数的精英阶层稍微扩大了些许而已。一旦有了售书者,藏书者也出现了。公元前 400 年之后,越来越多的文献提到了私人图书馆这一现象。绝大多数这些私人藏书数量应当非常少,大概也就是有个十几卷卷轴,不太可能上百。②

　　既然卷轴都是手抄,就有无数抄错的可能。即使再仔细的抄书人,也可能因为灯火不明或者墨迹模糊而出错。西塞罗就曾经跟他的兄弟抱怨许多卖书人"写得随便,卖得也随便"。这类抱怨历史上从未断过,从 2 世纪帕加马(Pergamum)的盖伦到 12 世纪埃及的麦蒙尼德,一直到 14 世纪伦敦的乔叟。一部作品传抄越多,讹误也就越多。像荷马史诗这样篇幅长、又很常见的作品,整行整行的诗句都会莫名其妙地消失或者生造出来。口头表演者会改动字句,甚至加入自己的创造,这使得传抄中的差异就更多了。当一些宗教场合对准确性的要求比较高的时候——比如前面提到的泛雅典娜节上需要朗诵《伊利亚特》——不可靠的文本会让整个城邦蒙羞。公元前 4 世纪晚期,埃斯库罗斯、索福克勒斯和欧里庇德斯的一些戏剧作品会在雅典的官方宗教仪式

① 莎草纸(*papyrus*)是"纸"(paper)的词源。这是一种尼罗河的芦苇(*Cyperus papyrus*),被埃及人用来制作经久耐用、灵活简便的书写纸张。它也被出口到整个古代地中海世界。βιβλος 是希腊文对 *papyrus* 这种植物名称的转写,后来也用来指莎草纸制成的手卷。希腊文"*Biblos*"衍生出现代英文词语有: bibliography(书目),bibliophiles(爱书人)和 Bible(圣经)。

② 安德鲁·福特(Andrew Ford):《批评的起源: 古典希腊的文学文化和诗学理论》,普林斯顿: 普林斯顿大学出版社,2002 年,第 18—19 页;拿弗他利·刘易斯(Naphtali Lewis):《古代时期的莎草纸》,牛津: 克拉伦登,1974 年,第 4 页、第 8—9 页、第 11—12 页、第 34—69 页、第 78 页;哈利·Y.甘博尔(Harry Y. Gamble):《早期教会的书籍和读者: 早期基督教文本的历史》,康涅狄格州纽黑文: 耶鲁大学出版社,1995 年,第 44—48 页;威廉·哈里斯:《古代识读》,第 84—85 页、第 103—115 页、126 页、第 140—141 页;D.M. 路易斯(D. M. Lewis)等编:《公元前 5 世纪剑桥古代史》第 5 卷,剑桥: 剑桥大学出版社,1992 年,第 268 页;莱昂内尔·卡森(Lionel Casson):《古代图书馆》,康涅狄格州纽黑文: 耶鲁大学出版社,2001 年,第 23—28 页;拉斐拉·克里比奥(Raffaella Cribiore):《思想的体操: 希腊化和罗马时代埃及的希腊文教育》第 3 章,普林斯顿: 普林斯顿大学出版社,2001 年。对古希腊人来说,"书"——βιβλος, *biblos*——最早指莎草那种植物,后来扩大到也指莎草纸的卷轴。只有到了晚近才有现在的意思——或者指长篇作品中的一部分,像是 24 卷《伊利亚特》中的一部分,或者指一部独立作品。本书用的是现代读者比较熟悉的意义。沃尔特·伯特:《巴比伦,孟菲斯,波斯波利斯: 希腊文化的东方背景》,第 47 页: 猜测最早的希腊藏书是早于莎草纸的皮革卷轴,其出现可能在公元前 7 世纪中期。

上反复演出。政治家莱库古斯(Lycurgus)遂在约前 330 年时下令,这些戏剧的官方版本必须和其他的公共档案存放在一起。所以我们可以开玩笑说,莱库古斯为文本语文学立法,也让雅典的档案室变成了世界上第一个公共图书馆。①

　　当然,真正意义上的第一个公共图书馆(就目前所知)和文本语文学的开端并不在雅典,而在地中海的另一端。公元前 323 年亚历山大大帝逝世后,他手下的一个将领自立为埃及王,也即托勒密一世。托勒密本人教养很高,而且有雄心壮志,他将古希腊君主赞助文学活动的传统发扬到了前所未有的新高度。很多希腊城市都有自己的"缪斯神殿"(Μουσεῖον[Mouseion]),有时候也充当文学活动的中心。约在公元前 300 年托勒密在亚历山大城内修建了他自己的 Μουσεῖον(从这个词衍生出英文 museum,"博物馆"这个词)。但托勒密创造出来的是一种全新的机构:这是个拿着王室俸禄的学者和科学家进行讲学和研究的机构。托勒密的目标是要挑战雅典作为希腊世界文化中心的地位。他之后的三个埃及王(到公元前 205 年)——他们很容易被混淆起来,因为都叫"托勒密"——一定也有类似的志向。王室的坚持为亚历山大博物馆(译注:今作"亚历山大图书馆")招徕了当时的学术明星,比如欧几里得和测算出地球周长的埃拉托斯特尼(Eratosthenes)。托勒密一世,或者更有可能是其子托勒密二世,致力于增加亚历山大图书馆的馆藏文献。②托勒密诸王的计划像是要搜罗所有用希腊文写成的文献,从悲剧到食谱。

① M.B.帕克斯(M.B. Parkes):《他们的手在我们眼前:细看抄工》,英国奥尔德肖特:阿什盖特,2008 年,第 3—5 页;马库斯·图利厄斯·西塞罗(Marcus Tullius Cicero):《写给昆特斯兄的信与写给布鲁顿的信》(Epistulae ad Quintum fratrem; Epistulae ad M. Brutum),D.R.沙克莱顿·百利(D.R. Shackleton Bailey)编,斯图加特:B.G. 特布纳,1988 年,第 86 页[3.5.6](转引自伊丽莎白·劳森[Elizabeth Rawson]:《后罗马共和国的知识分子生活》,巴尔的摩:约翰霍普金斯大学出版社,1985 年,第 43 页);丹尼尔·霍宾斯(Daniel Hobbins):《印刷术之前的作者意识与公共性:让·热尔松与中世纪晚期的知识转变》,费城:宾夕法尼亚大学出版社,2009 年,第 165—166 页;莱昂内尔·卡森:《古代图书馆》,第 29—30 页;贝恩哈德·齐默尔曼(Bernhard Zimmerman):《希腊悲剧:导论》,托马斯·马里尔(Tomas Marier)译,巴尔的摩:约翰霍普金斯大学出版社,1991(1986)年,第 4—5 页;J.A.戴维森:《文本的传输》,第 218—220 页;涂云丽(Yun Lee Too):《古代文学批评的思想》,牛津:克拉伦登,1998 年,第 137 页;鲁道夫·普法伊费尔:《古典学术史》,第 82 页;鲁道夫·布鲁姆:《卡利马科斯与希腊文学目录:传记史研究》,第 88—91 页;马丁·L.韦斯特:《荷马的文本批评和编辑》,第 98 页。关于抄写讹误的分类来源见 M. B.帕克斯:《他们的手在我们眼前:细看抄工》,第 63—68 页,以及布鲁斯·M. 梅茨格(Bruce M. Metzger)、巴特·D.埃赫曼(Bart D. Ehrman.):《新约的文本:传播、讹误和恢复》第 4 版,纽约:牛津大学出版社,2005 年,第 250—259 页。
② 我们对于亚历山大图书馆以及希腊化时期学术的知识基本来源于后代作者的论述,所以以下的讨论不能说是确定无误的。

到托勒密王朝最后一个统治者克里奥帕特拉七世开始馈赠书籍和其他礼物给凯撒的公元前48年时，亚历山大图书馆已经有了数以千计的手卷。托勒密们为了获得古籍无所不用其极，派人购买、从停靠在亚历山大港的船只上强夺，或者厚颜无耻地骗取。据说托勒密三世付了一大笔押金从雅典借来三大戏剧作家作品的官方版本手稿。他命人抄好，把抄本送给雅典，押金也就不要了。（这可以算是历史上第一宗图书馆逾期不还缴纳罚款的案例么？）这种不计成本的收书狂热对馆藏书籍质量的影响其实有好有坏。一些卖书贩子跟托勒密三世一样狡猾，他们出售质量低劣的抄本，甚至是直接伪造"老的"手稿。（三四个世纪以后的罗马书贩也有类似的伎俩。修辞学教师昆体良就曾经抱怨过书贩子偷他的讲义。）亚历山大图书馆急速增加的馆藏里有很多其实是重复的文本，而且明明应该是相同文本的几个抄本，文字竟几无相同。①

　　这些质量控制问题只有通过创造出文本语文学（textual philology）才能够解决。图书馆周围的亚历山大人并不是最早体会到这些难处、并且用学术态度来处理文本的人。迄今发现的最古老的古希腊手卷在1962年出土于一处火葬遗存，已经被焚烧得很严重。这个被称为"德尔维尼莎草纸"（Derveni Papyrus）的手卷里有一篇很怪异的评注，逐行注释一些号称是赫拉克里特、荷马和神话人物奥菲欧所作残篇中的隐喻。从形式上来说，这篇注释是未来的文学注解的前身。这篇手卷写于公元前330年，但其中的内容可能再早七十年。显而易见，从前5世纪晚期开始的创制文本的潮流在此时已经使人们把注意力放到各种文本问题和意义解释上来。诗人克洛丰的安提马库斯（Antimachus of Colophon，活跃于前400年左右）研究了荷马的语言，并且留下了荷马史诗目前所知最早的"版本"；但他所使

---

① P.M.弗雷泽：《托勒密的亚历山大》第3卷，牛津：克拉伦登，1972年，1：305—335；鲁道夫·布鲁姆：《卡利马科斯与希腊文学目录：传记史研究》，第89页、第141—152页；F.W.沃尔班克（F. W. Walbank）等编：《希腊世界》，"剑桥古代史"系列，第7卷，第1部分，剑桥：剑桥大学出版社，1984年，第73页、第170页；鲁道夫·普法伊费尔：《古典学术史》，第96—104页；L.D.雷诺兹、N.G.威尔逊：《抄工和学者：希腊和拉丁文学传播指南》第三版，第6—7页；G.M.A.格鲁布：《希腊和罗马批评家》，第123页；莱昂内尔·卡森：《古代图书馆》，第32—33页、第35页；彼得·怀特（Peter White）：《罗马文学文化中的书店》与《古代识读：希腊和罗马的阅读文化》，牛津：牛津大学出版社，2009年，第281—282页；昆体良（Quintilian）：《雄辩术原理》第5卷，马萨诸塞州剑桥：哈佛大学出版社，2002年，第1册，第54—56页。更确切地说，托勒密诸王建立了两个图书馆，一个和"缪斯宫"（Museum）联系在一起的希腊图书馆，后来还有一个比较小规模但有精品的塞拉比斯（Serapis）神殿里的图书馆。所有这些工程都是为了希腊化新征服的埃及王国。

用的考订原则我们并不清楚。亚里士多德已佚失的作品《荷马问题》（*Homeric Problems*）用历史语境来澄清荷马文中的一些问题。亚里士多德曾经为他的学生亚历山大（未来的大帝）改订过《伊利亚特》。不过他是怎么做的也无从考证了。亚里士多德还曾经编汇过一个雅典戏剧表演的历史目录。他的一些弟子继续他的文本学和历史研究工作。其中一个法勒容的德米特里（Demetrius of Phaleron）似乎曾经为托勒密一世建立亚历山大博物馆做过顾问。如果果真如此，他似乎可以解释为什么亚历山大城的学者后来会延续亚里士多德弟子们所开创的工作。①

　　总之，图书馆的丰富资料使得亚历山大人处理起文本问题来能做到方法论上的精密考究。在前人偶得的成果基础之上，这些埃及学者再加上自己的创新，创造出了系统的文本语文学。公元前 2、3 世纪亚历山大的博学鸿儒们的天才直到今天仍令人击节赞叹。

　　他们首先要解决的问题是如何在一个巨大的干草堆中找到一根针。弗所的芝诺多托斯（Zenodotus of Ephesus）可能是亚历山大城第一个图书管理员。他服务到大约前 270 年。就目前所知，是他发明了按字母表顺序排序的方法。他可能把这个想法运用到按作者姓名来排列手卷上去。在此基础之上，诗人昔兰尼的卡里马库斯（Callimachus of Cyrene，约前 310 年到前 240年）以惊人的毅力和勤奋把所有希腊作家做了一个汇编。这个汇编下有八个子目录，从戏剧作家到立法者，再到杂项。除了列出作者和作品标题，卡里马库斯还为每位作者作小传，对作者有争议的作品进行辨析，并且列出每部作品开篇文字和总共的行数（这两项对确定一个作品是很重要的，因为标题往往不是固定的）。他的工作为研究文本及其传承提供了系统性的资源，

① 鲁道夫·普法伊费尔：《古典学术史》，第 81 页，第 93—95 页；J.A.戴维森：《文本的传输》，第221 页；安德烈·拉克斯（Andre Laks）、格伦·W.莫斯特（Glenn W. Most）编：《德维尼莎草纸的研究》，牛津：克拉伦登，1997 年，第 9—37 页、第 55—63 页、第 81—90 页；盖博·贝塔格（Gábor Betegh）：《德维尼的莎草纸：宇宙观、神学与诠释》，剑桥：剑桥大学出版社，2004 年，第 1—181页；西奥克里托斯·克勒门诺斯（Theokritos Kouremenos）、乔治·帕拉索格罗（George M. Parássoglou）、科里亚科斯·赞特赞诺格罗（Kryiakos Tsantsanoglou）：《德维尼莎草纸》，意大利佛罗伦萨：利奥·伊迪托出版社，2006 年；鲁道夫·布鲁姆：《卡利马科斯与希腊文学目录》，第29—64 页、第 72—73 页、第 82—88 页、第 99—109 页；休·劳埃德·琼斯：《鬼魂之血：十九世纪和二十世纪的古典影响》，第 267 页；P.M.弗雷泽：《托勒密的亚历山大》，第一册，第 448—51页；约翰·埃德温·桑迪斯：《古典学术史第 3 卷》第三版，1：5—6，康涅狄格州曼斯菲尔德中心：马蒂诺，2009 年（1921 年），1：33 - 37，第 108—10 页；F.W.沃尔班克等编：《希腊世界》，第7 卷，第 1 部分，第 170—71 页。

使以后的研究工作成为可能。①

在亚历山大图书馆,第二个需要解决的巨大的问题是:手稿中大量的讹误。工作人员开始寻找更早的抄本,因为他们知道一本书被抄的次数越多,那么其中的错误往往也越多。时至今日,对更早的手稿的偏好成为语文学中根深蒂固的倾向。很快,那些心怀叵测的书贩子开始如今天"做旧"家具一样开始造假古书。② 不过即使再慎重,也不可避免地会买到一些原意模糊、句子缺损或增添的文本。把这些书收入图书馆,不仅意味着按顺序把手卷放到架上,更需要改正其中的内容。而这种改订可能会因为语言的演变而出错。前 3 世纪亚历山大人所熟悉的希腊语和前 5 世纪雅典的希腊语是不一样的,更别说荷马的语言了。想象一下 21 世纪的得克萨斯人读乔叟的情形吧。

荷马是最经常被传抄的,也正因如此有最多的讹误;荷马史诗的研究成为一个标杆。芝诺多托斯在约前 275 年时接受这个挑战。他参考图书馆馆藏的多个荷马史诗手稿,考订出《伊利亚特》和《奥德赛》的——可能也是任何文本的——最早的"标准版本"。他大约是采用了比照不同手稿这一关键原则。(用术语来说就是校勘。)他之后的两个图书管理员,拜占庭的阿里斯托芬(Aristophanes of Byzantium,约前 257—前 180 年)和萨摩色雷斯的阿里斯塔库斯(Aristarchus of Samothrace,约前 216—前 144 年)更改进了他的校订方法。决定不同手稿中的词句哪些是荷马原意,这个工作不仅要求审美上的判断,也需要语言学和历史的判断;所以考察一段话的文字上的特征,对一个语文学家来说跟解密其意义一样重要。"版本"这个词在亚历山大城究竟是什么意思,我们并不清楚。今天的学者倾向认为,芝诺多托斯或者阿里斯塔库斯首先挑选出一个他们认为最佳的手稿,然后为其作注,而不是像现代编辑一样重新写一个文本。许多亚历山大学者的改订在后世学者眼里看上去很可笑,但是通过比对不同手稿来确定一个标准版本这一原则却一直流传下来。现存最古老的莎草纸上的荷马诗句差异极大;但在阿里斯托芬和阿里斯塔库斯的版本出现以后,大量的歧异就不再有了。③

① P.M.弗雷泽:《托勒密的亚历山大》第 3 卷,第 325—333 页,第 452—453 页;阿尔宾·莱斯基:《希腊文学史》,第 752—755 页;莱昂内尔·卡森:《古代图书馆》,第 37—41 页;鲁道夫·布鲁姆:《卡利马科斯与希腊文学目录》,第四章;F.W.沃尔班克等编:《希腊世界》第 7 卷第 1 部分,第 171 页。

② 莱昂内尔·卡森:《古代图书馆》,第 34—35 页。

③ 鲁道夫·普法伊费尔:《古典学术史》,第 105—114 页;P.M.弗雷泽:《托勒密的亚历山大》第 3 卷,第一册,第 459 页,第 463—465 页、第 476—477 页;弗朗哥·蒙塔纳里(Franco Montanari):(转下页)

芝诺多托斯和他的继任者们还发展出了其他对文本研究来说影响深远的工具。其中之一是逐行注释:这种文体已经在德尔维尼莎草纸文献中出现过,后来很有可能亚里士多德的弟子们也使用过。阿里斯塔库斯完善了这一体裁。他的注释构成了一个独立的作品。被注释作品的每一个片段后面都有仔细的解释,包括这段话的大意、生僻词、真伪辨析等等。阿里斯塔库斯还确定了文本考订的这一原则:那就是作者本人使用的词句是确定文章意思的关键。为了解决一些语言上的疑难,学者可以查看同一作者在其他地方对同一个词的用法。另外,阿里斯塔库斯还奠定了一个从亚里士多德那里继承的语文学原则:那就是研究文本必须联系文本产生的那个年代的传统习俗。语文学家应该比照社会和文化语境来帮助确定文本的意思或者判断其真伪。昔兰尼的埃拉托斯特尼(约前 285—前 194 年)首先使用历史年表来解决文本难题。亚历山大学者还改进了另一个继承来的工具,那就是术语表(glossary),用以给出文中生僻或古老词汇的意思。通过把这些词按照芝诺多托斯新创制的字母表原则排序,亚历山大学者便创造了现代字典的前身。①

所有后世的文本语文学者都面临着与亚历山大人相同的问题:如何解释晦涩难懂之处,以及如何改正文中可疑的片段——或者更抽象地说,如何从纸上字面意思过渡到内涵意义。所有后来的语文学者都会使用亚历山大人的两个基本策略。首先是看全文。哪种诠释、哪个词句的选择在文中其他地方更符合作者的意思和语言习惯? 二是看历史语境。哪种诠释、哪个词句的选择更符合作者写作时代的社会习俗、宗教用法、法律常规、军事实践、家庭关系,或者其他普遍的习惯?② 在后来很长的一段时间内,语文学者

(接上页)《芝诺都、亚里达古和荷马》,德国哥廷根:范登霍克和鲁普雷支,1998 年,第 1—2 页、第 4—10 页;鲁道夫·布鲁姆:《卡利马科斯与希腊文学目录》,第 21—22 页、第 164—168 页;J. A.戴维森:《文本的传输》,第 222—225 页;马丁·L.韦斯特:《荷马的文本批评和编辑》,第 95 页、第 99 页;G.M.A.格鲁布:《希腊和罗马批评家》,第 124—125 页、第 127—129 页;涂云丽:《古代文学批评的思想》,第 135—136 页;格雷戈里·纳吉:《荷马的文本和语言》,第 1 章。

① F.W.沃尔班克等编:《希腊世界》第 7 卷,第 1 部分,第 170—171 页;L.D.雷诺兹,N.G.威尔逊著:《抄工与学者》,第三版,第 10 页、第 13 页;G.M.A.格鲁布:《希腊和罗马批评家》,第 129—131 页;让·比亚乔·孔德(Gian Biagio Conte):《拉丁文学史》,约瑟夫·B.索罗多牧师、唐·福勒和格伦·W.布里奇译,巴尔的摩:约翰霍普金斯大学出版社,1994 年,第 572 页;鲁道夫·普法伊费尔:《古典学术史》,第 212—232 页;P.M.弗雷泽:《托勒密的亚历山大》第 3 卷,第 1 册,第 458—459 页、第 462—465 页;莱昂内尔·卡森:《古代图书馆》,第 43—44 页。

② 关于古典时代和文艺复兴时语文学作为一种诠释学传统,参见凯西·伊登(Kathy Eden):《解释学与修辞传统:古代遗产篇章及其人文接受》,康涅狄格州纽黑文市:耶鲁大学出版社,1997 年。

都会在亚历山大式的注释中给出自己的分析结论,然后再使用诸如术语表之类的工具来帮助自己的研究。

芝诺多托斯在他的荷马注释中还有另一个创新。他在他认为有问题的诗行左边空白处加一道横线。这个标记被称为“短剑号”(ὁβελος, obelós, 拉丁化为 obelus)。一经开创,这个传统就绵延不绝。直到现在我们还会在书页上做小标记给读者一些引导。后来的亚历山大学者又创造出很多其他标注方式,比如用双线符(>)(diplē)来标记荷马作品里值得注意的部分(令人不解的是,非荷马作品用的则是字母〔χ〕),或者用星号(＊)来标记手稿里抄重复了的部分。阿里斯塔库斯甚至专门发明了一种标记来标注他不同意芝诺多托斯的删节部分。虽然对一般读者来说这些符号非常艰涩,但这个标记体系确使学者获益良多。学者们现在可以既不直接涂改原文,又用符号给出修改意见。如果没有这些编辑符号和注释,我们可能今天就只能面对被芝诺多托斯的奇思怪想改得面目全非的《伊利亚特》了。正因为大量使用了这些编辑符号,亚历山大学者再如何大刀阔斧地删改原文都显得无伤大雅。在发明引导读者的阅读符号这一点上最有创造力的当属拜占庭的阿里斯托芬。他不但发明了今天仍在使用的变音符号(锐音、重音和抑扬音);这些符号可以帮助非希腊语母语的人(即希腊化世界的大部分人)学习他们读到的希腊词的正确发音。他还发明了其他一些符号帮助这些读者知道在阅读时在何时停顿以及停顿多长——也就是逗号、分号和句号(完全停止的意思)。这些最早的语文学家给了我们标点符号。任何闲暇时逛博物馆的人如果有过费尽脑汁琢磨罗马碑文的经历,都会知道标点能带来多大的阅读价值。[1]

除了考究版本、注释和发明语法,这些亚历山大城——以及其他希腊化世界的人文荟萃之地——的语文学家们还做了很多以现代眼光看来属于历史学而非语文学的工作。他们纂写学术传记;采集关于神庙、神祇、英雄、城市等等的各种传说和乡谣俚曲;他们还誊写碑文;描述各种历史遗迹;还尝试理清历史事件和文字的年代顺序。很多现在历史学家做的工作,这些古

---

[1] L.D.雷诺兹、N.G.威尔逊:《抄工与学者:希腊和拉丁文学传播指南》第三版,第10—12页、第14—15页,第45页;G.M.A.格鲁布:《希腊和罗马批评家》,第125页、第128页;詹姆斯·泽特泽尔(James E.G. Zetzel):《古代拉丁语的考证》,新罕布什尔州萨利姆:艾耶尔,1984年,第16页;J.A.戴维森:《文本的传输》,第224页;P.M.弗雷泽:《托勒密的亚历山大》第3卷,第1册,第459页;M.B.帕克斯:《停顿与效果:西方标点历史简介》,第1章。阿里斯托芬的标点符号和我们今天使用的看上去不一样,也不能或者仅能模糊标记出句子的语法结构。

代学者也都做——即使"历史"在那个时代不仅仅意味着过去发生的事情。但是（和早期希腊历史学家相比）这些希腊化时代的语文学家没有修昔底德对战争和政治的专注。他们更像是希罗多德，对不同人群各种稀奇古怪的细节有着无尽的好奇。但他们不会像希罗多德那样去写作一部成体系的叙事作品，也不会像他们同时代的波利比乌斯（Polybius，约前 200—前 118）那样写一部罗马史。他们更喜欢把这些从历史上挖掘出来的散碎片段编缀成像是马赛克一样的作品。我们或许应该把这些古代学者称为博物学家；他们的学术兴趣的确和在现代早期学术史上举足轻重的古物学家们非常类似。像是对自然奇观或者年代学的研究，以现代的标准并不属于文本批判（textual criticism）或者修辞学的范畴。但是把这些学术活动从语文学的概念里剥除出去，会扭曲希腊化时代学问之道的概念。随着语文学在后来罗马时代以及晚近欧洲的发展，博物学一直是它密不可分的一部分。①

然而，这些围绕亚历山大图书馆和博物馆工作的学者们恐怕和亚历山大语文学传统中最著名的巨作没什么关系。在托勒密治下的亚历山大城有一个很大的犹太人群体。总的来说，这些犹太人在文化上已经相当希腊化了。希腊语是他们的母语。像所有犹太人一样，他们尊崇犹太信仰的中心典籍，古希伯来文的"妥拉"（Torah）——意为"教"或者"法"（犹太人又称"摩西五书"：对说希腊语的人来说就是"五个手卷箱"，πεντάτευχος，即现在标准的 Pentateuch 这个说法的来源②）。但是只有极少希腊化犹太人可以看得懂妥拉的希伯来原文——类似 1960 年代以前说英语的天主教徒听拉丁文弥撒的情况。大约公元前 3 世纪早期，亚历山大的犹太学者将妥拉翻译成了希腊文：类似于前面提到的天主教徒带着英文翻译的弥撒书去做拉丁弥撒。这个翻译工程可能是在托勒密二世的赞助下进行的。托勒密二世

---

① 阿纳尔多·莫米利亚诺（Arnaldo Momigliano）：《现代史学的古典基础》，伯克利和洛杉矶：加利福尼亚大学出版社，1990 年，第 13 页、第 18 页、第 30—31 页、第 67—68 页；同氏，《古典研究史二编》，罗马：文史出版，1960 年，第 30—34 页；约翰·伯罗（John Burrow）：《历史的历史：史诗、编年、罗曼史与研究——从希罗多德和修昔底德到 20 世纪》，纽约：阿尔弗雷德·A·诺普夫，2008 年，第 1—2 章；唐纳德·凯利（Donald R. Kelly）：《历史的面孔：从希罗多德到牧民的历史探究》，康涅狄格州纽黑文：耶鲁大学出版社，1998 年，第 31—35 页、第 43 页；杰拉尔德·普利斯（Gerald Press）：《古代历史观念的发展》，蒙特利尔和金斯顿：麦吉尔—女王大学出版社，1982 年，第 23—42 页、第 121—22 页；让·比亚乔·孔德：《拉丁文学史》，第 214 页；鲁道夫·普法伊费尔：《古典学术史》，第 134—135 页、第 208—209 页、第 246—251 页；P.M. 弗雷泽：《托勒密的亚历山大》第 3 卷，第 1 册，第 454—455 页、第 460 页。
② 摩西五经包括今天的《创世记》《出埃及记》《利未记》《民数记》和《申命记》。

想把臣服他的族群的律法纳入图书馆,他是有作为统治者的政治考虑的。这之后——也许是之前——其他希伯来经典也陆续被翻译成希腊文。这些翻译后来被总称为七十子译本,缩写为罗马数字的 LXX(七十),尽管其中包括的具体篇目有不同说法(这个名字和缩写来源于一个传说。据说有七十二个译者在七十二天内如有神助地完成了全部翻译)。这些译文在犹太人大流散的过程中被广泛使用,直到被更准确的译本取代。但七十子译本流传甚久,早期基督徒使用这个译本作为《旧约》,并认定它是神启。七十子译本,以及犹太语文学者和基督教语文学者的复杂关系在后文我们还将提到。①

但是我们现在先要解释一下希腊化语文学开辟的另一条道路。在古代语文学的四个主要分支里——语言理论、修辞学、文本对勘和语法学——最后一个是最晚形成独立学问的。语法问题的确在早期的修辞学教学中时有出现,且分析语言各个部分功用的一些尝试可以至少上溯到公元前 5 世纪。智术师毕达哥拉斯就曾经无意中触及名词性(gender)和动词语气(mood)的问题。亚里士多德已经认识到动词时态的概念,有不同的词性,以及主动态和被动态的区别。亚历山大城作为学术中心的竞争者是在今天土耳其西部的城市帕加马(Pergamum)。帕加马有当时希腊化世界第二大的图书馆。如亚历山大一样,帕加马当年的人文荟萃仅有片段余响留存至今。这里的学者显然更注重分析语言,而非解决文本问题。根据一些晚出的资料,早至前 3 世纪,帕加马人就开始研究词源学(etymology)、音韵学(phonetics)(这些在亚历山大城都不是显学)以及其他一些语法问题。帕加马在语法学研究上遥遥领先,但并不是孤掌难鸣。公元 2 世纪的亚历山大城,阿里斯塔库

① 詹姆斯一世·库格尔(James I Kugel):《圣经原貌》,马萨诸塞州剑桥:哈佛大学出版社,1997年,第 5—10 页;S.A.尼古西亚(S.A. Nigosian):《从古书到圣书:旧约与次经》,巴尔的摩:约翰霍普金斯大学出版社,2004 年,第 19—23 页;F.W.沃尔班克等编:《希腊世界》第 7 卷第 1 部分,第 171 页;泰莎·拉贾克(Tessa Rajak):《翻译与生存:古犹太移民的希腊圣经》,牛津:牛津大学出版社,2009 年;P.R.阿克罗伊德(P.R. Ackroyd)、C.F.埃文斯(C.F. Evans):《剑桥圣经史第一卷:从开端到哲罗姆》,剑桥:剑桥大学出版社,1975(1970)年,第 135—149 页、第 166—168页。七十子译本的翻译工作可能是在托勒密二世的赞助下完成的。他把被征服人民的律法纳入自己的图书馆,有着自己王权的考虑。保罗·拉马克(Paul LaMarch):《七十子本:最早基督徒的圣经》,保罗·M.布鲁斯(Paul M. Bruce)编撰,印第安纳州圣母院:圣母大学出版社,1997年,第 16—23 页;此书中有很好的对希腊文翻译的概述,还发出一些神学诉求。关于七十二贤人的传说最早出现在公元前 2 世纪的"阿里斯提阿斯书信"(Letter of Aristeas)。具体人数有不同说法,所以"七十子"而不是"七十二子"成为标准名称。希伯来经典也被翻译成其他闪族语言,比较突出的例子是阿拉美语。

斯也曾经讨论过语法学。他对语言进行系统解析而得出的一些结论，可以被称作语法规则，即使语法学此时还不足以脱离文本语文学成为一个独立学科门类。①

阿里斯塔库斯的学生狄奥尼修斯·特拉克斯（Dionysius Trax，约前170—前 90 年）可能是历史上第一个写专书讨论语法学的学者。《语法的技艺》（Τέχνη γραμματική, Tékhnē grammatiké）长期以来被认为是狄奥尼修斯的作品。最近的学术研究质疑他并不是这本书的作者，但认为此书开篇部分和基本的理论架构应该是他的。无论真正的作者是谁，他（像阿里斯塔库斯一样）把亚历山大和帕加马的学术传统融会贯通。这种融合非常重要。因为亚历山大的传统更注重整体性的规则，而帕加马的语法学家更经验主义，更注重把希腊语言分解成不同词性，然后分析其变化规则。虽则我们所知很少，但我们可以猜测亚历山大大约提供了"技艺"（Tékhnē）的大的框架，而帕加马则提供了其中的具体内容。这部书经过现代复原后之后，篇幅约五十个印张，覆盖了从重音、标点、名词变格、动词变位，到关系代词、人称单词和物主代词的所有语法讨论。这本小书直至中世纪仍是标准语法手册。今天学校里用的语法正是它的徒子徒孙。②

不过在古代，语法的含义远超过单纯的句子分析。狄奥尼修斯把语法分为六个分支。但更有影响的是他的学生提拉尼昂（Tyrannion）所提出的文

① 鲁道夫·布鲁姆：《卡利马科斯与希腊文学目录》，第 225 页；R.H.罗宾斯：《语言学简史》，第 24 页；G.M.A.格鲁布：《希腊和罗马批评家》，第 135 页；鲁道夫·普法伊费尔：《古典学术史》，第 37—38 页、第 77—78 页、第 202—203 页；P.M.弗雷泽：《托勒密的亚历山大》第 3 卷，第 1 册，第 463—66 页；奥劳克斯·西尔文（Auroux Sylvain）等编：《语言科学史/语言科学史/语言科学史》3 卷，柏林：沃尔特·德格鲁伊特，2000—2006 年，第 1 册，第 388—391 页；维维安·罗：《从柏拉图到 1600 年的欧洲语言学史》，第 26—31 页；维维安·罗和伊内克·斯莱特编：《色雷斯的狄奥尼修斯与语法的技艺》，第 14—17 页、第 62 页；安妮丽·卢塔拉：《古代晚期的语法和哲学：普利西安的引文来源研究》，第 7 页、第 15—16 页、第 27—28 页。

② 鲁道夫·普法伊费尔：《古典学术史》，第 245 页，第 266—272 页；维维安·罗：《从柏拉图到 1600 年的欧洲语言学史》，第 55—58 页；维维安·罗和伊内克·斯莱特编：《色雷斯的狄奥尼修斯与语法的技艺》，第 7—11 页、第 13—22 页，此处含有对戏剧情况的综述；西尔文·奥劳克斯等编：《语言科学史/语言科学史/语言科学史》3 卷，第 1 册，第 394—400 页；大卫·罗伯逊（David Robertson）：《古亚历山大的词汇和意义：从菲洛到普罗提诺的语言理论》，英国奥尔德肖特：阿什盖特，2008 年，第 4—10 页、第 6 页；特蕾莎·摩根：《希腊和罗马世界的文学教育》，第 153—155 页；安妮丽·卢塔拉：《古代晚期的语法和哲学：普利西安的引文来源研究》，第 20—23 页、第 28—29 页；P.M.弗雷泽：《托勒密的亚历山大》第 3 卷，第 1 册，第 463—470 页；莱昂内尔·拉森：《古代图书馆》，第 45 页。"特拉克斯"这个名称来自"色雷斯人"，尽管狄奥尼修斯是亚历山大学派里很罕见的土生土长的亚历山大人。他这个名字应该是因为他父亲的名字听上去像是色雷斯人。

本分析四法:诵读,解释,更正,还有评价。在一个以大声诵读为主的文化里,发声技巧和阅读理解同样重要。这些方法旨在教会人们精微的诵读技巧。不过这样一来,语法学的涵义就几乎和语文学一样广泛了。不过为什么这样不行呢?除了和谐优美的声线,一个出众的古代读者还需要什么其他素质呢?他(在极少数情况下,她)还需要一卷正确无误的文本,对语言的娴熟掌握,以及对历史和神话典故的通晓。再加上一些词源学的知识,这基本上就涵盖了希腊化语文学和与其相关的博物学研究的整体。这个广度决定了无论是在希腊化还是罗马时代语法都是当时中级学校教学的课程核心。罗马城正是提拉尼昂在公元前67年定居的地方。他在罗马领风气之先,大赚了一笔。提拉尼昂的阅读四法被罗马学者瓦罗(Varro)采用之后,成为主流范式——至少在理论上,即使在普通学校老师的训练中未必如此。①

罗马对语文学传统的兼容并蓄

当罗马帝国基本征服希腊语世界的时候,像提拉尼昂这样的希腊人已经为"语文学"打好了基础。此时所谓的"语文学"和19世纪的用法几乎一样宽泛,但不尽相同。罗马人很快就吸纳了希腊的语文学传统,正如他们如饥似渴地接受希腊文化的其他方面一样。早在几个世纪以前,罗马人就直接或间接地从希腊语把字母表照搬过来。我们知道的第一个用拉丁语写作的诗人是一个希腊人。第一个罗马历史学家的写作语言是希腊语。到奥古斯都时代,受过良好教育的罗马人都是掌握双语的;罗马修辞学家昆体良(Quintilian)甚至想让罗马幼童先学希腊

---

① 大卫·罗伯逊:《古亚历山大的词汇和意义:从菲洛到普罗提诺的语言理论》,第4—5页;约翰·埃德温·桑迪斯:《古典学术史第3卷》第三版,1:5—6,康涅狄格州曼斯菲尔德中心:马蒂诺,2009年(1921年),1:140;伊丽莎白·劳森:《后罗马共和国的知识分子生活》,第42页、第46—48页、第69页、第118—19页;鲁道夫·普法伊费尔:《古典学术史》,第272—273页;R.R.波尔加(R.R. Bolgar):《从加洛林时代到文艺复兴末期的古典遗产及其受益者》,纽约:哈珀和罗,1964年,第41页;杰拉尔德·普利:《古代历史观念的发展》,第38—39页;斯坦利·F.邦纳:《古罗马的教育》,第28—30页、第189—276页。狄奥尼斯语法书的开篇,即讨论语法学六部的部分是书中唯一公认真实性没有问题的部分,见:拉斐拉·克里比奥《思想的体操:希腊化和罗马埃及的希腊文教育》,第185页。语法四部的说法仅仅是可能,而不是一定,是提拉尼昂首先提出的。他的名字(严格来说是昵称)在文献里有时有末尾的n,有时没有。这应该是在他希腊文名字被转写成拉丁文过程中出现的问题。

文语法,然后才学拉丁文。①

　　最早把希腊语文学传到罗马的是帕加马的学者。有传说认为马鲁斯的克拉特斯(Crates of Mallus)是罗马人语文学的启蒙者。帕加马学者克拉特斯在公元前 168 年左右来到罗马,在下水道摔断了腿,便留在罗马一边康复一边讲授语文学。无论这个可爱的学界逸闻是真是假,罗马的确和帕加马有很密切的联系。帕加马的最后一个国王,阿塔鲁斯三世(Attalus Ⅲ),在公元前 133 年索性将这座城献给了罗马。对试着在智性活动上赶超希腊语世界的罗马人来说,帕加马人贡献极大。根据晚出的说法,一直到故事里的克拉特斯腿治好的差不多四分之三个世纪以后,才有一个罗马学者鲁西乌斯·艾利乌斯·斯第洛(Lucius Aelius Stilo,约前 154—前 74 年)带来源自亚历山大城的文本校勘符号和方法。斯第洛曾经在公元前 100 年被短暂放逐到罗德岛。他可能是从当时正在岛上教书的狄奥尼修斯·特拉克斯那里学到这些亚历山大派的学术工具的。不过斯第洛虽然借鉴亚历山大的校勘方法,但仍然忠于帕加马的语法学传统。他把这种新的学术批判方法运用到最早的拉丁文喜剧作家普劳图斯(Plautus,活跃于公元前 200 年)作品的研究中去。②

　　希腊化语文学在罗马的本土化这个过程中,斯第洛的贡献无法和他的

---

① A.E.阿斯汀(A.E. Astin)等编:《罗马和地中海到公元前 133 年》,"剑桥古代历史"系列第 8 卷、第 13 章,剑桥:剑桥大学出版社,1989 年,第 425—426 页、第 428—434 页、第 438—451 页、第 457—468 页、第 471—476 页;J.A.克鲁克(J.A Crook)、安德鲁·林科特(Andrew Lintott)和伊丽莎白·劳森:《罗马共和国末期:公元前 146—43 年》,"剑桥古代史"系列第 9 卷,剑桥:剑桥大学出版社,1992 年,第 696—700 页;汉斯·海因里希·霍克和布莱恩·D.约瑟夫:《语言史、语言变迁与语言关系:历史与比较语言学导论》,第 89 页;G.M.A.格鲁布:《希腊和罗马批评家》,第 150 页;昆体良:《雄辩术原理》第 5 卷,第 1 册,第 102 页。学界对于罗马人究竟是从意大利南部的希腊定居者还是从伊特鲁利亚人(Etruscans)那里借鉴了字母表存在争议。第一个拉丁语诗人是鲁西乌斯·利乌斯·安德罗尼库斯(Lucius Livius Andronicus,约公元前 280—200 年);第一个罗马历史学家是昆图斯·费比乌斯·庀克托(Quintus Fabius Pictor,约公元前 254—不详)。

② G.M.A.格鲁布:《希腊和罗马批评家》,第 132 页;L.D.雷诺兹、N.G.威尔逊:《抄工与学者》第三版,第 20—21 页;詹姆斯·泽特泽尔:《古代拉丁语的考证》,第 10—11 页;斯坦利·F.邦纳:《古罗马的教育》,第 53—54 页;伊丽莎白·劳森:《后罗马共和国的知识分子生活》,第 51 页、第 118 页、第 120 页、第 194 页、第 234 页、第 269—270 页、第 319 页;约翰·埃德温·桑迪斯:《古典学术史第 3 卷》第三版,1:5—6,康涅狄格州曼斯菲尔德中心:马蒂诺,2009 年(1921年),1:175—177;让·比亚乔·孔德:《拉丁文学史》,第 124 页。伊丽莎白·劳森的《后罗马共和国的知识分子生活》的第一章中概述了罗马吸收希腊学术的历史背景。克劳迪娅·莫阿蒂(Claudia Moatti):《罗马之理:共和国晚期批评精神的诞生》,巴黎:塞伊出版社,1997 年,第 59—61 页。一种说法是克拉特斯在前 168 年造访了罗马,另一种说法认为要晚几年。艾利乌斯名字里的"斯第洛"(Stilo)来自拉丁文"笔"(Stilus),因为他为富贵的罗马人代笔写演说词。

学生马库斯·特伦提乌斯·瓦罗（Marcus Terentius Varro，前116—前27年）相比。瓦罗死后一个多世纪，昆体良盛赞其为"最博学的罗马人"（*vir Romanorum eruditissimus*）。奥古斯丁说瓦罗读书如此之多，让人很难相信他竟然还有时间写作；而他写作如此之多，让人很难相信竟有人能看完他所写的东西。瓦罗的作品涉及艺术、古物、农业、藏书，还有文学和语言学。他的"好古"之中有一种对内战之前罗马共和国时代所谓的浑朴生活的留恋和向往。我们现在所知道的很多罗马早期历史就来自他的作品。他在语文学上的声誉主要来自《论拉丁语言》（*De lingua Latina*）这部书。这本书本身有尚古的味道，其二十五卷有六卷留存至今。因为罗马此时仍在帕加马知识传统的影响之下，瓦罗自然也对词源学非常重视。此外，一部晚出的罗马作品认为瓦罗是第一个提出了修辞学的三种风格理论：即"平易""繁丽"和两者之间的"中间"风格（simple, intermediate, copious 或者 plain, middle, grand——不过这种区分对罗马修辞学大师昆体良来说并不重要）。[1]

瓦罗对修辞学的重视不足为奇，因为罗马人极重演说。公共演讲在罗马社会生活中的地位甚至比在希腊还要高；而且罗马的各种文学种类，甚至连诗歌都被归在修辞学讨论范围之内。罗马作家不但使希腊化修辞学更加系统化，也扩增了其术语体系。没有任何希腊文作品可以和马库斯·费比乌斯·昆体里阿努斯（Marcus Fabius Quintilianus，约公元35年至90年代晚

---

① J.A.克鲁克、安德鲁·林科特和伊丽莎白·劳森：《罗马共和国末期》，第701—707页；让·比亚乔·孔戴：《拉丁文学史》，第209—220页；G.M.A.格鲁布：《希腊和罗马批评家》，第160—163页；乌尔里希·冯·威尔莫维茨-莫伦多夫（Ulrich Von Wilamowitz-Moellendorff）：《古典学术史》，艾伦·哈里斯译，巴尔的摩：约翰霍普金斯大学出版社，1982年，第12页；伊丽莎白·劳森：《后罗马共和国的知识分子生活》，1985年，多处出现；克劳迪娅·莫阿蒂：《罗马之理：共和国晚期批判精神的诞生》，第138—139页、第143—147页、第168页；W.马丁·布卢默（W. Martin Bloomer）：《罗马的拉丁与文学界》第2章，费城：宾夕法尼亚大学出版社，1997年；斯坦利·F.邦纳：《古罗马的教育：从老卡托到小普林尼》，第4页、第54页、第77页、第118页、第190页、第193页；R.H.罗宾斯：《语言学简史》，第47—52页；索菲·洛奇（Sophie Roesch）：《瓦罗"论拉丁语"中 res 和 verbum 的关系》（"Le rapport de res et verbum dans le De lingua latina de Varron"），载于《拉丁语意义和象征的概念》（*Conceptions latines du sens et de la signification*），马可·巴拉汀（Marc Baratin）和克劳德·莫西（Claude Moussy）编，巴黎：索邦大学出版社，1999年，第65—80页；维维安·罗：《从柏拉图到1600年的欧洲语言学史》，第43—49页；乔治·肯尼迪：《古典修辞学新史》，第91页；里奥莱佛兰·霍尔福德-斯特里文斯（Leofranc Holford-Strevens）：《奥卢斯·盖利乌斯：一个安东尼时期的学者及其成就》，牛津：牛津大学出版社，2003年，第14页、第183—84页、第222页、第270页、第293页；昆体良：《雄辩术原理》第5卷，第1册，第11页。瓦罗把所有修辞学分成三种的说法来自奥鲁斯·盖里乌斯（Aulus Gellius）。克劳迪娅·莫阿蒂《罗马之理：共和国晚期批判精神的诞生》介绍了共和国时代晚期罗马学术的大的历史背景。在他的框架之下，伊丽莎白·劳森的《后罗马共和国的知识分子生活》有更细致的讨论。

期)卷帙浩繁、体系精密的《雄辩术原理》(*Institutio oratoria*)比肩。他声名卓著，后代仅称他为昆体良。那些通过中世纪流传到文艺复兴以后的修辞学手册都是罗马人的作品：包括西塞罗早年创作但未完成的《论构思》(*De inventione*，约前 90 年)；类似的、但完成了的《赫伦尼修辞学》(*Rhetorica ad Herennium*，约前 85 年)被误认为是西塞罗的作品，在中世纪一直被研习；还有昆体良伟大的《雄辩术原理》(讽刺的是，中世纪的人确更偏好《论构思》和《赫伦尼修辞学》，而不是昆体良。后者仅以摘编的形式得以流传)。甚至 4 世纪的艾利乌斯·多纳图斯(Aelius Donatus)的《语法的技艺》(*Ars grammatica*)也在讨论风格和修辞手法这些问题。①

瓦罗包罗万象的写作兴趣也说明罗马对希腊学术的拿来主义远不局限于修辞学。把希腊化世界的学术方法用在罗马和拉丁文题目上的偷师无处不在。像亚历山大人一样，柯涅利乌斯·奈波斯(Cornelius Nepos，约前 110—前 24 年)在整理准确的历史大事年表上十分勤奋——不过他研究的是罗马历史。马库斯·维利乌斯·弗拉库斯(Marcus Verrius Flaccus，约公元前 55—公元 20 年)参照亚历山大学派的样式汇编了一部罕见或已废弃的拉丁词汇表。这是一个超越了亚历山大学术的古代世界词汇学的标志性成就。昆图斯·雷米乌斯·帕莱门(Quintus Remmius Palaemon，活跃于 35—70 年)把希腊语法学运用到研究拉丁文字和文学上。马库斯·瓦莱利乌斯·普罗布斯(Marcus Valerius Probus，约 20—105 年)用亚历山大的学术方法来校订和注释罗马作家包括维吉尔和泰伦斯的作品。奥鲁斯·盖里乌斯(Aulus Gellius，约 125—180 年)的《阿提卡之夜》(*Noctes Atticae*)告诉我们古代世界的"语法"作品无所不包到了何种地步：此书的 398 章涵盖了文本

---

① 斯坦利·F.邦纳：《古罗马的教育》，第 288 页；G.M.A.格鲁布：《希腊和罗马批评家》，第 163 页、第 165—192 页、第 284—307 页；伊丽莎白·劳森：《后罗马共和国的知识分子生活》，第 10 章；昆体良：《雄辩术原理》第 5 卷，第 1 册，第 5—6 页、第 22 页；布莱恩·A.克罗斯滕科(Brian A. Krostenko)：《西塞罗、卡图卢斯和社会表现的语言》，芝加哥：芝加哥大学出版社，2001 年，第 4 章；乌尔里希·冯·威尔莫维茨-莫伦多夫：《古典学术史》，第 12 页；乔治·肯尼迪：《古典修辞及其从古代到现代的基督教和世俗传统》，第 5 章；哈利·凯普兰(Harry Caplan)：《赫伦尼修辞学》"引言"，马萨诸塞州剑桥：哈佛大学出版社，1954 年；乔治·肯尼迪：《古典修辞学新史》，第 117—127 页、第 177—186 页、第 274—275 页；加布里埃尔·卡那佩(Gabriele Knappe)：《古典修辞学传统在盎格鲁撒克逊英格兰》，海德堡大学出版社，1996 年，第 111—118 页；罗伯特·卡斯特(Robert Kaster)：《语言守护者：古代晚期的语法学家和社会》，伯克利和洛杉矶：加利福尼亚大学出版社，1988 年，第 275—278 页。西塞罗在《论构思》(*De inventione*)之后还写作了大量修辞学作品，但这一部在中世纪发挥了举足轻重的作用。昆体良的《雄辩术原理》大概其中的一半多一些的内容在中世纪得到流传。

研究、语言学、修辞学和文艺批评——不用说还有历史、哲学、法律和医学——全部来自盖里乌斯毕生研究罗马和希腊文化的心血。现代学者吉安·比亚吉奥·孔蒂(Gian Biagio Conte)指出,盖里乌斯超越亚历山大学派之处在于他发明了"将拉丁诗人和他所化用的前人作品的文学风格进行逐条比对的方法"。这是文本语文学的崭新研究工具。另外,在大约公元400年一个名叫塞尔维斯(Servius,全名不可考)的罗马教师作了一篇维吉尔的注释,其中堆积了各种对古代典章事物细节的考证,尤其注重宗教。这种新的注释形式(即训诂,"*Scholia*")最早出现于两百年前,而塞尔维斯正是这种体裁的集大成者。这种体裁对一个文本句句皆注,无间断、无遗漏。这种注释的一个极大好处是把所有不同的、过去注家的意见汇总到一处。这后来成为文本校勘的标准文体形式。①

这些罗马学者在语文学发展史上十分关键。虽然罗马语文学家继承了亚历山大学派的创造性成就,并没有另辟蹊径,但他们极大地细化和拓展了对语言的分析。罗马修辞学家也有类似贡献。罗马文本语文学家使得亚历山大的方法更加精密。此外,只有通过罗马人的作品(特别是,上述的关于训诂的运用)我们才能一窥亚历山大学术支离破碎的面貌。真正将语文学方法、语文学对文本和语境的重视,以及语文学知识传承到后代的是罗马人。和《论构思》与《赫伦尼修辞学》一起,多纳图斯(Donatus,4世纪)和普里西安(Priscian,5或6世纪)才是中世纪学校教育的核心。②

① J.A.克鲁克、安德鲁·林科特和伊丽莎白·劳森:《罗马共和国末期》,第714页;让·比亚乔·孔德:《拉丁文学史》,第386页、第577—579页、第584页、第628页;R.H.罗宾斯:《语言学简史》,第53页;乌尔里希·冯·威尔莫维茨-莫伦多夫:《古典学术史》,第12—13页;塞斯托·佩莱多(Sesto Prete):《中世纪和文艺复兴时期文本批评史的观察》,明尼苏达州科利奇维尔:圣约翰大学出版社,1970年,第9—10页;斯坦利·F.邦纳:《古罗马的教育》,第153—154页;里奥莱佛兰·霍尔福德-斯特里文斯:《奥卢斯·盖利厄斯:一个安东尼时期的学者及其成就》,2003年;詹姆斯·泽特泽尔:《古代拉丁语的考证》,第6章;罗伯特·卡斯特:《语言守护者:古代晚期的语法学家和社会》,第169—197页、第356—359页。一些中世纪手稿称塞尔维斯的本名是毛路斯(Maurus)或者马里乌斯(Marius),有一些则称他族名为洪诺拉图斯(Honoratus,这可能本身是个尊称,后来误作名字)。不过这些说法都不是确凿无疑的。还有就是很多在中世纪手稿中归在塞尔维斯名下的作品其实并不是他的。*Scholia*这个词是晚近创造的新拉丁词汇(单数为*scholium*),来自希腊文σχόλιον,本意是"注释或者解释"。

② 安妮丽·卢塔拉:《古代晚期的语法和哲学》,第5章;R.R.波尔加:《从加洛林时代到文艺复兴末期的古典遗产及其受益者》,第37页;马莎尔·克里施(Marcia Colish):《西方知识传统的中世纪基础:400—1400年》,康涅狄格州纽黑文:耶鲁大学出版社,1997年,第42—44页、第176页;尼古拉斯·奥姆(Nicholas Orme):《中世纪学校:从罗马英国到文艺复兴时期的英国》,康涅狄格州纽黑文:耶鲁大学出版社,2006年,第28—30页、第40—42页、第54页、第67页、第76页、第88页、第90页、第97页、第122页、第205页;R.H.罗宾斯:《语言学简史》,第70页。

在罗马对希腊传统发扬光大过程中，一个关键制度决定了语文学的未来。公元前 1 世纪，伊索克拉底的以语法学为铺垫、修辞学训练为中心的高等教育理念被罗马的精英阶层普遍认可。昆体良为教师和家长所作的《雄辩术原理》涵盖从幼年到成年每个阶段的教育。这部书已经全方位超越任何希腊的教育专论（这部书的全本在 1416 年被重新发现以后，文艺复兴学者把它当作古代教育智慧的全书）。一个家庭出身优渥的罗马男孩——无论来自高卢、西班牙、亚细亚行省、阿非利加行省，或是罗马城——在学会基本的读写之后，就会到语法教师（grammaticus）的课堂就学，之后再向修辞学教师（rhetor①）学习。这个孩子所受的教育完全是文本教育，或者更合适的说法是语文学教育（这个男孩的姐妹，如果有幸，极有可能是在家里接受教养）。从帝国早期一直到罗马在西方的崩溃，如罗伯特·卡斯特（Robert Kaster）所说，"语法教师的学校是家庭之外唯一重要的教育制度。正是通过这个制度，帝国的治理阶层得以自我繁衍和壮大"。要理解这一点我们必须提醒自己那时"语法"这个词的含义远比今天要宽泛得多。②

罗马的语法教育反映了他们的前辈、希腊化时代语文学家旺盛的求知欲。语法教育把文本对勘、语言分析，以及对文物和历史著作的使用都糅合到一套完整的教学体系里去。并且语法教师还要保证非常顺利地把男童们引导进入下一步修辞学的学习。当然毫无疑问的是，在无所不包的教育理念和枯燥的教育实际之间有非常大差距。在未来几个世纪，即使是博学的老先生，对这种要把天下知识一网打尽的教育理想的热情也是起起伏伏的。

但是这种试图融会贯通所有知识的冲动仍然会时不时在语文学的历史中出现。在文艺复兴时代和其后，本来专注考订文本和分析语言的语文学家们会抑制不住地去涉猎博物学和修辞术。瓦罗不是唯一一个把历史、年

---

① 值得注意的是，"学校"不意味着一个专属的建筑。在希腊罗马时代，"上学"可以发生在任何可以发生的地方。

② 斯坦利·F.邦纳：《古罗马的教育》，1977 年；H.I.马鲁：《古代教育史》，第 274—289 页；昆体良：《雄辩术原理》第 5 卷，第 1 册，第 5—18 页；罗伯特·卡斯特：《语言守护者：古代晚期的语法学家和社会》，第 14 页；特蕾莎·摩根：《希腊和罗马世界的文学教育》，1998 年；彼得·布朗（Peter Brown）：《古代晚期的权力和说服力：走向基督教帝国》，麦迪逊：威斯康星大学出版社，1992 年，第 35—47 页；爱德华·瓦茨（Edward Watts）：《雅典和亚历山大的城市和学校》，伯克利和洛杉矶：加利福尼亚大学出版社，2006 年，第 2—5 页。罗马学校需要把"罗马性"灌输到非罗马背景的来自行省的孩童头脑里去，不过这个强制性的要求更多影响的是官方训令的措辞或者对拉丁文口音，而不是教育体制。关于教育的罗马化，参见 W.马丁布卢默：《瓦莱里乌斯·马克西姆斯和新贵族的言辞》，第 13 页、第 259 页；维维安·罗：《从柏拉图到 1600 年的欧洲语言学史》，第 83—85 页。在古典晚期时代，修辞学教育之上又加了一层，即哲学训练。

代学、古物学、演说术和诗歌统统都囊括到语法学研究之中的学者；他也不是唯一一个认为语法学不但应该教会学生修订、诠释和解释文本，也应该教给他们大声诵读文本的能力的人。[1]

瓦罗还编纂了一部最早的拉丁文的关于"自由人技艺"（artes liberales）的百科全书式的作品。这部作品有九卷，每卷讨论一个领域：语法、辩证法（或者逻辑学）、修辞、几何学、算术、天文、音律、医学，以及建筑。这个分类（其具体的名目时有变化）在四个多世纪之后的北非又重获生机——它出现在奥古斯丁的作品以及马提阿努斯·卡佩拉（Martianus Capella）所作的墨丘利和语文学的联姻的寓言作品中。这两种著作后来在中世纪都被广泛阅读。从古典晚期开始，这所谓的"自由人技艺"通过语法和修辞学校，传承到中世纪的学校。去掉医学和建筑后，剩下的七艺成为中世纪教育的核心课程：包括以语文学为主的"三艺"（trivium，即语法、修辞、辩证法）和以数算为主的"四艺"（quadrivium，即几何、算术、天文和音律）（在古典时代和中世纪，天文和音律属于数学的范畴，讲的是理论研究而不是实际操作）。无怪乎在卡佩拉的寓言作品里，"修辞学"以一个响亮的吻向"语文学"致敬。[2]

基督教对语文学的改造

马提阿努斯是个异教徒。他写作是为了在乱世之中捍卫和传承异教文化遗产。但他的读者大多数却不是异教徒。公元 313 年罗马皇帝君士坦丁和李锡尼（Constantine and Lucinius）准许基督徒信拜自由；公元 380 年，皇帝迪奥多西（Theodosius）宣布基督教为国教。虽然基督徒此前一度是社会边

---

[1] 伊丽莎白·劳森：《后罗马共和国的知识分子生活》，第 117—118 页；G.M.A.格鲁布：《希腊和罗马批评家》，第 163—164 页；凯西·伊登：《解释学与修辞传统：古代遗产篇章及其人文接受》，第 21 页。其中强调古代语法和古代修辞学在方法以及教学上的相似之处。

[2] 伊丽莎白·劳森：《后罗马共和国的知识分子生活》，第 117 页；丹努塔·沙泽（Danuta Shanzer）：《关于马提阿努斯·卡佩拉的〈语文学与墨丘利的联姻〉第一卷的哲学和文学评论》，伯克利和洛杉矶：加利福尼亚大学出版社，1986 年，第 14—16 页；丹努塔·沙泽：《奥古斯丁的学科：瓦罗的缪斯长久沉默？从加西西亚谷到〈忏悔录〉》，2005 年，牛津：牛津大学出版社。不过请参考一些保留意见，如克劳迪娅·莫阿蒂：《罗马之理：共和国晚期批评精神的诞生》，第 305 页；R.R.波尔加：《从加洛林时代到文艺复兴末期的古典遗产及其受益者》，第 35—36 页；索尔兹伯里的约翰（John of Salisbury）：《索尔兹伯里的约翰的"言艺"：一个对"三艺"中语言与逻辑术的十二世纪辩护》，丹尼尔·D.麦格瑞译，伯克利和洛杉矶：加利福尼亚大学出版社，1955 年，第 11 页；马莎尔·克里施：《西方知识传统的中世纪基础：400—1400 年》，第 43—44 页；威廉·H.斯塔尔（William H. Stahl）：《更好地了解马提阿努斯·卡佩拉》，载于《明鉴》1965 年第 40 期，第 102—115 页。

缘群体,此时也仍然是人口中的少数(尤其在农村地区),但此后他们正式进入罗马社会生活的中心。

帝国的政策改变对基督徒以及罗马的文化和政治影响很大,但对语文学方法本身是没什么影响的。基督教主教们把异教神龛改造成教堂,甚至直接把旧教庙宇修葺后直接用于举行新宗教的仪式。秉持类似的态度,基督教学者对异教文学和学问也是直接照搬或者稍加改动。基督徒可以通过看对维吉尔的注疏来学习怎么写《创世记》的注疏;正如荷马注疏在亚历山大语文学传统中的地位一样,圣经注释对基督教学者来说很快也成为一种典范文体。出身于有条件接受教育的精英阶层的基督徒也全面接受罗马式的古典教育。①

当然,基督教和异教文化也多有摩擦。众所周知德尔图良(Tertullian)那个尖锐的问题"雅典与耶路撒冷有何相干?"另一个有名的故事是两百年后身为基督徒的哲罗姆(Jerome)仍然在努力抗拒异教的西塞罗的雄辩文采所带来的诱惑。但是和任何一个早期基督徒一样,德尔图良为使文学性的拉丁语言为基督教服务做出了极大贡献;哲罗姆无论怎样立誓,总也戒不掉拉丁文学的瘾。②

虽然早期基督徒对异教的、世俗文学的危险感到非常不安,但极少有人想把孩子随着洗澡水一起倒掉。凯撒里亚的巴西尔(Basil of Caesarea)就认为异教文学可以帮助理解和学习基督教教义。奥古斯丁则愿意接受任何古典文学里可为基督教所用的部分,取其精华,去其糟粕(所以他便用罗马的修辞术来帮助提升基督教讲道的水平)。正如萨比娜·麦柯麦克(Sabine

---

① 丹努塔·沙泽:《关于马提阿努斯·卡佩拉的〈语文学与墨丘利神的联姻〉第一卷的哲学和文学评论》,第 16 页、第 21—28 页;拉姆齐·麦克马伦(Ramsay MacMullen):《基督教化罗马帝国(公元 100—400 年)》,康涅狄格州纽黑文:耶鲁大学出版社,1984 年;萨比娜·麦柯麦克(Sabine MacCormack):《〈创世记〉中的创世在罗马晚期的拉丁西方:散文与韵文中的各类诠释》,论文发表在耶路撒冷希伯来大学的"基督教经文和文化在古代晚期和现代早期的传播"研讨会上,2004 年;梅根·黑尔·威廉姆斯(Megan Hale Williams):《僧人与书:哲罗姆与基督教学术的形成》,芝加哥:芝加哥大学出版社,2006 年,第 12—13 页、第 57 页;爱德华·瓦茨:《雅典和亚历山大的城市和学校》,第 14—17 页。马莎尔·克里施:《西方知识传统的中世纪基础:400—1400 年》,第 43 页;此处提到我们完全不知道马提阿努斯的宗教信仰;但是以下著作都明确指出他是异教徒:丹努塔·沙泽:《关于马提阿努斯·卡佩拉的〈语文学与墨丘利神的联姻〉第一卷的哲学和文学评论》;西蒙·霍恩布劳尔(Simon Hornblower)、安东尼·斯伯福斯(Anthony Spawforth)编:《牛津古典字典》第三版,第 932 页;威廉·H.斯塔尔(Stahl william H.),第 106 页。

② 梅根·黑尔·威廉姆斯:《僧人与书》,第 25—28 页:这里认为哲罗姆这个著名的梦如果不是完全虚构出来的,也大体上是假的。这个梦里哲罗姆被谴责是一个西塞罗崇拜者多过是个基督徒。

MacCormack）所说，"无论是通过模仿，还是改用，或者是反其道而行之"，奥古斯丁穷其一生都在纠结于维吉尔对自己的文学影响。一个 5 世纪的高卢的罗马贵族把所有基督教的典籍放在图书馆靠贵妇们的那一端，而异教典籍则放在"男性"的那一端。6 世纪的卡西多卢斯（Cassidorus）对异教经典的态度接近奥古斯丁，没有这么宽容。但即便如此，他也为马提阿努斯·卡佩拉的作品在基督教文学中保留了一席之地，使这部异教寓言为之后几个世纪的中世纪读者们接受。虽则比较慎重，但基督教总体来说还是接受异教的语文学传统的。①

当然基督教也为语文学带来了一些新鲜的素材。以基督教学者奥利金（Origen，185—254 年）为例。他先是在亚历山大城（此时仍然是语文学的首都）从事研究工作，之后去了巴勒斯坦地区的凯撒里亚。奥利金本来的学术背景是用新柏拉图主义和斯多噶主义的方法对语言作抽象思辨性的讨论。但当他需要解释《约翰福音》开篇中最重要的概念"逻各斯"（λόγος，lógos，"语词"）的时候，他提出了一个崭新的理论，即语言是独立于人声而存在的。②

---

① 拉姆齐·麦克马伦：《基督教化罗马帝国（公元 100—400 年）》，第 6 页；让·比亚乔·孔德：《拉丁文学史》，第 603 页、第 683 页；罗伯特·卡斯特：《语言守护者：古代晚期的语法学家和社会》，第 77—78 页、第 87—88 页；引自萨比娜·麦柯麦克：《诗歌的阴影：奥古斯丁心中的维吉尔》，第 2 页，本书作者改正了原文一处拼写错误；罗伯特·勃朗宁（Robert Browning）：《文学批评和学术中传统与原创性》，见于《拜占庭文学，艺术与音乐中的原创性》，牛津：牛津大学出版社，1995 年，第 17—19 页；乔治·肯尼迪：《古典修辞及其从古代到现代的基督教和世俗传统》，第 5 章，第 177 页。艾利西·奥尔巴赫（Erich Auerbach）：《文学语言及其公共性在拉丁古典晚期和中世纪》，拉尔夫·曼海姆译，纽约：万神殿出版社，1965（1958）年，第 1 章：这是一篇非常博学的对基督教如何对古典修辞学进行继承和改造的讨论，其中包括对奥古斯丁《论基督教义》（De doctrina Christiana）一文的讨论，见第 33 页；转引自托德·佩内（Todd Penner）、卡罗琳·范德斯·蒂切勒（Caroline Vander Stichele）：《早期基督教的修辞实践与表现》，剑桥：剑桥大学出版社，2009 年，第 253—258 页；理查德·麦肯（Richard McKeon）：《中世纪的修辞学》1942 年第 17 期，第 1—31 页。文中所提到的罗马贵族是高卢总督托南提乌斯·费雷奥卢斯（Tonantius Ferreolus），见西多尼亚斯·阿波利尼斯（Sidonius Apollinaris）：《诗歌和书信》第 2 卷，马萨诸塞州剑桥：哈佛大学出版社，1936—1965 年，1：452（II, ix）；关于他的生平，见卡尔·弗里德里希·斯特罗赫克（Friedrich Karl Stroheker）：《已故高卢的元老贵族》，德国达姆施塔特：科学图书公司，1970 年，第 173 页（在其历史人物列表第 149 条）。作者在此处感谢过世的萨比娜·麦柯麦克告知这条史料来源。

② 大卫·罗伯逊：《古亚历山大的词汇和意义：从菲洛到普罗提诺的语言理论》，第 3 章；奥利金思想的哲学讨论，见爱德华·瓦茨：《雅典和亚历山大的城市和学校》，第 162—167 页。对第四福音书（传统上认为是耶稣门徒约翰所作）中的 λόγος，本书使用的是最通用的翻译。Λόγος 本身是个意思极为丰富的词，可以指"语词""语言""思想"或者"理性"各种意思。奥利金学术背景之一的斯多噶主义用 λόγος 指代为宇宙万物注入生命的神圣原则；第四福音书的作者更确切地用 λόγος 来指造物的、并成肉身为耶稣的神（约翰福音 1：1—3）。把 λόγος 当作一种灵性原则来理解，我们就能明白为什么奥利金把语言——语词——和人声的物质性区分开来。

他的理论本身对我们目前的讨论并不重要，但这个例子显示了早期基督徒是如何创造性地参与了异教哲学家对语言本质的讨论的。类似奥利金这样的研究起到了承上启下的作用，沟通了异教语文学先贤和中世纪基督教学者，以及后基督教时代所有对语言的起源和性质感兴趣的学者。从这个不断变动发展的学术传统中产生了今天的语言学。而这个传统一直在从过去汲取养分——虽然每次新发展在旧传统中找到的起点并不一样（有时是柏拉图式的哲学观察，有时是普里西安的语法学，或者其他理论），因为每个阶段学者关注的问题不一样，而且越到后来可供获取资源的旧传统积累越丰厚。总而言之，早期基督徒并不是被动地全盘接收过去的语言和文本的研究成果；他们总是根据当下的需要和面临的问题来重塑这个传统。耶路撒冷和雅典的关系远比德尔图良说的要近——不过和亚历山大城近得更多。

对语文学发展最决定性的一点是，基督教这个新宗教为其引入了一批可资研究的极重要的新文献。耶稣最早的追随者属于犹太教内部几个发生龃龉的小教派之一。所以他们自然地使用犹太教经典进行敬拜。但是这些"基督徒"（他们很快就被贴上了这个标签）很快开始写作一些非犹太教的、以耶稣为中心的作品用以宣教或祝祷。那些承袭自犹太教的典籍被称作《旧约》。在古典晚期时代，经过了大量对基督教作品地位的争论之后，其中一些作品被确定为第二批经典，被称为《新约》。这一新一旧就构成了基督教唯一的经书。① 荷马的作品并没有从此消失——首先得益于其流传太广，无处不在——但它慢慢退居不太重要的位置。《圣经》这部讲述唯一真神在历史中的作为以及救赎的关键教义的书获得了荷马根本无法企及的经典地位。而且作为一个极其注重传教的宗教信仰的基本典籍，《圣经》需要为了不懂希腊语的基督徒或潜在基督徒被翻译成各种语言。而且，《圣经》也需要注释：不是其中的每一段文字的意思都清楚明白，而那些看上去明白的文字又可能有除了字面意思以外的多种涵义。基督教语文学者们有大量的工作亟待着手。②

----

① 更确切地讲是"多部书"（复数）。单数的 Bible 这个词出自拉丁文 *biblia*，而这个拉丁词又来自希腊语 βίβλια，都是复数。中性名词复数形式 *biblia* 在中世纪拉丁文里被当作阴性名词单数，两者拼写是一样的。

② 布鲁斯·梅茨格：《新约的正典：它的起源、发展和意义》，1987年；基思·霍普金斯（Keith Hopkins）：《一个充满神的世界：基督教的奇怪胜利》，纽约：自由出版社，1999年，第99—100页；哈里·Y.甘博尔：《新约正典：它的构成和意义》，第2—3章；P.R.阿克罗伊德、C.F.埃文斯：《剑桥圣经史》第一卷，第232—308页；哈里·Y.甘博尔：《早期教会的书籍和读者：（转下页）

不过事情远没有这么简单。这部新的基督教圣经不是孤立发展出来的。犹太人,像希腊人、罗马人和其他古代地中海世界的族群一样,有自己的圣殿。在圣殿里祭司可以向神祇供奉牺牲。犹太人和其他族群不同的地方在于他们只信奉唯一的神,唯一的耶路撒冷圣殿。即使一个读基督教福音书的读者也知道去耶路撒冷圣殿朝圣对耶稣这样一个虔诚的犹太人来说是多么重要。但一个身在亚历山大城或者巴比伦的犹太人去耶稣撒冷就十分困难了。可能是因为这个原因(没人知道确凿的原因),在犹太人聚居地,一些为了集体祷告、阅读经典以及进行世俗团体活动的场所开始出现,即犹太会堂。最早的关于此类场所(还没被叫作会堂)的证据来自公元前 3 世纪的埃及。在公元前几个世纪里,解释妥拉的教师们也开始出现,并被称为拉比(福音书称耶稣"拉比")。犹太教会堂是对着重牺牲祭祀活动的耶路撒冷圣殿的一种补充;其实在圣殿里,或许也有一个类似会堂的场所。但会堂并不能完全取代圣殿的宗教仪式:妥拉里是如此规定的。但在公元 70 年,罗马军队在镇压犹太人起义的过程中劫掠了耶路撒冷城并毁掉了圣殿。从此,犹太教祭祀崇拜完全中断了,直到今天。[①]

圣殿被毁给犹太人生活留下了一个空缺;而这个空缺被会堂集会以及阅读和诠释典籍的传统给填补上了。这个过程就产生了延续至今的拉比犹太教(rabbinic Judaism)。拉比犹太教不是一夜之间出现的,而犹太教作为一种"圣书的宗教"也不是无中生有。在圣殿被毁前的几个世纪,犹太教出现大量不同宗派。结果就是对宗教典籍的阐释也多有不同,甚至还出现了新的典籍。所有犹太人都接受构成妥拉的五部经书的权威性,很有可能也

(接上页)早期基督教文本的历史》,康涅狄格州纽黑文:耶鲁大学出版社,1995 年,第 3 页。梅茨格的书中(第 7—8 页)指出即使是在经典地位多少确定以后,仍然有一些影响新约文本的"小的变动"。基督徒这个标签出现得出人意料地早(可能一开始是嘲笑鄙视的蔑称)。《使徒行传 11: 26》里说耶稣的追随者最早在安条克被叫作"基督徒";这最多是在耶稣死后二十年。那时候犹太教内部派系众多,"基督徒"这个标签本身可能不一定有把他们和犹太教徒区分开的意思。"基督徒"有可能被当时人理解为犹太人的一个小集团,类似于比方说"法利赛人"。几个世纪以后,说希腊语的东方的基督教释经传统与拉丁西方渐行渐远。对本书来说,拉丁语传统更重要。

① 李·莱文(Lee Levine):《古犹太教堂:最初的一千年》第 2 版,康涅狄格州纽黑文:耶鲁大学出版社,2005 年,第 21—22 页、第 24—44 页、第 45—70 页、第 74—96 页、第 105—107 页、第 127—176 页;盖伊·G.斯特鲁姆萨(Guy G. Stroumsa):《牺牲的终结:古代晚期的宗教变革》,苏珊·伊曼纽尔(Susuan Immanuel)译,芝加哥:芝加哥大学出版社,2009 年。犹太教圣殿的另一个与众不同之处在于里面没有供奉任何塑像或者神祇的形象。在圣殿被毁以前,一个犹太小教派爱赛尼派(the Essenes)似乎抵制圣殿崇拜。他们认为当时的圣殿祭司没有合法性。"拉比"这个词来自意为"可敬的"希伯来词根。现在学术界的共识是拉比传统来自犹太教派法利塞人。

接受现在被称作先知书的那些经卷的权威性（虽然可能权威性稍低）。（所以《新约》在好几处提到"律法〔即妥拉〕和先知书"。这个用法出现在比《新约》更早的"死海古卷"中。）但是围绕摩西五经和先知书派生出了浩如烟海的其他文本。这些文本作为经典的地位是很有争议的。至少有一个犹太人群体是接受《禧年书》（Book of Jubilees）的经书地位的，但这部书并不出现在今天任何一种标准圣经之中。在圣殿被毁之后的几个世纪里，拉比们试着理清这些混乱，为所有的犹太人确定一部经典。犹太教圣经的各部分至少在拉比们中间得到一致确认不早于公元 100 年。直到公元 1000 年前，在马索拉钞本（Masoretic Text）中希伯来圣经的确切字句才最终固定下来。而这个版本直到今天还在犹太人敬拜活动中使用——现在也有基督徒用这个版本来翻译他们的《旧约》。①

在耶路撒冷被洗劫之后的几个世纪里，基督教领袖们也在进行一些和拉比们类似的工作——在当时基督徒对犹太人的敌意与日俱增的氛围中，两者的默契很惊人。耶稣带领的宗教运动吸引了很多讲希腊语的人，而且这些人很快成为这场运动的主流。所以早期基督徒使用希伯来圣经的希腊文"七十子"译本作为自己的经典（最后成为《旧约》）。这个版本被流散在巴勒斯坦以外的犹太人广泛使用。也可能部分因为基督徒用了这个本子，许多犹太拉比开始拒斥七十子译本。（对于如何解释仅有的零碎晦涩的材

① 盖伊·G.斯特鲁姆萨：《牲祭的终结》，第 31—34 页，第 63—70 页；S.A.尼古西亚：《从古书到圣书》，第 8—16 页；泰莎·拉贾克：《翻译与生存：古犹太移民的希腊圣经》，第 227—238 页；安东尼·格拉夫顿（Anthony Grafton）、梅根·威廉姆斯（Megan Williams）：《基督教和书的转变：奥利金·尤西比乌和凯撒利亚图书馆》，马萨诸塞州剑桥：哈佛大学出版社，2006 年，第 83—84 页；P.R.阿克罗伊德、C.F.埃文斯：《剑桥圣经史》第一卷，第 114—35 页、第 143—55 页、第 164—70 页；思德·雷曼（Sid Leiman）：《希伯来经典的正典化：犹太法典和中古法典的证据》，康涅狄格州纽黑文：康涅狄格州艺术与科学学院，1991 年，第 125—35 页；克雷格·埃文斯（Craig Evans）和伊曼纽尔·托夫（Emanuel Tov）编：《探索圣经的起源：从历史、文学和神学的角度看正典的形成》，密歇根州大急流市：贝克学院，2008 年，第 58—63 页、第 104—125 页、第 127 页、第 139—142 页；詹姆斯·C.范德卡姆（James C. VanderKam）：《禧年记》，英国谢菲尔德：谢菲尔德学院，2000 年，第 1 页、第 16 页、第 21 页、第 142—146 页；詹姆斯·C.范德卡姆：《今天的死海卷轴》第 2 版，密歇根州大急流市：埃德曼出版社，2010 年，第 57—58 页、第 159 页、第 191—192 页。承认《禧年书》权威性的犹太人和"死海古卷"有关系。绝大多数学者认为这些人是在库姆兰地区的一个爱赛尼团体。詹姆斯·范德卡姆在和詹姆斯·特纳的私人交谈中指出《禧年书》在埃塞俄比亚教会中的地位问题非常复杂，不过说它"不在今天任何一本圣经中"应该大致准确，如果我们尤其强调"今天"的话。所以为了准确起见，本书又加上了"标准"这个限定语。"圣书的宗教"这个用法在此处是时代错乱的，因为这个说法最早出现在后来的《古兰经》中。本书把它作常用语使用。希伯来经典的三部分这个说法在公元纪年以前是没有共识的。现存最早的玛索拉本来自大约 895 年和 925 年开罗和阿勒坡本。

料,学者目前无法达成共识。)在公元 130 年左右,一个名叫阿奎拉(Aquila)的皈依犹太教的人重新把希伯来经典翻译成希腊文,用以取代希腊化时代犹太会堂所使用的七十子译本。阿奎拉来自安纳托利亚一个说希腊语的地区。那里基督教显然已经有了一些最早的据点,所以他可能早就警觉到基督徒对七十子译本的盗用。阿奎拉的译本今天大部分已经佚失。其特点似乎是非常按字面意思直译,非常接近希伯来原文;而且很多犹太拉比欣然接受了这个译本。犹太拉比们在公元纪年开始之际终于对希伯来经典的组成部分达成了一致意见。他们把七十子译本中的一些篇章排除在正典之外。这也同时意味着他们拒斥了基督教《旧约》中的一些篇章作为正典的地位。但是与此同时,尽管基督徒对犹太人抱有恶意,因为共享圣书的关系,基督徒不得不在语文学上向博学的犹太拉比学习。奥古斯丁说"犹太人是我们的书吏","我们圣书的守护者"。①

基督教学者除了向犹太拉比,也仍然向异教先贤学习。在基督教出现之时,亚历山大城不但是荷马研究中心,同时也是新柏拉图主义哲学思维的重镇。犹太哲学家亚历山大的菲洛(Philo of Alexandria,活跃于公元 1 世纪前期)借鉴了新柏拉图主义者为研究荷马所创的寓意解经方法。他把这种方法用来注解七十子译本的希伯来圣经。而身为基督徒的亚历山大的克莱门(Clement of Alexandria,约 150—215 年)则又从菲洛那里学到这种方法,用来为基督教正名。从基督徒的角度来说,《旧约》占基督教圣经大约四分之三的篇幅,亟待重新诠释。因为在《旧约》里,犹太人是神的"选民"。但是基督徒相信神现在已经让犹太人从历史舞台上退出,并让基督徒成为新星。在耶稣死后几十年里,基督教宣道人用的是"预示"的方法(typological interpretation)来解释耶稣是如何"成全"了犹太经典。也就是说《旧约》被认为是预示了后来耶稣的宣道,甚至预言了基督教将取代犹太信

① 盖伊·G.斯特鲁姆萨:《早期基督教从反犹太教到反闪米特主义?》,选自《反犹太人:古代与中世纪基督徒与犹太人之间的论战》,1996 年;P.R.阿克罗伊德、C.F.埃文斯:《剑桥圣经史》,第 50 页、第 135—142 页、第 145 页;泰莎·拉贾克:《翻译与生存:古犹太移民的希腊圣经》,第 9 章;S.A.尼古西亚:《从古代到圣书》,第 20—23 页;西蒙·马塞尔(Simon Marcel):《犹太人与基督徒早期论战中的圣经》,见于《希腊语基督教古典晚期的圣经》,保罗·M.布鲁斯(Paul M. Blowers)编译,印第安纳州圣母:圣母大学出版社,1997 年,第 52—53 页;哈利·Y.甘博尔:《早期教会的书籍和读者:早期基督教文本的历史》,第 23—25 页;奥古斯丁的话引用自盖伊·G.斯特鲁姆萨:《牲祭的终结》,第 44 页。阿奎拉来自(黑海南岸的)本都(Pontus)。此地的希腊化犹太人出现在最早的关于巴勒斯坦以外的耶稣信仰者的材料中,见《使徒行传》2:9 和 18:2;《彼得前书》1:1。值得玩味的是,《使徒行传》18 章中提到的本都犹太人也叫"阿奎拉"。

仰。克莱门从荷马研究者那里学来象征性的诠释方法,并且将这种方法和
"预示法"结合起来对圣经做全新的解读。克莱门的学生奥利金也受到菲洛
作品的影响,按照克莱门开创的路子来。克莱门和奥利金解释圣经的方法
一开始受到其他基督徒的攻击,尤其是在像安条克这样的城市,基督教新信
仰仍然受到犹太传统极大影响。但是,奥利金的三重解经法,即先做字义解
释再论寓意之下暗含的灵性意思,最终将主导中世纪的解经传统。奥利金
也使用一些更实际操作层面的语文学工具来解释圣经,比如历史和语法研
究等等。[1]

　　然而,基督教圣经的问题远不止处理和犹太教经典的关系那么简单。
基督教圣经原文就有三种写作语言,还被翻译成了第四种(不像比如《伊利
亚特》仅仅是希腊语,或者《爱涅阿斯纪》就是拉丁语)。这些不同的翻译给
语文学提出了极大的难题。其中最让人心忧的问题可能是七十子希腊译本
和公元纪年开始后犹太拉比所用的希伯来圣经有很大的出入:那么哪个才
是神的启示呢? 公元 231 年奥利金来到巴勒斯坦的凯撒里亚之后,就开始
投入研究这个问题。他使用文本语文学的工具来研究希伯来文和希腊文翻
译的旧约歧异的地方(他用上了亚历山大学派首创的写在书页边缘的校勘
符号)。和大多数基督徒不同,奥利金和犹太人关系比较好。他借鉴了犹太
拉比的知识,并创制了一种把六种不同语言版本平行排成竖列进行比较的
方法,也即他著名的《六文本合参》(Hexapla)。(他的这部作品是现代早期
欧洲各类多语言合参本圣经的前身,尽管这部作品大部分已经佚失。)虽然
奥利金毫不犹豫地把首要精力投入到希伯来文文本研究上,但他只是给了
希伯来文圣经年代上的、而不是神学上的优先地位。像同时代的很多基督
徒一样,他相信希腊文七十子译本是神示的,是神为了提升犹太圣经所赐的

① 罗伯特·兰伯顿:《神学家荷马:新柏拉图主义寓言阅读和史诗传统的发展》,第 44—54 页、第
　　78—82 页、第 284 页;哈利·Y.甘博尔:《早期教会的书籍和读者:早期基督教文本的历史》,第
　　23—28 页;基思·霍普金斯(Keith Hopkins):《一个充满神的世界:基督教的奇怪胜利》,纽约:
　　免费出版社,1999 年,第 89—90 页;罗伯特·格兰特(Robert Grant)、大卫·特蕾西(David
　　Tracy):《圣经释义简史》,费城:堡垒出版社,1984 年,第 54—56 页;唐纳德·麦基姆(Donald
　　K. McKim):《主要圣经翻译的历史手册》,伊利诺伊州唐纳斯格罗夫:大学校际出版社,1998
　　年,第 36—39 页、第 58—60 页;G.W.H.兰佩(G.W.H. Lampe):《剑桥圣经史第二卷:从教父到
　　宗教改革的西方》,剑桥:剑桥大学出版社,1975 年,第 155—158 页、第 173—177 页;P.R.阿克
　　罗伊德、C.F.埃文斯:《剑桥圣经史》,第 436—437 页;安东尼·格拉夫顿、梅根·威廉姆斯:《基
　　督教和书的转变》,第 56—68 页、第 80—81 页。

礼。他研究希伯来圣经仅仅是为了校订希腊文七十子译本。①

奥利金的做法在一百年后的哲罗姆（347？—419 年）看来是错误的。这位学问僧和奥利金不同，来自说拉丁语的西罗马帝国，但同样也迁居到巴勒斯坦地区。哲罗姆的希伯来语比奥利金要好；冒着可能被认作异端的风险，哲罗姆浸润在犹太学术中。他轻视七十子译本，认为只是衍生的翻译而已。他认为希伯来原文才是神启的，因此也才是基督教圣经真正的基础。（他想都没想过其实**原本**的希伯来文经卷早就不存在了。这对基督教或犹太拉比学者来讲都还没有成为一个问题）。在将《旧约》翻译成拉丁文的过程中，哲罗姆使用到了不亚于奥利金的出色的语文学知识。他的翻译逐渐成为拉丁教会普遍接受的圣经通行译本（也即"武加大本"《旧约》；武加大本的《新约》很多也是他的翻译②）。克莱门、奥利金和哲罗姆是日益壮大的，给予文本异教语文学以新的用途的基督教学者的中坚力量。③

另一个学者开始把和语文学紧密联系的博古学运用到基督教研究中去。上文已经简单提到，希腊化世界和罗马的语文学家都曾经努力理清历史事件的年代顺序。他们发展出了一套方法来为自己族群的历史纪年，比如希腊人在公元前 3 世纪创造出用奥林匹克赛会来纪年的方法。不过他们也尝试把不同族群的不同历史融合成一部统一的普世历史。为了这个目的，统一纪年是关键：即找到同一个历史事件在不同的历史纪年体系里被提到的那些年份。比如巴比伦和埃及的编年史同时提到了一次日食的发生时间。这个共同的事件就把本来不同的历法给联系起来了。我们就可以推算出其他在巴比伦和在埃及同时发生的历史事件——尽管我们仍然需要推断这些事件在自己的历法中又应该是哪一年发生的。从原则上讲，如果能找到足够多这样的事件，学者是可以把完全不同的历史纪年表糅合制作出一部唯一的年代表。当然从实践上来讲，古代世界的历史证据当年是、现在也是非常混乱的——更别提光巴比伦人就有两种不同的历法，埃及人有三

① 安东尼·格拉夫顿、梅根·威廉姆斯：《基督教和书的转变》，第 81—83 页、第 86—132 页；唐纳德·麦基姆：《主要圣经翻译的历史手册》，第 54—56 页；P.R.阿克罗伊德、C.F.埃文斯：《剑桥圣经史》第一卷，第 188—189 页、第 455—59 页；亚当·卡米萨（Adam Kamesar）：《哲罗姆、希腊学术与希伯来圣经：对"创世记"希伯来问题"的研究》，牛津：克拉伦登，1993 年，第 4—28 页。

② "武加大"（Vulgate）来自拉丁文动词 volgare，意为"使咸闻周知"。

③ P.R. 阿克罗伊德、C.F.埃文斯：《剑桥圣经史》第一卷，第 510—535 页；梅根·黑尔·威廉姆斯：《僧人与书》，第 81—94 页；亚当·卡米萨：《哲罗姆、希腊学术与希伯来圣经》，1993 年；盖伊·G.斯特鲁姆萨：《牲祭的终结》，第 42—44 页。

种,而两者都更喜欢使用王朝年号纪年。①

凯撒里亚的尤西比乌(Eusebius of Caesarea,约 260—339 年)把旧有的年代学研究发展到了新高度:"我通读了迦勒底和亚述人的史书,埃及人巨细靡遗的史书,还有希腊人的尽可能准确严谨的史书。"在他所著的《编年史》(Chronicon,约 310 年)两卷中的头一卷,尤西比乌用了传统的叙事体。但在第二卷中他做了很大的创新,使用纪年统一的研究方法,把大约二十个族群的历史事件用表格的方式列出来以供参详比较。同样来自凯撒里亚的前辈学者奥利金所创制的对参列表可能是尤西比乌灵感的来源。② 从亚伯拉罕到尤西比乌的时代,《编年史》逐年列出尤西比乌竭尽所能找到的所有王朝更替、战役、圣经事件、城市建立、洪水泛滥、传说中的劫掠、发明创造、朱庇特的奸情(有好几条呢)以及著名的建筑,应有尽有。正如安东尼・格拉夫顿(Anthony Grafton)和梅根・威廉姆斯(Megan Williams)指出的,这部作品"在十六世纪以前对任何对人类文明史感兴趣的人来说都是信息量最为丰富的单部作品"。《编年史》的结构也称为后来大事年表类作品的范本。这种非常具体、逐年纪录的体例本身就要求自尤西比乌开始的学者不得不去面对很复杂的断代问题。不过《编年史》还不是尤西比乌唯一开创性的历史作品。③

① 伊莱亚斯・毕克曼(Elias Bickerman):《编年史》第 2 版,艾德・莱比锡:特博纳出版社,1963 年,第 37—51 页;安东尼・格拉夫顿、梅根・威廉姆斯:《基督教和书的转变》,第 143—148 页;杰克・范根(Jack Finegan):《圣经年表手册:古代世界的时间计算原则和圣经年表问题》,普林斯顿:普林斯顿大学出版社,1964 年,第 21—147 页。"统一纪年"(Synchronism)是一个现代早期开始使用的艺术史中的术语,并不是古代就有的词。
② 我们可以和其他文明的语文学中对参列表的传统进行一些比较。比如在汉代武帝宫廷供职的司马迁就制作过中国历史的年表,其结构和尤西比乌所制十分相似,但早于他四百多年。见格兰特・哈迪(Grant Hardy):《青铜与竹子的世界:司马迁征服历史》,纽约:哥伦比亚大学出版社,1999 年,第 29—35 页。
③ 尤西比乌《编年史》,罗伯特・贝迪森译,http://rbedrosian.com/euseb1.htm,2010 年 9 月 29 日访问,第 1 页;罗莎蒙德・麦基特里克(Rosamond McKitterick):《对中世纪早期对过去的看法》,印第安纳州圣母院:圣母大学出版社,2006 年,第 10—12 页、第 14—19 页;安东尼・格拉夫顿、梅根・威廉姆斯:《基督教和书的转变》,第 135—43 页、第 148—176 页(引用来自第 140 页);杰克・范根:《圣经年表手册:古代世界的时间计算原则和圣经年表问题》,第 147—187 页;哲罗姆:《编年史》,罗杰・皮尔斯等编译,参见网站 http://www.tertullian.org/fathers/jerome_chronicle_02_part1.htm〔2010 年 9 月 29 日访问〕;唐纳德・凯利(Donald Kelley):《历史的面孔:从希罗多德到赫德的历史探究》,康涅狄格州纽黑文:耶鲁大学出版社,1998 年,第 87—89 页。《编年史》第一卷仅存亚美尼亚语译本,第二卷仅存拉丁语、并由哲罗姆续写的译本。本文提到的那些事件都引自拉丁文译本。尤西比乌后来有修订过这部作品。格拉夫顿和威廉姆斯认为第一版完成于公元 310 年。本文篇幅有限,没有提及格拉夫顿和威廉姆斯讨论到的尤西比乌的其他创新之处,比如对册页这种书籍装帧形式的使用,尽管这些创新对语文学发展也大有关系。

　　为了叙述历史事件,尤西比乌长篇原文引用原始文献。他是现在所知的第一个这样做的历史学者。在他的《基督教会史》(约 325 年)和未完成的皇帝君士坦丁的传记中,尤西比乌都大量引用文献。他这样做也许是认为实际文献本身更能强有力地证明基督教真理——证明这一点是他写作历史的根本目的所在。以后的教会史学家,本着同样的护教目的,也模仿他的做法,在叙事中插入大量档案文献的引用。而写作世俗历史的学者一般不这么做。在很多个世纪以后,现代历史学科的产生正是依托于档案材料和叙事的结合:就是把语文学家对文本的执着和说书人对好故事的热爱结合起来,换句话说也就是把教会史学家和世俗历史学家的追求结合起来。①

　　从外观上看,尤西比乌呕心沥血写成的书和阿里斯塔库斯以及瓦罗写的手卷非常不一样。很多个世纪以来,除了使用莎草纸,作者也用笔在上蜡的薄木板上随手写一些东西。然后他们可以在多块这样的蜡板边缘穿上孔,用绳子串起来。罗马人把这样多层的备忘录叫作"册"(codex)。古罗马人还发现,如果不用木板,而是用兽皮纸或莎草纸串起来会更轻便:可以把纸张堆成整齐的一叠,沿中线折起来,然后在折线处缝起来。这个方法慢慢逐渐演化。取几片如是"册"页装订在一起,你就可以有足够的空间写下比食物清单更长的内容,可以在上面写《爱涅阿斯纪》这样的长篇作品了。codex 这个术语意思也就从多层的便笺簿变成了书册。这种的新的册页比传统的卷子的优势在于,册页更容易阅读(翻页要比展开和合上卷轴容易),而且容量大、成本低,携带也更方便。(如果你把它放在桌上,)册页的书让你可以空出一只手去抓抓虱子挠挠痒什么的——或者抄笔记(这对语文学家来说是个莫大的方便)。当然,读书的书虫是惰性很强的。尽管这种新的册页在公元 1 世纪晚期就已经在罗马出现,但直到 300 年左右它的流行程度才开始可以和卷子相匹敌。而直到大约 500 年,册页才取代卷子。同样经过一个漫长的过程,莎草纸逐渐被兽皮纸所取代,因为后者更经久耐用,双面可写,产地也不局限于尼罗河谷。(现代纸张在中世纪晚期取代兽皮,使印刷变得可行。)有趣的是,从一开始,基督徒就更看重册页。有一些传说故事给出了解释,但学者大抵

---

① 安东尼·格拉夫顿、梅根·威廉姆斯:《基督教和书的转变》,第 200—203 页、第 223—25 页;杰拉尔德·普利斯:《古代历史观念的发展》,第 9 页、第 100—101 页、第 133—34 页。

只是猜测。①

在新的册页成为主流的同时,语文学分裂出两个基督教流派。公元330年罗马皇帝君士坦丁来到位于博斯普鲁斯海峡边的一个叫"拜占庭"的古老希腊城市,大兴土木将它重建一番,并定都于此,更名"新罗马"。其他人则称这座城市为"君士坦丁波利斯"(就是我们今天所说的君士坦丁堡):即"君士坦丁之城"。从此罗马文化的重心从讲拉丁语的西方世界转移至讲希腊语的东方。罗马帝国在东方起落沉浮几个世纪,再苟延残喘几百年直到1453年终被奥斯曼土耳其人所灭。现代历史学家把600年后的罗马帝国称为拜占庭帝国。

在东方,罗马式的学校教育和学术传统延续了下来,不过是用希腊语而不是拉丁语。在拜占庭时期,学校教育也是先"三艺"后"四艺",这和中世纪西方是类似的。尽管无论在西方还是东方,这种理念都未必被严格地遵照实行。(西方有可能是从东方学来的这一套。)拜占庭学术的质量和数量都随着帝国的政治经济形势起起落落。但是除了个别非常时期,君士坦丁堡的学术活动从未中断过。从9世纪往后,拜占庭学者开始使用一种新的"小写体"字体。这种字体比以往更纤细,也更容易书写。即使当帝国岌岌可危的时候,拜占庭语文学家也还进行重要的学术创作。迪米特里乌斯·特里克里尼乌斯(Demetrius Triclinius,约1300—? 年)重新注释了一些古代作品,并且发现了欧里庇德斯久已失传的九部戏剧作品。曼努尔·莫斯赫普罗斯(Manuel Moaschopoulos,约1265—1316年)完成了索福克勒斯的精校版本,还编制了古典时代雅典使用的、但已久不通行的阿提卡方言词典。在他之前四百年,博学的君士坦丁堡牧首佛提乌斯(Photios,约820—892年)也曾经编过这样一部词典。整体来说,东罗马帝国的学术比较缺乏冒险性,

---

① S.A.尼古西亚:《从古书到圣书》,第4页;莱昂内尔·卡森:《古代图书馆》,第8章;威廉·哈里斯:《古代识读》,第296—97页;科林·罗伯茨(Colin Roberts)、T.C.斯基特(T. C. Skeat):《法典的诞生》,伦敦:英国学院牛津大学出版社,1987年,重点见第11—12页、第15页、第24页、第29页、第37页、第42—44页、第48—61页;拿弗他利·刘易斯:《古典时期的莎草纸》,第90—94页;布鲁斯·梅茨格·埃赫曼·巴特(Ehrman Bart):《新约的文本》第4版,纽约:牛津大学出版社,2005年,第12—14页;詹姆斯一世·库格尔:《圣经原貌》,第28—30页;哈利·Y.甘博尔:《早期教会的书籍和读者:早期基督教文本的历史》,第24—25页、第49—66页、第69—70页;卢西恩·费布尔(Lucien Febvre)和亨利·让·马丁(Henri-Jean Martin):《书籍:印刷的影响,1450—1800年》,第1章,大卫·杰拉德等译,伦敦:维索,1976年。罗马人也蘸墨在平整打白了的、没有上蜡的木板上书写;不过上蜡的、用铁笔写的那种木板似乎更受欢迎。墨汁在兽皮纸的正反面都很好写;但是莎草纸的背面因为植物纤维排列方式的问题,比正面难写很多。

这和帝国整体的尊重传统的文化氛围是一致的。①

拜占庭语文学对后代人文主义学术的意义不在于其突破创新,而正在于保存典籍和承袭学术传统。比如说,2 世纪的修辞学家塔尔苏斯的赫尔墨根尼斯(Hermogenes of Tarsus)关于修辞风格的学说就仅仅保存在拜占庭。1426 年特拉比松的乔治(George of Trebizond)把这些思想带到西欧,为西方文艺复兴文学带来了一缕清风。当然也别忘了我们现在能看到欧里庇得斯的九部戏剧还多亏了拜占庭学者迪米特里乌斯。②

语文学在中世纪的存续

如果说讲希腊语的东罗马帝国在学术上小心翼翼、裹足不前,那么讲拉丁语的西部帝国在 5 世纪之后连那个程度都没有达到过。一个很说明问题的例子是,在约翰·埃德温·桑迪斯(John Edwin Sandys)备受推崇的《古典学术史》中,当写到西方中世纪的时候,就不是在写学术的历史(讲校订版本、注释,还有集注),而是学术存亡与否的问题——比如在哪些地方古代文本尚有保存,在哪些地方语法和修辞还有传授。③ 但即便如此,本书要更多关注拉丁西方世界,而不是学术传统更刚健的拜占庭帝国,因为前者是后世欧洲语文学诞生的地方。

在西方,"蛮族"军队蹂躏了从意大利到非洲、从高卢到西班牙的帝国国

---

① N.G.威尔逊:《拜占庭学者》,巴尔的摩:约翰霍普金斯大学出版社,1983 年;唐纳德·凯利:《历史的面孔:从希罗多德到牧民的历史探究》,第 70—74 页;罗伯特·勃朗宁:《拜占庭学术》,见于《过去与现在》,尤其是第 5—7 页、第 9 页;J.A.戴维森:《文本的传输》,第 226—28 页;朱迪思·赫林(Judith Herrin):《拜占庭:一个中世纪帝国的奇特历程》,伦敦:艾伦巷,2007 年,第 119—121 页、第 125—130 页;彼得·施莱纳(Peter Schreiner):《拜占庭 565—1453》第 3 版,2008 年,第 113—115 页;L.D.雷诺兹、N.G.威尔逊:《抄工与学者》第三版,第 76—77 页;索菲亚·莫吉亚利(Sophia Mergiali):《帕里奥洛格斯王朝(1261—1453)的教学与学者》(*L'enseignement et les lettrés pendant l'époque des Paléologues〔1261—1453〕*),雅典:拜占庭研究中心人民友好协会,1996 年,第 49—52 页;罗伯特·勃朗宁:《文学批评和学术中传统与原创性》,见于《拜占庭文学、艺术与音乐中的原创性》,第 23—24 页。佛提乌斯更广为人知的身份是权倾朝野、广受争议的君士坦丁堡牧首。

② 托马斯·M.康利:《欧洲传统中的修辞》,第 114—117 页;乔治·肯尼迪《古典修辞及其从古代到现代的基督教和世俗传统》,第 5 章,第 103—105 页、第 199—203 页;约翰·蒙法萨尼(John Monfasani):《特雷比松的乔治:一本传记,以及对他的修辞学和逻辑的研究》,荷兰莱顿:博睿出版社,1976 年。

③ 约翰·埃德温·桑迪斯:《古典学术史第 3 卷》第三版,第 1 册,康涅狄格州曼斯菲尔德中心:马蒂诺,2009 年(1921 年),第 441—678 页。形成对比的是,桑迪斯书中关于拜占庭的部分仍然是在讲学术的历史。

土。这些所谓的蛮族人其实未必比被他们打败的罗马人更野蛮。蛮族领袖很可能完全罗马化了，甚至可能非常倾心于学问。罗马贵族，以及教育他们的孩子的语法教师和修辞学家很可能在蛮族统治下仍然过得很好。但真正的问题是不时发生的、极端的社会动荡。5 世纪晚期，罗马帝国的统治在拉丁语世界崩溃。在 7 世纪，新崛起的伊斯兰教势力又瓜分了旧帝国在东部和南部地中海的部分，即从叙利亚到大西洋沿岸的部分；在 8 世纪早期，穆斯林军队占领了伊比利亚半岛的大部。在其他从前西罗马帝国治下的地区，公共管理、交通通信、城市生活和学校都逐渐败落，识字率也大幅降低。[①]

　　学者们仍然努力地让古代学问香火不败，但目的主要是为了帮助理解基督教的文献。马格努斯·奥列留·卡西多卢斯·塞纳托（Magnus Aurelius Cassiodorus Senator，约 490—585 年）就是这样一个拯救古代学术的人。卡西多卢斯是东哥特诸王统治意大利时的高级官员，但他终于还是决定逃离政治纷争。他在自己位于意大利南部的私人土地上建立了一个修道院，还配置了一个图书馆，并让僧人们抄写书籍。他自己本人有足够的语文学训练，懂得使用编辑符号去处理手稿（但不是亚历山大城传下来的那些符号）。大约 537 年，他为自己修道院的僧人写了一本手册，并且在后来几十年不断进行修订。这本手册定稿之后被称作《神圣与世俗阅读导论》（Institutiones divinarum et humanarum lectionum）。这部作品成为中世纪图书馆的必备藏书。在这本书里，他给"世俗教师"的学问保留了一席之地，目的是保证基督教经书可以被正确理解和传抄："无论是修辞手法、字词的定义，还是语法、修辞、辩证法、数算、音乐、几何和天文知识，都可以帮我们更好地理解圣经以及极渊博的圣经注疏。"此处提到的正是马提阿努斯·卡佩拉的"七艺"，被用到了基督教研究上。后来中世纪教育中先三艺后四艺的传统就是遵循卡西多卢斯此处列出的顺序。他的修道院是这种新式学校教育的先行者，不过在他死后因为伦巴德人的入侵而终于衰败。修院的藏书也四处流散，

---

① 克里斯·威克姆（Chris Wickham）：《罗马的继承：400 年至 1 000 年的欧洲历史》，纽约：维京，2009 年，第 4—9 章；迈克尔·麦考密克（Michael McCormick）：《欧洲经济的起源：通信和商业（公元 300—900 年）》，剑桥：剑桥大学出版社，2001 年；皮埃尔·里奇（Pierre Riché）：《从第六世纪到第八世纪的野蛮西部的教育和文化》，约翰·J.孔特尼译，哥伦比亚：南卡罗来纳大学出版社，1978 年；威廉·哈里斯：《古代识读》，第 312—322 页。在公元 6 世纪，君士坦丁堡曾经重新把意大利和北非纳入帝国版图，但是控制非常脆弱，也没能持续多长时间。

最远甚至流落到了英格兰北部。①

在接下来的一个世纪里,在暂时相对和平的西哥特统治下的西班牙,基督教主教塞维尔的伊西多尔(Isidore of Seville,约570—636年)更进一步改造古代知识来为基督教新世界服务。他在《词源》(*Origines sive Etymologiae*)里用追溯所谓的词根的方法来解释词义(从某种意义上说,这依稀有帕加马学派词源学的影子)。在这部有多达二十卷的百科全书中收罗了大量的信息,包括教育、医学、法律、语言、怪兽、矿冶、造船、建筑,到农具制造:你能想得到的应有尽有。伊西多尔的这部作品流传极快,其速度以7世纪的标准来说十分罕见。它成为欧洲文明形成时期最重要的汇集古代世界知识(包括教育理念和语文学知识)的宝库。②

其他一些迹象也表明一个新的文明秩序正在形成。一些修道院继承了卡西多卢斯的理想,开始抄写手稿,且不论世俗文学还是宗教文本——尽管也有一些修院把古代手稿上的字迹刮掉,覆盖上新抄录的圣经或者教父著作。(这种手稿被称为"重写本",palimpsests。一个有技巧的读者可以透过新的文字看到下面被覆盖的原文,从而拯救古代文本。)学究式的教会人士像是图尔的格列高利(Gregory of Tours,约538—594年)和助祭保罗(Paul the Deacon,约720—799年)仿照尤西比乌的例子,用罗马—基督教的框架来为新的"蛮族"国家著史。在英格兰,史学家比德(Bede,约673—735年)有机会接触到部分维吉尔、普林尼、马克罗比乌斯(Macrobius)和其他罗马作家的作品。比德对历史材料的严谨态度、文献记载的细致,还有考究古物的兴趣,都显示他有着和古代世界类似的知识理想。除了著名的英吉利教会和民族史,比德还仿尤西比乌的例子作了一部更偏重圣经和基督教历史的世界历史纪年。他死前还在致力于把《约翰福音》翻译成古英语。这项语

---

① 马莎尔·克里施:《西方知识传统的中世纪基础:400—1400年》,第48—50页;R.R.波尔加:《从加洛林时代到文艺复兴末期的古典遗产及其受益者》,第35—37页;乌尔里希·冯·威尔莫维茨-莫伦多夫:《古典学术史》,第15页、第69页;马克·韦斯西(Mark Vessey):《引言》,见于《马格努斯·奥列留·卡西多卢斯·塞纳托的〈神圣与世俗阅读导论〉与〈论灵魂〉》,詹姆斯·W.哈波尔编译,英国利物浦:利物浦大学出版社,2004年,第22—24页、第36—42页;《马格努斯·奥列留·卡西多卢斯·塞纳托的〈神圣与世俗阅读导论〉与〈论灵魂〉》,詹姆斯·W.哈波尔(James W. Halporn)编译,英国利物浦:利物浦大学出版社,2004年,第158—159页(bk. 1,26 and 27:1);哈利·Y.甘博尔:《早期教会的书籍和读者:早期基督教文本的历史》,第198—202页。"塞纳托"(Senator)是他名字的一部分,不是官职。

② 马莎尔·克里施:《西方知识传统的中世纪基础:400—1400年》,第50—51页;让·比亚乔·孔德:《拉丁文学史》,第720—721页;L.D.雷诺兹、N.G.威尔逊:《抄工与学者》,第84页。《词源》是伊西多尔几部百科全书作品中最广为人知的。

文学工作使比德可以成为奥利金、哲罗姆这个学术传统的传人。但和他们不一样的是，比德可能从来没想过他所用的拉丁文《约翰福音》文本会有什么问题、会需要校订。中世纪学者在研究《圣经》或者其他世俗作品的时候很少注意到文本语文学的问题。但是比德和他同时代的盎格鲁撒克逊人对语法非常着迷。在这一点上，他们的工作预示了后来中世纪学术的一些端倪。①

比德的一位盎格鲁撒克逊晚辈，约克的阿尔昆(Alcuin of York，约735—804年)参与发起了所谓的"加洛林文艺复兴"运动。阿尔昆实际上相当于法兰克王查理曼的教育部长(译注：一般认为"加洛林"得名于查理曼的祖父 Carolus Martellus)。查理曼不但推广文教，甚至(很难得地)赞助校订《圣经》的工作。他和他的继任者们不但扶持修道院里的学术活动，也把文人聚集到自己的宫廷里来。加洛林文艺复兴重燃了对古代语法学和古典作品的兴趣，尽管宗教作品仍然几乎总是更受重视。这里说"几乎"，因为至少对本笃会修院院长费里耶里的卢普斯(Lupus of Ferrières，约805—862年)来说，西塞罗就比神学更值得倾心。卢普斯也通过对参不同的手稿来校订古典作品：这一语文学的基本实践在当时的拉丁世界已经几乎绝迹了。加洛林时代的年代学学者像尤西比乌一样把零散的历史信息汇编在一起，不过他们的目的是为了证明新的法兰克帝国是罗马帝国的延续。加洛林文艺复兴的大部分精力都放在了誊写文本上。很多古典作品最古老的手稿都来自这个时期。这些手稿用加洛林小写体写成。这种新字体的发展和同时代拜占庭小写字体的发展是平行的。加洛林小写体对现代读者来说很容易辨认，它是现代印刷字体的前身。但古老手稿上的字体有时给加洛林时代的抄写者造成了辨认上的麻烦。这也是为什么他们抄写过程中犯了很多错误，需要

---

① L.D.雷诺兹、N.G.威尔逊：《抄工与学者》，第88—89页；罗莎蒙德·麦基特里克：《新剑桥中世纪史约700—900年》，"新剑桥中世纪史"第二卷，1995年，第682—684页；唐纳德·凯利：《历史的面孔：从希罗多德到赫德的历史探究》，第107—111页；罗莎蒙德·麦基特里克：《对中世纪早期的过去的看法》，第19—21页；马尔科姆·戈登(Malcolm Godden)、迈克尔·拉皮奇(Michael Lapidge)：《剑桥旧英国文学之友》，剑桥：剑桥大学出版社，1991年，第5页、第208—209页、第224页、第277—278页；尼古拉斯·奥姆：《中世纪学校：从罗马英国到文艺复兴时期的英国》，第22—23页；马莎尔·克里施：《西方知识传统的中世纪基础：400—1400年》，第64—65页；让·比亚乔·孔德：《拉丁文学史》，第724—725页；彼得·布朗：《西方基督教世界的兴起：胜利与多样性(公元200—1000年)》，第229页；J.坎贝尔(J. Campbell)：《比德》，选自《拉丁历史学家》，伦敦：劳特利奇和凯根保罗，1966年，第160—165页；加布里埃尔·卡那佩：《古典修辞学传统在盎格鲁撒克逊英格兰》，第469页、第472—475页；维维安·罗：《中世纪早期的语法和语法》，第5章。

现代早期的学者去修正。查理曼的廷臣艾因哈德（Einhard）模仿苏维托尼乌斯（Suetonius）的《奥古斯都传》，用偶有可观的拉丁文写作了一部查理曼的传记。但是，此后的时局动荡还是让这次"文艺复兴"无果而终。①

在大约 1100 年前后，更稳定的社会条件和主教堂学校（cathedral schools）的大量出现孕育了一次"十二世纪文艺复兴"。在这一次文学和学术复兴中，诗歌和修辞学的特色更明显一些，但是仍然有一些饱学之士像加洛林时代学者一样进行文学和文本研究。12 世纪的语法学家们在古典晚期的普里西安对语言的讨论基础之上，发展出主语和谓语的概念。《圣经》文本偶尔也会被作语文学的详考。法国北部圣维克多修院的安德鲁（Andrew of St. Victor，约 1110—1175）甚至为此虚心求教附近的犹太拉比。另一个学者发明了一种方法来找出宗教礼仪文本中因为传抄而新引进的讹误（*nova falsitas*）。他的方法是通过浏览历史上宗教会议的文献来查找先例；如果没能找到先例，他就把这个可疑的词给删掉。给定当时文献的保存状况，我们可以想见很多本来没有问题的词大约都被这样扔到垃圾堆去了。但是当时大多数人对文本语文学没有什么兴趣。12 世纪文艺复兴中更典型的学术活动是像安德鲁的老师圣维克多的休（Hugh of St. Victor，1096—1141）在他的《劝学篇》（*Didascalicon*）中那样重论"七艺"。不像之前中世纪的教师们仅仅要求学生学习古典作品的选段和摘要，休要求学生研习整篇的演说词和诗歌以更好地把它们作为文学作品来理解。②

----

① 罗莎蒙德·麦基特里克：《新剑桥中世纪史约 700—900 年》，第 27、29 章；维维安·罗：《中世纪早期的语法和语法》，第 5 章，第 81—86 页、第 133 页、第 136—144 页；史蒂芬·马荣尼（Steven Marrone）：《语境中的中世纪哲学》，载于《中世纪哲学剑桥研究指南》，A.S.麦克格莱德（A.S McGrade）编，第 10—50 页，剑桥：剑桥大学出版社，2003 年，第 18—19 页；L.D.雷诺兹、N. G.威尔逊：《抄工与学者》第三版，第 94—106 页；艾利西·奥尔巴赫：《文学语言及其公众在拉丁古典晚期和中世纪》，第 112—119 页、第 123—133 页；查尔斯·毕森（Charles Beeson）：《作为抄写员与校订者的费里耶里的卢普斯：西塞罗〈论演说家〉签名版的研究》，麻省剑桥镇：美国中世纪学会，1930 年；罗莎蒙德·麦基特里克：《中世纪早期对过去的看法》，第 26—28 页、第 38—42 页、第 56—61 页；塞斯托·佩莱多：《中世纪和文艺复兴时期文本批评史的观察》，第 14—18 页；马莎尔·克里施：《西方知识传统的中世纪基础：400—1400 年》，第 67 页、第 69—70 页；G.B.唐能德（G.B. Townend）：《苏维托尼乌斯及其影响》载于《拉丁人物传》，T.A.多雷（T. A. Dorey）编，第 79—111 页，纽约：基础书籍出版社，1967 年，第 98—106 页。关于西方手写体的发展，见 M.B.帕克斯：《他们的手在我们眼前》，2008 年。

② 查尔斯·霍默·哈斯金斯（Charles Homer Haskins）：《十二世纪的文艺复兴》，马萨诸塞州剑桥：哈佛大学出版社，1927 年（这是关于十二世纪文艺复兴的经典作品）；罗伯特·本森（Robert Benson），吉尔斯·康斯坦博（Giles Constable）、卡洛·蓝汉姆（Carol Lanham）：《文艺复兴与十二世纪的复苏》，多伦多：多伦多大学出版社/美国中世纪学会，1991 年（这是一部会议 （转下页）

与休同时代的夏特尔的伯纳德(Bernard of Chartres,? —约 1130 年)也强调对重要的拉丁文大家进行文学角度的研究。他的教学方法是比较标准的"修辞—语法学"的模式。索尔兹伯里的约翰(John of Salisbury)曾经在夏特尔的主教堂学校跟随伯纳德的弟子们学习。他记录下了他所听到的伯纳德。从中我们可以感受到这一修辞和语法教学传统的风格。伯纳德"在阅读过程中,会指出哪些是简单、合乎语法规则的。他还会讲解文中语法上的手法、修辞上的铺陈、诡辩式的反诘,以及所阅读章节和其他作品的关系……晚上是'变格'练习(declination)。其中都是语法知识的传授。如果一个人不是笨蛋,只要上一年课,就会全面掌握正确的说话和写作方法……伯纳德还会讲解诗人和演说家的作品,让初学的男童通过模仿来学习散文和诗歌的做法。"虽然伯纳德对异教作家的喜爱让一些人很不满,但其实各种基督教祈祷词在他的教学中俯拾皆是——伯纳德代表的是一种从古典时代继承下来的基督教版本的语文学、修辞学教育。①

所以说古典时代的语文学遗产在中世纪仍然存续下来了,尽管非常式微。在追随加洛林传统的 12 世纪文艺复兴之后很久,在整个中世纪晚期,受过教育的人仍然在阅读奥维德和斯塔提乌斯(Statius)、贺拉斯和维吉尔、塞内卡和西塞罗。这些作家的篇章有时和从古典作品改编的语法一起出现在教科书上。源自李维或者维吉尔的故事被改换成中世纪风格得以流传。年代学的传统也保留下来了,尽管比较地域化,仅仅出现在某些修道院和宫廷编年史中(其中有些编年史在考证年代上颇有技巧)。连"述异"(paradoxography)这种体裁也流传下来了:像亚历山大学者一样,一些中世纪作者——大学里的哲学家对他们是嗤之以鼻的——把让人惊诧或非常怪异的自然现象以及人造物件辑录成书。但最重要的古代遗产是作为高等教育的基础的"三艺",包括语法、修辞和辩证法。正如玛希亚·柯里施

(接上页)论文集,是在哈斯金斯基础上更新的研究成果);罗纳德·威特(Ronald Witt):《中世纪意大利的两种拉丁文化和文艺复兴人文主义的奠基》,剑桥:剑桥大学出版社,2012 年,第 324—329 页;贝瑞尔·斯莫莉(Beryl Smalley):《中世纪对圣经的研究》,印第安纳州圣母院:圣母大学出版社,1964 年,第 149—169 页;布莱恩·斯托克(Brian Stock):《读写的涵义:十一至十二世纪的书写语言和解释模式》,新泽西普林斯顿:普林斯顿出版社,1983 年,第 62—63 页;大卫·卢斯科姆(David Luscombe):《"思想和学习":新剑桥中世纪历史(公元 1024 年至 1198 年)》,新剑桥中世纪历史第 4 卷第 1 部分,大卫·卢斯科姆等编,剑桥:剑桥大学出版社,2004 年,第 474—475 页;马莎尔·克里施:《西方知识传统的中世纪基础:400—1400 年》,第 177 页。
① 索尔兹伯里的约翰:《索尔兹伯里的约翰的"言艺"》,第 67—68 页。

（Marcia Colish）所说，中世纪的教育"确保三艺和基督教信仰一样，是他们智性装备的一部分"。不论语法学和修辞学**学术研究**如何，更不要说文本语文学了，每个中世纪受过教育的人在孩童时代都至少学过语法和修辞。所以说语文学传统还是保存下来了，即使是一种被动和衰微的状态。在 1 200 年后的两个世纪中，休的《劝学篇》或者伯纳德那样的教学实践更像是一个已逝去的往昔留下的遗迹，而不是一个活着的传统中的瑰宝。①

这个时期新出现的大学孕育了智性生活的一种新框架，即经院式教育和研究，其倾向是反语文学的。虽然萌芽在更早的修道院和主教堂学校中，经院主义和大学这种新制度更加相得益彰。经院主义崇尚辩证法多于语法和修辞。前者强调逻辑学的抽象讨论以及逻辑和神哲学的联系，而后者则强调文本和文学研究。在 13、14 世纪，阿尔卑斯山以北的学者们大体上放弃了古代传统中的语文学甚至是修辞学遗产，转而研究其哲学遗产。正如丹尼尔·霍宾斯（Daniel Hobbins）所说，"到十三世纪时，人文学科这个概念的象征意义多于实质。大学教育就等同于学习亚里士多德"。（不过修辞学在意大利大学里仍然居中心地位。②）中世纪晚期的学者们非常热衷于研究某一些特定类型的古代作品。大约 1150 年左右巴斯的阿德拉尔（Adelard of Bath）把 9 世纪波斯数学家阿尔·花剌子模（al-Khwarizmi）的天文学图表翻译成拉丁文，而这些作品本身依据的又是梵文材料。所以说阿德拉尔把此前无人知晓的印度天文学知识介绍到了欧洲。更著名的例子是，12 世纪晚期，也是通过伊斯兰世界，亚里士多德的重要作品被重新发现，这在经院学者圈子里产生了巨大震动。实际上，正是这些"遗失的"亚里士多德作品的

---

① R.R.波尔加：《从加洛林时代到文艺复兴末期的古典遗产及其受益者》，第 221—224 页；爱德华·肯纳德·兰德（Edward Kennard Rand）：《十三世纪的古典作品》载于《明鉴》（*Speculum*）1929 年第四期，第 249—269 页；尼古拉斯·奥姆：《中世纪学校：从罗马英国到文艺复兴时期的英国》，第 3 章；唐纳德·凯利：《历史的面孔：从希罗多德到赫德的历史探究》，第 118—124 页；詹姆斯·富兰克林（James Franklin）：《推测的科学：帕斯卡之前的证据和概率》，巴尔的摩：约翰霍普金斯大学出版社，2001 年，第 193—194 页；罗莱恩尼·达斯顿（Lorraine Daston）与卡瑟琳·帕克（Katherine Park）：《奇异事物与自然的秩序：1150—1750》，纽约：地区图书，2001 年，第 1—3 章；希尔德·利德-西蒙斯（Hilde De Ridder-Symoens）：《中世纪的大学》，剑桥：剑桥大学出版社，1992 年，第 307—316 页；马莎尔·克里施：《语言的镜子：中世纪知识理论的研究》林肯：内布拉斯加州大学出版社，1983 年；大卫·卢斯科姆：《"思想和学习"：新剑桥中世纪历史（公元 1024 年至 1198 年）》，第 481—482 页。
② 意大利北部城市的教育从来没有完全失去其承自古罗马的城邦教育的特质。修辞学仍然培养学生以为城市的公共生活服务。这个传统在大学发展过程中又被继承下来。这种"意大利特异性"（Italian difference）——此处使用罗纳德·威特的说法——在中世纪末期对欧洲其他广大地区有深远影响。

翻译造就了 13 世纪成熟的经院学术。①

但是经院学者对古代作品的兴趣非常有局限性，仅限于哲学、科学和伦理学作品——他们忘了即使是这些手稿也会有很多语文学问题。但古代世界的这一创造，即文本详注，成为经院传统中标准通行的学术工具。（经院学者也还在继续读塞尔维斯对维吉尔的注释。）但是经院学者的注释完全不重历史和博物学材料，而这两者对希腊化世界和罗马时代的学者十分关键。直到文艺复兴时期，那种使用语文学方法的注释文体才重新出现。② 与此同时，昆体良的修辞学著作还在被人遗忘的手稿上无人问津。其他一些文学、历史或者博物学性质的古代文本，虽则被加洛林时期的僧人用清晰明白的小写字体认真抄好，但多躺在修道院的藏书里积累灰尘。很严肃地与古代语文学遗产对话，这对经院学者没有什么吸引力。公元 1200 年以后，诞生于亚历山大城的这门学问在欧洲绝大部分地区进入了蛰伏的状态。

不过古代修辞学和语法的确在经院传统里也有一点微弱的存在。经院哲学对辩证法的专注让柏拉图首先提出的那个二元对立更突出了。一方面，哲学通向确定无疑的知识、确定性、真理（即拉丁文 *scientia*。这个词在中世纪的意思和现代表示“科学”的意思非常不同）。另一方面，修辞学（以及相关的语文学）最多只能提供可能性，或者仅仅是说服力而已。中世纪的经院学者都站在真理和“scientia”那一边。但修辞学和语法学也还是一息尚存的：经院学者把修辞学当作逻辑学的一部分；他们把语法学——古代语文学唯一他们还看得上的部分——就当作辩证法来研究。早期中世纪的拉丁语法还在模仿古典时期，对一种实际存在的语言作实际操作层面的分析。从 12 世纪开始，语法变得越来越哲学化和逻辑化，离实际的语言越来越远。

---

① C.斯蒂芬·杰格（C. Stephen Jaeger）：《天使的嫉妒：中世纪欧洲的大教堂学校和社会理想（950—1200）》，费城：宾夕法尼亚大学出版社，1994 年；马莎尔·克里施：《西方知识传统的中世纪基础：400—1400 年》，第 272 页；大卫·卢斯科姆：《“思想和学习”：新剑桥中世纪历史（公元 1024 年至 1198 年）》，第 482—486 页；维维安·罗：《中世纪早期的语法和语法》，第 5 章，第 85 页；丹尼尔·霍宾斯：《印刷术之前的作者意识与公共性》，第 105 页、第 111 页；罗纳德·威特：《古人的脚步：从洛瓦托·布鲁尼开始的人文主义的起源》，荷兰莱顿：博睿出版社，2000 年，第 15 页；同氏，《中世纪意大利的两种拉丁文化和文艺复兴人文主义的奠基》，2012 年；乔治·肯尼迪：《古典修辞及其从古代到现代的基督教和世俗传统》，第 184—187 页；迈克尔·霍斯金（Michael Hoskin）编：《剑桥天文学简史》，剑桥：剑桥大学出版社，1999 年，第 58 页；希尔德·利德-西蒙斯：《中世纪的大学》，第 10、13 章。

② 彼得·迪尔（Peter Dear）：《学科与经验：科学革命中的数学方法》，芝加哥：芝加哥大学出版社，1995 年，第 24 页；C.H.洛尔（C.H. Lohr）：《文艺复兴时期拉丁亚里士多德评注：作者 A－B》载于《文艺复兴研究》，1974 年，第 231—232 页。

但同时,旧式的修辞学和语法仍然是学校教育的一部分,而且过去留下的教材也仍然被沿用——不过,在 12 世纪晚期的法国和意大利北部有一个短暂的时期涌现出了一批新的语法书,其中糅合了更加逻辑化的经院哲学讨论。①

但是**学校教育**是一回事,**学术**是另一回事。希腊化时代和罗马时代学者对博物学和历史的兴趣,虽则在比德的作品中还有活力,到了中世纪中晚期已经大体上萎缩消亡了。圣维克多的休不是一味追求辩证法的人:他鼓励学生用历史和地理知识——换句话说用语文学的方法——来研究圣经。但是他最多也就是让学生在拉丁教父的作品以及《圣经》本身中去找这类语境知识。百年以后休的学术后辈们,用哲学分析的方法来研究《圣经》的道理,创造出的是一套与历史情境完全无关的神学体系。这套经院神学可以完全独立于原来的《圣经》文本而被研究。因为志不在此,所以经院传统在语文学研究上是一片荒芜的。②

但这一片荒芜中也不是没有一点绿洲。中世纪逻辑学家们非常注重用词的准确性。他们甚至创造了一门“语言的科学”。语言学提供了看待中世纪哲学核心问题——著名的唯名论与实在论之争——的一个角度。这场争论的核心问题是:抽象名词,像柏拉图的“相”一样,总是指向实存的吗? 还是说,这些名词仅仅是约定俗成的名称而已,指向个别的事物所共有的性质? 举例而言,“马”这个词指的是一个实际存在的、普遍的“马性”,还是仅能指个体的马? 这场实在论与唯名论之争延续了古代世界由柏拉图《克拉底鲁篇》引出的自然论和约定论对语言的源起和性质的争论,当然这两场争论的区别也是很大的。此外,经院学者用一种极端逻辑学的路径来研究语法,在普里西安

---

① 阿尔伯特·拉比尔(Albert Rabil):《文艺复兴人文主义:基础、形式和遗产》第 3 卷,费城:宾夕法尼亚大学出版社,1988 年,第 1 册,第 33—34 页;R.R.波尔加:《从加洛林时代到文艺复兴末期的古典遗产及其受益者》,第 208 页:有对艾力阿斯的彼得(Peter of Helias)的讨论;理查德·麦肯(Richard McKeon):《中世纪的修辞学》,1942 年,第 17 卷,第 1—31 页、第 8—10 页、第 15—19 页、第 21—29 页、第 32 页;罗纳德·威特:《中世纪意大利的两种拉丁文化和文艺复兴人文主义的奠基》,第 323—324 页;路易斯·库肯海姆(Louis Kukenheim):《文艺复兴时期对希腊、拉丁和希伯来文法历史的贡献》,荷兰莱顿:博睿出版社,1951 年,第 49—50 页;罗纳德·威特:《古人的脚步》,第 17 页、第 31—32 页、第 78—79 页。

② 贝瑞尔·斯莫莉:《中世纪对圣经的研究》,第 83—105 页;约翰·范恩根(John van Engen):《在早期大学中学习经文》,载于《中世纪中晚期〈圣经〉诠释学的新方向》(*Neue Richtungen in der hoch-und spatmittelalterlichen Bibelexegese*),罗伯特·E.勒纳(Robert E. Lerner)编,第 17—38 页,慕尼黑:R.奥尔登堡,1996 年,第 34—36 页;乔治·肯尼迪:《古典修辞及其从古代到现代的基督教和世俗传统》,第 5 章,第 180—194 页;托马斯·M.康利:《欧洲传统中的修辞》,第 4 章。这些作者的观点是修辞理论——区别于讲道过程中的具体问题——在中世纪并没有完全消亡,但是在大学研究的边缘地带且缺乏新意。

古典晚期的语法基础之上，最终创造出思辨语法学（*grammatica speculativa*）。这种思辨性的语法学致力于研究适用于所有语言的普遍的语法规则，其理论前提是每种语言都能够反映真实事物的构成。思辨语法学应和了古代世界一些关于语言的猜想，也为后来的语言学理论化奠定了基础。在中世纪学术界的边缘，也还有一些关于语言的思辨活动存在。西班牙和普罗旺斯的犹太卡巴拉神秘主义者（kabbalist mystics）就认为语言反应实在，而且通过操控文字可以获得密识知识（esoteric knowledge）。但丁曾经研究过罗曼语系的语言；他试图重塑意大利方言，恢复词与物之间的联系——他认为这样犹如使语言重返堕落前的伊甸园状态。①

　　甚至连其他时代必定会用到文本语文学的圣经研究，在中世纪都和语文学渐行渐远。但这里我们不能怪经院哲学。需要为此负责的是古代的基督教作家。他们仿造异教徒对荷马史诗的诠释方法，用寓意来解经。从奥古斯丁到阿奎那，大部分基督教读者从圣经文字中看到的是多层次的意义，而其中灵性的意思远比字面意思重要。对一个从《圣经》中挖掘神学见解的学者、引用《圣经》作道德教化的讲道人，或者读经以深化灵修生活的修女来说，多种解读的可能性让圣经的文本更加丰富了。释经学者在一段《圣经》段落到底可能有多少层不同的意思这个问题上有不同见解。比较严谨踏实的圣维克多的休认为有三种：字面意思（历史意义）、寓意（神学上的意思），和道德意义——而且他认为字面意思是其他所有解释的基础，这在当时是非常罕有的见地。有些想象力更丰富的释经家则认为《圣经》同一章节可以读出多达七种不同的意思。不过最普遍的见解是四重解经法：即字面意思（literal）、寓意（allegorical）、道德意义（tropological）和属灵神秘的意思

---

① 雅克·戈夫（Jacques Le Goff）：《中世纪的知识分子》，巴黎：索伊尔出版社，1985 年，第 51 页、第 98 页；艾蒂安·吉尔森（Etienne Gilson）：《中世纪基督教哲学史》，纽约：兰登书屋，1955 年，第 313—314 页；维维安·罗：《从柏拉图到 1600 年的欧洲语言学史》，第 172—179 页；保罗·F.格里德勒（Paul F. Grendler）：《意大利文艺复兴时期的学校教育：识字和学习（1300—1600年）》，巴尔的摩：约翰霍普金斯大学出版社，1989 年，第 164—165 页；翁贝托·埃科（Umberto Eco）：《寻找完美的语言》，詹姆斯·芬特雷斯译，牛津：布莱克威尔，1995 年，第 2—3 章。思辨语法学（*Grammatica speculativa*）在加洛林时代有先声。加洛林学者试图把辩证法和语言研究结合起来，见维维安·罗：《中世纪早期的语法和语法》，第 5 章，第 147 页。关于为什么人类会有多种多样的语言的讨论，其历史见博斯特的杰作：阿诺·博斯特（Arno Borst）：《巴别塔的建造：关于语言和民族起源和多样性的观点的历史》，斯图加特：安东·希尔斯曼，1957—1963 年，第 4 章，第 931—952 页。博斯特汇集了不同历史时期对人类的各种语言的列表，用来说明历史上人们对人类为什么会有这许多语言这个问题的兴趣长盛不衰。最早这样的列表由罗马的希波律图（Hippolytus of Rome）在公元 234—235 年编汇，最晚的来自 1650 年的阿斯特德（Alsted）。

（anagogical／mystical）。这样诠释方法本身就更看重神学、讲道和静观修行的目的，所以注意力也就不在语文学问题上了。[①]

不过有着高度理性化倾向的经院主义也不会让释经过于恣肆汪洋。圣维克多的休就已经开始对此加以限制。贝丽尔·斯迈利（Beryl Smalley）指出，托马斯·阿奎那通过把亚里士多德引入经院哲学，为释经学提供了一个更坚实的理论基础。这个亚里士多德主义的原则就是"本质（substance）必须通过可感知的外显形式才能被认识。"这个原则用到文本诠释上就是"圣经的精神并不是隐藏在文本下或附加在文本上的，而恰恰是体现在文本之中"。经院主义的教育方法也是沿着同样的路径。在新出现的大学里，讲师们不仅讲解圣经原文，也讲解圣经集注。为了避免混乱，一个必要的前提就是文本本身是有一个直接的、基础性的、字面的意思的——尽管在理解这个基本的字面意思基础之上，也可以允许一些灵性的解读。[②]

在大约 1300 年后，按字面意思解经成为一时的风尚，尽管也还是掩埋在大量非语文学方法的圣经注释文本里面。当很多同时代的人还在努力用寓意解经的时候，出身方济格会的释经家里拉的尼古拉斯（Nicholas of Lyra，1270—1349 年）就倡导字面意思的优先性。不过他所说的"字面"意思不但指原作者的意图，也包括"预言未来的意思"。对像他这样的中世纪晚期的圣经解释者来说，"字面"意思不是指参考当时的历史语境来解释古代文本在历史上本来的意思。不过不久以后，在新的学术范式之下，圣经学者将会需要用到希伯来文、希腊文和历史学研究来工作。经院主义释经学内部出现的按原文字面意思释经的转向，给文本语文学研究注入了新的活力，即便这个过程非常缓慢漫长。13 世纪为数不多的几个用语文学思维研究旧约的学者——他们研究希伯来语、求教博学的犹太拉比，而且翻找手稿寻找字句歧异之处——都来自大学圈子之外。不过在他们之后，情况就不同了。里拉的尼古拉斯的希伯来语知识可能对他在巴黎大学的平步高升发挥了很大的作用。（他用自己的希伯来语知识攻击犹太教。）在 14 世纪早期，两次

---

① 罗伯特·兰伯顿：《神学家荷马：新柏拉图主义寓言阅读和史诗传统的发展》，第 78—82 页；G.W.H.兰佩：《剑桥圣经史第二卷》，第 177—215 页；罗伯特·格兰特、大卫·特蕾西：《圣经释义简史》，第 54—56 页，第 63 页、第 85 页；贝瑞尔·斯莫莉：《中世纪对圣经的研究》，第 86—88 页；唐纳德·麦基姆：《主要圣经翻译的历史手册》，第 107—108 页。

② 引文来自贝瑞尔·斯莫莉：《中世纪对圣经的研究》，第 292—293 页；唐纳德·麦基姆：《主要圣经翻译的历史手册》，第 88—89 页，第 107—8 页；约翰·范恩根：《在早期大学中学习经文》，第 26—33 页。

教会会议和一位教宗都先后明谕主要的大学都应设立希腊语和东方语言（希伯来语、阿拉美语和阿拉伯语）的教席。其目的可能是为了便于传教。有几所大学稍微尝试执行了一下,不过在接下来的一百年里情况没什么大改变。学术体制内并没有培养出多少熟练掌握这些语言的学者。圣经语文学发展所要求的文学和历史学知识,是经院哲学一直以来都不重视的。经院主义更看重哲学和哲学能带来的所谓无可置疑的"真理"(*scientia*)。①

语文学卷土重来尚待时日。在大约 1400 年左右,语文学甚至在欧洲经院哲学的中心地带——阿尔卑斯山以北的地区,也出现了一些复兴的迹象。一些法国作家开始尝试写作更优雅的拉丁文,并把西塞罗作为文学典范。一些在阿维农的教宗宫廷里侍奉的文人对古典作品非常狂热,让人想起了费里耶里的卢普斯。身为经院主义最引以为傲的重镇巴黎大学的教务长让·热尔松(Jean Gerson)哀叹法兰西受"史家和诗才凋零"之苦。他忧心那种繁复的、技术化的神学术语不能够吸引日益扩大的阅读公众的兴趣。热尔松批评经院哲学作品在文字上的烦冗,并且倡导对修辞学进行深入研究——不过辩证法对他来说仍然很重要,以至于他称修辞学为第二逻辑!在经院主义的另一个中心牛津大学,同时期的神学家们开始厌倦对逻辑的过度使用,转而开始对古代教父们的作品产生新的兴趣。但是这些新现象都谈不上对语文学的全面回归——热尔松本人从来没有对勘过一份手稿——而仅仅是一些风吹草动的先兆而已。②

即便如此,中世纪盛期也还是留下了些许遗产被后来的语文学所吸纳。在 1100 年左右,政府管理、法律诉讼、商贸和宗教活动都越来越多使用书写记录,因此文本的数量剧增。特别是经院主义要求大学讲师和学生对权威文本有非常细致的掌握;尤其是当古代希腊的学问经由伊斯兰学者进入拉

① 罗伯特·格兰特、大卫·特蕾西:《圣经释义简史》,第 90—91 页;克里斯托弗·欧克(Christopher Ocker):《人文主义与新教改革之前的圣经诗学》,剑桥:剑桥大学出版社,2002年;G.W.H.兰佩:《剑桥圣经史第二卷》,第 216—219 页;菲利普·克莱瑞(Philip D. Krey)、莱斯利·史密斯(Lesley Smith)编:《里拉的尼古拉斯:圣经的意识》,荷兰莱顿:博睿出版社,2000年,第 1—4 页、第 17 页(引文出处)、第 150—161 页、第 170 页、第 309—310 页;贝瑞尔·斯莫莉:《中世纪对圣经的研究》,第 329 页;希尔德·利德-西蒙斯:《中世纪的大学》,第 95 页、第 111 页、第 455 页。

② 丹尼尔·霍宾斯:《印刷术之前的作者意识与公共性》,第 1—2 页、第 10—11 页、第 16 页、第 26—27 页、第 39—40 页、第 49 页、第 111—27 页;其中,让·热尔松,1389 年,转引自第 1 页。教宗(或者在教会大分裂期间的"敌教宗")在 1309 到 1403 年期间常驻今天法国南部的阿维农。严格来说,热尔松的职位是巴黎圣母院的秘书长(chancellor),但这同时给了他管辖巴黎大学神学系的权威。

丁世界后,师生们在 13 世纪需要掌握的文本也就大量增加。这个"信息爆炸"的问题亟待有效管理:按现在的话说,就是需要搜索引擎。所以学者们或者开始发展从古代继承下来的学术工具(比如百科全书),或者创造出新的工具(比如按字母表排列的书籍索引)。最被广泛使用的索引——不但是教师用,讲道人也用——是圣经索引(biblical concordance)。① 一开始圣经索引只包括词汇索引,后来发展到也包括主题索引。当语文学终于开始复兴的时候,这些工具书就被派上了其他用场。更重要的是,从思辨语法学(*grammatica speculativa*)发展出后来的语言学。从更长期来看,对圣经的灵性解释也对学术产生了影响。古代对荷马的诠释方法被嫁接到基督教释经学上,这对后来的阅读实践产生了深远的影响。这种透过文本表面意思深层挖掘下面隐藏意义的方法,也可以被用在解释非宗教的世俗文本上。②

不过目前这些可能性还只是蛰伏中。除了个别例外,中世纪后期的学者们基本上是忽略语文学的。他们对其他问题更感兴趣。这门古老的学问只是作为"三艺"中最被轻视的那个部分而勉强生存着。但是,修辞和语法知识、文学和文本批评,甚至年代学和博古学并没有完全消亡。它们静静地躺在全欧洲的修道院数不清的书架上,等待被重新发现。

---

① 圣经索引的出现又使得《圣经》开始被分成现在的标准化的章节,以便于读者可以不管手上的圣经是如何排版的都能找到某个特定的词或主题。这个基督教发明后来也被用到了犹太圣经中。

② 安·布莱尔(Ann M. Blair):《工具书的诞生:近代以前的学术信息管理》,康涅狄格州纽黑文:耶鲁大学出版社,2010 年,第 33—46 页。"百科全书"不是这个时代的词,这个词出现在 16 世纪,见此书第 12 页。中世纪的索引并不常见,而且一般和原书是分开、独立成册的。

人文主义的语文学

——西方近代早期文本、古物及其学术演变

安东尼·格拉夫顿(Anthony Grafton)[*] 著　姚霜　译

　　早在 19 世纪,当一位牛津的本科生大声地读出他的威尼斯旅行日记的选段,他提到,"化妆美人,两英镑",同时嘴角大概带着一丝得意,回忆他去找妓女的经历。作为一名听众,爱德华·哈里森(Edward Harrison)立即起身,说道:"*Philokaloumen met'euteleias*",随即离开,将房间留给了一片欢呼。从此,他的朋友们没有一个忘记这件事,而也没有一位需要任何解释。因为他们当下就知道哈里森用了最具压倒性的方式谴责了他这位大学同伴粗俗的言辞。他引用了一段极其贴切的、出自希腊历史学家修西得底斯(Thucydides)记载的经典语录,即伯里克利(Pericle)在伯罗奔尼撒战争(Peloponnesian War)初年为牺牲的雅典人所作的葬礼悼词选段。这段宣言体现了伯里克利对雅典人性格的部分描述,原文为:"*Philokaloumen te gar met'euteleias kai philosophoumen ancumalakias*"(2.40.1)。[①] 意思是:"我们是美人的爱人,但不染奢靡;我们是智慧的爱人,但不着娇气。"正如当时这场冲突的见证者所回忆道:"这些听众都是一群熟悉修西得底斯第二本著作的人,同时伯里克利的语录就像是家常用语一样。"[②]

　　哈里森记得这么一个特殊的句子,因为这是一个展现早期希腊修辞学家技艺的上佳典范。句了恰到好处的不对称使其具有音乐性——些许的首

---

*　安东尼·格拉夫顿为美国普林斯顿大学历史系教授,主要方向为欧洲文艺复兴时期的文化史与欧洲学术思想史。本文原文为:"Humanist Philologies:Texts, Antiques, and Their Scholarly Transformations in the Early Modern West", *World Philology*, Cambridge:Harvard University Press, pp.154 – 178。——译者注。

① R.M.奥吉维(R.M. Ogilvie):《拉丁语与希腊语:1600 至 1918 年间古典学对英式生活影响的历史》,伦敦:劳特里奇出版社,1964 年,第 102—103 页。

② 同上,第 103 页。此处见证人是 A.J.爱什顿(A.J. Ashton),并留意指出威尼斯日记作者是位犹太人。

句重复与相邻的韵脚强调了句子的美感,提升了力度。更重要的是,这是经典的重现:这一系列文本都是上流英格兰社会男孩子们学习的内容。他们从小学开始到大学都投身于学习这些经典之作(根据一位伊顿公学老师的笔记有人估计过,在一个学生学校生涯的中期,相对于 3 小时的写作、算术课和 3 小时的教堂时间,他们每周要花 21 个小时在拉丁文与希腊文的学习上)。① 古代雅典是所有大英精英们从十几岁就开始学习的对象,同时它也被近代英国看作是卓越的榜样。作为一个海洋帝国,这时的英国拥有着横扫众敌、令人畏惧的海军,和震撼所有人的、富丽而国际化的首都。②

这种常规功课通过根植在课程中的练习得到了强化。学生们不仅用他们的方式去理解领会埃斯库罗斯(Aeschylus)、索福克勒斯(Sophocles)和欧里庇得斯(Euripides)的悲剧、修西得底斯和色诺芬(Xenophon)的历史,以及柏拉图(Plato)和苏格拉底(Socrates)的哲学著作,还竭尽全力去模仿。③ 男孩和青年男子们练习写古希腊文的散文与诗歌,成年的教授们依然持续修习这门艺术。例如,曾经在牛津担任数年希腊语教授的吉尔伯特·穆雷(Gilbert Murray),他每天在早餐前都会把伦敦《时代》报纸的一篇文章翻译成古希腊文。J.D.比兹雷(J.D. Beazley),世界上最伟大的雅典陶瓷专家,他在英国的成名之作是一篇以希腊哲学家希罗多德(Herodotus)的口吻描述的伦敦动物园游记。④ 所以,一句修西得底斯的经典语录铭记在一位颇具天赋的学生脑海里,且他的同伴们都知道是什么意思,就不见怪了。他们只是分享了一种培养他们走出学校后能成为统治者和影响者的训练,其结果从英国下议院的每个细节里都得以体现。比如,下议院的书记官需要随身携带经典参考书,以便将首相们互相指责引语的错误放回文献世界中加以裁断。⑤

① M.V.沃班科(M.V. Wallbank):《十八世纪公立学校和精英教育》,《教育史》1979 年第 8 期,第 5 页;维奇·科特曼(Viccy Coltman):《制造古风:1760 年至 1800 年英国新古典主义》,芝加哥:芝加哥大学出版社,2006 年,第 13 页。
② 引用自奥吉维,1964 年:第 103 页。
③ 见克里斯托弗·斯特艾伊(Christopher Stray):《牛津古典学:1800 年至 2000 年的教学与学习》,伦敦:达科沃斯,2007 年。
④ J.D.比兹雷:《希多罗德在动物园》,牛津:布莱克威尔,1907 年。这样绝妙的恶搞也可见于亚历山大·舍万(Alexander Shewan):《古代圣安德鲁斯的荷马游戏》,爱丁堡:J.思恩出版社,1911 年:该书里面不仅包括一首希腊文的短叙事诗,同时还有其希腊文的评注。
⑤ 而这时期女人拥有的非常不同的经历。她们主要正式从 19 世纪的经典作品开始学。见尤派·普林斯(Yopie Prins):《妇女的希腊语:悲剧的翻译》,新泽西州:普林斯顿大学出版社,即将出版。

　　这样在 19 世纪英国盛行的经典课程起源于数世纪以前。大约在 1350 年到 1650 年间,经典文本在欧洲不断变化。这段时期里,欧洲知识分子大量扩充古希腊和罗马的文本著作,很大程度地修改了之前这些文献的诠释方式。他们不仅开始用中世纪通用的拉丁文翻译学习《圣经》,同时关注原始的希伯来文(用于《旧约》)和希腊文(用于《新约》)。此外,文学世界的这种变化一开始是得益于城市中手稿书籍买卖的活跃兴起。这些民间发起的转变,随着印刷术的引进,得到了巨大的推动,其结果影响深远。现代方法具有自我意识地将古代文献变得对一个现代的基督教社会有用,而其侧助力则是将古代文献回溯到他们原始语境的历史手段。传统基督教诠释学的形式并未被替代,反而被异教和犹太教的方法充实。人文主义者们并没有创作或实践任何在后来 18、19 世纪大学里盛行的现代语文学的准则,但是,他们却通过重塑宗教、教育等各方面重构了经典。

　　古籍在每一段西方文化史中都扮演了中心角色。直至今日,关于希腊罗马的电影或者福音派政治都不断受之启发。但是,那些古老的文本已被塑造成了很多不同的样子,得到了很多不同的解读方式。12 至 14 世纪的欧洲中世纪鼎盛时期里,在那些古代的文本、现代的释论和公约的基础上,形成了高等教育的核心。但是它们被形式化,以至于连创造者都难以识别。例如,在大学的文科学科中,青年男子们所学的、为高等教育打下基础的推理课,实则是建立在形式辩证法之上的。这一古老的学科大多是教授古代的文本与注疏。亚里士多德(Aristotle)与其他贤者的系统作品,比如波菲利(Porphyry)的作品,都是教授的拉丁文版本,而非原本的语言。有些修饰最甚的古文本是从早期阿拉伯文逐字翻译,而这些翻译又来自古叙利亚文。学生们学到的辩论形式来自亚里士多德及其注疏,但是他们学到的只是一套套抽离了时空、由技术化的拉丁语表达出来的抽象规则。拉丁文本身就是为了教授形式逻辑而产生。这个语言中连古代人名都要系统化地变形。例如,苏格拉底作为很多样本命题的主语,通常表达为"Sortes"。①

　　三个高等规格的学系——法律、医学和神学课程更是依靠着古代文本的权威而生,但后者很大程度上也是被构建的。罗马律师们研究的罗马立法与法律观点的系统合集《民法》(Corpus Iruis),里面文本很多都十分古老,

---

① 见诺曼·克里兹曼(Norman Kretzmann)等:《剑桥中世纪后期哲学史》,剑桥:剑桥大学出版社,1982 年。

是由公元 6 世纪查士丁尼大帝（Justinian）下令编纂的。但是这些文本都需要大量的注疏才能得到理解，服务于当下。评注者解释说，罗马的扈从官员用持着的六支棍子组成的束棒来代表月份。但事实上，捆有六支棍子的束棒意思是一名现代官员的任期不能超过六个月。[①] 医学人员读的亚里士多德的生物学著作，希波克拉底（Hippocrates）与盖伦（Galen）的医学条例都是拉丁文翻译的。读者们试图去融通大家们的观点，或批判地选择阅读那些无法相融的部分，他们在 12 世纪阿维森纳（Avicenna）的《哲学、科学大全》中找到指导。[②] 神学家们尽管有自己的教材，但依然把《圣经》作为唯一的绝对有效权威，从中出的命题是所有的论辩的基础。正常情况下，他们先读一本成型于 4 至 5 世纪的不断变化的拉丁文版本。[③] 当他们寻求严肃的问题时，他们会读经，正如法学家和医生会阅读他们的经典文本，而这些文本不是孤立存在，而是嵌入在大量注疏中的。[④] 无数 15、16 世纪的神学家在写到巫术的传播时，是以他们对《出埃及记》第二十二章第十八节的一句论述为基础的：*maleficos non patieris vivere*（"你不能容忍一个巫师活着"）。他们简单地认为文中提到的"*malefici*"就是他们那个时代所看到的巫师。这些巫师与鬼灵打交道、能掀起暴风雨和谋杀婴儿。总的来说，中世纪晚期的大学老师和学生大量地传抄、收集、演说和研究古代文献，但是他们注重的是自己在课程中和时代职业生涯中所扮演的精心策划的角色。文本对于他们是一种非历史的、被当下利用的、有力、精辟的宣言，而非独立的历史著作。甚至这些经典文本的形式都被标注出应该阅读的方式。大批的手稿如漂浮在注疏海洋中的小岛，字非常小，却通常占据着图书馆与个人书房的尊贵位置，撑起了大批的阅读架，就好像在等待虔敬的读者花很长时间来研读每一页，抑或是一位博学的律师用来震慑前来咨询的顾客的。

寺庙经院里从来没有停止过复制或阻止学者们阅读多方面的教外读物。致力于城市间传教的托钵化缘修士、方济会和道明会成员涉猎广泛，经

① E.H.康托洛维奇（E.H. Kantorowicz）：《国王的两个身体》，新泽西普林斯顿：普林斯顿大学出版社，1957 年。

② 南希·斯莱伊思（Nancy Siraisi）：《塔迪奥·阿尔德罗迪和他的学生》，新泽西普林斯顿：普林斯顿大学出版社，1981 年；同氏：《文艺复兴意大利的阿维森纳》，新泽西普林斯顿：普林斯顿大学出版社，1987 年；同氏：《中世纪和文艺复兴的医学》，芝加哥：芝加哥大学出版社，1990 年。

③ 见 J.康乃利亚·林德（J. Cornelia Linde）：《怎样修改圣典？十二至十五世纪的圣经对勘学》，牛津：中世纪语言文学研究社，2012 年：第 7—48 页。

④ W.施沃兹（W. Schwarz）：《圣经翻译的规则和问题》，剑桥：剑桥大学出版社，1955 年。

常借用经典掌故来完善他们的布道。他们对素材的寻找从一个基督徒的观点来看,有时将他们潜在地推向了深水禁区,如李维(Livy)的罗马历史——这是被奥古斯丁(Augustine)批评为非法记载、毁灭性的征服战争和奥维德的神话故事,因为这些都带有对感官享受的推崇。在这个圈子里,从基督教传统出发的诠释方法使得本来危险的文本被渲染得没有危害。在一个需阐述前因后果的学术系统里,古代文学作品的序言定义了它的写作目的。寓言式的注释将看似变幻的文章笼罩了一层从基督教回到正统派的感觉:当诗人俄耳浦斯下到阴间希望救回逝去的妻子欧律狄斯,他代表了耶稣去开垦地狱,创造圣贤;当潘多拉就着人性而背着众神放走了魔鬼,她代表了伊娃在伊甸园做了相同的举动。①

但是,在 14 世纪的意大利,一种新的理解相同文本的方法产生了。人们开始越来越不把古代作品看作为空洞的文本,而是独立的实体。贯穿中世纪,图书馆员与读者们通常认为《自然历史》的作者普林尼(Pliny)和写了很多信件的普林尼是同一个人。佛罗纳的一位教会官员乔万尼·得·马托西斯(Giovanni de Matociis)注意到第二位普林尼描述了第一位普林尼的死,而后者是前者的叔叔。乔万尼就此写过一篇简短的批评文章,②他认为这件事值得被指出就是一种心态的转变。拉丁诗歌作品集锦的收藏者们开始区分古罗马作家的作品和它们的中世纪模仿作品,前者他们称作"诗人",而后者为"拙劣诗人"。③ 很多开始这样去阅读的学者是来自意大利北部的公证人或律师。世俗语境下,他们既充当了官方的执行人又是文本的读者。

弗兰齐斯科·彼特拉克(Francesco Petrarca, 1304—1374)将这一新兴的文本赏析法转换成了一个文化项目。从他早年时期,他便对当时存在的学习古代的方法感到深深地不满。就像其他大多数人一样,彼特拉克被父亲送去学法律。他恨透了法律规范,但是却对法律文本背后的罗马历史兴奋地着迷。他成为一位闻名的拉丁文和意大利文诗人,并著有多篇伦理与

① 百丽尔·斯末莱(Beryl Smalley):《英国托钵修士与十四世纪早期的古典文化》,牛津:布莱克威尔,1960 年;约翰·布洛克·弗里德曼(John Block Friedman):《中世纪的俄耳甫斯》,马萨诸塞州剑桥镇:哈佛大学出版社,1970 年;阿拉斯塔尔·米尼斯(Alastair Minnis):《中世纪的著作权理论:中世纪晚期学者文艺心态》,第二版,费城:宾夕法尼亚大学出版社,1988 年;米尼斯等编:《中世纪文艺理论和批评:约 1100 年至 1375 年》,重编版,牛津:克拉仁顿出版社,1991 年。
② E.T.梅丽尔(E.T. Merrill):《论普林尼佛罗娜信件中的"八书"传统》,《古典语文学》1910 年第 5 期:第 175—188 页。这段文字见于第 186—188 页。
③ B.L.乌尔曼(B.L. Ullman):《意大利文艺复兴研究》,罗马:历史语言出版社,1955 年:第 81—115 页。

历史的论文,而他对文本的涉猎范围超过了他所在的世纪里的所有的人。①
原来有 142 本的李维作品选,到了中世纪仅存 35 本。那些被流传的章节大
多数只来自孤立的 10 本。彼特拉克将三十本整合在了一个手稿里,因此他
通晓关于罗马城起源及其与迦太基的战争的最详尽的拉丁文描述。他校对
书中的信息,以一种激进的新的方式去看待古代,通过这本书与其他书中的
旁注织出了一张紧密的注释网。②

　　在中世纪普遍认知中,作品被广泛阅读背诵的西塞罗(Cicero)主要被
当作哲学家铭记于世。这位道德家智慧地揭示了宇宙的天道、一位好人的
职责和最佳安度晚年的方式。彼特拉克读了西塞罗写给阿提克斯(Atticus)
的信,信中西塞罗描述了他在罗马共和国晚期积极的政治活动。彼特拉克
惊恐地发现,这个他曾经想象为隐退的圣人实际竟然是一名活跃的政客。
到了 14 世纪中期,彼特拉克写了数封致西塞罗和其他先辈的信,表达了对
他们成就的爱慕与崇敬,同时还有他身为一名基督徒与先哲的强烈距离感。
在再次研读西塞罗时,他写道:"如果您从来没有执政,从来没有渴望胜利,
从来没有吹嘘过碾压像喀提林一样的人,该有多好!"而彼特拉克落款的方
式更是强调了这种距离感:"在您从不认识的上帝诞生后的第一千三百四十
五年,写于生命的土地上。"③

　　在接下来一个半世纪里,彼特拉克的仰慕追随者们改变了书籍的世界
与其在教育中的用途。佛罗伦萨的人文主义家大臣科卢乔·萨卢塔蒂
(Coluccio Salutati)和他年轻的副手科波乔·布拉乔里尼(Poggio Bracciolini)
在加洛林王朝的模板上为书籍设置了一种新的形式。与其用现代揭示淹没
掉古代文本,人文主义者以一种全面、开放的脚本来制造图书。里面宽阔、
整洁的脚边,不带任何注释,让人们可以直接对原文进行学习和校对。④ 佛

---

① 大致内容见卡洛·奎勒恩(Carol Quillen):《重读文艺复兴:彼特拉克、奥古斯丁和人文主义的
语言》,安娜堡:密歇根大学出版社,1998 年。
② 大致内容见 L.D.雷诺兹(L.D. Reynolds)、N.G.威尔逊(N.G. Wilson)著:《抄工与学者》,第三版,
牛津:克莱仁顿出版社,1991 年,第 128—134 页。他的注解样本见经典作品皮埃尔·迪诺哈克
(Pierre de Nolhac):《彼特拉克与人文主义》,第二版,巴黎:香槟出版社,1907 年。其注解的全
部版本最早见于的书籍有劳拉·雷斐(Laura Refe):《彼特拉克和朱赛普·弗拉维奥的书信往
来》,巴黎编号 Lat.5054,佛罗伦萨:语言出版社,2004 年。
③ 马里奥·科森扎(Mario Cosenza)编译:《彼特拉克致古典作者的信》,芝加哥:芝加哥大学出版
社,1910 年:第 4 页。
④ 见 B.L.乌尔曼(B.L. Ullman):《人文主义字体的起源与发展》,罗马:历史与文字出版社,1960
年;同氏《科卢奇奥·萨鲁塔蒂的人文主义》,帕多瓦:安特诺尔出版社,1963 年。

罗伦萨与威尼斯的城市贵族们,如费拉拉的埃斯特家族(Este)、佛罗伦萨的美第奇家族(Medici)、米兰的斯福尔扎家族(Sforza),雇用了人文学者用经典拉丁文来书写公文和历史。从发达的城市佛罗伦萨或费拉拉和曼图阿宫廷兴起,人文教师们开始为年轻的男孩和小部分女孩们开设专门阅读和模仿古代文学作品的经典课程——这样的课程就像是古代修辞手册中描述的一样。① 像彼特拉克一样,这些学生从西塞罗的生平事迹的语境下去阅读其作品。但是,与彼特拉克不同的是,接任萨卢塔蒂的佛罗伦萨大臣莱昂纳多·布鲁尼(Leonardo Bruni)却把西塞罗奉为可以将激越与沉思的人生完美结合的典范。换句话说,经典作品现在则可以被理解为与积极入世息息相关。文艺复兴王公们资助的教师,如曾经在费拉拉埃斯特宫廷任职的维罗纳的瓜里诺(Guarino),就开设了以尤利西斯·凯撒(Julius Caesar)为模范的课程,取代了拥护共和政体的西塞罗。②

到了 15 世纪中期,学校的学生们已经开始攻克他们 19 世纪的同龄人可以认出的作业了。他们练习的内容来自一套全新设计的文本:人文主义语法、西塞罗等人的修辞课本,拉丁文史料、诗歌、道德哲学选集。在课上,老师们口头为学生解释,逐字逐句解释字面义、经典句法和语法。随后,他们编辑成了系统的普及读物,里面带有例句和掌故。他们还发展出了自己的作品:在写同一题材时,尽可能写得像先哲一样。

伊拉斯谟(Erasmus)在他的讽刺作品《西塞罗学派》中夸张地描写了一位西塞罗的模仿者是怎样在拉丁写作中规定自己不仅要用西塞罗用过的词汇,还要用出现在其作品中的特定语法形式。同时,他还得是夜间写作,在一个阴暗的、绝对安静的房间里,遵循了一种禁欲的生活规则后,才能来完成一次模仿最伟大的经典作品的任务。但是,所有人都认同,任何想要当上国王的大臣或高级书记员的人,在他为此重要事业准备的道路上必须要精通经典。语言本身——至少是官方公文书写语言——反映了这样的古典品味。实际上,教皇自己的秘书就是最纯粹的纯粹主义者。他们在书写公文时将教皇描述为"*pontifex maximus*",而基督上帝为"*Jupiter*

① 见克雷格·卡林多弗(Craig Kallendorf)编:《人文主义教育条例》,马萨诸塞州剑桥镇:哈佛大学出版社,2002 年。
② 汉斯·巴伦(Hans Baron):《探寻佛罗伦萨城市人文主义》二卷,新泽西州普林斯顿:普林斯顿大学出版社,1988 年,卷一;大卫德·堪弗拉(Davide Canfora):《波乔和瓜里奥对凯撒和西庇阿的争论》,罗马:历史语言出版社,2001 年。

optimus maximus"。①

也许，最激进的改变是从萨卢塔蒂开始的希腊文的教授。得益于萨卢塔蒂的官方支持，一位名叫曼纽尔·克里索洛拉斯（Manuel Chrysoloras）的博学的拜占庭希腊人于 1397 年至 1400 年在佛罗伦萨教授希腊文。他的弟子，包括波乔和具有影响力的年轻的阿雷佐人文主义者莱昂纳多·布鲁尼，开始把一些不知名的希腊文本译成拉丁文。有的学生专门去君士坦丁堡学习语言，有的则在家用克里索洛拉斯为意大利学生编写的新教材自学希腊文。15 世纪中叶，博学的教皇尼古拉斯五世斥巨资于一个系统的翻译项目，自此，那些只懂拉丁文的人也可以读希罗多德和修西得底斯的历史书、托勒密（Ptolemy）和斯特拉波（Strabo）的地理著作，还有普鲁塔克（Plutarch）的散文与传记。② 虽然希腊文从未像拉丁文一样得到如此全方位地研究，或用来流畅、正确地书写，但是学童们以及他们的前辈，现在可以利用更广范围的资料了。

而一个属于城市的、世俗社会的书稿出版系统使得那些任运自如拉丁文的佼佼者能够走向广大的公众。*Cartolai*，或称"书商"，在大城市里大量收集古籍与现代读物，然后他们用一种时髦的风格为广大的公众读者重新出版。这里不仅包含专业学者、教师，还有银行家和商人、文员和富家女们。米兰的人文主义者安吉洛·德塞波里奥（Angelo Decembrio）描述了 15 世纪中叶的这个景况："制作得最漂亮的书大多在托斯卡纳的佛罗伦萨才能买到。他们说在那儿有一位叫维斯帕先诺（Vespasiano）的书商，他辛苦地经营着书籍与相同的抄本。每一个想要得到最精美书籍的人，包括所有的意大利人和来自远方国家的人都涌向他。"③

从 15 世纪 60 年代以后，印刷从很多方面改变了这个状况。因为印刷商能够很快地采取人本主义的新格式，这为书籍的美学变革奠定了基础。同时，印刷巩固了那些在中世纪并未盛行的经典文学和这些作品。经典文本在市场上的数量倍增，价格下滑，比如在罗马就降低了一半以上——这一

---

① 见马丁·麦劳林（Martin McLaughlin）：《意大利文艺复兴的文学模仿：从但丁到本博的意大利文学模仿理论和实践》，牛津：克莱仁顿出版社，1995 年；因格里德·劳兰德（Ingrid Rawland）：《文艺复兴巅峰时期的文化：十六世纪罗马的古典派与现代派》，剑桥：剑桥大学出版社，1998 年。
② 见 L.D.雷诺兹、N.G.威尔逊著：《抄写员与学者》，第 146—154 页。
③ 安吉洛·蒂森布里奥（Angelo Decembrio）：《文学政治》，诺伯特·威特恩（Norbert Witten）编，慕尼黑：索尔出版社，2002 年：第 459 页。

过程使得德国印刷商破产。康纳德·施温海姆（Conrad Sweynheym）和阿诺德·潘纳茨（Arnold Pannartz）便是德国印刷经典文本的代表。① 但是就算作为发起者，他们却优势尽失，而其他人则坚持了下来。直到 16 世纪初，定居在威尼斯的罗马学者阿尔杜斯·马努蒂尔乌斯（Aldus Manutius），为保护和振兴新古典主义缔造出了一个伟大的项目。大页纸版本的古希腊作家的作品用其原始语言出版，保证了它们将不会消失，尽管君士坦丁堡在 1453 年被土耳其人攻占。八开小型的拉丁文经典以斜体刊印出版，使得受过良好教育的年轻人可以随处携带着他们心仪的书籍——不管在课堂里，还是在公堂上。满意的顾客告诉阿尔杜斯，他们可以在公务交易的场间休息时读一首拉丁诗或一段历史。②

　　15 世纪的后半叶和 16 世纪的前半叶里，人文主义者终于将目光不仅投向了文学经典，还有那些构成高等学科基础的文本。中世纪的学者充分地明白《旧约》最早是用希伯来文写的，而不是通俗的拉丁武加大译本（Latin of the Vulgate），而《新约》则是用希腊文写的。学者们会对不同的拉丁文版本进行校勘、辩论。如果武加大译本中表达的偏离了原始版本，他们就会标注下来，表明此处有必要进行更正。尽管贯穿整个中世纪，原始文本都一直被保存和研究着，但是都是犹太人和希腊人在做这些事，而非正统的天主教徒。对于天主教徒来说，拉丁文文本，特别是在奥古斯丁的影响推动下，成为"惯例"的权威。像洛伦佐·瓦拉（Lorenzo Valla）这样的 15 世纪人文主义者，在《圣经》文本的研究上极大地依赖于他们中世纪的先辈们：例如，在中世纪的学术传统中有一个普遍的观念，即老的手稿优先于新的。③ 但是，他们以一种新的锐度与精确度提出有必要根据原始语言来修正拉丁文本和重新思考像贝尔和龙的故事（Bel and the dragon）这样的可疑文本的情况。在 16 世纪的前二十年里，一系列的版本——大批多语言的《圣经》在西班牙

① 见帕特里西亚·布西（Patricia Bussi）：《威尼斯和古风》，康州纽黑文：耶鲁大学出版社，1978 年；马西莫·米格里奥（Massimo Miglio）与欧丽艾塔·罗西尼（Orietta Rossini）编《罗马的古腾堡》，那不勒斯：拿波里选举出版社，1997 年；爱德文·霍尔（Edwin Hall）：《斯威恩海姆和潘纳兹与其意大利出版起源》，俄勒冈州麦克敏威尔：菲利普·J.皮莱吉斯的鸟牛出版社，1991 年。
② 马丁·劳里（Martin Lowry）：《阿杜斯·马努提尤斯的世界》，牛津：布莱克威尔出版社，1979 年；马丁·戴维斯（Martin Davies）：《阿杜斯·马努提尤斯》，坦佩：中世纪和文艺复兴文本和研究，1999 年。
③ 见 J.康乃利亚·林德：《洛伦佐·瓦拉关于李维作品的对勘研究》，《拉丁语年鉴》2010 年第 12 期，第 191—224 页；同氏：《洛伦佐·瓦拉和圣典真伪问题》，《斯洛文尼亚人文主义》2011 年第 60 期：第 35—63 页。

阿尔拉卡得到了红衣主教希曼内斯(Archbishop Ximenes)的赞助刊印,而一套相比更有适度的希腊—拉丁文版本的《新约》在巴塞尔被伊拉斯谟推出——彻底挑战了拉丁文《圣经》的至高位置,正如希曼内斯已将拉丁文译本的《旧约》出现在希伯来文与希腊文版本之间比作耶稣被钉在了二贼之间的十字架上。当 1517 年新教改革开始后,武加大译本从此便不再是唯一的文献,而基督教徒阅读的《圣经》不再是学术争论的基础了。① 与此同时,瓦拉、纪尧姆·卜代(Guillaume Budé)等人注意到那些罗马律师与教会教规律师依据的权威法律文本充满了错误与年代混乱,而另一群聚集在佛罗伦萨与费拉拉的学者们则提出这些新的文本是否以传统的、笨拙的拉丁格式挑战了希腊文医学著作的权威。直至 16 世纪 20 年代,传为希波克拉底的医学著作的拉丁译本出现,一年后又推出了希腊文原著,盖伦与亚里士多德的地位似乎被撼动了。

在接下来的一个多世纪,关于这些文本与其地位的争论不断发生。但至此,大家有了一个定论——要妥协,不要革命。在中学、大学和出版界,人文主义者和他们的新经典与新旧经院教学融合。新的文学研究并未取代仍然保持着学术教学的逻辑学、法律、医学和神学学科,反而与之共同繁荣。在意大利的大学里,经院式神学是一个相对较新的、从北部引进的学科,但它伴随人文主义的方式发展开来。渐渐地,传统和新兴的方法交织起来。想要学习法律或神学的年轻人先要掌握人文主义的课程,特别是在新教城镇与天主教耶稣会在欧洲各地创建了一系列的古典学校后。这些地方的最优秀的学生不仅需要首先掌握古典修辞学,还会进行一些连早期人文主义者都不触碰的更严苛的学习训练。法律与神学的教授接受了了解历史、希伯来文、希腊文与其学科传统相容的领域。对于人文主义者,他们学会了热爱注释评论,虽然他们着重于语法、修辞与历史的问题,而非逻辑的问题。他们像维吉尔(Virgil)和凯撒一样将经典埋在诸家的集注下。在任何一页书上,都会出现六七个不同的人,不管古代的还是现代的,对古文本上的同一行字写下的评论。人文主义就此被制度化,而他们的实践者将其深入到

---

① 施沃兹,1955 年;杰瑞·奔雷(Jerry Bentley):《人文主义者和圣令》,新泽西州普林斯顿:普林斯顿大学出版社,1983 年;保罗·波特莱(Paul Botley):《文艺复兴时期的拉丁文翻译》,剑桥:剑桥大学出版社,2004 年。对于多语种的《圣经》,敦克格伦将过去的研究描绘为过时废弃的研究,见西奥多·敦克格伦(Theodore Dunkelgrun):《经书的多样性》,芝加哥大学博士论文,2012 年。

从寓言到政治的各方面的解读。^① 当然，诸领域的课程设置及其范围便发生了改变。但是到了1650年，学者、教师与出版商们依赖的经典基础是两个世纪后大英精英的古典老师们仍在建设的。

这样的叙事建成了，但留下来一个很大的问题：如果有的话，人文主义者到底在践行哪一种语文学？他们采用的是什么方法？他们提供读者消遣的文本，结束了个人学术的桎梏，挑战了欧洲特许知识分子的权威，又靠的是什么方法？很早之前，潘诺夫斯基（Erwin Panofsky）就提出文艺复兴的知识分子发展了一种历史观和空间感视角。他们不仅没有像中世纪学者一样，将古代的过往看作是与其本身世界相续的部分，而是将之视为离自己有特定距离的不同的时空，然后他们可以观之以种种色彩与维度。^② 如果此类变化曾经在哪里发生过，那么他们应该是在语文学的领域如是实践。而历代历史学家都辩驳过他们是这样做的，并且认为在近代早期出现过一次"历史的革命"。^③ 如不算回答的话，至少有两个语文学家的实践个案可以证明关于此类剧烈的改变是否发生过的问题，此中产生了两个重要结论：其一，人文主义者从一开始就没有整体设计过他们的实践，而是在执行中慢慢摸索出来的；其二，人文主义者是从读到、学到的古文献中衍生出了方法论的实质内容，而其本身就是一个文献和学术传统的产物。

贯穿15至17世纪，西方的人文主义家们为读者献上了数百种古籍文本，从开始的手稿到1460年代后的印刷书。令人吃惊的是，他们的方法从未变过。大多时候，一位学者就是挑选一个基础文本，有时就是手上仅能找到的那本，有时是特别古老或者珍贵的。然后，他边开始抄写，边校订其中的明显错误——或者是他写出错误，然后将手稿交给一个职业的抄写员。

---

① 具体案例见于唐·卡梅伦·亚伦（Don Cameron Allen）：《神秘地表达》，巴提摩尔：约翰霍普金斯大学出版社，1970年；茱莉亚·盖歇尔（Julia Gaissr）：《卡图卢斯与他的文艺复兴读者》，牛津：克莱仁顿出版社，1993年；同氏：《阿普列乌斯的财富和金驴》，新泽西州普林斯顿：普林斯顿大学出版社，2008年；克雷格·卡林多弗：《另一个维吉尔：早期现代文化中〈埃涅阿斯纪〉的"悲观"阅读》，牛津：牛津大学出版社，2007年。

② 艾文·潘诺夫斯基（Erwin Panofsky）：《文艺复兴和西方艺术的复兴》，哥本哈根：卢萨克出版社，1960年。此论点的核心首次出现在《凯尼恩书评》1944年第6期：第201—236页。

③ F.史密斯·福斯纳（F. Smith Fussner）：《历史的革命》，伦敦：劳特里奇出版社，1962年；麦隆·吉摩尔（Myron Gilmore）：《人文主义者和法官》，麻省剑桥镇：哈佛大学出版社，1963年；朱利安·富兰克林（Julian Franklin）：《让·波丁和十六世纪法律和历史的方法论革命》，纽约：哥伦比亚大学出版社，1963年；唐纳德·克雷（Donald Kelley）：《现代历史学的基石》，纽约：哥伦比亚大学出版社，1970年；约瑟夫·莱文（Joseph Levine）：《历史的自治》，芝加哥：芝加哥大学出版社，1999年。

像波乔或者瓦拉这样的学者经常提出对语法、成语和史实的专家级要求。但是在二手的、修改后的读本中，读者仅仅只能泛泛地体会到其品质，因为这些过程只记录在原稿里。大多数人文主义者很少花功夫去记录他们的文本处理工作。尽管最珍贵的新材料也没有见到，例如现知唯一完整的西塞罗《论雄辩家》的手稿；或者这些材料流于失传，例如另一本被认为十分重要的加洛林王朝的西塞罗书信《家信集》的手稿。这些都是所有后期意大利手稿的来源。① 注释大部分都不是在处理考订校勘，而是语法、修辞和历史分析的问题。尽管仔细研究过产生抄写错误原因并将此适用在修订李维著作的瓦拉，在一次与那不勒斯文学对手辩论中含蓄但又十分巧妙地表明了自己的方法。②

印刷技术的出现很大程度上改变了复制的条件，在两种系统下都工作过的学者对这一点十分清楚。曾经当过手稿编辑和后来的罗马打印机调整师的吉安东尼奥·堪帕诺（Giannantonio Campano）就说明了这一点。1470年，堪帕诺负责为维也纳印刷商乌里奇·汉恩（Ulrich Han）监督一套李维的全集。在该版本的前言中，他赞扬了印刷的力量：他欢跃道，从现在起，文本便不会布满错误。在以前，每一个抄写员都可以用自己的方式随意创造——或者销毁——所指定文本的抄本。相反的是，印刷师则"可以依照经过批改修正后的单个模版，制造出他们想要的统一形制和某些数量的复本"。③

这显然是一种理想状态，堪帕诺也承认现实并非如此。对抄写员来说，他们不断地干涉和对他们受雇复制的文本进行改动："他们认为他们不理解的就是没必要的，他们不明白的就是晦涩的，或者那些作者故意颠倒的就是抄错的。他们将自己从抄写员变成了修改员，最严苛地将自己的判断放进去却成为最浅薄的理解。"而印刷更是放大了他们的错误，因为现在抄写员武断的改动被数以百次地复制了出来。堪帕诺坚持说自己是采取了一种完全不一样的方法来复制一个精校本。他是"根据了很多模板"，而从没有做不必要的改动。他坚持道："我从来不是一个好奇的翻译或算命的。"他聪明地没有将作者作为牺牲品，试图不去改文本，而是去固定它，去"剔除抄写员

---

① L.D.雷诺兹、N.G.威尔逊著：《抄写员与学者》，1991 年；西尔维亚·里佐（Silvia Rizzo）：《人文主义者的语文学词汇》，罗马：历史语言出版社，1973 年。
② J.康乃利亚·林德：《洛伦佐·瓦拉关于李维作品的对勘研究》，第 191—224 页。
③ 乔那托尼奥·堪帕诺：《歌剧》，罗马，1502 年，第 62 页左面—第 63 页右面。

的错误"。① 尽管堪帕诺的李维全集并未让好奇的读者看出任何关于所用手稿的特定信息，或者来自某些衍生读本。在其他版本中，特别是普鲁塔克《名人传》的一篇里，他显然集合了现有的拉丁译本，然后胡乱修改一通——堪帕诺很少尝试厘清文本的性质。

梵蒂冈的主教和之后的图书管理员乔万尼·安德里·布西（Giovanni Andrea Bussi），于 1467 年到 1472 年间在罗马为德国出版商斯文赫姆和潘纳尔兹编辑过一系列拉丁文本。他们印了大概一万一千到一万两千卷左右，得到了消费者热情地追捧。另一位主教，法庭内部人员莱昂纳多·达提（Leonardo Dati）在 1467 年 11 月就买下了一整套他们出版的奥古斯丁的《上帝之城》。他记载到他是从"一群身在罗马的德国人手上买到的，这些德国人虽不写书，但却制作了像这本一样、不可计数的图书"。而这次购书经历鼓舞了达提的好朋友莱昂·巴蒂斯塔·阿尔伯蒂开始写他的晚期作品《论密码》，其中包含了一段他与达提在梵蒂冈花园里散步时关于印刷的激烈讨论。他俩惊叹于这个能够使"不到三个人就可以将一本书以指定的模板在一百天里变出两百多个复本"的设备。②

但是很快热情变为了恐惧。早在 1470 年，另一位来自罗马的学者尼克罗·佩诺提（Niccolo Perotti）就在一个公开的书刊上抱怨，印刷师和他们的人文主义合作者添加前言的做法实际上是在损毁经典作品。更糟糕的是，他们随意地添加改动。他驳斥道："与其千百次地印出来，送到世界各地，还不如不要这些印刷书。"接着，佩诺提说布西版的普林尼是一种麻痹式的、痛苦的、一字一句的分解，而不是像此时盛行的公众解剖里展示的一样。他声称只在前言里就发现了二十一个明显的错误。③ 不必惊讶，细看的确揭示了首版的诸多瑕疵。到了最后，编辑是内容提供者，不仅提供润

① 乔那托尼奥·堪帕诺：《歌剧》，罗马，1502 年，第 62 页左面—第 63 页右面。
② 莱昂·巴提斯塔·阿尔伯蒂：《论数字》，图林：伽里姆博蒂出版社，1994 年，第 27 页。大致内容见于米格里奥 & 罗西尼编，1997 年。
③ 见于经典研究和版本的约翰·蒙法萨尼（John Monfasani）：《第一次出版审查：佩若迪、布西、莫莱托与普林尼〈自然历史〉的编辑故事》，《文艺复兴季刊》1988 年第 41 期：第 1—31 页。布西的普林尼著作版本，作为佩若迪的痛批对象见于卡西纳诺的优秀研究：保拉·卡西纳诺（Paola Casciano）：《安吉里卡诺版 1097：斯文赫姆与潘那兹出版〈普利尼集〉的预稿（汉恩 13088）》（"Il ms. Angelicano 1097, fase preparatoria per l'edizione del Plinio di Sweynheym e Pannartz〔Hain 13088〕"），见于《1979 十五世纪罗马写本图书馆与印刷业：面向与问题，暨 1979 年 6 月 1—2 日研讨会文集》（Scrittura biblioteche e stampa a Roma nel Quattrocento: Aspetti e problem, atti del seminario 1 - 2 giugno 1979），康塞塔·碧昂卡编，梵蒂冈城：梵蒂冈古文字、外交和档案研究院，1980 年，第 383—394 页。

色文本而且要相应地大肆撰文吹捧。弗兰西斯科·罗兰得洛（Francesco Rolandello）在准备《赫尔墨斯·特利斯墨吉斯忒斯的对话》（*Dialogues of Hermes Trismegistus*）首版时，推测其是一位埃及圣人和摩西时代的人。他没有加任何前言来说明他对马尔斯里奥·菲奇诺（Marsilio Ficino）的拉丁译本是否作出了任何修改。但是他在书的封面印出了一小段迷人的话，直接针对那些潜在的买家："无论是谁读了这本书，不管你是个文法家、演说家、哲学家或神学家，就让我告诉你：我是墨丘利·特利斯墨吉斯忒斯（Mercurius Trismegistus）。开始埃及人和异邦人崇拜我，之后古基督教神学家敬仰我，他们都震惊于我的卓越的学识与神学功底。所以，如果你买了我、读到我，你将获得神奇的东西：因为书很便宜，你一边愉快地、收获地阅读，而我不断地丰富着你。"①这样的人在高压下负荷工作，经常只有仅仅几周的时间来准备一版底稿。难怪当时他们常常犯那些慢工细活就可以避免的错误（就像阿尔杜斯·马努蒂尔乌斯版本的古代抒情诗的希腊文选集一样，其中将"只用你的双眸为我干杯"读成了"只用你的双唇为我干杯"）。

相应地，这种情况在人文主义者的书籍编辑印刷的实践中并未得到改变。直到接下来的一个世纪以后，甚至像专注考据和有寻找可靠手稿能力而闻名的皮尔·维托里（Pier Vettori）、约瑟夫·斯卡林格（Joseph Scaliger）和伊塞克·卡苏朋（Isaac Casaubon）这样的学者也在识别篡改的段落，并通过推测猜想来修改填补，依然以同样的办法来准备底稿。他们拿出一个文本——通常是上一个版本的复本或者一本随意挑选的手稿——然后手写更正。印刷机将其排好版。直到这时，学者才准备自己的注释，然后为文本的修改提出最详尽的建议。这样的顺序明确地展示了一个简单的事实：在几乎所有的案例中，文本的注释受到了页面和行距的严重束缚，因为它们在注释写上去之前就已经设定好了。像在这样的情况下，评论家就可以在他们的注释中就所研究的文本提出机智的论点——如斯卡林格所驳斥道，在这些普遍的错误里可以看出，拉丁诗人加塔拉斯所有的手稿一定是来自一种

---

① F.罗兰德罗，在第一版费西诺的赫尔墨斯全集翻译第一册的封底，写道："Tu quincunque es qui haec legis, sive grammaticus sive orator seu philosophus aut theologus, scito: Mercurius Trismegistus sum, quem sigulari mea doctrina et theologia〔编者注：theologica〕Aegyptii prius et barbari, mox Christiani antique theologi, ingenti stupor anttoniti, admirati sunt. Quare si me emes et leges, hoc tibi erit commodi,"引用自 E.盖林（E. Garin）：《文艺复兴的诠释学》，罗马：联合出版社，1988 年，第 8 页。

原始字体。这种字体里 a 和 u,大写的 I 和 l,还有其他字母都容易被混淆。但是他们不能在文本中插入所有,或绝大多数他们认为必要的改变,因为有固定格式的限制。① 即使在 16 世纪后期,文本中写注释变得普遍起来,但文本很少符合编辑们所宣称的规范。

事实上,一些人文主义者找过更好的办法,而他们案边的手稿看似提供了语文学作品的古代模版。他们知道古代先辈们创造出了大型的手稿集,特别是在 14 和 15 世纪时间段里,大多数晚期版本里保留的署名和注解记载了尼克玛奇和西姆玛奇两大罗马家族的成员就"修正"过李维的文本。② 呼吁建立公共图书馆的萨卢塔蒂热提议先修正好古籍,然后将之作为后世版本的基础来保存。他写道,拉丁诗人特伦斯的很多手稿里就包含了古代的下标符号"Calliopius recensui"(意思为:我,卡利奥皮修斯,改了这段文字)。③ 作为最有影响力之一的人文主义学者和老师,维罗纳的瓜里诺在他整理凯撒和普林尼的手稿时,故意效仿了这样的署名。④ 在佩诺提谴责了布西及其追随者将本该属于前言部分的内容用来干涉古籍、打广告的做法后,另一位罗马学者蓬伯尼奥·勒托(Pomponio Leto)明显根据了古代署名的模式,在自己的版本上签下了:"*Finis Pompei Festi quem Pomponius correxit: Vale qui legeris. H. G.*"——意思为:《蓬佩尤斯·菲斯提全集》(*Pomponius Festus*)结尾,蓬伯尼奥修正。再见了,读者。H.G〔有可能是印刷师兼修正师汉斯·格里姆(Hans Glim)的名字首字母〕。⑤

不幸的是,这样的古老模式并没有修复 15 世纪做法的缺陷。古代修正师,比如文艺复兴的模仿者,并没有具体说明他们对手稿做出了哪些修

---

① 见 E.J.肯尼(E.J. Kenney):《古典文本》,伯克利:加州大学出版社,1974 年。

② 雷诺兹 & 威尔逊,1991 年,第 39—43 页。

③ B.L.乌尔曼,1963 年;里佐,1973 年。

④ 在瓜里诺策划的凯撒文本里,现在藏于埃斯特图书馆(MS V C 2),他写道:"Emendavit Guarinus Veronensis adiuvante Io. Lamola cive bononiensi anno Christi MCCCCXXXII. IIII nonas iulias Ferrariae"(我,来自维罗纳的瓜里诺,在罗马公民乔万尼·拉莫拉的帮助下,于 1431 年 7 月 2 日作此修正)。诸如此类的脚注充斥着他的作品。在一本普林尼的文本里,现藏于米兰(安波罗修图书馆 MS D 531 inf.),他写道:"杰出的绅士维罗纳的瓜里诺在博学的杰出绅士古格里艾莫·卡佩拉的帮助下,于费拉拉亲王宫作此修改。"(Emendavit c.v. Guarinus Veronensis adiuvante Guglielmo Capello viro praestanti atque eruditissimo Ferrariae in aula principis anno incarnate verbi MCCCCXXXXIII. VI. Kalendas septembres.)两个文本都引用和讨论自瑞米吉奥·萨巴蒂尼(Remigio Sabbadini):《维罗纳的瓜里诺学派与研究》,卡塔尼亚:喀拉提出版社,1896 年,第 115—123 页。

⑤ 费斯图斯(Festus):《论辞疏》,约 1472 年,第 83 页左侧。

改——这一断裂在最近几十年引发了相当多的学术争议。① 相应地,尽管大家都开始跟着像蓬伯尼奥那样在结尾加一段话,但这里面几乎很少说清他们对文本究竟做了哪些处理:"*Vbi libraii litteras mutauerunt correxi: In his que inscitia pentitus corrupit non ausus sum manum imponere ne forte magis deprauarem.*"(意思为:抄写员改动过的文字,我都修正回来了;但是我不敢去碰那些他们的无知而导致的完全篡改的地方,因为我害怕我会弄得更糟。)②——这是一个令人印象深刻的有信仰的职业,可惜并没有用详细的注解来指认出蓬伯尼奥作的改动。当然,印刷师也没有帮上忙——不仅他们不会愿意去加这些识别文本变动的缝隙注释,他们自己就添了些不经意的错误。勒托想说这本集刊要致敬瓦罗、巴托洛米奥·普拉提纳(Bartolomeo Platina),因为他们从他们时代("*in hac fece hominum*")可耻的人们中出淤泥而不染。但是印刷师却将"*fece*"改为了根本说不通的"*sece*",而后不得不用笔再来改。

有时候,后世也可以根据一位学者怎样准备文稿看出他对文本做了哪些处理。正如吉玛·多纳提(Gemma Donati)证明的,15世纪罗马人文主义者蒙托波里的皮艾特罗·奥多(Pietro Odo)为尼古拉斯五世的梵蒂冈图书馆改了很多手稿。存世的古抄本显示他为教皇和"罗马宫廷"试图制作出引人入胜的、版本来源可靠的经典作品。奥多对比其他文本,考订了手上的手稿。他就一个细节在自己编的《克劳狄人》的文字边上标注道:"我并没有在其他我查过的版本中找到这首诗。"③他在所用手稿中区分了用来描述一个人"非常非常老"(*antiquissimus*),其实对应了一种特殊的权威。④

此外,在15世纪晚期,罗马或其他地方的学者都意识到了他们鄙视的篡改版本其实有一个好处:他们可以用统一的方式提供这些文字,然后让读者来讨论和批评。很快,对于经典文段呈现的不同形式的辩论开展得如火如荼。正如罗马学者马尔蒂诺·菲勒提科(Martino Filetico)在维吉尔伟

---

① 见 J.E.G.泽特泽尔(J.E.G. Zetzel):《墨丘利的新娘:对语文学家的表白》,《世界语文学》,第45—62页。

② 瓦罗:《论拉丁语》,1471—72年,第2页右侧。

③ 梵蒂冈拉丁本1660号,第55卷左页:"Hunc versum non inveni in aliis in quibus revidi opus nec puto esse debere quia supra est. nec quadrat."

④ 梵蒂冈拉丁本1595号第287卷。在"年表3"中第567—568页。见于多纳提的精彩作品:吉玛·多纳提:《蒙多波利的皮埃特罗·欧德和尼格罗五世图书馆,兼论〈托特利的文字〉》(*Pietro Odo da Montopoli e la biblioteca di Niccolo V con osservazioni sul "De orthographia di Tortelli"*),罗马:文艺复兴罗马出版社,2000年。

大的史诗《埃涅阿斯纪》的开头写道：

> 很难说他们篡改了维吉尔的下面这段文字，还有数不清诸如此类
> 的，不知道有多辛苦：*Italiam fato profugus Lavinaque venit Littora*（《埃涅
> 阿斯纪》第一卷，第2—3页：他，被命运所迫走上流放之路，来到了意
> 大利和拉文海岸。）如果是诗人写的，这就是我们一直在最正确的古抄
> 本里读到的、听到的。你的确无法在所有维吉尔的手稿中找到同一个
> 变形。这就是我们一直被教授应该这样读的。但是，那些不懂拉丁文
> 和罗马文字的白痴还在犬吠着 *lavina* 应该被删掉，或者 *lavinia* 替换掉
> 那个虚词（作者注：-que）。实际上，他们在罗马学院的长椅上、高墙里
> 大声地叫喊，叫声都将之震碎了，而长椅和高墙似乎用这种方式来表示
> 抗议。有时候，他们会纠正孩子们的用词，恐吓他们，然后告诉他们删
> 掉这段话。在这样的胜利中，我听到说很多书都被篡改了。[1]

多米齐奥·卡得里尼（Domizio Calderini）和安吉洛·波利齐亚诺
（Angelo Poliziano）等人开始将梵蒂冈和其他有新解读的手稿或者确切旧本
的图书馆全都扫了一遍。[2] 波利齐亚诺效仿古罗马的文法学家奥鲁斯·格
里硫斯（Aulus Gellius），于1489年出版了一本名为《杂集》的书——尽管有
一个冰冷的标题，但依然做了一次犀利的方法论的宣誓。格里硫斯痛批了
他同时代的文法学家，认为他们将水平低下的臆断全部展示在了他们拉丁
文经典的书中。他从旧的手稿里找出阅读材料，他声称这些都可以回溯到
维吉尔和西塞罗本人。波利齐亚诺模仿格里硫斯的做法，指出不仅印刷版
本很少根据基础文本，而且有时候，手稿本身就是从一个单独的原本中来
的，而原本才应作为一个对勘文本的基石。所以，他注意到西塞罗的书信
《家信集》的一部分意大利手稿文本和印刷版都是顺序混乱的。在最古老的
手稿里，问题页码都是被调换过的——这种本身带有的错误不仅解释了之
后抄本中的文本错误，也说明抄本间没有任何独立性。

因此，波利齐亚诺建议研究和编辑文本应该从，或者至少涉及，对手稿
最早期历史阶段的识别。有一些他的读者将他的观点发展了下去。1521

---

[1] 马提诺·斐来提克（Martino Filetico）：《拉丁文的讹用》，2000年，第3—4页。
[2] 毛里兹奥·坎帕乃利（Maurizio Campanelli）：《早期印刷史中的争议与语文学：多米齐奥·卡得
里尼的〈观察〉》（*Polemiche e filologia ai primordi della stampa: Le Observationes di Domizio
Calderini*），罗马：历史语言出版社，2001年。

年,皮尔里奥·瓦勒里亚诺(Pierio Valeriano),在考订了数本维吉尔的手稿后,印出了一本校勘的仪器,而非一本书。这是为了今后编辑定制的对梵蒂冈不同文本的收集,其中有些手稿确是真正的古代的。三十二年后,佛罗伦萨学者们为保存在君主广场的伟大的罗马法律著作《摘要》出版了一个逐字逐句的摹本。但是这些努力仍偏离了主旨——很多历史特殊情况到了编纂的规范上就不同了。①

编辑工作的条件延伸到解释人文主义者怎样去准备底稿,但是对于一个更大的操作框架而言,他们的工作是为了准备用拉丁文写作的年轻的少男少女提供文本。写拉丁文是危险的:一个疏忽便掉入中世纪的习惯里,比如在写信时,用复数而非单数形式来称呼一个人,而这样会暴露出一个人的文学水平的局限和高下。为了揭露波乔的拉丁文,洛伦佐·瓦拉出了一本对话集,记录了一位人文主义者家里的厨子和马夫大声朗读波乔的作品,不断地挑出里面的错误。

唯一一种书写拉丁文但又不被大众耻笑的方式是向一位公认的专家寻求编审指导——这位专家需要是社会地位与作者平等或者更高,通常是年长者,以娴熟的编辑能力而闻名。例如,佛罗伦萨学者尼克罗·尼克里(Niccolò Niccoli)就拒绝自己写东西,因为他相信自己的能力肯定不如那些他手上收藏的八百卷手稿的古代先哲们。他驳斥当代的拉丁文只配用在厕所里,而不是图书馆里。对于他的好朋友们,像波乔,他给他们写了详尽的、毫不吝惜的批评,而底稿制作的传统显示了在修改时,他的建议显然起了作用。② 一时,学者们在自己的作品前言里感谢参与校正的同事们开始变得流行起来,就像莱昂·巴提斯塔·阿尔伯蒂(Leon Battista Alberti)在他著名的《论家庭》和《论绘画》,还有很多他的拉丁文作品里一样。堪帕诺曾经在为出版社修改《李维集》时,就开启了自己作为当代拉丁文家的校正者的生涯。比如,他接到过校对极其讽刺的人文主义家皮尤斯二世教皇(Pope Pius II)的自传的合同。虽然他谨慎地声称自己没有改动过任何文字,但是事实上,他有一小点很好地编辑,甚至在皮尤斯的书里,引入了自己的几首诗。很多

---

① 安东尼·格拉夫顿(Anthony Grafton):《约瑟夫·斯卡林格》二卷,牛津:克拉仁顿出版社,1983—1993年,第一卷,第1—3章。

② H.哈斯(H.Harth):《作为文学审查官的尼克罗·尼克里:对于波乔〈论贪婪〉的文本历史调查》("Niccolo Niccoli als literarischer Zensor: Untersuchungen zur Textgeschiche von Poggios 'De avaritia'"),《文艺复兴》1967年 NS 第七期,第29—53页。

变动在他编辑过的手稿里都难以侦探出来,更不用说在那些流传的版本里。①

　　人文主义者撰写自己的拉丁文作品和修改先哲著作的方式明显地有相似之处,甚至体现在提供一个简明的前言上。这些用来说明一个文本是如何形成今天的样子的前言,其实并没有出现在最古老的手稿里。显然,处理文本的标准方法是在编辑文本的过程中形成的,而不是在创作它们时——这是一个更加具有社会性和协作型的过程,而非在自己的世界里创作。现在,编辑修改工作变得稀少起来。学者们将这些方法搬到了藏经楼和出版社。在潘诺夫斯基看来,人文主义语文学并非历史性的:他们并未将古籍当作是一个离今天有固定文化和暂时距离的存在。他们最终关注的并非制造出完美的文本,而是让他们有用。整个学校和文人赞助制度的价值对抗了只编辑小部分学者梦想的文本的历史变革。

　　如果文本的制造保持着相对的静止——在传统的领域下,被教育的需求控制,而非一群激进的分析家的诉求——历史批评一开始就变成了一个战场,而新的方法会彰显得更有威力。正如我们看到的,人文主义者注重华丽的辞藻:制作看似十分经典的文本。而需要去完成这个理想需要的惊人的能力导向了对文本分析,还有文本创作的运用。像很多人一样,一位人文主义者写一篇演说,会用喀提林(Catiline)的口气,是西塞罗先在一个演说系列中谴责然后击败的罗马贵族叛军。人文主义者会像假设作者一样制作一篇文章,以零失误和年代错乱的风格、内容和味道。古代的修辞学的教科书包含了这样详细的指导。同时,他们提供怎样展示对手所引用的文本出处是不可信的:教授怎样找硬性的错误和矛盾点。这样的技巧都是从文艺复兴时兴起,证明了比起他们的古代评论家收获了更多的成果。

　　当洛伦佐·瓦拉为昆体良(Quintilian)的古修辞说作释论时,他证明了他将两种方法看作是息息相关的。昆体良写道:"叙述连接着反驳和确认这两项任务。这并不仅与诗人改编小说与故事有关,同时也包括历史的实际记载。"②瓦拉兴奋地标注道,演说者也可以质问古代和现代文本的真实性,例如《圣经》的伪经(那些希伯来文《圣经》里并没有,但是古希腊文版本中

---

① 见于康塞塔·碧昂卡(Concetta Bianca):《皮尤斯二世注释集:现代第三版》(*La terza edizione moderna dei Commentari di Pio II*),《文艺复兴时期的罗马》1995 年第 12 期,第 5—16 页。

② 昆体良:《雄辩术原理》第 2 卷,第 4 册,第 18 页。

却出现的文字），和充满了前后不一细节矛盾的中世纪圣人的生平。"这个问题可以是个教会范围的问题，比如关于苏珊娜（Susanna）、托比亚斯（Tobias）和朱迪思（Judith），但也可以是关于近代的历史的，比如圣乔治等这些我们在辩论时经常用到的论点。"瓦拉随后给出了解决这个问题的最好办法的示范，说明了就算他珍视并作注的罗马历史学家李维也承认过在处理塔昆纽斯（Tarquinius）及其后世的家谱时犯过一个公开的错误。瓦拉通过发现李维叙述中的一个内在矛盾，然后与另一位古作家、希腊历史学家、哈利卡纳苏斯的狄奥尼修斯（Dionysius of Halicarnassus）进行对比，指出了所有传统都需要被审核，而经典修辞学中的辩论术技巧就是这项任务必需的："是极不小心和怠慢导致了历史学家出版了这些记载而没有首先检查任何可以致命的不可能和荒唐点。我将用数语点出每一个这些荒唐处。"①

　　瓦拉最负盛名的学术名作莫过于他拆毁了《康斯坦丁赠礼》。这篇长文通过粉碎般的细节证明了罗马教会声称的康斯坦丁大帝（Emperor Constantine）在公元 4 世纪早期就掌控了西罗马帝国并非属实。瓦拉很得体地运用了修辞学经典，创作出了面对一个皇帝提出要放弃自己的帝国时，教皇、罗马元老院议员、和康斯坦丁的儿子们应该会讲的话。通过造出这些实际上假的、但是比起原来的更有技巧的会话，瓦拉展示了后期文献没有符合假定的语境——在他看来，那个时代教会并未腐败，他们会拒绝一个表面上获得了财富和政治权力的请求。与此同时，瓦拉揭露了赠礼和其他历史叙述之间的矛盾，表明赠礼的拉丁文版本包含了很多 4 世纪不会用的词汇。他明确指出，这个文本不可能是像它说的那样在那个时期写出来的。② 他使用来驳斥拉丁文本的方法后来被完善，用于希腊文本上——例如，伊塞克·卡苏朋在 1614 年出版的作品里指出，传为古希腊思想家赫尔墨斯·特利斯墨吉斯忒斯的对话录很长时间被认为是柏拉图对话录的启发来源，实际上是用晚期希腊文写成的。这就于所设定的原始时间不一样，不遵循常理。同时里面还涉及了诸位生活在赫尔墨斯生平年代之后的希腊人：这是明显

---

① 卢西亚·塞萨尔里尼·马提乃里（Lucia Cesarini Martinelli）和亚历山大·佩罗萨（Alessandro Perosa）编：《洛伦佐·瓦拉关于昆体良〈雄辩术原理〉的信》，帕多瓦：安特诺尔出版社，1996年，第 2 卷，第 4 册，第 18 页；参看卡洛·金兹伯格（Carlo Ginzburg）：《历史、修辞和证据》，汉诺威：新英格兰大学出版社，1999 年和 J.康乃利亚·林德：《洛伦佐·瓦拉和圣典真伪问题》，第 35—63 页。
② 洛伦佐·瓦拉：《论君士坦丁的赠礼》，G.W.伯维尔索克（G.W. Bowersock）译，麻省剑桥镇：哈佛大学出版社，2007 年。

违反了历史合理性。①

　　从语境与常识着手,仔细的审查文本与其他文件的一致性,找到内在的关联:这些是历史批判学的主要方法,而它们本身就是一种古老的办法。通过对比,对材料的运用保留了下来,而近代早期的非文本材料却很大程度上脱离了古代的传统。② 受到罗马城保存下的大片遗址的启发,拜占庭学者克里索洛拉斯和拉丁人文主义者安卡拉的西利亚克(Cyriac of Ancona)都宣称过,如后者写道:"这些石头本身对于现代观众来说,提供的关于它们辉煌历史的信息比起书本里的可靠多了。"③西利亚克将自己的一生奉献在记录万神庙的每一块装饰壁、埃及的方尖碑等无数古碑铭上。到了下一代,像莱昂·巴蒂斯塔·阿尔伯蒂、弗拉维奥·比昂多(Flavio Biondo)这样的古物研究者,十分仔细地验查了古代历史遗迹和文物。在考察树立在旧圣彼得大教堂前的埃及方尖碑(如今立在新碑之前)时,阿尔伯蒂测量了高度、研究了风力与天气对碑顶金属球的影响,破译出了碑身侧面的罗马时代题记,还无情地打趣了传统传说中说这个庞大的石柱是用魔法造出来的——或者说用魔法从所罗门搬到罗马来的。这显然是一件人造的艺术品,一块完整的石料上面清楚的标记着人工的痕迹,至今都没有一丝破损和修补的瑕疵。④

　　阿尔伯蒂和比昂多甚至尝试打捞起两艘由渔民在阿尔半山的内米湖(Lake Nemi)底发现的罗马游船中其中的一艘。"更像是鱼而不是人",他们的热那亚潜水员扫兴地告诉他们。他们只成功截下一个残片带到了水面上。但是,他们分析了这些材料,仔细修复和查看了残片里面的内容,就像之前瓦拉检测《康斯坦丁赠礼》的文字一样:"〔他们在一个联合报告中解释道〕这是一艘整个用落叶松木制造、由三英尺厚的梁支撑、外部由树脂填塞缝隙的船。树脂表面涂盖了一层黄色或红色的物质。目前来看,整个表面

---

① 见于马丁·木梭(Martin Mulsow):《诠释学的终结》,图宾根:摩尔斯贝克出版社,2002 年。
② 大致内容见于阿诺多·木米吉里亚诺(Arnaldo Momigliano):《古代历史和古董行家》,《瓦尔堡和考陶德学院院刊》1950 年第 13 期,第 285—315 页;罗伯特·威斯(Roberto Weiss):《文艺复兴对古典时期古物的发现》第二版,牛津:布莱克威尔,1988 年;帕特西娅·布朗(Patricia Brown):《威尼斯和古风》,康州纽黑文:耶鲁大学出版社,1996 年;比特·米勒(Peter Miller):《木米吉里亚诺和古物主义》,多伦多:多伦多大学出版社,2007 年。
③ 弗兰西斯科·斯卡拉蒙提(Francesco Scalamonti):《安卡拉的西利亚克的生平》(Vita Kyriaci Anconitani),查尔斯·米歇尔(Charles Mitchell)和爱德华·博德纳尔(Edward Bodnar)编译,费城:美国哲学协会出版社,1996 年,第 117 页;参看克里斯丁·史密斯(Christine Smith):《早期人文主义文化中的建筑》,牛津:牛津大学出版社,1992 年。
④ 安东尼·格拉夫顿(Anthony Grafton)和布莱恩·库然(Brian Curran):《十五世纪梵蒂冈方尖碑实地调查报告》,《瓦尔堡和考陶德学院院刊》1995 年第 58 期,第 234—248 页。

都被铅片盖住并密封。"①这些最新的古物研究者不仅明白遗迹可以提供文本不能给予的信息,而且知道怎么去解读它们。

当新的遗迹被发现,笔记本上记满了关于它们的信息时,比起西利亚克,学者们更加具体地指出非文本证据,如果适当地被运用起来,实际能够改变对古代世界的认知。罗马人大多有纪年的事件,并非从一个早期年代开始——比如他们建城的时间——而是根据一些每年历任领导这座城市的行政官和执行官来的。这样的做法引起了很多令人困惑的、显而易见的矛盾。在 16 世纪中期,罗马古物研究者在古罗马市场上发现了执行官和一些行政官的名单的石刻残片。米开朗基罗(Michelangelo)被派去在卡比托利欧山(Capitoline Hill)的康舍瓦托利宫(Palace of Conservators)修复了这些石刻,像卡罗·西哥尼奥(Carlo Sigonio)和欧诺夫里奥·潘维尼奥(Onofrio Panvinio)这样的鸿儒们为之写了详尽的注释。② 就在同一时间,天文学家阿皮安努斯(Petrus Apianus)意识到计算在这些历史材料中提到的日月食的时间——而且推算出公元前 331 年希腊亚历山大击败波斯大流士时的月食。③ 同时,吉安·玛丽亚·托洛萨尼(Gian Maria Tolosani)、哥白尼(Copernicus)等发现了美索不达米亚、希腊、罗马和伊斯兰的天文学家所用的历算表和法则是根据古巴比伦国王纳巴纳沙即位时间为基准,同时也推算出了亚述王萨尔曼沙洗劫耶路撒冷的时间。顿时,通过星象的运动,将希腊、罗马和圣经历史在同一时间轴上串联起来变得看似可能。④ 正如那些有问题的记载被更有威力的眼睛迅速、尖锐地挖掘出来,古代历史开始了新的定义和精确描述。

的确,揭露了伪经和补充了《圣经》记载的技术也会达到一种相反的效果。很多传统知识分子——特别是方济会和多明我会的成员,他们很多人对经典的品味都与自己的同事们不同——热衷于古代神灵,对新人文主义十分反感。多明我会修士乔万尼·多米尼奇(Giovanni Dominici)反对说:"历史学家你讲一个,我讲一个,到底说了多少错的故事啊!伟大的李维就

---

① 弗拉维奥·比奥多(Flavio Biondo):《被点亮的意大利》,杰弗里·怀特(Jeffery White)编译,麻省剑桥镇:哈佛大学出版社,2005 年:第 191 页。
② 厄尔娜·曼多思基(Erna Mandowsky)和查尔斯·米歇尔(Charles Mitchell):《匹罗·李果利奥的罗马古物》,伦敦:瓦尔堡学院,1963 年;威廉·麦库艾格(William McCuaig):《卡洛先生》(Carlo Signonio),新泽西普林斯顿:普林斯顿大学出版社,1989 年;威廉·斯登豪思(William Stenhouse):《题记阅读和古代史书写》,伦敦:古代研究学院,2005 年。
③ 皮查鲁思·阿皮安努斯(Petrus Apianus):《皇帝的天文学》,因格斯塔特:阿皮安努斯,1540年,第一卷,第 4 册,左侧。
④ 安东尼·格拉夫顿,1983—1993 年,第 2 卷。

见证了这一切。这种情况下,恶魔心中想着一件事:让读者觉得著名的作家都是骗子,让他们同样也怀疑圣人们。"①15 世纪晚期,另一位多明我会的神学家乔万尼·南尼(Giovanni Nanni),又叫维泰博的安尼尤斯(Annius of Viterbo)着手来洗白文化历史。在 1498 年,他出版了一套二十四本的集册,出自像加勒底牧师贝罗苏斯(Berosus)、埃及牧师马内索(Manetho)和波斯的梅塔森内斯(Metasthenes)等古代权威。这些书讲述了一个关于古代世界全面的故事。书中的描述十分详细,其中很多地方惊心动魄,而这些所有的内容都与古希腊罗马的历史记载不相符。比如,诺亚(Noah)用了占星术预测到了洪水,并把方舟停泊到了罗马的吉安尼科洛山(Gianicolo),或又名杰纳斯山(Hill of Janus)上。②(诺亚发明了葡萄酒;葡萄酒的希伯来文是 yayin,其中生出杰纳斯;罗马神话杰纳斯的故事实际就是一段《圣经》历史残段的重新整合。而更甚者是,奥西里斯〔Osiris〕竟成了南尼赞助人波吉亚家族的教皇亚历山大六世的祖先。)为了说明他的整体叙述,南尼印了一段声称是埃及象形文字记载的奥西里斯传说的题记。事实上,这些题记都是他自己造出来,包括一种令人佩服的伊特鲁里亚字母的秘传版本。为了让他的书显得有可信度,他采取了交叉引用,做了丰富的注解,并强调说这些应有的规矩证明了他的作者们比起希腊人更让人信服。对于牧师们来说,撰写的官方记录不可能歪曲真相,而仅代表个人的希腊人则是在任意书写历史。"但是",其中的波斯牧师梅塔森内斯说,"我们不能接受每一个人都可以去写这些国王们,除了王国的牧师们。像贝罗苏斯,这些人的编年史才具有无可争议的公信权威。就像加勒底人在先哲的编年史中展开了整个亚述历史,我们波斯人现在将跟随他们的步伐。"③安尼尤斯解释道:"梅塔森内斯对年表做出了规定,让我们可以看到哪些事件是作者接受的,哪些是拒绝承认的。第一条规定是:我们应该主动接受那些具有公众权威的记录,而他宣称牧师们是原来的历史事件公共记载人。"④这样的新兴古物研究的

---

① 乔万尼·多米尼奇:《卢卡娜夜晚》(Lucula noctis),爱德华·亨特(Edmund Hunt)编,诺特丹,1940 年,第 412 页;引用自艾莉森·弗莱兹尔(Alison Frazier):《可能的人生》,纽约:哥伦比亚大学出版社,2005 年,第 19 页。
② 见于因格里德·劳兰德,1998 年;布莱恩·库然:《埃及文艺复兴》,芝加哥:芝加哥大学出版社,2007 年。
③ 贝罗苏斯:《古代书籍》(Antiquitatum libri quinque),安特卫普:斯提尔西斯,1545 年,第 218 页左侧。
④ 同上,第 219 页右侧。

风气引发了大量的伪作的出现。尤其是在新教改革的地区,在接下来的一个多世纪里,这些作品印刷的多版均售罄,成为世界历史教科书的基本框架。16世纪中叶,当律师和历史学家纷纷开始写历史方法的手册时,他们大量地引用了安尼尤斯的文本。他们不仅认为这些书都是真的,而且相信安尼尤斯教授的历史学家该怎样去判断真伪。①

人文主义学术最终证明了与这场较量的势均力敌。那些正确被运用地得体的规范在安尼尤斯的作品中体现出了严重的问题。他的二十四位作者,包括加勒底的、波斯的、希腊和罗马的都是在用同一种拉丁文风格写作:这也是安尼尤斯注释的风格。这里面的不合理性被专业制造看似真品的文本人文主义者立马识破。伊拉斯谟的好友、拉丁文本编辑比图斯·热那努斯(Beatus Rhenanus)找到了一种精炼的伊拉斯谟式方法来指出作者和评注者实际是一个人:"一人在给公羊挤奶,另一人拿着筛子在接牛奶。"②还有学者指出南尼的作者们经常写出跟自己提到过受启发的古代文本相矛盾的话。最终,南尼的伪造被坐实。真正的来自美索不达米亚和埃及的牧师,贝罗苏斯与马内索实际用希腊文为亚历山大大帝的继任们写过他们自己国家的历史。1598年,约瑟夫·斯卡林格整理了他们希腊文作品的残本,花了大篇幅做了注释——试图复原所有关于缺失文本的信息,而不是圣典里的内容。这样的尝试在古代欧洲学术中没有出现过,而随后至今,成为经典学术的核心精神。③

虽然从现在看来有年代的错误,古文物研究学者们的方法却与20世纪由马克·布洛赫(Marc Bloch)和吕西安·费弗尔(Lucien Febvre)建立的法国年鉴学派的方法惊人相似。文艺复兴的古物研究者运用了最新的自然科学的方法阐明文本并未覆盖的历史领域。他们和法国人一样,更多专注于重构传统、学院与实践,而不在之前历史学家认为的建构叙述的重心上。正如弗兰西斯科·帕特里兹(Francesco Patrizi)在1560年出版的历史学著作中写的,"有些历史学家并不会把历史事件描述出习俗传统、生活方式和法律……而还有另一种类型的历史学家,特别是在我们的时代,以另一种方式

---

① 安东尼·格拉夫顿,2007年。
② 比图斯·热那努斯:《德国书之三》(*Rerum germanicarum libri III*),巴塞尔:福罗恩和艾皮斯科皮尤斯,1551年。
③ 约瑟夫·斯卡林格:《论日历和断代方法的改进》(*De emendatione temporum*)第二版,莱顿:普拉定-拉菲冷吉斯,1598年;安东尼·格拉夫顿,1983—1993年,第二卷,第434—436页。

描写古罗马人的穿着和古希腊人用的兵器武装、搭营的方式和他们的船只、建筑等等生活必需品。"①帕特里兹清楚自己所写的是什么。正是他和一位弗兰芒古物研究者朱斯图斯·李普修斯(Justus Lipsius)首次重构了罗马人怎样备战的细节。他们的研究主要关注于将军和学者。拿骚的莫里斯(Maurice of Nassau),作为16世纪末反西班牙的荷兰叛军首领,甚至将自己的两支军队,一支武装成当时西班牙军队的形式,一支武装成古罗马士兵,来看哪方能够获胜。李普西斯缓缓道来罗马技术的优越性与他们的短矛和盾没有关系,而是与统一性有关。他们有一套统一的指挥令和精确的军事规定——所有都是莫里斯在改造他的军队时所强调的,因为他们仅有些许机会可以战胜16世纪的霸主西班牙。然而,在他们看来,古物研究者的胜利至少在于他们能够为古代和中世纪历史奠定坚实的基础。②

但是,使用非文本的证据有其局限,因为很多此类证据从来没有被出版,只是保存在一小部分、地方的知识分子手里。而所出版的碑铭、题记的精准度,相较原本来说,通常连西利亚克等人的手抄笔记都赶不上。③ 更严重的操作问题则被后期的新方法逐渐地暴露了出来。我们看到,学者们想要伪造一个单一的纪年系统,可以既承下《圣经》又包含希腊罗马历史。但是希腊文和希伯来文版本的《旧约》在上帝创世和耶稣降临的时间间隔上互相矛盾,而福音书里关于耶稣的生平事业的细节也不一致。到了17世纪早期,以年代学非凡的才能取得莱顿大学全职研究职位的约瑟夫·斯卡林格,十分担心他先于世界重构的埃及历史与《新约》和《旧约》提供了不一样的记载。天文学在此起不了任何帮助,因为最早可精确时间的日月食仅从公元前8世纪开始——远比《圣经》中的洪水、耶路撒冷的沦陷或弄清早期犹太历史与古希腊罗马的关系晚了很多。斯卡格林在绝望中告诉门下的学生,他不敢发表这样的结论:"这是件奇怪的事:对一个异教作者来说就不一样了。"④新教徒想要拥有一个绝对权威的《圣经》,但是另一个古物研究

① 弗兰西斯科·帕特里兹:《历史十谈》(*Della historia diece dialoghi*),威尼斯:阿里维本尼,1560年,第11页右侧。
② 阿诺多·木米吉里亚诺:《英国人与土耳其人之间的波利比乌斯》,牛津:布莱克威尔,1973年;杰尼恩·德·兰德史尔(Jeanine De Landtsheer):《罗马士兵朱斯图斯·李普西尤斯:重生的波里比乌斯或一位古代历史学家怎样变成早期现代战争指南的?》,卡尔·艾恩格等编,莱顿:博睿出版社,2001年:第101—122页。
③ 见于威廉·斯登豪斯,2005年;弗兰西斯·哈斯科尔(Francis Haskell):《历史和图像》,康州纽黑文:耶鲁大学出版社,1993年。
④ 安东尼·格拉夫顿,1983—1993年:第2卷,第739—740页。

的热门话题,即希伯来文本历史上最好的例证表明了《旧约》直到公元500年后才形成了今天所见的样子。斯卡林格并不是唯一一个意识到这个让人难以接受的事实的人。在巴塞尔执教的、新教领袖希伯来文学者约翰·布科斯托夫(Johann Buxtorf)承认他不能证明传统版本的《圣经》可以追溯到摩西。的确,他掌握的证据似乎都证明了反面的结论。为了希伯来本的绝对正确,他放低身段去求那些不同意自己论点的人不要发表他们的研究成果,不是因为结论错了,而是因为这很危险。这个舞台早在五十年前就为马尔蒂诺·马尔蒂尼(Martino Martini)的出场搭好了。他借用了他认为运用了欧洲尚未知的天文学知识所建的中国编年史,让很多欧洲的知识分子对《圣经》历史不再相信。历史批判主义因此结合了古代的和实际在近代早期伪造的修辞手法;但是,语文学和古物研究的新方法,经过系统的操作,最后可以摧毁自己建立起来的支撑架构。①

如此就是欧洲近代早期的前现代语文学:它时而严重实际,时而系统化、理论化;有时依照古人使用来处理语文学家后来又不得不修正和解释的同样的经典文本的办法,有时又冒出十分复杂的新方法;它们总是在出版和赞助人的需求推动下发展。有时,正如潘诺夫斯基绝妙地指出,语文学家赋予古代世界历史意义,让我们明白与之距离,和研究它们的绝对难度和需要方法的广度;更多时候,他们常竭尽全力去填补这些鸿沟,使得古代的文本与今天的需求息息相关。一直以来,语文学都不是以一个纯粹的概念真空地存在,而是活在生机勃勃、高压的教学与出版世界里——这些世界供应人们丰富的资源,但又有十分严苛的规矩。对于大多人文主义者来说,没有比培养一群可以在紧要关头恰当地引经据典的年轻人更重要的了,而这样的进取心不要求一场历史的革命。

---

① 保罗·罗西(Paolo Rossi):《时间的深渊》,莉迪亚·科克莱恩(Lydia Cochrane),芝加哥:芝加哥大学出版社,1984年;埃里克·尧林可(Eric Jorink):《〈自然的存在〉:荷兰学者与上帝创造的奇迹,1575—1715》(Het "boeck der natuere": Nederlandse geleerden en de wonderen van Gods Schepping, 1575—1715),莱顿:普里马韦拉·皮尔斯,2006年;提斯吉斯·威斯特斯特金(Thisjs Weststeijn):《中国斯宾诺萨:激进启蒙运动史中的一个亚洲片段》,《思想史集刊》2007年第68期,第537—561页。

何为汉学,如何汉学?

薛爱华(Edward H. Schafer)* 著　沈卫荣　译

　　我最衷心地感谢出力邀请我今晚来到这里的每一位朋友。我来这里一部分是因为我喜欢科罗拉多,另一部分则是因为它给了我一个难得的机会,可以表达对最心仪的那个学科主题的一己之见,而且在这样的场合,我大概不会有被嘘的风险。最重要的是,这是一个给我带来荣耀的时刻,我真心怀疑,我的一些朋友和同事心里会想这也太让我风光了吧。假如是这样的话,他们有必要收起他们撅起的嘴唇,吞下他们反对的声音,因为我打算厚着脸皮来执行我这不太重要的计划。

　　但是,首先我要警告你们的是,我将时不时地显出一种让人恐慌的倾向,即我会援用一些生动有趣的引文来强调我的意思。我的借口或是,我有足够的谦虚承认对重要的事情别人已经说得比我说的犀利多了。假如你们觉得这难以下咽〔相信〕的话,我承认我还另有一个不那么体面的动机,即用这个手段有助于把我的观点和那些公认的权威们,甚至是天才人物的观点联系在一起,让我自得其乐地相信我正在进行着对自我的拯救,我不像别人通常认为的那样是一个喜欢和别人抬杠的人。

　　首先,"Sinology""Sinologist",以及接近废弃不用的"Sinologue"这几个词是什么意思? 1958 年,当我被任命为《美国东方学会会刊》的编辑时,我曾在一封公开信里建议"Sinology"(汉学)和"Sinologist"(汉学家)这两个词应该被废弃,因为我相信它们容易在一个太过宽泛的标题之下混淆那些差别很大的学科,且容易滋生学科间的派系之争,把他们自家的学科看成是比

---

* 薛爱华是美国著名的汉学家、加州大学伯克利分校荣休教授,主要研究方向为中国中古文学与文化,代表作品有《撒马尔干的金桃——唐代舶来品研究》(*The Golden Peaches of Sarmarkand: A Study of T'ang Exotics*)等。本文原文为:"What and How is Sinology?", *Tang Studies*, 1990: 8-9,pp.23-44。此文是薛爱华于 1982 年 10 月 14 日在科罗拉多大学博尔德分校的就职演说,原文以装订本内部材料发行。——译者注。

别人家的"更好的"的汉学。关注中国的政治学家们认为语文学家们不过是一些专门挖掘文本之间的差别的冬烘先生,而关注中国的语文学家们则认为政治学家不过是一些〔妄言可预言〕不可预言之事的先知。我们甚至见证了最近的倾向,即流行把汉学家这个词当作原来那些通常被称为"中国观察者"的同义词。现在这个称号也包括新闻记者、时事评论员,和事实上差不多任何一位对现代中国有看法的人。显然,我于 1958 年提出的那个建议并没有被广泛地接受。现在我已开始想,我当年应该倡导的或不是完全抛弃这些惹人不快的词汇,而是应该保留它们,应当按照它的本初意义来理解汉学,并再次使用它。汉学是汉语言研究,特别是对用那种语言写成的〔古代〕早期文本的研究。简言之,〔汉学家〕当与"拉丁学家""埃及学家"和"亚述学家"等在常用的那种意义上被同等地使用。我想说"汉学"这个词正是这个新建的〔东方语言文学〕系所营业务的正确名称。

这样的一个定义把汉学正正好好、毫不含混地安放在人文科学研究领域中,但这并不是说语言研究是被限定在人文科学之中的。例如,心理学家和很多语言学家所从事的语言研究在很多重要的方面和我们的是不一样的。尽管我们和他们怀着致力于细致地评估证据而发现真理这个共同的目的,但是,在基于哪个抽象层面之上追求真理,我们的做法是不一样的。自然科学是在一个非常高的抽象层面上运作的。而所谓社会科学和某些种类的历史则是在一个相当低的抽象层面上运作的。某些历史学家们,就像人文学者一样,他们关心的是具体的、独一无二的和个人的东西。

奇怪的是,很多人相信人文学家们全神贯注地关心的是诸如"美""灵魂"和"表达"等一类的东西。但是,这些词汇也都是抽象的。事实上,我们人文学者致力于做的是对人类经验的独特方面和它们之间的相互关系的发现及其特性的描述。我们更关注具体的东西,而不是抽象的东西,是那些特别的东西,而不是一般性的东西,这就是说,我们关注的是那些真的无法比较的东西。更确切地说,我们研究人类的特殊的创造,且不把它们当成工具,而是目的本身,不把它们作为可用来达到目标的手段,而是目标本身。相应地,我们不主要关注"作为沟通〔工具〕的语言"这个普通的概念,而是关注作为艺术构建形式的语言。当然,好的诗歌和小说都是有教育意义的,可是坏的〔诗歌和小说〕或也同样如此。好的文学〔文献〕必须是很好地构建的。这带出今晚我的第一段引文,它将语言和写作正确地放在了人文科学研究的中心位置。以下这一段是耶鲁大学校长贾玛蒂(A. Bartlett

Giamatti）所说的话：

> 我以为人文学科就是以语言，更确切地说，以词语为中心的那些研究领域，因而，我以为激进的人文学科活动就是围绕着一个文本的解释而展开的。

而这恰好就是我们所说的语文学所指的东西。我在伯克利的老师和前任，已故的卜弼德（Peter Boodberg）教授，写到我们东方语言系的建系宗旨时，他是这样说的：

> 这个系的主要活动定位于语文学领域，以这个词的旧有意义，即广义的文献研究，包括字源学、语法、批评、文学史、文化史和语言史、对翻译和解释原始文献能力的训练、对被公认为是思想的主要运载工具的语言〔能力〕的培养。如此说来，语言研究和文献研究是不可分的。

由此可见，汉学即是关注中国之语言遗存，亦即汉语文献的语文学。我的下一段引文更锐利地表明了这一点，它的作者更广泛地被认为是一位写作传奇故事的作家，而不是一位批评家。我指的是 C. S. 路易斯（C. S. Lewis），引自他的《词语研究》（*Studies in Words*）：

> 我曾经听说有人想完全脱离语文学而研究文学（文献）；此即是说，〔完全脱离〕对言语的知识和热爱。或许世界上并不存在这样的人。假如他们存在的话，那么，他们或许是异想天开，或许是下决心要把他们一生的时间都花在一个持久不变的和精心维持的幻想当中。假如我们带着太多的弦外之音来读一首古诗的话，甚至带着字典上的对这些词语自它出现以来的意义〔的解释〕，假如，事实上，我们仅仅满足于这些词语在我们的现代的意识中偶然产生的不管什么样的效应的话，那么，我们读的自然不是那位旧作家想要写的那首诗。我们所得到的，在我们看来，它依然还是一首诗，但那不是他的诗，而是我们的诗。如果我们简单地称这为"阅读"旧诗人，我们是在自欺欺人。如果我们拒绝为我们还原他的这首真实的诗而作的"纯粹语文学"的一切努力，我们是在保护这场骗局。

所以，语文学可以，或者相对来说可以，让我们理解文献，特别是过去的文献。但是，什么是文献？在一种意义上说，所有文字记载下来的东西都是文献，就像我们说"医学文献"和"历史文献"时一样。语文学的艺术确实能够帮助我们去理解它们。但是,此刻先让我们来考虑带一个大写的 L 的文献(文学),看起来在英语中我们还没有一个对它的共通的表述。我们不得不从法语中借用"*belles lettres*"(纯文学)这个词,尽管"good letters"(好文字)这样的表述一度很通行,如一位好的作家曾经被称为"a man of letters"(一位文人)。在这个意义上,文学(文献)是一门好好写作的手艺。它的目标并不一定是和别的目的不相兼容的。一个引人注目的例子是爱德华·吉本(Edward Gibbon)的《罗马帝国的衰亡〔史〕》(〔*The History*〕*Decline and Fall of Roman Empire*),它不但写得很有格调(文采),而且也提供了丰富的资讯。不过,带着一种目的的写作,如指导、改革、说服、劝告、传授智慧或者传递某种信息等等,都不是一定能够创造出好的文字的。请允许我再引用一段文字,这次引自著名的批评家约翰·西阿弟(John Ciardi):

> 首先,伟大的文学经验和伟大的语言经验是不可分的,语言永远是人类种族最深刻的活动中的一个。大量使用的语言拥有一切神圣的力量。一个种族是无法忘记一首伟大的诗歌的,就像它无法失去它在星空下的最后的愿望一样。在伟大的想象的形式中发生的伟大的语言的共鸣是文明化的力量,消除这种共鸣所起的作用,与剥夺这个社会的文化,并提供技术作为回报完全一样。

估计稍后或会引出些许争议,可我要问:有多少研究据说很"伟大"的中国文学的学者能够向你们解释它凭什么伟大? 如果没有传统权威的引导,谁能确切地告诉你们在著名的唐诗写作中伟大和平庸之间的差别在哪里? 中国的古代文人过去的伟大依然对今天的我们有着重大的影响。

于此,我再引一条对同一个主题的另一种看法,这一次是小说家阿道司赫胥黎(Aldous Huxley)说的:

> 若改变一部文艺作品的措辞(选词),那么它的所有启示式的质量,和它的所有能够振奋精神、支撑废墟(化腐朽为神奇)的神秘力量,马上就会烟消云散。如果改变一篇科学论文的措辞,只要清晰度还得以保持,那么它就不会遭受任何损失。被纯化了的科学语言是工具性的。——但被纯化了的文学〔文艺〕的语言不是达成其他什么别的目的的工具,而它本身就是一个目的,是一件天生重要和美的东西,是一个被赋予了魔力的神物,就像格林的许愿桌和阿拉丁的神灯一样。

　　类似的别的说法还可以随手找到很多。让我来对它们做一个小结,即是说,好的写作具有魔幻品质,二者都是以巧妙地措置语词来产生令人着魔的建构的艺术。然而,即使对当代写作令人着魔的品质作出解释甚至也常常不是一件容易的事情,更不用说要对过去时代的或者外来文化的写作的魅力作出解释,那会有多么的困难,它们中隐藏着废用的词汇、消失的惯用语和陌生的句法等等。简言之,它们是以一种我们非常不熟悉的含义来表达其微言大义,以及对世界的态度的精美的措辞为特点的。而去激活这些不再使用的用法和已经消失了的意义的修饰,则正是语文学家的工作。就因为这个缘故,语文学和文学批评是不可分的,就像 C.S.路易斯已经说过的那样。换一种方式来说,文学批评根本说来就是文本批评。

　　文学研究和语文学或者文本研究之间的关系问题,引起了我对科罗拉多大学这个新系的名称的考虑。尽管他的《指环王》(*Lord of the Rings*)很流行,但托尔金(J.R.R. Tolkien)是一位职业的古英语学者,他对英语语言和英语文学都有出色的把握。在他于牛津大学所作的"告别演说"中,他抗议学院采用"英语语言和文学学院"(The School of English Language and Literature)这个称号,而不用更简单的,对他来说也是更优雅的称号"英语学院"(School of English),后者在形式上与诸如"希腊文学院"(School of Greek)和"法文系"(Department of French)等传统名称更相符合。这个更长一点的称号,既是我所拥有的教席〔的名称〕,也是贵系的名称,对此人们或普遍认为我们处理的是两个不同的学科,一方面是语言,另一方面是文学,而这样的观念就是因为这种形式而被永久化的。不管怎样,我们至少要承认这是同一个东西的互相关联的〔两个〕方面,就像碳与钻石互相关联一样。幸运的是,我们还没有像夏威夷大学那样已经走出去那么远了,在那里远东语言研究已经和远东文学研究分道扬镳了,它们被分别放置在不同的系里。一个是语言的化学(科学),而另一个是语言的魔术(迷信)。但是,这种魔幻的事业是几乎不可能成功的,除非它能坚实地建构在科学知识的基础上。然而,文学或当被恰当地描述为对普通言语的精炼和丰富。此前我已经提出了这个问题:"一位学者如何能够在中国文学中发现这些品质呢?"作为对这个问题做进一步讨论的引言,这里需要作一个简单的历史回顾。

　　在亚洲文献中,中国的文献(汉文文献)在欧洲是最后一个被认真研究的,而所有〔亚洲文献的研究〕都远在古典拉丁语和希腊语研究之后。真正的拉丁语学术研究的历史开始于 14 世纪,它和彼特拉克(Petrarch)的名字有特别紧密的联系。于其后一个世纪,古典希腊语的研究随着土耳其征服时代君士坦丁堡的学者们迁移到意大利而开始崭露头角。希伯来语研究开始于16世纪,就像于更晚的时期兴起的埃及学和亚述学一样,它的流行只是因为它与《圣经》研究的关系。在亚洲的语文学中,汉学也远远落后于它们。早在13世纪,就有欧洲人访问中国,但柏朗嘉宾(Pian de Carpine)、鲁布鲁克的威廉(William of Rubruck)、马可·波罗(Marco Polo)及其后继者们的旅行,主要是出于对商业、外交和宗教的兴趣。基本可以肯定马可·波罗从来没有学习过汉语。在16世纪意大利耶稣会传教士们的探究之前,对汉文书籍和中国文化的认真兴趣尚未开始。但是,尽管这些富有献身精神的人(耶稣会士)获得了一些汉语知识,并做了一些翻译,但他们的主要兴趣也在别处。追随他们的是18世纪的西班牙和葡萄牙传教士,只有到了这个时代,我们大概才可以确定地说〔欧洲有了〕真正的汉学研究,其杰出人物的名字是万济国(Francisco Varo),一位西班牙多明我会的教士,他编写的第一部《华语官话语法》(*Arte de la lengua Mandarina*)于1703年在广州刊印。一个世纪后,葡萄牙遣使会会员公神甫(Joachim Gonçalves)制作了一系列词典,如《拉汉词典》《葡汉词典》(《洋韩合字汇》)等。他最后一部《拉汉大词典》,出版于1841年。汉学从此诞生了。在此,若把万济国的汉语语法作为一个参照点,来考虑这时间上的间隔的话,这或颇有启发意义。

除拉丁文和希腊文外,最早刊印的〔世界上〕任何语言中的第一本语法书是西班牙语语法。它出现于值得纪念的1492年。而第二本则是一种东方语言的第一本语法书,它是阿拉伯语语法,出版于1505年。随它们之后在短时间内相继出现的是希伯来语、意大利语、法语和阿拉美语〔语法〕,此即是说,〔它们〕都是"圣经语言",或者最终,也都是西欧最重要的语言。威廉·布罗卡尔(William Bullokar)的英语语法直到1586年才问世,这个信息或许会让人感到惊讶。而各种美洲印第安语,如塔拉斯科语(Tarascan)、印加语(Inca)、纳瓦特尔语(Nahuatl)、萨巴特克语(Zapotec)、米斯特克语(Mixtec)和图皮语(Tupi)的语法书同样也是在16世纪问世的。不属于《圣经》〔语言〕的亚洲〔语言〕在17世纪之前并没有引起注意,1604年开始有了日本语〔语法〕,紧接着的是塔加洛语(Tagalog)、马来语(Malay)、土耳其语(Turkish)、伊洛卡诺语(Ilocano)、波斯语(Persian)和越南语(Vietnamese)〔语法〕。所有这些异域〔语语法〕作品都是在万济国的《华语官话语法》于1703年在广州刊印之前出版的。

至此为止，这类新的词典编纂工作的大部分都是以西班牙语和葡萄牙语进行的。但在整个 17 世纪，科学的汉学亦在法国发芽成长。法国那时是〔世界上〕最主要的天主教势力，巴黎大学着手发布了一批耶稣会传教士——数学家们的著作，他们于 1687 年前往中国，很快就生产出了一批关于汉、满历史、中国宗教和礼仪的具有开创性的研究。于 18 世纪，傅尔蒙（Etienne Fourmont）和他的弟子德经（Joseph de Guigues）声名卓著。傅尔蒙是阿拉伯语教授，他曾剽窃了耶稣会传教士马若瑟（Prémare）的著作，德经则写过一部中亚和东北亚非汉民族，即突厥、蒙古和其他相类民族的历史，名重一时。德经还因他的另一部书而被人记住，但在 20 世纪的学者看来，这大概不应该算作是他的成就。1759 年，他出版了他的《论中国人为埃及移民》（Mémoire dans lequel on prevue, que les Chinois sont une colonie Égyptienne）一书。在这部流传极广的书中，他极力主张汉字来源于埃及的象形文字，中国"黄金时代"传说中的三皇五帝的名字，实际上都是埃及古王国皇室成员的名字。例如，他说治水的英雄大禹，事实上就是上、下埃及的统一者，和被认为是埃及第一王朝的缔造者的美尼斯（Menes）。传承这一无根之谈者代不乏人，其流风余绪至今还污染着学术。19 世纪末叶，鲍尔（C.J. Ball）撰写了《阿卡德语与汉语的亲缘关系》（The Accadian Affinities of Chinese）和其他著作，旨在表明汉人及其语言都来源于美索不达米亚。这个观点得到了很多在 1886—1900 年间出版的著名刊物《巴比伦和东方纪事》（The Babylonian and Oriental Record）上发表的文章的支持。我们大概会认为，这种没有意义的假想是 18 世纪末叶和 19 世纪汉学的代表作品，但我们可能是错了。在鲍尔的阿卡德理论出现前七十五年，一位一流的汉学家雷慕沙（Jean Pierre Abel Rémusat）就已经发表了他的最好的作品，甚至在更早些时候，《春秋》的第一位译者、德绍特莱（Michel Deshauterayes）也已经证明了德经之论点的荒谬。简言之，接受了专业学科训练的法国汉学学派的学术早已超越了其他任何人。直到 20 世纪中叶，它依然占据着一个独一无二的卓越地位。

令人感到好奇的是，当对汉语和汉字的派生性质的空洞推测还盛行于欧洲时，却已经有一位美国人正确地说明了汉字书写符号的真实性质，以及它与汉语语言的关系。他是杜朋寿（Peter Du Ponceau），他的《汉语书写体系的符号和性质研究导论》（"Introduction to a Dissertation on the Nature and Character of the Chinese System of Writing"）早在 1838 年就已经问世。德经推进了这样的观点，认为汉字是独一无二的，汉字可以表达所有可能的概念,而且在很大程度上它独立于语言。至于汉语,他认为它是简单幼稚的,甚至是有缺陷的。他认为天朝帝国的书写体系是一系列智力符号这一见解,对西欧社会哲学家们有着十分巨大的令人振奋的影响。他们对"表意文字"(ideograph,象形文字)的概念十分着迷。即使在今天,在杜朋寿证明汉字实际上是表符号的文字(logographic,语素的)之后的一个半世纪,即汉字是以符号代表词语,或者我们今天所说的"词素"(morphemes),可大多数门外汉、甚至许多可算得上是汉学家的人,仍然坚持着这种旧有的错觉,尽管在大多数场合中,很可能根本不明白"表意文字"这个词实际上指的是什么东西。

贯穿整个 19 世纪,带着活力和风格的严格的汉学方法于法国持续发展着。才华横溢的优秀学者接踵而至地出现使这种发展成为可能。他们中的多数在法兰西学院(Collége de France)拥有教授席位。这个伟大的学院是弗兰索瓦一世于 16 世纪创建的,原称法兰西皇家学院(Collége Royal de France),于一个长时间内,它是希腊语、拉丁语和希伯来语的研究中心。后来在这里完成的异域语言研究著作的高质量,当即深深地受惠于这个传统。1814 年在此设立的"汉语、鞑靼—满语语言和文学教席"(Chair of Chinese and Tartar Manchu Languages and Literatures)的第一位拥有者就是雷慕沙(我希望你们会对科罗拉多大学这个系的称号曾有这样一个伟大的先行者而感到高兴,特别是考虑到托尔金曾对它喷有烦言)。这是所有欧洲大学中的第一个汉语文教席。

除了汉语以外,雷慕沙还研究蒙古语、藏语和其他东亚语言。与此相应,他的著作显现出法国汉学学派的一个标志性特征,而这注定会在 20 世纪初被伯希和引向精致和完美。于此,我将在雷慕沙众多的出版物中仅仅列举一部著作来彰显他杰出的学术生涯,那就是他的《汉文文法基础:古文与官话纲要》(*Élémens de la grammaire chinoise, ou Principes généraux du Kou-wen ou style antique, et du Kouan-hou, c'est-à-dire, de la language commune généralement usitée dans l'empire chinois*),这部著作出版于 1822 年。除了像这样的基础研究之外,他还出版过许多重要的报告和译文,涉及文学、哲学、宗教和历史等领域。他是《学术杂志》(*Journal des Savants*)的编辑,并为它撰写了研究中国的文章。他还是巴黎亚洲学会的首任会长。该学会的核心组织就是依然重要的《亚洲杂志》(*Journal Asiatique*)。

今天,大概很少有人读雷慕沙了。我怀疑,更少有人会读儒莲(Stanislas

Julian）了，儒莲是雷慕沙的学生，并于 1832 年接替他成为法兰西学院汉语文教授。儒莲的学术优势是他受到了很好的古典语言训练，特别是希腊语和一些闪族语言〔的训练〕。他最重要的学术贡献，是对中国的小说、戏曲，以及科技史文本和道教、佛教资料的翻译和研究；最首要的是，他撰写了一部汉僧玄奘西行印度朝圣的专著，我希望佛学家们还会参考它。他也是一位专心于汉语语言和文字，特别是惯用语和音韵研究的学者。他的名字被用来为一项中国（汉语文）研究成就年度奖冠名，它相当于汉学界的诺贝尔奖。但必须承认的是，像其他奖一样，儒莲奖的颁发也多少有点古怪。

儒莲的接班人也已经被人遗忘了，或许他就从来没有得到过别人的认可，至少在美国是这样的。他是德理文（Marquis Marie Jean Léon D'Hervey de Saint-Denys），于 1874 年接任教席。尽管，他对很多种文本做了很重要的工作，但他会或者应该会被人记住和参考的主要是他对文学〔文本〕的翻译和解释性研究，其中又以出版于 1862 年的《唐诗》，和出版于 1870 年的《离骚〔章句〕》为代表。我对前者特别感兴趣，因为唐是我的时代。我可以证明，这些完成于一百多年前的翻译，可与今天美国文学学者们所做的大部分唐诗翻译本媲美，甚至要好过其中的许多译本。

法国汉学的现代时期，开始于汉语教席的第四位占有者——沙畹（Edouavd Chavannes），他于 1893 年就职。尽管他的前任们的著作都不可否认的出色，但他还是给这个领域带来了新的深度和精确度。除了根据他在中国的实地考察而撰写了一系列具有开创性的考古报告外，其重要意义，我很高兴地报道，至今得到广泛的认可，他还出版了一系列一流水准的专著。这些著作的质量完全可以和当时代最优秀的希腊文、阿拉伯文和梵文学术研究相媲美。在他众多扎实的出版物中脱颖而出的，于此我只提及他对圣山泰山的崇拜和宗教史的研究、一系列关于佛教和道教历史的出色著作，以及他对中国第一部信史《史记》之大部分的翻译。他的译本至今仍然是无与伦比的。我真希望我还可以说更多我们应该感谢这位杰出人物的，但是现在我不得不有失恭敬地把他按下不表了，而开始讲述他的学生和继任者伯希和（Paul Pelliot），一位真正不世出的杰出学者。

伯希和的学术生涯开始于河内〔越南〕，他被派到在这里新建立的法兰西远东学院工作和研究，那是在 1900 年。它被证明是汉学的一个令人振奋的时代的开始。伯希和成为它的一颗最明亮的星星。他出版了一系列专著，凸显出其严谨和训练有素的专业水准，充分实现了法兰西学派的杰出学术品质。他在这些品质之上还增加了勇敢和富有想象力的品质,它们与聪明、勤奋一起,常常是真正的天才的特征。他的〔学术〕方法的一个典型特色是,追随雷慕沙的榜样,充分发掘和利用大量不同种的东方语言文献,包括属于闪含语、印度伊朗语、阿尔泰语和汉语等不同语系的许多种语言。他有能力以一种史无前例的程度达到了对早期汉语文献的完全的理解,这些文献都程度不等地带上了受亚洲其他高等文化的语言和文献影响的烙印。他不把中国看成是一种自我封闭的、被孤立的文明,而是一种在整个亚洲的语境中形成的文明。这并不是一个对中国的流行的看法,古老的中国原本应该是外部世界赖以获取智慧和文明艺术的地方。大部分学者拒绝这种复杂和苛刻的学术,它常常要求他们挑战那些他们自己最最喜欢的假设。

伯希和的著作还有另一个特点,就是他对书目文献(bibliography,版本目录学)的十分细致和一丝不苟的态度(取径),这在欧洲文化的人文研究中是习以为常的事情,而在东方研究,尤其是汉学研究中却是很少见的。在他之前,一部汉文古籍的任何版本,哪怕是一部千年古书的劣质的木活字刻印本,其中充满了讹误和脱衍,都会被大部分研究者不加批评〔校勘〕地利用。伯希和为汉文资料的研究引进了一种有理有据的精确性,使得那种粗枝大叶的票友性质的学术遭人唾弃。他理解首要的和最终的问题是"在何种程度上这些资料是可信的?"和"这证据真的能够引向何方?"在古典学的、《圣经》研究的,和中世纪的语文学中,即在西方文本批评(对勘)中,早已被视为理所当然的先例,至此已不能再遭忽视了。

时至今日,伯希和大量的和精致的研究,是一座几乎还没有得到开采的富矿。我们自己时代的学者中很少有人意识到困扰他们的很多语言学的、文本的和文化的问题,其答案早已出现在伯希和发表在无疑是世界上最好的汉学杂志《法兰西远东学院院刊》和《通报》上的研究文章中的脚注中了,这些脚注本身常常就是一篇篇的短文。换一种角度来说,在本世纪下半叶的中国研究者当中,有太多人不仅没有能够学到他的治学典范,而且也没有能够从他特别的(具体的)学术发现中获益。这部分可能是因为一种反伯希和的教条,已形成为许多汉学家之信条的一部分,特别是在美国。这也不是什么特别新鲜的事儿。伯希和以对二流学术的无情的批评家著称,这种品质使得他在与他同时代人的一些人当中不太受欢迎,特别是在英国。反伯希和教条在美国幸存了下来,它在那些庸才们中间尤为恶劣,他们把一切基础研究都看成是乏味的、狭隘的和枯燥的苦力活,缺乏在对异域文学的"欣赏"和批评中的那种昙花一现的魅人的品性。

1919年，沙畹的汉学教席被另一位巨人马伯乐（Henri Maspero）接替。与此同时，伯希和的卓越成就促使法兰西学院于1911年专门为他创设了一个教授席位。这是一个中亚语言、历史和考古的教席，他死后这个教席也就不复存在了。但是，在整个四分之一世纪里，伯希和与马伯乐这一对除他们自己之外无与伦比的学者照耀着整个汉学世界。

马伯乐是一位可与伯希和媲美的富有创造性的学者，尽管或许他未能达到同样耀眼的技术上的精致。他的研究集中在几个容易被界定的兴趣领域内。它们是语言学史、先秦经典和道教。对其中的每一个领域，他都不仅仅带来了一种新的精确性，而且也带来了一种新的视野广度，和一种对人文学术最优秀的传统的深刻理解。他在这些领域所发表的著作可以三篇主要论文来代表，它们都依然对汉学家们很有帮助。在语言学史〔领域〕：《唐代长安方言考》（*Le Dialecte de Tch'ang ngan sous les T'ang*, 1920）；在先秦经典〔领域〕：《书经中的神话》（*Légendes mythologiques dans le Chou King*, 1924），和在道教〔领域〕：《古代道教的养生术》（*Les Procédés de nourrir le principe vital dans le religion Taoiste ancienne*, 1937）。

我们这个世纪的上半叶是以对汉学有重大意义的发现为标志的，例如像在新疆（中国的中亚地区）开创了严肃的考古的中德考察队（the Sino-Prussian expedition）的发现，敦煌藏经洞的打开和中古时期写卷的重见天日，安阳甲骨的发现和认定等。但是，今晚我谈的是人，不是谈发现。随着马伯乐于1945年不幸英年早逝，以及几乎同时伯希和和杰出的社会历史学家葛兰言（Marcel Granet）的逝世，一个硕果累累的时代戛然而止了。

现在我们要说到我们自己这一代人的故事了。在我接下来的评述中，我不打算直接提到任何我的同时代人的名字。他们和我都还不是历史的一部分。证据还没有全部到位。大体说来，我想，我发现美国汉学主流可以分成三个明显的分支。一个分支属于社会历史学家，他们把原始的文本仅仅作为信息的来源，很不关心语言的精练，倾向依赖"当地线人"的服务，为他们提供文本的大概意思，而不客气地说，那些线人中的很多人对书面语言的理解至少是很脆弱的。第二个分支是文学家们的领地。他们的所作所为，在我看来，是被一种缺乏活力的唯美主义（审美）所支配的，它根植于庞德（Pound）、费诺罗萨（Fenellosa）和比尼恩（Binyon）的"东方主义"中。有时它因被注入了好的、旧式的文学传记而变得坚固。但一般说来，纯文学被允许自由漂浮，与任何历史时代、特定环境和专业化的语言和文本研究相脱离。这些人志在讨人喜欢。他们组成诗社。他们努力要说出些风雅的句子来。我将马上再回来谈他们和他们的工作。第三个分支是那些定位于人文学术的历史学家的领域，尤其是那些在诸如艺术、宗教、科学、技术和日常生活等文化领域里工作的历史学家。他们对付原始资料的能力参差不齐。有人尊重它们，有人忽视它们，后者宁愿完全依赖图片的或者考古的证据，并以现代语言写成的二手资料作为支持。

所有这些听起来都很让人绝望，你们一定会怀疑，对当代的汉学我是否还有任何好的东西可以说说。放眼于国际舞台，我确实发现有值得崇拜的事情。这样的调查很容易做，因为汉学并不是一个于普世范围内都得到了培育的学科。于此，让我先仅列举几个国家的名字，如在保加利亚、希腊、印度、意大利、巴拉圭、斯里兰卡、博茨瓦纳、挪威和埃及等国家，除了少数几个无足轻重的例外，没有人知道汉学。事实上，那些现在正在实践这门艺术的国家，绝大多数就是那些在一百年前就已经开始培育它的国家，它们是法国、荷兰、德国、英国、美国、日本，和中国自己（以有限的和令人好奇的方式）。在它们之上，现在还必须加上澳大利亚和加拿大。我不打算对这些国家中的每一个国家在这个领域中的研究现状的特点作总结，尽管它们常常表现出各自特有的民族/国家特色和倾向。相反，我打算就几个我认为是至关重要的和进步的领域向你们表达我自己的看法。我用这些形容词来描述这些学科，它们本来应该如此要求自己，而且实际上零星地也已经取得了对他们的资料语言的一种精确的理解，并正在发展从它们那里获取的知识，以解决那些关键性的或者不应该被忽视的问题。这些充满生机的学科一是科学技术史，它并不与哪个特定的国家相联结，也就是说，在许多国家都有优秀的贡献者；二是宗教史，主要是道教，即中国的本土宗教，它在中国和西方的学术圈内长期被忽略或者误解。正如我们应该期待它会出现在哪里一样，毫无疑问，于这一领域的重要工作绝大部分都是在法国完成的。但是，分散在欧洲和北美其他国家的一些个人也作出了十分重要的贡献。

文学研究的情况怎么样呢？在我看来，它们在哪里都不够兴盛，尽管有很多很费心的，和常常仅是时尚的活动，尤其是在美国和日本。整体而言，我倾向认可日文著作的质量，尽管它也是非常不均衡的，日本学者总是受困于这样的一个事实，即他们用汉字来书写他们自己的语言，这损害了他们对汉文文本的理解——他们太习惯把它们当作一种加密的日文。

现在我必须回到美国的汉学,特别是这里的文学研究。在我看来,美国的中国研究(汉语文研究),并不处在一种十分健康的状态。我确信造成这种状态的一个原因是美国人对外语学习的由来已久的反感,和对文学的、古典的或古代的语言的兴趣的衰退。这种态度以不同的方式造成了它的危害。一是对汉文写作的细节和精妙处缺乏认真的注意。另一个是对用法语、德语和日语撰写的重要著作的忽视——许多研究中国的学生和一些职业的"汉学家"对这些语言都缺乏必要的把握。

至于在我们国家的中国文学研究,就像我已经提示过的那样,它充斥着票友精神和本位主义观念。绝大部分教学和出版强调文学史、文人传记和文学鉴赏,而这些都不需要对中国的文学语言有精深的了解。

现在让我援引另一段权威的引文,这一次是利奥.斯皮策(Leo Spitzer)在他的《语言学和文学史》(*Linguistics and Literary History*)这本书中所说的一段话:

> 我常常感到很诧异,文学史家们如何能够,就像他们乐意去做的那样,对一个时代或者一位诗人的文学作品的整体下如此笼统的断言,却没有深入到文本的细节(和语言学的细节)之中。

今天中国文学这个领域被一些没有时间去实现这一理想的人主导着,他们处心积虑地维持自己文学上师的形象,从青铜时代的古体诗,一直到已故毛主席的情诗,他们对中国文学的每个时期都貌似权威,夸夸其谈。不管是在课堂上,还是在著作、期刊里,这种文学取样的自由散漫的风格,与文学批评的琐屑化齐头并进,而每当它吸食无疑是中国最伟大的、中世纪文学遗产的精华时,我就特别地感到痛心。这种类型的文学研究不鼓励和文学本身的亲密接触,而更喜欢客厅清谈式地谈论文学,只触及诗歌的简单的层面,诸如普通的历史典故和古典引语;简单的分类,常被称为"文类理论";作者心理学和传记,这通常是意图谬见(intentional fallacy)的运用。尤其是,严格遵循在诗歌中寻找作者如何在科举考试这一上升阶梯上平步青云和在朝廷中成功获取要职的线索这一传统的中式游戏。很少有人对好的写作有任何的讨论。几乎没有任何人留意到艾略特(T.S. Eliot, 1888—1965)的劝告,而他对文学是有些了解的。在《批评的功能》(*The Function of Criticism*)一文中,他写道:

> 任何著作,任何文章,《注释和询问》中的任何注释,只要它制造了

> 关于一个艺术作品的哪怕是最低级的事实,它就是比在最自命不凡的〔文学〕批评的报刊上发表的十分之九的文章更好的作品……事实不能败坏审美。

在最近几十年里,另一种令人疲软的时尚在某些所谓的"文学批评家"中间变得很流行。这就是我称之为"族群批评"(ethnic criticism)的东西。据我所知,它纯粹是一种美国现象。它在不少研究中国祖先的学者们中间也流行了起来,而且还传染给了其他别的人。他们的假定是只有中国人才能解释他们的文学;而它的一个推论就是相信过去时代的中国人对文学的性质和质量的任何想法都比现代西方批评家的最敏锐的观察要有价值得多。所以,假如一位9世纪的中国作家写到一首诗就像是时间花园中的一只蝴蝶(据我所知没有人这样说过),这个启示比一位现代法国人的陈述,譬如说文学的意义见之于字里行间(据我所知也还没有人这样说过),对于诗歌的理解来说要重要的多。这就像是相信亚里士多德为希腊诗歌作了最后的定论,因为他的确是一名希腊人,而在他之后〔别人〕关于萨福和荷马所说的任何东西都没有什么价值,除非是一位现代的希腊人有可能说的什么东西。这就像是相信存在一种可与西方的天文学竞争的东方的天文学,或者一种与西方世界的化学不同种类的,但又是对等的东方的化学一样。

说到希腊人,让我想到我们的中国文学专家们中间流行的另一种毛病。这就是用现代的发音〔读音〕去朗诵和引述古诗这种旧石器时代的习惯。现在中国通用的是普通话,但偶尔也还会使用粤语和其他现代语言〔方言〕。这种奇怪的习惯要求忽视上古和中古诗歌的所有发声规则之间的差别——如韵律、谐音、拟音、步和效果等,简言之,〔忽视了〕作家使用他自己的语言时的一些最重要的东西。可这与希腊语又有什么关系呢? 许多现代希腊籍的学者,他们把自己视为圣火的保护者,却用现代雅典语的发音朗读古典希腊语诗歌,他们对它所采取的自卫态度正好和他们的汉学家同行们一样。一段时间以前,我的同事之一、一位古代希腊文学的专家告诉我这样一件事:他参加了一位在访的希腊语权威的一次阿里斯多芬尼斯剧作的"朗读"。在这部剧的一个点上,一群羊走上舞台,它们咩咩地叫着。阿里斯多芬尼斯把这声音拟写作 *bēta ēta, beta ēta*。我们有足够的理由相信在阿里斯托芬尼斯的时代这当是发 *bĕĕ bĕĕ* 的音的。不过,自那个古典时代开始,在阿提卡语中的旧浊音声塞音已经变成了摩擦音。在它们中间,*b* 已经变成了

v。此外,*eta* 这个字不再发像那个 *ĕ* 在"bed"中的音了,而是发像这个 *i* 在 "machine"中的那个音了。所以,我们这位在访的希腊朗读者将傻傻的羊的 叫声读成了 *vi,vi*。我们将会明白,当把现代北京方言强加给古典文学文本 的习惯做法——一种对语言学家们,人们或可想,甚至对文学批评家们也都 毫无价值的实践——被永远抛弃时,中国文学研究才开始走向成熟。

我相信,诸如此类的习俗与一个永恒不变的中国这个僵化的观念有密 切的关联。我们都很熟悉那些具有偏见的人,或者持所有最美好、最重要的 东西都是几千年前在中国发明的这样的观点,或者持与此相关联的观念,认 为中国文化、社会和政治在所有这些时代都持续不变。这当然是一个神话。 中国的历史与欧洲的历史非常类似。这是一个经常在许多个民族之间被分 裂的地理区域,经常是两个、三个,有时更多。例如,在公元 400 年,在现今 的内蒙古和南中国海海岸之间,曾经有九个各自独立的王国。这个数字还 不包括南方的大的土著民族,它们的独立并没有得到官方的承认。这些民 族中有些受汉族王朝的统治,有些则是受非汉族王朝的统治。在这整个次 大陆上说着很多种语言,有些属于汉语语族的,有些属于傣语语族、缅藏语 族和其他别的语族。此外,文化的特性也在持续的变化之中。不过,对有些 人来说,当他得知孔子从未听说过有茶,没有用过一只瓷杯,不知道有纸,从 来没有吃过一颗荔枝,也不知葡萄、糖、胡椒、莲花和加鞍之马为何物,他收 取干肉条作为朝廷祭师和古董师的酬劳等等,还依然会感到十分的惊讶。

事实上,对中华文明这种大一统的和不变的特性的信仰是由来已久的。 在西方世界它至少可以追溯到启蒙时代,它在伏尔泰及其同盟者们的信仰 中发芽成长。这些革命的思想家们利用这种观念来支持他们对欧洲各国政 府和统治者的攻击,不适宜地将他们与假想中的中国的哲学家—国王们的 开明统治形成强烈的对照。他们对那些古典时代的传奇性的圣王与他们的 同时代人,即 18 世纪的清朝帝王们根本不作任何区分。

在他们抛弃这种幻觉,并努力去熟悉每一位作家的特定的世界——即 在它的所有的丰富的细节中的他的特别的、真实的和地方的世界之前,中国 文学的研究者们永远不能获得真正的研究能力。一旦他们获取了这种知 识,他们将能够解释他们的作家在他精心选择的意象中表达出来的对那一 世界的独特的愿景,而那些意象反过来又反映出作家自己对创造、占卜、君 权、职责、魔力、食物、英雄行为等的特殊看法等等。不存在一首超越了时间 的汉文诗歌这样的东西,就像不存在一篇不属于它的特定时代的英语文章一样。

永恒这种谬见的恶果最明显地展示在古典汉语诗歌的翻译中。它们表现出了一种对诗人的语言的不完美的理解,一种对他的言语的准确意义的模糊。对时间和地点的细微差别的漠视,即会抹去关于汉语诗歌的最重要的东西,即那个赋予它以魔力的东西。那就是诗人对意象的运用——诗人的措辞。正是在这里,我们的翻译者最软弱无力。因此,现在我打算集中〔讨论〕在许多汉语文学翻译中的一些特别的缺陷,特别是在处理诗歌措辞中的缺点。

在西方国家,以及中国和日本,好多代翻译家们都曾对此做过很大的努力,即既要使中国的古诗能让现代的读者们读得懂,而且还要让他们读来觉得合他们的口味。为了达到这样的目的他们付出了很大的代价。"合口味"常常意味着平淡、简单、缺乏诗意、没有想象力和缺乏情趣。它必须不惜一切代价,做到既不违反当代的趣味,又不苛求那些对诗人的文化氛围、自然环境和日常生活几乎一无所知的现代读者。例如,想一想,有一位 9 世纪中期的极有教养的文人,全神贯注地沉浸在天际的迷幻和我们不熟悉的花鸟树木的图像和信息之中。如果没有受过特殊的训练,就是他自己的后代们也已经发现,并且依然还会发现他的世界和他的写作对他们来说是完全陌生的,就像 9 世纪欧洲的潜伏的精怪、海上流浪者和因果赐予者们的神秘世界,对于今天一位受过了很好教育的英国人,或者甚至说是一位伊丽莎白时代的英国人来说,同样是十分陌生的一样。这样的一个人用一种非常有学问的语言写着他的诗句,经常模仿和撷取古代辞书和文本中的冷僻词汇,亦常常引用深奥的习语、远古的典故和微妙的微言大义。他的魔力效果即有赖于从过去继承下来的一个巨大的词汇库——一笔弥足珍贵的伟大遗产,即使它的组成成分有时会被误解。他可以表达秘密、不可思议之事,以及语调和态度的精微变化,这不仅令我们感到困惑,而且也令他的同代人感到困惑。

那么,我们将如何翻译我们的诗人的诗歌,并希望为他匠心独运地谋划出的图景给出一个接近真实的版本呢?我已经说过措辞是至关重要的。措辞是词语的选择。为什么选这个词而不选那个词?所以,有必要精确地知道这位中世纪诗人〔选用〕的语词究竟是什么意思,将它与他不然也可能会使用的相近的同义词区分开来。我们怎样来找出它们的确切意义呢?我们查一部词典。可问题就出在这里。汉语词典,不管是任何语种的,汉语的、日语的、英语的和法语的等等，都不能提供我们所需要的信息。首先，大多数汉语词典对现代口语和古代的用法不加区别。即使把它们限定为"古代汉语"的词典，它们也对不同时期的各种用法不作分别。但是，这仅仅是问题的一小部分。另外，它们为每个单词所提供的信息是如此的不明确和如此的含糊，以至于差不多有关汉文文本所写的任何东西，无论它们是文学的或者历史的或者其他什么东西，都仅仅依据那样的信息，故往好里说是一定被误导了，往坏里说则全是错误的。但迄今为止所有研究者还不得不去查这些词典，因为除此之外别无更好的选择（*faute de mieux*）。

西方的汉语词典都是 19 世纪或更早时期的产物。它们常常是一些票友们编写的，他们缺乏足够的语文学训练，并雇用了不可靠的信息提供者。他们所有人都是错误信息的源头。至于汉汉词典和汉日〔和〕词典，有些编成于 20 世纪，甚至还是很新近的。然而，即使是最新的也是保守的。它们没有吸收现代的学术成果，特别是本世纪在欧美的研究所提供的关于词语的信息。它们依然有浓重的地方本位主义色彩——一种由来已久的本民族中心主义的表现。

请允许我花几分钟干些技术活，提供几个例证来说明为何所有这些词典都是失败的：

它们为那些其旧的词义（义项）已不再使用的词语指定了新的意义（义项）。用它们来破译早期文本的意义，会产生滑稽的结果，就像在中世纪中国森林中聊天的黑猩猩。

它们无法在近义词之间作出分别，简言之，它们忽略了语词之间的细微差别，而这对诗歌措辞的阐释是非常致命的。例如，"美""丽""艳""妍"这四个字，在文学语言中大致分别意为"admirable""gorgeous""voluptuous"和"alluring"，可在大部分词典中，它们一概被均质化为一个没有差别的"beautiful"。

它们不像所有好的西文词典那样提供词源。因此，它们不是适合学者使用的工具书。

它们没能记录语义学上的变化，如"丁香"一词，约在 10 世纪以前意为"Lilac"（丁香花），以后则指"cloves"（丁香香料）。

它们没有识别外来借词（除了来自印度的佛教词汇是例外，但也只是它们中的一部分）。事实上，在本世纪前半叶的西方学术文献中，很多外来借词，特别是那些来自阿尔泰语和印欧语系的借词，已经被识别了。而这类识别在汉汉词典和汉日〔和〕词典中都被忽视了。还没有人花功夫去追溯汉语中来自傣语和其他东南亚民族的外来语借词，但它们的数量肯定不少。词典编纂者很有效地隐藏了汉语这个复杂的历史。从现代学者所做的一个很可观的外来语借词〔词汇〕表中，还没有一部词典把它们记录进去，让我仅仅挑选三个样本来举例说明（我给出它们中古汉语的发音，因为假如在现代方言的基础上寻找的话，它们的源头是不可理解的）。

　　橄榄　*kam-lam "kanari；Canarium"（来自高棉语 karma）

　　詹　*cham "copal；elemi"（来自越南语 trām）

　　龜鼊　*kou-pek "calipee"（绿龟的精华）（源头语尚未识别）

所有这三个词在中医史、食品和礼仪中都很重要，但是你在任何词典中却都找不到这三个已经被很好地定义了的外来借词。

　　与《牛津英语词典》（Oxford English Dictionary），或者哪怕是《韦伯斯特国际词典》（Webster's International Dictionary）相比较，还没有一部汉语词典能像它们一样提供完整的和可靠的信息，这种失败对于研究者们的精神造成了一种腐蚀性的影响。他们已经习惯于这种不确切的定义，通常不会愿意投入时间和精力自己来做语文学的探究，而这对于改善对它们〔的定义〕是十分必要的。许多别人不知道它们是借词的语词也处于同样的情况。我自己已经费力为数百个在标准的汉语词典中被很宽泛地定义的词汇制作了更可靠的定义。哪怕是最好的汉语词典的这些缺陷或可部分地归咎于中国语言的研究者和词典出版家之间的隔阂，但或也可归咎于语言研究者和文学研究者之间的分裂。在别的人文学科中，特别是在西欧民族国家和地中海古代文学的研究，文学学者为词典编纂出力是司空见惯的事情。古诺尔斯语词典和西班牙—阿拉伯语词典就是以这种方式持续地得到改进和精致化的。在我们自己的领域，新的语义学的发现遭到忽视，消失在沾满灰尘的图书馆的书架中，永远被埋葬在被遗忘了的脚注和过时了的文章和专著中。

　　在我看来，我们学科的当务之急是编一部好的、最新的文学语言词典，它可以许多不同的表现形式呈现，例如，可为所谓的儒家经典编纂词典，为唐诗、为每个朝代的历史编纂词典等等。但我也明白，词典编纂家的生意并不能引起有抱负的汉学家的兴趣，我也提不出一条切实可行的办法来说服他们屈尊来当词典编纂的学徒。也许这或是一个最可行的办法，作为开始，先把散落在百年来汉学文献中的数百条新的和更加可靠的定义收集起来，把它们作为现有词典的一个订正性的补编出版。若有合理的津贴的话，这应该是可以做得到的。

如果我拥有一只可以预测吉凶的水晶球的话，我很想在球中窥视，看看这个世纪早期的那个伟大传统，特别是以伯希和、马伯乐和另外几个人的著作所体现的那个伟大传统的子孙后代们会有怎样的前程。眼下，那个传统看起来并没有在美国扎下根来，除了或许在很少几个人中间。颇为令人惊讶的是，我们有很多中国研究的老师，和一些很有魅力的领袖，但没有很多真正的开拓者，他们在自己的国家并不很受推崇。大多数年轻学者不在乎什么法国传统，假设他们真的知道还有这个传统。这可能是因为它的要求太苛刻了，献身于它或将让人失去较早就业的希望。

无论如何，1982 年的情况要比 1882 年时的情况好。如果我们记得那些已经取得但有可能会被遗忘的东西，它就会继续改进。换句话说，我们的责任并不局限于创造，我们也必须守成。首先，我们的信心〔责任〕一定永远不要奉献给对职位的自豪、容易发表的吸引力或被我们的同事们接受的渴望等。这些弱点扼杀了我们敢做的东西。我们一定不能忘记我们主要是文本以及他们用来写作的那个语言的研究者。我对汉学家们最后的规劝是："准确地读，严谨地写。"如果你们这样做，那么你们，或许还有你们的一些学生，将会在展现人类想象力的伟大作品中，获得有鉴别力的判断和真正的快乐。

何谓梵文语文学？

谢尔顿·波洛克(Sheldon Pollock)[*] 著　刘晨、姚霜　译

　　即使对于传统印度学术(至少是梵文学习)的历史知之甚少的读者往往也会知道语法居诸学科之后冠,而波尼尼(Pāṇini,公元前 4 世纪?)则居于一份长长的卓著人物名单之首。在过去的两个世纪里,西方学术界在探索和分析这门具有复杂而精细之体系的语言结构上,取得了令人瞩目的成就。然而,即使令本领域的专家也会感到惊愕的是,我们对另一种传统的印度语言与文本结构分析法——无论从历史深度、系统组织、还是概念丰富程度上——所拥有的学术成就寥寥无几。这个传统的分析法是超越了语源学和词源学而构成的传统语法领域。带着我们进入这样的领域,我们可以将任何一个对于语文学的合理定义归于此名下:语文学需要的不是特定的一套跨越时空不变的方法论或理论特点,而是更广阔的观照,即使文本产生意义。

　　在这样的定义之下,"语文学"无疑是梵文传统中对一系列文本实践和阐释约定的合适称谓。令人迷惑的是,这种实践与约定,从未被当作一种分离的"知识形态"(vidyāsthāna);[①]而确实,在梵文中从未存在一种囊括一切的术语概念能够甚至趋近"语文学"的概念。但是,人们可以见木不见林地对一个事物的各个部分进行定义,而不是定义全体,这也不足为奇;正如布鲁诺·斯内尔(Bruno Snell)的旧论,即在古希腊语中,尽管有肢体、肌肉、骨骼、皮肤的各种词汇表达,却从没有一种将身体作为一个有机单元[②]来看待

[*]　谢尔顿·波洛克现为美国哥伦比亚大学中东、南亚和非洲研究系南亚研究教授,主要研究方向为梵文语文学、印度思想史与文学史比较研究。原文为:"What Was Philology in Sanskrit?",*World Philology*, Sheldon Pollock, Benjamin Elman, Ku-ming Kevin Chang eds., 2015, Cambridge: Harvard University Press, pp.114 – 136。——译者注。
[①]　传统知识的划分可参见谢尔顿·波洛克:《传统印度的"圣典"观念》,载于达拉皮科拉(A. L. Dallapiccola)、兹格尔·安维·拉蒙(S. Zingel-Avé Lallemant)编:《印度艺术中的"圣典"传统》,威斯巴登:斯坦纳,1989 年,第 17 – 26 页。
[②]　荷马希腊文中没有"将身体视为整体"这一概念,但可参见施奈尔的定义"由不同的独立部件组合而成的简单结构",布鲁诺·斯内尔(Bruno Snell):《心灵的发现》,纽约:哈珀,1960 年。

的词汇出现。或许，语文学在印度思想世界中无处不在以至于没被识别出，因为毫无疑问，梵文这一"众神之语"是近世最高度语文学化的语言。

从广义上综合描述梵文语文学的历史，不仅仅需要讲到语法学，还有词汇学、韵律学、修辞学（alaṅkāraśāstra）和阐释学（Mīmāṃsā）。这些学问都获得了丰富而长足的发展，其复杂程度在古代世界其他地区未曾发现过。从未有任何一种语言，能如同梵文一样，在语音变迁、动词词根、第一和第二变位等等方面，有如此完整的语法重建；在另一端的范畴里，也从未有任何一种语言，能够如梵文阐释学一样，形成如此系统化的意义分析体系！"句法的科学"（vākyaśāstra）尽管是为了公元前几世纪的经典文本的注疏而发展起来的，却在 9 世纪以降的世俗文学中获得了全新而广泛的应用，①而其注释逻辑亦福泽后世法学。与其全面描述梵文语文学，我不如在此提议对其最具代表性的子分支——注疏——进行考察。注疏家关心文本的解读，对文本进行厘定和编辑，在一个宽泛的标准范围内，注疏亦被视为印度传统中文本产生意义这一整体的代表部分。然而，无论是数量上还是质量上，致力于注疏实践的学术研究都与致力于材料本身的学术研究呈反比。有估算显示，注疏构成梵文书写传统的 75%，②它们中往往包含着对于文本最深的洞见。而我们对于这些思想的构成，对这各种注疏体裁的历史沿革或它们之间有什么不同却知之甚少。

在此，我要将梵文语文学中这一已然十分有限的对象——注疏——进一步缩小为两种体裁：世俗诗学与吠陀典籍。哲学和其他学科文本的注疏

---

① 在喜增（Ānandavardhana）9 世纪的作品中（如吠陀，世俗文献是目的性的〔创作〕）；在跋吒那耶戈（Bhaṭṭa Nāyaka）10 世纪的作品中（"bhāvanā"，或说意义是"阐述性再创作"的说法，对二者而言同样适用）；婆吒（Bhoja）11 世纪的作品中（两组六种标准，或说文本诊断法，被用于实施吠陀法令的同时也适用于诗学）。首先可参考劳伦斯·麦克雷（Lawrence McCrea）：《中世纪克什米尔诗学的目的论》，马萨诸塞州坎布里奇：哈佛大学梵文和印度研究系，2009 年。另见谢尔顿·波洛克：《跋吒那耶戈说了什么？印度美学的诠释学变革》，载于谢尔顿·波洛克编：《印度梵文文学史上的史诗与争论》，德里：马诺哈尔，2010 年，第 143—184 页。最后尚未研究过的，参见德维韦迪（Rewaprasad Dwivedi）：《婆吒的〈艳情百咏〉》（Śṛṅgāraprakāśa of Bhoja），2 卷本，新德里：英迪拉·甘地国家艺术中心，2007 年，第 481—485 页、第 318—322 页、第 397—399 页及第 1212—1218 页。弥曼差派对世俗语言的理解在波洛克（2011）中有所讨论，参见谢尔顿·波洛克：《近代早期印度的科学语言》，载于谢尔顿·波洛克编：《近代早期南亚的知识形态》，北卡罗来纳州达勒姆：杜克大学出版社，2011 年，第 19—48 页。

② 参考阿肖克·阿克鲁加尔（Ashok Aklujkar）的观点，引自奥斯卡·冯·翰儒伯（Oskar von Hinüber）：《来自古印度的佛教评论：对上座部佛经的解释》，载于奎森斯凯（M. Quisinsky）、沃尔特（P. Walter）编：《评论文化：世界宗教中心文本解读，比较概述》（Kommentarkulturen: Die Auslegung zentraler Texte der Weltreligionen, ein vergleichender Überblick），科隆：波劳，2007 年，第 96—114 页。

有着截然不同的历史。语法学、阐释学和逻辑学的核心论著(*śāstras*),其基础文本在公元前最后几个世纪就已成型,在公元初对于它们的注疏书写就已经开始。但是,这些注疏关注基础文本的思想部分远远超过关注其语言或文本形式的表现,因为很多个世纪以来,注疏作为学理上介入与创新的一种文体,直至独立论著(*prakaraṇagrantha*)在现代早期开始兴起。① 与此相反,以上两种形式对世俗诗歌和吠陀经典进行系统化的注释则是一种晚近的现象。它们出现在第一个千年末期,并在之后的几个世纪获得了广博的文化动力。不像一些诸如古麻里拉(Kumārila)的《诗律注疏》(*Ślokavārttika*,约公元650年)的哲学性注疏,世俗诗歌和吠陀经典的注疏往往彰显了卓越的智慧,却明显从未试图超越原典的地位:文学和经典注疏往往是一种思想的二种形态,而非第一位的创造。

首先,我会试图描述文学文本(包括史诗和宫廷文学)的厘定、编纂与阐释意味着什么,同时为17世纪中叶出现在文学与其他文本中、且对文本编辑具有重要意义的非标准(nonstandard,或"non-standard",不标准)梵文稍作停留辩护。随后,我会转入经典注疏的历史,并就那些伟大吠陀注疏家们用于架构自身作品的语境观点进行梳理。将这些数据视为一个整体,将逐渐使我倾向这样一个假设:在第二个千年伊始,梵文文化不单在技术层面上,还在认识论上也发生了变革。语文学式注疏的兴起,代表了一个全新的知识形态,或一种新型标准化的知识形态,而非单单是将已有的口头知识书写定型的新兴诉求。在我的综述里,我所关注的不限于历史层面,还将总结这种传统语文学的思想贯穿于当代语文学的不断追求——使文本产生意义。

1. 文 学 注 疏

大诗(*kāvya*),或说世俗梵文文学的早期历史,很长时间里都被当作一个争议的对象——所谓的"世俗"(*laukika*),通常是用来区分"超世俗"

---

① "逻辑评论的历史"可参见凯伦·普雷森森丹兹(Karen Preisendanz):《文本、评论、注释:关于哲学类型的几点思考》,载于《印度哲学期刊》2008年第36期,第5—6辑,第599—618页。"解释学领域中的评论实践分析"可参见沃尔特·斯拉杰(Walter Slaje):《梵文评注》,载于奎森斯凯、沃尔特编:《评论文化:世界宗教中心文本解读,比较概述》,第69—97页。"Prakaraṇagrantha"(一种对经典文本的文意梳理类书)的兴起和原理尚需完善。

(*alaukika*)的吠陀语用。公元伊始的铭文证据或许表明了我们能假设的大诗存在的年代，其年代只会晚于这个时期(*terminus post quem*)，而非长久认为的，大诗的发展在此之前(*terminus ante quem*)就已进入了全盛时代。甚至，大诗从本质上看依赖于书写，但是在印度，书写文化在公元前第一个千年末之前还并未得到广泛传播。① 无论这个断代是差了一个世纪或两三个世纪，大诗明显产生了，而大诗的书面注疏时代则有别于其兴起时代，即便是保守估计，从某种程度上来说，也至少有十个世纪的鸿沟。②

现存第一部大诗的注疏是来自克什米尔的喜天(Vallabhadeva)的作品，写就于 10 世纪上半叶。③ 当喜天引述前人观点的时候，这些人及其诸"作品"大多佚名，很可能是因为它们都是口传的，而非书面文本，所以无迹可寻。④ 而我们亦不得知喜天有任何直接的继承人。⑤ 一部像婆吒(Bhoja)文学批评的大作《艳情百咏》(*Śṛṅgāraprakāśa* ，作于约 1050 年)的作品确实流露出浓烈的文学分析的味道，也着实引用了迦梨陀娑(Kālidāsa，4 世纪晚期)和跋拉维(Bhāravi，6 世纪)等早期诗人⑥的诠释，但是文学注疏真正的盛兴，却在此后的若干世纪出现。它们看似兴起于 12 世纪的西印度耆那教

① 梵文文学史，参见谢尔顿·波洛克：《由内而外的梵文文学》，载于谢尔顿·波洛克编：《历史上的文学文化：南亚的重建》，伯克利：加利福尼亚大学出版社，2003 年，第 39—130 页。

② 口头阐释的传统本身年代当然十分久远。除了传授以外，诗人自己也希望在念诵的过程中对他们的诗进行评注；这种 6 世纪对《野人和阿周那》(*Kirātārjunīya*，15)早期"注释"的不规则形式，详见谢尔顿·波洛克：《人类世界中神的语言：前现代印度的梵文，文化和权力》，伯克利：加利福尼亚大学出版社，2006 年，第 87 页，第 166 页。

③ 参考多米尼克·古道尔(Dominic Goodall)、春永(Harunaga Isaacson)编：《喜天的〈罗怙评注〉，迦梨陀娑的〈罗怙世系〉的最早评注》，第 1 卷，格罗宁根：埃格伯特·福斯滕，2003 年，第 15—20 页。他的老师明雨(Prakāśavarṣa)为婆罗维(Bhāravi)的《野人和阿周那》写过注释，但目前尚不明确，未毁的写本当时是否还存在于 10 世纪学者的作品中。

④ 举例详见喜天著《童护的伏诛》(*Vallabhadeva ad śisupālavadha* 1.61，75；2.9，19，93；3.6，8；4.57；5.2，3.7)。如古道尔和春永所指出的，喜天的注释基本上是对于文化核心的《罗怙世系》首次注释，这显然表明，书面注释当时是一股新流。

⑤ 新近发现的俗语著作《结桥梁》(*Setubandha*，译注：一部对 13 世纪跋底的诗和关于罗摩的俗语诗进行汇总的诗集)被认为是钵罗婆罗犀那(Pravarasena)所作，亦说为迦梨陀娑所作，此梵文注释可追溯到 11 世纪中期，但是已出版的部分文本显示，这个版本更多的是向梵文的转换(注释用到了 *anuvāda* 一词，意为"翻译")，而非完全意义上的语文学注释，详见迪瓦卡·阿恰勒亚(Diwakar Acharya)：《喜护对俗语大诗〈结桥梁〉所作注释的简要注解》，载于《尼泊尔德国手稿保护项目通讯 2 》，2006 年，第 2—4 页。

⑥ 《艳情百咏》(*Śṛṅgāraprakāśa*，618)中所述的方法旨在解决被推定为迦梨陀娑作品的《罗怙世系》(*Raghuvaṃśa* 1.71c)中的语法错误，阿周那山护(Aruṇagirinātha)注意到了该错误，但是喜天选择了忽略。在戈文陀四世的(Govinda IV)《拉什特拉库塔王朝之力量》(*Rāṣṭrakūṭa of śaka*)中，公元 851—929 的坎纳达(Kannada)铭文第 3 卷介绍了注释(*ṭīkā*)的各个组成部分，虽然未有明确表明此处指的是文学。见《印度铭文》(*Epigraphia Indica*)13.326 ff.，v.30。

徒中,但很快在 13 世纪被喀拉拉邦学者迎头赶上,而其风格明显因袭于克什米尔的学者。文学注疏的实践随后于 15 世纪东移至安塔拉(Andhra),随后至孟加拉地区——尽管米提拉(Mithila)地区早有注疏家问世。① 排除在经典领域之外的史诗的注疏也呈现出了明显相似的历史。此类作品如来自克什米尔的天觉(Devabodha)所著的《智慧之光》(Jñānadīpikā),这是对《摩诃婆罗多》(Mahābhārata)所作的最早注疏,其出现于 11 世纪早期。13 世纪乌达力·瓦拉德罗阇(Udaḷi Varadarāja)在南印度开创了对《罗摩衍那》(Rāmāyaṇa)的注疏传统。在东部,对于史诗的注疏只出现在 15 世纪晚期阿周那弥湿罗(Arjunamiśra)的作品中(阿周那弥湿罗出生于一个史诗颂释家族,但他们似乎只是口头表演者,因为他从未引用他们所写的任何一部著作)。在天觉和瓦拉德罗阇之后出现了大量的史诗注疏,但我们并无证据表明史诗注疏在他们之前就已出现。②

不管再系统的研究怎样展现一个语文学注疏后期发展的真实历史,都没有理由相信,在喜天、天觉和瓦拉德罗阇之前有人试图去做他们所做的事:提供合理的校订本,对诸变异本列出一个起码完整的清单,逐颂的注释以及有时贯穿全诗(并后来的戏剧)和史诗整体的一致诠释。尽管第二个千年初期并不被认为是智识开创的时代,学者们首次开始对语文学注疏投以严肃关注。而这一时期被认为是文本保护的新时代——当传统开始保存并创造这些作品时,这类注疏的地位明显发生了变化:它们通过以一种现在

---

① 西印度的代表人物有:阿沙达(Āsaḍa)、镇群(Janārdana)、行增(Caritravardhana),可能还有坚天(Sthiradeva);喀拉拉/柯拉地区(Kerala/Chola):达克西那瓦尔塔纳塔(Dakṣiṇāvārtanātha),阿周那山护(Aruṇagirinātha);安塔拉地区:持护(Mallinātha)(尽管萨拉斯瓦蒂塔〔Sarasvatītīrtha〕应该是十三世纪人);孟加拉地区:戈文达南达(Govindānanda),喀毗坎喀那(Kavikaṅkaṇa);米提拉地区:蒂瓦喀拉(Divākara),其中一些数据来源于《云使》(Meghadūta)丰富的注疏传统,已知超过 50 多部作品,在 S.K.德(S.K. De):《〈云使〉注解者》,载于《我们的遗产》1955 年,第 3 卷第 1 期,第 15—28 页中被谈及;时代晚一些的注释家维迪亚摩陀婆(Vidyāmādhava),详见伊戈尔·布隆纳(Yigal Bronner)、劳伦斯·麦克雷:《成不成为童护》,载于《美国东方学会杂志》2012 年第 132 辑,第 3 期,第 427—455 页,第 441 页。但之后,进一步的研究表明这部礼赞的流传的注释能量远远超出它现在的样子。

② 在梵文的发展史上,确实的证据来自泰米尔传统,有时这一时期一些非常古老的文学文本受到注释上的密切关注。比如,《古拉尔箴言》(Tirukkuraḷ)(公元五世纪?)和七或八世纪阿瓦斯(Alvārs)的赞歌,保守推测它们的第一部注疏可追溯到十三世纪,而对文学经典的注释没有找到早于十二或十三世纪,包括《蒂鲁可瓦亚》(Tirukkōvaiyār),《脚镯记》(Cilappatikāram)和其他五部大诗中的作品(约成书于 7—9 世纪)。参见诺尔曼·卡特勒(Norman Cutler):《泰米尔文学文化中的三个瞬间》,载于谢尔顿·波洛克编《历史中的文学文化:南亚的复兴》,2003 年,伯克利:加利福尼亚大学出版社,第 271—322 页,第 308 页,注释 96;感谢布莱克·温特沃兹(Black Wentworth)提供的补充信息。

被认为是值得记录和保存的方式来促进文本理解，从而获得了新的文化特色，其作为智识实践的高度将影响梵文学问的整个未来。

总体考察过传统注疏类型定义的学者们，往往指出它们的多样功用：作为简单的评注、语言学的注释、实质的观点，对错误观点报以辩驳的更正，以及各种推论阐发形式等等。① 但我们对于注疏最重要的三项语文学实际操作任务几乎一无所知——文本厘定（注疏者通常是编辑者）、校订（注疏者通常也是对勘者）和分析（注疏者通常也是文本阐释者）。这些问题并未得到广泛研究，因为它们本身在传统中并非被主题化。用来理解这些问题的数据从未汇集于任何一部具有系统思想的著作中，而是散见于注疏本身。此外，注疏者鲜有描述他们编纂、编辑和阐释时做了什么或者如何做的；我们只能从他们的创作实践中推测他们的规则。② 这种沉默大概是一种心照不宣，在梵文文化里屡见不鲜，比如在翻译的情况中③——当然这也不是这一文化特有的现象。但是，这种注疏规则上有组织的话语缺失，无论我们如何解释，都会成为梵文语文学历史书写的严重障碍。以此为戒，我将试图描述一些编辑、对勘和阅读的实践操作，并以一位 17 世纪东孟加拉学者、一位 10 世纪克什米尔学者，和一位 17 世纪泰米尔学者为例，对印度人是怎样做语文学的逐一阐明。

1.1 校订

校订，即对诸抄本进行检查从而选出最可靠的所见版本。一些我们关于校订实践的最好的数据通常来自梵文史诗，如《摩诃婆罗多》，而非宫廷文学。④ 早期大诗的注疏家往往也是编辑，但也不总是如此；而注疏写本通常

---

① 出于某种期待，注释体裁的术语，如 bhāṣya、vārttika、vṛtti、ṭīkā 等等，一般比历史叙述上的更合乎规范，参见保罗·格里菲兹（Paul Griffiths）：《宗教读本》，纽约：牛津大学出版社，1999 年，第 112—113 页，而有时却不那么标准。包括 khaṇḍānvaya 或 kathaṃbhūtinī，意为"分析风格"在内的话语程式，传承于阐释学传统；而 daṇḍānvaya 或 anvayamukhī，意为"句法风格"在内的话语程式则脱胎于逻辑学传统。

② 需要注意的是，很多注释或编辑文字仅存在于抄写的年代，用于辨别句法结构，或者标明变体，而不仅是改正，但是随着现代印刷普及，这些注释或编辑文字在现代印刷版本中逐渐消失了，详见热拉尔·考拉斯（Gérard Colas）：《对印度手稿中使用修改技术的校对》（Relecture des techniques de correction dans les manuscrits indiens），载于雅各布（C. Jacob）编《知识之地（第二部）：智慧之手》（Lieux de Savoir 2: Les mains de l'intellect），2011 年，法国：阿尔宾·米歇尔，第 509—535 页。

③ 当梵文不仅成为从诸如希腊语、泰米尔语、波斯语和其他语言翻译过来的目标语，又成为翻译而使用的源语言，诸如大量译入汉文、藏文、爪哇语及印度俗语的情况下，译者在译入梵文的过程中，对于译作是不发一言的，而自梵文译出更加难于置喙。对此详见介绍。

④ 以下两段改编自谢尔顿·波洛克：《人类世界中神的语言：前现代印度的梵文、文化和权力》，伯克利：加利福尼亚大学出版社，2006 年，第 230—231 页。

并非围绕着一个目标文本(如古希腊的情况),这说明了专属校订的缺失。尽管注疏家清楚地意识到了诸变本,他们从未提及写本的整理,尽管有大量的直接或间接的证据显示他们是比较过这些文本的。12 世纪注疏家南居护(Dakṣiṇāvartanātha)在为《罗怙世系》(Raghuvaṃśa)作注时曾告诉我们,他是"在考察过来自不同地区的不同写本后才准备了他的注疏,从那些变本中只选取了正确的文段,而摒弃了其他"。也有间接证据表明,持护(Mallinātha)在注疏《云使》的时候识别出六颂诗其实是插入成分,这是只有基于诸写本传统的比较上才能得出的结论。① 与之相反,史诗注疏家往往提供更清晰的证明,尤其是为在文化上有奠基意义的《摩诃婆罗多》作注时。《摩诃婆罗多》即是一部反复被编订的作品——尽管我们尚不清楚其过程——最终于近代早期(1400—1700 年)被"出版"。

尤其是在参与了印度浦那校订本编纂的学者中,存在这样一种倾向:认为"通俗本"是一种自然形成物,就像在《摩诃婆罗多》传统之河河口的天然沉积。这种情况是不存在的,其实只是青颈四忍(Nīlakaṇṭha Caturdhara)的有意识的建构。这位来自马哈拉什的婆罗门在 17 世纪中后期活跃于印度北部。② 在他的《摩诃婆罗多》编本与注释本的导言中——并在其补录《诃利世系》(Harivaṃśa)中反复提及,青颈写道,他搜集了"不同区域内的许多写本"并"精校式厘定下了最好的读法"。③ 从他频繁地在每一颂中或者在单个的文段中讨论变体(他几乎没有提及在哪儿,更别提为何他校订过文本)可见,青颈应该在这个过程中做了大量的编辑工作。他甚至曾承认了自己的失败,抗声道,"只有毗耶娑(Vyāsa,传统认为的《摩诃婆罗多》的作者)本人才知道此处真正的读法"。④ 此外,他厘定的文本与天觉的文本出入甚

---

① 达克西那瓦尔塔(Dakṣiṇāvarta)未发表的注释经由乌尼引用(vaideśikeṣu kośeṣu pāṭhabhedān nirīkṣitān/sādhūn ihārpayann anyāṃs tyajan vyākhyātum ārabhe//)。持护参见《云使》(17, 26, 52,由于他曾作删减,在此不做赘述),参见乌尼(N.P. Unni):《迦梨陀娑的〈云使〉》,德里:印度维迪亚·普拉卡珊出版社,1987 年,第 42 页。

② 关于此作品及其早期现代特点参见克里斯托弗·米考夫斯基(Christopher Minkowski):《何以"传统"? 论青颈四忍的〈摩诃婆罗多〉评注的成功》,载于斯夸奇尼(F. Squarcini)编《南亚传统的边界、动力和建构》,佛罗伦萨:佛罗伦萨大学出版社,2005 年,第 179—206 页。

③ "Viniścitya ca pāṭham agryam."

④ 关于《诃利世系》1.37.30("真正的读法",pāṭhatattvam),参见拉姆·尚卡尔·跋多恰里亚(Ram Shankar Bhattacharya):《评论家在文本批评中对手稿的使用》,载于德威维迪(V. V. Dwivedi)等编:《编辑与谱写的规则》(Sampādana ke Siddhānta aur Upādāna),瓦纳拉西、萨纳特:中央高等藏学研究所,1990 年,第 219—228 页,第 220 页,也见于 224 页转译部分。跋多恰里亚还根据写本价值收集了参考信息,比如年代(古老,新近,残破,"完好")、来源地区(孟加拉,克什米尔,"西部","北部")以及阅读使用,尤其是它的常用程度(一般,偶尔,极少)等等。

大；后者作为现知最早的注疏家，由于生活在克什米尔，厘定了一部基于西北地区传统的校订本。天觉的《智慧之光》开篇本身没有给出任何校勘方法的描述，而从其剩下的作品部分也很难推出其方法。但是青颈明确地认可了这些散布在各地区的写本，而他默认了这些都是同一文本的不同版本，必须通过彼此比对才能找到文本的真实。这样的态度大体上就是文本性理论的重要标志，同时也是对特定文本存在模式的理解。而这些信念共享于每一位试图解释他的编辑过程的编者中。

18 世纪有位名为知识海（Vidyāsāgara）的学者在今天的孟加拉地区准备了一版《摩诃婆罗多》。在他的介绍里，知识海示意他编辑《摩诃婆罗多》的方法和理念为一种文本现象。他将这个版本描述为基于"孟加拉传统文本""孟加拉地区传统文本的写本"，以及"来自西部的写本"版本。他还从孟加拉、阿萨姆以及比哈尔邦的南部和北部等多地识认了更多的写本，这些大概为未形成系统校订的版本（sampradāyas，师徒传承的传统）。他同样使用了至少十几个早期注疏，包括彼时已是很古老的天觉的《智慧之光》，其中不少偈颂知识海都借鉴到了他的导言里。[①]

纵贯梵文文学史，随着新的文化在不同地域的觉醒，跨地域材料搜集带来了一个长期的校订本地域化过程（多归咎于地域写本的不断增长）。这明显是一个近代早期的现象。同样的情况也可见史诗注疏的流行，在这段时间经历了惊人的增长。特别是《罗摩衍那》的注疏，从 13 世纪在南印度出现后，在 18 世纪达到百科全书式的丰富度，尤其是在坦焦尔的帖目八哥·马钦（Tryambaka Makhin）完成他的庞然巨著之后。确实，由瓦拉德罗阇写就的首部注疏中就已指出了由"不熟练不同地区字体的抄书吏"造成的文本残缺，而结果导向了需要去通过"检查不同地区的多种写本"来厘定"正确的读本"（samyakpāṭha，正确之路）。[②] 此类作品以前在印度从未被写定，而这

---

① 不仅是年长的注释者系统地在学习（青颈遵循"先贤们的解释"，梵文原文："prācāṃ gurūṇām anusṛtya vācām"，见其导论中第六颂）传承，他们还将传承谱系保存在记忆中，并能够理解地按照其顺序呈现出来。

② 惠特尼·考克丝（Whitney Cox）让我想起这段引言：拉加万（V. Raghavan）：《乌达利对〈罗摩衍那〉的注释》，载于《东方研究年鉴》1942 年第 6 期，第 2 辑，第 1—4 页。并追溯回乌达利（Udāli）参考了稍晚些时候的哲学家、诗人吠檀多德希葛（Vedantadeśika）的观点，他出于维护各派经卷的初衷，曾这样写道："参阅了多种独立〔或说无歧义的〕写本"（原文：asaṃkīrṇabahukośapāṭhāvalokanād），摘自惠特尼·考克丝：《蛇与鹰：辩才无碍的语文学家多德希葛》载于《语文学的际遇》，柏林：柏林高等研究所/跨区域研究论坛，2014 年。尽管我们知道转写错误时有发生，尤其是从早期婆罗米字体和晚期夏拉达字体（转写的那些）然而除了乌达利地区以外，极少有编辑者关注过字体问题，更休提古文字学了。

种关于文本与它们如何被厘定的思考的声音也从未听到过。

1.2 修订

鉴于文本编辑的下一个步骤——决定正确的,或者最好的读法的标准——学者们之间的标准常常有不同,但它们虽然不同,却也都是依据一些原则的。这些原则非突发奇想,无论它们是多么默而不宣。印度学者们全然明了文本的情况需要编辑原则,而是这样的认知明确的来源不多,仅存于很少一部分讨论中。宗教改革家摩陀婆(Madhva,卒于 1317 年)认为,如《摩诃婆罗多》这种文本的含义"必须由其文本本身的字句决定"。也就是说,正如 16 世纪的对其注疏的善说王(Vādirāja)解释道,"不是靠我们天马行空的编造",但是,人们将自己的创造作为填补文段插入到了文本中;而如果遇到(自己的插入与原文)不相符时,就将原来的段落压下去,把它们转到文本的别处(根据善说王的说法,是以此方式干扰故事的发展);或者,就着自己的无知而胡乱解读。[1]"数千万的写本消失了,而那些还存世的也变得杂乱无章。一个文本可以如此混乱,以至于神明本身都辨明不清。"[2]

由于编辑原则缺乏程序化的陈述,想要发现它我们只能根据注疏家的文本进行筛分。[3] 10 世纪的文学学者喜天几乎写下了逐字逐句的注释,这要求他对于作品的文本状态给予密切关注。[4] 例如,从他注疏迦梨陀婆著名的宫廷史诗《鸠摩罗出世》(Kumārasambhava,又名《战神的诞生》),我们有他基于比较多种版本而得出的几十种对勘的讨论。[5] 这些表明了他标准的多样化:读本(或说段落)可从语法上或语境上被评判为"正确的/合理的/

---

① 梵文原文: *Svakapolakalpitavacanaiḥ*; *prakṣipanti*; *antaritān kuryuḥ*; *vyatyāsaṃ kuryuḥ*; *anyathā sc. kuryuḥ*。

② 参见《摩诃婆罗多旨判》(*Mahābhāratatātparyanirṇaya* 2.2—5);亦可参见孔德(P.K. Gode):《13 世纪的文本批评》,载于穆罕默德·莎菲(Mohammad Shafi)编《伍尔纳纪念文集》,拉合尔:迈哈·钱德·拉赫曼·达斯,1940 年,第 106—108 页。该段改编自谢尔顿·波洛克:《由内而外的梵文文学》,载于谢尔顿·波洛克编《历史上的文学文化:南亚的重建》,伯克利:加利福尼亚大学出版社,2003 年,第 39—130 页。该文中,孔德的参考文献被无意中省略了。

③ 开拓性概述,详见热拉尔·考拉斯(Gérard Colas):《印度古典文本的批评与传播》,载于《第欧根尼(*Diogenes*)》,1999 年,第 47 卷,第 2 期,第 30—43 页。

④ 这种文体称作五品诗(*pañc*〔*j*〕*ikā*),可能是喜天在文体上的一项创新,鉴于他的老师明雨对文本批评未显示出任何兴趣(如果他最近发表的关于婆罗维〔Bhāravi〕的注释确实可靠)。

⑤ 喜天的术语在此处仅用于版本对比,但也不仅限于此,喜天曾指出在一些"罕见"的写本中也有类似"校订本"(*recensio*)的引用(《罗怙世系》(18:17);引自多米尼克·古道尔、春永编《喜天的〈罗怙系注〉:迦梨陀婆的〈罗怙世系〉的最早评注》,第 31 页。

合适的/对的"，或者"更正确的/更合理的"；"权威的""错误的""误解的"
"残缺的""不合格律""古老的"；"贴合作者意""插入的"、需要"修订的"
"恶俗的"；当然还有"可爱的""优美的"和"更美的"。① 至少曾经他举证古
文字学（至少文字学）的标准时，注意到一个变型"会因混用两个相似的字
符而造成"，因此他拒绝那些与叙述相违的变型。② 当评估读本的时候，他
偶尔会使用基于熟悉度、古老性与真实性的原则："这一定是一部古老的读
本，因为它的表述方法不常见"。有时，古老程度原则与审美联系起来："这
颂诗句用古老的读法更加优美。"但是正是如此，古老的可能太古老了，以至
于会产生语法上（或者语汇上、韵律上或者修辞上）的不规则性，比如吠陀主
义。放眼四周，像其他注疏者一样，为了他的作者免遭语法谬误之灾，喜天
偶尔也会建议作出修改，但他在实际面临文本修改的时候有所犹豫，而最后
以留传下这些不合规的圣句而告终。③ 这紧张的局面将伴随整个梵文语文
学史（而这在其他地方也屡见不鲜）。一方面，正如写本所示，一些抄书吏和
编辑们十分适应熟悉对勘中所遇的问题，准备好了去改变文本，无论是基于
语法偏离，还是审美缺陷，抑或是逻辑错误上的修订。这是诗人们忧虑的源
泉，正如一位 12 世纪来自克什米尔地区的诗人所言："高尚的学问，不论自
身多纯洁，都不应用来修订好诗人的好作品，正如神圣的灰旨在涤罪，而并
未广泽于人们饮用的水里。"④另一方面，有些学者明确地表示拒绝修订。
持护，一位 15 世纪来自安塔拉的著作颇丰的注疏家，着意向读者保证，他的

① 梵文术语，包括 *sādhu/yukta/samīcīna/samyak*, *sādhīyān/yuktatara prāmāṇika*;
  ayukta 或 *apapāṭha*; *prāmādika*; *duṣṭa*; *asaṃbaddha*; *ārṣa/prācīna/jarat*（所有都在修饰 *pāṭha* 一词）; *prakṣipta śloka*;
  śodhana; *asabhya*（《鸠摩罗出世》3.41 曾出现过一次）; *sundara/ramya/ramyatara pāṭha* 等，另加
  上 *anarya*（参见《云使》72），从语法纠正的角度来看，都有"不道德的，下等的"意思。也可参见
  热拉尔·考拉斯（Gérard Colas）：《印度古典文本的批评与传播》载于《第欧根尼》，1999 年，第
  47 卷，第 2 期，第 35—36 页。这些解读尚无明确出处，即使有出处，也较为模糊，无从考据，比如
  "一份古老的手稿""一份东方文本"。
② 梵文原文为："*lipisarārūpyamohāt*"，见喜天的评论于《云使》（2）——此处经译者查询梵文原文后
  对本文进行了修改。尚不确定的是"*prathama*"（"首先"）一词是否可为"*praśama*"（"寂灭"）一
  词的变体。
③ 《鸠摩罗出世》（3.44）（"我们应该阅读……"文理错误暂不纠正; cf.3.28）; 亦可参见多米尼克·
  古德尔（Dominic Goodall）：《*Bhuteʿāha' iti pramādāt*:〈罗怙世系〉特定偈颂表现的变化证据》，
  载于《德国东方学会学报》2001 年第 151 期，第 1 辑，第 103—124 页。喜天的第一准则可参见
  《鸠摩罗出世》（1.46），"*aprasiddhatvād ārṣaḥ pāṭhaḥ*"是西方文本对勘中"更难阅读的就是更强
  的"（拉丁语: *lectio difficilior melior*）或"恰到好处地正确"（拉丁语: *potior est*）等常见准则的梵文
  版本；第二准则参见 2.26, cf.2.37，"*jaratpāṭho'tra ramyataraḥ*"。
④ 参见谢尔顿·波洛克：《由内而外的梵文文学》，载于谢尔顿·波洛克编《历史上的文学文化:
  南亚的重建》，伯克利: 加利福尼亚大学出版社，2003 年，第 39—130 页。

注疏是准确传述自己找到的写本内容的。① 一般来说,注疏编辑家们确实会尽所能去追求厘定一部连贯而权威的文本,基于已经接受的(āgata：来,接受)文本传统,而非臆测出来的(kalpita：主观臆测,突发奇想)传统。尽管如此,仅在他的前人们有指出过时,持护有时也会采用一些臆测成分,而他们本身即保护了所谓接受的文本。②

喜天遵循的对勘实践在包括宫廷文学与史诗在内的所有梵文文学的注疏中十分常见。同时,这些实践具有十分显著的意义,即使复杂难懂,但它们告诉了我们实际中语文学的标准。其次,考虑到插入句的问题,我们看到阿周那护天(Arjunavarmadeva,活跃于1215年),——著名的7世纪爱情诗集《阿摩卢百咏》(Amaruśataka)的编辑注疏者;他拒绝了一些诗句,认为这是二流诗人的插补。这些二流诗人即使只能匿名,也要挤进《阿摩卢百咏》。编纂者明显了知"插补"的概念与其孪生兄弟"伪造"("伪造"在世界文学中也经常出现,不仅仅是碑铭中,正如晚期一位诗人所做的《鸠摩罗出世》的"大结局"一样)。但其使用的标准也具有典型的主观性。在阿周那护天的个例里,他的判断全然植根于个人品位。他说,插补的诗都是较差的,那种东西只有二流逻辑家、格律家和语法家才能生产得出来,而在他们手里,作品的味(rasa),或曰情感张力,散布在风中反复无常。③ 然而,像其他编纂者一样,阿周那护天不断地将插补加入到他的修订本中,所以不管怎么看,他也做了伪造。④

---

① "我不传播不可考据之言"("Nāmūlaṃ likhyate kiṃcit")。他的这句话主要见于其所有关于大诗(kāvyas)的评论的诸多引言中(对很多人而言,这句话更为通俗的理解为"无证据之言",虽然这句话加上"likh"这一动词可能会更好一些)。

② 持护解读《云使》(2.39)时将"tanu ca"读作"pratanu-",喜天(v. 99)曾指出,"ca 在此处无意义"一且并未解释这古老变体。实际上,持护曾读过喜天,因此他必然选择接受该说法。关于持护的保守主义特征可参见劳伦斯·麦克雷:《锁链中的诗歌:梵文诗歌传统中的评注与管控》,载于舒尔曼(D. Shulman)编《古印度和伊朗的语言、仪式和诗学》,耶路撒冷:以色列人文与科学研究院,2010年,第231—248页。

③ 参见《阿摩卢百咏》(46—47). 也有一些学者认为为了符合某些(后世的)创造规则(《艳情百咏》679—680),某些诗节被篡改(upakṣipta)到一些俗语宫廷诗中。铭文伪造参见理查德·所罗门(Richard Salomon):《印度的仿造艺术》,载于热拉尔·考拉斯(Gérard Colas)、葛蒂·葛施海默尔(Gerdi Gerschheimer)编:《古典印度学的写作和传播》(Écrire et transmettre en Inde classique),彭迪彻里:法兰西远东学院,2009年,第107—134页。

④ 在《罗摩衍那》中很常见(更多例子参见我的注解2.89.19;3.45.27, 47.30)。一个众所周知的例子来自《正法论》(Dharmaśastra),是《摩奴》(Manu 9.93)中美达蒂提(Medhātithi)。在校订完《摩诃婆罗多》第二册以后,富兰克林·埃杰顿(Franklin Edgerton)找不到任何证据证明是否有抄写员"有意或无意地遗漏了一行文字",详见富兰克林·埃杰顿:《大会篇》(The Sabhāparvan),普纳:班达伽东方研究所,1944年,第34页。这种保守主义也见于一些亚历山大学者之间。

整体来看,梵文对勘的证据表明了一种既是历史意向主义又是纯粹审美主义的文本性模式。这些标准,如果不是明显相冲突的话,也许并不命中注定会互相矛盾。文本是由作者有意为之的产物,不会无缘无故被改变;原来的意图可由对文本的变体进行谨慎评估而被揭示,由主观标准相补充,尤其是在识别插补的时候。与此同时,文学文本是 *lakṣyagranthas* ——规则束缚(*lakṣaṇa*)下的梵文文学产物的具体实例,其限制包括语法、词汇、韵律以及声与意的诗学理论。当冲突发生时,编纂者有时会觉得不得不向高尚的规则与正确屈服,即甚至会修正原典。[1]

除了世俗梵文对勘在第二个千年伊始强势崛起(或看似已经兴起)的事实之外,对其接下来的历史我们远没有能力去施行任何一种发展式的叙述。在近代印度早期,没有像洛伦佐·瓦拉(Lorenzo Valla)一样的人物出现去改变文本对勘的游戏规则。虽然调用古意来辨别读本,但是这种感觉在这一原则里却十分不明确。过去的语言是不同的,这一定理从来没有发展成为一种历史言语学(historical glottology)的学科。但是,相较于洛伦佐·瓦拉对拉丁语的审定,语言变化这一观念的缺失很容易得以解释:根据梵文语言意识形态,自吠陀时期后,梵文本身的改变基本上是不可能的,而梵文发展在某种程度上以实际生产看似理论的表达而告终。

这就是说,一位 17 世纪的学者的确开始撬动与历史无关的语言纯洁性的大门,这可从根本上改变文本对勘的实践。在那罗衍那(全名:Melpputtūr Nārāyaṇa Bhaṭṭatiri,生于约 1660 年)这位在 17 世纪喀拉拉邦最负盛名的知识分子的众多著作中,有一篇如今几乎被人遗忘的短篇论著,名曰《那罗延·婆吒的〈非标准梵文有效性的证明〉》(*Apāṇinīyaprāmāṇyasādhana*)。这篇论著是随一封作者给其对手"柯拉王国"(今泰米尔纳依邦)学者的公开信一同发表的。[2] 这篇小论包含着或者隐含着的新思考要比其题目更具有颠覆性。到了 17 世纪中叶,在梵文思想不同的领域里,一种新传统主义开始显露,在面对当时所谓的"新派"(*navya*)学者的挑战时,其重申了古人的权威。[3] 这一点在语法上体现得更为明显。与那罗衍那同时代的北印度人

---

① 前述两段中的部分内容引自谢尔顿·波洛克:《由内而外的梵文文学》,载于谢尔顿·波洛克编《历史上的文学文化:南亚的重建》,第 112—113 页。

② 其种两位注名为 Someśvara Dīkṣita 和 Yajñanārāyaṇa Dīkṣita,其余几位并不知晓。

③ 详见谢尔顿·波洛克:《前现代末期人的终结》,阿姆斯特丹:荷兰皇家艺术与科学学院,贡达基金会(Stichting J. Gonda-Fonds),2005 年。有些值得注意的关于古今之争(*Querelle des anciens et des moderne*)的副本在著作中被保留下来。

跋多吉·底克希塔(Bhaṭṭojī Dīkṣita)就曾强烈地再次重申波尼尼以及另外二位古代哲人迦旃延那(Kātyāyana)和波颠阇利(Patañjali)的观点是未有争议、毋庸置疑的。而那罗衍那可能并不是试图推翻以上这些观点，而是试图补充它们。如他所言，"我们极其愿意接受的是波尼尼学派有着独一无二的优点；我们不接受的是因此而否认其他学派的权威性存在"。① 他讨论的要点已经偏离所谓的补充，而且事实上较为激进，因为他实际上做的，尽管多么不明显，是在恢复梵文既有的历史性也有的人文性。

该时代的很多学者将古代权威视为神的化身。在 18 世纪学者的眼中，11 世纪的诗学家曼摩吒(Mammaṭa)是演说女神的化身。② 然而，对于那罗衍那而言，波尼尼不是一个神话人物，而是活生生的人。他认为，在波尼尼之前，必定有语法权威性的其他来源——波尼尼可能只是改进了语法，而非发明了它——因此，那些波尼尼之后的人——例如 5 世纪的月官(Chandragomin)，9 世纪的沙格德衍那(Śākaṭāyana)，甚至 11 世纪的婆吒(Bhoja)和 13 至 14 世纪的乌博德瓦(Vopadeva)——也可以被算作权威，因为权威性的基础是知识，而不是在一个传统中的位置。③ 即使人们认为语法传统即是权威本身，但是讽刺的是，其权威性的基础与其相对，如同那罗衍那将语法学家波颠阇利和传奇史诗诗人毗耶娑就某个特定用法进行对比时所言："人们可能会反对这一说法，即由于波颠阇利是至高权威，所以他的说法是不可辩驳的。但是同样作为代表性人物，毗耶娑也是一位至高权威，那么我们不会准备去驳斥他的所言，这样替代性的语法就成为可能。"④那罗衍那建立起这些所有的观点，不仅是抽象化的，还包括对那些受人尊敬的诗人和注疏家实践的经验分析。

这篇小论中所反映的文本对勘含义是很重要的。梵文文学写本的变型来源于对于抄书吏和注疏家对于作品中的语法、韵律和修辞的文化权威性的判断。⑤ 那罗衍那颠覆了梵文文化中长期存在的权威信条，即理论支配实

---

① 萨尔玛(E. R. Sreekrishna Sarma)编译：《那罗延·婆吒的〈非标准梵文有效性的证明〉》，蒂鲁帕蒂：斯里文卡特斯瓦拉大学东方研究所，1968 年，第 18 段。
② 参见谢尔顿·波洛克：《前现代末期人的终结》，阿姆斯特丹：荷兰皇家艺术与科学学院，贡达基金会(Stichting J. Gonda-Fonds)，2005 年，第 39 页。
③ 萨尔玛编译：《那罗延·婆吒的〈非标准梵文有效性的证明〉》，第 27、19、35 段(引自语法学家提及的部分)。
④ 同上，第 13 段。
⑤ 最后详见多米尼克·古德尔：《使用古代"修辞学"(alaṅkāraśāstra)的"理论"文本追踪文学文本的传播》，载于热拉尔·考拉斯、葛蒂·葛施海默尔编《古典印度学的写作和传播》，第 63—77 页。

践(诗歌很少在语法方面被引用,也不用被用于判断一个用法——语法本身可以这样做——但是仅限于描述它)。这里,那罗衍那认为实践可以支配理论。^① 他援引古典诗人牟罗利(Murāri)、薄婆菩提(Bhavabhūti)和室利诃奢(Śrīharṣa)以及一些语法学家和哲学家们,确立了这一论点。如同他在其语法论中所阐释,"我们反对这样的观点,即〔援引的形式〕是〔8 至 9 世纪波尼尼语法〕《迦师迦注疏》(Kāśikā-vṛtti)认定的语法错误。^② 谁敢断言诗人牟罗利、薄婆菩提等不具有权威性?"^③或如同他在作品较末尾处在更广泛意义上说道,"语法的权威性是不仅通过约定俗成的用法和以往的语法得以确立,也通过论证智者的权威性来确立。"^④这里对文本对堪的暗指明显具有实质性,而这些暗示是否被后世注疏者投入实践也和其他问题一样还有待确定。^⑤

1.3 读本(Reading)

阅读和诠释梵文文献到底意味着什么? 或者说,"使文本产生意义"的一个关键要素是什么? 这一问题在梵文传统中仍然是被主题化的,因此需要依然需要依赖那些来自实际操作中的数据采集。对于诠释这一部分,这样的工作会尤其消耗力气。例如,我们很难找到更完整的证据展示 14 世纪来自喀拉拉邦的迦梨陀婆的注疏家阿周那言护(Aruṇagīrinātha,又称湿婆达娑〔Śivadasa〕)所提供的此类专家读本。

在《鸠摩罗出世》的注疏结尾部分,阿周那言护写道他的作品是为以下三类人而写:一类是那些有教学需求的人(即"那些理解句子含义有困难的人");一类是那些有审美需求的人(即"那些沉溺于在审美情绪〔rasa〕的深水里沐浴的人");还有一类是那些有宗教需求的人(即那些"湿婆神和女神

① 这也许是他学习南印度俗语语法的结果。在卡纳达(Kannada)语法理论中,至少从 13 世纪中叶起,语法规则与文学例证的关系便互有颠倒:例子固定了(文学)用词。详见谢尔顿·波洛克:《一种新的语文学:卡纳达思想史中的规范约束实践到实践约束规范》,载于舍维拉尔(J.L. Chevillard)编《南印度视界:佛朗索瓦·格罗斯庆贺文集》,彭迪彻里:法兰西远东学院,2004年,第 10 卷,第 1—3 期,第 407、411—412 页。

② 详见《迦师迦注疏》(ad 7.3.34)(此形式称作 anyāya,"变体")。其中有一个词 viśrāma("息",此处作 viśrama)被迦梨陀婆(Kālidāsa)所用,却被喜天称作一个"错误"(pramādaja)(详见《云使》25)。

③ 萨尔玛编译:《那罗延·婆吒的〈非标准梵文有效性的证明〉》,第 15 页。

④ 同上,第 33 段,第 2—3 行。

⑤ 那罗延·婆吒的学生,曾评注过迦梨陀婆和薄婆菩提(Bhavabhūti)和那罗延般地达(Nārāyaṇapaṇḍita)作品的作者,其所作的更加透彻的评论将会为我遗落的部分提出证据。

的信徒")。① 他的整个作品自始至终都在力图满足以上三类人的需求。这里所提及的单纯的语法和修辞的注经法,包括注释单个单词、分析复杂语法形式、厘定正确的句法、引用来源、引用平行段落来厘定词句含义或用法、识认和解释说话的人物。以上这些无疑需要广博的学识、非凡的智力和高度灵敏的鉴赏力,而这些工作对于梵文注疏来说是标准的操作,在别处已被描述过了。② 在这里,和我们的目的更加相关的是阿周那言护诠释的关注点。大多数的注疏家的注意力仅局限于研究由偈颂组成的梵文文章的基础段落,即单个诗节;他们不会为大家透露他们对该作品其他更大部分的理解,更谈不上整体去谈论作品。与他们不同的是,阿周那言护不时能够让人们一瞥印度语言学者们更大的解释目的。③

以他对《鸠摩罗出世》的第一章的阐述为例。该诗叙述了伟大的湿婆神和喜马拉雅山之女波哩婆提相结合并孕育出了一个能够杀死宇宙恶魔塔拉卡的儿子。开篇为十六节诗,含有关于喜马拉雅山赞颂式的描述,从语法上解释(结合首颂诗句)为一个单独的句法整体,所以应该要整体来理解。对于一个当代的语文学家,其首要工作应该是理解单元性,也就是说,对于该单元,其目的带有双重性,复制了诗中喜马拉雅的两个角色。一方面,"他"是一位具有神格的人物,是诗歌中的女主人公波哩婆提的父亲,因此是该故事的一位附属英雄(patākānāyaka),对他的描述必须和女主人公的伟大相匹配;另一方面,"它"也是故事发生的地点,从这个角度来说,用梵文文学理论的术语来表示就是角色的基本情感状态产生的"刺激因素",即我们可以将其看作是故事背景。因此,它是能够引起情欲的地点,而这是故事本身所关

---

① 《鸠摩罗出世》3:327。

② 例子详见加里·涂普(Gary A. Tubb)、埃默里·布斯(Emery B. Boose):《学术梵文:学生手册》,纽约:哥伦比亚大学美国佛教研究所,2007年。

③ 在泰米尔世界如此,详见诺尔曼·卡特勒(Norman Cutler):《诠释〈古拉尔箴言〉:文本创造中评论的角色》,载于《美国东方学会杂志》,1992年第112期,第4辑,第553页,本文实际探索了一个"文本"能由《古拉尔箴言》的独立诗行开始,被生发到多大;一个好的梵文在由罗摩月·布登得拉(Rāmacandra Budhendra)对伐致诃利(Bhartṛhari)的《百咏》注释中在罗马古典时期同样如此("尽管少于他们的现代对应物,古代注释家们也无法在将文本看做一个整体之前,将他们的目光从注释条目上立即移开,"罗伯特·卡斯特:"学术",收录于巴基耶西、沙伊德尔编《牛津罗马研究手册》,牛津:牛津大学出版社,2010年,第496页)。在持护六部注释作品中,仅有一部作品总结全本(详见《野人和阿周那》1.46:他将主人公定义为"般度中间之子〔般度五子,常被比喻为一掌五指,此处指般度第三子阿周那〕,那罗延的化身之一",宿敌"神圣庄严的猎人"〔Kirāta〕,主要味与从属味"英雄味与艳情味",叙事元素"雪山形象的描述",以及目标"神圣武器的获得")。

注的。但是,和此情欲本质相匹配的刺激因素还有：世上父母对孕育最强后代的渴望。从以上两个角度来看,我们可以理解该部分是如何以描写喜马拉雅的生动来开头和结尾的：首颂诗句强调神性（"本质上的神",颂1）,而创世神安排了给他的一份祭品（颂17）；而插入诗颂部分从山石的描写强调了喜马拉雅山神奇的情色特质。每一个感官都得以满足——散发着香气的微风、发出哨声的芦苇、作为装饰物的闪亮亮的矿石、被当作路灯的在夜晚会发光的神奇植物等等。同时,创造浪漫氛围的所有其他饰物随处可见、十分丰富,从成堆的珍珠和撰写情书的桦树皮,到沦为遮挡性爱场景的屏风的蓬松云朵。总而言之,喜马拉雅山是一个完美的地方——实际上也是唯一的地方——两位神圣夫妇可以结合孕育出将会对决宇宙威胁的神子。①

传统的印度读者对这类的思考并不敏感——阿周那言护的确注意到首颂如何依次描述喜马拉雅山的各种优点,包括其美丽,美丽是情欲感（rasa：味）的要素——诗人选择创作这样一个单独的文本结构,并与一个更大规模的论点相链接,对此阿周那言护并没那么在意。令人惊讶的是,即使是组成这个叙述的"情感"（rasa）的美学逻辑——更大的文本结构意义的一个好处在于其情感构建和其（对后来的理论家们）对读者的影响②——也很少引起人们的兴趣。③ 阿周那言护关注的是将该章的更大叙述论点作为一个整体。他对此的表述如下：

在本章中,我们伟大的诗人暗指了《欲经》关于未婚女孩的婚姻关系一章里吸引丈夫的部分……第一个注释④为："一位少女（a）如果在学习（情爱）上显得迟缓,但她保有贞洁；或者（b）她很贫穷、或父母双亡并和亲戚们住在一起；和/或（c）没有收到来自合适伴侣的求婚,那么,她就应该自己去寻求婚姻。"女孩自己寻求婚姻的决定条件是她青少年时期没有收到合适伴侣的求婚。如经书所言,之所以这样的原因通常是一个女孩的混沌、贫穷,或者父母双亡,在现实中我们可以发现事实确实如此。与这些原因不同的是,在我们的案例中,我们将原因归结为至尊神的本

① 相似的逻辑适用于16行诗,《库拉拉》（Kulala）1.32-47,描绘女神身体的部分。
② 全文详见谢尔顿·波洛克：《味之读者：印度古典美学的历史资料》,纽约：哥伦比亚大学出版社,2016年。
③ 因此,第三品中爱神攻击湿婆的一大重要"意义"即是英勇味（vīra）,正如第四品中见到自己丈夫被焚致死的罗蒂哭夫是悲悯味（karuṇa）一般。对于很多后世理论家来说（如11世纪末的理论家阿毗那婆笈多〔Abhinavagupta〕）,至关重要的则是味与味之间的次序与相互关系。
④ 此处是指《欲经》（Kāmasūtra 3.4.36）中的《胜吉祥释》（Jayamaṅgalabhāṣya）。

性,它与俗世生活没有交集。在该诗歌的第 51 颂中提到求欢的缺失,在第 50 颂提到没有任何其他的合适的新郎。女神所谓的"寻求〔与湿婆神相结合〕"出现在第 20 颂里,她对湿婆神的天生的欲望被她的青春隐约唤醒,然后被半神那罗陀(Nārada)明确的预言完全唤醒。《欲经》得到律法书籍的证实,后者允许一位成年女孩的"自我选择"……第四个对《欲经》的注释是女孩的母亲应该让其在朋友和保姆的陪伴下接近潜在的新郎,这里的朋友的作用在于缓解女孩的尴尬,而"母亲"代表包括父亲在内"长者们";因此,在第 57 颂中,女神的父亲让她服务湿婆神的内容便和《欲经》所示相符。第五个注释介绍了女神的香气、鲜花、槟榔,以及在合适的时间于私密地点款待新郎,而这些都表现在该诗的第 59 颂。①

对阿周那言护来说,使迦梨陀娑的文本有意义就意味着要将其与那些一系列的互文,即先于该文本存在的大量的辅助知识嵌入到对文本的理解中。语文学的阅读是练习重构此互文网络。当传统的读者理解了语法、修辞、伦理学、逻辑、法律等等中的范式时,他可以说他读懂了《鸠摩罗出世》。这也是符合诗人所建议和重申的,即作品的目的在于服务读者之"教化"(*Bildung*)。②

2. 经典注疏(Scriptural Commentary)

吠陀经典的注疏带我们进入语文学的范畴。吠陀(Vedas)注疏在其方法和目的上跟文学注疏有所不同,但在历史形态方面二者却出人意料惊人地相似。尽管文本的变型肯定也存在于含吠陀典籍的作品里,文本本身则存在大量早期编辑工作的痕迹。③ 他们还展现了一种传播中的不变性,这在世界文

---

① 《鸠摩罗出世》v.1,108。

② 同见劳伦斯·麦克雷:《锁链中的诗歌:梵文诗歌传统中的评注与管控》,第 231—248 页。在他的注释末尾,阿周那言护讨论了部分的叙述和伦理逻辑(在诗中多罗迦之死与室犍陀的出生部分的缺失;爱神的攻击与身殁;湿婆答允婚事)都是为了显示出此文中宽阔的伦理指南(《原人义源》〔*Puruṣārthavyutpatti*〕v.3, p.327)。

③ 在最古老的文本《梨俱吠陀》中,尽管变体大量存在,尤其是当它的一些圣歌也同样见于一些其他的语境,仅存的口耳相传,确实有效抑制了作品本身的文本变迁。据我所知,对其他吠陀本集(*saṃhitās*)也有大量校订,注释家多大程度上参与到文本多样化的过程中来,目前尚未有过系统研究。在其他经典传统中,比如耆那教,注释家记录下这些变体,但从不明显地裁定它们的优劣。参见纳利尼·巴比尔(Nalini Balbir):《面对耆那教白衣派经典的读者》("Les lecteurs Jaina Śvetāmbara face à leur canon"),载于热拉尔·考拉斯、葛蒂·葛施海默尔编《古典印度学的写作和传播》,第 43—62 页。

化史上都属于特别的。公元前最后几个世纪里，弥曼差派（Mīmāṃsā）所提倡的教义就首次认为，吠陀文本是恒久不变的，这明显是有实际根据的。这也显然妨碍了文本对勘的介入。此外，鉴于吠陀经典的语言既古老又独特，即使确认存在文本变体，也难以确定以何种标准进行评价。① 抛开编辑差异，经文注疏和世俗注疏的历史平行及其概念的对称性——即注疏的必要性，注疏的目的和达到该目的的方法——都是惊人的，这样的平行与对称为第二个千年早期的文学文化创新提供了更多的证据。

考虑到佛教徒及耆那教徒对经书注释长久以来的兴趣，吠陀经典注疏出现较晚便让人更加好奇。抛开在这两种传统中经书经典本身带有评注性不谈，我们从很早时期就发现了注疏。巴利文《大藏经》最早的部分就出现了"佛语"（buddhavacana）的注解，而巴利文《大藏经》的注经手册自公元纪年开始便已存在。② 完整版本的巴利文经注直到公元 5 世纪才形成，它们是早期僧伽罗语文本的翻译，而僧伽罗语文本据说是来源于公元前 3 世纪的巴利文著作。随着大乘佛教的兴起，注经活动更为频繁。许多 2 至 5 世纪的主流学者均对（新的）佛经典籍作注疏，包括久负盛名的思想家龙树（Nāgārjuna）、无著（Asaṅga）和世亲（Vasubandhu）。在耆那教中，长期以来的宗旨认为，没有注疏的经典是"沉睡的"。俗语（Prakrit）的注解，有时也会上升为经典经书。这一类文本最早出现于 1 世纪，甚至可能更早（如贤臂〔Bhadrabāhu〕的著作），而真正闻名于 6 世纪，到了 8 世纪中叶梵文文论全面开花。③

---

① 如库马里拉（Kumārila，7 世纪，弥曼差派大师）所说："如 īde（出自《梨俱吠陀》1.1.1）这样的词，在'赞颂'的意义上何处被使用过呢？"等等；"吠陀的形式本身"便显示出它是超绝的文本。见《坦特罗释补》（Tantravārttika）ad 1.3.12；《弥曼差见》（Mīmāṃsādarśana）第一卷，第 165—166 页。

② 对于前者，分别（vibhaṅga）或解释，可见于《中论颂》（Madhyamanikāya）本文；对于后者则是《导论》（Nettippakaraṇa）和《藏论》（Peṭakopadesa）。

③ 参见奥斯卡·冯·翰儒伯：《来自古印度的佛教评论：对上座部佛经的解释》，第 96—114 页；理查德·南斯（Richard Nance）：《与佛对谈：印度佛教中的经文评注》，纽约：哥伦比亚大学出版社，2011 年，尤其是第一章；硕宁（J. Schoening）：《佛经评论的西藏译本》，载于何塞·卡贝松（Jose Cabezón）、罗杰·杰克逊（Roger Jackson）编《西藏文献：分类研究》，纽约伊萨卡：雪狮出版社，1996 年，第 111—124 页。根据格里菲兹（Griffiths）的粗略估计，大概有接近十分之一的第一个千年的大乘佛教文本已被注释，见保罗·格里菲兹：《宗教读本》，纽约：牛津大学出版社，1999 年，第 110 页。关于耆那教注释传统，参见保罗·邓达斯（Paul Dundas）：《催眠的经典：耆那教白衣派的经文评论》，载于《印度哲学期刊》，1996 年，第 24 卷，第 1 期，第 73—101 页。纳利尼·巴比尔：《面对耆那教白衣派经典的读者》，第 43—62 页，尤其是该文的注释 19（传统上，人们认为贤臂〔Bhadrabāhu〕生于公元前四世纪，关于其确切出生日期，可参见第 78 页）。

几乎无有例外的是,所有的注解类文学都关注的是经典的权威性和真实性,而对语文学却一丝不感兴趣(即使有意识)。① 而在这里,我想强调的正是经典注疏里的先例。毫无疑问,多数注经的狂热是来自早期佛教徒和耆那教徒关于究竟什么才算是创始人之言的争论。这里的讨论鉴于历史上存在有一个创始人。当大乘佛教提出了一套全新的佛语文本后,这种争论变得更为尖锐。对于以上种种,以弥曼差派(Mīmāṃsa)为代表的吠陀传统便形成了鲜明的反差:吠陀传统不仅被认为没有创立者,并且其文本也被看作为没有作者的作品。然而,这一意识形态的不同不足以解释为什么吠陀经典注疏,像其文学孪生体一样,很大程度上是第二个千年早期的现象。而相较于其主要文本(约公元前 1400 年—公元前 800 年)的年代,这个时期是惊人地晚。②

"编辑"吠陀经典

尽管早在公元前 4 世纪《尼禄多》(*Nirukta*)——一本词源学著作(其开篇道"吠陀传统将会被解释……"(samāmnāyaḥ ... sa vyākhyātavyaḥ))——中便讨论了吠陀经典的注经步骤。而狭义的语文学问题在早期的语法传统中就被提及,当然在弥曼差派中,对吠陀文本更加严格诠释的注疏是被更严格地诠释的——这里指的是集结了祭祀仪轨的《咒语本集》(*Mantrasaṃhitās*)和仪轨大全提纲《梵书》(*Brāhmaṇas*),而这在第二个千年之初非常稀少。7 世纪中叶前,我们不知道有任何吠陀文本的注疏存在,因此许多学者苦苦思考,在公元前三百年所谓的吠陀支时期结束后,为何中间存在了一个长达千年的注经"休息期",而吠陀核心知识的注经法——例如语法——在此时被创造了出来。③ 而在 7 世纪,突然出现了几位注经学者均来自同一个地方(古吉拉特邦的瓦拉陂,Valabhī),并且他们彼此之间互有

---

① 由于佛教徒属于例外情况,我将详细介绍世亲的《释轨论》(*Vyākhyāyukti*),或者"注释的基本原理",见彼得·斯基林(Peter Skilling):《世亲和〈释轨论〉文献》,载于《国际佛学研究》,2001 年,第 23 卷,第 2 期,第 297—350 页,尤其是第 319 页。但是他的观点从没被进一步研究过,后期的作者,如 8 世纪的寂天(Śāntideva),关注的仅仅是文本的真实性,而非文本的形式。直到现代早期,宗教经文的辩护者们(在 8 世纪著有《正教量》〔*Āgamaprāmāṇya*〕的阁木那〔Yāmuna〕就是一个例子)认为这是正确的。关于耆那教经典注释者,详见 213 页注①。

② 除了丹德卡以外,似乎并无对于吠陀注释的系统学术研究(孔达曾做过少量而机械的研究),此处所循可作为此项研究的初次尝试,见丹德卡(R.N. Dandekar):《梨俱吠陀评注:要点重述》,载于《德肯学院研究生院会刊》,1990 年,第 50 卷,第 157—168 页。简·孔达(Jan Gonda):《吠陀文献〈本集〉和〈梵书〉》,威斯巴登:哈拉索维茨,1975 年,第 39—44 页。

③ 丹德卡(R.N. Dandekar):《梨俱吠陀评注:要点重述》,第 157 页。

联系，①这似乎并不是冰山一角，而是一种反常行为，因为其后便是四个世纪的语文学沉默。仅仅在第二个千年伊始，与文学注疏情况十分相似的是，集中出现了一批具有历史价值的注解，达到 13 或 14 世纪的极点。② 这一学术发展的极点和这一场在抱负和眼界上印度史无前例的语文学运动体现在了沙衍那（Sāyaṇa，卒于 1387 年）巨大的注疏量中。③

早期文字注解的缺失——至少是将口头注解转向文字并使其更广泛传播的认知需求的缺失——及其中世纪晚期骤然的繁荣，在世俗文学和吠陀经典上均令人感到费解。这方面没有简单合理的解释，或许可以简单用某

---

① 斯坎达斯瓦米（Skandasvamin）是《梨俱吠陀本集》（*Ṛgvedasaṃhitā*）的注释者，其合著者为优吉塔（Udgītha）和那罗延（Nārāyaṇa）；斯坎达斯瓦米的学生诃利斯瓦米（Harisvāmin）在公元 639 年注释了《百道梵书》（*Śatapathabrāhmaṇa*）（特别是，注释其老师斯坎达斯瓦米负责的祷文部分，参见西尔维娅·丁提诺〔Silvia D'Intino〕：《有意义的真言：斯坎达斯瓦米〈梨俱吠陀释〉导论》，载于斯拉杰〔W. Slaje〕编《*Śāstrārambha*：梵文序论探究》，2008 年，威斯巴登：哈拉索维茨，第 149—170 页；《娑摩吠陀》（*Sāmaveda*）的注释者摩陀婆（Mādhava）也是这种情形。这些人中甚至没有一个知道其注释的是其老师的文本（None even hints at predecessors）。值得注意的是，婆罗毗（Valabhī）除了是当时的知识创新中心（在此著作的其他学者还包括与公元前 629 年完成对《阿耶波罗文集》〔Āryabhaṭa〕的注释者跋斯喀拉一世〔Bhāskara I〕，很有可能也包括《跋底的诗》的作者跋底，以及伟大的大乘佛教学者坚意〔Sthiramati〕，活跃于 570 年左右）以外，还是该世纪初期德瓦底伽人（Devarddhigaṇi）第一次修订耆那教经典的地方，在当时，由于很多僧侣死于饥荒，口述传统几欲消失，作者基于此种情况修订了该文本，详见纳利尼·巴比尔：《面对耆那教白衣派经典的读者》，载于热拉尔·考拉斯、葛蒂·葛施海默尔编《古典印度学的写作和传播》，第 44 页。如果该传统是真的话，有人可能会思考婆罗毗吠陀注释者（Valabhī Vedists）是否由一个类似的动机，或者至少这样的情形，而得到发展。

② 室利文喀达里亚（Śrīveṅkaṭārya）之子摩陀婆（Mādhava）往往被认为是公元 10 世纪的人（见简·孔达〔Jan Gonda〕：《吠陀文献〈本集〉和〈梵书〉》，第 41 页）但实际上，可能是公元 12 世纪的人（见《梨俱吠陀释》，卡西纳思·萨斯特里·阿加西〔Kasinath Sastri Agase〕编：《〈爱达罗氏梵书〉及萨古鲁希沙的评注》，2 卷本，普纳：阿南达·阿什拉姆〔Ananda Shrama〕，1930—1977 年；他的其他作品《昆汗王》见昆罕·拉贾〔C. Kunhan Raja〕：《关于〈梨俱吠陀〉和〈尼禄多〉的评注》，载于《第五届印度东方学会的议程和报告（拉合尔）》，第 1 卷，伦敦：亚瑟·普罗布斯坦，1930 年，第 240 页）；乌瓦怛（Uvaṭa）及其作品《瓦加萨氏本集》（*Vājasaneyīsaṃhitā*）是 11 世纪的；摩醯陀罗（Mahīdhara）与作品《白夜柔吠陀》（*Śuklayajurveda*）属于 12 世纪早期；萨古鲁希沙（Ṣaḍguruśiṣya）对《爱达罗氏梵书》（*Aitareyabrāhmaṇa*）的注释成书于 1173 年（他引用了前人戈文陀斯瓦米〔Govindasvāmin〕）；跋怛跋斯喀拉弥希拉（Bhaṭṭabhāskaramiśra）的作品《泰底里亚本集》（*Taittirīyasaṃhitā*）成书于 1200 年；德毗湿奴（Guṇaviṣṇu）与作品《歌者梵书》（*Chāndogyabrāhmaṇa*）和《娑摩吠陀》（*Sāmaveda*）属于 1200 年；诃拉优达（Halāyudha）与作品《梵书精华》（*Brāhmaṇasarvasva*）属于 1200 年（他曾在其注释中强调其注释的独创性，宣称至少有一条咒语是之前的释本没有的，见跋多恰里亚编：《诃拉优达的〈梵书精华〉》，第 31 页）；我认为跋吒戈文陀（Bhaṭṭa Govinda）（《梨俱吠陀》第八本《所闻月》〔Śrutivikāśa〕）可能也同样存在年代错误的问题，其依据是一份可追溯到公元 1367/1310 年的一份亲笔签名手稿。见印度国家博物馆：《印度馆藏的手稿：描述性目录》，新德里：国家博物馆，1964 年，第 10 页。

③ 出于方便的考虑，我只提及了沙延那的部分没有涉及与他哥哥摩陀婆（Mādhava）分离的压力以及其他部分。

个地域国王的慈善意愿及他们对吠陀学习进行赞助(尽管并非独家赞助)来解释。南印度的铭文为这一解释提供了可观的证据,而正是出于沙衍那取得的成就。① 但这并不能澄清为何赞助最先出现在当时当地。

无论真实的社会历史或思想历史的解释是什么,沙衍那的成就是惊人的。首先,他确立了或者说至少是收集了非常大一部分的吠陀经典——所有仪轨结集的四部《本集》(*saṃhitās*)、仪轨解释集《梵书》《森林书》(*Āraṇyakas*),共十八部大部头文本。这里的校订(*recensio*)活动远远超越了约三个世纪后青颈和知识海对《摩诃婆罗多》的注疏工作。② 对这些文本,作者广泛加注,参考了可见的早期注疏家的作品以及更广的传统学问的领域。③ 整个文集以印刷形式呈现,如同地毯一样,需要以流水码来计量。

3. 经典语文学(Scriptural Philology)

沙衍那在其作品中要达到的语文学目标的问题与其背后的社会文化原因一样复杂。如前文所述,这样的文本对勘很大程度上是没有意义的:对于每一部吠陀作品,假定不变的文本,理论上只需要一份写本,或者说一位活着的吟诵者。(据我所知,承认文本变型,只出现于沙衍那在较晚的《大那罗衍奥义书》〔*Mahānārāyaṇa Upaniṣad*〕的注疏中。)④ 但正如吠陀注疏所示,超越文本校勘范畴的注疏目标范围很宽泛。第一个层次是考虑到著作的古

① 所有关于沙延那的序言部分都提及了毗伽耶那迦罗(Vijayanagara)的赞助,铭文里也证实了注释者及其合作者们收受了昂贵的礼物。最新的社会历史分析,详见塞扎里·加勒维茨(Cezary Galewicz):《帝国的注释家:沙衍那和注释整个吠陀的皇家项目》,维也纳:桑姆隆·德·诺比里(Sammlung de Nobili),维也纳大学西藏和佛教研究南亚研究所,2009年。

② 表格详见塞扎里·加勒维茨(Cezary Galewicz):《帝国的注释家:沙衍那和注释整个吠陀的皇家项目》,维也纳:桑姆隆·德·诺比里(Sammlung de Nobili),维也纳大学西藏和佛教研究南亚研究所,2009年,第292—294页。

③ 他对于跋怛·跋斯喀拉(Bhaṭṭa Bhāskara)的引用在缪勒(Müller)的时代就为人所知。他对于文喀多摩陀婆(Veṅkatamādhava)的引用详见拉克什曼·萨鲁布(Lakshman Sarup):《圣文卡塔拉亚之子摩陀婆和赛衍那阇梨》(*Mādhava*, *Son of Śrī Veṅkaṭārya*, *and Sāyaṇācārya*)载于班达伽(B.R. Bhandarkar)编《B.C.法律卷》,浦那:班达伽东方研究所,1946年,第2卷,第34—37页。他对德毗湿奴(Guṇaviṣṇu)的引用详见跋多恰亚编:《诃拉优达的〈梵书精华〉》,第27页。

④ "'文本传播的传统'(tadīyapāṭhasaṃpradāya)在各个地区广泛流传。就流传的章节而言,达罗毗荼地区流传64章;安塔拉地区流传80章,卡尔纳塔克的部分地区流传74章,其他区域流传89章。我评论了流传较广的80章,尤其是尽可能的注释其中的变体。"引自热拉尔·考拉斯、葛蒂·葛施海默尔编:《古典印度学的写作和传播》,第232页。

典层面,对语法、句法及语义进行精准判定。12 世纪富有天分的注疏家善师弟子(Saḍguruśiṣya)这样评价道:

> 贪嗔痴会因论著中的禁令而停止吗? 当人饥渴时海水会变甜吗? 描述《梵书》文本的意义异常困难。人们渴求的吠陀经典的含义到来,而其到来的速度却比不过月亮来到母亲膝盖上哭闹祈求它的孩子面前。①

一点都不能忽视的还有文本的词源、仪轨以及神话方面。这些注经考量都是来自《尼禄多》中关于吠陀含义的最古老的反思。最终,从 13 世纪的宗教布道者摩陀婆开始到 16 世纪生欢(Atmānanda)、罗婆那(Rāvaṇa)等的加强发展,吠陀注疏的精神层面是新兴形成的,是为了适应近代早期史无前例强大的有神论的宗教运动的。②

最后一段发展的历史可以生动地用历史光谱两端的两个例子来说明。对 7 世纪的学者室建陀斯瓦米(Skandasvāmin)来说,注疏的目的简单直接:"把握《梨俱吠陀》的意思必须确保所有不同的咒语(mantra)在正确的仪轨中被使用。"③与此形成对比的是福道(Anandatirtha,或摩陀婆)所作的《梨俱吠陀疏》(Rgbhāṣya),其助理注疏家胜道(Jayatirtha,14 世纪晚期)认为这本注疏的目的如下:

> 吠陀的意义在于体现毗湿奴的恩泽。没有了恩泽,那些寻求恩典的人是不能到达轮回之海的彼岸。然而,如果存在误解,吠陀经典则不能达到该效果,更别说是不理解。正因此,师父们才会对一些吠陀诗节作注,其目的是以不同的方式来表现毗湿奴的至高无上。

罗怙文德拉底塔(Raghavendratirtha)是 16 世纪一位助理注疏家的助理,他的目的是为了在《弥曼差》的解释领域内(也旨在限制含义的扩散)展示,吠陀经典的所有诗颂是可能会有摩陀婆的宗派参考。④ 尽管不能确定,由于沙衍那并未提及福道/摩陀婆的名字,可能正是这种语文学的过度——或者实证主义语文学看来是多余的——他的注疏注定

---

① 《爱达罗氏梵书》序言最后几颂诗。
② 详见丹德卡:《梨俱吠陀评注:要点重述》,第 162—163 页。语法式注释至少持续到 17 世纪;证据之一就是语法学家跋托吉·底希多(Bhaṭṭojī Dīkṣita)的残存文本《吠陀精释》(Vedabhāṣyasāra)。
③ 斯坎达斯瓦米(Skandasvāmin)所作《梨俱释》(1)。
④ 阿南达底塔(Anandatīrtha)所作《梨俱释》(1—2)。

会引起注意。

跟上述目的同样重要的是沙衍那确立的基本概念框架,用来涵盖他提供的大量注解。该框架是沙衍那目标的核心,他在每篇吠陀文本注疏的导言中都不同程度地重复了这一理论。以下是他的《爱达罗氏梵书》(*Aitareya Brāhmaṇa*)的开篇,就如何开始对特定的一篇论著(*śāstra*)展开研究而需要进行的四个必要的先决步骤(*anubandhas*,即表明主题、目的、授权的读者及其与前提背景知识或准备活动的联系):

> 如何定义我们称作的"吠陀"? 它的主题是什么? 目的是什么? 允许会对其学习的读者是谁? 作品与读者的关系是什么? 它存在何种认识论的有效性? 如果无法回答上述问题,吠陀经典便不能成为合适的注疏对象。

吠陀经典被定义为非现世的文本(*grantha*),它可以提供扬善避恶的方法,其本身就是只有该文本适合的世外现象,而并非世俗的看法或推断。关于其定义的恰当性和内容的本质亦是如此。它的目的在于对这一内容的认知,渴望这种认知的人才有权去对其进行研究,而文本和读者的关系即是施惠者和受益人。

渴望可能是授权研究的一个主要要求,却不是唯一的。沙衍那提出了对妇女及低等人的限制,只有经过吠陀研究正式引征的人才可以研究吠陀经典,从而实现他对认知的渴求。至于认识论的有效性(如讨论"非现世方法"的问题),吠陀经典由于其恒久不变,没有作者,并不局限于任何日常话语中的认知失败:其有效性因此是内在的。最后一个问题在今天的读者看来非常引人注目,它关注的是密咒或仪轨程式注疏的正当性。根据吠陀思想的一个古老学派,这些内容的真实含义是不需要完全被了解,只要能使其奏效。在做仪轨时,印字被精准地念诵出来便以足够。沙衍那详细叙述了为什么理解吠陀经典——进而注疏吠陀经典——不仅是必要的,同时也是吠陀经典自身的需求。

抛开沙衍那注疏框架的新颖性,他涵盖的所有话题均回溯到了《弥曼差经》诠释学传统的开端中系统对吠陀经典本质反思的最古老的层面。将女性和低等人排除在外是经书及同时代甚至更早的佛法文本中由来已久的问题。吠陀经典的内在有效性是诠释学传统中一个被接受的假定,这一点又可以回溯到经书。对吠陀有效性的质疑在于其理解的经验主义,最早可见《尼禄多》。正如沙衍那所言,这一问题已于一千年前被古麻里拉解决了。①

然而,值得注意的是,这些旧的观点在十四世纪被不断重申,这是近代早期复古思潮的矛盾回归,是在更早的注疏中前所未见的。而这些观点在沙衍那之后以各种方式被重申,尤其是自 1550 年之后,吠陀诠释学经历了五百年以来的最大的繁荣,直到十八世纪末整个思想结构开始自行崩溃。

4. 后记:写给批判语文学

梵文语文学家关注的问题非常广泛,这些问题为当今的语文学家所熟知。他们想要研究写本的分布情况并确定整个文本的构成。他们热衷于整理资料,建立用于识别变体文本的规则框架。他们通常在限定的言语表达上思考阅读的意义,但有时放置在更大的篇章结构,包括文本整体上进行思考。他们关注文本阅读的语境,及适合这些语境的教学法。正如任何学科成员值得拥有名字,他们认为自己属于传统的一部分,培养该传统(偶尔会延后发生,如知识海之前的史诗注疏,中间相隔将近一千年),并在前人的著作基础上发展。

我们仅仅只是开始大致了解了这些关注点,而更别说关于它们的细节,无论在共时(什么是持续的规范?)还是历时研究(什么随着时间变化了?)上都亟待重视。而即使更好了解了这些问题,还有其他更多的问题等待我们。比如说,我们是否可以在近代早期开始时假定一场注疏的革命呢?世俗文学和吠陀文本注疏的突然出现,而二者发展上显著的同步性,及后续横跨南亚的注疏习惯的规范化看上去不仅只是文物保护(事实上也就是说,一般来说,十二世纪以前的写本早已遗失)。我们对之前的文化实践理解深刻,但无论是文学注疏或吠陀注疏在这些实践中都并不突出。因此,第二个

---

① "吠陀的非署名"问题,详见《弥曼差经》1.1.5;内在合法性,详见 1.1.2,对女人和低种姓人的排斥,详见 6.1.1 ff.;密咒的意义,详见 1.2.31 ff.(在七世纪早期斯坎达斯瓦米(Skandasvāmin)的注释的介绍中也集中指出过这一点);侧重于其他方面的,详见西尔维娅·丁提诺(Silvia D'Intino):《有意义的真言:斯坎达斯瓦米〈梨俱吠陀释〉导论》,载于斯拉杰编《Śāstrārambha:梵文序论探究》,第 161—165 页。对沙衍那注疏《梨俱吠陀》导言部分的早期研究包括彼得森(仅限翻译)和奥泰尔(仅限翻译和论证分析),见皮特森(P. Peterson):《〈梨俱吠陀〉研究手册》,第一部分,孟买:政府中央书店,1890 年;汉斯·奥泰尔(Hanns Oertel):《致印度护教学家》,斯图加特:科尔哈默,1930 年。

千年早期出现的这些新形式,似乎标志着一次真正意义上的思想史的变革。在某种程度上前所未有的,两种文本体裁《大诗》和吠陀经典均位于文化中心,承载着语文学式的架构,其日益增长的复杂度强调了其需要认真修订的诉求,传播的动态可变性(起码对世俗文本来说),净化的要求,读本的系统性等等。这一结构中不断增长的密度和广泛的分布预示了新的教学需求和可能的新的阅读群体。

印度变革的时间大致与欧亚大陆西部和东部早期近代化的时间相同,该时间段被界定为十二世纪欧洲文艺复兴早期和中国的宋代,而不是1500年左右全球现代化的开端。① 其次,早期近代化的另一个阶段显然开始于十七世纪。典型的是印度的那罗衍跋底对语法权威全新的颠覆性的理解,而他并不是唯一的一个。最近关于南印度十七世纪近代思想史的研究识认出了一系列新的语文学关注点,例如部派经文中文本的不稳定性或诠释标准的不稳定性,而北印度也被发现存在同样的趋势。② 这些关注点可能从未包含过批判的权威或形而上学的基础,而这些都是欧洲早期现代语文学的标志,但对印度来说却是新的问题。

与印度历史分期(更别提全球共时性)同样重要的问题是更广泛的思想史的话题。如果像近代早期欧洲科学一样,梵文语文学的认识论模型是否在其自身领域外起作用,且可起到多大作用? 是否喜天的技艺标准(ars critica)在某种程度上可以分享给(先不提促进)其他科学实践? 抑或是其他科学实践可以反过来塑造技艺标准? 无论像引用(拉丁文:lemma;梵文:

---

① 与欧洲案例相似的更多案例,以及反对意见,或者对所谓对称性的谨慎观点,可参见谢尔顿·波洛克:《印欧的文化力量转型:1000—1300》,载于《相遇中世纪》,2004 年,第 10 卷,第 1—3 期,第 247—278 页。歌曲的现代性,可参见亚历山大·伍德赛(Alexander Woodside):《消失的现代性》,马萨诸塞州坎布里奇:哈佛大学出版社,2006 年。对十二世纪欧洲的现代反思,可参见卡罗琳·沃克·拜侬(Caroline Walker Bynum):《"个人"是否发现于 12 世纪?》,载于《作为母亲的耶稣》,伯克利:加利福尼亚大学出版社,1984 年,第 82—109 页。现代化,而非其现代性,恰恰是诸如约翰·理查兹(John Richards)这样的人们描述过的后哥伦比亚时代,这一观点可参见约翰·理查兹:《早期现代印度与世界历史》,载于《世界历史》1997 年第 8 期,第 2 辑,第 197—209 页。

② 前者详见惠特尼·考克丝:《蛇与鹰:辩才无碍的语文学家多德希葛》,2014 年;和伊莱恩·费舍(Elaine Fisher):《一种新的大众神学:早期现代南印度的梵文和宗教景观》博士论文,纽约:哥伦比亚大学,2013 年。后者详见克里斯托弗·米考夫斯基(Christopher Minkowski):《我将用我的靴子清洗你的嘴:莫卧儿王朝时代的语文学论诤指南》,载于谢尔顿·波洛克编《印度梵文文学史上的史诗与争论》,德里:马诺哈尔,2010 年,第 117—141 页。关于欧洲部分详见坎佛拉(Canfora)的例子,卢西亚诺·坎佛拉(Luciano Canfora):《语文学和自由》,米兰:蒙达多利,2008 年。

pratīka）的出处或质询（拉丁文：*quaestio*；梵文：*śaṅka*）风格表述这样的小问题上，还是权威的引证，修辞的分析，解释的概念，阅读模式，或历史变迁节奏等宏观方面上，梵文语文学实践与其他诸如希腊语和拉丁语等平行具有悠久传统的语言之间有多大的距离？

诸如此类历史的和比较的问题之外，全球语文学史现在知之甚少却至关重要的是，需要关注一个学科理论问题。为什么不仅仅是思想史学家，执业语文学家也需要了解这一历史？而语文学的历史在其未来中又应占有怎样的地位？是否跟数学或化学一样——喜天和沙衍那应进入现代语文学家的历史，就像拉普拉斯和拉瓦锡成为现代科学家的过去式一样，在追求这一学科真理中不再有任何地位？而这一学科的真理又是什么？过去的语文学是否只存在辉格党历史式（Whiggish-historical）的价值，作为带领我们当下可以掌握文本的发展阶段，一种过去的记录，或一度有用而现在却已被永久淘汰的理解文本的方法吗？或者反过来说，喜天或沙衍那式的阅读实践是否在继续影响着我们？是否应该影响我们？

这些最后的问题，至少从学科理论上来说，在印度学之前就被提出来了，尤其是在十九世纪末对吠陀解读问题的大争辩中。一些学者，包括奥拓·波特林克（Otto Boehtlingk）、A.B.柯思（A.B. Keith）、赫尔曼·欧登伯格（Hermann Oldenberg）、理查德·皮歇尔（Richard Pischel）和鲁道夫·冯·罗斯（Rudolf von Roth）等人，试图以一种实证主义精神恢复部分传统语文学，其最具代表性的观点来源于美国先驱梵文学家威廉姆·惠特尼（W.D. Whitney，1827—1894）。他认为对于一个如沙衍那这样一位公元十四世纪的读者，公元前十四世纪的《梨俱吠陀》这样的文本，是不会有什么语文学上具有重要意义的东西可飨当代学者的："在我看来，事实上，没有比沙衍那更荒唐的人物了，他居然显出一副理解吠陀经典并且能够帮助人们理解一篇艰涩的吠陀文章。或者说比起沙衍那更荒唐的是，西方学者追随聆听他时流露出来的崇敬。"①在此他指的是注疏者写下的诸如此类的评语："错误词源和错误结构""语文学的怪物"和"某某建议激怒了人类普遍的感受。"①惠特

---

① 详见惠特尼：《〈阿达婆吠陀〉的本土评注》，载于库恩（E. Kuhn）编《鲁道夫·冯·罗斯颂祝文集》，斯图加特：科哈默尔，1893年，第93—96页。（此处的"西方学者"特指西奥多·格德斯多克 Theodor Goldstück。）惠特尼在其整个学术生涯中一直秉承他早在二十年前就提到的"我们一直持有某种观点，即注释对我们而言是多此一举的，但是如果这些著作不曾被译，我们对吠陀的了解程度会很低"见惠特尼：《〈吠陀〉的翻译》，载于《东方语言研究，第一辑》，纽约：斯克里布纳出版社，1874年，第100—132页。关于该争论的简要概述参见迈克尔·道森（转下页）

尼的观点不仅占据了主导,也同时大获成功,获得了普遍认可。

对于语文学实践要如何与语文学的历史相联系的论断在惠特尼的著作中亦有阐明,是启蒙运动这一特定历史阶段中关于重构文本真实观点的延续。这一具有关键性重要意义的概念变迁并非,如我们通常认为的,以詹巴蒂斯塔·维柯(Giambettista Vico,1668—1744)约1725年对真实与真理的划分开始,抑或说如注疏家那样的人们每日生活中所接受的确信区别于哲学家、科学家们的终极真理;而是始于如斯宾诺莎(Benedict de Spinoza,1670)引介的语文学与注疏家真理的区别。对维柯而言,真实(certum)与真理(verum)两者并行不悖,均为人类意识的领域,而真实(certum)是阐释语文学的预留地。① 而斯宾诺莎即使并非首创也极具针对性地提出:语文学的真实不仅在读者本人对于文本的主观反应中,同时也在整个持续地理解历史中,得以明确凸显与超越。②

按照在导言部分已经提到的多元主义,新的语文学建构应有新的学科秩序。我想说的是,维柯和斯宾诺莎的方法既正确又错误。毫无疑问,对于惠特尼这样的历史主义者而言,总会有一个更深层次、更真实的文本真相;而当代语文学家也无可选择的只能在科学的大道上艰难跋涉。但是那只是文本真实意义中的一个:文本说了什么(语文学阐释教会我们的)与它对过去的读者说了什么(语文学史教会我们的),二者皆是真理。"文本的真实意义"只存在于大量意义的总结中。而这些意义总结在历史上全部以三种层面记录在案:作者层面,传统主义者层面,以及当代主义者层面。

在沙衍那、喜天和那罗衍那的特例中,我们遇到了引领一个与先前相比更加直接的新型语文学风潮:我们为什么应该不仅基于超验的真理(或称为 verum,即惠特尼称之为"真实的吠陀"和那些"具有唯一而非多个真实含义的真理")去在意一两个注疏家是否正确,还应该关注为什么注疏家们认为自己的思想是真理,去关注他们所谓的"真实",以及这些对于文本产生意

(接上页)(Michael Dodson):《翻译竞争:东方主义和对〈吠陀经〉的诠释》,载于《现代知识史》,2007年,第4卷,第1期,第43—59页。(奇怪的是,该概述忽略了惠特尼的观点。)

① 对此一段精彩的讨论详见埃里希·奥尔巴赫(Erich Auerbach):《詹巴蒂斯塔·维柯和语文学思想》("Giambattista Vico und die Idee der Philologie"),载于《罗曼语文学论文集》(Gesammelte Aufsätze der Romanischen Philologie),伯尔尼:弗朗克,1967年,第233—241页,尤其238页。

② 详见斯宾诺莎著,乔纳森·伊斯雷尔(Jonathan Israel)编:《神学政治论》,剑桥:剑桥大学出版社,2007年。参见,例如《逻辑哲学论》(Tractatus 7.2[7.8-9])。

义的历史具有什么样的意义。① 这种方法不光对我，甚至对于二十一世纪人文科学基本学理所纳入的任何潜在候选者，在概念上都确实难以抗拒。而为了对它进行说明和实证，首当其冲的阵地即是批判语文学（critical philology）。它以全球化的历史，概念的多元主义，大量的、万花筒般的档案记录着研究方法和解释，使文本产生意义有了可能。倘若来自印度传统的丰富素材有一天能够纳入新的语文学学科中，我们印度学家的著作正是最合适的材料。②

---

① 关于"真正的吠陀"，可详见惠特尼：《〈吠陀〉的翻译》，载于《东方语言研究，第一辑》，纽约：斯克里布纳出版社，1874 年，第 125 页。惠特尼对于"传统"（的理解）有其局限性（他对印度式学习的历史充满好奇，但是这种好奇心也正是他应该警惕的，仅仅出于个人偏好，怀着单纯的好奇心来看待"吠陀的意义"是无法明白其真意的，见第 126 页）；他未能了解到"印度式学习的历史"恰是"吠陀的意义"核心所在。

② 更多关于方法论的反思，详见谢尔顿·波洛克：《未来语文学？一个硬世界中的软科学之命运》，载于钱德勒（J. Chandler）、戴维森（A. Davidson）编《学科的命运》，《批判研究》2009 年第 35 期，第 4 辑，第 931—961 页；见本书 395—427 页。在这篇文章里的观点部分被接受，另见：谢尔顿·波洛克：《语文学的三个维度》，载于《后中世纪》2014 年第 5 期，第 4 辑，第 398—413 页；见本书 428—444 页。谢尔顿·波洛克：《味之读者：印度古典美学的历史资料》，2016 年。

佛教与语文学

K.R.诺曼(K.R. Norman)[*] 著　喻晓刚、李婵娜　译

　　1993 年秋天,我在美国参加了一届佛教研究前沿发展的会议。[①] 会议上,发言人一位接着一位讲述着自己感受到被边缘化,实质上,是被遗忘在他们学科的边缘。在某些情况下,这意味着他们对佛教的兴趣点,是被称为"位于边缘"、经常与其他学科(比如社会人类学)相结合的地方;在另外的一些例子中,这种边缘化指的是在他们所属的不同大学的人文学院里,他们被一些怀疑的眼光视为教授不那么重要的学科的老师,这导致在分配教学和图书馆经费时,他们得到的份额总是较小;或者,当出于经济的考虑决定牺牲一些职位的时候,总是他们学科的职位被裁撤。

　　甚至那些被认为是佛教研究主流的学者也说,当他们作为田野调查的一部分,当他们到那些他们有特定兴趣的国家时,仅仅为了被那些国家的佛教徒们以某种方式视为外来者时,他们就感觉被边缘化了。

　　我在该会议上发表的论文是"西方的巴利研究:目前情况和未来任务",[②]发表在"文本与语文学研究"这一分会场。文章并没有引起很大反响。在会议上我所遇见的、来自不同社会分工的人会说:"哦,您就是诺曼先生,对吗? 您的文章是研究文本的,是吗?"说毕便转移话题。尽管有一两人确实表达出了兴趣,但他们主要是因为之前从来没有认真思考过文本和语文学研究。尽管受到如此对待,与那些谈论"佛教研究更时髦层面"的与会

*　K.R.诺曼是国际著名巴利文学者,英国剑桥大学荣休教授、英国国家学术院(The British Academy)院士,主要研究方向为中古印度雅利安语言。本文原文为:"Buddhism and Philology",A Philological Approach to Buddhism:The Bukkyō Dendō Kyōkai Lectures 1994, London:School of Oriental and African Studies(The University of London), 1997, Chapter I, pp.1 - 20。此书中文译本已于新近出版,见肯尼斯·罗伊·诺曼著,陈世峰、纪赟译:《佛教文献学十讲:佛教研究的文献学途径》,上海:中西书局,2019 年;本书中将"philology"译为"文献学",实则强调了文本语文学的一面,本文则选择更广含义的通译"语文学"。——译者注。
①　《佛教研究:前沿发展》,加州大学伯克利分校,十月版,1993 年,第28—31 页。
②　论文稍事修改后发表在《宗教》1994 年第24 期,第165—172 页。

者(姑且这么称呼)不一样,我仍然不认为我被边缘化了。倍感诧异的是,与会的学者中很少有认为自己首先是一个语文学家的,而据我所知,我是与会者中唯一否认对佛教有所理解的语文学家。然而,我却能够体会到这一学科的根本和核心——尽管这等于说我是这里唯一登堂入室的人——因为我所代表的学科分支,即语文学,对我而言,是所有与会同行的工作基础,尽管我的语文学领域,即早期印度雅利安方言,与大多数参会者的兴趣点没有什么地域上的关系。

事实上,佛教领域的一些学者感觉到被边缘化,这一点并不出人意料。这是因为在某种程度上说,佛教学者本身就在自我边缘化。现代学术研究的风向是不断寻求新事物——学者步入某一领域后,不再满足于重蹈前人的老路,即便前人的著作本身明显需要修正。然而,呼声却在于寻找未被研究过的新事物。我一直在面对这种趋势。很多潜在的研究型学生拜访我,或给我写信,询问我他们可以在巴利研究领域做一些什么样的博士论文。我一直回答:"前人未曾做过的东西,可以去研究;前人已有研究的东西,还可以重新研究。"而后者更为关键,因为通常最重要的巴利文本(的研究)被最初发表时,学者们对于巴利这一语言所知甚少——当时仅有一些不够好的词典和语法书,而且仅有少量巴利文写本流传到欧洲。现在,我们可以获取到更多、更优良的写本,同时也有更好的语法和词典的帮助,足可以在版本校勘和基于这些版本的翻译上取得巨大的进步,进而完善基于这些翻译的佛教著作。事与愿违的是,向我提问的学生们都只想研究新东西,他们追逐的是新潮的、却无关紧要的问题,他们希望在他们的研究成果面世之时能对巴利语和佛教研究产生惊天动地的影响,却对最重要问题的研究弃之不顾。

为何我会在会议上有此感受?我将通过回答另一个问题来给出答案。

如果你第一次听说某个宗教,并希望能够了解它,你如何着手去获取你希冀的知识?当然,你可以选择读一本相关的书。但是,如果你对从书中获取的答案不是完全满意,又去阅读另外一本相同题材的书,你或许会发现:尽管看起来作者们是在探讨同一件事情,但是他们说的内容却没有必要一定相同。

另一种办法就是去询问宗教信徒。如果你去一个接着一个地采访,你几乎必然会发现表达出来的观点总有分歧。严肃的宗教追寻者迟早会去分析那些被宗教信徒们奉为立宗根本的文本,他必须考察文本的叙述与教徒实践之间一致性的程度,也就是说,他必须考量信条与实践之类(间)的差别。

如果碰巧这个宗教仍然保留着口述传统,也就是说,它的圣典还未被书写下来,这种情况下,可能会出现这样的问题:这一宗教的当代信徒本身就是其宗教信仰的掌权者,他们所说所做即为他们的宗教,这也就是说,实践即为其信条,信条即为其实践。

这种情形有其自身的窘境,但有幸这类问题在佛教研究中并不存在。我们此刻面对的状况是,该宗教的创立者生活在大约2 500年前。而大量的、不同语言的文本存世,其作者被认为是该宗教创立者。这大量的文本很大一部分都已经被校订和出版,很容易被研究者接触和获取。想要了解佛教的人可以参阅这些古代文献,同时我们又有一系列工具文献,比如词典、语法书和译本等等,也能使他们做同样的事情。

当然,我们还会遇到问题:当我们开始去理解这些最早的文本——即那些被认为是佛陀自己所著或其在世时追随者们所著的文本——的旨意时,我们必须考虑到,这些文本使用的语言并不一定必须,而且也基本不可能就是佛陀本人使用的语言,也就是说,语言已经发生了共时性的演变——在有需要的时候,语言会被翻译和转化成其他语言;同时也有历时性的变化,即随着时间的推移,读者和编辑者们的语言也发生了变化,而这些对文本的语言本身也会造成影响。或许,或者说很可能的是,佛陀被记录的所做和所说也发生了变化,也就是说,一派传统会不经意地改变佛陀的很多主张,这是因为,随着一些词汇已经不再被使用,亦无法被理解,它们会被更新,并通过在文本该处插入诠释的方式,使其更加易懂。而对佛陀所做所说的记录,也有可能通过篡改内容的插入而被刻意修改,而此篡改可能基于不同理由。某些情况下,其原因是某个段落看起来很切合语境。比如,在巴利文《大般涅槃经》(*Mahāparinibbānasutta*)中,佛陀给出了大地震动的八个原因,正是此处,又被添加了很多不同组的八种现象。又有些情况下,篡改是因为某些个人,或者城邦,或者部派,希冀某些教条或者活动得到认可,便在文本中插入提及佛陀做过或说过某件事情的内容,从而证实他们希望的内容。

我们对佛教的了解,至少在早些岁月,是相当武断的。这也是旅行者、使者等报告的影响结果。使者中举一例,西蒙·德·拉洛贝洛(Simon de La Loubère),于1687—1688年间,曾作为法兰西皇帝(路易王)的使者,前往遥罗(Siam),其归来后写出了一本关于暹罗王国的书,于1691年在法国出版。两年后,英格兰便出版了该书的英文版。① 拉洛贝洛对于暹罗和暹罗文化的很多方面给出了饶有趣味的记录,同时也涵盖了暹罗的宗教,也就是佛教,以及暹罗的圣典语言。他注意到了其语言有很多的差异,他把一支称为巴利语(Balie),而另一支称为暹罗语。他也正确地指出了前一种语言与梵语的关系。同时,他对几部佛教文本也进行了法语翻译。

直到近些年人们才发现他的法译很可能是基于巴利语的暹罗语翻译。但是,现在也有资料显示,在拉洛贝洛前往暹罗之前,法国基督教传教士们早已活跃在此地,还编纂了暹罗和巴利语词典,但遗憾的是,它们均已散佚。甚至在一部《路加福音书》的泰文译本里还发现有巴利语的前言和后记,现在仍然保存在法国海外使团档案馆中。② 因此,有可能,甚至十有八九拉洛贝洛是从这些使团,而非从街头民众中获取的信息。我们也可以猜想,这些传教士们为了能够更好地反驳他们的佛教对手并且使之改信基督教,学习巴利文,并且研究巴利文本。

这正是稍晚一个世纪的英国传道士们前往斯里兰卡的目的。像本杰明·克劳夫(Benjamin Clough)这样的人,学习巴利文,并且编写语法书,同时还基于当地语的字典编了长篇幅的字表。③ 如果他们的初衷是为了了解这门语言,从而瓦解由该语言支撑的宗教,我们有理由怀疑,当他们通晓这门语言后,并没有对其产生鄙夷,反而热爱。《法句经》(Dhammapada)等传教士们翻译的巴利文本,则更激发了英文读者想要多了解佛教的愿望,并没有使佛教徒改信基督教。事实上,佛教对19世纪不列颠的影响,揭示了非常多变的回应,这在菲利普·埃蒙德(Philip Almond)的近作中有精妙的描述。④

然而,如若不是比较语文学这个新兴学科的鹊起,以上的巴利文研究很可能不会在传道士以外的圈子产生多少影响,就像法国人的那些努力那样——尽管法国人将文本寄到了法国,并没有多少证据证明它们被人研究过。自从威廉姆·琼斯爵士(Sir William Jones, 1760—1831)发表了其著名

① 西蒙·德·拉洛贝洛:《暹罗王国的新历史关系》,伦敦,1693年。
② 见普鲁特·威(William Pruitt):《17世纪法国书籍中的巴利文》,《巴利文献学会期刊》1987年第11期,第121—131页。
③ 本杰明·克劳夫:《简明巴利语法:附巴利语词汇表》,科伦坡:卫斯理宣教出版社,1824年。
④ 菲利普·C.埃蒙德(Philip C. Almond):《英国对佛教的发现》,剑桥:剑桥大学出版社,1988年。

的关于拉丁语、希腊语、梵语等语言的关系论断,在其后几年内这个学科便取得了飞速的进步。尽管琼斯并非首个观察存在此语言关系的人,但与其他人的意见相比,他的判断更受关注。丹麦语文学家拉斯穆斯·拉斯克(Rasmus Rask, 1787—1832)出于研究梵语并获取梵语文书的需要,在 1820年前后,前往印度和锡兰(斯里兰卡),并带回了一系列梵文写本,现存于哥本哈根皇家图书馆内。

其他佛教文献的写本也以不同的方式传入西方。布莱恩·霍格森(Brian Hodgson)是 19 世纪 30 年代首个居住在加德满都的英国人,由他开始向西方输送佛教梵文文书。这些文书便是巴洛夫(Émile-Louis Burnouf, 1821—1907 年)进行佛教研究的基石。1885 年英国占领了上缅甸之后,位于曼德勒的宫廷图书馆的大部分藏书流入了英格兰。很遗憾,该图书馆的所有馆藏并没有一并送来,那些在当时没有运到英国的写本都已遗失。丹尼尔·耐特(Daniel Wright)是剑桥大学阿拉伯语教授威廉姆·耐特(William Wright)的兄弟,当他在 19 世纪 70 年代担任居住在加德满都的英国人的外科医生时,他曾被请求帮助时任剑桥大学梵文教授科威尔(Cowell)获取梵文写本的复印件。耐特却发现购买原件价格会更加便宜,也更容易一些,这些文书现藏于剑桥大学图书馆。[1] 欧洲大学开始设立教授席位,以教授梵语和巴利语,佛教梵语和巴利语文本的学术研究立刻便突飞猛进。司碧阁(Friedrich von Spiegel, 1820—1905)和福斯波尔(Viggo Fausbøll, 1821—1908)于 1885 年发表了一些巴利文文本。

当然,不可避免的是,这些校订和研究仅基于当时校订者能够获取的、非常有限的写本,同时也被限制在获取写本的国家的佛教传统内,以拉斯克和克劳夫为例,仅限在锡兰(斯里兰卡),学者们才有可能逐步地利用其他佛教传统的材料,而这带来了很多惊喜。尽管福斯波尔在《本生注释》(*Jātakatthavaṇṇā*)校订本中已经利用了缅语文书,但是他绝大部分使用的是僧伽罗语文书的内容,而把缅语本的内容都放在脚注里。但当做到第六卷《大偈集》(*Mahānipāta*)时,他陈述[2]他并没有完全关注缅语写本 B^d,这是

---

① 塞西尔·本道尔(Cecil Bendall):《剑桥大学图书馆藏佛教梵文手稿目录——附尼泊尔和孟加拉的古地理与年表的介绍性注释和插图》,剑桥:剑桥大学出版社,1883 年(1992 年斯图加特重印)。

② 威尔格·福斯波尔:《本生经注》,伦敦:凯根·保罗等出版公司(Kegan Paul, Trench, Trubner & Co., Ltd),1896 年,第六卷,初评第七。

因为该版本的《大偈集》部分被完全扩展过,这使得该版本在很多地方与僧伽罗语版本传统的内容大相径庭。他报告说,缅语版本的校订者似乎以将故事变得更浅白易懂为目的,但随之产生的差异在某些地方实在判若云泥,因此他希望有学者对缅语版本的《大偈集》进行单独的校订本研究。福斯波尔不得不认识到,对于某些版本的佛教文本来说,实有进行基于语文学的比较研究的必要。

我把该讲座命名为"佛教与语文学"。或者我也可以同样称之为"佛教与语文学家",因为我想构建一种作为一名语文学家、可以在这些讲座中遵循的模式。这一课程实际上如同一部佩切林(V.S. Pecherin, 1807—1885年)的《写在坟墓之外》(apologia pro vita mea),解释了我通过语文学的媒介接触佛教,同时说明一些语文学家告诉我们的关于佛陀,以及佛教各方面的知识:起源、文本传输的方式、起初以口传及后来以书面的形式给予精选本经典地位的方式,以及它们是何等的需要给予注释。在最后一讲中,我会建议,通过对那些处于佛教研究中心地位的文本给出更好的理解,可以期望语文学做出什么更进一步的贡献,以提升佛教。

我个人介入这些材料,并不是,或者至少是一部分并不是出于考察佛教、而是纯粹出于语文学的考虑。我接受成为一名古典学家和研究古典语文学的训练,即训练考察拉丁文、希腊文,尤其是梵文,以及其他一般的印欧语言之间的联系,这种方式是我现在的学生们的日常。我继续研究梵文以及其他与梵文有关联的方言——俗语(Prakrits),并且被任命教授俗语或中古印欧语,它们有时候名副其实,是介于古印欧语与新印欧语之间,即梵文与现当代在北印度使用的诸印欧语之间。

我对于各种中古印欧方言之间的联系感兴趣,并开始对比研究他们,尝试用一种方言里的形式,为理解其他方言的形式提供线索。因为中古印欧语,包括巴利语(Pāli),作为上座部佛典及其注释采用的语言,理所当然我会将其研究纳入考察范围。我对巴利语的兴趣,使得我被邀请参加巴利文协会(Pali Text Society)委员会,并且被说服帮助恢复《巴利三藏汇编》(Pāli Tipiṭakaṃ Concordance),该杂志在其首任编辑海尔(E.M. Hare)去世后,一度陷入停顿。这是一个重要的语文学事业,其中包含了巴利文教典的出版、呈现,逐字逐句、恰当地分析材料,列出人名形式、时态等。对这些词汇只是给出一个意思作为参考,没有包括对意思进行解释或者基于教规观点的讨论。

这个工作使得我被邀请参与到哥本哈根编辑的《精校巴利词典》(A

Critical Pāli Dictionary）。参与该工程,逐渐让我成了该词典的主编,直到我承担负责的部分(第二卷末尾,即元音的末尾)在 20 世纪 90 年代末得以完成。此时距离赫默尔·史密斯(Helmer Smith)和戴因斯·安德森(Dines Andersen)于 1924 年出版该词典的第一个分卷,已经过去了大约 66 年。其中包括了所列出的每个词的用法分析,以及每个用法的词义选择,但大多没有讨论每个词在教义上的重要性,及其在佛教中所扮演的角色,因此《精校巴利词典》这项工程也算是一项语文学的初始事业。

所谓"在《精校巴利词典》中,没有讨论每个词在教义上的重要性,及其在佛教中所扮演的角色",是想表达什么呢？我的意思是说,对于一部词典来说,那样陈述就足够了。比如说,jhāna 的意思是"冥想",一点也没有讨论如何冥想,以及冥想对于佛教徒或者佛教的重要性。在这个领域持续活动差不多二十年的结果是,我习惯性地说,关于佛教,我什么都不知道。但我确实知道一点用于佛教的词汇,和一些佛教的语言。我把给那些对佛教了解很多,但对佛教语言并没有很多了解的人做个顾问,当成自己生活的目的之一。我经常收到那些想要写一些佛教方面内容的人的咨询,他们告诉我某个特定段落的意思,以及他们打算如何将他们的解读整合进他们对于佛教的讨论或者描述。他们问我,从语文学的角度来说,他们的提议是否可能。

佛教学生和佛教语言学的学生之间的差别是非常大的。一个人可能成为所有佛教类型的专家。由于博学者的时代没有完全断绝,可能某人会成为所有类型和方方面面的佛教语文学家。我不知道有这样的人,虽然在我一生中,足够幸运地碰到一两个接近于此的学者。

但我不是他们中的一员。像我这样的专家,局限于主要在公元前 500 年至公元 1000 年之间,在北印度流行的中古印欧语。这种语言的流传,最南到锡兰(斯里兰卡),最北到中国新疆地区。因此我的佛教语文学只是限于印度佛教,尤其是那些使用某种中古印欧语方言,或者被该语言严重影响的各种梵语,作为文本语言的佛教教派。然而,我要说的更多集中于我们应采用的处理文本的方法,这是研究佛教任何方面的基础。

是时候来讲我所说的佛教语文学的方法到底是什么了。通过这种方法,我的意思是不仅仅通过语言进入佛教——我们都是用一种或者另一种方法这么做的——而通过什么样的方法,我们可以从语言里去学习。不要问"这是什么意思？"而要问"为什么是这个意思？"举个例子,可能在某个哲学段落,有个句子说"X 出现是因为 Y"。我们暂且翻译 X 和 Y,翻译者的任务是优化这些翻译,直到他们认为他们知道了作者写这句话的时候要表达的意思。我感觉这个地方这个词不需要语文学。我认为,语文学会用在更早的阶段中。这个句子的结构是什么? 在考虑它是在说"X 出现是因为 Y"时,我们是正确的吗? 在很多情况下,或者大多数情况下,明显句子本身展示的结构是合理的,不需要语文学家进一步考量。

再从我自己的经验中给大家举个例子吧。我最早被任命为中古印欧语研究的讲师时,正好在第一学期,我发现,有一种选择叫作"梵文与中古印欧语文学",我负责教授后者,即中古印欧语部分,课程以阿育王的铭文为中心。不仅如此,正好在我的第一学期,我发现,候选人都如此抉择。所以我从阿育王的铭文开始,迅速做了一套关于中古印欧语文学的讲座课程。我参考了自己能获得的所有版本的铭文,阅读了手边的所有二手材料,做了一套课程。在此过程中,在我看来,我以一种让人满意的方式,处理了这些铭文中的所有各种问题。我给参加讲座的人展示了那些铭文应该如何翻译和解读。我对自己的成就是如此欣喜,以至于我将一系列的阿育王铭文讲座加入自己的标准授课之中。然后,一年又一年,我都用多年前写的那些同样的注释做阿育王铭文的讲座。然而,也不完全是同样的注释,因为随着我对中古印欧语文学的理解,以及对于用语文学方法处理这些内容的鉴赏能力的提升,我认识到我应尽力去说那些词是什么意思,而不是为什么,或如何是那个意思。我去解决"他们如何是那个意思"这个问题的时候发现,很多情况下,我不知道那些铭文如何可能是我所说的意思。不知道他们如何是那个意思的结果是,我对于他们事实上是什么意思有很大的疑问。这导致我对于阿育王铭文的研究出现这样一种情况:每一年我都理解得越来越少。真实地解释又一个诚实的探索者的话:对于阿育王铭文,我唯一知道的是,我对阿育王铭文一无所知。

我大概听到你们有些人会说:如果对你来说那就是语文学的话,谢天谢地我不是个语文学家。当然,关于这一点,还可以有很多说的。如果你正准备解释和翻译一个文本,它很让人沮丧,甚至感觉屈辱地,不得不承认你不理解这些词是如何可能表达你希望他们表达的那种意思。结果很多译者不承认这一点,可能是因为他们不愿意显示他们的无知,或者没有认识到他们的无知。取而代之的是,他们凭直觉翻译。如果你考察很多佛教文本的翻译,会获得这样一种印象:译者看到这些词,可能在词典里查询、确定它们的意思,然后凭直觉将这些词组合在一起,去揭示 Buddhavacana,即佛语这个词的意思。有时候译者直觉的结果是正确的,但有时候不是。很多译者在直觉的基础上工作,在大多数情况下,直觉能很好地工作。经常自学,或者是本土学者们——教学熟练程度没有达到必须的标准那么高——教的人,被迫采用"直觉"的方法,由考察上下文的方式,推断、确定意思,尤其是在这么好的欧洲语言的字典和语法书的帮助存在之前。正如弗拉赫提(Wendy Doniger O'Flaherty)教授在谈及《梨俱吠陀》(Ṛgveda)研究的时候所说的那样,情况非常相似:"我们对于其他晦涩术语最有价值的见解,是从那些依据上下文理解《吠陀》的思想的过程中,理解这些术语意思的学者那里获得的"。① 令人惊奇的不是这些凭直觉的译者有时候不正确,而是他们常常是正确的。

在这些讲座中,我想说的是,我自己会对某个领域更加明确和严格。在这个领域,即梵文和巴利文领域,我想,我希望自己正确地知道一些我正在讨论的主题。在那些领域,靠直觉翻译的习惯——我可以不友好地说"靠猜测"——在某种程度上是过去面对困难段落时标准的处理方式。有疑问的时候,猜一下! 如果靠猜测能找到正确答案的话,一切都很好。但对我来说,猜测,在做任何研究时,都不是正确的基础,无论是宗教还是社会环境,政治事件或是历史研究。

我抱歉地说,研究前辈们的作品越多,我们就会越多地发现偶像们的缺陷。托马斯·威廉姆·莱斯·戴维斯(Tomas William Rhys Davids)在 1881 年建立了巴利文协会(Pāli Text Society),由于编辑、翻译巴利文本,以及他对巴利词典编撰的贡献,在欧洲,他可能比任何其他人对于推进巴利文研究做的还要多。最近我注意到《长阿含经》(Dīgha-nikāya)中的一个段落,或者,更准确地说,是戴维斯对该段落的翻译。它出现在《阿达那帝亚经》(Ātānātiya-suttanta)这一段,里面列出了对接近那些知道 Āṭānāṭa 符咒的非人的、可能的各种处理方式。这段中的一个句子中,②有四个词或词组,一个词组意思是"空碗"(empty bowl),一个词组意思是"头"(head),一个是有好

---

① 弗拉赫提:《书评:B.L.欧基贝宁〈吠陀神话的结构:梨俱吠陀中有关宇宙的神话〉(法文)》(Review of B.L. Ogibenin: Structure d'un mythe vkdique; le nzythe cosmogoniquedans le Rpeda),载于《伦敦大学亚非学院学报》1975 年第 38 期,第 173—175 页。

② "api ssu naṃ mārisa amanussā rittam pi pattaṃ sīse nikkujjeyyuṃ",《长阿含经》第 III 册(D III),第 203 页,第 221—222 行。所有经书引用编号来自《精校巴利词典》,经文版本系巴利文协会出版的精校本——译者注。

几个意思的虚词,其中有表示让步的"虽然",以及可能是最常见的表示强调的"确实";还有一个动词的意思是"弯曲、转变、翻转"。戴维斯把这些词组合翻译成"他们将低下头,像个空碗",①他也许没去想"把头弯下来像个空碗",与"把头弯下来像个满的碗"之间,是否有任何明显的不同。实际上,这个翻译就是错误的。戴维斯在用直觉翻译,我们或许可以说,他在猜测。"空碗"和"头"不在同一个格位,这是他的翻译所需要的,而那个虚词的意思不是"像"。这个句子的意思是"他们会把一个空碗倒过来放在他头上"——"头"对应的那个词是处于处格位置格,而那个虚词用在这里是强调它前面的词,强调的是这个碗是"空的"这个事实。这个碗必须是空的,以便后面它滑落到那个顶碗的人的肩上。如注释里解释的那样,这些折磨人的人,接着用一根铁棒去砸这个碗,②结果大概就是要伤害受害者的耳膜和大脑。

　　导致这类误解文本的翻译方法,与一些小孩子阅读的方法非常相似。他们在页面中学到一些字母,以及在页面上发现有这些字母的上下文语境——可能配有一张说明故事的图片——使他们能够明白什么正在发生,由此去猜测包含那些他们认识的字母的适当的词汇,并且也切合故事。我想起一个被诊断为有阅读障碍的九岁孩子,他有特殊的阅读问题。他这样阅读的时候,他的问题才暴露出来。因为他在算术方面,已经到了不必去算476 加 193 的程度,他已经开始做那些必须要阅读的问题,比如"如果两个人两天内可以挖一个五英尺深的洞,十个人挖到澳大利亚需要多久?"——各种各样的——这类你不能从上下文猜出来(答案)的问题。这恰好与靠直觉翻译的人类似。他知道词语的一些意思,甚至全部意思,然后他依据上下文,推断应该翻译这些词的方式。如果上下文对他的直觉没有帮助,就只能瞎猜了,而他并不总是能猜对。

　　可能有人会说我从戴维斯那儿引用的这个例子是件无关紧要的事,或者会想这种类型的琐碎的翻译错误是无足轻重的,我不同意这种观点。这件事的重点是,这些巴利词汇不适于戴维斯对它们的翻译——我可以添加

---

① 莱斯·戴维斯夫妇(T.W. & C.A.F. Rhys Davids):《与佛对话》第三部,伦敦:牛津大学出版社,1921 年,第 195 页。

② "rittam pi pattan ti, bhikkhūnaṃ patta-sadisam eva loha-pattaṃ hoti. taṃ sīse nikkujjitaṃ yāva gala-vāṭakā bhassati. Atha naṃ majjhe ayo-khīleana ākoṭenti",《善吉祥光》(Sv),第 968 页,第 37—39 行。

一个可能是更晚的译者轻率地抄录的翻译。[1] 该译者给人的印象是,他没有试图弄明白那些词如何具有他给予它们的意思,或者更直率一点,他显示了自己不能翻译简单的巴利文句子中的词汇。如果他在一个简单的句子中,采用这种我们可以发现他的错误的翻译方法,那么在那些语言更加复杂,为了阐明文本的作者想要表达的意思,每个语文学的专门知识点都需要用到的那些更重要的文本中,我们如何能够相信他?

一些人采用的翻译方法中这种情况非常清晰可见。差不多不到一年,就有一个《法句经》(Dhammapada)的新译本出现,目前大约有四十个或者更多的英译本。然而,如果有人比较新译本和旧译本,发现新译本的大部分知识在很小的细节上有差异:词语的顺序,或者翻译的选择,是为了适应特定的技术或半技术的术语。任何人阅读一个巴利文本的翻译,都会对诸如dhamma,kamma,nibbāna,āsava 等词汇的翻译不满意,早晚会有按捺不住,想要给出他们认为是这些术语的"适当的"或者"正确的"翻译。一旦这么做,译者相信他们给出了更好的翻译,却对他们是否找到了那些词组或者句子整体意思更好的理解没有加以任何考虑。曾有人指出,[2]名声很好的译者,知道从先辈们那里接收前译,遗忘或者可能是忽略这样一个事实:他们出版的文本,带着他们的作为不同解读的翻译版,可能并不能表达他们自己说的那些意思。

这一点上,我要说明这样一个事实:我们在文本中没有发现语文学问题,不代表其中没有那些问题。因为有时候那些不精通语文学的人,不理解他们正在处理的、可能他们以为自己理解得很好的语言,没有或者不能有他们所认为的那种意思。比如,非专业人士并不总是能理解,有时可以确定早期的巴利文藏经本身就是个译本,有些术语保留原文、不加翻译,如果巴利文校订本是从某些早期版本而来的话。[3] 虽然可能可以将这些巴利文本翻译成英文——如果我们的目标,是找出这些词汇如何会有我们认为的那些意思的话,我们必须首先尽力找出作者实际上说了什么,即我们必须尽可能

---

[1] 莫里斯·沃尔什(Morris Walshe):《如是我闻》,伦敦:新智慧出版社,1987 年,第 477 页。

[2] 约翰·布劳夫(John Brough):《犍陀罗语法句经》(The Gāndhārī Dharmapada),伦敦:剑桥大学出版社,1962 年,第 195 页。

[3] 比如,在《长老偈》第 1279 段("sacce atthe ca dhamme ca āhu santo patiṭṭhitā"— Th 1279)中,sacce 可能是位格,但 atthe 和 dhamme 处于主格位。见诺曼:《长老偈》第一卷(Elders 'Verses:Theragāthā I),伦敦:鲁扎克出版公司出版,1969 年,第 292 页。

"回译（back-translate）"该文本，使其接近一种我们相信那是佛陀时代人们所说的语言。①

这包括运用所有语文学、文学的考证，以建立我们要翻译的原始文本形式，这需要佛陀时代及紧随其圆寂后的几个世纪里，北印度和锡兰的各种语言的知识。这反过来使得我们需要精通的不仅是中古印欧诸语言，巴利语是其中之一，而且还包括古典梵文、佛教梵文、佛教混合梵文，因为很多这些早期佛教文本的语言，都与梵文相关，或者来自梵文。类似地，很多巴利文藏经文本也存在于佛教梵文或者佛教混合梵文中。

文本的部分看起来没有语文学问题的一个非常好的例子，是佛教信仰基础的某些东西——所谓的四圣谛。对佛教有了解的任何个人，都很知道四谛。我知道的关于他们最短的形式，是这样简单地说的："四圣谛：苦、集、灭、道"。② 显然，这是简略到了错误的程度。第一个圣谛不是"苦"，而是认识到"这（存在）是苦的"。我见过把前面三个圣谛翻译成"受苦是一个圣谛"（this suffering is a noble truth），"受苦的起源是一个圣谛"（this origin of suffering is a noble truth），以及"苦灭是一个是圣谛"（this cessation of suffering is a noble truth），③这样的翻译完全忽视了语法和句法。只有当语文学家检视这个问题，分析词语之间的关系，比较其他梵文版本中发现的四圣谛，为每个短语安排句法结构的时候，圣谛"这是苦"（this is suffering）、圣谛"这是苦之因"（this is the cause of suffering）等等的正确翻译，才会成为可能。④

一旦理解了四圣谛的句法和语法结构，考虑佛教文本（或其他印度的文本）中找到的很多其他句子和短语就成为可能，这些文本给语文学家，但不总是给其他人，提供了可比较的语法和句法问题，给他们提供解释建议，让他们可以给出满意的翻译。⑤

---

① 关于这个主题的最新观点见因茨·贝歇特（Bechert）：《最早的佛教传统语言》，哥廷根：万登出版社，1980年。

② 《长老偈》，第492段。

③ 里亚·克洛彭博格（Ria Kloppenborg）译：《四众经》（*Catuṣpariṣatsūtra*），莱顿：博睿出版社，1973年，第4页。

④ 见诺曼：《四圣谛》，载于《印度和佛教研究》"纪念威廉·容教授"专刊，堪培拉：澳大利亚国立大学出版社，1982年，第377—391页；亦见《诺曼论文集》（第二卷），第210—223页。

⑤ 见诺曼：《中印度-雅利安复合句法》，柯莱特·卡亚（Colette Caillat）编：《中印度-雅利安及耆那教研究》，莱顿：博睿出版社，1991年，第3—9页；亦见《诺曼论文集》（第四卷），第210—223页。

　　关于佛教研究领域不是完全不重要的那些概念,语文学能告诉我们其他的什么呢? 涅槃(nibbāna,或者梵文 nirvāṇa)这个词,在讨论佛教的时候是如此的普遍,所以通常是不翻译的,而是保留其梵文或者巴利文形式。然而,语文学家可能会关注这个词,并提议解释,这个词似乎是从意思为"爆炸"(to blow)的词根而来的这个事实。用来配合它的过去分词,虽然样子看起来与它相似,但却是从一个意思完全不同的词根而来。① 以这种方式解释它们之间的联系的话,使得当发现一个词名词和过去分词都有的时候,我们可以理解这个词的组成。

　　我们还可以解释通常用来描述涅槃(nirvāṇa)的形容词的结构,这样能够给出更好(也更准确)的翻译,如此我们可以更好地理解佛陀勉为其难地,试图描述涅槃(nirvāṇa),或者某个获得涅槃(nirvāṇa)的人的本质。

　　比如,涅槃的(nirvāṇa)的异名之一是 amṛta(梵语),或者 amata(巴利语),"非死(not dead)""无死(deathless)""不死(undying)"及"长生(immortal)",有时候我们会发现组合词"不死之地(amatapada)",即 the amata place,或者 the place of amata 被翻译成"the immortal place"或者"the place of immortality"。前一种翻译,使得对"不朽之地"与"会死之地"的理解变得困难;后一种翻译隐含的意思是,那些获得涅槃的人,将永远活着。如研究所指出的那样,② 这不能与佛陀的遗教相兼容,而且必然是一种佛教内站不住脚的观点。然而,如果我们尝试找出这个词是如何具有它的各种意思的话,对这个词可能可以得到一种更好的理解。我们可以,鉴于我们可以找出这个词与 amṛta 的意思之间的差别,更好地理解关于涅槃(nirvāṇa)的状况:它是 ajāta 即"无生",因此它是 amṛta,即"无死"。③ 也就是说:那儿没有"生",因此没有"死"。

　　再讲一个例子。独觉(pratyeka-buddha)这个概念,广为人知的是佛(buddhas)、独觉(pratyeka-buddhas)和声闻(Śrāvaka)这三组合的中间要素,大部分人对其通常的翻译"为自己的佛(觉悟者)"感到满意。但是,这里 pratyeka(巴利文的 pacceka)的用法是不寻常的,完全不清楚它是如何可以

① 见诺曼:《有关"涅槃"(nibbāna)的错误观点》,载于 T. 斯科鲁普斯基(T. Skorupski):《佛教论坛》卷三,伦敦,1994 年,第 209—224 页。

② 戴维·卡鲁普哈纳(David J. Kalupahana):《正义之道:法句经》,拉纳姆:美国大学出版社,1986 年,第 161 页(原文见《法句经》,偈颂第 21 段)。

③ 见诺曼:《死亡与如来》,《佛教与文化研究:纪念前田惠学(Egaku Mayeda)教授专刊》1991 年第 7 期,第 1—11 页;亦见《诺曼论文集》(第四卷),第 251—263 页。

有给予它的这个意思。如果考虑到相似类型的"佛"这个概念在耆那教也有的这个事实,不过在这儿,耆那教俗语(Jain Prakrit)其名称是 patteya-buddha,这样语文学家就有可能给出这个词的词源建议,这既可以解释俗语的形式,也可以解释巴利语的形式——解释其梵文形式不难,因为它仅仅是巴利语的梵语化形式,或者是某种相似的东西——基于这个解释,提供一个更让人满意的翻译。①

在我们考虑佛教文本的时候,语文学的基础工作当然都将继续。在我们可以问"每个词都是什么意思?"之前,我们不得不问我们自己"我们知道每个词是什么吗?"然后开始考虑翻译或者解读它们。很多情况下我们可以看到,在写出注释之前,对一个特别的词的结构的理解,就已经失败了,因为很明显,注释者们没有理解它的结构。关于这一点,最近几百年当中,在中国新疆、阿富汗和印度发现的梵文和俗语(Prakrit)佛教文本,给语文学家们提供了无价的工具。这些新的发现常常会追溯到文本不确定的,或者偏离原意,或者是任何其形成之前,有时候他们提供一个不同性质的偏离原意的版本,可以让我们想到问题的解决方案。对巴利文《法句经》密集的对比研究,犍陀罗语《法句经》、所谓的巴特那本(Patna)《法句经》,以及梵文《法集经》(Udānavarga)非常有收获,因为这允许我们用每一个版本,作为对其他版本的一种参照,我们可以频繁地确定偏离的部分——即使在缺乏相似段落的情况下,迄今为止偏离版本没有疑问——并且,更重要的是,推测其是如何形成的。

这些语文学研究,让我们能够识别那些我们不再理解的名词性或者动词性的形式,确定那些没有在原来的语言里确定的动词的词根,②用我们新发现的知识,去修正偏离的文本,恢复我们希望可能接近于原始文本的东西,以做出更好、更准确的翻译。非常遗憾的是,很多这些语文学的发现,并不为一些译者所知,或者可能是被他们忽视,结果可能在他们的翻译中,以及在这些错误翻译的基础上,他们对佛教的理解,出现很多错误。

比如,语文学的调查研究发现,巴利语中,虽然很少见,但有时候在末尾

---

① 见诺曼:《佛教与耆那教中的独觉佛》,载于《佛教研究:古代与现代》,伦敦:柯曾出版社,1983年,第92—106页;亦见《诺曼论文集》(第二卷),第233—249页。

② 见诺曼:《巴利语与经文》,载于《佛教传统》,特灵:佛教研究所,1989年,第29—53页(第52页注释第139条);亦见《诺曼论文集》(第二卷),第91—123页〔122页,注释第1条〕。

以宾格单数一样的形式,可以代表宾格复数,或者是离格(ablative)单数。①然而,一些最近的翻译,完全不了解巴利文中以此(-aṃ)结尾的宾格复数。在《法句经》中关于智者(Paṇḍita-vagga)这部分,有一节②关于舍弃 kaṇhaṃ dhammaṃ,字面意思是"黑法(the black dhamma)",以及培养 sukkaṃ〔dhammaṃ〕,字面意思是"白(或明亮)法"。有些译者将这些形式作为单数,翻译成"智者舍弃黑暗的法后,将培养明亮之法",③"智者应该培养光明的品质,舍弃阴暗的品质",④或者是"让智者离开黑暗之道,追随光明之道",⑤然而在其他地方出现的,这节的巴利文注释中,⑥明确了这是指向非常常见的对复数形式的法(dhammas)的两种分类,不善(akusala)和善(kusala)。我刚才提到的巴利文《法句经》相似的版本,如果检查他们里面的这一节的形式,⑦我们会发现他们有复数形式。

当译者发现了对于相似版本的知识,却没有利用这些知识的时候,这些翻译看起来更加值得注意。

在《法句经·花品》⑧中,有一节描写蜜蜂如何从花朵里取出花蜜后飞走,而不损伤它。"花"对应的词(pupphaṃ)是以宾格的形式出现,对译者来说,这引发了一些问题:他们发现在这个句子中很难放入一个宾格。最新译者们⑨说,"从一朵花中(from a flower)"对 pupphaṃ 是更好的翻译,他们指出在类似的文本里,存在离格形式的花 puṣpā 和 puṣpād,但他们并没有在他们的翻译中采用自己的建议。他们没有说 pupphaṃ 事实上可能是个离

---

① 见海因里希·吕德斯(Heinrich Lüders):《对佛教经典语言的观察》(Beobachtungen über die Sprache des buddhistischen Urkanons),柏林:学术出版社(Akademie-Verlag),1954 年,第 188—219 页。

② "kaṇhaṃ dhammaṃ vippahāya, sukkaṃ bhāvetha paṇḍito",《法句经》偈颂第 87 段,ab 句。

③ J.R.卡特尔(J.R. Carter)、M.巴利哈瓦达那(M. Palihawadana)译:《法句经》,纽约:牛津大学出版社,1987 年,第 170 页。

④ 戴维·卡鲁普哈纳:《正义之道:法句经》,第 121 页。

⑤ 萨瓦帕利·拉达克里希南(Sarvepalli Radhakrishnan):《法句经》,伦敦,纽约:牛津大学出版社,1986 年,第 121 页。

⑥ "kaṇhan ti, akusala-dhammaṃ",《善见律经》第 III 册(Spk III)第 132 页,第 20—21 行(《相应部》第五册,第 24 页,第 21 行)(ad S V 24,21)。

⑦ "kinhe dhamme viprahāya śukre bhāvetha paṇḍitā",巴特那(Patna)版《法句经》,偈颂第 263 段,ba 句(Patna Dhp 263ba);"kṛṣṇāṃ dharmāṃ viprahāya śuklāṃ bhāvayata bhikṣavaḥ",梵文本《法集经》,第 16 章,偈颂第 14 段,ab 句(Udāna-v 16. 14ab)。

⑧ "yathāpi bhamaro pupphaṃ Vaṇṇagandhaṃ aheṭhayaṃ Paḷeti rasaṃ ādāya",《法句经》,偈颂第 49 段,abc 句。

⑨ J.R.卡特尔、M.巴利哈瓦达那译:《法句经》,第 443 页,注释第 14 条。

格,也没有出示任何有关巴利语中以-aṃ 形式存在离格单数知识的线索。

语文学研究为什么词语是所表达的意思,因此它在另一个方面就有用处了。我们有时候发现,自从第一次把佛教文本翻译成英文的那些人对一个词给出特定的意思之后,我们往往就在大部分情况下遵循这种翻译而不做改变。如果检视这些词本身的时候,我们发现我们长久以来接受的那些意思,通常并不是唯一可能的意思;而且有些情况下,甚至不是最可能的那个意思。比如,我几分钟前提到过的圣谛(noble truth)这个短语。四圣谛(the four noble truths)已经是老生常谈了,这是词组 ariya-sacca 的完全可接受的翻译:ariya 的意思是圣(noble),sacca 的意思是谛(truth),所以 ariya-sacca 的意思是圣谛。这个翻译在我们的脑子里是如此的普遍和固定,以至于不得不指出这不仅不是唯一可能的翻译,而且事实上,是所有可能性中,最不合适的一种的时候,似乎就像是在亵渎神灵一般。如果我们检视那些注释者,我们会发现他们对这一点非常了解。他们指出这个词组可以有若干种意思。可以是"圣者的真理","圣者们的真理","对一位圣者的真理",即,使人成圣的真理,与"圣谛"的翻译一样,我们非常熟悉。① 然而,最后一种可能性,如果说他们还提到的话,他们放在可能性表格的最底部。我自己感觉,非常可能"圣者(佛陀)的真理"是正确的翻译,虽然我们必须永不忽视印度文本往往倾向多种文义,因此说有单一正确的翻译通常是不合适的。

再举一个例子:对于《妙法莲花经》(Saddharmapuṇḍarīka),我们一直采用巴洛夫的译法,即"妙法的莲花(the lotus of the good law)"。再一次,这不是唯一的可能。它可以是,比如"法之妙莲(the good lotus of the law)"或"妙法之莲(the lotus of the law of the good one)",或者是"诸善之法的莲花(the lotus of the law of good ones)"。事实上我们已经在《法句经》的一节中,讨论了妙法,即 dhamma 对应"妙",② 我们可以顺理成章地把这个标题翻译成"妙者或妙者们(即佛或诸佛)教法之莲花"。

另一个早期翻译者们可能错误的地方,是对于《大般涅槃经》(Mahāparinibbānasutta)(阿含,译者注)标题的翻译。戴维斯将其翻译成"大涅槃之书"。这可能,虽然我们可能感到惊奇,什么会构成"小涅槃"? 事实

---

① 见诺曼:《为什么四圣谛为"圣"》,载于《阿难:阿难·古鲁格(Ananda Wahihana Palliya Guruge)纪念文集》,科伦坡:纪念委员会,1990 年,第 1—13 页;亦见《诺曼论文集》(第四卷),第 170—174 页。

② "sataṅ ca dhammo na jaraṃ upeti. santo have sabbhi pavedayanti",《法句经》偈颂第 151 段,cd 句。

上,我们可以相当确定,这个翻译是不正确的。在巴利文藏经中,我们发现非常常见的,一个叫"大(mahā)",另一个叫"小(cūḷa)"的经卷对,因此对于一个特定主题,我们可以有个大的经(sutta),并对同样的主题有一个小的经。我们还可以确定,最初,小的版本事实上比大的篇幅要短,代表了大版的缩略,或者同样地,大版代表了小版的扩展,然而,并不总是以这样的形式出现。有时候,"小经"比"大经"的篇幅还要长,我们必须进一步确定,在经典采用了它们的名字之后,是发生了缩略还是扩展。因此,可能对于 Mahāparinibbānasutta 更准确的翻译是"关于涅槃的大经",只是凑巧在巴利文藏经中,我们没有发现一部所谓的"小般涅槃经"(cūḷaparinibbānasutta)。① 我可以顺带提一下戴维斯更加奇怪的标题翻译,因为前述《长阿含经》(Dīgha-nikāya)中的经典,是《大缘经》(Mahānidānasuttanta),他正确地翻译为"关于缘的大经"。

那些以这种方式错误翻译的人们可谓难兄难弟,因为,对于文本标题恰好是同样错误的翻译,还有更壮观的——如果我可以用这个词的话,即对于《大般若波罗密多经》(Mahāprajñāpāramitāsūtra),伟大的比利时学者拉莫特(Étienne Lamotte)将其译成"大美德智慧之经"(Le traité de la grande vertu de sagesse),而不是"美德智慧之大经"(Le grand traité de la vertu de sagesse)。为了公正对待拉莫特,我们必须记得,他在去世之前,认识到了自己的错误,但是在那个时候,改变标题已不可行。

另一个语文学家已经能够厘清的要点,就在我刚才提到的经典的标题方面,戴维斯把名词 prinibbāna 翻译成"涅槃"。因为那本经论述了佛陀在圆寂时获得的涅槃(nibbāna),prinibbāna 通常翻译成"最终涅槃",保留简单的 nibbāna,作为佛陀觉悟时获得的经验。由于将 prinibbāna 这个词与佛陀的圆寂联系起来,有些人设想 nibbāna 只能用于圆寂。但这种解读,是基于对前缀 pari 意思的错误理解,很容易弄明白它的意思不是"最后",而 parinibbāna,至少,在其最初的用法中,不能表达"最终涅槃(final nibbāna)",因为在文本中有很多参照,把生命描述成遍涅槃(parinibbuta)——获得了涅槃(parinibbāna)。②

---

① 见诺曼:《巴利文献》,威斯巴登:奥托·哈拉索维茨(Otto Harrassowitz)出版社,1983 年,第 36 页。

② 在《长老偈》中我们发现陀骠摩罗子(Dabba)提到自身是"parinibbuto"(《长老偈》第 5 段),与阿难陀(Ānanda)的(见 Th. 1047)一样。在《长老尼偈》中我们发现同样的 Ubbirī(《长老尼偈》(Thī)第 53 段),以及 Pañcasatā Paṭācārā(《长老尼偈》第 132 段)。

另一个还在持续的错误翻译是几分钟前提到的 kusala 这个词,通常被翻译成"有技能的(skilled)"或"娴熟的(skilful)"。这个词当然是有这些意思的,但是在梵文中,它是第二层意思,基本的意思是"好(good)"。然而,在巴利文协会出品的巴利文—英文词典(Pali-English Dictionary)中,"聪明(clever)""熟练(skilful)""专家(expert)"是作为第一层意思,尽管它的反义词 akusala 只给出了"坏、恶"的意思。这两个词组通常描述法(dhammas)——精神层面的现象,有时候翻译成"状态(states)",我们经常读到翻译的"舍弃'不熟练的状态(unskilled states)'","生起'熟练的状态(skilled states)'",尽管译者很少去解释什么是熟练或者不熟练。但事实上注释让我们会把它们理解成好的或者坏的(精神)现象。

巴利文—英文词典的出版在 1925 年完成,因此,词典的最后一册也差不多出版 70 周年了,之前的分册则超过了 70 周年。其出版之时,代表了巴利文语文学成就的巅峰。即便如此,其中还是有很多错误,包括我刚才提到的那些有误导性的陈述。1925 之后,出现了很多版本的迄今未刊布的巴利文文本,因此,其不完整性,让人很恼火;然而,很多在词典中提到的那些文本的更好的版本已经出版,因此就需要对很多词组和意思进行更正。巴利文协会充分意识到这一点,改进版的巴利文—英文词典,将会命名为《新巴利文-英文词典》(New Pāli-English Dictionary),正在准备中。[①]

在这本新词典出版前,巴利文—英文词典是我们拥有的最为完备的巴利语词典,尽管有很多不足之处,大多数巴利文学者依然还在采用它。我已经说过,即将成为译者们的那些人,可能会在这本字典里查找词汇,查明它们的意思,然后把这些意思作为他们直觉的基础。但是,这一点很难说服很多学者:如果把从这本字典里找到的当成绝对可靠的内容的时候,他们必须非常谨慎。记得我问一位学者,他打算怎样解决即将翻译的文本里存在的那些我知道的问题。他告诉我,他会为文本里的每个词都采用巴—英词典里给出的意思。他还很无礼地反问我,如果巴—英词典里的意思是不正确的,我希望他如何翻译那个文本?

这些问题的出现,是因为在这些印刷的词上,附着一种奇怪的神圣性。人们常常以同样的方式说:"绝对是真的,因为我是从《泰晤士报》上看到

---

① 此项目由剑桥大学东方研究院巴利词典学研究助理主任玛格丽特.科恩(Margaret Cone)博士负责。此书已于 2001 年与 2011 年分别出版了第一册与第二册:Margret Cone, A Dictionary of Pāli I, Pali Text Society, 2001; A Dictionary of Pāli Part II, Pali Text Society, 2011——译者注。

的。"因此,当我对人们发给我的建议,提出批评性评论时,并示意他们对一些巴利文词汇和短语的翻译需要更改时,他们说绝对是我错了,因为他们写下的任何内容,都是从《巴英词典》里面来的。当我反驳说:"是的,我知道是在《巴英词典》里面,但那是错误的,我们正在改进版的词典里更正",他们仍然很不情愿地相信出现在出版物里的任何内容,会是不正确的。我不知道他们认为第一版的编辑们是什么样的人,但是他们肯定赋予了编辑们某种绝对可靠性。很明显,他们从未阅读这本词典的后记里,最后一册刊出时,大约在戴维斯去世三年后,威廉·司迪德(William Stede)写道:这本词典不是他最杰出的作品,他的心思更专注于其他的目标。或者是司迪德关于联合编辑们的座右铭的陈述:"现在更好但不完美;也许永远不会完美"。①

而且,我相信,也有人不情愿相信,当今的学者们,只是凡人,可以对这本词典提升点什么。我只能期望当改进版出版的时候,它也将获得印刷的文字给予的、外表的绝对可靠性。我被鼓励去想会如此,因为我发现同样的神圣性正在与《精校巴利词典》粘附上,不单是黏附上了赫默尔·史密斯和戴因斯·安德森,这两位可能是欧洲曾经培养的,最杰出的巴利语文学家做的早期分册,还黏附上了较近的分册。我最近在写的一些东西里面,照样引用了早期给《精校巴利词典》写的、作为我参与这本词典的一部分的一篇文章。然而,自从写了那篇文章以来,我想到了以一种有点不同的方式表达我对特别的问题的解决方法。我把我写的东西给同事看,他把我的材料还给我,加上了他的评论。他认为对于这个问题,我应该引用《精校巴利词典》上的内容。

我可以继续一段关于语文学方法对印度佛学关键词上的解释导致的我们对于这些词汇理解的提升,以及我们对他们的更准确的翻译,但是就一个讲座来说,我可能讲的已经足够了。

---

① T.W.戴维斯、威廉·司迪德编:《巴利文—英文词典》,伦敦:巴利文学会,1925年,第738页。

作为一门学科的佛教研究与理论的角色[①]

何塞·伊格纳西奥·卡贝松(Jose I. Cabezon)[*] 著

张孝明、朱轩慧　译

　　佛教研究是一门学科吗? 亦或是它仍旧处于学科发展的初期阶段? 或者说,它更像是一个作为学科之家的超级学科实体? 佛教研究与从它所借鉴的分支学科的关系是什么? 佛教研究是否需要同质性才能使其具有一个学术研究领域的一致性和延续性? 实际上它是否具有这样的同质性? 在过去的十年里,一批理论文献的兴起,其目的是探讨学科性的概念。[②] 学科是如何产生的? 在构建其一致性和统一性时,运用了哪些社会、机构和修辞等方面的实践? 它们的自然分支学科是什么? 学科如何变化,以及它们如何回应思想界中的变化? 它们彼此之间如何互动? 这些仅仅是在这个被称为"学科研究"的领域中提出的一些问题,而本文的第一个目标是基于这些最近的文献进行有关佛教研究的反思。

　　第二个目标派生自第一个,而且在某种意义上更为紧迫。如果如我所认为的那样,研究佛学的不同方法论正在出现,那么,我们认真考虑这些可

[*]　何塞·伊格纳西奥·卡贝松是美国加州大学圣芭芭拉分校宗教研究系教授,主要研究方向为藏传佛教,特别是比较宗教研究话题,包括经院哲学、性别研究等。译文原标题为:"Buddhist Studies as a Discipline and the Role of Theory", *Journal of the International Association of Buddhist Studies*, Vol.18, No.2(1995), pp.231–268。——译者注。

[①]　本文的一个更早的版本是1994年夏天在汉堡大学印藏文化与历史系上的报告。它受益于同事和学生的点评,我需要特别感谢大卫.杰克逊(D. Jackson)教授的仔细阅读,感谢奎塞尔(B. Quessel)先生和弗兰兹-卡尔·艾尔哈德(F-K. Ehrhard)博士提供有价值的书目建议。该文还作为主题发言,在1994年墨西哥城举办的国际佛教研究会议上报告过。我不仅需要感谢听过报告后提供评论的同事,还需要感谢迪勒曼(T. Tillemans)教授、布兰卡霍斯特(J. Brankhorst)教授、裴杰斯(U. Pagels)博士和杰米.胡布达特(Jamie Hubdard)教授提供有价值的参考书目。本文是我作为亚历山大·冯·洪堡研究员时期写成的,在此特别感谢洪堡基金会(波恩)提供的慷慨资助。

[②]　艾伦·梅瑟-大卫多(Ellen Messer-Davidow)、大卫·叔维(David R. Shumway)和大卫·西维安(David J. Sylvan)主编的《知识:学科中的历史与批判研究》(夏洛茨维尔和伦敦:弗吉尼亚大学出版社,1993年)是最新的研究,它详尽的参考书目穷尽了该领域以前的著作。

供选择的方法论,并问问方法论反思在今天领域中应该发挥什么作用的时候到了。在过去的数年中,出现了不同的佛教研究方法,挑战着它们所认为的经典范式。当然,如何对后者进行定性,决定了批判的性质。在一些例子中,古典佛学被描述成过于关注特定的地理区域(通常是印度)。据说特定区域在研究领域中占主导地位,会产生两种结果。第一,由于将佛教研究等同于对特定占有支配性地位的地理区域的研究,古典佛学被指控损害了诸如汉地、西藏和东南亚的佛教研究等分支学科的发展。第二,它使其他区域的语言和文明研究仅仅成为研究主体文化区域的工具。① 但是对佛教研究经典范式的批判,也可以采取其他形式。例如,有些人声称,此领域近乎排他地专注于写本和教义文本,而不关注其他符号学(即,产生意义)的形式(例如口传文献、碑铭与考古数据、仪式、机构、艺术与社会风俗)。② 在一些

---

① 后者的学者(研究主体文化区域的学者)认为,只有在用于阐释印度佛教时,研究中国文本才有价值,就这一点而言,印度佛教研究占支配地位。T.格里菲斯·法奥克(T. Griffith Foulk)的《东亚佛教研究领域的问题:关于〈顿与渐:中国思想中觉悟的不同法门〉一书的深度评价》(载于《国际佛教研究协会集刊》1993 年第 16 辑,第一期,第 93—180 页)最新提出这一观点。这一观点,兰卡斯特(Lancaster)也提出来了,参见第 249 页注释①。比方说,在阅读长尾雅人(Nagao Gadjin)的文章时,不难发现为何一位藏传佛教学者应当分享法奥克以印度/梵文为主导的学术领域的观点。在《日本藏学研究的反思》(载于《亚洲学刊:东方文化学会学报》1975 年,第 29 期,第 107—128 页)中,长尾说:"藏文只是梵文佛教研究的补充,虽然是非常重要的补充"(第 112 页)。还可以参见狄庸(J. W. de Jong)的《欧美近期的佛教研究:1973—1983》(载于《东方佛教》1981 年,第 17 辑第一期,第 82 页)一文中关于印度佛教文本在佛教研究中的中心地位的评论。关于日本的印度佛教研究与藏传佛教研究二者之间的关系,以及最近几年所发生的方法论的变化,参见松本史朗(Matsumoto Shiro):《日本的藏学研究(1973—1983)》,日本亚洲研究(1973—1983)系列,东京:东亚文化研究中心,1986 年,第 2 部分,第 18 册。

② 许多这一领域的历史学家强调过关注非写本文献数据的重要性。他们按照传统,倡导把碑刻、艺术、仪轨、文化和"佛教思维"等研究当做文献资料的辅助,或者说补充。E. 布诺夫(E. Burnouf)可以说是佛教研究之父,他本人使用碑刻资料来解读他所研究文献的词句含义。参见他撰写的《妙法莲华经》(*Le Lotus de la Bonne Loi*,巴黎:迈松内夫出版社,1825 年)一书中那详尽的附录十。关于佛教碑刻的其他研究,参见狄庸的《欧美佛教研究简史》(载于《东方佛教》第 7 卷第一期,第 88 页)和《欧美近期的佛教研究》(第 98 页)。然而,最近的文献对这种相对温和的姿态感到不满,批评写本的霸权凌驾于其他符号形式之上,试图展现通过认真使用其他符号,可以撼动这一领域许多(基于写本的)传统预设。这一方式的范例是格里高利.肖本(Gregory Schopen)的著作,特别参见他的《印度佛教史的两个问题:僧俗之间的区别和功德流转教义》(载于《印度伊朗研究》〔*Studien zur Indologie und Iranistik*〕1985 年,第 10 期)、《佛塔崇拜和现存的巴利语戒律》(载于《巴利文协会集刊》1989 年,第 13 期)和《早期印度佛教中的葬仪及佛陀的物理现状》(载于《宗教》1987 年,第 17 辑,第 193—225 页)。当然,正如肖本自己承认的那样,这样的批评案例更早就存在,最著名的是保罗·慕斯(Paul Mus)的古典研究作品《婆罗浮屠:一部根据考古精校文献勾勒的佛教史》,河内:法国远东学院,1935 年;纽约:阿尔诺出版社,1978 年;巴黎:阿尔玛·阿提斯,1990 年。然而,肖本的批评并没有受限于使用碑刻和考古数据,正如在他的《〈大般涅槃经〉中的僧人和舍利崇拜:关于寺院佛教的一个古老误解》(载于《从北京到瓦拉纳西:佛教与中国宗教论文集》,篠原亨一〔Koichi Shinohara〕、(转下页)

例子当中,批判更甚,不仅哀叹传统上所采纳的资料覆盖面狭窄(对内容的批判),而且还攻击研究资料的传统方法(对方法的批判)。后者通常采取否认古典佛教语文学的形式,诋毁者们认为古典佛教语文学是以天真的、唯科学主义的方法去研究写本。[①]在另一些情况下,传统佛学被认为视野过于狭窄,过于专门化,不关注更广阔的、更具比较性的问题,也无法与更广泛的知识界进行对话。[②]

对这一挑战的回应各不相同。在一些情况下,它被忽视了:它只是一个北美[③]的后现代小涟漪,荡漾在原本平静的海面上,将随着时间而消散。在另一些情况下,它则引起了蔑视和恐惧——鉴于最近的发展,"严肃的"学

(接上页)格里高利·肖本编,奥克维尔:马赛克出版社,1991年,第187—201页)中,他利用写本本身去撼动古典佛教学家斯蒂芬·柯林斯(Steven Collins)在《人无我:上座部佛教的譬喻和思想》(剑桥:剑桥大学出版社,1982年)中已经得到认可的学识,认为社会实践,即"大多数佛教徒实际的思想和行为"对于理解"佛教思想"不可或缺。"我曾尝试说明佛教中富有想象力的表达——我们称作它的'思想'——与佛教文化社会的预设和制度框架是紧密联系、不可分离的"(第265—266页)。

① 例子包括:C.W.亨廷顿(C. W. Huntington)、格西·南嘉旺钦(Geshe Namgyal Wangchen):《空性的空性:印度早期中观导论》,檀香山:夏威夷大学出版社,1989年;安德鲁·P.塔克(Andrew P. Tuck):《比较哲学与学术哲学:关于西方对龙树的解释》,纽约、牛津:牛津大学出版社,1990年。关于佛教文献的语文学分析中使用的特定方法原则的简要批评,参见保罗·格里菲斯(Paul Griffiths)为兰伯特·施密道森(Lambert Schmithausen)的《阿赖耶识》(*Alayavijñāna*)写的书评,刊于《国际佛教研究协会集刊》1989年,第12辑第一期,第170—177页;也可参见约翰·C.霍特(John C. Holt):《戴王冠的佛陀:斯里兰卡佛教传统中的观世音》,纽约、牛津:牛津大学出版社,1991年,第 viii 页。

② 例如,参见保罗·格里菲斯:《佛教混合英语:浅论佛学家的语文学和诠释学》,载于《国际佛教研究协会集刊》1981年,第四辑第二期,第18页;比如他写道:"为何佛学应当成为封闭的传统,这绝对是毫无理由的,对外行人封锁,通过神秘的灌顶师徒相传,以这样的方式走向灭绝,至少说是自己从相对广阔的学术界中自弃。"格里菲斯继续指出,读懂佛教,"远超语文学"(第18页),这包括在解决诠释学的任务时,需要靠学者们用话语复述文本的含义,而不是文本本身。他认为这引起了"跨学科和跨文化思考领域中的一些极其积极的结果"(第21页);也可考虑斯蒂芬·柯林斯在《人无我》第1页中的评论:"我认为许多当代哲学,尤其是在英文传统中,缺乏历史和社会的自我意识。我想提出,哲学的反思的进程,不应脱离思想史和人类学,不应脱离文化调查和文化比较。"大卫·赛福特·卢埃格(David Seyfort Ruegg)的《佛教研究之现状与未来的几点评论》(载于《国际佛教研究协会集刊》1992年,第15辑第1期,第105页)不仅鼓励跨学科,"形成与其他学科专家保持联系的必要",而且还鼓励通过吸引和保持非全职专业的学术人群中那些受教育者的注意、兴趣和支持,结束古老且根深蒂固的"市民"与"师生"(指大众学术与专业学术,译者注)二者的划分。也可参见后者的《一个新近的藏学和佛教研究提议》(载于《美国东方学会会刊》1962年,第82期,第322页注释4)中关于专业化与跨学科的评论。

③ 北美最早出现的批评,可以从上文四个注释所引用的资料中找到。越来越多北美高校的佛学家认为自己拥有独特的风格——一种不同于母体学科所代表的学术方法。越来越多的北美学者力图通过将自己的著作与亚欧同行们的著作进行对比,以此构建自我认同。如果尚未出现一个独特的北美佛教研究学派,那是因为以地理为界的专业领域,尚未进行真正的对话,所以诸如南亚佛教、东亚佛教和东南亚佛教以及喜马拉雅佛教研究大多依然相对孤立,成为自我封闭的子单元。

术将变成什么样？本文的第二个目标是探究这些方法的分歧,不是提出一种寻求和解的手段(我认为这种手段不会出现),而是指明一条与分歧共生之道,以此避免该领域中一条即将出现、或许不可弥补的裂缝。

把佛教研究称为一门学科或许并不恰当,特别是当我们以历史学、人类学、艺术史等等来举例学科时更是如此。类似于佛教涉及"我"与"蕴"的争论,或许有人会争辩佛教研究不是一门学科,因为它包含着诸多学科作为其部分。① 但这只可能是历史演变的问题,因为曾有一段时间,连古典学科也似乎不像正统的学科。当今的佛教研究之所以看上去是一门如此奇怪、近乎人造的和异质化的学科,或许是由于它还相当的年轻。尽管有关佛教的学术研究比国际佛教协会以及其创立的期刊要古老得多,②但是后者的成立,也正是代表着该领域机构化的重要(或者说关键)一步,仅发生在不到二十年以前。然而,不管佛教研究是不是一门真正的学科——不管它是否取得了独立学科的地位,不管它是原始的还是超学科的——佛教研究存在一种鲜明的一致性,这至少要求对这一领域进行一种整体性的分析。③毕竟,我们以此整体的名义召集会议和召开国际大会,即使我们对它的认知是如此不同。

仍然需要承认的是,不管是否因为相对年轻,当今的佛教研究看起来的确颇为杂糅,这要部分地归因于佛教研究团体的国际性构成,另外也部分地归因于我们的研究对象,佛教本身的异质性(后者的情况稍后再谈)。④ 但是还有其他的因素——如机构因素——也使得这一领域呈现多样化。通

---

① 参见法奥克做出的区分,在《东亚佛教研究领域的问题》,第112页中,他为诸如宗教人类学和宗教历史学等领域,保留"学科"一词。卢埃格的《佛教研究之现状与未来的几点评论》,第104页,认为佛教研究吸纳"语文学、历史学、考古学、建筑学、碑刻学、钱币学、哲学、文化和社会人类学、宗教史和艺术史"这一事实,不是"佛教不是一门学科"的证明,而是"我们的事业既是一门学科,还跨越多个学科"的象征。

② 没有人将佛教研究通史看做一门学科。狄庸的文章《欧美佛教研究简史》分两部分出版(载于《东方佛教》第7辑第1期,第55—106页和第7辑第2期,第49—82页),主体是以印度为中心的佛教语文学之历史,尽管他自己承认是偏袒的,但这是一篇优秀的文章,它概述了这一领域的历史。它包含了涉及其他相关研究的大量书目,使得此处没必要引用它们。亦参见他的后续文章《欧美近期的佛教研究:1972—1983年》,载于《东方佛教》1984年,第17卷第1期,第79—107页。

③ 不仅世界上重要的大学设立了佛教研究的教授职位,攻读这一领域的博士学位也是可能的,而且存在国际佛教研究协会,它还出版了学术期刊,这都说明佛学本质上起码是一门准学科。

④ 关于异质性,参见法奥克:《东亚佛教研究领域的问题》,第102—103页。法奥克讨论至今大多数佛教研究的自然划分是以地理和语言的分科为基础。但是很明显,存在其他的方法来构想学科划分,例如关于方法论的主线。因此,佛教研究存在文本语文学的、人类学的、社会学的、文学批评的和艺术史的方法,所有的这些形成更广阔领域的一部分。

常,一个共同的机构支持模式可以为一门学科提供同质性,这在佛教研究中
是缺乏的。诚然,在许多亚洲国家,佛教研究从宗教界获得一贯的机构支
持,但是在这里宗派主义导致了另一种异质性。再者,在亚洲以外的其他地
方,很少有佛教研究的系所。[①] 相反,在区域研究中心(南亚、东亚和乌拉
尔—阿尔泰),在语言、文化、历史以及三者混合的研究中心和机构(按照专
业细分的程度举一串具体的例子,如亚洲、南亚、印度、梵文),在宗教研究
系,甚至在神学院,佛学家发现他们可以找到归宿。[②] 不像别的学科,甚至
像某些在结构上与我们相似的学科,比如犹太研究,佛教研究极少有独立自
主的世俗机构。

　　虽然并非特例,但这就意味着佛教研究在机构上与其他更加完善的领
域处于共生,或许甚至是寄生的关系。我们依然经常要通过辨明佛教研究
对于去充分理解某个具有毫无疑问的认识论价值(出于历史、政治和经济因
素的考虑)的现象不可或缺,来证明自己存在的意义。例如,我们试图使人
相信,理解佛教对理解亚洲或其局部区域[③](在美国"环太平洋"已经成为流
行语多年)是必要的,或者它是宗教研究的重要部分,又或者说它是我们理
解"人文科学"——这一可能最包罗万象的、也最少在认识论角度受到质疑
的范畴——的必要条件。但无论"寄主"是谁,佛教研究仍旧是寄生虫,只有
在极少的情况中才具有确凿无疑的"知识"(episteme)地位。当然,这就意
味着我们中许多人(或许大部分人)有着双重的效忠。不仅学科为了生存,
建立起多样化的机构联系,变得越来越多元,而且以多重效忠为形式的异质
性,也是我们作为佛教学者所继承的东西。在我们成为适应社会的佛学家
的历程当中,部分包含为自己寻找合适的机构的归宿的历程,这意味着在一
定程度上学习扮演起除佛教学家以外的角色。

---

① 参见卢埃格:《佛教研究之现状与未来的几点评论》,第 104 页。
② 卢埃格:《佛教研究之现状与未来的几点评论》,第 106—107 页,讨论了他所认为的种种机构支
　持佛教研究的一些优势和危险。例如,他看到佛教研究的学者在宗教系、哲学系和历史系找到
　归宿,可能存在的危险是:佛教研究与印度学、汉学等历史语言学的关系,即便没有完全隔绝,
　也可能变得疏远。佛教"可能发现,未适当顾及与它的历史脉络和文化背景相一致的情况下,
　自身被组织起来"。
③ 大卫・赛福特・卢埃格:《印度思想与西藏思想的研究:几个问题与视角》,莱顿:博睿出版社,
　1967 年,第 4 页:发表于莱顿大学印度哲学、佛教研究和藏学研究教授的就职演讲引用沃格尔
　(J. Ph. Vogel)关于佛教研究对于理解印度的重要性之内容。这体现了这种修辞做法,既不是
　不寻常,也不是特别新颖。同样的,卢埃格证明了藏文文献对于印度佛教研究的重要性,将藏文
　文本的研究合理化和合法化。

佛教研究的异质性,并不仅仅体现在机构层面,在其他的方面也很明显。尤其是当今我们似乎越来越少地共享研究方法,甚至是论题。正如我们所看到的,作为该学科默认的立足之处的文本和语文学基础,①最近几年日益成为被批判审查的对象。有一些人认为——至少挑战者们是这样认为的——这一现象显然已经使得这一曾经稳固的学科基础,即使未受到猛烈撼动,至少也备受质疑。② 人类学家、社会学家、艺术史家以及许多新的文本批评家们,所有这些在上一代人时,处于(或者更好的说法是,维持在)这一学科边缘地带的人们,如今正在挑战书写—文本—语文学的范式,以便发出处于更中心位置的、不再被忽略的声音。

除了学科内部出现的对于语文学的批评外,从德曼以来到现在,还存有一种更具一般性的批评,它针对于文本校勘的编辑惯例和方法,而佛教研究对此可以说是一无所知。③ 这些更具一般性的批评性类文献,外延更广,也

---

① 这个学科曾是(或许仍旧是)以佛教文献的语文学研究为基础,我们发现在文献中这是被反复说明的原则。仅举一例,参见杰奎斯·梅伊(Jacques May):《佛教研究:范围、学科和视角》("Études Bouddhiques: Domaine, Disciplines, Perspectives",载于《文学研究》[Études de Lettres],洛桑,1973 年,第三系列第六卷第四册,第 10 页)一文中的评论。

② 有人可能会争论说,贬低者对于古典佛教语文学的叙述,是不准确的讽刺,不能与真实的语文学—史学著作的叙述方法达成一致。它可能是这样,但是它必将被语文学方法的支持者这样展现。例如古典佛教语文学的批评者经常描述后者是统一且单一的整体,有时并不与历史相符。关于佛教语文学的不同风格,参见兰伯特.施密道森:《第一部分前言:最初期的佛教》,载于大卫·赛福特·卢埃格、兰伯特·施密道森编:《最初期的佛教和中观:第七届世界梵语大会分会场》第二卷,莱顿:博睿出版社,1990 年。这册文集中的许多文章都触及(尽管有时只是含蓄地)有关方法的问题。关于施密道森自己的佛教文献(至少早期佛教的文献)研究的方法之细节,参见他的《早期佛教中有关"开悟"或"启蒙"的描述和理论的几个方面》,于 K.布鲁恩(K. Bruhn)和 A.魏兹勒(A. Wezler)编:《耆那教与佛教研究》(Studien zum Jainismus und Buddhismus)第 23 辑,"纪念路德维希.阿斯多夫(Ludwig Alsdorf)新旧印度学专刊"(汉堡),第 200—202 页。此外,由已经存在且将继续存在语文学争论这一事实,可以看到这一领域中佛教语文学的多样性。关于这样一个争论,最早是在 20 世纪 30 年代认真地展开,争论的问题是是否存在前经典化的佛教,参见卢埃格:《印度思想和西藏思想研究》,第 10—11 页。其他的争论,例如关于古代的巴利文大藏经,在把佛理解为一个宗教人物时巴利文和梵文资料的运用,佛教与婆罗门教之间的关系,佛教混合梵文(如果有的话)的特征,不同宗派的戒律是否源自犍度(Skandhaka)——争论具有很大程度的语文学特征——在狄雍的《欧美佛教研究简史》(第一、二部分)中进行了讨论。在争论中,古典佛教语文学的批评者是否准确地描述了他们的对手,他们的辩解是否达到目标,这都是在方法论辩论自身的内部才能被决定的问题。至少存在一种普遍的认知(至少存在于挑战者这一方),那就是长手套已被扔下(挑战已经发起了,译者注)。

③ 仅引用一些更为重要的资料(一些是对古典佛教语文学的批评,一些是为自己的辩护):保罗·德曼:《盲视的修辞》,载于《盲视与洞见:当代修辞批评论文集》,明尼阿波利斯:明尼苏达大学出版社,1983 年;保罗·博武(Paul Bove):《权威的变型:一些新批评的解构转变》,载于乔纳森·阿拉克(Jonathan Arac)、沃拉斯·马丁(Wallace Martin)等编:《耶鲁批评家:解构在美国》,明尼阿波利斯:明尼苏达大学出版社,1983 年;G.托马斯·坦瑟尔(G. Thomas Tanselle):《历史档案的校勘》,载于《目录学中的选本研究》,夏洛特维尔:弗吉尼亚大学出版社,(转下页)

更加微妙。在许多方面,它们对于古典佛教语文学而言,比那些发端于领域内部的质疑更具有破坏性。但在这里并不适合对这些争论进行展开。我只想说:越来越多的人认为——对于经典佛教研究的立足点,即书写—文本—语文学这一研究范式的批评,意味着在许多学者的眼中,这一学科已经失去了共同的方法论基础。

考虑到在方法论的问题上缺少共识——总体上这也是最近出现的现象——在我们的研究对象上寻求共性似乎是一件顺理成章的事情,也就是从关注我们"如何"研究我们所研究的东西,转向关注我们所研究的东西"是什么"。佛教难道不是我们共同关注的吗?这一事实难道无法为这一领域提供凝聚力吗?在名义上,这是肯定的,但佛教本身是人为构建的,当对其展开分析时,其表面的统一性和稳固性几乎立刻就分崩离析了。佛教到底是以文本为基础的教义,还是以行为作基础的实践?它是僧人的所为,还是俗人的所为?昔时人们都做了些什么,而现在又做了些什么?在西藏或日本发生了什么?这些内容当然都是佛教,但这无异于承认我们的研究对象本身就有着多元化的特征。要说我们都致力于佛教研究,并不意味着我们有着相似性,而意味着我们如此不同。

现在可能有人会以为,我会在此论证佛教研究可以围绕某一新的、但现在尚未发觉的共同核心进行重建。① 但这不是我的意图。恰恰相反,佛教研究作为一个探究领域,其一致性不需要在方法或主题上达成共识。现在既然其不同之处已经大白,那么确保这一学科稳定性和长久性的,就不是同质性的坚持——这在当下任何情况下都只能靠威势力获取——而应代之以对异质性的欣然接受。要想欣然接受相异之处,意味着不只是被动、和平地接

（接上页）1979 年;同氏:《文本批评的基本原理》,费城:宾夕法尼亚大学出版社,1989 年;杰罗姆·J.麦克甘(Jerome J. McGann):《现代文本批评的评论》,芝加哥:芝加哥大学出版社,1983 年;同氏:《文本境况》,"普林斯顿文化、权力和历史研究"系列,普林斯顿:普林斯顿大学出版社,1991 年。近期关于语文学方法的文献(它们实际上并不属于上文提到的争论的部分),包括威廉·普罗克特·威廉姆斯(William Proctor Williams)、克雷格·S.阿伯特(Craig S. Abbott):《书目与文本研究导论》,纽约:美国现代语言协会,1985 年;皮特·L.施林斯伯格(Peter L. Shillingsburg):《计算机时代的学术编辑》,雅典:佐治亚大学出版社,1986 年;同氏:《格莱格以来的文本批评编年史(1950—1985)》,夏洛特维尔:弗吉尼亚大学出版社,1987 年;E.J.肯尼(E. J. Kenney):《古典文本:书本印刷年代编辑的几个方面》,伯克利:加州大学出版社,1974 年。

① 佛教研究作为一门学科,它的异质性和人为性并不新奇。如果变成这样,那是因为近期出现了新的批评形式。在西藏研究领域存在"缺乏合作的独体"和"严重分歧的态度",卢埃格在三十年以前就提出来了这个观点,参见他的《一个新近的藏学和佛教研究提议》,载于《美国东方学会会刊》1962 年第 82 期,第 320 页。

受这一领域内的各种矛盾对立,对其他方法和专业区域的表面容忍也不再足够。我所认为的接受差异是必要的,这不仅需要在诸如国际佛教研究协会等的会议上组织并推动建立跨学科、跨文化的讨论。从不同学科、地理和历史角度出发对特定的佛教主题进行调查,当然是一种愿景,甚至这一点在领域内也还没有完全实现。① 然而我们所需的不仅是这些。接受差异之处也涉及佛教研究中注重方法的新的话语模式:一种具有批评性、对话性、有时不加掩饰的论辩性的对话。为了实现它,必须具备两个先决条件:我们必须承认:一是这个学科确实已经发生了改变,不再是它过去的样子;② 二是它究竟发生了怎样的改变,是值得探究的内容,我们应该认真地对待挑战,并把它们作为对话的主题。当然,这也就意味着放弃保守主义,不再将忽视方法论的差异视为解决它们的最有效策略。这种对差异的忽视,最隐蔽的表现是采用家长式作风,凭借纯粹的意志力或权力的运用,拒绝承认有其他可行的可供替换的方法视角和学术风格。另一种看似更易让人接受但也会导致对话终结的形式,我们可以称之为"孤立主义"。孤立主义虽然承认存在不同的理论视角,但认为它们都是微不足道的,因为这些观点对于彼此几乎毫无影响,就算有也是非常微弱的。对方法论异质化问题的后一种解决方案,仅仅是在口头上承认其他人可以做出不同的东西,同时继续因循守旧的研究。进行批判性方法论对话的第三重障碍,是整体上对理论持怀疑主义态度。在这一角度中,对理论和方法问题的二阶反思,被认为是超出

---

① 尽管数十年中这一领域有人呼吁更多的跨文化和跨学科研究,但这是真实的。在 30 多年前,卢埃格再一次哀叹武断地把藏学划分为"'哲学家的藏学',或'历史学家的藏学'、'社会学家的藏学'",参见《一个新近的藏学和佛教研究提议》,第 320—321 页。在《印度思想与西藏思想研究》第 5 页中他再一次提出这个问题,他反对把佛教分为哲学的、宗教学的和社会学的。在该文的第 21 页,他强调心理学、符号学、社会学和宗教研究对于完全读懂密续的重要性。司马虚(Michel Strickmann)的《藏传佛教研究调查》(载于《东方佛教》1977 年,第 10 辑第 1 期,第 141 页)类似地认为,"不考虑丰富的中国资料,以及善加理解这些资料的日本学者的研究",就不可能完全读懂印度的佛教密续。路易斯·兰卡斯特(Lewis Lancaster)的《佛教文本的校勘》(载于《佛教思想与亚洲文明:赫伯特·顾恩特〔Herbert V. Guenthe〕六十华诞纪念文集》,纽约爱莫利维尔:佛法出版社,1977 年,第 145—151 页)指出了汉文译本在梵文校勘中的价值。尽管大部分无人关注,但是号召更多的跨文化和跨学科研究的这类例子,毫无疑问在文献中存在很多。

② 就这一点而言,克里福德·格尔茨(Clifford Geertz)所说的关于人类学之环也正好适用于佛教研究:"'田野'和'学术'中都出现了一些新的东西,它们也必须出现在文本中……伴随着上述信心的动摇,现在如果一个学科要兴盛,它必须被意识到"(参见原著《论著与生活:作为作家的人类学家》,斯坦福:斯坦福大学出版社,1988 年,第 148—149 页)。上述引文之翻译,参见方静文、黄剑波译:《论著与生活:作为作家的人类学家》,中国人民大学出版社,2013 年,第 206、207 页。

这一领域范围的,是对佛学家"真正"工作的干扰。"时间①宝贵,为何浪费在这种猜测上?"上述这些反馈都没有认真对待差异所带来的挑战和影响。在今天我们身处的环境中,这一领域的方法论方向正深陷争端,采取保守的、孤立主义的或怀疑主义的方式来回避问题、拒绝发声,实际上就是放弃自己的投票权——放弃让人听到自己声音的机会。

另一种选择,就是如我所说,加入一种兼具批判性和对话方式的方法论辩论。要做到此,不仅要接受方法论的异质化这一事实,还要接受它的影响。佛教研究的不同理论互相挑战,同时不仅需要互相的尊重,更需要互相回应。

当然,要开启这样的对话必须首先识别不同的视角。厘清不同学术风格的最佳途径之一,不是通过一团和气的描述,而是通过刻板印象的滑稽刻画。这些刻板印象通常都根据与某一学术风格相关联的特定的种族或民族、国家、宗教和性别等特点构建。正如所有的刻板印象一样,它们是错误的:包括种族主义、性别歧视,并通常显露出我们作为人类而不幸继承的偏狭。但是它们确实存在。现在我将它们罗列出来,为的不是直接加以批判(尽管它们确实需要被批判),而是以怪诞的方式确定它们基于不同方法论的观点。无论如何,让我们开始吧!

1. 与学术分析的对象保持批评距离是必要的。囿于他们虔诚的信仰,佛教徒与佛教之间缺乏这样的批评距离。因此,佛教徒从来都不是好的佛学家。② 或者换句话说,那些将佛教教义的某一方面当真的人(无论赞成还是反对),从科学性上来说是值得怀疑的,因为他们的个人信仰可以影响到

---

① 在关于方法的整个讨论中,"时间"问题占据非常核心的位置。许多下文将要解决的问题能够修改成时间术语,即有关时间(或缺乏时间)的问题。例如,缺乏时间是一个经常为高度专业化(地理的、语言学的、方法论的)所引用的理由:"只是因为没有足够的时间去学习其他文化区域的或历史时期的专门知识,去学一切所需要的语言,去成为优秀的语文学家和人类学家。"(用于训练学生,用于做研究的)时间总是有限的,这就意味着要经常做出选择。选择了一个,就排除了去追求其他。然后,这意味着时间有限的修辞,最终能够转换成有关优先权的话语。说"没有足够的时间去专门研究一个以上的地理区域"等于说"相比于中国,我会优先选择印度"(或者相反);或者说"相比于掌握两个(或多个)地理区域的相对薄弱的知识,掌握一个地理区域的相对丰富的知识是更重要的"。同样的,使用时间有限的修辞作为规避方法论问题的理由,迫使给予非方法性的一阶的话语优先权。因此,"没有时间做甲事"可以转换成"乙事有优先权"。在我另一篇涉及这个问题但尚未完成的文章中,我引用了米哈伊尔·巴赫金(Mikhail Bakhtin)的"时空体"概念,作为划分佛教研究发展时期的方法。
② 至于反对的观点,参见梅伊:《佛教研究》(Etudes Bouddhiques),第 18 页:"至于宗教本身的实践,它当然能够与学识相结合。日本常常就是这样……"(这段话由本文作者从法文译为英文。)

他们的学术。好的学术在面对真理问题时应保持中立。因此，评价性质的或规范的学术超出了佛教研究的范畴。

2. 有趣或严肃的佛教研究只发生在北半球（"北半球"可以替换成诸多地理区域：欧洲、北美，日本等等）。

3. 北美人是差劲的语文学家。当他们完全依赖文本材料时，这些材料被人以无知、夸张和轻率的方式对待，以支持过分宽泛且科学价值可疑的学术假说。他们幼稚的语文学技能迫使他们放弃事实的钻研转而研究理论问题，这又反过来使得他们更倾向武断地接受最新的理论潮流。

4. 德国和早期的法国学术过于沉迷于文本批评的细枝末节，以至于无法对单个文本的含义产生任何形式的广义概观，更不用说从宏观上理解佛教教义和实践。秉持这些传统的学者常常缺乏现代亚洲语言的知识。他们的学术常常是闭门造车类型的，缺乏与活生生传统的接触。这导致他们自以为是地忽视文本传播中口头传承的价值，无视佛教中流行和非文字性的方面。他们对于文本的处理是肤浅的，对佛教教义的哲学有效性和更广泛的意义不感兴趣，而且在任何情况下都无法进行批评性的评估。

5. 继续向东看，由于多年被笼罩在新吠檀多主义的影响力之下，印度学术不能把佛教理解为一个独特的实体。就算有极少数特例，它也不是系统、批判或历史的。

6. 中国的学术，在台湾地区，是虔诚、宗派主义的，至多仅仅是历史的，主要由潦草重印的绝版书籍构成；在中国大陆地区，它则受到马克思—毛泽东思想出版的审查。

7. 日本的学术完全是无关紧要的语文学研究，或者说是编目、索引和辞典编纂工作。我们无法在日本学术中发现任何具有创造性或创新性的成果。

8. 人类学家、考古学家、金石学家和艺术史家通常在文本和历史方面一无所知。如果他们并非如此，他们就会和剩下的我们这些人从事一样的研究了。

9. 最后，女性主义批评（有人会说通常是女性所作的学术研究）必须被包纳，但是这些主要由没有严格的科学原则基础的主观评判和情感诉求组成，是不必被认真对待的。

现今，有许多种方法可以从上述这些略显夸张的描述中，捕捉出当今划分这一领域方法论问题的不同视角。其中之一就是通过辨认说这些话的声音,来识别造成这些刻板印象的视角或出发点。大体上,我们在此面对着两种思想流派的运作。其中一派可以称为"实证主义"(positivist),另一派称为"解释主义"(interpretivist)。

　　实证主义将文本——不管是语言的(写本或口传)还是文化的(行为的、艺术的等等)——作为学术事业的起点和终点。① 在语文学层面,实证主义将文本看作是完备且完整的。实证主义认为文本学术研究——这里通常暗含以科学作为人文学科研究的模型②——的目的是重构原初文本③(且只存在唯一一种最好的重构):从历史的角度使文本得以复原和语境化,以掌握作者最初的意图。④ 文本批评的原则代表了一种成型、稳定且经过精心

---

① 文本的概念可以以宽泛地解释,正如我在此处所做的那样,认为文本包括口头资料、宗教行为(例如仪轨、朝拜等)和艺术,到目前为止,这应该是一个相当熟悉的做法。写本并非实证主义事业的唯一对象这一事实,经常被批评家忽视。例如,实证主义人类学使用不同种类的"文本"(仪轨或亲属关系模式等文化产品)而得到与语文学实证主义相类似的结果。如果在这篇文章中我们重点关注后者,只是因为语文学类型的实证主义近期成为批评监督的对象,而不是因为语文学实证主义是学术界,乃至佛教研究中可以找到的唯一一形式。

② 卢埃格在《一个新近的藏学和佛教研究提议》第 320 页中,指"源自研究藏文资料的原则为指导"的研究时,谨慎地将"科学"一词用引号括起来。然而其他人则继续实践着一种实证主义的设想,即语文学是一种科学。

③ 语文学与追寻本原二者之间的关系,超越了寻求本来的原始文本,即原稿的范围。在一些例子中语文学整体上被视为恢复原始佛教或最初佛教的钥匙。例如 E.布诺夫认为,以巴利文文本和梵文文本之间共同性的分析(an analysis of the commonalties)为基础,后者可以被重构起来。参见他的《印度佛教史导论》第一卷(Introduction a l'histoire du Bouddhisme indien, Tome I),巴黎:皇家出版社,1844 年,第 11 页;亦参见狄庸的《欧美佛教研究简史》(第一部分),第 73 页。

④ 佛教研究文献中关于"语文学方法"的最清晰简洁的论述之一,是卢埃格的《一个新近的藏学和佛教研究提议》(第 322 页);亦见于狄庸:《佛教研究:问题与视角》(De Studie van het Boeddhisme, Problemen an Perspectieven),海牙:莫顿公司,1956 年;其英译本载于格里高利·肖本编:《狄庸的佛教研究》,伯克利:亚洲人文科学出版社,1979 年,第 15—28 页。卢埃格的方法与在此处被塑造的极端主义者身份二者之间的差异,在于语文学之外其他形式的分析之有效性和价值,得到前者的承认。然而,卢埃格的确在同一篇文章的第 322 页将"比较研究和一般研究"排除在藏学和佛学领域之外。他把后两门学科——"它们的方法和'计划'……在最后的分析中,只能由内在标准决定"(第 321 页)——理解成前者研究类型的"必要条件",但是与前者研究类型并不相同。而且,卢埃格把语文学视为"在这个多样化的领域中(即在藏学领域中)提供一个重要的核心"。由此,可以把卢埃格的观点——至少是卢埃格 1962 年文章的观点——总结为:藏学和佛学是语文学学科,对于西藏文明和佛教的其他方法论途径,这两门学科各自为其形成了基础与核心。狄庸拥有相似的立场,在《佛教研究:问题与视角》第 16 页,他把语文学,即"佛教文献研究,视为基础性的、最重要的佛教知识来源。佛教艺术、碑刻、钱币已经为我们提供有用的数据,但是离开了特定文本的支持,通常是不能完全读懂它们的。结果,佛教研究最需要的是,关注已经被传播出去的文献,而且只有当佛教语文学建立在坚固的基础之上时,它(佛教研究)才能取得良好的进展。"狄庸也比此处塑造的极端主义身份更加温和,因为他认为其他的研究策略,例如直接接触佛教文化,对于理解佛教是必要的。

调整的科学方法。因此,不需要对方法论作更进一步的反思。① 以此方式重构的文本是中立的、未受篡改的,且是完好如初的呈现。这不仅是充分、有价值的,甚至从原则上来讲,在任何情况下都能实现。一旦文本按照这种方式被重构,它将展现出自身的意义,无需更多的诠释。学术的目标就在于让文本自己发声。学者不是传递和折射文本的多棱镜,他们是反映文本,并使其凝为一体的平面镜。学者们需要操心的只是文本,至多还包括其历史语境:这即是这一学术事业的终点了。超越这些就是超过了作者的意图,尽管在大多数情况下,只是考虑了这一传统中后来解释者们的观点。无论是引入了自己的还是他人的观点,都是以个人偏见干扰学术。② 正如克利福德·格尔茨(Clifford Geertz)所说,文本实证主义者的角色"就是将自身淡化为老实的掮客,仅以最低廉的交易成本将事物的本质传递下去"。③

解释主义者们则认为,文本尽管是学术研究的起点,但文本自身并不是终点。他们坚持认为解释注入了人文学科研究的各个部分,包括即使像文本校勘和词汇编纂这样明显"中立"的工作。对于解释主义者而言,不可能脱离主观的干扰,也不存在未被解释的时刻。④ 解释主义避免"仅存在一种

① 长尾雅人的《日本藏学研究的反思》第 112 页中说:"自从约五十年前,当山口益(Yamaguchi Susumu)和其他人从欧洲学成返回日本时,学习梵藏汉三语版本的方法已经确立起来,现在学者也广为采纳。"上面这段话可以被当做方法定格的修辞实例。

② 我在此处定义的语文学实证主义,当然与 19 世纪被施莱尔马赫(Schleiermacher)和狄尔泰(Dilthey)所代表的诠释学传统(被伽达默尔称作"浪漫主义诠释学")紧密相连。参见安德鲁·P.塔克:《比较文学与学术语文学:关于龙树的西方解释》。亦参见汉斯-格尔治·伽达默尔(Hans-Georg Gadamer):《真实与方法》,乔伊·维斯施梅(Joel Weinsheimer)、唐纳德·马歇尔(Donald G. Marshall)译,修订再版,纽约:连续出版社,1993 年,第二部分。

③ 格尔茨:《论著与生平》,第 145 页。

④ 学者主观之方法的、理论的预想已经影响了他们的结果,关于这一方法的有趣分析,可以在狄庸关于西方对佛的"传说"(legend)的学术研究之史学讨论中找到。在他的《佛教研究》中,以及更为广泛的是在《佛教研究历史简介》中,塞纳特(Senart)、科恩(Kern)和奥登伯格(Oldenburg)等人把他们对佛陀的认知,塑造成一个神话的/历史的人物时,所采取的解释策略被狄庸指出来了。狄庸并不满足于仅仅指出对佛陀的认知的分歧,他为自己的方案提出了解决方法,即更高程度地依靠历史批评方法。尤其是他认为与非佛教资料进行对比,能够在有关佛陀生活的传统记载中,产生历史真相。正如在前一个实例中,这种方法能够简单地反映狄庸的学术风格和预想的,而不会产生关于佛陀生活的新"事实"(参见他的《佛教研究》,第 25—26 页)。谜一般的是,在这后一篇文章的结尾,他声称对于佛教研究而言,任何历史方法都是不可行的,"因为在印度的精神生活中,历史的维度远远没有在西方文明中那么重要"(第 26 页)。这里暗示了这样的设想,即西方的佛教研究所采用的学术方法,必须与佛陀拥有和涉及的世界观——几乎完全是神学的立场——相符。这导致狄庸不再把单纯的语文学当做唯一的方法,他下结论说,"佛教专业的学生最重要的任务,是佛教思想的研究。这是为什么接触当今的佛教是如此重要,因为这会防止我们单纯地把文本视为语文学的资料,而忘了在佛教中,它们是包含(转下页)

代表作者原意的文本"这样的说法。①语文学分析的每一步都代表着个人的一次选择,并且这些选择都产生各自的结果。② 考虑到人文学术研究带有强烈的主观色彩,我们别无选择,只能从方法论的角度反思我们的所作所为,向读者表明我们的理论预设,并给出理由说明我们为什么选择了特定的方法,而没选择其他的。学者的签名不仅必须出现在标题页,而且贯穿整部作品,彰显作者的主观性。③

　　解释主义者认为,实证主义者仅以科学教条主义进行否定批评。解释主义者通常对此不满足,他们想更进一步,提出自己的某些积极的命题。例如解释主义者通常主张,文本远非学术实践的终点,而是进一步思考的起点。写本、仪轨或者艺术作品,如果是(或曾是)有意义的,则表明它能给我们带来超越其自身的更广泛的学习经验。例如,它能成为更具普遍性的原则、理论和法则的来源,而这涉及人们相信什么,以及如何行动。④ 有的解释主义者走得更远,他们认为文本作为评估真善美的来源,因此也成为世界的规范性见解的来源。⑤ 解释主义者追问:鉴于所有的学术都是"经过折射的",那么为何不承认调查者的创造性作用,并为学术研究自身的创造性与自由庆祝呢?

　　(接上页)宣扬救度内容的经文"(第 26 页)。尽管从未否认语文学的重要性,从这篇文章可以清楚地看出,狄庸把语文学视为不完整的,且需要用其他的方法进行补充。以他的其他作品为基础,这将会多么容易——且多么不准确——地把狄庸这位完美的语文学家定义为一位实证主义者。如果说能够从他的讨论中学到一课,那就是我此处列出的实证主义与解释主义的区别,仅仅具有启发性的作用;学者在真实生活的实践中运用方法论,相比于我们已经运用的这么一个简单化的模式,是一个更为复杂的现象。

① 对于"文本批评的唯一目标就是获得一个代表作者意图的文本"这一观念的严厉批评,参见麦克甘:《文本境况》,第三章。

② 在如何读懂文本这一问题上,关于文本编辑者所碰到的选择和其所产生的后果,这种案例参见麦克甘:《文本境况》,第一章。虽然在某种程度上,麦克甘不想被别人认为是一位解释主义者,从他的作品中可以清楚地看到他反对文本学术中的"校勘者充当技术员"的模式(那是实证主义的范式,或被他称为"经验主义")。

③ 与此看法对立的一个有趣观点,参见《米歇尔·福柯的生平》(纽约:万神殿出版社,1993年,第xiv—xvi 页)一书中,大卫·马西(David Macey)对于福柯有关作者主观性看法之特性描述。

④ 柯林斯的《人无我》(第 2—3 页)把诸如他所从事的比较项目,视为通过"像镜子一样反映我们的思想",从而能够阐释我们自己的"内在关注、预想,或许还有人类思想的共性(如果存在的话)"。约翰.C.霍特的《戴王冠的佛陀:斯里兰卡佛教传统中的观世音》提出,在佛教以外的宗教传统中,也存在宗教象征的变迁过程,所以他把自己的著作视为发现"普遍意义上的宗教同化的原则"。在我的《佛教与语言:印藏经院哲学研究》(阿尔巴尼:纽约州立大学出版社,1994年)中,我自己也发表了类似的有关经院哲学的看法。

⑤ 例如,卢埃格的《佛教研究的现状与未来的几点评论》,第 105 页,认为佛教世界观为伦理学做出了规范性方面贡献。关于这个问题的有关书目,参见他的注释 1。

在我描绘实证主义和解释主义这两种范式的过程中,有一点非常清晰,那就是它们本身即是夸张化的形象。借用马克斯·韦伯的说法,它们都是现实中即使存在,也是难得一见的"理想类型"。例如,现在鲜有语文学家认为他们的作品是完全客观的;①也很少有支持解释主义的学者愿意放弃语文学精确严谨的标准。因此,纯粹的实证主义和解释主义都是虚构的,但尽管如此,思考它们也可以带来某些启发性的好处。它们为我们所用的最重要的功能是作为反应物,从之前提及的刻板印象中提取人们的态度,并把它们归结为最基本的形式。如果进一步使用化学类比的话,把纯粹的实证主义和解释主义作为凝结核,那些使得当今佛学家分歧较甚的基础性方法论的问题将形成若干个结晶体。那么,这些方法论问题是什么呢?

反思方法论的必要性②

在上文中,这一点已经在很大程度上得以论述。再者说,这篇文章的主旨,本就是这一学科中有一些基本问题仍待彻底探索。在一门学科中,当出现相当多的学者认为他们所采用的研究策略与前辈截然不同时,进行有关方法论的论辩就显得十分必要了。这促使他们用更精确的术语构建新的方法,使之与之前的方法区分开;最终引领他们质疑先前学术范式的霸权或(和)有效性。③

那些熟悉托马斯·库恩著作的人或许会得出错误的结论,说我在此预测或鼓励佛教研究进行范式转变(paradigm shift)。我的意图并非要预言,更不是要论证语文学作为学术研究模式的终结。④ 这篇文章实则是在呼吁

---

① 参考兰伯特·施密道森在《佛教与自然》("佛教语文学研究特刊"第 7 册,东京:国际佛教研究协会,1991 年)第 2 页第 2 部分:"作为一名学者,我期待以客观的方式来解决我的研究问题。如果这将意味着没有情感投入,没有个人立场,那么我必须提前承认失败。"但是,施密道森清楚地指出,拥有个人立场和情感投入,并不妨碍学者们"尽可能客观地"去完成他们的任务(第 2 页,3.1 部分)。

② 严格地说,这并不是方法论问题,而是理论的(或超方法论的,meta-methodological)问题。这是关于方法论的观点(这需要更充分的讨论),而不是方法论领域中的问题。

③ 质疑以前的范式霸权,需要后来者发出声音。质疑它的有效性,需要先前的学术活动模式一并终结。

④ 实际上,我在已经出版的作品中,我论证了文本研究的重要性;方法论的思考应该与这些研究并行,而不是取代它们,对于这一事实我也进行了论证。参见我的《关于回到方法和其他后现代转变:对 C.W.亨廷顿的回应》,载于《国际佛教研究协会集刊》1992 年,第 15 辑第 1 期,第 134—144 页。

不同的观点能够展开对话、互相理解，它们在关键问题上代表着当下学术活动的不同风格。在这一时间点上，不参与方法论反思和辩论才会使这一领域两极化，至于是否发生范式转变，则只是不可避免的后果而已。但是总体来说，我并不认为库恩有关学科内部转变的模式——即本质上对抗性的，由一种话语模式战胜另一种的模式——是唯一可行的。我在此提出一种不同的选项，即批评性对话模式（critical-dialogical model）。它不会导致一个观点全盘战胜另一个，而是使不同观点，在不乏批评的情况下，也能互相理解。

对客观性的质疑

此前在巴黎召开的国际佛教研究协会大会上，我有幸与一名同事进餐，他是少有的在客观性问题上持近似实证主义观点的学者。他做出的描述大致如下：在处理佛教（或者实际上任何一种古典）文本时，学者都能够且应该不持有——又或者，作为必须培养的品质，从主观上避免——任何偏见和歧视，允许文本为自己说话。这种批评距离，尽管难以实现，但通过训练和持续的努力也不是不可达到的。这样做的结果就是在学术事业中完全根除所有的主观性成分，使人成为"公正的观察者，努力将个人的观点与议程放进括号中，并采取历史批评的方法"。[1] 这对于学术成果的科学可靠性至关重要。学者如对所研究的文本持有宗教信仰，必然会障蔽其判断，阻碍学者保持中立——此种中立是能将文本如其最初所写和被理解时那样展现出来的必要条件。[2] 当面对不同语文学选择的困难时——例如关键的文本校订或者与传统教义相悖的作者身份问题——对所调查的宗教世界观的忠诚会阻碍有信仰的学者做出合宜的决定。[3] 因此，佛教徒永远不能达到佛教文本的学术研究所需要的纯粹的客观性。[4] 基于同

---

① 例如，参见法奥克：《东亚佛教研究领域的问题》，第 173 页；一个面对和消除渗透到印度研究领域的偏见的尝试，可以在约翰奈斯·布隆克豪斯特（Johannes Bronkhorst）的《欧度主义与西方偏见》（"L'Indianisme et les préjugés occidentaux"，载于《文学研究》[Études de Lettres，洛桑] 1989 年 4 月，第 119—136 页）中找到。

② 日本背景下，信仰佛教与研究佛教之间的紧张关系，参见法奥克：《东亚佛教研究领域的问题》，第 106—108 页；亦参见保罗·J.格里菲斯在《佛教混合英语》第 21—22 页中对信仰佛教的佛学家的滑稽刻画。

③ 参见保罗·格里菲斯为施密道森的《阿赖耶识》一书写的书评之中的评论，第 173 页。

④ 人们有时认为，作为这个观点的推论，甚至只要与现存的传统接触，就足以干扰学者的判断，因此应当避免。

样的原因,学者应该避免对"当地访谈对象"的依赖,以免学术研究沾染上当地释经传统的偏见。① 相应地,对亚洲现代语言的研究,即使是有必要,但在优先级上也较为靠后。

与这一观点相对的是我们称呼为"超主观主义"(hyper-subjectivist)或者"建构主义"(construtionist)的立场。这一观点认为学者自身的主观性渗透在其著作的方方面面。文本不能为自己发声,因为它们并不是客观的存在,而是读者在阅读的过程中创造或构建了文本。这种观点可以在保罗·德曼的著作中找到,②最近的出现在杰罗姆·麦克甘的书中。③ 文本只存在于阅读行为之中,而当学者阅读文本时,他们并没有捕捉作者的原意,而在某种程度上只是他们自己的意志。与其说学者是反映作者原意的一面镜子,不如说文本是反映学者自身的关切——即他们个人与社会状况——的一面镜子。客观性是一个迷思,正如从诸多自相矛盾的诠释中所仲裁出的一套标准一样。用德曼的话来说:"(阅读)是一种理解行为,却永远不能被观察,也不能以任何方式被规定或被证实。"④真正的主观主义者实际上是相对主义者。⑤

此时此刻,以及在通篇文章中,我的目的并不是要提出客观性问题的解决方案,甚至也不是要为各种问题的批评性对话指明方向。这肯定是不可能预测的,也不可能被指定。它会从学者们的兴趣和需要中渐渐浮出水面。

---

① 尽管日本佛教研究继承了许多欧洲同行的实证主义趋向,但日本人接触所研究的文化时,不会表现出这种厌恶,注意到这一情况是非常有趣的。例如,日本的藏传佛教研究以日本学者的西藏旅行为开端;长尾雅人认为 1961 年三个熟悉情况的藏族人抵达日本,是日本藏学研究的转折点。参见他的《日本藏学研究的反思》,第 107—128 页;亦参见松本的《日本的藏学研究》,第 10 页。

② 例如,参见保罗·德曼的《盲视的修辞》。

③ 麦克甘:《文本境况》。麦克甘对文本性的看法,与德曼的不同,因为他少一些理想主义,而多一些物质主义,强调阅读行为的社会维度和历史维度。然而,两位理论家都掉进了建构主义的阵营。

④ 保罗·德曼:《盲视的修辞》,第 107 页。对于麦克甘(《文本境况》,第 10 页)来说,解释的多样化这一事实,不仅是因为读者情况的多样性,而且与文本自身固有的东西相关。

⑤ 对于西方关于龙树的学术中隐含的客观主义观念,塔克的《比较哲学与学术哲学:关于西方对龙树的解释》一书提出了一次批评。尽管不像这里列出来的立场那般激进,尽管在修辞上拒绝相对主义,但是塔克认为一切阅读皆是穿凿附会的(isogetical),这一观点给人留下的印象是他所分析的西方有关龙树的种种解释,是不同学者相关范式和心理"场所"的唯一结果。塔克的这一观点,实际上使他成为一名相对主义者。约翰奈斯·布隆克豪斯特(Johannes Bronkhorst)在这一问题上对塔克进行了评论(和批评),参见他的《梵文哲学文献的解释方法》(载于《亚洲研究》〔*Asiatische Studien/Études Asiatiques*〕1993 年,第 67 辑第 3 期,第 501—511 页),实际上,知识在文化上嵌入太深,存在堕入实证主义的极端之危险,尽管布隆克豪斯特反对这一点,而这篇文章是为他的反对观点进行辩护。

我的目标仅仅是指出，在这个问题上（以及随后产生的其他问题），方法论不同是确实存在的；并提出这一学科需要关于方法论的批评性对话，而这些讨论是这一对话的重要组成部分。

解释与创造性

虽然本文志不在此，但为了彻底地考察佛教研究领域的学科性，需要对它进行知识社会学（intellectual sociology）的调查。要成为一名佛学家，获得终身教职和确立声名之前，需要经历什么样的社会过程？什么样的书籍和文章能够发表？是怎样被决定的？学生受到怎样的支持和训练？[1] 简而言之，什么样的标准决定着知识的组成，这些知识在机构中怎样传播和扩散，它们又被传播给了谁呢？这些问题过于复杂，无法在此全部解决。但有关解释和创造性的讨论可以作为一处场所，或许可以说是一个"借口"，来考察一个有些秘而不宣的问题：什么样的研究才是合格的？[2] 博士论文主题的许可标准、研究经费的审核标准，乃至终身教职和升职评定的准则，都是一个领域价值观的绝佳指向标。在上一代人时期的美国，或许还可以凭借纯语文学性质——比如从事某一文本的精校之类——的研究达到博士学位的研究要求，或者作为取得博士后研究经费的项目。即便这种情况曾经存在，当今也变得更加罕见了。在我们的时代，这种作品被认为是缺乏原创性和创造性的，而这两点正是学术研究的基本特征。可笑的是，正是许多语文学家给自己的专业绘制的图景造成了这样的后果。语文学作品之所以被认为缺乏原创性，在我看来，是因为人们错误地认为它的内容是对其他作者成果的机械重构。因此，编校文本，汇编选集，甚

---

① 梅伊的《佛教研究》以大量的篇幅提出训练学生的基础原则。

② 一个规定什么组成有效的研究——或者用司马虚的话来说"作为一个极为发达的学术研究领域的藏传佛教研究，其中真正的进步"——的有趣尝试，是司马虚的目录学文章《藏传佛教研究调查》。在这篇文章中，司马虚试图从被他称为"几乎与佛教研究没有关联""教疲劳的美国人如何放松的小册子"的"华而不实的作品"中，区分出真正的学术。然而不幸的是，司马虚从未引用前者的例子，对于究竟哪些包含于他所区分的作品中，哪些是排除在外，他也从来没有公开纰漏他的标准。从他的修辞中可以总结出一条，就是"华而不实的作品"清单，包括他没有给予赞扬的所有作品。我发现司马虚的文章最有趣的，不是他尝试"编目"的那些真正的学术著作，而是它代表对于佛教研究下的次级领域的知识，进行社会学研究的一个主要场所：一个用于探究一个学者尝试描绘什么组成有效研究——尽管学者自身的主观性在这个过程中没有产生任何作用，但依然被修辞之云笼罩——的场所。

至是翻译，被最极端的批评家认为距离剽窃只有一步之遥。①

现在认为，真正的研究要具有创造性。也就是说，它要包含新奇的元素：其所明确辩护的观点不仅要新，更要有意义。回归到有关解释主义的讨论，我们会发现这不仅需要学者完全参与到文本中，更要超越它，将文本作为阐释的对象，以取得更广阔更具普遍性的成果。最理想的状况是，研究除了可以在领域内激起水花，也要让除此以外的领域感受到波澜。创造性是一个摩登的观念，这一点恐怕已经非常明显了。② 同时，至少从我的描述中可以得知，其根基是一种过于个人主义的观念，在北美尤甚。但很明显，不仅在北美，在其他许多地区的学术机构里，这一用于考量何为符合标准的研究的模型也受到了热烈的欢迎，并在使用中被引为规范。③

在今日的美国和加拿大，④我们视其为佛教研究领域中真正的研究所采用的典范。这背后的原因，并不只局限于纯学术的范畴。约十年以来，北美的佛学家越来越多地进入宗教研究系与神学院任职。通常，这意味着我们不得不将教学内容拓展到佛教研究以外的课程，以满足这些机构的课程要求。除此以外，我们越来越频繁地与非佛教研究专业的同事们发生对话。我们所属的专业机构实际上已经变成了美国宗教学会。这是一个非常重视广阔的、跨学科研究的学会。学术出版社的编辑部门也希望作品有"更广泛的号召力"，具有"原创性"和"前沿性"。最后，要在这些五花八门的机构获得教职取得晋升，还必须满足它们所制定的规范（通常是隐性的）。所有这些因素都导致了我们所说的佛学家的多元化倾向：远离了对写本进行语文学处理的古典佛教研究，转而研究更具普遍性、比较性、且通常更偏理论的问题，所针对的也是佛教研究以外的意义（和受众）。一些同事向这种境遇屈服了，因为要想得到有报酬的教职，就必须忍受这些境况。另一些人——我认为自己也是其中之一——从多元化趋势的压力中获得了学术上的启

---

① 举一个我最熟悉的例子，在美国终生教职的授予会单独地以文本对勘作品为基础，甚至会以备受好评的译注作品为基础，这是难以置信的。

② 关于这一点，参见我的《佛教与语言：印藏经院哲学研究》，阿尔巴尼：纽约州立大学出版社，1994 年，第 83—87 页。

③ 仅引用一例，我知道几个西藏学者并没有选择在印度的大学中攻读博士学位，肯定是因为他们被要求开展新奇的研究，而他们认为那是深恶痛绝的——对传统的背叛。

④ 我并非没有认识到在广阔的地理范围中，概述学术模式的危险。在此处，我的目的不是代表我美国和加拿大的同行发声；许多人都会毫无疑问地不同意我必须说的那些话。我也不想暗示北美的学术是同质的；当然它并非如此。尽管做了这些防止误解的说明，我仍会冒昧地对学术模式做一些评论（正如下文）。

迪。这为佛教研究加入更广阔的对话提供了机会,佛教文本将不再是唯一的声音,而成为其中的一个声音。

即便如此,后一种构成合格研究的模式,既然基于解释主义的框架,就代表着它与专注文本学术研究的实证主义研究有着清晰的分野。在这场关注什么是合格研究的本质的方法论争议中,这种争议的结果会产生怎样的对话呢?这当然有待观察。

有关规范性话语的问题

有关规范性话语是否妥当的问题,和客观性及原创性问题相关,却又不简单归结于哪一方。① 正如我前面所总结的,经典的实证主义观点当然坚定地认为,在佛教研究领域,评估性分析没有任何用武之地。正因为认为自己的话语是无需评估、决然中立的,实证主义者假定学者的角色应是诚实地反映而非评价文本含义,以此为前提进行研究。② 除此以外,哲学含义上的实证主义(即认为所有涉及宗教事务的标准性问题要么毫无意义,要么无法决断,要么两者兼有)还对于进一步无视佛教文本的规范界定施加了不一样的压力。但是即使后者不发挥作用,语文学的实证主义已经将宗教声明的真假问题,甚至是有关文本、修习、艺术形式和方法的美学与文学价值的讨论,都划作判断的阻碍因素,认为它们会导致学术研究受到个人偏见的侵害。相反,正如我们所看到的,解释主义者认为话语的诸种呈现方式——例如规范性话语——将文本的意义完整地呈现在众人面前,它们才是学术事业的典范。基于所有学术成果都或多或少含有评估性的观点,解释主义者们声称主观性评估在学术研究中无处不在。因此,所有的学术研究都有规范性,

① 客观性的问题不得不与自我认同和规范义务相关,而不是与话语相关。例如,以下情况也有可能,即一位学者是一名虔诚的佛教徒,他不会从过于神学的视角来书写(尽管在当今的背景下,哪怕在这样的书写当中,是否经常暗含神学事项,正是客观性问题需要解决的)。创新性问题要比标准话语问题更加广泛,在某种意义上,包含标准话语问题,因为标准话语被视为解释主义创新性的例子。

② 狄雍对于18世纪的耶稣会传教士伊波利特·德西德里(Ippolito Desideri)的学术特性描述是有趣的。在他的《欧美佛教研究简史》(第一部分,第65—66页)那带有语文学的、描写性的佛教研究维度成见中,他忽视了德西德里在佛教中的主要兴趣是辩论法,即规范性。由于在哲学上和宗教上,被学习藏传佛教的愿望激励,德西德里深入研究佛教并获得了他所钻研的那一领域的专门知识。如果像毕达克(Petech)和图齐(Tucci)所说的那样,德西德里以后来的学者也无法企及的方式,设法钻研纷繁复杂的藏传佛教(以格鲁派为主)。尽管并非如此,而恰恰是因为他对规范性问题有兴趣。

那些将探索文本的哲学内涵视作规范的学者,只是更加率真而已。

至少有三种类型的话语参与了这场辩论的角逐:宗教/神学话语;哲学话语;以及方法论话语。① 神学话语体系中,作者所言所写都以特定的宗教世界观为出发点。也就是说,神学作者明确地将自己置身于某一特定的传统之中。在其标准形式下,佛教神学假定——或者说,论证——佛教教义理论的有效性,②其艺术成果的价值和意义,③和/或实践的功效;并将这些作为话语本身的重要材料。神学话语并不总是教条主义的,它有时也会批判

---

① 这三者之间的界限常常并不清晰。例如,一些作者表面上就像哲学家一样书写,但经常在他们的作品中展现神学设想。尽管这样,我下文将要讨论的三种话语方式的差别,对我而言是有价值的。法奥克的《东亚佛教研究领域的问题》第 112 页,选择了另一种方法从佛学(即从作为一门学术学科的佛教研究)中区分出神学。他说,佛教神学是"按照规范传统进行的对神圣事物或宗教事实的研究",而佛学则是"'客观的'(非规范的)"。尽管他在"客观的"一词上使用了引号,这样的定义是存在问题的。正如我们在上文中所看到的关于客观性的讨论一样,学者们越来越多地质疑"客观的"学术的存在。佛学,作为佛教的学术研究,或许与佛教神学有不同的设想,但是——批评是这样的——前者和后者一样,都是基于主观性和规范设想。而且,通过从佛学中排除明显的规范话语方式(他文章的第 172 页重复提及这一点),法奥克的区分暗示,以哲学的、规范的方法论方案来解决领域中的这一问题,完全不属于佛教研究/佛学的范畴。讽刺的是,这意味着他自己的文章——大部分是规范的——不能被视为一篇佛学学术文章。并不是合并规范性与主观性(然后以佛教客观性的措辞来解释佛教学术研究),对我来说,我更倾向漫然地在(历史的、语文学的,等等)学术中,从描写的方式里区分出规范的方式,即依据一篇特定的作品对于教义的、甚而更广的宗教的、美学的或方法论的观点,是否明确地提出这些观点的真实价值的评估和判断。根据下面的讨论中把写作主题放在何处,规范话语可以进一步划分:当它们被作者放在宗教传统中时,这是神学的;当它们被放在某一宗教世界观以外,或在修辞上保持中立的宗教立场,那么这是哲学的。那么,方法论的反思成为一种特殊的哲学话语,即不以基本的佛教产物(如教义、仪轨和艺术等)为重点,而以如何研究这些产物这一第二层次的问题为重点。但是,重复说明下,这三种话语方式之间的区别也并非总是清晰明了的。经常出现某个单一作品会在这些不同方式之间转化的情况。近期安妮·C.克莱恩(Anne C. Klein)的《遇见大乐佛母:佛教徒、女性主义者和自我艺术》(波士顿:比肯出版社,1995 年)一书中,作者自觉地进行方法论的和神学的反思,就是一个很好的例子。另一个例子是施密道森的《佛教与自然》。虽然主要是一部以"尽可能客观地描述和分析佛教传统面对自然的态度"(第 2 页,第 3.1 部分,我的强调)为目标的语文学、历史学著作,但是施密道森的作品含有确切的规范维度,因为他认为佛教的自然观,对于环境破坏和污染这一当代问题的讨论是有贡献的。施密道森还认为他的著作的另一个目的是使"当代佛教徒们认识到佛教传统的多面性和矛盾性,对于支持以积极态度面对自然这种符合当今要求的方面,有意识地进行强调"(第 56 页,第 63.1 部分)。

② 例如,参见古纳帕拉·达玛施利(Gunapala Dharmasiri):《佛教对基督教上帝概念的批评》,加州安提奥奇:金叶子出版社,1988 年(再版)。

③ 参见马瑞林·莱伊(Marilyn M. Rhie)、罗伯特·瑟曼(Robert A. F. Thurman):《智慧与慈悲:西藏的神圣艺术》,纽约:哈里·阿布拉罕出版社,1991 年。在大卫·杰克逊的《关于一份近期的西藏艺术目录》("Appropos a Recent Tibetan Art Catalogue")(载于《维也纳南亚研究和印度哲学档案集刊》〔Wiener Zeitschrift für die Kunde sudasiens und Archiv für indische Philosophie〕1993 年第 37 辑,第 109—130 页)中存在这一著作的批评看法。后者在多方面批评前者为一场神学的(杰克逊把它叫作"以格鲁派为中心的〔Geluk-centric〕"和"神权的〔thoecratic〕")、制造神话的和被理想化的议程——这些实践时而公开,时而隐蔽。

性地对待教义和实践。① 但不论是教条主义的,还是批判性的,神学以特定的宗教视野作为自己的出发点。②

与神学相反,哲学话语并不将自己限制于诸如佛教的传统之中。尽管也与佛教的规范化评估有关,但它并不以某种特定的佛教世界观为基础。③ 最后,方法论话语也可以是规范的。这时,它既可以从特定的佛教世界观出发,④也可以跳脱出来。⑤ 方法论话语不以佛教的特定人造产物(如教义、仪轨等)作为其直接的处理对象,而是对研究中的选择进行评估。⑥

总之,从实证主义的角度出发,像以上三者那样的规范化话语形式被排除出佛教研究的范畴。而另一方面,从解释主义的角度出发,这些分析模式在学院中确占有一席之地。⑦ 规范化的话语形式正是创造性学术的范例,因为它们将文本作为研究更宽泛问题(如各种主张或推论的真假)的出发点。

有关作者原始意图的问题

某幅古代的佛教绘画,现在经过最新科技的"修复",正陈列在博物馆

---

① 袴谷宪昭(Hakamaya Noriaki)和松本史朗(Matsumoto Shiro)的研究,可以被视为此处我所说的批判佛教神学之范式。参见杰米·胡巴特(Jamie Hubbard)和保罗·L.斯万森(Paul L. Swanson)编写的《批判佛教:批判性评价》,这是二人研究成果的选集和研究,即将出版;N.大卫·恩克尔(N. David Eckel)在《桌上幽灵:关于佛教研究和宗教研究》(载于《美国宗教学会集刊》1994年,第62辑第4期,第1099页)中多少有些模棱两可的评论,可以被解释为对学术中批判佛教神学的可能性的召唤。

② 但是可以想象,这样的视角并非佛教的。将佛教置于基督教视角中的佛教批评,等于是神学的。例如,参见斯蒂芬·奥丁(Steven Odin):《过程形而上学与华严宗》,阿尔巴尼:纽约州立大学出版社,1982年。

③ 这种方法的典范是保罗·格里菲斯的著作;参见他的《关于无心:佛教禅定与身心问题》(伊利诺伊州拉萨尔:敞院出版社,1986年)和《为护教学的道歉:跨宗教话语逻辑研究》(纽约玛丽诺尔:奥比斯图书,1991年)。

④ 参见丽塔·M.格罗斯(Rita M. Gross):《父权制以后的佛教:佛教女性主义的历史、分析与重构》,阿尔巴尼:纽约州立大学出版社,1993年;安妮·克莱恩:《遇见大乐佛母:佛教徒、女性主义者和自我艺术》,1995年。

⑤ 例如,参见塔克:《比较哲学》。

⑥ 虽然我在此处所罗列神学、哲学与方法论三者之间的一系列差异,代表三种话语模式之间差异概念化的一种方式,但这并不是唯一方式。仅举一例,在争论神学是否属于世俗学术的背景之下,基督教神学者们已经对这个问题讨论了一段时间。在佛教研究中,这三种未被充分表述的话语方式,全比我所想象的更加流行。我们最好认真地思考后面的文献。

⑦ 当然,古典佛教文献在它们的话语模式中,本身就是神学的。当代西方学者的例子更难辨认。我想到了一些安妮·克莱恩、史蒂芬·巴切莱尔(Stephen Batchelor)、罗伯特·瑟曼和丽塔·格罗斯的作品。

中。某一从未展现在公共视野前的仪轨正在摄像机前表演,以便学者们在"传统消失前"拍摄保存。研究文本的学者利用已知的所有校订本和所有残卷,发表了某本密教写本最完整可靠的精校本。这些各种项目,是否保留和展现了不同作者的原始意图?这并不是一个容易回答的问题。正如冈瑟·格拉斯(Guenther Grass)最近一本书的叙述者所言,修复与伪造之间仅有着最微妙的界限。

实证主义者会争论说,每份文本仅有一种绝对的和最终的含义,代表作者的原始意图。对文本进行学术研究的目的就是为了重新掌握这一原始意图。解释主义者则会有更多样的回应。有些人会从整体上反驳作者意图的存在。就算作者确实有任何的意图,它们也极少是静止单一的:即使是在写作的过程中,作者也常常改变自己的想法。况且,即使从理论上来说作者的意图是可以捕捉的,一份学院派的、合乎学术格式的陈述,能否呈现佛教写作者内心所想,也令人怀疑。对作者意图的拒绝会使某些人产生消极的想法——我们永远无法走出自我解释的封闭世界了;另一些人则持积极的看法——这给我们带来了创造性地利用文本的空间。其他类型的解释主义者则会试图允许多种诠释的可能性,同时否定来者不拒的看法。对于这类学者来说,面对相互竞争的各种解释,一定存在仲裁的方式,而作者的原始意图仅仅是判断其解释恰当与否的诸多因素之一,并非唯一因素。

理论上来说,关于作者意图的批评性对话当然可以导向某种解决方案,或是在该问题上取得某种共识,但正如大部分复杂的方法论问题一样,即使有共识和方案存在,也只比较可能发生在局部范围内,在个人自我反思的对话之中。不过,有关方法问题的批判性对话的关键并不是要取得最终的、普遍的共识。而是要制造对话,并通过对话向我们自己和他人清楚地阐释有关重要问题的不同立场。

写 本 之 外

在那些标榜自己与研究对象保持批评距离的学科中有一个有趣的现象,那就是他们往往在不知情的情况下将推测和预设应用于研究之中。佛教研究也不例外,与其相关的学术文献常常不加批判地重述传统的佛教假设。[1] 这

---

[1]　印藏佛教研究中一个极好的例子,就是运用四悉檀多作为解释机制。在印度哲学的（转下页）

一学科总是关注书面的、教义性的文本,并将其作为研究的首要对象就是最鲜明的例子。①

对概念、书迹和教义的重视似乎在很大程度上传承自寺院佛教,在这里我们经常能够听到这样的修辞:研究文本以及从中体现出的教义,比其他符号学形式的研究更重要。尽管如此,我们仍然不可否认,他们所传授的写本和教义确实在该领域的学术研究中受到了过多的关注。这种做法可能有充分的学术理由作为支撑,但是我期待的是,学者们不再单纯地想当然,而是在有关方法论的批评性对话中将这些理由陈述出来。尤其是在当前这种情况下,批评家已经开始从学科内部向写本研究,特别是以教义为导向的学术研究的垄断地位发起挑战,所以这一点显得至关重要。② 现而今,对其他符号学形式——口头和方言的传统、③碑文、④仪轨、⑤社会与机构的演变模

(接上页)学术研究中,古典的"六派哲学"也可以说是一样的。关于前者,参见我的《藏传佛教中的哲学经典化和悉檀修辞》,保罗·格里菲斯、约翰·柯伊南(John P. Keenan)编:《如来藏:明纳清田颂寿文集》,旧金山:国际佛教图书出版社,1990年,第7—26页。关于采用"六派哲学"框架作为规范的寓意,参见塔克:《比较哲学与学术哲学:关于西方对龙树的解释》,第16—30页。司马虚的《藏传佛教研究的调查》(第140—141页)讨论了西方学者不加鉴别地采用了后期发展出的诠释传统中的密续四分法这一做法的寓意。法奥克的《东亚佛教研究领域的问题》(第108页)论及西方学术界对日本教派兴趣的重述并(第113页)"得出结论,即日本佛教神学表面上延伸至了批判性的西方学术中,而没有被认为或标注为来自一种规范传统"。此处描述的现象的其他例子,可参见同一篇文章的第136和145页。

① 写本不是一个可以独立,并被认为与其他符号学形式相分离的实体。这一观点早在慕斯的经典研究《婆罗浮屠》中就被提出了。更近的是柯林斯和肖本也提出了同样的观点(参见注释3)。

② 例如,当狄庸写下精辟的《欧美佛教研究简史》时,他把"重点……放在语文学研究上",这不是意外的。

③ 近来,安妮·克莱恩在《中道:西藏的口传中观哲学,堪苏益西土登的口传学问》(阿尔巴尼:纽约州立大学出版社,1994年)探讨了在藏传佛教的一个宗派中"口头文类"的重要性。关于作为西方学术研究对象的上座部佛教方言文献的兴衰,参见查尔斯·哈里斯(Charles Hallisey)的《上座部佛教研究中已取和未取的道路》,载于唐纳德·S.洛佩兹编:《佛之主事们》一书中。(汉译本参见:唐纳德·洛佩兹编、中国人民大学国学院西域历史语言研究译:《佛之主事们——殖民主义下的佛教研究》,中国人民大学出版社,2018年,第32—61页。——译者注)

④ 参见本书第243页注释②。

⑤ 司马虚认为仪式对于理解佛教密续很重要,其他人认为仪式对于整个佛教研究都很重要。"为了使它们的基本内容鲜活,需要从西藏的经院和仪轨文献中,以及从直接观察(实际上,或是参与)中,汲取有力的补充。在一系列的此类研究中,直到西藏语文学能长久地和墨丘利神结合(译者注:这里指的是一则西方古典神话寓言,代表追求智识的墨丘利神〔Mercury〕与代表热爱学问的费洛基亚〔Philologia〕的联姻,象征着通过文字技艺的训练达到智识的增长),在此之前想象我们能读懂后期发展的密续真正的含义是不明智的"(《藏传佛教研究调查》,第139页);亦参见第141页,他认为图像学研究对于读懂密续至关重要。关于禅宗中仪式的重要性,参见罗伯特·沙夫(Robert H. Sharf):《菩提的偶像化:中国中古时期禅宗大师的干尸》,载于《宗教史》1992年,第32辑第1期,第1—31页;以及T.法奥克、R.沙夫:《中国中古时期禅宗图像的仪式运用》,载于《远亚文集》(Cahiers d'Extrême-Asie)1993—1994年第7期,第149—219页。

式、①性别、②世俗和民间传统、③艺术、考古学与建筑学——的研究呼声渐涨。不仅如此,许多批评家要求的还不止这些,他们呼吁对非教义的内容给予更多的学术关注,原因是部分评论指出,对于可供选择的符号学材料的研究影响并挑战到了严格进行书迹—教义研究的学科范式。他们不单纯主张对其他符号学资料的研究,应与以写本研究为基础的教义研究比肩齐声,更认为教义本身不可能在脱离文化这一广泛概念的情况下被完全地理解。④这一评论实际是对该学科内部更加均衡、更具整体性的要求。它不仅要求新领域得到平等的对待,更呼吁更具整体眼光、互相渗透的研究项目,将佛教作为一个多层次的对象来理解。这实际上是对方法论孤立主义的批判。⑤

佛教研究与更广阔的学术社群的关系

在该领域许多当代的批评性作品中,我们越来越感到佛教研究被描述为一个偏安一隅的学科——既不关注相关领域的理论发展,也怠于同哪怕是最顺理成章的对话伙伴(如印度学、汉学等)进行交流。人们认为其鲜明的孤立主义倾向导致佛教学逐渐孤立于更广阔的学术社群之外,滋生出一种知识封闭主义。人们提出了两种解决办法。一方面,我们发现需要引入更宽广的文化语境,即对学科所研究的对象(写本、机构、艺术、仪轨等)不止置于特定的佛教背景中进行考察,还要面向更大的文化背景,而它也正是这

① 参见本书第 243 页注释②;亦参见查尔斯·哈里斯:《上座部佛教研究中已取和未取的道路》。
② 参见本书第 266 页注释②。
③ 考虑到人类学家斯坦·穆福德(Stan Mumford)在《喜马拉雅的对话:西藏上师和尼泊尔古隆萨满》(麦迪逊:威斯康星大学出版社,1989 年)中的话:"西藏的喇嘛教,作为世界上主要的仪式传统,可以被理解为是一种通过与所面对的更古老的民间层次对话而产生的过程,而不是在文本中所呈现的完善的文化实体。"(第 2 页)或又,"文本语言……不能决定这些仪式的意思。每当仪式被表演或被评论,它们包含了在这一山谷生活经验中的当地民俗意识体现出来的痕迹"(第 12 页)。亦参见 S.J.泰姆比亚(S. J. Tambiah):《林中的佛教圣人与护符崇拜》,载于《剑桥社会人类学研究49》,剑桥:剑桥大学出版社,1984 年;理查德·贡布里希(Richard Gombrich)、甘那纳斯·欧贝瑟柯尔(Gananath Obeyesekere):《佛教变迁:斯里兰卡的宗教变化》,普林斯顿:普林斯顿出版社,1988 年;以及维吉塔·拉贾帕克瑟(Vijitha Rajapakse)为此写作的书评,载于《国际佛教研究协会集刊》第 13 辑第 2 期,第 139—151 页;乔治·D.邦德(George D. Bond):《斯里兰卡的佛教复兴:宗教传统、重新解释与回应》,南卡罗莱纳州哥伦比亚:南卡罗莱纳州大学,1988 年。
④ 关于在"单个寺庙或僧侣的综合体"的研究中,这样的整体方法或可描述成什么样子,参见司马虚:《藏传佛教研究的调查》,第 142 页。
⑤ 这个有关藏传佛教哲学研究问题的讨论,参见我的《论班禅洛桑曲坚的〈声明论师喜绕仁青巴之答辩〉》,载于《亚洲研究》(Asiatische Studien/Études Asiatiques)1995 年,第 49 辑第 4 期。

些对象以及佛教本身所依存的地方;比如,在更广阔的中国思想史的层面上考虑传统的中国佛教问题,①或是从人类学家的角度出发将佛教视作"更广的社会及文化体系的一部分"。②

另一方面,我们发现,最近的学术评论作品坚持认为,佛学家对学术界流行的分析形式、理论和方法方面的潮流应该更加熟悉。这导致了(或倡导)例如比较研究、跨文化分析、③女性主义批评、④解构主义⑤和文学批评⑥之类研究的出现。关注更大的学术社群中的这类潮流,从两个层面上来说被认为对于佛教研究是有益的。从学术角度上来说,它为这一学科带来了新的生机:不仅提出了新的问题,也为老问题提供了新视野。此外,它还能帮助佛教研究在最近的辩论中发声,最终证实了佛教文化的数据与广大学

---

① 参见彼得·N.格里高利(Peter N. Gregory)编:《顿与渐:中国思想中觉悟的不同法门》,"黑田研究所东亚佛教研究系列五",檀香山:夏威夷大学出版社,1987年;以及法奥克的评论《东亚佛教研究领域的问题》;贝纳特·法奥尔(Bernard Faure):《中国佛教正统性的意欲》(*La volonté d'othodoxie dans le bouddhisme chinois*),巴黎:法国国家科学中心出版社,1988年;此书中也可以看到"把禅宗放到它的政治宗教背景中"的重要性,讨论与其他佛教派别以及与"中国的其他宗教"(本文作者的翻译)之关系的重要性,尽管在那部作品中,后一个问题他着墨不多。亦参见理查德·贡布里希:《恢复佛陀的信息》载于卢埃格、施密道森主编:《前部派佛教和中观》,第20页。

② 在早期的学术中,人类学家实际上已经重视这个方向。例如,参见曼宁·纳什(Manning Nash)等:《上座部佛教的人类学研究》,文化报告系列13,纽黑文:耶鲁大学东南亚区域研究,1966年。在西藏文化领域中试图做此研究的,更晚近的可以参见斯坦·穆福德:《喜马拉雅的对话》。

③ 在比较哲学领域中可以找到许多这样的作品,例如《东西方哲学》,也参见纽约州立大学出版社近期推出的"走向宗教比较哲学"系列书籍。以此为重点的其他作品包括克里斯·古德姆森(Chris Gudmunsen):《维特根斯坦与佛教》(纽约:哈珀与巴伊,1977年);C.W.亨廷顿的《空性的空性》介绍,罗伯特·瑟曼的《宗喀巴的〈善说藏论〉》(普林斯顿:普林斯顿大学出版社,1984年)的导论,和斯蒂芬·柯林斯的《人无我》。

④ 参见安妮·克莱恩、戴安娜·保罗(Diana Paul)、南希·舒斯特(Nancy Schuster)和丽塔·格罗斯的研究;更完整的参考书目,参见我编辑的论文集《佛教、性和性别》,阿尔巴尼:纽约州立大学出版社,1992年。

⑤ 参见安妮·克莱恩:《遇见大乐佛母》;罗杰·杰克森(Roger Jackson):《观念相配:佛教思想中的解构主义和基础主义倾向》,载于《美国宗教学会集刊》1989年,第52辑第3期,第561—589页;贝纳德·法奥尔:《顿之修辞》,普林斯顿:普林斯顿大学出版社,1991年。

⑥ 在采用和分析诸如口述、叙述和修辞范畴的种种研究中,文学批评的方法是含蓄的。除了之前(克莱恩和法奥尔的)参考之外,亦参见保拉·力奇曼(Paula Richman):《性别与信仰:美、苦、和养育之描绘——以一位泰米尔尼姑为例》,米莉阿姆·L.乐伟林(Miriam L. Levering):《临济宗与性别:平等修辞与英雄主义修辞》,见于笔者编:《佛教、性和性别》;亦参见小罗伯特·E.布斯维尔(Robert E. Buswell, Jr):《看话禅定中的"捷径"方式:中国佛教禅宗顿悟行的演变》,载于彼得·格里高利编:《顿与渐:中国思想中的开悟之法》,1987年。斯坦·穆福德的《喜马拉雅的对话》严重依赖俄罗斯文学理论家米哈伊尔·巴赫金的作品。亦参见威廉·R.拉福莱尔(William R. LaFleur):《言语之业:日本中世纪的佛教与艺术》,伯克利:加州大学出版社,1986年。

术社群所进行的对话的相关性。

上述观点显然诞生于解释主义框架下。实证主义者对这类学术研究的回应则认为其是赶时髦的产物,认为它会冲淡学科的学术价值。要习得足够支撑佛教文本研究的扎实的学术能力和传授知识的能力已实属困难,还要佛学家们踏足新的尚待验证的研究领域,更是难上加难。考虑到进行有限空间和时间内的佛教研究所需的专业能力已经快要达到人类的极限了,我们又怎么能指望着眼于更多的研究形式的学者写出经得起考验的学术成果呢?别说是跨文化比较分析,就算是进行文化内的语境化研究也困难重重。在这些实用主义为主的论据背后,体现出的是实证主义者对于方法论创新的普遍怀疑。即使他们从实用中的可能性上肯定这些形式的研究,实证主义者们也会从原则上加以反对,因为解释主义的这类方法论扭曲了研究对象,强迫他们进入先入为主的理论模型。不仅如此,实证主义者会问,将其他领域内使用过的理论应用于佛教研究,又有什么独创性可言呢?这不就是另一种毫无创新意义可言的方法论寄生主义吗?如果屈从于现有的理论潮流是被接纳进入更广阔对话的必要代价,那恐怕还是留些遗憾好了。

政治与佛教研究

除了前面已经提到的那些挑战以外,还有一种我们尚未讨论的批评近年来也逐渐涌现。这种批评认为政治(以及更广义上的对权力的分析)在很多方面与佛教研究息息相关。这类作品大多基于下面这两种方法论前提的至少其中之一:(1)文化是政治实体,以及(2)学术研究(例如以佛教文化为研究对象的学术研究),究其政治属性,不论是在本质层面上或是受到间接影响的缘故,从来都不会是政治中立的。因此,对另一种文化——或是以佛教为例对文化中某一特定层面——进行学术研究,都应该:一、考虑文化内存在的"权力不对称、不平等以及支配的特点";①二、从两个社群(学者所属的社群以及他们所研究的对象所在的社群)互动关系中的权力差异的角度,反思其对学者作品的影响;三、清楚地认识到学术研究本身可以影响

---

① 谢丽·B.欧特乃(Sherry B. Ortner):《高地宗教:夏尔巴佛教的文化与政治历史》,普林斯顿:普林斯顿大学出版社,1989 年,第 12 页。

后续的社会观点及政治政策。① 尽管这些分析方法的效果才刚刚在佛教研究领域显现出来，②它在其他学术领域所产生的影响力却已经非常强大，并且经常造成有破坏性的结果。③ 就像有关亚洲的大部分研究一样，我们现在所熟悉的佛教学术研究源自过去的殖民和传教活动。在这些活动中，学术研究被视作巩固对其他民族权力的手段。尽管距离明目张胆地将学术研究工具化的时代已经过去了很久，政治理论批评家依然坚持认为学术研究仍未走出那段殖民主义的历史。有些人甚至宣称它永远无法完全剥除其留下来的遗产。

当今学者与其所研究的文化之间的关系，性质上或许已经改变，但经济与政治权力的梯度仍然存在。这些因素必须在学术分析的过程中得到关注。学术研究在最广义的层面上（包括录取进入或驱逐离开学术机构；出版发行有关拥有或缺乏宗教自由的信息等等）可以在社会政治学领域产生重大的后果。学术研究是赋予合法性的有力武器，可以影响政治事件的走向。同时，通过决定是否批准签证以及如何分配科研经费等方式，政治机构也会影响到学术研究。

简而言之，有关殖民主义、后殖民主义、东方主义以及其他广义范围内权力与知识间关系的批评，正向佛教研究发起新的挑战。如果他们的说法是有效的，这就意味着我们不仅要从过去出发重新衡量现今的佛教研究，还要考虑现在的研究会对未来产生怎样道德上的影响。

和其他学科一样，佛教学家对于这一挑战的回应毫无疑问是多种多样的。有些人坚持认为这类社会政治分析过于简化。它将权力与支配视为原始的动机，却没有为其他人类动机留下空间，并且，它还天真地否认了客观性存在的可能性。其他人则认为政治在学术领域没有立足之地，学者只反映真实的内容。学术研究可能会被政治利用，但这是超出了学者掌控范围的事情。更何况，政治势力支持并利用事实，这难道不比以政治宣传为目的

---

① 考虑到斯坦·穆福德的《喜马拉雅的对话》的前几行写道："文化解释的高级反身模式正在出现，因为文化人类学家认识到了他们对所研究的社会的影响，反过来，被研究者也内在地改变人类学家们自身"（第 11 页），这并非偶然。

② 参见唐纳德·洛佩兹编：《佛之主事们》；克里斯托弗·昆恩（Christopher Queen）、萨利·金（Sally King）编：《左翼佛教》，阿尔巴尼：纽约州立大学出版社，1996 年；T. 泰勒曼斯（T. Tillemans）：《佛教语文学走向何方？》（"Ou va la Philologie Bouddhique?"），载于《文学研究》（洛桑）。

③ 例如，爱德华·萨义德（Edward Said）的《东方主义》（Orientalism）（伦敦：鲁特莱吉与科干保罗，1978 年）影响到当代印度研究和伊斯兰研究的方式。

而捏造事实更好吗?

结　论

　　我所描述的这些,是我认为在有关方法论的批判性对话中可能会被讨论到的一些问题。但这些并不是全部,只是大概的内容。正如我之前所提到的,对话的议程或是将会发生的事情当然既不可能预测,也不可能事先指定。这些问题和它们可能的解决方案是无法提前就被决定好的。因此,我在之前的讨论中一直尽量避免在修辞上让人产生误解,以为答案已经浮出水面只是等待被发现而已。我想事实并非如此。尽管我本人对于这之中的许多问题已经形成了一些强烈的观点(可能各位也已经发现了一些),但是我依然对其他问题感到困惑。另外,如果我采用了极端实证主义或极端解释主义的观点来描述这些问题,这是因为:一、领域内的批评作品已经出现了这样描绘双方立场的趋势;二、许多这些描述正是我们对彼此用滑稽刻画或刻板印象进行描摹的结果;三、用极端的观点来阐述问题对于启发读者非常有效,这也是佛教中常用的技巧。如果我没有采取佛教的方法,即以中道作为解决所有这些问题的方法,是因为我相信这些问题足够复杂,不能够统统轻易以温和、中庸的方式来解答。但不管怎么说,这些都只有在未来的对话中才能够得到答案。但正如巴赫金所指出的:对话只有在独白停下时,才能够展开。因此,我的独白就到此为止了。不论我所说的有几分正确,我都希望它能够有足够的煽动性,可以推动批判性对话的发生。

《古兰经》研究与历史批判语文学

——《古兰经》对《圣经》传统的演绎、渗透和遮蔽

安格莉卡·诺伊维尔特(Angelika Neuwirth)* 著

张嘉麟、宋文佳等 译

一、引　言

1. 西方《古兰经》研究难以捉摸的开端

《古兰经》尚未被承认为西方神学经典的一部分,尽管它显然是一部严格遵循《圣经》传统的文本,其程度丝毫不亚于犹太教和基督教的奠基材料。因此,它理应作为一部有价值的《圣经》批判主义作品和一份相关注释文档被接受。诚然,似乎正是这种密切的关系激起了当前围绕《古兰经》地位的论战:有人认为它是《圣经》信仰的宗教实证,是对《圣经》的调整和延续,为其增加了新维度的意义;也有人认为它只是一种模仿,是神学上对《圣经》传统的冗长重读。虽然近来提出了新式的阅读方法,主张《圣经》和《古兰经》之间存在真实、交互的关系,[①]学者们还远没有认识到《古兰经》作为《圣经》新的表现的地位。本文将进一步尝试恢复《古兰经》适当的宗教历史地位。

这一地位意味着什么? 欧洲传统中的经文是一个蕴含着丰富的意义的概念。哪怕在我们这个世俗主义的时代,其权威也从未完全失色。相反,从当下流行的对《古兰经》的学术理解可以看出,它作为一种排他的标准继续存在:《古兰经》文本被假定为《圣经》的书面辅助,而不是单独存在的原创经文。这与一种在西方公众中经常遇到的,几乎是不言自明的观点是一致

---

* 安格莉卡·诺伊维尔特是德国柏林自由大学阿拉伯语闪语系荣休教授,主要研究方向为伊斯兰《古兰经》研究。本文原文为:"Qur'ānic Studies and Historical-Critical Philology: The Qur'ān's Staging, Penetrating and Eclipsing of Biblical Tradition", *Philological Encounters* 1(2016), pp.31 – 60。——译者注。

① 见西德尼·格里菲斯(Sydney Griffith)开创性研究:《阿拉伯语的〈圣经〉》,普林斯顿:普林斯顿大学出版社,2013 年。

的，即《圣经》保持着如同真理宪章一般的地位，却只为其享有特权的对象预留——以前由基督教徒独占，最近才又加入了犹太教徒。反过来，这种地位又授予《圣经》人物一种威望，使他们获得一种文化上的，甚至是文明上的血统，而这是被"非《圣经》的"穆斯林所拒绝的。

面对这一失衡的形象，描述《圣经》和《古兰经》之间的关系就变得至关重要。本文试图举例说明这种复杂而且绝非一成不变的关系。本文将讨论一些重要文本，它们强调从本来与《圣经》经文的仪式性联系，到穆罕默德和摩西之间紧密的类型纽带，最后到《古兰经》团体新兴神学身份对《圣经》权威的部分取代的这一系列转变。《古兰经》和《圣经》之间这种最富活力的联系恰好使其有资格质疑被珍视至今的犹太基督教专有的"《圣经》大厦"和《圣经》归属的内涵。如今，犹太教对《圣经》的解读获得了神学领域的一席之地（虽然靠近边缘），而《古兰经》却依旧被排除出神学话语，是一个语文学的领域。西方对《古兰经》的批评研究在从基督教会的偏见中解放后，终于从 19 世纪开始起步。虽然《古兰经》为浪漫主义者所欣赏，且通过多种适宜的翻译版本使欧洲读者得以接触，它在自己的阿拉伯环境中却没有诱发任何有关认知成就的好奇心，更不要说它与其他宗教传统之间的神学关系了。也许，这就是为什么《古兰经》没有被诸如宗教史或东方文化研究这样更为相关的学科认领，而是被安置于语文学这种最缺乏论证的学科中。事实上，伴随着西方《古兰经》研究诞生的，是语文学作为学术学科的兴起。

更加精确地说，作为学术学科的语文学起源于《圣经》研究中的一场认知革命：18、19 世纪，历史批判研究被引入，将《圣经》从一部宗教奠基文本变为脱离了为天主教堂或犹太教堂服务的礼拜性和教义性根源的历史文本。历史批判研究作为学术神学的一次重要革新受到广泛欢迎，伴随着考古学学科的同时出现，它将《圣经》重新分别定位于古代东方和地中海古典时代晚期的历史空间中。这便是《古兰经》研究诞生的学术语境。然而，就《古兰经》而言，它在《圣经》研究中的创新并非一种革新，而是其学术考察的开端。如此一来，一个重要的方法步骤就被跳过了：对《圣经》而言，将文本切分为一个个小的单位进行分析是对早先整体文本阅读的补充而非取代，但是对《古兰经》来说，由于它尚未作为一个整体为西方读者所熟悉，文本切分就成了第一步。于是，对《圣经》和对《古兰经》的理解之间便产生了一道巨大的鸿河。诺思洛普·弗莱（Northrop Frye）向我们所展现的，即《圣经》在西方传统中的遍在性及其作为无数西方前现代文学艺术作品的实质潜台词的作用,正如同《古兰经》对伊斯兰文化所产生的作用。然而,要意识到这一认识上的中心维度,需要将《古兰经》看作是一个整体。诺思洛普·弗莱把《圣经》称为"伟大的代码"(the Great Code),①强调接收中的整体性方面:"真正重要的是'《圣经》'在传统上被读作是一个整体,并作为一个整体影响了西方想象。"②这种整体性的理解已经从西方学术研究中彻底淡出了。

历史上的《古兰经》研究:开端与发展

西方《古兰经》研究最终以断绝《古兰经》与其传统语境之间的联系而结束。早期学者尚未实践这一做法,他们依然坚信《古兰经》是先知的布告。然而,纯粹文本阅读的种子随着新"历史批判"方法被引入《古兰经》研究而被种下。在这一目标下,亚伯拉罕·盖格尔(Abraham Geiger)③于1833年发表了其著名的《穆罕默德从犹太教中获得了什么?》("Was hat Mohammed aus dem Judenthume aufgenommen?")④一文。该文章对《古兰经》作了关键的重新估值,不像过去经常将它置于阿拉伯半岛有限的范围内,而是放在我们今天称之为古典晚期讨论的多文化环境中。然而,由于一些严重的先入之见,他的研究结果十分自相矛盾。《古兰经》研究从对被看作是历史和教义陈述的集合而非整体传达的文本进行外科手术式的切分开始。历史批判研究不仅仅是对经文原始文本(urtext)的追求——对《圣经》而言,这种追求导致了大量古代东方和古典晚期传统被发掘。这些文本虽然易于阐明《圣经》的历史背景,却很少能够真正地与其复杂得多的、由《圣经》作者塑造的传统文本竞争。但是在《古兰经》的案例中,相反的说法似乎是正确的:在文本底层所发现的并非"早期的低等传统",而是能够想象得到的最具威望的古代文本,即希伯来《圣经》自身。由于脱离如此权威的原始文本无异于对其的扭曲,《古兰经》被当成是一次想要与《圣经》竞争的失败尝试,时至今日仍然被冠以"拙劣的模仿文本"的罪名。

然而,意识到《古兰经》跨文化维度的《犹太学研究》(*Wissenschaft des*

---

① 诺思罗普·弗莱:《伟大的代码:〈圣经〉和文学》,圣地亚哥:哈考特,1982年。
② 同上,第13页。
③ 见亚伯拉罕·盖格尔的作品与《犹太学研究》,迪克·哈特维希(Dirk Hartwig)等编:《"充分阐释历史":犹太学和〈古兰经〉研究的开端》('*Im vollen Licht der Geschichte*': *Die Wissenschaft des Judentums und die Anfänge der Koran-forschung*),维尔茨堡:埃尔贡,2008年。
④ 亚伯拉罕·盖格尔:《穆罕默德从犹太教中获得了什么?》,原版出版于波恩,1883年;再版于柏林:帕瑞加,2005年。

Judentums）无疑标志着一个重要的开端。1930 年代,距离盖格尔的作品出版还不到 100 年,《古兰经》研究就因为犹太学者被驱逐出德国大学而遭到暴力瓦解;之后,它就跟随着当时流行的"耶稣生平研究"(Leben-Jesu-Forschung)的趋势,走上了一条远没有那么雄心勃勃的新道路。通过聚焦于先知其人而非《古兰经》①其文,新的研究在将《古兰经》中的事件简化为当地历史事件的同时,也被迫放弃了其前任的一项重要成就:用古典晚期对其环境的知识使《古兰经》语境化。过去用来提供先知心理发展的信息的《古兰经》文本,作为语文学的研究对象消失了数十年。

为了对这一兴趣转变的认知维度进行估值,需要记住一个谢尔顿·波洛克(Sheldon Pollock)近期提出的模型。他将语文学看作是一场三方面的事业:对"文本意义"的质疑;对文本传统理解的研究,即"语境意义";对学术上的先入之见与自身学术责任的反思,即"语文学者之意义"。② 在《古兰经》研究的最初阶段,我们仍然围绕着文本本身,包括其历史层面在内。最早的学者的确把《古兰经》传统上既定的语境视作一个给定的条件:先知穆罕默德于 610 年至 632 年期间在麦加和麦地那开展的宗教事业。然而,这一环境并没有被当作是《古兰经》当时正在回应的挑战。相反,他们的目光转向后方:《古兰经》被当成方言版的《圣经》传统的一部分,阿加达(Aggadah,口口相传的后《圣经》传统学问)广阔的领域中③包含着对《圣经》最多样的注释性阅读。虽然早期学者也意识到一个充满活力的传统、一种本土化,但这并不牵涉到《古兰经》文本本身。《古兰经》文本对更加古老的宗教传统学问的反映并未被视作是严肃的重新理解,而是常常作为错误或扭曲的诠释被人不屑一顾。当时真正被语境化的并非《古兰经》自身,而是其言下之意,这些潜台词被当作早期经文传统的材料进行讨论。

相反,后来的"穆罕默德学术"是完全以语境为导向的。对《古兰经》的新理解建立在传记基础上,对增加和传播被边缘化至今的《古兰经》知识具

---

① 约翰·菲克(Johann Fück):《阿拉伯先知的独创性》("Die Originalität des arabischen Propheten"),载于《德国晨报》(*Zeitschrift der Deutschen Morgenländischen Gesellschaft*)1936 年第 90 期,第 509—525 页。

② 谢尔顿·波洛克:《语文学与自由》,载于《语文学的相遇》(*Philological Encounters*)第 1 卷,第 1—4 期,2016 年,第 4—30 页;《未来语文学? 一个硬世界中的软科学之命运》,载于《批判研究》(*Critical Inquiry*)第 35 卷,2009 年第 4 期,第 931—961 页。

③ 阿加达是有待研究的后《圣经》传统口述文献,伯恩哈德·赫勒(Bernhard Heller)对其进行了分类研究:《金兹堡的犹太人传说》,载于《犹太季刊》第 24 卷,1933 年第 2 期,第 51—66 页、第 165—190 页、第 281—307 页、第 393—418 页;同前,第 25 卷,1934 年第 1 期,第 29—52 页。

有积极的作用。然而,受到传统叙述思维的限制,这些叙述容易低估了犹太教、基督教徒和融合主义者对先知及其团体的神学挑战,它的表现模糊了《古兰经》介入古典晚期讨论的相关性,且使《古兰经》世界观的创新变得昏昧不清。它也不符合当时见证过重要的考古和碑铭研究发现的学术研究的标准。想要无视领域内众多子学科正在发生的进步,只依靠从《圣经》研究借来的耶稣生平研究这一单一方法的尝试被证明是不足的。

为了填补这一缺口,并应付《圣经》研究在方法学上的领先,约翰·万斯伯勒(John Wansbrough)于 1977 年提出了一种全新的方法。在其《〈古兰经〉研究:经文理解的根源与方法》(*Qur'ānic Studies: Sources and Methods of Seriputural Interpretation*)①的下方,实际上潜藏着鲁道夫·布特曼(Rudolf Bultmann)使经文去神话化的方法。② 新约学者布特曼认为,对耶稣生平的叙述事实上是通过叙事的方式提供神学知识,是以当时熟悉的神话的语言形式来授课。万斯伯勒声称在对穆罕默德生平和宗教事业的叙述中发现的,便是神话,是一个与布特曼为福音书准备的神话紧密相关的神话。万斯伯勒将这一模型生搬硬套到《古兰经》上,使历史批判走上了极端。他彻底抹除了穆罕默德其人,将文本解释为一部后人编纂的匿名合集。万斯伯勒的推论否定了《古兰经》的传统历史背景,不再把文本想象成是麦加和麦地那新兴出现的团体的自我表现,而是已然存世的犹太基督教团体的宣言,也可以说是一部犹太基督教的伪经(*apocryphon*),用以为该团体提供一个阿拉伯起源的神话。由此,《古兰经》文本对历史考察而言,变得几乎难以企及。

万斯伯勒使文本完全脱离了它的传播载体与接受对象。不仅文本和语境严重分离,同时,接受者的理解更是遭到了取代。他们的位置被一些研究者挪用,这些研究者按自己的想象提出来一种模型,此模型相异于传统《古兰经》传播的情形。一种唯我论的假设替代了被广泛接受的历史形象,阻断文本的获取渠道被当作事件的真实写照。早期历史批判研究从未使文本与穆罕默德隔离,反而将他想象成预先计划了建立伊斯兰教项目的创始者,尤其夸大他在《古兰经》起源中的个人作用;而万斯伯勒和他的修正主义学派,则是往相反的方向移动。他们把先知视为一个由《古兰经》编纂者创造的非历史人物形象,目的是给后来兴起的伊斯兰团体提供一个虚构的开创英雄。

---

① 约翰·万斯伯勒:《〈古兰经〉研究:经文理解的根源与方法》,牛津:牛津大学出版社,1977 年。
② 鲁道夫·布特曼:《共观福音传统的历史》(*Die Geschichte der synoptischen Tradition*),哥廷根:范登霍耶克 & 鲁普雷希特,1921 年。

这一论点否定了先知穆罕默德及其团体在新宗教出现过程中的任何作用，一笔勾销了阿拉伯伊斯兰文化起源的整个原理。这也就不足为奇，万斯伯勒的作品不仅在西方学界造成了分裂，同时也造成了穆斯林学界的疏远——这一可笑的情形至今依然盛行。

2.《古兰经》研究术语：历时性方法与共时性方法

追溯《古兰经》发展的新的尝试早就该有了。现有的《古兰经》介绍①清楚地显示着《古兰经》研究仍然充满疑惑。它们的作者意识到《古兰经》文本所反映的多种传统，但是却不愿大胆提出一份这些资料的提要，形成至少一个《古兰经》起源的初步形象。藏在这一缺陷之后的强有力的术语便是年代学，当然，并不能简单地说成是接收或拒绝一种特定的章节顺序，就像西奥多·内尔德克（Theodor Nöldeke）在批判研究一开始所建立的那样。我们需要的是对年代学更加深入的了解，换言之，应该追寻导致最终达成新的团体宗教身份的认知发展的踪迹。真正紧要的，是要接受《古兰经》的"自然起源"，接受其诞生于真实历史事件，即先知穆罕默德面对他的听众处理演讲的方式。②《古兰经》应该被看作是向真实听众传达的一系列信息，它们的神学复杂性接连增加，最终证实了团体身份的达成。这基本也是伊斯兰传统的处境。

然而，我们对历时性更加严格的遵守超出了伊斯兰传统的范围。虽然在《古兰经》研究内部有着一个完整的学科，即"古兰学"（'ulūm al-qur'ān），致力于所谓"开示的情境"，用以确定文本单位的大致顺序，但是其结果既不完整，也不独立于后来的社会和宗教语境。着眼于文本中暗示的散漫的语境，而非难以核实的文本以外的社会语境，我们把《古兰经》的传播看成是一个反映了最初的听众对文本的理解的挑战和回应的过程。他们对于诸如与摩西及以色列人的关系这样的问题变化多端的态度，与《圣经》在团体所处的环境下同样变化无常的表现密切相关。接下来的历时性阅读不仅考虑包括其历

---

① 哈特穆特·包柏清（Hartmut Bobzin）：《〈古兰经〉导论》（Der Koran: Eine Einführung），慕尼黑：C.H.贝克出版社，1999年。迈克尔·库克（Michael Cook）：《〈古兰经〉简介》，牛津：牛津大学出版社，2005年。佛朗索瓦·德洛茜（François Déroche）：《古兰经》，巴黎：法国大学出版社，2008年。卡尔·W.厄恩斯特（Carl W. Ernst）：《如何阅读〈古兰经〉：新指导手册及其片段选译》，爱丁堡：爱丁堡大学出版社，2012年。尼科莱·西奈（Nicolai Sinai）致力于学界尚未解答的议题见《伊斯兰教圣典：关于〈古兰经〉最重要的事实》（Die heilige Schrift des Islams: Die wichtigsten Fakten zum Koran），佛莱堡：赫尔德，2012年。

② 尼科莱·西奈：《进程中的〈古兰经〉》，载于安格莉卡·诺伊维尔特等编：《情境中的〈古兰经〉：对〈古兰经〉成书背景的历史和文献考察》，莱顿、波士顿：博睿出版社，2010年，第407—440页。

史互文文本在内的《古兰经》的最终形式,还同样注重《古兰经》的内在文本,即其作为一系列逐渐被传达和接收的消息的内在历史,目的在于阐明这一发展历程。

有人认为,开始的几篇《古兰经》章节是以阿拉伯诗歌表现《圣经》,让它以赞美诗般吟咏《古兰经》文本的形式呈现在"舞台"上,积极吸引听者的参与。然而,随着团体在麦加中部逐渐形成的自我意识,可以感知到一种转变。《圣经》传统,即"本土化的《圣经》",作为一个与现实相对的世界被发现。其文本世界被"渗透"以将先知周围新的盟约团体安置在以色列人的救赎历史中——这又是一次得到了团体的支持的行动。再后来在麦地那,与希伯来《圣经》的对话体现在犹太教仪式和学术讨论中。在这一过程中,以摩西为代表的《圣经》先知专有的权威受到质疑,并最终被先知穆罕默德的权威所"遮蔽"。在这里,对以色列人的话语与对麦地那犹太人的话语相互融合;《圣经》指示与《古兰经》教导在文本中的合并反映了团体具有一种意识,想要给予经文新的表现,并和早期《圣经》人物相比,获得一种新的身份。

二、演绎《圣经》传统

早期《古兰经》章节从苦行中的诞生

《古兰经》与《圣经》传统之间关系的开始已经经历了全面而彻底的研究。[①]《古兰经》自身证实了牵涉文本的仪式活动与《圣经》诗篇十分相似。确实,这些文本,或者更准确地说,是它们在守夜这一特别体系下进行的朗诵,甚至被认为有一种繁殖的能力,因为已给的仪式性文本的布景声称会带来对新文本的接受。"古兰"一词最早的使用之一(《古兰经》第七十三章第1—10节),[②]表明了一种已经存在的夜间朗诵仪式文本的实践:[③]

[①] 见安格莉卡·诺伊维尔特:《〈古兰经〉I:早期的麦加篇章》(*Der Koran I: Frühmekkanische Suren*),柏林:世界宗教出版社(Weltreligionen),2011 年。参见《古兰经》文献汇编计划(The Corpus Coranicum Project)中的评论:《对〈古兰经〉文本的归档和注释》,2015 年 1 月 23 日,http://www.bbaw.de/en/research/Coran。详见安格莉卡·诺伊维尔特:《唱诵、礼拜到正典》,载于其著作《经文、诗歌与团体的形成:对〈古兰经〉的文学解读》,牛津:牛津大学出版社,2014 年。

[②] "古兰"一词出自由布道者演绎的神圣读物里较为古老的章节。对"古兰"一词的年代学研究,参见安格莉卡·诺伊维尔特:《〈古兰经〉的书写:追溯晚古时期的认知革命》,载于努哈·阿沙尔编:《〈古兰经〉和阿达卜》,待出。

[③] 如《古兰经》麦地那篇章第 73 章,第 19 节的经文所示,这一礼拜仪式在麦地那仍然实践着。

第七十三章节：

1. 披衣的人啊！

2. 你应当在夜间礼拜，除开不多的（时间），

3. 半夜或少一点，

4. 或多一点。你应当讽诵《古兰经》，

5. 我必定以庄严的言辞授予你，

6. 夜间的觉醒确是更适当的；夜间的讽诵确是更正确的。

7. 你在白天忙于事务，

8. 故你应当纪念你的主的尊名，你应当专心致志地敬事他。

9. 他是东方和西方的主，除他之外，绝无应受崇拜的，故你应当以他为监护者。

以上这段《古兰经》章节的情形便是守夜，在其他地方，这一仪式框架下所涉及的则是圣歌朗诵。[1] 章节中所读的内容，即第4节中的"《古兰经》"，并非明确决定的。虽然"古兰"在词源上与叙利亚传统中同音的"经文选集"（*qeryana*）的称呼相对应，[2]但是布道者想要在夜间吟诵会上展现的（显然用的是阿拉伯语），不能直接与现存的叙利亚经文选集划上联系，而应与新生成的文本有关。因此，《古兰经》代表的是由《圣经》启发的、适合用阿拉伯语吟诵的仪式性文本的体裁，而非特指某一文本选集。

的确，《古兰经》的吟诵是个别施加于先知身上的；然而我们可以从包括最后一节在内的、描述了麦地那团体情况的其他引文推断，守夜（至少是后一阶段的）是作为一种团体仪式举行的。不仅是这些仪式举行的时间，而且更是相关文本的形式，都让人想起僧侣环境中最为人熟知的苦行模范，它们从一开始起，就为朗诵圣歌构成了最佳的"生活处境"（*Sitz im Leben*）。早期《古兰经》章节与圣歌的紧密联系在各种研究中都有所体现。[3] 它们同样地

---

[1] 参见基督教的实践，如《希腊东正教祈祷书》（*Hieros Synekdemos kai ta hagia pathe*），第51—62页。

[2] 这是比较常见的认知，见塞拉菲姆·塞佩莱（Serafim Seppälä）：《〈古兰经〉中的圣徒回忆录》载于《〈古兰经〉和基督教—穆斯林关系研究》2011年第22期，第3—21页。

[3] 安格莉卡·诺伊维尔特：《阅读阿拉伯语的诗篇》，载于安格莉卡·诺伊维尔特、尼科莱·西奈、迈克·马克思（Michael Marx）编：《情境中的〈古兰经〉：对〈古兰经〉成书背景的历史和文献研究》，莱顿、波士顿：博睿出版社，2010年，第733—778页。另请参阅，阿里·席佩斯（Arie Schippers）：《诗篇》，载于《〈古兰经〉百科全书》，第4卷，莱顿：博睿出版社，2004年，第314—317页。

构成多主题的诗歌创作,[①]并经常表现出一种将它们与特定的圣歌联系起来的独特互文性。显然,最早的《古兰经》章节被认为是超验的《圣经》的表现形式,是《圣经》诗篇的阿拉伯版本。《古兰经》从一开始就不只是"文本"而同样也是"语境";布道者及其后团体的精神所有,通过吟诵的方式,共同构建了自身拥有丰富《圣经》知识的身份。

三、对《圣经》传统的渗透

1. 麦加中期的范式转变

不仅与早期团体或虔诚的个人共同参与仪式活动,还和他们共享历史上根深蒂固的盟约地位——这一意识并非立刻产生的。它是随着新团体自我合法化的必要性在长期困扰中浮现的。这时,反对者开始占据上风,布道者作为超自然信息拥有者的地位的真实性受到质疑。麦加中期的《古兰经》章节特别证实了团体从麦加的宗教仪式中心分离的意图,它想将自己重新定位于一个想象中的空间,即被摩西这一杰出人物统治的《圣经》救赎历史的发生地——圣地。这一目标凭借各种文本策略而达成。最令人瞩目的是,对《圣经》故事的再叙述在后期的《古兰经》章节中无处不在。麦加中期的《古兰经》章节的核心部分被描述《圣经》历史片段的叙事部分所占据。《圣经》叙述在《古兰经》章节中特殊的位置让人分别想起基督教仪式中的经文诵读和犹太教仪式中的律法阅读的位置。此外,《古兰经》经文本身作为证实布道者信息真实性的终极根据,在《古兰经》章节的开头和结尾都被需要。我们在更长的麦加中期的《古兰经》章节的开头找到的,不是在早期章节的开头和特别公式化的结尾普遍存在的对某些祈祷仪式的时间和地点的着重提及,而是《古兰经》经文被明确称为 kitāb,而代表吟诵含义的 qurʾān 一词则很少被提到。整体而言,在这些章节中,誓言开始被庄严的直证表达所取代,这在不久后便成为规范。这种表达以描述性的语句,如"那就是经文",或是由一个单词组成的名词性短语,如"(它是)一部经文"开始。这些通常的介绍语一直被保持到《古兰经》布

---

① 安格莉卡·诺伊维尔特:《关于〈古兰经〉特殊语言和文学特征的一些注释》("Einige Bemerkungen zum besonderen sprachlichen undergraduate und literarischen Charakter des Koran"),载于《德国东方学会杂志》(*Zeitschrift der Deutschen Morgenländischen Gesellschaft*)增刊第 3 卷,1977 年第 1 期,第 736—739 页。

告的结束。

麦加中期经书中没有对时间和地点的强调（这是早期经书开篇和特色结语程式中盛行的），但我们发现其开头明确地将经书称之为"*kitāb*"（意为：经书），而"*qur'ān*"（意为：念颂）二字则很少使用。从整体来看，这些经文中的誓言开始被庄重的指示性表达所取代；此类表达很快演变成了一种规范，或是以指示词开始："这就是经书（*dhālika l-kitāb*）…"或者是由一个单词构成的名词性短语开始："［这是］经书（*kitābun*）…"；直到古兰经的宣讲结束之前，这些一直是最为常见的引言。

2. 经文记忆法

由于此时还没有书面《古兰经》经文的文集被麦加后期的章节加以利用，"经文"一词在那些《古兰经》章节中的频繁使用更像是指超越具体书本的一个实体。这一实体可以被看作是可供吟诵（*qur'ān*）和记忆（*dhikr*）之用的神圣的经文（《古兰经》第十九章第 2 节、第十九章第 51 节），从而文本被断续地重温。根据《古兰经》，经文的接收是一种已经由犹太教和基督教传统赠予了早期信使的荣誉，摩西便是这些信使的典范。[①] 然而，布道者及其团体没有从书本，而是从口口相传的信息中获得了有关这些文本的知识。经文遗产的不同参与者之间的关联并非各种经文全集的同一性，而是要意识到，在超验领域中存在着一个有限的经典文集，一部从此无法改变的文本，只需要它被布告，被安排成适于宗教礼拜的形式，而后被注释以帮助人们理解。这种意识对经文象征的接收能力而言是基础的。文本作为一个整体并非任凭布道者使用，而只是作为碎片化的回忆被传达给他，这一事实与此并不矛盾。由于经文文本无论如何都是首次以阿拉伯语传播，它被分割成选段可以看作是一个有事实支撑的合理过程，因为以选段形式呈现经文在犹太教和基督教团体中十分普遍。从神圣的经文产生的选段，包括"迪克尔"（麦尔彦章，《古兰经》第十九章第 2 节、第 16 节）、"奈拜厄"（石谷章，《古兰经》第 15 章第 41 节）、甚至"故事"（优素福章，《古兰经》第 12 章第 3 节）等，主要由对历史的回忆构成，既有对天启的肯定宣言，也有赞美诗和论战式的文章。这一为仪式执行而特别创造的结构强烈地让人想起犹太教或基督教仪式，其中心便是对救赎历史的回忆。值得注意的是，麦加后期的章

---

① 到目前为止，摩西领受降示的记载多见于：《古兰经》麦加篇章的 Q 41：45，Q 40：43，Q 32：23，Q 28：43，Q 25：35，Q 23：49，Q 17：2，Q 11：10 和麦地那篇章的 Q 6：154，Q 2：87，53。

节明确指出，先知历史与个人的《圣经》寓言起源于一本《明白之书》(*kitāb mubīn*，例：《古兰经》第十一章第 6 节等)，它让人想起在基督教和犹太教仪式中使用的、用来宣布经文阅读的引导公式。

有很多迹象表明，麦加中期《古兰经》章节的经文记忆法[①]不只是文学手法；和往常一样，我们面临着伴随经文发展而进行的社会过程。经文记忆的想法引起了，或者说表达了，一种在麦加晚期几乎不会被高估的集体意识的扩张。首先，经文历史的地域已然延伸到麦加以外，包括了早期信使的故乡；从此，记录着以色列人历史的圣地就被看作是一个特别神圣的地区。在这一时期中的某个节点，朝着耶路撒冷的"最遥远圣殿"的再定位，在仪式层面也同样被实行。[②] 这一过程使耶路撒冷作为朝觐方向(*qibla*)，从而防止象征性的地平线扩张到以色列人(*Banū Isrāʾīl*)，即摩西的人民的世界。[③]

其次，信息的时间设定延伸到了遥远的时代。布道团体把自己当作经文的接收者，他们讲述传承脉络上一批批先辈们的故事，这是重要的一步，因为它终于意味着布道团体接受了一个不同群体的文化记忆。在欣然接受一个不同传统的核心方面的同时，布道团体放弃了它从麦加仪式中获得的身份。然而，宗教中心从克尔白神庙移走，不仅暗示着宗教仪式朝拜方位的改变，也表明了文本新的形式的进化。这一时期的《古兰经》章节篇幅要长得多，它们不再仅仅作为仪式规定动作的语言补充(如同麦加早期章节那样)。无论在仪式层面还是文体层面上，它们的成长都超越了原先的框架。这些章节新的结构表明，与更早的犹太教和基督教一神论的口头仪式相比，它们被用于更长的宗教仪式；同样，它们的用语也偶尔会利用到犹太教和基督教的模型。同时，讲述历史的叙事性文章的入选，导致个人诗篇延伸出更加复杂的句法结构，其结果便是《古兰经》经句

[①] 该术语由扬·阿斯曼(Jan Assmann)提出，见《文化记忆：早期高度文明中的文字、回忆和政治身份》(*Das kulturelle Gedächtnis: Schrift, Erinnerung und politische Identität in frühen Hochkulturen*)，慕尼黑：C. H. 贝克出版社，1992 年。该书英译本为 *Cultural Memory and Early Civilization: Writing, Remembrance, and Political Imagination*，剑桥：剑桥大学出版社，2011 年。在《古兰经》研究中的应用，参见安格莉卡·诺伊维尔特：《经文、诗歌与团体的形成：对〈古兰经〉的文学解读》第九章《从禁寺到遥远的圣殿》，牛津：牛津大学出版社，2014 年。

[②] 同上，《从禁寺到遥远的神殿》，载于《经文、诗歌与团体的形成：对〈古兰经〉的文学解读》，牛津：牛津大学出版社，2014 年。

[③] 在这一时期，摩西的十诫被调整适应于穆斯林群体和其作为调和论者的邻人们。参见安格莉卡·诺伊维尔特：《发现〈古兰经〉中的罪恶?》，载于《经文、诗歌与团体的形成：对〈古兰经〉的文学解读》，牛津：牛津大学出版社，2014 年。

变得不再容易记忆,特别是因为其分句提供的记忆辅助太少。以引入"神的名义"(basmala)[1]为例,有很多迹象都表明,新的章节编纂从那时就已经开始了。事实上,当诗篇结尾不再总是以押韵为标准,其愈发复杂的结构似乎就要求了这一步。这反映的不是写作被真正创造,因为写作的技巧本身一直都在该领域中为人熟知,而是布道团体从基于仪式连续性向文本连续性的转变。这首先表现在对神《圣经》文强烈的全神贯注上,经文由此被赋予了最高权威的地位。[2] 正是写作,现在变成了一种支持记忆的外部储存。然而,最重要的是,作为上帝与人类之间盟约关系的文件,对《圣经》新的依附关系表现了一种对《圣经》救赎历史的渗透,这便被看作是人类精神先祖——以色列人——的历史。

3. 不止一部《圣经》? 古典晚期《圣经》的多种表现

研究发现,《古兰经》没有第二个版本存在,没有与其相关的佚作或伪经,也没有遭受到分裂的权威解释或迥然相反的解读,从而形成不同的宗教流派。这一发现很容易让我们无视一个事实:《圣经》作为出现在《古兰经》之前的经文,在这一方面有着本质上的不同。

从很早的时候开始,《圣经》似乎就需要被翻译;其最早的希腊语版本,即旧约《圣经》的希腊文译本,可以追溯到公元前 3 世纪。在希腊化时期的仪式中被阅读的摩西五经的希伯来语文本,被翻译成阿拉米语,变成所谓的"口头翻译(targumim)",其中经常包含着理解性的延伸。翻译预设了哲学意义的解释;对《圣经》而言,翻译为犹太教和基督教这两个对立团体的形成打下基础,并在后来巩固了这种对立。在基督教的影响下,《圣经》注释成为对文本强烈的派系理解的媒介。它将希伯来语《圣经》放到新约的解释学权威的地位之下,而后者被认为是真正将《圣经》作为一个整体来理解的关键。虽然这些发展都已经为人熟知,但是直到最近,通过毛里斯·厄伦德(Maurice Olender)的作品,我们才完全了解到基督教对《圣经》解释的专属权对现代乃至 20 世纪欧洲世界观建构的全面影响。[3] 虽然这样一种封锁不

---

[1] 安格莉卡·诺伊维尔特:《唱诵、礼拜到正典》,载于其著作《经文、诗歌与团体的形成:对〈古兰经〉的文学解读》,牛津:牛津大学出版社,2014 年。

[2] 参见安格莉卡·诺伊维尔特:《〈古兰经〉的书写:追溯晚古时期的认知革命》,载于努哈·阿沙尔编:《〈古兰经〉和阿达卜》,待出。

[3] 毛里斯·厄伦德:《天堂的语言:19 世纪的种族、宗教和语文学》,阿瑟·戈德哈默(Arthur Goldhammer)译本,马萨诸塞州,堪布里奇:哈佛大学出版社,1992 年。原版法文名为 *Les Langues du Paradis: Aryans et Sémites, un couple providentiel*,巴黎:瑟伊出版社,1989 年。(转下页)

能被照搬到东地中海——在那里,讲阿拉米语的犹太教徒和讲叙利亚语(阿拉米语方言的一种)的基督教徒在神学问题上维持着一种活跃的交换——但是它们弄清《圣经》真正含义的方式同样是排他的。仔细观察就会发现,当时的"圣经"一词从最开始就没有明确的指定,或者更准确地说,在所谓的明确指定下方潜伏着一层被抑制的含义。因此,在论及《圣经》时,人们需要时刻记住基督教和犹太教这两种存在模式根本上的异质性。

这种在"基督教《圣经》"成为广泛霸权时达到顶峰的文本发展是否也影响了阿拉伯语《古兰经》的诞生环境? 最近,古典时代晚期研究者们特别地将关注投向了《圣经》在编纂之后一段时间中的诠释和地位,突出了其多样性。犹太《圣经》学者詹姆斯·库格尔(James Kugel,1980)指出:

透过智慧写作的视角审视,以色列的古老文本的原始含义甚至原始体裁风格都经过了巧妙的修改,并以一种全新的阅读方式重新配置。正是这种阅读方式,受到犹太人和基督徒的经典化而成为他们的《圣经》……如果认为这种转变实质上是一次大规模的重新写作行为,应当并非谬误……(可以被观察到的是)两套不同的文本档案:《圣经》文本及其原始设定和含义、这些文本后来经过犹太教和基督教权威制定出的意涵。这两套文档的内容基本相同,但它们却成为并列的两本完全不同的书。[①]

那么,(结论上)存在一本单一的原始《圣经》和两本古典时代晚期的《圣经》。库格尔本可以补充说,对《圣经》传统的"这种阅读方式"也被新兴的伊斯兰群体所采用和发展,但《古兰经》还未进入他的学术研究领域。只有通过基督教阿拉伯语《圣经》研究先驱西德尼·格里菲斯(Sidney Griffith)的研究,库格尔的观察结论才得以扩展。格里菲斯拓展了"改编《圣经》"(transformed Bible)的影响范畴,从而将《古兰经》包含在"释义《圣经》"(interpreted Bible)这一表现形式中,后者(《古兰经》)发展成了一部独立的经文:

在伊斯兰经文中"释义《圣经》"的选择性出现是不可否认的……

（接上页）另请参阅,苏珊娜·赫舍尔(Susannah Heschel):《雅利安人的耶稣:纳粹德国的基督教神学家和〈圣经〉》,普林斯顿:普林斯顿大学出版社,2008 年。基督教读物中关于犹太教对《圣经》的解读,或是持续的嬗变,或是平稳的压制,这一现象在前现代的基督教艺术中尤其明显,参见弗兰克·爱德华·曼纽尔(Frank Edward Manuel):《破碎的主体:基督教眼中的犹太教》,马萨诸塞州,堪布里奇:哈佛大学出版社,1992 年。

① 詹姆斯·库格尔:《如何阅读〈圣经〉:今时往日的〈圣经〉指南》,纽约:自由出版社,1980 年,2008 年再版。

(《古兰经》中出现的)对《圣经》中犹太先祖和先知的回忆,以及对早期经文的引用……似乎是构成《古兰经》推行自己的预言信息的组成部分。而且,《古兰经》是具有矫正性的,甚至对早期读经的人们来说具有争论性(即引发辩论)。……"《古兰经》"对《圣经》进行重复的这一层面,预示了一本新的书籍将加入"释义《圣经》"那不断扩大的典籍库中。①

将"《古兰经》"认作是对"释义《圣经》"的批判性复述这一判断,不仅远远超出了毫不关注《古兰经》的库格尔所涉及的学术范围,而且超越了教会历史占据主导地位之前的学者:这些学者与其说认为《古兰经》是一系列与《圣经》不匹配的布道,更倾向认为《古兰经》是匹配于基督教的一种文学体裁(*memres*),这种体裁出现在古典时代晚期的古代叙利亚语布道。

但是,这一"释义《圣经》"是否和影响贯穿了《古兰经》群体发展过程的《圣经》是同一本?格里菲斯研究《圣经》同时也阅读《古兰经》,因此将《古兰经》在社会传播过程中发生的变化排除在研究核心之外,而他并没有提出这个问题。然而,历时性的研究方法要求我们仔细观察《古兰经》对《圣经》范式态度的转变,该转变可以明显地从麦加到麦地那时期布道者教团所处环境的改变中注意到。麦加和麦地那不仅是宣讲《古兰经》的两处不同地点,同时也是对《圣经》有着不同解释方法的两地。那么这种有时甚至相互矛盾的差异,是如何被以一种可接受的方式表述的?

事实证明,对《古兰经》的情况来说,存在着为了承载新的理解和解读而对经书原文进行一定修改的现象,这种与犹太人使用"口头翻译"(*targumim*)的做法密切相关的现象即是"后期扩展"(later extensions)。后期扩展不应当被认为是在编辑的文本插入,而是在反复背诵转述的过程中附加到现存经篇文本上的、解经方式的调整。因此,它们暗示了在传诵过程中出现了对文本新的理解。单独的文本,鉴于其作为"神启"(*tanzīl*)的宗教地位,不能被修改或者删除,但它们可以被重新诠释。伊斯兰教统吸引了人们对有关麦加和麦地那时期经文(*al-makkī* 和 *wa-l-madani*)起源的讨论中,这种特殊文本发展的关注。该做法似乎在早期的《古兰经》发展中即得到了

---

① 西德尼·格里菲斯:《阿拉伯语的〈圣经〉》,普林斯顿:普林斯顿大学出版社,2013 年,第 95—96 页。

应用,早在麦加时代中期,许多早期麦加经篇似乎已经逐一发生了上述转变。① 然而,其神学意义上最为显著的扩展,则肇发于麦地那时期发生的范式转移(shift of paradigm)。下面将进一步讨论一些具体例子。

为了比较麦加和麦地那经篇和《圣经》的"对话",摩西的形象提供了一个颇具优势的例证。接下来宗教群体经历了从虔诚的宗教改革运动,转变为拥有强烈政治特性的独立("self relying")宗教群体,在这一过程中摩西作为团体中心人物的地位得以凸显。引起这种诠释学范式转变的文本政治属于类型学的范畴——虽然转变也同样出现在犹太教《圣经》中——其在古典时代晚期的基督教《圣经》理解中享有特殊的崇高地位。

4. 采用类型论的文本分析方法:摩西与穆罕默德分别为《旧约全书》与《新约全书》中的类型与反类型

有人认为,在类型论的文本分析方法之下,《古兰经》中"唯一的先知"取代了早期"先知"(摩西为其中的一个典型)的地位。从历史的角度来看,布道者"重新经历"了摩西的人生。在《古兰经》的"塔哈章"(Sūrat Ṭāhā)中人们可以找到相应的例子:从多方面来看,该章节中的摩西故事是对"《圣经》叙事的古兰化"改编。摩西接受神召的故事,在《圣经》中是为了确认以色列人作为"被选召的人民"的身份。但是,在原故事中曾经出现过的神,如今在《古兰经》中却失去了神的特征——即使《古兰经》中的确记述了《圣经》所记载的、神圣的神证明自己身份的过程,他并未将自己看做某一特定群体的神,或是在未来将会带领人民走出埃及的救世主。《古兰经》针对《圣经》中摩西在燃烧的树丛间接受神召的故事所作的改动如下②:

> 20:11. 当摩西走近(火焰)时,一个声音喊道:"摩西,
>
> 12. 我是你的主,脱下你的鞋子;
>
> 它们在神圣的图瓦流域(Tuwa)。
>
> 13. 是我自己选择了你,因而你必须倾听这一启示!
>
> 14. 我是真正的神。世界上没有神灵,只有我!
>
> 所以成为我的仆人,并为我的纪念而祈祷!"

---

① 参见附于早期麦加篇章的后期扩展版中的索引,安格莉卡·诺伊维尔特:《〈古兰经〉I:早期的麦加篇章》,柏林:世界宗教出版社,2011 年,第 742—745 页。

② 此处《古兰经》的译文,依据亚瑟·阿伯利(Arthur Arberry):《〈古兰经〉译文》,牛津:牛津大学出版社,1964 年。

15. 审判的时间到了。我会隐瞒每个灵魂都因他们的劳动得到回
报的事。

25. 去到法老那里吧,他诚心归善。

此处并未提到《圣经》中所述的"你们父辈的神,亚伯拉罕、以撒和雅各"(出埃及记 3:6),相反,神认证自己为"你的主",且 *Rabbuka-Ho Kyrios-*——这一源自《圣经》希腊文版本的耶和华四字 *YHWH* 的一般解释,在麦加时期的《古兰经》中广为流传。神引入了新版本(*la ilāha illā anā*)的清真言(*shahāda*),从而进一步证明了自己的唯一性。他通过预言"最后的审判"把差遣摩西作为了一项合理的要求,同时也激发了他忠诚的信仰与对于礼拜仪式的虔诚。而《圣经》中神的概念在此时显然已经转变为古典时代晚期的理解:人们不再将神看做某一特定人群的神,而看做普遍世界的神;而整个世界也临近了其本身的末世期限。虽然该故事接下来的发展仍是由神助摩西准备法老庭上所需完成的任务,但是该任务并非劝法老释放摩西的人民,而是助法老自身向善转变。由此来看,摩西身上反映的正是布道者自身的处境——这是根据类型论的一种理解。对神独一性的证明(*tawḥid*)以及祈祷仪式(*salāh*),是强加于该时代的麦加社会之上的两条律令,而律令与摩西之间的关系则强化了律令的权威性。叙述为穆罕默德类型的有关摩西的长篇经文,显然成为新的神学信条。正是因为人们认定预言是具有决定性、权威性的人神交流媒介,它才能声称自己可取代异教或宗教融合中所追求的多元信仰;与超自然领域相关的新范式遮蔽了反对者支持的原有模式,而该新范式中涵盖的神魔数量更为稀少。

同样地,摩西曾在发生神秘自然现象变化的地区中接受过神的召唤——在《圣经》中,植物变成了燃烧的荆棘丛;在《古兰经》中,受到"遮蔽"的树丛或树木容易使人想起第 53 章中宣告者的视角。[1] 在这两个事例中,摩西与神的会面之处周围皆出现了无法解释的自然现象——在摩西的故事中,荆棘丛并未燃尽,而在《古兰经》的故事中,树丛或树木被神秘地遮蔽了起来。

20:9. 你听过摩西的故事吗?

10. 当摩西看见了火,就对他的族人说:"你们在这里停留一下。我

---

[1] 《古兰经》第 53 章的注释,参见安格莉卡·诺伊维尔特:《〈古兰经〉I:早期的麦加篇章》,柏林:世界宗教出版社,2011 年,第 642—685 页。

　　看见了一处火,也许我会从中取出火来,也许我会在有火的地
　　方发现向导。"

11. 在摩西走近火时,传出了一个声音:"摩西,

12. 我是真主,脱下你的鞋子,
　　你确实在圣谷'杜瓦'(Tuwa)中。

13. 我自己选择了你,所以你应该听从我的指示。

14. 我确实是主,除了我之外,没有任何神。
　　因此,你要仆从于我,应当通过祈祷来纪念我。"

与《古兰经》53：13—18 作对比:

53：13. 他确实再次见到了真主,

14. 在边境的酸枣树旁,

15. 那里有着庇护的园子,

16. 当酸枣树蒙上东西的时候,

17. 他目不斜视,

18. 他确实见到了他的主最伟大的迹象之一。

　　摩西的经历所呈现的是穆罕默德重要经历的原型:他的视角。因此,
穆罕默德成为摩西的"相对类型"(antitypus)。[1] 从我的角度来看,这些经验
上以及心理学上的类推分析,展现出来的并不仅仅是"先知故事"语义上的
相似性,二者还共同证实了一个新的预言身份的存在。这一点关系到《古兰
经》中事件的历史性,但有些学者却未能注意到。这些学者的共同特点在
于,他们将自己限制在"历史传递下来的文本即是确定的文本",而不是将文
本"置于真实的生活情境之中",或将个体的叙述细节作为某特定的社会状
态或是心理状态的象征。

四、遮蔽《圣经》传统：与犹太教《圣经》的
　　对话：一种新的先知术

　　一旦我们转而关注这一群体在麦地那与《圣经》的相遇,对于先知术的

---

[1] 更深入的讨论,参见安格莉卡·诺伊维尔特:《作为古典时代晚期文本的〈古兰经〉》(Der Koran als Text der Spätantike),柏林：世界宗教出版社,2010 年,第 653—671 页。

理解就会随之改变。群体与"信奉天经之民"（*ahl al-kitāb*）建立了紧密的联系。这些人主要以受过教育的犹太人为主。于是另一种与人们通常熟知的"释义《圣经》"所不同的《圣经》解读进入了视野。先知术正是在群体与《圣经》经文合法继承人之间的争论中变得饱受争议。摩西，这位麦加时期最杰出的先知，其光芒将被布道者所遮盖，后者则作为传达神的话语与规定的中间人，获得新的政治动力。

麦地那的犹太人，不仅不是先知的敌人，[①]还应被想象为对群体极为重要的对谈者。他们不仅对《圣经》进行了更准确的介绍，还提供了处理《圣经》文本的全新的解释学方法。[②] 对于这场理应发生在他们和新群体之间的论争，犹太人的解经技巧一定产生了极为重要的影响，而如今我们只能追寻到一些残存的痕迹。

1. 面对原继承人手中的希伯来《圣经》

麦加的《圣经》经文呈现出神圣的属性，基于广为流传的"释义《圣经》"版本进行口头传播，更多的基于一个假定的、而非实体的文本存在。尽管只能通过推论得知，但在麦地那，《圣经》却以具体的面貌出现在视野中。《古兰经》中的参考文献曾提及一些《圣经》中的重要文本，就指出犹太教仪式

---

① 大多数参考书目参见于乌里·鲁宾（Uri Rubin）：《犹太人和犹太教》，载于《〈古兰经〉百科全书》第三卷，莱顿：博睿出版社，2004 年，第 21—34 页。该文聚焦于穆罕默德在麦地那和一些犹太部落的政治冲突。尽管文章本身关注教义论争，但是其未能在导致相反形象塑成的一场持续的争论中，解释犹太教徒和原穆斯林群体的立场是如何的。其论辩是完全同步的。详见鲁宾依据注释文本的专著：《在〈圣经〉和〈古兰经〉之间：犹太人的孩子与伊斯兰的自我印象》，普林斯顿：普林斯顿大学出版社，1999 年。同样依靠伊斯兰传统，但并未涉及实际的教义交流的作品，参见阿伦特·扬·维恩斯克（A.J. Wensinck）：《穆罕默德以及麦迪娜的犹太人》《*Mohammed en de Juden te Medina*》，莱顿：博睿出版社，1908 年；扬·布曼（Jan Bouman）：《〈古兰经〉和犹太人：一个悲剧的历史》（*Der Koran und die Juden: Die Geschichte einer Tragödie*），达姆施塔特：学术出版社（Wissenschaftliche Buchgesellschaft），1990 年。目前对穆斯林团体和其犹太教徒邻人之间就麦地那篇章的交流尚缺乏洞见的作品，参见尼尔·罗宾逊（Neal Robinson）：《阿里伊穆兰家族及对亚伯拉罕伟大的宣言》，载于《〈古兰经〉研究》，第 6 卷，第 2 期，2004 年，第 1—21 页；A.H.马蒂亚斯·萨尼塞（A.H. Mathias Zahniser）：《真主之言和伊萨的使徒：对阿里伊穆兰家族（〈古兰经〉第 3 章第 33—62 节）的叙事研究》载于《闪米特研究》，第 36 卷，第 1 期，1991 年，第 77—112 页；米歇尔·库伯斯（Michel Cuypers）：《筵席：对〈古兰经〉第五章的解读》，迈阿密：康威维姆出版社，2009 年。

② 学界对于阿里伊穆兰的家族（《古兰经》第三章）中关于经文"可理解性"的研究，有一种始料未及的浓厚兴趣，对其研究需要还原到犹太教对拥有多面相的摩西五经的注释规范中去，参见安格莉卡·诺伊维尔特对真理（*muhkam*）和讽喻（*mutashābih*）的矛盾性的讨论：《亚伯拉罕家族和暗显家族：宗谱，父权体系和解经的标准化》，载于安格莉卡·诺伊维尔特、尼科莱·西奈、米歇尔·马克思编：《情境中的〈古兰经〉：对〈古兰经〉成书背景的历史和文献研究》，莱顿、波士顿：博睿出版社，2010 年，第 499—532 页。

另有玄机。这些对《圣经》的参考出现在《古兰经》的神学问题讨论中,这些
问题对犹太教也很重要,因此在有关仪式的文本中也占据了一席之地。① 犹
太教仪式所采用的基督教典故不再成为超教派的、口述的、"释义《圣经》"
的一部分,但似乎预设了写成文字、经典化文本的存在,它可以重新被犹
太社群占有,作为他们身份的基石。当然《古兰经》中的参考文献并未直接
引用《圣经》的语言,我们也只能认为这些知识来源于一份以礼拜仪式为背
景的《圣经》文本。

犹太教的赎罪日仪式正是一例。赎罪日,*Yom Kippur*,阿拉伯语中称为
"*Āshūrā*",是来源于《圣经》的节日。摩西在提市黎月的 10 日带着新的石诫
碑归来(《申命记》第 10 章,1—10 节),象征着上帝原谅了人们崇拜金牛犊
的深重恶行。偶像崇拜行为也确实为赎罪日前一天要跪拜的宗教习俗提供
了根源上的解释。② 同时也要记得,在犹太教传统里,偶像崇拜行为被认为
是整个《圣经》历史中最致命的事件,"所有后来降临到犹太人头上的灾难"
都可以追究到这一事件。③

然而,在前面所引用的《古兰经》第 20 章麦加章中的最后部分(《古兰
经》第 20 章,83—99 节)金牛犊的故事,却可看到惊人的差别:在有训诫意
味的叙述中,以色列人既没有被责怪,也没有一丝长久的悔过,因为是一个
陌生人撒米里(*Al-samiri*)而不是民众,被认定发起了偶像崇拜行为。上帝
和他的子民得以达成痛快而彻底的和解。④ 然而,细读之下我们发现,后来
展开的对于这一章神学观点的讨论与故事本身的基调和教义并不相融。
《古兰经》第 20 章 80—82 节的展开正是如此,通过称呼就很容易辨认:"以
色列的后裔(*Yā banī Isrā'īl*)",从未用于称呼《圣经》中的以色列人,而只用

---

① 鉴于我们预设了《希伯来〈圣经〉》书面形式的存在,尤其是因为在犹太教堂祷告时必须阅读《圣
经》,我们不得不假定这些礼拜仪式——在《圣经》引文中有很多——实践于麦地那。

② "忏悔的时段",即敬畏之日(*yamim nora'im*),是犹太教历的提市黎月(Tishri),在赎罪日(Yom
Kippury)结束,与《圣经》中的金牛犊故事密切相关。甚至,以色列人在沙漠中的偶像崇拜是在
这一时期进行的宗教活动的原因,密西拿(Mishnaic)律法中,赛德奥兰(Seder Olam)要求整个厄
路耳月(Elul)——一直到提市黎月之前——一直到提市黎月的第十天——一共 40 天——都作为忏悔
日,参见莫里茨·措贝尔:《犹太人在习俗和礼拜中的岁月》(*Das Jahr des Juden in Brauch und
Liturgie*),柏林:硕肯出版社,1936 年,第 55—93 页。涉及礼拜仪式的作品参见阿丁·斯坦萨尔
茨(Adin Steinsaltz):《犹太教礼拜指南》,纽约:硕肯出版社,2000 年,第 195—203 页。

③ *BT* 法庭书(*BT* Sanhedrin),第 102a 节。

④ 对这一故事如此缓和的解读,还可见于海因里希·施派尔(Heinrich Speyer)记载的拉比教义:
《"〈古兰经〉"中的〈圣经〉故事》(*Die biblischen Erzählungen im Qoran*),格雷芬海尼兴:舒尔茨
出版社,1931 年,再版于希尔德斯海姆:欧尔姆出版社,1961 年/1988 年,第 327—332 页。该作
品归功于当时的口传《圣经》。

来指涉与耶稣同时代的犹太人，①或是在更多的情况下，用于指代那些与穆罕默德同时代的犹太人。这一章原本的叙事结构以以色列人的出走和法老的惩罚收尾：

79. 法老把他的百姓领入歧途，他未将他们引入正路。

80. "以色列的后裔啊！我曾拯救你们脱离你们的敌人，我曾在那山的右边与你们订约，我曾降甘露和鹌鹑给你们。"

81a. 你们可以吃我所赏赐你们的佳美的食物，但不可过分，

81b. 以免应受我的谴责，

81c. 谁应受我的谴责，谁必沦丧。

82. 悔罪信道，并且力行善功，永循正道者，我对于他，确是至赦的。

83. （紧接着便是金牛犊的故事）

这之后，第 80 节②引用补充了一些在麦加章故事中被排除在外的事实：穿越红海时奇迹般的解救以及与上帝立约的结果——两者在犹太教传统中都被认为是被选中的民族的历史中最重要的事件。后面的小节接着提到了人们在沙漠中奇迹般地得到了甘露和鹌鹑作为食物的故事。正是这里对食物的提及直接引向了对当代犹太人须食用"佳美的食物"——例如上帝所赐予他们的洁净的食物——但不可"过分"的训诫。这段《古兰经》的警告不能被认为是针对《圣经》中的希伯来人的，他们饮食戒律并非《古兰经》关注的重要问题，③相反这是对当时一个充满争议的观点的阐述：即犹太教的饮食戒律不应执行地过分严苛。尽管"Ṭayyibat"一词有时也被用来指代甘露和鹌鹑，④但在律法中同样用来指称"符合仪式的洁净的"食物。⑤

---

① 《古兰经》第 2 章，第 40、44、122 节；第 61 章，第 6 节。

② 一个类似的情况，尽管更为复杂，记载于《古兰经》第 7 章，第 143—155 节，是稍逊于这一故事的扩展版，见安格莉卡·诺伊维尔特：《麦加篇章——麦地那篇章的补充？政治和礼拜互动的再读》，载于鲁迪格·阿尔赞（Rüdiger Arnzen）和约恩·蒂尔曼（Jörn Thielmann）编：《环顾地中海的语言、文本和概念：伊斯兰文明和阿拉伯哲学与科学的来源、内容和影响》，鲁汶：佩特斯，2004 年，第 71—93 页。

③ 尽管在《圣经》文本的 Num 11，第 31—35 节，也非难了以色列人由于对奇迹般得到的食物享用不当，而激起了神的惩罚，但《古兰经》的警告——以其特有的措辞方式——似乎并未影射《圣经》中对此的争论，虽然即便在《圣经》中这也只不过是微不足道的细节。

④ 麦加篇章：《古兰经》第 10 章 93 节；第 17 章 70 节。麦地那篇章：《古兰经》第 2 章 57 节，162 节；第 7 章 60 节（麦地那篇章扩展版），第 45 章 16 节。

⑤ 《古兰经》第 7 章 32 节，157 节；《古兰经》第 5 章 4 节，5 节，87 节；《古兰经》第 4 章 160 节。

这些小节被认为是后加内容的这一判断,进一步被它们对于上帝情感自我展现的新兴趣所印证:确实,这几节主要谈论了神的愤怒(ghadab),文中两次提到"我将降怒于你"。此前这一话题在麦加章中从未被提起过。神的愤怒这一命题可以直接联系到认为对饮食戒律的夸大其词应受到谴责的观点,另一个指涉也同样值得注意:即《古兰经》中提到神的愤怒后,紧接着下文就是金牛犊的故事。透过"神的愤怒"这一话题,饮食戒律这一同时期的法律问题同《圣经》中极为重要的以色列人的悖逆故事联系在了一起,因而为一种新的《古兰经》的个性化神学解释(theologumenon)奠定了基础,即惩罚性质的、并不具有普遍约束力的律法概念。不过,让我们首先考察一下这里反映出的对于《圣经》的奇特接纳过程。

以色列人的罪源自金牛犊之罪,以及麦加章第 20 章展开部分中所见有关神降怒于此后的犹太人的章节。要对以色列人的罪(iunctim)进行语境化处理,可以将其理解为古典晚期对《圣经》出埃及记第 33 章叙事的重读。这并不是由《古兰经》独创的,而是适应了当时已经建立起来的联系。在古典晚期犹太教传统中这一点也有很鲜明的体现,Yom Kippur 赎罪日的仪式在一系列其他经文的文本中都有涉及。其中尤属《出埃及记》第 34 章 6—7 节最为突出。当摩西目睹了偶像崇拜之举并摧毁了第一套石诫碑之后,他回到上帝的所在,接受新的石诫碑,这时上帝向他揭示了自己的 13 条特质(middot):

> 出埃及记 34:6—7:耶和华在他面前宣告说,"耶和华,耶和华,是有怜悯有恩典的神,不轻易发怒,并有丰盛的慈爱和诚实。为千万人存留慈爱,赦免罪孽,过犯,和罪恶,万不以有罪的为无罪,必追讨他的罪,自父及子,直到三、四代。"

这段在赎罪日仪式中会被反复背诵十次以上的内容,与赎罪日早晨念诵的先知性的哈夫塔拉章(haftarah)相吻合(《以赛亚书》第 57 章,14—58节)。先知主要关注"灌输一种宗教意识和行动上的转变"。[①] 这里,神宣称不会降怒于已经回归正义的子民。这些观点乃至经文中的参考文献似乎反映在《古兰经》对于以色列人(《古兰经》第 20 章,81—82 节)的叮嘱中,在强调当今的犹太人如果再有僭越将会导致怎样严重罪责的同时,也为他们

---

① 迈克尔·费史班(Michael Fishbane):《哈夫塔拉章:JPS 新译的传统希伯来文本》,费城:犹太人出版学会,2002 年。

获得原谅打开了通道。因此,《古兰经》第 20 章 77—99 节所讲述的故事尽管并不具有特定的神学观点,但通过仪式的启发建立起了其与神的长久愤怒的联系,反而重新获取了在犹太教中所具有的神学动力——这一发现如果不假设犹太人作为先知的对话对象的出现,就很难解释得通。①

2. 由摩西到穆罕默德: 哈拉卡(*Halakhic*)权威的转变

通过在麦地那取得的新神学观点重新阅读金牛犊的故事,它获得了更深的意涵,故事记录下了毁灭性的僭越,及其导致的神持续不断喷发的对于以色列人的怒火。同时它也为重新理解摩西律法提供了基础,这一点以简要典故的形式被记载在麦地那的不同章节中。根据这一视角,正是以色列人的偶像崇拜最终导致他们尤其必须遵守严苛的律法。

确实,惩罚性的一面与《古兰经》麦地那章第 20 章的展开部分,即金牛犊的故事相关。正如豪格尔·泽林丁(Holger Zellentin)所指出的那样,这不仅是一个神学问题,还是一个与哈拉卡有关的问题。② 在学术界,麦地那章展开部分与哈拉卡的相关性尚未在学界引起足够的重视,③但是第 20 章 80—82 节需要与特定的律法问题联系起来看待。约瑟夫·魏茨滕(Joseph Witztum)已经标示出了《古兰经》与犹太律法的争议关联。他认为《古兰经》的参考与基督教传统中展示出的对于犹太律法的态度有着惊人的平行性。根据马太福音第 11 章 28—30 节,④耶稣被展现为减轻了过去严苛律法的人。然而,抗议犹太律法时,《古兰经》反犹太律法的论辩并未采用"晚

---

① 有很多类似观点通过"现实互动"交流的迹象。穆斯林群体和麦地那犹太人在历史上真实的互动似乎都是基于为麦地那人群建立的司法惯例。详见瑞姆德·莱希特(Reimund Leicht):《〈古兰经〉中贷款协议的书写形式(章节 2: 282):与犹太教法比较的观点》(*Das Schriftlichkeitsgebot bei Darlehensverträgen im Koran〔Sure 2: 282〕: Perspektiven eines Vergleichs mit dem rabbinischen Recht*),载于迪尔克·哈特维希(Dirk Hartwig)等编:《"充分阐释历史":犹太学和〈古兰经〉研究的开端》,2008 年,第 202—221 页。

② 豪格尔·泽林丁:《〈古兰经〉的法律文化:作为起点的使徒教义》,慕尼黑:莫尔·西贝克出版社,2013 年。

③ 乌里·鲁宾并未在特定的争议中谈及饮食规定:《犹太人和犹太教》,载于《〈古兰经〉百科全书》第三卷,莱顿:博睿出版社,2004 年,第 21—34 页。类似观点参见瓦埃纳·哈拉格(Wael Hallaq):《法律和〈古兰经〉》,载于《〈古兰经〉百科全书》,第 4 卷,莱顿:博睿出版社,2004 年,第 149—173 页。约哈南·弗里德曼(Yohanan Friedman)的重要研究中也讨论了麦地那的宗派情况,但并未探讨哈拉卡相关议题,见约哈南·弗里德曼:《伊斯兰中的宽容与威压:穆斯林传统中的跨信仰关系》,剑桥:剑桥大学出版社,2003 年。另见哈瓦·拉扎勒斯-雅菲(Hava Lazarus-Yafeh):《交织的世界:中世纪的伊斯兰和〈圣经〉批评》,普林斯顿:普林斯顿大学出版社,1992 年。

④ "凡劳苦担重担的人,可以到我这里来,我就使你们得安息。我心里柔和谦卑,你们当负我的轭,学我的样式,这样,你们心里就必得享安息。因为我的轭是容易的,我的担子是轻省的。"

近"出现的基督教会说辞,后者仅出现在主教时代之后,①相反他们却坚称这是僭越后应得的惩罚(《古兰经》第 4 章 160 节,第 6 章 146 节和《古兰经》第 16 章 118 节)。泽林丁的一个发现在这里很有价值,他指出,早期的基督教和犹太基督徒的律法文本都赞成《古兰经》中的证据,以区分僭越前施于摩西的人民的律法以及其后作为对他们惩罚所进行的规定。由于这一分别,耶稣才得以减轻犹太律法,在他的训话中使他的信众得以免除这些附加的惩戒法律。最严重的僭越当然就是对于金牛犊的偶像崇拜,也是泽林丁所言的基督教传统中十二宗徒训诲录的关注点所在。尽管《古兰经》并没有直接点明对金牛犊的崇拜行为是犹太人深重的原罪(《古兰经》第 4 章 153 节),但将《古兰经》中对于以色列人的罪行的认知与这一特殊的原罪联系起来的观点还是颇具说服力的。犹太人一系列罪行的首条,被定为 *ahl al-kitāb*,它将《古兰经》第 4 章 153—160 节中的故事推向了高潮。根据麦地那章的经文,那些接受了耶稣信息的基督教徒和犹太教徒(《古兰经》第 3 章 50 节:*innī qad ji'tukum … li-uḥilla lakum ba'da lladhi ḥurrima 'alaikum*——"我来到你们这里……来为你们解除一部分禁令")以及初始的群体(《古兰经》第 7 章 157 节;《古兰经》第 2 章 168 节)都免于摩西在金牛犊事件后指加给他们的律法。从这一角度出发,《古兰经》第 20 章 81 节对于"食用佳美的食物(*ṭayyibat*)"的建议,可能是指要尊重前偶像崇拜时期的律法,也就是说,文本中所警告的不要"过分"是说对于惩戒性的律法不必奉若铁律地遵守。

五、结论:语文学家的意义

针对《古兰经》的历时性阅读,使我们能够辨别不同时期《古兰经》与《圣经》之间的关系。当伊斯兰人将类似赞美诗的文本(《古兰经》中较早的章节)演绎于自己的礼拜仪式之中,伊斯兰群体中已产生了一种"跟随以色列人脚步"的意识,而后者自身的历史则需要再重述。以色列人最重要的先知、领袖摩西,在伊斯兰社会看来,是他们自己先知的模板。伊斯兰的先知在麦加统治

---

① 约瑟夫·魏茨滕:《〈古兰经〉的叙利亚背景:〈圣经〉叙事的重塑》,博士论文,普林斯顿大学,2011 年:"根据基督教传统,《古兰经》将其描述为可以被穆罕默德移除的重担和脚镣(《古兰经》第 7 章 157 节,对比《古兰经》第 2 章 286 节),而且其被理解为是对罪孽的惩罚(《古兰经》第 4 章 160 节,和《古兰经》第 16 章 118 节)。基督徒对犹太教徒饮食规定的主要争议是基于未对这些规定加以观察的族长的管理方法上。"

的过程中,进而成为摩西的相对类型。但在麦地那,这层关系受到了质疑。《古兰经》第 20 章中最为复杂的摩西故事包含了麦加与麦地那两个社会的诗歌内容,因此对于该故事的文本细读能够反映出二者之间的变化发展。麦加的核心文本始终将摩西作为布道者的类型(typus),而该文本在麦地那社会继承的过程中,摩西所担任的终极权威立法者的角色受到了挑战,并渐渐失去了其重要性。《古兰经》中的布道者通过向摩西的人民,即当时的犹太人进行讲演,担任了原本先知的角色,同时还告诫人们要改变自己对于摩西戒律的态度,因为戒律中的部分内容已经废弃。摩西的权威进而失去了其原有的绝对性。①《古兰经》中先知的使命变得越来越重要:他除了是一个使徒,一个拉苏尔之外,还是一个立法者,一个有权利赋予他群体新身份的领袖。在麦加,先知预言成为神与人之间唯一的权威媒介,但是在麦地那,它成为受到挑战的权威。

这种阅读《古兰经》的方式建立在以下的信念之上:流传在伊斯兰传统中有关《古兰经》起源的叙述,在最基本的信息上至少是真实可信的。这是因为,要推翻这条理论,需要伪造证据。如果不确认先知及他建立社团具有历史真实性这一基本问题——《古兰经》中在确定的时期内发生的事件——无异于压抑知识。

研究《古兰经》的学者需要确定《古兰经》本身的文学流派:它究竟是由 114 个章节组成的书面报告,还是由连续的场景联结成的口述戏剧?修正主义学者认为《古兰经》本质上是书面报告,但是在短时间内使用自己构建的、有关起源的叙述取代了传统的语境——这非常大胆地跨越了文学批评中的重要步骤——这个步骤反映了古时(直到上世纪末)仍然应用的原则,即圣典只能依据基督教的阐释原则从而正确地解读(放在现代的语境下,该阐释原则意为"西方《圣经》解读过程中应用的方法论"),文本本身以及它在历史事件中的内涵都需要纳入考虑范围之内。直到现在为止,《圣经》在其研究中仍完全脱离犹太教的接受、诠释方式,而这一点不应该再次发生在对《古兰经》研究的过程中。但是,由于历史和政治原因,《圣经》的基督教解读直到现在也没有将《古兰经》纳入考量范围之内。总的来说,西方《圣经》研究能够从运用《圣经》对《古兰经》进行批评研究中受益良多,更不必论重新考量研究中存在的内部难题——盛行的排他主义立场。

---

① 耶稣的法律指令似乎和穆罕默德的非常相近,他们都被认为有资格贬低摩西指示的权威性。关于哈拉卡中对 *ṭayyibāt* 的概念的指涉,详见约瑟夫·魏茨滕:《〈古兰经〉的叙利亚背景:〈圣经〉叙事的重塑》,博士论文,普林斯顿大学,2011 年,第 274—279 页。

语文学实践的智慧

——以里尔克十四行诗《哦来了又去》的解释为中心

克里斯托弗·孔妮格(Christoph Koenig)* 著　李含冰　译

一个经典的解释问题

在极其有限的一段时间里——1922 年 2 月的短短数日,莱纳·玛利亚·里尔克(Rainer Maria Rilke, 1875—1926)写下了一部共计 55 首的双组诗,命名为《致俄耳甫斯的十四行诗》。诗歌标题是一份献词。这些十四行诗"致"向俄耳甫斯这一远古的、神秘的诗歌传统的中心。奥维德(Ovid)的《变形记》(*Metamorphoses*)构成了一再浮现在里尔克诗中的三个故事的来源:首先,奥维德对歌者俄耳甫斯的描述,俄耳甫斯为酒神的女信徒们(Maeneds)所杀,他那完整且继续歌唱着的头颅和七弦竖琴顺着赫布罗斯(Hebros)河漂流而下,直入大海;其次,动物和树木如何聚在歌者周围的故事;最后,俄耳甫斯进入地狱赢回妻子欧律狄刻(Eurydice)这一旅程的故事。[1] 然而里尔克还加上了第二层献词。这些十四行诗附有"撰作碑文——致维拉·欧卡玛·诺普"(Geschrieben als ein Grab-Mal/für Wera Ouckama Knoop)这一副标题。里尔克的朋友维拉·欧卡玛·诺普(Wera

---

* 克里斯托弗·孔妮格是德国奥斯纳布吕克大学德语文学系教授,主要研究方向为德国新文学与当代德语文学。译文原文为英文本:"The Intelligence of Philological Practice: On the Interpretation of Rilke's Sonnet 'O komm und geh'", *World Philology*, Cambridge: Harvard University Press, pp.285–311. 本文成于 2009 年柏林高等研究院(Wissenschaftskollge)的一场周二研讨会(Dienstagskolloquium),此中观点已扩充到哥廷根的华伦斯坦出版社所出的关于里尔克与语文学实践的理论的书中,见孔妮格:《"哦来了又去":对里尔克〈致俄耳甫斯的十四行诗〉的多种阅读的探讨》(*"O komm und geh": Skeptische Lektüren der "Sonette an Orpheus" von Rilke*),哥廷根:华伦斯坦出版社,2014 年。本文包括所有引用来源(另行注明除外)均由丹尼尔·史麦斯(Daniel Smyth)翻译。——译者注。

[1] 奥维德:《变形记》,11.1–55;10,86–144;10.8–85。

Ouckama Knoop, 1900—1919)是一位死于 19 岁的年轻舞蹈家。① 舞蹈家与
俄耳甫斯这两个形象,相遇在我所关注的倒数第二首诗中:

> XXVIII
>
> O komm und geh. Du, fast noch kind, ergänze
> für einen Augenblick die Tanzfigur
> zum reinen Sternbild einer jener Tänze,
> darin wir die dumpf ordnende Natur
>
> vergänglich übertreffen. Denn sie regte
> sich völlig hörend nur, da Orpheus sang.
> Du warst noch die von damals her Bewegte
> und leicht befremdet, wenn ein Baum sich lang
>
> besann, mit dir nach dem Gehör zu gehn.
> Du wußtest noch die Stelle, wo die Leier
> sich tönend hob—; die unerhörte Mitte.
>
> Für sie versuchtest du die schönen Schritte
> und hofftest, einmal zu der heilen Feier
> des Freundes Gang und Antlitz hinzudrehn②

> XXVIII
>
> 哦,来了又去。你,几乎还是孩子,
> 在一刻填满舞姿到
> 那些舞蹈之一的纯粹星座中,③
> 在其中我们转瞬之间超越了

---

① 里尔克熟悉他的母亲葛楚德·诺普(Getrud Ouckama Knoop)对维拉之死的叙述;参见亚历山
大·内布瑞希(Alexander Nebrig):《维拉·欧卡玛·诺普患病和死亡的记录.〈致俄耳甫斯的
十四行诗〉(1923)的一个来源》,《德国研究杂志》2009 年,第 19 期第三辑,第 609—618 页。
② 里尔克著,恩斯特·兹恩(Ernst Zinn)编:《里尔克全集·卷一·诗歌一》,威斯巴登:岛屿出版
社,1955 年,第 769—770 页。
③ 传说俄耳甫斯死后尸骨无存,其七弦琴化为天琴座。——译者注。

沉默有序的自然。她激舞自身
全神去听，仅当俄耳甫斯歌唱。
从那时起，你是那个仍被打动的人
并微微惊异，若一棵树长久记得，

和你一起去听，
你依然知道，七弦琴弹奏出声音的
地方——那个闻所未闻的中心。

对此，你尝试美妙的舞步并希望，
一旦到了复原①庆典，
朋友的/步态和容貌会转向②

　　翻译有助于揭示那些潜在的重要特质。原文的语法允许"朋友"
（Freund）一词在德文中读为属前或属后："复原庆典/朋友的步态和容貌"
（zu der heilen Feier/des Freundes Gang und Antlitz）——由"共通"（apo

---

① 英译"perfect"外，有"神圣"（李永平）、"极乐"（林克）等中译。据下文对该诗的分析译为
　　"复原"。
② 德文原诗有李永平和林克中译本。本文中译主要参考李永平译本，遵循德文直译的原则作了少
　　量调整，确保下文对该诗的引用与该诗中译保持一致，以便对照。现将李永平中译录文如下，顺
　　致谢忱：

　　　　哦，来了又去。你，几乎还是孩子，
　　　　在一瞬间，把舞蹈的形象
　　　　凝聚为舞蹈的一个纯粹的星座，
　　　　于此我们短暂的超越了自然的

　　　　阴沉秩序。因为只有当俄耳甫斯歌唱，
　　　　它才会涌现自身，沉浸于倾听。
　　　　从那时你就是一个被打动的人，
　　　　并微微惊异，当一棵树久久地

　　　　沉思，要与你一起前去倾听。
　　　　你依然知道，竖琴弹奏出声音的
　　　　地方——那个闻所未闻的中心。

　　　　你为它尝试美妙的舞步，
　　　　并希望，有一天把朋友的姿态
　　　　和容貌，转向神圣的赞美。

　　见（奥）里尔克著，李永平编选：《里尔克精选集》，北京：北京燕山出版社，2005 年，第 192
　　页。——译者注。

koinu)这一修辞手法产生的一个经典的解释问题。然而这首诗指的是朋友的庆典(Feier)还是朋友的步态和容貌(Gang und Antlitz)这一问题,在英译版本中被简单地决定了:"朋友的步态和容貌"(pace and conuntenance of your friend)。英译中的这一归属决定了对"朋友"的解释。是俄耳甫斯吗?或是维拉的吊唁者——里尔克本人(他在诗中将自己伪装为参加俄耳甫斯庆典的一位诗人)呢? 我们尚未到解决甚或正确理解这个问题的地步。现在,让我们简单地用里尔克在 1922 年 3 月 17 日的信中给马戈特·西措(Margot Sizzo)的警告作为我们研究的前言:"一首诗中没有一个单独的词(包括每一个"和""此""它"或"这")会对应任何一个出现在日常对话和使用中的相同发音的词。"①

本文主要讨论语文学家在理解困难文本上的难点和用以解决这类解释性问题的方法。一些解决方法将分五部分展开。首先,我阐述了被构想为一种实践的语文学引发的认识论冲突;其次,在第二部分提出解释学作为这种语文学实践的理论。第三部分涉及非推理(nondiscursive)的理解和语文学解释史之间的关系。这使我能够在批判语文学实践中提出对里尔克十四行诗的一种解释。最后,我展示了从这首诗的解释史获取方法论指导的一种方法。

语 文 学 实 践

语文学是一种活动。② 弗里德里希·尼采(Friedrich Nietzsche,1844—1900)在《朝霞》(Morgenröte)一书的名句中强调了这一活动中工匠性的一面:"我成为一位语文学家不是没有意义的,或许我仍是一位语文学家,即是

① 里尔克著,因哥保格·史纳克(Ingeborg Schnack)编:《给格雷芬·西措的信,1921—1926》,法兰克福:岛屿出版社,1977 年,第 29 页。
② 关于对语文学核心问题的处理,见谢尔顿·波拉克(Sheldon Pollock):《未来语文学? 一个硬世界中的软科学之命运》,见《批判研究》35(4),2009 年,第 936—961 页。皮埃尔·朱德·德·拉科姆(Pierre Judet de La Combe):《论解释与解释史的关系》,见克里斯托弗·孔妮格编:《文学理论》,《国际德国研究》8,巴黎:法国高校出版社,1997 年,第 9—29 页。孔妮格:《当今批判语文学》,见约格·舒奈特(Jörg Schönert)编:《文学研究与科学研究》,"德国学术研谈会"论文集21,斯图加特:梅次勒出版社,2000 年,第 317—335 页。海恩·维斯曼(Heinz Wismann):《语文学家的职业》,见《批评》第 276、279—280 期,1970 年第 276 期,第 462—479 页;第 279—280 期,第 774—781 页。丹尼斯·图阿德(Denis Thouard):《批判解释学:波拉克、松狄与策兰》,里尔:赛邓特日昂高校出版社,2012 年。

说，一位慢阅读的老师……语文学是那种值得尊敬的艺术，对其信徒的首要要求是：走到一旁，花费时间，静止下来，缓慢下来——这是金匠的艺术，是对词（word）的鉴赏，唯有进行精致、谨慎的工作，如果无法'缓慢'（lento）地达成，它将一无所成。"[①]在阐述语文学认识论的基本特征时，必须看到实践。

语文学学科主题与方法的基础不是通过理论的推导显现出来，而是通过反思语文学的应用。将语文学限制在语文学实践的理论框架内会引发一门受到批判性反思的学科，一门对今天很多人而言必定表现为双重相异的学科——首先与文学研究相异，其次与一种避忌方法论反思的语文学传统相异。"Literaturwissenschaft"这一德语意义中的文学研究凭借其（快速变化的）理论自视为一门科学：它的目的是从理论上确定其主题及其分析方法。[②]

历史地看，文学研究是一门自 19 世纪末在语文学和反对语文学中发展的年轻学科。[③] 正是如此，因为语文学家的天真（Naïveté）已沦为一种格言，[④]语文学的天真不知不觉搭配了政治功能，这些功能甚至遍及这一工艺的应用。此处我所感兴趣的这种语文学在于：使语文学实践成为可能的条件，它与天真的语文学几乎没有共同之处，而它也不是一种文学研究的

---

① 尼采著，毛马里·克拉克（Maudemarie Clark）、布瑞恩·莱特（Brian Leiter）编，豪灵达尔（Hollingdale）译：《朝霞：关于道德偏见的思考》，剑桥：剑桥出版社，1997 年。关于作为语文学家的尼采见克莉丝汀·本奈（Christian Benne）：《尼采与历史批评语文学》，《尼采研究专论与文本》49，柏林：古意特出版社，2005 年。尼古拉斯·韦格曼（Wegmann, Nikolas）：《什么是"经典文本"阅读？科学与教化之间的语文学自我反思》，见尤根·弗尔曼（Jürgen Fohrmann）、维希姆·弗斯卡姆普（Wilhelm Voßkamp）编：《德国研究学史》，斯图加特：梅次勒出版社，1994 年，第 334—450 页。

② 乌里可·哈斯（Ulrike Haß）、孔妮格编：《1960 至今的文学研究与语言学》，《马巴赫研究史》4，哥廷根：华伦斯坦出版社，2003 年。参见 2007 年创刊的《文学理论》（Jowrnal of Literary Theory），弗提斯·亚尼狄斯（Fotis Jannidis）、格哈德·劳尔（Gerhard Laucr）、西蒙·温蔻（Simone Winko）主编；卢茨·丹奈伯格（Lutz Danneberg）、弗里德里希·弗勒特（Friedrich Vollhardt）编：《文学研究如何国际化？文学研究的方法与理论探讨：关于解释学问题实例的文化特点和跨文化交流（1950—1990）》，斯图加特：梅次勒出版社，1996 年。

③ 克劳斯·威马（Klaus Weimar）：《直至十九世纪末的德国文学研究史》，慕尼黑：芬克出版社，1989 年。孔妮格：《诗歌语文学：从歌德到彼得·松狄》，柏林，波士顿：德古意特出版社，2014 年。

④ 语文学家视一种特有的坚韧（即，Sitzfleisch）为首要美德，但它也被用来反对他们。19 世纪最重要的德文研究者之一、古典语文学家卡尔·拉赫曼（Karl Lachmann），以避免公开展示他的原则为原则；他写道："我们有足够理由最终为自己赢得尊重，来自刻苦勤奋工作的尊重，这种工作已延续了如此之久（且不是没有理由）。"见拉赫曼：《十三世纪优秀德国诗歌选》，柏林：赖默出版社，1820 年。

形式。

语文学实践由一系列开放的操作组成：搜集、编辑、注释、评论与说明、解释、翻译、文学史、品味判断、审美批评、经典化和教化（Bildung）。这些行为既表现了技术性的敏锐，又表现了一种一般不被承认的批判理性。引用我们稍后将花上一些篇幅详述的一个康德的概念，有人会谈到实践中的一种非推理的智慧（intelligence）。① 技术性应用完全由规则支配，但这些规则的特殊应用本身无法由规则决定。在这方面，实践的能力是一个实践智慧（phronesis）的问题，不是理论问题。（当然，编辑、注释等行为大部分是推理地构成的。此处重点是：在任何特定情形下参与此类行为的能力本身无法成为一种纯粹的推理能力。）原则上，实践的隐含能力使人能够通过先前的研究丰富对当前问题的探索。通过参照一种有力量把人们从历史依赖中解放出来的实践，人们可以合理地引用和讨论过去语文学的见解和成果，而不管它们产生时的周边环境。这极大地扩展了这一学科的可能性：无论知识牵涉到社会学（如皮埃尔·布迪厄）、认识论（米歇尔·福柯）或系统论（尼克拉斯·卢曼），人们都可以对观点的真实或有效下一个论断。

印记在这类知识与学术的现代理论上的宿命论已经过时。语文学能够从误解中区分出真正的见解，而不是着眼于过去知识的局限性来放弃过去的知识。这样做预设了一种承诺，能够翻译形成那些见解的语言——常常显得较为不同寻常的语言。主要原理是：实践中内在的创造力设法在语文学中保存自己，不管这一实践外在的、历史的条件如何。

"理解"这一实践发挥了非常重要的作用。它的确渗透在其他所有语文学实践中（即，编辑、注释和解释）。虽然仍未在语文学的各个学科内得到承认，但理解实践的理论发展得非常早。我是指弗里德里希·施莱尔马赫

① 最近关于新实用主义（参见麦克道威尔与德莱福斯 2007 年的论战）的讨论强调即便即时的实践活动（工作中"体现出的应对技巧"，如，在专业象棋比赛中）也体现了一种可以在回顾中被明确的理性形式。此点的解释借鉴康德的"统觉"（apperception）理论及其机制；而非"理解那把握我们的东西"（博格海芬〔Begreifen〕：was uns ergreift，见史戴格书，第10—11 页）。这一座右铭，不是把握我们的东西，而是我们把握的东西，是我们想要理解的东西。参见休伯特·德莱福斯（Dreyfus, Hubert L）：《回归精神的神话》，见《探索》50（4），2007 年，第352—365 页。约翰·麦克道威尔（John McDowell）：《什么神话?》，见《探索》2007 年，第 50 期第 4 辑，第 338—351 页。莱福斯：《对麦克道威尔的回应》，见《探索》2007 年，第 50 期第 4 辑，第 371—377 页。麦克道威尔：《对德莱福斯的回应》，见《探索》2007 年，第 50 期第 4 辑，第 366—370 页。艾谬·史戴格（Emil Staiger）：《解释的艺术：对德国文学史的研究》，苏黎世：亚特兰提斯出版社，1955 年。罗伯特·皮彬（Robert Pippin）：《离开自然（约翰·麦克道威尔的想法与世界）》，见皮彬：《坚守主观性》，剑桥：剑桥大学出版社，2005 年，第58—75 页。

（Friedrich Schleiermacher, 1768—1834）的解释学和批评论,它们在规定"正确地特别理解他人书面话语的艺术"的前提条件中延续了康德的第三种批判的传统。①

在语文学处理个体语言材料（evidence）这一意义上,它被视为一种"艺术"。"注解（exegesis）是一门艺术",②施莱尔马赫在其关于解释学的演讲（1805—1832）中说。施莱尔马赫认为,语文学实践是艺术的,因为它重构了它的对象,从而在"重构"中重新创造了它。然而这样做并未能为规则的应用指定什么规则。因此这一实践落回了康德的"判断力"（power of judgement）。由此读者作为绝对的初读者重新面对每一个文学作品。以这种方式,作品表达了它的"君主制（保罗·瓦雷里）"（Paul Valéry, 1871—1945）式的主张。③ 现在,如果注解是一门艺术,那么仅当这一活动有一个可用的理论,语文学才能明确表达其冲突（并发展一门施莱尔马赫称为"辩证法"的学科,其本质在于各种观点的交流）。以发展一种语文学实践的理论为目的,接下来我将检视语文学的解释学根据,作为语文学的一部分认识论。

每一处的语文学实践根本上都由两种认知对立形成:科学的客观性与文化的价值和兴趣之间的张力,以及历史目的与审美目的之间的张力。

冲突1：客观性 VS.价值判断

作为一门学科,语文学既向外又向内;它受到一种双重功能的制约:向外,语文学应该满足文化和博学的要求;向内,它要在保持良好的科学实践的同时破坏以上要求。二者都是语文学的本质功能。有人以颂词赞

---

① 施莱尔马赫:《施莱尔马赫1828年演讲》,见施莱尔马赫著,曼弗瑞德·弗兰克（Manfred Frank）编:《解释学与批判》,法兰克福:苏尔坎普出版社,1977年,第71页。施莱尔马赫:"解释学和批评论这两种语文学学科是彼此互属的理论,因为一个的实践预设了另一个。前者通常为正确地特别理解他人书面话语的艺术,后者则是通过充分的证据和数据正确判断和建立文本与文本各部分权威的艺术。"见施莱尔马赫著,安德鲁·鲍威（Andrew Bowie）编译:《解释学与批评论及其他》,剑桥:剑桥大学出版社,1998年,第3页。

② 施莱尔马赫:《关于解释学与批判的演讲》,见施莱尔马赫著,沃弗冈·费蒙德编:《批判全集》,第二卷第四部分,柏林:德古意特出版社,2012年,第40页。关于施莱尔马赫的解释学,参见彼得·松狄:《今天的施莱尔马赫解释学》,见松狄著,让·波拉克编,孔妮格2011年重编:《手稿》,法兰克福:苏尔坎普出版社,1978年,第106—130页。

③ 松狄:"但一定不能忽视的是,每一个艺术作品有它自己的君主制倾向——按照瓦雷里的说法——通过它的仅存追求抹杀所有其他的艺术作品。"见松狄:《关于语文学认识》,《手稿》,第263—286页。

美荷马,而后在研讨会上争论《伊利亚特》和《奥德赛》的同一作者问题。[①]
在这种实践中传播的种种价值不位于语文学之外,而是被构想为"理论
群"。在德国,它们形成了一个从"民族"到"生命""精神""文化"的历史
序列。[②]

冲突 2:历史兴趣 VS.审美兴趣

历史方法旨在对文化—历史情况加以明察(然后文本以此得到认定),
而审美方法则聚焦于每一个好文本的特殊性。这里同样,语文学研究并不
准备解决、消除或反过来安抚这一张力。于是,大量问题出现了。在(历史
的)学术评论中(审美的)解释发挥什么作用? 反之,对解释而言传统与认
识论的历史语境有何意义?[③] 尤其是:语文学家将阅读与先前的审美反思
或理论反思结合到了何种程度? 学科史表明了历史与审美这对兴趣对于学
科发展的影响。

事实上,一方无法离开另一方而存在。关于第二种冲突,这意味着:为
了防止当代审美理论预先决定人们对陌生作品的理解,人们必须彻底历史
化作品的起缘,那么伴随着创作过程的隐含反思作为实践的一种理论,就会
导向哲学的(现在,也是历史的、个体的)审美。[④] 反之,评论作为一种真正
的历史活动,可由文本及对文本的理解来界定和制约。文本的解释史提
供了同样的选项(此处文本的历史本身对学术史就是重要的)。在学术史

---

① 伍里希·冯·维拉莫维茨-默伦多夫(Ulrich von Wilamowitz-Moellendorff):《导言》,见维拉莫维
茨-默伦多夫:《伊利亚特与荷马》,柏林:魏德曼什书店,1916 年,第 1—25 页。参见让·波拉
克(Jean Bollack):《M. de W.-M.关于一种科学的植入限度》,见威廉姆·卡尔德(William M.
Calder III)、海尔姆特·弗拉沙(Hellmut Flashar)、泰欧道·林德肯(Theodor Lindken)编:《五十
年后的维拉莫维茨》,达姆施塔特:科学图书公司,1985 年,第 468—512 页。

② 参见孔妮格、爱伯哈德·莱默特(Eberhard Lämmert)编:《1910—1925 的文学研究与思想史》,
法兰克福:费舍平装出版社,1993 年。

③ 让·波拉克:《意义反对意义。你怎么读? 访帕茨克·伊奥瑞德》,热努约:风过出版社,2000
年。牧斯特(Most)、格林(Glenn W.)编:《文本问题(Aporemata):语文学史的批判研究》卷四
《注疏篇》,哥廷根:范登霍克和鲁普雷希特出版社,1999 年。理查德·史密斯(Smith, Richard
J):《解天与安世:易经及其在中国的流变》,夏洛茨维尔:弗吉尼亚大学出版社,2008 年。
让·列维(Jean Levi):《占卜,战国时期的虚测与理性评论》,见林力娜(Karine Chemla)、唐纳
德·约翰·哈珀(Donald John Harper)、马克·克林诺斯格(Marc Kalinowski)编:《中国古代的
占卜与理性》,《极东极西》21,巴黎:文森斯大学出版社,1999 年,第 67—77 页。亦见碧翠斯·
古鲁恩德勒(Beatric Gruendler)的论文《早期阿拉伯语文学家:诗歌的朋友还是敌人?》。

④ 参见亨氏·威斯曼(Heinz Wismann):《对赫西俄德某种阅读的建议》,见法比安·布莱斯
(Fabienne Blaise)、皮埃尔·朱德·德·拉科姆、菲利普·卢梭(Philippe Rousseau)编:《神话之
技艺:阅读赫西俄德》之《语文学笔记·十六》,阿斯克新城:北方出版社,1996 年,第 15—
24 页。

这一领域中，主要体会语文学中第一种认知冲突的效果（客观性 VS.价值）。最后，选项双方都提供了结合解释与解释史的有效方式：必须基于出自相关解释史的意见来衡量一种解释（以施莱尔马赫的"辩证法"这一意义）。

　　阅读可以实现语文学的认知冲突带来的创造性潜力，我称之为"坚韧"阅读。① 其特有的那种韧性使其区别于那些文本细读方法（close reading，如德国的 Werkim-manenz，或法国的 explication de texte）。我称那些阅读为"坚韧的"，因为它们不仅顽强地、实际地、不直接借助于任何理论地追求两种不同的路径，而且寻求融合这两种路径。一方面是语文学的、"历史—审美的"阅读路径（冲突 2），这一路径在参与作品的个性及其文学的必然性的同时，谨慎耐心地重构文学作品的起源。另一方面关于作品意义的种种假说通过与学术、文化和文学解释传统的持续对话得到评估（冲突 1）。解释——坚韧地——迫使自己分析那些解释性冲突。

作为语文学实践理论的解释学

　　对以上两种冲突，解释学以坚韧阅读和"先验的理解为首"为出发点，因此它可被构想为语文学实践的理论。近期对这一实践的本质及其特有冲突的看法要求提出解释学理论的新概念。作为实践的语文学的认识论方法同样是全新的。解释学有相当的历史，其概念在今天以非常多元的——有时确实互不兼容的——意义被使用着。因此用文本自身的指向来衡量历史批评是有用的。已简要提到的两个方面值得特别注意："个性"和"必然性"。在这一联结中，渗透于文学作品中的理性被揭示为理解的前提条件。

个性与必然性

　　第一个例子中，理解与个体相连。如我们所见，施莱尔马赫将解释学定义为"正确地特别理解他人书面话语的艺术"。他不是指他人的任何与所有话语，而单单指存在理解困难的这种话语，只要它创造了一些新的东西并因此是个体的。仅仅重复已经说过事情的话语——这里施莱尔马赫轻蔑地提

---

① 参见孔妮格、亨氏·威斯曼编：《坚韧阅读——关于让·波拉克》，巴黎：阿尔滨·蜜雪儿出版社，2001 年。

到了"Wettergespräche"、或者说"谈谈天气"——不是注解的适合对象。① 在施莱尔马赫看来,有注解价值的这类话语是个体的。这类话语所表现出的困难是需要理解的。

个性如何出现在话语中? 施莱尔马赫理论的两条线于此会合。二者依据涉及个性的总体来区分。第一种情况中,总体是语言(施莱尔马赫的术语"语法"的一般基础);另一种情况中,总体是思想,理解为超出话语表达内容的一种知识的形式。这两种创造个性的模式对应两种解释学方法——语法方法与心理方法,两种方法如此相互对照以至于决定对方。主观性——理解为对主题意义的任何操纵——仍然受制于语言:"但没有人可以离开词语而思考。没有词语思想尚未完成,尚不清晰。"②

不过,为了公正对待一部艺术作品(及其个性),人们也必须考虑与其个性并存的作品的必然性。现在,解释学聚焦于个体话语的产生——出自语言或出自一切可能的思想。在此,理解不是对作品的解码,而是对其创作的重复。因此,人们只能通过把握它的必然性来理解创作过程及其产生的个性。只有当话语的内部次序是强制的,人们才能在思想中重复它或理解它。所理解的与所强制的紧密相关。"我无法理解我不能认识和解释为必然的东西"。③ 语言自身不产生这种强制,心理方面最初也只是一种自由的意识流;仅当一种风格化的组合意志(在思想中,落实为语言)确立自己时,才形成强制的东西。此后,无论何时我使用"个体"这个术语,我所指的就是这种必然之下的个性。

解释学类型

如我所示,人们可以由施莱尔马赫开始,并比较一下解释学史上对这一问题提供的回答:我们如何能理解由语言构成的个性? 以及:文本如何从语言的一般前提条件和特定历史事件(可能被记录在一条评论中)中出现? 通过与施莱尔马赫的对话,我们可以区分出三类解释学。

在普遍和话语趋于平衡、彼此互为条件这一意义上,施莱尔马赫提出了一种描述性的、解释性的解释学。1970 年,彼得·松狄(Peter Szondi, 1929—

---

① "天气对谈",见施莱尔马赫著,安德鲁·鲍威(Andrew Bowie)编译:《解释学与批评论及其他》,第 102 页。"一些例子完全无法激发意义,而另一些完全能够。然而大多数落在这两端之间。"同上,第 101—102 页。

② 同上,第 8 页。

③ 同上,第 41 页。

1971)将施莱尔马赫的理论更新为一种文学解释学。① 这种解释学与作为一种集解的史式评论相异,它同样只将个性构想为语言。无法描述的总体与难以说清的特殊(只要是非语言或超语言问题)与它无关。②

第二种可能性由我称之为深层解释学(tiefenhermeneutik)的一类解释学提供,因其倾向普遍,且只能——从个体无法接近的一种"深层"——将个体解释为普遍的一种表达。以"古典现代主义"达到其高峰的这一解释学方法,其基础植根于对历史的哲学解释。它不再用语言学术语构想普遍。威廉·狄尔泰(Wilhelm Dilthey, 1833—1911)对个体的分析——符合他对历史理性的批判③——将个体构想为多个历史力量的交点。马丁·海德格尔(Martin Heidegger, 1889—1976)将语言的概念介绍为"存在之屋(Haus des Seins)"(以诗歌为其优越的表现形式)。历史的深层解释学一系的最后一位杰出传人汉斯-格奥尔格·伽达默尔(Hans-Georg Gadamer, 1900—2002),用同质文化传统来解释文本与读者之间、过去的读者与现在的读者之间的"对话"如何能够在一种"视野融合"(fusion of horizons)中富有成效。"书面"的文本只会阻碍人们对它的接近;(书面)作品不过是(文本的)一种构思拙劣的倚仗。④

出于对施莱尔马赫的重新关注和对伽达默尔的全力反对,让·波拉克(Jean Bollack, 1923—2012)与他的"里尔学派"(Ecole de Lille)自20世纪60年代起发展了一种批判解释学,之所以是解释学,在于和施莱尔马赫的解释学一样,它再次赋予语言学极大价值——尽管这种批判解释学避免使用超语言的普遍("心理",或意识流本身)并用一种由作品本身发展出的普遍替代它,且在这一点上断开了与施莱尔马赫的联系。就作品反思自身的前提条件并因此成为自己的共同作者而言,波拉克的解释学

① 参见孔妮格:《赋格:彼得·松狄与文学》,见马巴赫"德国席勒协会"(Marbach: Deutsche Schillergesellschaft)编:《马巴赫杂志》108期,第二版,2004年。

② 孔妮格:《不可言喻的迷失之物:维特根斯坦对约翰·路德维希·乌兰特"艾伯哈德伯爵的山楂树"一诗的评论》,见马提亚斯·格奥斯(Matthias Kroß)、埃斯特·拉姆哈特(Esther Ramharter)编:《翻译维特根斯坦》,柏林:帕莱噶出版社,第77—102页。

③ 威廉·狄尔泰(Dilthey, Wilhelm)著,本哈德·哥约图森(Bernhard Groethuysen)编:《全集·卷一·人文导引—社会与历史研究奠基》,第七版,斯图加特:图依布纳出版社,1973〔1922〕。参见弗里特约夫·奥狄(Rodi, Frithjof):《历史理性的狄尔泰评论——程序还是系统?》,见《狄尔泰人文科学的哲学与历史年鉴》第三卷,1985年,第140—165页。

④ 参"作为解释学体验的媒介的语言"一章,第384—406页。见汉斯-格奥尔格·伽达默尔著,朱·温什爱默(Joel Weinsheimer)评译:重印本《真与方法》(1960首次出版),伦敦:康汀努姆出版社,1999〔1982〕年。

是"批判的"。① 于是,以这种观点,作品既创制了普遍主张,又创制了其实际的个体实现。具有意义的普遍主张是由个体话语造就的,现在这一主张将根据自己的成果得到衡量。但是,我认为对于坚韧阅读实践很重要的学科②史,其扮演的角色为何?

非推理的理解与学科史的作用

在关系到自施莱尔马赫以来解释学高度关注的一个核心问题时,批判解释学的特质和力量显现出来:我们如何以这样一种方式来构想理解,使理解在对象自身得到确认与合法化? 对象与方法这对关系的条件是什么?个性现象为后一问题提供了一种特殊的形式和意义,因为理解从根本上受到普遍规则的约束。

尽管所有的文学作品或多或少都是特殊的,一首诗的个性并不会妨碍我们理解它。批判解释学认为,一首诗尽管有特殊性但仍能被理解,是因为它建构了自己并因而是自我反思的(self-reflective)。解释者的活动与文本约束性的自我反思活动相汇合。口号"文本解释自己"(Textus interpres sui)在此得以表明,它事实上出自新教的注解原则:"圣经解释自己"(scriptursa sui ipsius interpres)。由此解释者面对着一种思想活动,这一活动能够解释为何我们今日可以理解各种作品,尽管对于我们它们是陌生的——审美的、历史的或是空间的陌生。

作品会创造一些东西并对其进行反思;两种情形下会出现智慧—— 一种是实践的,另一种是明确的。这种对立塑造了作品自身。自我反思可归为解释学的理论史,而实践自身则创造了小说与个体——即使它是通过处理在作品中提出的理论来创造的。然后,通过谈论自己,作品参与了对各种

① 让·波拉克:《写作,策兰作品中的一首诗》,巴黎:法国高校出版社,2003 年;同氏:《索福克勒斯〈俄狄浦斯王〉文本及其解释》4 卷本,阿斯克新城:北方出版社,2010 年。孔妮格:《不羁阅读:对让·波拉克的致辞(奥斯纳布吕克大学,2007)》,见《林德曼斯》33(129),2008 年,第119—127 页。皮埃尔·朱德·德·拉科姆:《里尔学派:流散的集中》,见孔妮格、丹尼斯·图阿德编:《当前的语文学:致波拉克》,《语文学笔记》27,阿斯克新城:北方出版社,2010 年,第363—374 页。丹尼斯·图阿德:《语文学反对语文学:对"里尔学派"的评论》,见《德国研究史》41/42,2012 年,第 18—31 页。
② "学科"(discipline)在本文有时指同一主题下的学术传统,如俄耳甫斯这一诗歌母题的应用、解释、接受史与理论反思等汇合而成的学术传统,作者将对学科的处理置于语文学之下。"学科"与中文语境的学科划分的学科稍异,试请略加注意。——译者注。

理论的、规范的、文化的或文学的主张的评论,作品在其特定的、完全历史化的情形中与这些主张相关。这些主张通常是作品引用的概述或偏见,作品在对其持有某一立场下引用它们。

如果解释者和作品自身都努力去理解——解释者去理解作品,作品使自己被理解——那么,作为理解个体话语的理论,解释学既可应用于作品,又可应用于解释者。但是这种理解的直接为彼得·松狄所称的知识的历史性所反对。① 因为作品自己的思想参与到解释的传统中(即,理解文本的传统),所以在作品和不居于同一历史、文化或地理语境的读者之间出现了理解问题。在这一学科语境下,知识的历史性首先是一种语文学理解的历史性。

因此,要评估语文学阅读就要对该学科进行历史批判,这一批判抵制这一预设:用奥古斯特·柏克(August Boeckh,1785—1867)的著名说法,语文学关注"对已认知的认知"(*Erkenntnis des Erkannten*),②且进而允许"已认知"的起源受制于某些规范的、策略的和学科的限制,③因此,抵制这一趋势的语文学必须成为一种去认识"尚未认识的"(unrecognized)的技术——即,去理解学科史如何把读者引导至不充分的理解或非理解(nonunderstanding)。④这正好导向这一问题:人们如何能在承认误解的历史性的同时不使自己一并屈从于理性的历史性,这种历史性意味着原则上不存在文本的正确解释?

一旦忽视文本的所有参考文献,解释者就不再留意他们的阅读是否与对象相符。如果这一"解释"的概念是正确的(恰恰是我在此提出的解释学概念所否定的),那么将不会有错误的解释这种东西。所有的解释将仅仅是人类意识的形式——意识形式是无所谓正确或不正确的。这一概念基于哲学解释学传统中伽达默尔接受的海德格尔的观点,通过把作品揭示为仅仅是对文化意识或本体论意识的主导模式的一种表达,企图消解表现出的文

① 参见彼得·松狄:《文学解释学的研究状况述评》,见松狄著,波拉克编:《讲座的学术编辑版·卷五·文学解释学导引》,法兰克福:苏尔坎普出版社,1975 年,第 404—408 页。
② 奥古斯特·柏克(August Boeckh):《语文学百科与方法论》,莱比锡:图依布纳出版社,1877 年,第 11 页。参见托马斯·斯坦菲尔德(Thomas Steinfeld):《怀疑论,关于奥古斯特·柏克:无限接近的科学与缺乏完满的幸福》,见尤根·保罗·施文特(Jürgen Paul Schwindt)编:《什么是语文学问题?》,法兰克福:苏尔坎普出版社,2009 年,第 211—226 页。
③ 孔妮格:《知识、价值与机制》,见《德国席勒协会年鉴》38,1994 年,第 379—403 页。
④ 这种"未认识"出现于三种因素之间的张力中。因此我讲的"语文学三角"将这三种因素结合在一起:知识、价值与机制(见脚注 36),在此不展开讨论。

本个性。

我的建议是区分实践与这一实践的理论于我们颇有裨益。如果将解释学发展为一种阅读理论,那就可以利用语文学阅读的历史性。这是解释学的(第三种)学科批判的任务。因此误读是可理解的。作为一种理论,解释学是历史的和规范的——也是文化地、通过其学科史形成的。现在,判断误读的立场位于对象自身的文学实践,而非当时的主要理论,当时的理论有时甚至借助已经成为作品一部分的明确评论重建自身——尽管这一重建更常由哲学家和语文学家在他们自己的阅读过程中实施。

这类重建受到历史思想(intellectual)传统的制约。它们是历史的、审美的语境的一部分,并继续面临着克服知识的历史性这一问题。然而还有另一种选择。因为预示了之后理论研究的东西——即,隐含反思——正是使理解能够超越历史时代的东西。隐含反思是支持特定阅读的权威。语文学家寻求公正对待内含于实践的非推理的(尽管随后可明确表达)反思的可能性。

不是解释学理论使理解能够超越历史时代,而是随后得到明确反思的实践。这一对立令所有阅读都存在结构性误解:即,搞错了引导我们理解理论的智慧与这种智慧的制度(institutionalization)。在制度中,阅读沿着不同的路径,文学的或语文学的——这些路径并不总是分离的。人们所称的"语文学内容"这一名词在历史进程中占据不同的文献类型(在古代它位于作品自身)和不同的机制框架或学科范围(例如,19世纪的"德国语文学"或20世纪的"文学研究")。直觉和直觉意义上的"天真"阅读在文本中通过解释学反思来理解自己和自己与解释学理论的关系。然而坚韧阅读要再次成为实践,必须忘记理论以便在第二层上再度"天真"。通过参考席勒(Friedrich von Schiller, 1759—1805)在其论著《论天真的诗与感伤的诗》(On Naïve and Sentimental Poetry)中的区分,我想提出"感伤的语文学实践"(sentimental practice of philology)。①

最后,解释史成为解释的一种要素,并超越了对非理解的批判。让·波拉克的观点即解释通过批判地参与这类解释的历史而得到改进(如,参看他

---

① 席勒认为,出于自然的是天真的诗,追求自然的是感伤的诗,一般认为前者指古典主义,后者指浪漫主义。此处"感伤"即指这种离开自然而又回归自然的努力,即上文的再度"天真"、再次实践。席勒该文又译为《论素朴的诗与感伤的诗》,为与上文"语文学家的天真(Naïveté)"译法统一,此处不用"素朴"。——译者注。

的《俄狄浦斯王》）可表述如下："每一个解释都受制于历史因素。历史影响显现为价值的和机制化兴趣（institutional interests）的腐坏影响。怀疑滋养了这种历史兴趣。只有揭开这种腐坏的人才能理解已有的解释并掌握它为何介入自己的阅读。"这一论点将意识形态批判与真的问题结合起来。它主要引入了一种新的批判性关注，即对我们默认（有时是不知不觉）坚持的学术传统的关注。但它也引入了该学科心理学的一个方面，因为对争辩的希求能够解放新的认知力。

我想进一步提出一个论点，在作品的解释史与被解释的作品之间打造一种历史-审美联结。[①] 这一新论点的优势在于它使我们免于以下境况：即只能单凭考虑解释者的主观恶意来解释出现在作品解释史中的冲突，转而使我们能够把这些冲突认识为一种作品自身的表达，如果需要的话。

我的论点开始了：冲突的解释史揭示了由作品自身产生、妥协、实行并反思的种种困难。"批判解释学"这一概念必须扩展为：作品自己产生它的普遍，继而这一普遍在文本的难以理解之处及其解决中展开自己。作品的实践正在于此。之后，这些思想活动在解释传统中得到处理。在实践被作为一种反思的形式这一意义上，作品——以语文学家能够追踪的一种方式——参与到评论自己的解释史中，评论主要遵循普遍，这一普遍常被歪曲为一种明确的观念。

现在让我们转入对第二组第 28 首十四行诗的解释，并分析一些当前对它的哲学阅读。接下来的必然不是一例哲学推论，因为应该开口的是对象自己。这并非断然要求某种直接，似乎我们在放弃批判立场。它反而表达了这一要求：我们"允许该诗自己开口"，我们的解释限于试着理解该诗并放弃所有的方法论追求。我们面临的唯一决定是伦理性质的——人们必须决定与文学作品站在一起并准备对它细心倾听。

一种"语文学实践的理论"在具体阅读中会表现到何种程度是很难说的。人们必须掌握语文学方法论，但这些方法并不为具体涉入作品意义提供任何规则。这甚至对关于自发性的禁制同样成立，自发性不应被限制。甚至规则也不能成为应用规则时的指导。在参与文本中唤起的非推理思想不是对（先前阐述的）理论约定的破坏性入侵，只要它来自文本阅读。换句话说，我们通

---

① 对这一方法论的方法，参见孔妮格：《霍夫曼斯塔尔，语文学家里的当代诗人》，《马巴赫研究史》2，哥廷根：华伦斯坦出版社，2006 年。

过阅读得其径而入的诗在某些情境下能够维护(或"合法化")理论评论(如本文前三部分所论),但我们阅读该诗的方法并不源于这些评论。

对于第二组第28首十四行诗的一种解释

这首诗以一个呼唤开始,对"来了又去"的一个召唤,立刻建立了一种代词关系:"我们"(或变成群体代言人的"我")呼唤"你"。出组诗中的这一点,我们遇到了类于希腊悲剧合唱团的一组歌者。他们仿效俄耳甫斯。[①] 在第一组第26首诗中,我们读到:"我们是……自然之口吗"(sind wir … ein Mund der Natur)。不过现在他们已经把重点转移到他们的职业上。俄耳甫斯传统中的歌者们想要探索舞蹈或哑剧的新媒介。质变发生了。这首诗对历来诗歌中具体化的一般原则——即,呼唤者是那些诗人,被呼唤者是俄耳甫斯和/或他的媒介——赋予了个体形态。现在,呼唤者和被呼唤者都是舞者了。

和以前一样,诗人们缺乏俄耳甫斯的诗才,所以他们寄希望于"你(Du)"。因此这是一个有特权的"你"——"几乎还是孩子(fast noch kind,行1)"这一描述合法化了"你"。孩子与前面诗中的女孩们相对。因为作为一个"年轻女子"(Mädchen),舞蹈家在组诗中有一段历史背景。组诗的前面,"年轻女子们"被认定为艺术的主角(已经从女人们〔Frauen〕和反对女人们中得以恢复的艺术)。只要这点在这首诗中得到解释,我们就有了必要的诗歌支持在组诗的总体语境中进行引用。

第一诗节介绍了一种等级:唯有"你"能够创造那舞蹈的星座(一种宇宙的聚合)。"星座"(Sternbild)是舞蹈家"舞姿"(Tanzfigur)的抽象表现,而"我们"这个群体是不能创造星座的,尽管"我们"仍能从中获益。"你"为"我们"的舞蹈创造了基础。

她的起舞是一种思想的形式——在这一形式中(不同于在思想中)可以

---

① 关于一般的俄耳甫斯与特殊的里尔克作品,参见曼弗瑞德·弗兰克:《里尔克的俄耳甫斯》,见曼弗瑞德·弗兰克:《流亡中的神,关于新神话的讲座》,法兰克福:苏尔坎普出版社,1988年,第180—211页。查尔斯·西格尔(Charles Segal):《俄耳甫斯,诗的神话》,巴尔的摩:约翰·霍普斯金大学出版社,1989年。瓦尔特·雷姆(Walther Rehm):《俄耳甫斯:诗人与死亡——从诺瓦利斯、荷尔德林到里尔克的自我解释与死亡崇拜》,达姆施塔特:科学图书公司,1972年。奥托·科恩(Otto Kern):《一种宗教史研究,及约瑟夫·史德粗高甫斯基的作品,一副肖像画与两场宴会》,柏林:魏德曼什书店,1920年。

到达狂喜的一刻(bewegt,行7)。通过一个错误,我们的阅读穿过了舞蹈与思想之间的这一连接。"你……填满舞姿到那些舞蹈之一的纯粹星座里,在其中"(Du … ergänze … die Tanzfigur zum reinen Sternbild einer jener Tänze, darin)这句里的"那些舞蹈之一"(einer jener Tänze)这一属格结构在语法上是错误的。不定冠词"之一"(einer)在这里是(且必须是)属格,但是它有一个阴性(单数、属格)词尾并因而需要一个阴性名词,而非一个"舞蹈"(der Tanz)这样的阳性名词(此处这一冠词的正确形式应为"eines〔Tanzes〕jener Tänze")。

该诗的文献及其编者不知道是什么造成了这一错误——其中最优秀的编者委婉而忠实地重印着这一"错误"。事实上,不存在拥有大过语法的权威的诗歌策略:这节诗仍然令人困扰。但如果保留这一语法错误的话,它允许自我解释。因为这一错误揭示了出乎意料的一组诗歌原则。在我看来,里尔克的阴性所有格"einer(jener Tänze)"指向法语词"danse"(舞蹈,肯定存在于里尔克脑海的一个词),他的法语用法的这一影响——影响了整个《献给俄耳甫斯的十四行诗》——恢复了这一词组的规律性。[1] 在这一意义上,可以非常好的采纳编辑了里尔克全集的恩斯特·兹恩(Ernst Zinn)所说的并非"书写"而是"语言失误"(sprachversehen,该词表示语言和口语中的错误——不只是口误也是口传之误)这一说法。[2]

发挥这样一种持续性影响的并非里尔克大体流利的法语水平,而是保罗·瓦雷里的散文和诗,里尔克创作《献给俄耳甫斯的十四行诗》前就沉浸其中,而非那一时期的其他文学。里尔克把瓦雷里当作法国象征主义传统的化身。在里尔克翻译的瓦雷里的散文《灵魂与舞蹈》(L'Âme et la Danse)[3]中,[4]舞蹈成为一种思想的运动,能使思想无意识盘旋。将这些反

---

[1] 孔妮格:《里尔克后期德语诗歌中的保罗·瓦雷里的法语》,见迪迪埃·亚力桑大(Didier Alexandre)、伍尔夫冈·阿少特(Wolfgang Asholt)编:《法与德,交错的外在与对象,来自德国的法国文学,来自法国的德国文学》,图宾根:纳尔松出版社,2011年,第21—34页。

[2] "他(编者)不允许自己在任何地方仅凭己意添改文本(即便基于像769页的倒数第二首"致俄耳甫斯的十四行诗"中的词组"einer jener Tänze"这样如此明显的语言失误也不行,该处意思肯定是:"eines jener Tänze")。"见里尔克著,恩斯特·兹恩编:《里尔克全集·卷一·诗歌一》,第790页。

[3] "散文《灵魂与舞蹈》"译名引自《瓦雷里年表》,见瓦雷里著,葛雷、梁栋译:《瓦雷里诗歌全集》,北京:中国文学出版社,1996年,第344页。

[4] 里尔克著,瓦尔特·西蒙·卡因·怀斯、恩斯特·兹恩编:《里尔克全集·卷七·转换》,法兰克福、莱比锡:岛屿出版社,1997年,第434—515页。

思用到"哦来了又去"一诗上,这意味着俄耳甫斯式舞蹈中的思想家应该是所有舞者的范式。

为什么是俄耳甫斯的?① 这些舞蹈采取什么形式? 这些问题可以一起回答:对舞蹈家的呼唤借助了呼唤缪斯的传统,从一开始就决定了涉及什么——即,来与去的结合:"哦来了又去(行1)"。这些是在组诗中表现和实践的运动形式,俄耳甫斯这一缪斯的模范据说参与其中,例如,在第一组第5首诗中的"他来了又去"(行6)。

正是反转动作中包含的超群的系列步伐,赋予转变方向的"一刻"以特权。这一瞬间此时成为中心。来与去围绕这一刻或一瞬间确定方向。通过使用普通口语"在一刻"(für einen Augenblick)——"来一下"(komm' doch für einen Augenblick vorbei)——里尔克抽取并安排了介词"für"的目标导向意义(为〔一刻的〕优势)和解释意义(以〔一刻的〕力量)。这全都关于一刻:"Augenblick"这个词本身使一种贡献的理念对诗中隐含的"我"是可用的,即"你"在来与去中能够做出的潜在的决定性贡献。一刻是救世模式。作为终极目的,思想在一刻起舞了。

在词组"ergänze/für einen Augenblick"(行1—2)中,动词"填满"(ergänze)产生出"一刻"本身的确切意义,"一刻"作为介词的宾语与动词相连。按照固定形式"(以……)填满……"应该出现的第一个介词宾语的缺位,使这一意义得到揭示。于是,舞蹈家自己进入圆舞,填满舞姿:"你……填满……舞姿(Du ... ergänze ... die Tanzfigur)"。目标是获得一个整体(Ganzes),甚或全部(Gänze)——因为在里尔克随意的惯用语中,前缀"er-"(例如,"ergänzen"中)被赋予了一种特殊的、特别具有生产力的意义。这一生产力承担了动词的第一个介词宾语。贯穿于组诗中的这种音节分离预示了这一过程。

例如,里尔克在其他地方将动词"记得"(erinnern,第1组第25首)解析为"er-innern",类似"就在那一刻某人记起某事,它成为某人内化的内在自我的一部分"的意思。那么"Er-gänzen"意为:通过以某种方式补全某一特

---

① 在19世纪末以来的欧洲象征主义诗歌理论中,"俄耳甫斯的(orphic)"指一种抽象化的表达,如将诗歌语言与俄耳甫斯的音乐相类比,要求一种以抽象的音乐为典范的、抛弃固有意义的语言(符号),只有抽象化的、不落于实指的语言才能贴近具象存在以外的存在。这一方面与作为欧洲艺术母题的俄耳甫斯的诗学意义中的神秘意义有关,另一方面也与从理论到创作关注语言本身的转向同步。参看关于马拉美(Stéphane Mallarmé)和瓦雷里诗歌理论的相关研究。——译者注。

定物，某人创造了一个全部，该物成为一个全部。这是诗中的呼唤者们希望参与进的一个聚合，以便影响"舞姿""星座"和"舞蹈"之间的关系。总结一下开篇数行，可以说它们明确表达了舞者们的愿望：舞者们用具有自我生成能力的时刻将反思的舞姿转变为一个整体，他们的运动要素是来与去。正因为此，凭借这一能力，"你"像缪斯一样被召唤。① （传统的缪斯概念于此附带受到批判，因为舞蹈家并不呼唤缪斯，而是成为代表俄耳甫斯的诗人们的缪斯。）

如果诗的开篇四行是关于渴望舞蹈家的示现，诗的剩余部分则明确了示现的条件。沿着以上判断，该诗暂时回归到了舞蹈家接近俄耳甫斯的时间（行5—6），然后（行7—14）前移到她试图（仍然位于过去）恢复和重复那一历史事件的时间。第一个事件是以自然与俄耳甫斯的一种特定关系和他们理解的力量为特征的："她（自然）激舞自身/全神去听，仅当俄耳甫斯歌唱（Denn sie〔die Natur〕regte/sich völlig hörend nur，da Orpheus sang，行5—6）。"自然可以凭借它（她）的运动形式理解俄耳甫斯。

舞蹈家在"那时"（damals，行7）是这种运动的一部分。从而，第二节始于对各种艺术之间的关系的反思——舞蹈（regte）、听、说/唱。这是一种明确的解释学反思；诗歌自身对理解语言表述的内容进行了反思。如何理解？为了明白这点，我们必须重点关注过去的那一刻，当后来的舞蹈家与俄耳甫斯交会。这一关注包括运动和倾听的同时发生。舞蹈在倾听（并理解，必须加上这点）：里尔克借助了当代有争议的诗歌形象，它内存于"整体艺术作品"（Gesamtkunstwerk）这一概念中：由于它们的默然，诗人们使用了其他艺术——歌剧、戏剧、舞台剧或哑剧。

这可以解释为何——正是在这一历史时刻——舞蹈将替代词语。在里尔克的诗歌词汇中，"听"也包括创造；他的诗论是：听者即说者（he who listens，speaks），或：说（即，唱）本身使所听到的东西能够得到"注解"，一种原始使用中固有的解释学方法。听即解释。舞蹈在此完善了这种注解，然而俄耳甫斯的歌仍是基础，由另一听觉艺术分析。因此，该诗是关于作为理解可能性的创造力（倾听着、舞蹈着的创造）。问题在于俄耳甫斯如何能被听到？答案是：通过创造力。通过创造俄耳甫斯。倾听俄耳甫斯是一种创

---

① 参见第二组第18首（作为书写的舞蹈）与第一组第15首（作为无声的女孩们的经验表达的舞蹈）中的舞蹈；关于舞蹈与现代文学的关系，参见加布里埃尔·布兰德斯德特（Brandstetter，Gabriele）：《舞蹈—阅读，先锋派的身体图像与空间形象》，法兰克福：费舍平装出版社，1995年。

造行为。"她(自然)激舞自身/全神去听,仅当俄耳甫斯歌唱"(Denn sie 〔Natur〕regte/sich völlig hörend nur, da Orpheus sang)这句包含了我们的模式:歌可以听到,但只能通过听(读作:理解),一个完整和完美的动作(见"激舞自身"〔regte/sich〕)才能由自然和偕同自然的舞蹈家实现。"hören"(听)一词的意思已经改变。以这种方式,里尔克在诗中的此处和他处都创造了一种个人语言,一种一致的私人用语,超出了施莱尔马赫的解释学,将自己定位于话语和语法之间。

在接下来的诗中,舞蹈被解析为一种后俄耳甫斯形式。舞蹈是这首诗的时间中可用的一切。到目前为止,诗中已在舞蹈内部发展出一种等级体系。它从自然到诗人-舞者们,再从他们到舞蹈家。这是第一节的主题。自然还含有对俄耳甫斯秩序的怀念(见"全神"〔völlig〕,行6),诗人们以其舞蹈连接到这一秩序。自然再也不能满足舞蹈家的需求("惊异"〔befremdet〕,行8)。把诗人的运动描述为"转瞬之间"(vergänglich,行5)已经包含了一个最小时间存续的(舞蹈的)步态(Gang)——"ver-gäng-lich/Gang"。这一认识与表达了以下事实的全句契合:然而舞者们所能做的一切都与"星座"(Sternbild)不符,因此是不足的。

因此,特定的"舞姿"(Tanzfigur,行2)与"舞蹈"(Tänze,行3)这一不定复数形式相反,而唯有舞姿能"填满"到"星座"中。"舞姿"是一种理念,在舞蹈家成功参与了俄耳甫斯的理解这一意义上,理念置她于自然及她的诗人们之上。于是,"星座"是一位年轻的、女性的、孩子般的舞者的身姿的完美形象。一旦舞姿在倾听俄耳甫斯中完美了自身,它的星座将对所有人有效。由此舞蹈家诠释了"舞者们"行动的基础。

在该诗第二部分分析了舞蹈艺术之后,第三部分阐明了使开始的祈求有意义的历史条件。通过舞蹈的方式,历史上从未被诗人们理解("闻所未闻",行12)的俄耳甫斯的歌将被创作出来。在俄耳甫斯之后的俄耳甫斯主义(Orphism)作为一种诗歌传统,却预设了俄耳甫斯只能通过那种歌唱传统成为存在。这一悖论由这一结论解决:最终,通过创造,俄耳甫斯停住于不可触中。这一悖论出现于这首诗中。随之而来的是一个抒情主题的故事(行7—9):"你是仍……"(du warst noch ...)这一部分与前两部分连接起来,前两部分中创造的理念作为一种理解过程与自然的衰退史连接起来。呼唤者回忆了舞蹈家,诗中追叙了她复兴那一最初场景的首次尝试。他的"你是"(du warst,行7)选取了一个历史的时间点,标记了俄耳甫斯传统的历史开端。它出现于最初的自然事件之后。因为,该诗根本上由其反思驱动,反思对理解不充分崇拜的历史。这种崇拜的注解史分为三个阶段:舞蹈家的原初体验,她从记忆中恢复与重复那一体验的尝试,以及舞者们对她未来成功的希望。

沉默是创造性接受的前提——舞者们明白这点。他们认沉默为"大师级歌者",即是说,似乎出自教科书一般,教科书就是组诗。沉默是他们技艺的一部分。正如他们的呼唤者所说,一切曾为沉默。经过深思熟虑,里尔克在第11行插入了一个口语中毫无意义的破折号:曾经将要听到的东西是无法听到的东西。因此甚至"闻所未闻"(unerhört)一词的意思也在这种深思熟虑的回忆过程中改变了,因为它承担了三重意义:对特殊事物的寻常反应(那是闻所未闻的〔Das ist ja unerhort!〕)、诗歌解释学用法(没听过),以及神学用法(未被神接受)。这种三重意义代表了传统的断裂:唱出超凡之歌的俄耳甫斯在他的花儿间得不到救赎,花儿们听不到他。

德文原诗的最后一词"转向"(hinzudrehen,行13—14)在语法上连接的是"闻所未闻的中心"(die unerhorte Mitte,行11):词组"对此"(Fur sie,行12)指的是此中心,后接两个动词——"尝试"(versuchtest)和"希望"(hofftest)。因而,"转向"是希望的宾语,在传统断裂之后指向那一中心的希望,我们应将这一中心与之前的"一刻"(Augenblick)连接起来。我们仍需解释的是如何到达"闻所未闻的中心(行11)"。答案就在厘清我们要如何去读属格"朋友的"(des Freundes)的共指中。

13、14两行"并希望,一旦到了复原庆典/朋友的步态和容貌会转向"(und hofftest, einmal zu der heilen Feier/des Freundes Gang und Antlitz hinzudrehen)以真正的"共通"(apo koinu)形式就俄耳甫斯被放入的是神话事件还是历史事件制造了两个冲突的假说。这一双重指称在翻译中无法表述——如我在本文开篇所示——然而它是这一内在悖论的含义的前提条件。如果主题是:(1)"朋友的复原庆典"(heilen Feier des Freundes),那么呼唤者希望的事件是一种崇拜。景象是记忆中的一场庆典或一种仪式。另一方面,如果主题是:(2)"朋友的步态和容貌"(des Freundes Gang und Antlitz),那么希望的事件是对朋友的招魂,超越了崇拜(和那些仪式故事)所在的历史维度。这二者是决定诗歌走向的选项。它们是互斥的还是能被带入彼此之间的某种关系?产生歧义的修辞形式如何关系到它们在某一解释中的潜在抉择?最终我们面临的是理解的问题。只要读了这首诗,对诗的总体阅读一经形成,问题就出现了。厘清这一共通的意义是很重要的,因为正是在这几行中,该诗在其最初的愿望"哦,来了又去"这一句式中限定的思想尝试达到了高潮。这一尝试力图揭示通过理解实现愿望的条件。

唯有共通自身能够导向一种消除矛盾的解释。这是它的功能。矛盾产生于倒装语法,对倒装的解释涉及一个决定。在德语中,这个句子正常读作"并希望,一旦把步态和容貌转向复原庆典"(und hofftest, einmal Gang und Antlitz zu der heilen Feier hinzudrehen)。如果里尔克选择了这一表述,他将不得不去决定"朋友的"(des Freundes)从属于直接宾语"步态和容貌"(Gang und Antlitz)还是前置词组"复原庆典"(zu der heilen Feier)。

但这一倒装语法要求"朋友的"出现在两个宾语之间(他当然不会说"zu der heilen Feier des Freundes Gang und Antlitz des Freundes hinzudrehen")。于是这一倒装引起了以下问题:"步态和容貌"是朋友的,还是我们其实在谈朋友的庆典(der heilen Feier des Freundes)? 就像该诗所展示的,我们确确实实看到了舞蹈家对俄耳甫斯的(朋友般的)接近。此外,《献给俄耳甫斯的十四行诗》的整组展开表明俄耳甫斯就是那位朋友。其实,下一首诗即第二组第 29 首表现了这位神圣歌者的特征,他如呼吸般歌唱着:"遥不可及的沉默友人,感觉,你的呼吸是怎样地仍在扩大空间"(Stiller Freund der vielen Fernen, fühle,/wie dein Atem noch den Raum vermehrt,行 1—2)。

我们现在可以将俄耳甫斯与庆典相连,因为"步态"与"容貌"这些属性肯定是与他无关的:步态和容貌是哑剧与舞者们的表现形式(因而在此也是我们的舞蹈家的),而神圣歌者的乐器是七弦琴(行 10),因此俄耳甫斯并不跳舞,"中心"本属于他;即,他的七弦琴响起的地方。他的即"朋友的"是庆典;庆典以他之名。他将得到理解。

以此,"转向"这一动作带有一种精确感。当舞蹈家还活着的时候,她转向死去的俄耳甫斯——如人们所说,她"去"(went)了。这一幕未在这首诗中出现,但已在诗中预设。因为在生与死之间,她自此跟随他进入死亡的阴影,这就是为何诗人们渴求着她的回归,她的"来",然后她才能"去"(go)(在舞蹈与消失的双重意义上,行 1)。就像她注定承担欧律狄刻跟随俄耳甫斯进入生界的任务。

作为她的"朋友"的神奇媒介,舞蹈家只能在俄耳甫斯于她记忆中的(哑剧)艺术里显现自己时(假说 1),当她的"步态和容貌"亦是她朋友的步态和容貌时(假说 2)完成她的使命,这一幻象由语法本身预示:"共通"中的第二个语法选项指向一个未来的、与之抗衡的、长久渴求的时间,当舞蹈家参与其中的传统的断裂被克服了。"崇拜"与"招魂"这两个当初的假说之间的关系因此得到了解决:招魂正是通过崇拜实现的——尽管这预设了舞蹈家的死,没有她的死就不会有一开始对缪斯的祈求。

最终这种解释引导我们认识这首诗是如何接入组诗中的下一首的。"一旦"(einmal)一词连接的既是舞蹈家对未来的希望,又是"你"对过去的——在那"刻"保存的——希望:"并希望,一旦……"(und hofftest, einmal ...行 12—13)舞蹈家的希望指向超越了任何诗歌或艺术的"中心"。因此维拉的死合乎完美。这是这首诗的结论。这首诗希望解决悖论——她舞蹈中的完美只有一次可能。完美暗示着她的死亡。诗人们的未来与舞蹈家的不同;他们并不打算与她等同(看第一节)。现在,就在诗中的连接时刻中能够实现他们的未来,这一时刻出现在舞蹈家死后——正是从她的死亡本身出现的一种实现。这是祭司诗人们(priset-poets)所渴求的。于是,俄耳甫斯传统的历史期盼着他们在舞蹈家的来与去中希求的实质。他们祈求的是这一实质,这一传统的实质。最后一首诗即第二组第 29 首是对此的证明。

解释之间的各种冲突

在其整个历史扩张中,坚韧阅读寻求在解释的冲突中确立自己。它的力量在于实践,它依赖的是实践的智慧。实践之所以智慧,是因为它可以不带任何理论追求或机制追求地去寻求诗的支持。换言之:它寻求无需借助任何方法论动机来理解诗歌。对其他解释的分析是这一过程的一部分。他人的解释绝非不可缺少的前提,因为即便缺乏阅读史的新作品当然也能被人理解。但这种冲突确实有助于客观性,不仅就这门学科被构想为一种求真的对话("辩证")活动而言,也就一种客观化进程而言,这种进程在丹尼斯·图阿德(Deins Thouard)所说的诗的客观性(objectité)中达到极致。[①] 各种解释之间的冲突(一旦去除了文化异质因素)植根于作品内部的各种冲突、悖论或困难,在这个诗例中,这些冲突、悖论或困难自动显现并得到阐明。

---

① 丹尼斯·图阿德:《精神的客观化,齐美尔的客观解释学》,《国际解释学年鉴》9,第 327—339 页。

如果冲突自己显露出来，它应该已于诗中得到理解。解释者脑中的纷扰可以回溯式地理顺，然而阅读本身并非这样一个有组织的过程，即纯粹解释、随后民主调查他人意见、并以调查回溯式地校正先前解释的过程。恰恰相反——个人阅读寻求在冲突中确立自己，它的权威在于作品本身。作品执行批判的任务：它为理解冲突的可能性提供条件。如果一种解释确实是批判的，那么它就能从自身出发阐明那些相反的解释。因此它拥护作品；相关冲突可以从作品的立场中（即，它的解释）加以系统化。如此，人们到达了一种语文学的学科实践的"理论"，这一理论精准适用于所讨论的这首诗。

"哦来了又去"这首诗产生了对各种解释的双重唤醒，这些解释全都聚焦于诗的开头。但这些意见在该诗的解释史中分化了：一些倾向开篇祈求的形式—诗学意味，另一些则倾向一种存在哲学意味。然而，没有一边将这种祈求视为具有批判意义。如果我们将这一遭到忽视的第三选项纳入考虑，我们分别有三种可能来解释"哦来了又去"这个开头。它可以解释为：（1）"哦进来跳舞"（O enter and dance），此处"去"承担了"跳舞"这个意思，和它在里尔克翻译的瓦雷里散文中的意思一样；（2）"哦进了又出"（O enter and exit），此处用于隐喻生死对立，生与死都可理解为"存在"（Da sein）；或最后，（3）舞蹈动作中的接近与后退，由此舞蹈成为里尔克作品中此类动作的代码。

第三种可能性是安奈特·格奥克-赖特（Annette Gerok-Reiter）在《提示与转换》（*Wink und Wandlung*, 1996）[1]中的形式分析的根源，讨论中的这首诗为其提供了一个例子。此处偏爱的做法是类比："来与去以其最简单的形式体现了相反动作（Gegenläufigkeit）。自此，这一形式可被延伸到其他形象上，如玫瑰（盛开—枯萎）、镜子（收集—反射），或星座（闪耀—熄灭）。"[2]格奥克-赖特说明了一种运动形式，并在整组诗中搜求它的变形——球的运动和舞蹈的运动一样。借此，她避免了通过该诗中的动作去追踪（她正确地强调的）舞姿。

这一形式的和结构主义的分析认为自己是诗学的，是因为按照格奥克-赖特对里尔克的看法，里尔克认为单单艺术就能创造一个在展开中预设了俄耳甫斯之死的神话，俄耳甫斯的受历史检验的教义没有渗入这首诗中。

---

① 安奈特·格奥克-赖特：《眨眼与转变，里尔克〈致俄耳甫斯的十四行诗〉中的构成与诗学》，见《德国文学研究》第 140 期，图宾根：尼迈亚出版社，1996 年。
② 同上，第 248 页。

这里汉斯·布鲁门伯格（Hans Blumenberg，1920—1996）是格奥克-赖特的权威来源，但她的诗学次序有意识地切断了神话对自然的参照——按布鲁门伯格的隐喻理论，可以说是神话应该诗意掌控的自然。那么俄耳甫斯变成了里尔克"诗学的"通行原则的代名词——而非迫使对这些诗提出认识论问题的一个个例。从而形式的类比自动致使能够"跃入性质不同的存在模式（Daseinsweise）"，①即在上述体系中从解释 3 过渡到解释 2。因此"诗学的"象征一种形式结构中的确定存在，据说这些结构在诗歌具体的、批判的思想进程之外认知自己。

格奥克-赖特的论点接近一本很早的书，1958 年赫尔曼·牟星（Hermann Mörchen）的《里尔克〈致俄耳甫斯的十四行诗〉》（*Rilkes Sonette an Orpheus*）。②按照海德格尔的传统，牟星认识到一种本体论差异，这一差异事实上由里尔克的批判性反思引出。不过牟星把来与去判定为存在的"形式"（参见选项 1），③没有注意到里尔克从一种认识论的距离处理超越（das jenseitige），④将这首诗抛入了一种乌托邦结构。愿曾经（damals，行 7）或可能再次到来。

按照他的想法，存在按照这种形式跳动，牟星没有承认予里尔克特有的诗歌程序（procedure）⑤和主题的自身地位。它们顶多用于使真正的主题"明显"（sinnfällig）。牟星写道："这种方式的存在（Dasein）归于衰退（死亡），自行发散进'整体'，从而把自己'填满''到完美，到全部，到那个真实的、无缺的（heil）、完满的领域和存在的世间'（Rilke to Countess Sizzo，1923 年 1 月 6 日），就像它在这里被视为'纯粹星座'。……在她的（维拉的）舞蹈中，存在的'来与去'作为统一的整体变得明显（sinnfällig）。"⑥

特定形式对这种阅读是不必要的，因为超越决定了所有行为。因此，牟星把他致力于每首诗的书中章节理解为评论和阐释（Erläuterungen），并相

① 安奈特·格奥克-赖特：《眨眼与转变，里尔克〈致俄耳甫斯的十四行诗〉中的构成与诗学》，见《德国文学研究》第 140 期，图宾根：尼迈亚出版社，1996 年，第 248 页。
② 赫尔曼·牟星：《赫尔曼·牟星释里尔克〈致俄耳甫斯的十四行诗〉》，斯图加特：科尔哈默出版社，1958 年。
③ 似应为选项 2。——译者注。
④ 指形而上学的命题。里尔克作品中含有这种命题，而牟星则从预设的命题如存在出发，其从形式分析中获得的这种预设命题与具体作品无关。——译者注。
⑤ 指上文分析的通过里尔克的私人用语表现的特殊结构，如舞蹈的等级、不同舞蹈的作用等。——译者注。
⑥ 赫尔曼·牟星：《赫尔曼·牟星释里尔克〈致俄耳甫斯的十四行诗〉》，第 405 页。

应地作了划分。① 尽管可能难以成立,这一哲学确定性还是给了牟星个人观察中的自由,构成了他的研究在今天的价值。在"填满"(ergänzen)一词中,牟星读出了由里尔克的音节分析产生的"整体"概念,并由这一概念推出了来与去的舞姿的抽象意义。不过,他没有沿着他的非推理的阅读回到里尔克的私人用语的程序。

牟星没有接受里尔克的用语,对"Tanzfigur(舞姿)"的理解不是反映地而是形而上学地,将其理解为提及一种存在(Sein),这是他从一开始就定位好的:"祈使语气'填满'(ergänzen)不是对行为的指导,反而'来了又去'就像对存在的纯粹祈求。作为一种孤立的艺术行为,'来了又去'将仅仅是一个个体和一个拼凑品(Stückwerk),表明'仿佛它是整体'(第一组第 16 首),这'意味着'在它里面。② 舞蹈成为一个'星座'(第一组第 8 首、第 11 首),一个存在的原初象征,这一象征位于整体关系中。"③

格奥克-赖特与牟星的相近是由于他们确信(无论在诗学上还是本体论上)这些形式直接表达了一种"更高"的意义。矛盾的是,架构他们著作的那些截然相反的原则服务于同一结果。格奥克-赖特对单首诗没有提供解释,而是用这些诗来说明整组诗中常见的诗学结构。同样地,牟星的评论没有把单首诗读作对一个大的哲学假说的个体评论。

唯有解释"哦来了又去"的第一种可能性将舞蹈的形式与对更高意义的追求结合起来。舞蹈步态(接近与撤离)在诗的过程中将自己揭示为死亡遭遇的一种认识论形式——由舞蹈本身预设的死亡。由这一视角,其他两个仅就自身而言盲目的选项可被整合。格奥克-赖特和牟星的解释都指向这首激发了它们又排斥其片面的诗,两方的解释都不能解释对方明显的基础理据。我在本文提出的解释集中于当初使这些阅读成为可能的条件。在这一意义上,我的解释自觉是批判的。

正是在其解释——至少是那些参与了阅读冲突的解释——史中,这首诗展现了它的驳斥能力,并以此展现了自己。这种对之前"见解"(即,对其中包含的理解的明显缺失)的生产性参与对今天的日耳曼研究来说是陌生

---

① 关于其作为"评论"的情况参见下文;作者的阐释作用已在该书标题说明:"由……阐释……(...erläutert von ...)"
② 参见第一组第 16 首第 3 节"现在必须共同承受/片段与部分,仿佛就是一个整体。"见里尔克著,李永平译:《里尔克精选集》,第 202 页。——译者注。
③ 赫尔曼·牟星:《赫尔曼·牟星释里尔克〈致俄耳甫斯的十四行诗〉》,第 406 页。

的(就其全神贯注于里尔克的程度)。因为不仅学科史一直缺乏对该学科的真正对象的任何兴趣(它把学科本身作为一种不表达事实论断的内在功能性结构来研究),甚至文学作品的接受研究也将作品本身仅仅视为自由投射意义的显示屏,据称投射的大量和多样构成了对作品品质的最佳衡量。当代对文学作品接受的研究(读者反应批评〔reader-response criticism〕的形式)如此地把它的对象放在它设定的地方——保持它的(让·波拉克所说的)"开放性教条"——以至于文本完全没有能力产生任何显著的抵抗。

真正的认识混杂着非理解。如何对待错误?大体说来,人们应该首先了解:每一个解释中都有非推理的实践在起作用,在对诗歌核心冲突的洞察力上能够释放非推理实践的声音。比较公正地对待以前的那些解释,而非对其预设典型的愤世嫉俗的态度,这对自己的解释是有益的。

感伤的天真——结语

"验证布丁得靠吃"(The proof of the pudding is in the eating)。实践自身呼吁阅读。在考虑了我在此勾勒的坚韧阅读的一些条件之后,读者必须再度审视地回到里尔克的诗中。像一个完全的初读者一样面对这首诗,读者可能会达到一种二次的感伤的天真。但回归实践是不可避免的。本文中我的主题在于读者为了达成这点必须"忘记":

1. 语文学实践,只有它将读者引导至阅读对象,提供了一种双重重构。首先,它的轮廓勾勒了历史与审美之间、事实论断与文化价值之间的认识论冲突。其次,语文学实践可被视为符合各个关于理解的操作,这些操作在此类冲突中起主要作用。

2. 此类冲突通过坚韧地阅读文学作品获得消解。冲突丰富了这一结果并提供了自己的概念更替。作为这一理解实践的理论,解释学必须得到扩展,以便解释这一实践的非推理的方面。这种非推理表现出有助于纠正影响阅读的草率的理论规定。比起服从于有条有理的考虑,阅读的唯一目的是理解作品。任何追求这一目标的人都会给非推理的实践以必要的空间。

3. 这一实践的基础在于文学作品的理性与精确。通过沿着批判的脉络追寻作品的必然进展,阅读揭示了文学强制(literary compulsion)的种种条件,即,文本迫使我们理解的东西。这种强制替代了今天许多人教条地鼓吹的文学开放性。这种解释回溯了作品诗意的思想进程,获得了风格上的转折点,转入对树立理论示例没有任何追求。

4. 通过在各种解释的历史扩张中把他人的解释整合进自己的阅读活动,人们进一步增长了已在特定读者的阅读中出现的实践潜能。不过只有当人们带着某种忠实和公正参与过去的解释,才能发起真正的论争。这意味着让它们借我们的口开口,而不是轻视和放任我们对看似过时的表达形式的接受。

5. 这一冲突使它的对象具有一种更高程度的可见性,使它能够作为一种批判标准。可以说:从而,作品本身不仅能对自身的历史情形,而且能对之后的阅读持有某种立场。作品由此拥有的这种批判的力量给在作品接受史中积累的解释赋予了意义。当读者的解释在其先验理解中成为对其他解释的批判时,就达成了他的目的。那时,关于作品的大量解释被证实为由作品本身提出的解释性问题的体现。

6. 当然,这些体现通常是各有不足的。这些不足可以通过阅读的批判确诊,然而解释它们是历史的学科研究的任务,将非推理回溯至形成语文学实践的各种冲突中:历史兴趣的隔绝、学科藩篱、学术偏见、或固守特定学派。最终,当只剩下实践,实践就走样了。

回归语文学

保罗·德曼(Paul de Man)* 著　李梦溪　译

　　笼罩着各类针对文学教学而展开的辩论的争吵语调,常会被溯源至当代文学理论的出现,这当然并不使人感到惊讶。每当新的方法和技巧被倡导,一种可以被理解的不满情绪会出现:一类人感到可能不得不修改或反思某些已被妥善建立的教学法上的习惯,而直到最近的麻烦制造者出现之前,这些习惯都曾很好地为他们服务。只不过上述针对当代文学理论的辩论式回应更为激烈,特别是在其中某些方面。

　　这类回应不仅仅寄生于文明化的保守主义,也以道德上的愤慨为食。他们急切发声,并不只因宁静被打破了,更出于被搅扰的道德良知。以至于这种情绪并未囿于文学理论的反对者当中,在大多数情况下,它的提倡者同样紧张。纵使后者不想表现出来,其自我确信似乎常常基于乌托邦式的蓝图。文学业界建立的完善原理遭到猛烈批判,也难怪他们会选择反抗。

　　自从文学教学成为独立学术领域(经常有人会提醒我们这是相当晚近的发展,不早于19世纪晚期),它便开始证明自己作为人文和历史学科的正统性,它既与语文学和修辞学等描述性科学同属一类,又与之相异。但是其抱负无疑超越了简单的描述。文学教学不仅拥有其自身的民族的和比较的历史,更因其处理对象为相对稳定的特定文本库,更应成为其他某些研究主题较为模糊的历史学科的范式。并且,其任务在于确定文本的含义,这一解释学功能建立起了其与神学的亲属关系。

　　最后,文学所蕴涵的相当丰富而广泛的人类经验,使文学教学在道德哲学,即价值观和标准判断的问题上,有所涉猎。作为语言科学,其具有技术性与描述性的面向,与其历史的、神学的和伦理的功能相契合。文学教授大

---

*　　保罗·德曼(1919—1983),比利时裔美国文学理论家、著名解构主义批评家,代表作有《抵抗理论》。本文原文为:"The Return to Philology", *The Resistance to Theory*, Minneapolis:University of Minnesota Press, 1986, pp.21–26。——译者注。

可以安心；他的科学良知通过对语言和历史知识保持严谨而得到满足。同时，他的道德、政治、(乃至广义而言)宗教良知，又因将这些知识应用于理解世界、社会和自身而得到安抚。文学教学方法理应被寄予希望，成为跨领域人文研究的典范。这个希望并非不适用于文学理论和文学批评：某些理论，特别是延续了审美推衍传统，在英语文学界可以追溯至柯勒律治(Samuel Taylor Coleridge，1772—1834)的理论的形式，即圆满地证实了这些期许。以下各人的情形亦是如此，如瑞恰兹(Ivor Armstrong Richards，1893—1979)、特里林(Lionel Trilling，1905—1975)、布拉克墨尔(Richard Palmer Blackmur，1904—1965)和弗莱(Northrop Frye，1912—1991)。

不过对于燕卜荪(William Empson，1906—1984)和伯克(Kenneth Burke，1897—1993)，或者更晚近的人物而言，情况就有些不同了，这些晚近人物主要由法国的评论家和哲学家构成，他们的作品涉及对结构语言学领域的探索，而他们则惹怒了其人文学科的同事。因此，杰出的英国文学教授贝特(Walter Jackson Bate，1918—1999)在其文章中谴责了文学研究的破产，该文发表于哈佛校友公报《哈佛杂志》(Harvard Magazine，1982年9至10月刊)，具有很大的影响力。贝特教授曾作研究济慈(Keats，1795—1821)、约翰逊(Samuel Johnson，1709—1784)以及浪漫主义思想史的卓越论著，他指出，他们(指那些法国评论家与哲学家)试图提高专业性和专门性以拯救人文学科，但是失败了，据说那时他们"正处于最软弱的时期——在愤怒、恐惧和盲目的防御中，醉心于自我破坏的活动"。贝特对文学教学的逐渐腐败做了历史综述，认识到对于文学理论的日益专注是导致这一衰落的主要原因。当"对文学、人类沟通以及生命本身都采取虚无主义立场的"法式主张侵袭了英语文学系时，衰落终于在后结构时代的终极灾难中达到高潮。

德里达(Jacques Derrida，1930—2004)则是被指名道姓地谴责为罪魁祸首。人们说他是"爱恶作剧的巴黎人"，(像尼采那样)"从未变成真正的主流哲学家，仅仅抓着陈腐的悲观主义不放"(其实他都不是)。这些言论表明，贝特虽然是一位谨慎的学者和杰出的教师，这次其评论的信息源却局限于《新闻周刊》(Newsweek)杂志。

贝特教授所警告我们的文学教学的危机切实存在。但是这并不代表他的诊断和补救措施很有效，甚至更糟，因为这些补救措施并非借由理性讨论得出，而是出于一份递交给大学行政官员的申诉，要求大学否认专注于理论的教师的终身教职。在贝特看来这个问题根本不需要讨论。也即,所有善意而且有头脑的人都应该认为这个问题早就被一劳永逸地解决了。遗留问题不过是法律层面的执行,而非批判性的辩论。大概一个人感觉受到了极大的威胁,才会这么强烈地反抗吧!

我自己对文学教学的批判性乃至颠覆性力量的认识并非源于对哲学的热衷,而是来自一段很特定的教学经验。20 世纪 50 年代,贝特的哈佛同事布劳尔(Reuben Brower, 1908—1975)教授一门本科通识教育课程,名为"文学阐释"(在哈佛校园和第六人文学部的同仁群体中更为熟知),很多英语和比较文学专业的研究生当过助教。没有人比布劳尔更不熟悉高端的法国理论了。他做过有关莎士比亚和蒲柏的研究,这些研究虽堪称高悟性学问的典范,但并不真正属于批评领域的宣言。他对希腊文学和拉丁文学的兴趣比对文学理论更大。除了艾略特(T.S. Eliot, 1888—1965),他还熟悉瑞恰兹(I.A. Richards, 1917—1999)和利维斯(F.R. Leavis, 1895—1978)的评论,并且对二者重视伦理抱有同情。

不过,布劳尔却秉承以瑞恰兹的"实用批评"理论为基础而确立的完全无害且务实的信条,坚信并有效地为之宣传。也即,当学生基于他者的作品进行写作时:他们不应讲说任何不出自其所考虑的文本的话;如果没有文本中切实出现的语言的特定用法做基础,他们不应提出任何主张。换言之,他们被要求近距离地将文本作为其自身来阅读,以此发端,不能立即跳到人类经验和历史等概况性的语境中去。学生应以更为谦虚而谨慎的态度,从处理单一语气、短语和数字的转变等势必给读者带来的困惑开始,十分地留意以发现它们,并且足够诚实,不能将自身的不理解隐藏在那些在文学指导中冒充人文知识的既得想法背后。

这个简简单单的规则却出人意料地产生了深远的教学效果。我从未见到如此能够改变学生的课程。有些学生没有意识到,如此将他们的注意力限制在手头材料上,以及专注于含义的表达方式而非含义本身的意义到底何在。而另一些则能很快明白,这使得他们脱胎换骨。课程结束时,他们提交的论文已经与一开始创作的那些截然不同了。他们在整体感受上的损失,不仅能通过精确度和更契合写作的原始状态上得到弥补,甚至更为深入。对他们而言,这并没有使写作变得更简单,因为他们再也不能任由自己胡思乱想,或者转述任何偶然遇到的想法。(文学研究的)领域充斥着垃圾著作,但起码布劳尔的学生不会再犯这样的错误。好的读者往往也是惜字如金的作者,这对于当下的文学研究再好不过了。

而且,布劳尔的这门课程全然没有颠覆性意图,同时也不存在理论性的异议。对概念和术语的使用被维系在最小限度,仅有几个用于元语言的日常的语词。以整体的立场而言,这门课程虽不可避免地有自己对意识形态和方法论的设定,但仍然做到了保持含蓄,从而不干扰教学过程。布劳尔天赋异禀,虽然并非出于对语言精妙性的尊重,但他仍然能够做到既使事物如哲学探索自然的那般井井有条,又使其完全实用。单纯的阅读先于任何理论。这对于那些认为文学教学是神学、伦理学、心理学或思想史等教学的替补的人而言是彻底的颠覆,能够改变他们的批判话语。精读往往是在不知不觉中达成这个目标的,因为它无法回避语言结构的问题,这或多或少是文学教学所隐藏的密趣。

对语言进行语文学或修辞学的注重,是不同于审美鉴赏的,尽管后者可以成为通向前者的门径。对于研究文学的学生和教师而言,或许最难认识到的,是他们的鉴赏水平取决于他们各自解析文学话语的严谨程度,而这个标准在美学上并不是首要而唯一的。但是借由这一标准仍可以辨别绵羊与山羊,文学消费者与"教授",以及随意评估与真正洞察。

我在布劳尔的第六人文学部课程的个人经历,与过去十或十五年间文学教学理论对我的影响相比,并没有太大的不同。其动机可能更具革新性,所涉及术语确实更使人望而生畏。但是在实践上,该课程对理论的转向即表现为对语文学的回归,也即在检讨语言所产生的意义之前先检查语言结构的形式。甚至在最有争议的法国理论家那里,情况是十分相近的。福柯(Michel Foucault, 1926—1984)的第一本重要论著《词与物》(*Les mots et les choses*),正如其题目所指,探讨的是语言与现实的相互指涉关系,但是其所趋近的问题并未以哲学推理为依据,反而更为现实,这近似在社会学者和语文学者的方法论革新中所发生的情形。反之,德里达的出发点虽然在表面上看起来更符合传统的"哲学式",但他对语言在实证能力上强调仍然甚于直觉和知识。他借由胡塞尔(Edmund Husserl, 1859—1938)和索绪尔(Ferdinand Saussure, 1857—1913)的方式,以语言学的名义进行的现象学批判即证实了这一点。即便前述所有作者常常引用的尼采,人们强调的也是其语文学者的一面,而非存在论的虚无主义者的另一面。

那么,为何对厄运的哭喊和对变动的诉求面临的是共通的敌人?似乎不论"回归语文学"是偶然发生的,还是高度自觉、哲学突变的结果,都打击了文学专业运营中的那些想当然的设想。结果确实越发难以将可靠性,乃至典范性、认知性,乃至广义而言的伦理性的功能归属于文学。但这是一个从未被解决的循环哲学困境。最新关于这个问题的版本是,18世纪下半叶美学作为独立学科的出现,至今决定着我们当下有关文学主旨的信念。起码自康德(Immanuel Kant, 1724—1804)开始,文学(作为艺术)、认识论和伦理学之间的关系便成为美学理论的负担。这是由于我们把文学作为一种审美功能来教授,使得我们可以轻易地将注意力从文学本身转移至其明显的延展部分,如自我认知、宗教,以及政治等领域。

在起源和发展中,美学一直是研究自然和自我的哲学家的领域,与语言哲学家无关。此外,美学理论旨在将认识、欲求和道德结合为一个综合评断,这值得称赞,但从未成功过。在前文提及的文章中,贝特教授理所当然地坚称,只要"诉诸康德",便足以消除休谟(David Hume, 1711—1776)那样受语言学驱动的怀疑主义。他回应了文学教授当中的一般性公认的立场,而非哲学教授的立场。

通过阅读康德的《判断力批判》(*Critique of Judgment*),而非席勒(Friedrich von Schiller, 1759—1805)及其后学的简化版,是否能够使上述论断得到确认,这自然需要仔细考察。当代文学理论开启了这个迟到了很久的进程。

文学理论提出了一个不可回避的问题,即语言结构构成了审美价值得以衍生的实体,但二者是否能够兼容。这类问题从未停止叩问作家和哲学家的良知。矛盾的是,修辞学虽然遭到排斥,但即便在当时也达到了使用和完善的巅峰,抑或,大量源自修辞比喻的审美电荷被同化为语法上的审美中立,使得这些问题备受瞩目。审美价值和语言结构无法兼容,这并非既定的事实。可以确定的是,它们兼容或缺乏兼容的问题必须持续被探讨,并且,文学教学自19世纪后半叶便排斥这个问题,即便出于最好的意图,其方式也是不健全的。另一点应被确立(但未实现)的是,对文学的追捧应该在上述问题的保护下进行。

从单纯方法论的角度看这并不难达成。这将涉及以下变革:在教学中,不仅将文学视为历史和人文的主题,更将其作为先于诠释学和历史来教授的修辞学和诗学。但是体制上对这一变革的阻力却几乎无法克服。单说一点,它要求英语文学系从一个除了它们自身的研究主题外无所不包的庞大组织,转变成致力于贝特教授所谴责的专业定向研究的更小的单位。同时它也要求文学教学基本原则有所变化，即不应将文化优异性作为评判标准，在最后的分析中，这种标准的权威性总是基于某些宗教信仰形式，而是在该术语的哲学意义上，转变为一种虽不那么科学，但富有批判性质的怀疑的原则。这样的变革为何难以发生是显而易见的。

不过，既然批判之猫已经从袋子里露出了头，人们就无法再对其视而不见了，那些拒绝理论残酷的恶行的人，再也没法心安理得。当然，那些理论学家也不能安心，毕竟他们本来从未主张过"理论的无情"。

回 归 语 文 学

爱德华·萨义德(Edward W. Said)[*] 著　屈晨钰　译

　　在与人文主义相关的所有知识分支中,语文学几乎是最不时髦、最不性感,也最不现代的一个,而且,在 21 世纪之初关于人文主义对生活之适用性的讨论里,它也最不可能出现。但是,这个令人颇为沮丧的想法应该被搁置一旁,因为我正努力昂首迈入我的主题,也希望你们有足够的耐心。有种观念认为它毫无吸引力、是一个古旧发霉的过气学科,我想这么做也许有助于降低对语文学的抗拒,即通过首先提醒:在过去 150 年中,西方所有思想家里最激进、思想上最无畏的一个人——尼采,曾经并一直都认为他自己首先且主要是一个语文学家。这应该能立即消除所有残余的把语文学视作反动知识的观念,这种观念具象为乔治·艾略特(George Eliot)所著《米德尔镇的春天》(*Middlemarch*)里的人物卡苏朋博士——一个枯燥乏味、一无所长、无可救药的、脱离于生活的语文学家。

　　从字面意义来说,语文学是对语词的热爱,但是作为一个学科,它在所有重要的文化传统的各个阶段都获得了一种准科学的智识和精神的声望,包括塑造了我个人成长的西方传统和阿拉伯—伊斯兰传统。简单回顾一下足以证明:在伊斯兰传统中,自《古兰经》始,知识是以对语言的语文学式的关注为基础的,《古兰经》是非上帝所造之言语(事实上“古兰”〔Koran〕这个词本身就意味着阅读),随着哈利勒·伊本·艾哈迈德(Khalil ibn Ahmad,约 718—791)和思巴威赫(Sibawayh, 760—796)诞生了科学语法,再到法理学(*fiqh*),以及法律上的阐释和说明(*ijtihad* 和 *ta'wil*)。其后,对于 *fiqh al*

---

*　爱德华·萨义德(1935—2003)是出生于耶路撒冷的美国著名文学理论家与批评家,曾于哥伦比亚大学担任英语和比较文学教授多年,代表作有《东方主义》《文化与帝国主义》等。本文原文载于其生前最后的著作《人文主义与民主批评》:“The Return to Philology”, *Humanism and Democratic Criticism*, New York: Columbia University Press, 2004, pp.57 - 84;翻译时结合参考了已有中文译本,见爱德华·W.萨义德著,朱生坚译:《人文主义与民主批评》,首版于 2006 年,北京:新星出版社;2013 年再版,北京:三联书店。——译者注。

lugha 的研究,也就是对语言阐释学的研究,在阿拉伯—伊斯兰文化中出现,并且具有了相当于伊斯兰教知识之实践的重要性。所有这一切都涉及对语言细致、科学的关注,认为语言在其自身之中承载着一种知识,这知识完全取决于语言能与不能的限度。就像我上一章已经提到的,这里存在着一种解释科学的融合,它们构成了人文主义教育体系的基础,而这一系统本身是在 12 世纪以前南欧和北非的阿拉伯大学中建立起来的,远比基督教下的西方同类要早。类似的发展出现在密切相连的安达卢西亚、北非、黎凡特、美索不达米亚等地区的犹太教传统里。在欧洲,维柯(Giambattista Vico)的《新科学》(*New Science*, 1744)掀起一场基于某种语文学英雄主义的诠释学革命,其结果所揭示的,恰恰像尼采一个半世纪以后说的那样,人类历史的真相是"一个隐喻和换喻的流动军团",其意义被不停歇的阅读和诠释行为解码,鉴于语词的形态是现实的载体——被遮蔽、被误导、被抵抗的、难解的现实。阅读的科学,换言之,是对人文主义知识至关重要的。

爱默生(Ralph Waldo Emerson)说语言是"诗歌化石"(fossil poetry),理查德·波利尔(Richard Poirier)如此阐释这个概念,"在语言之中,有一种原始力量有迹可循,正是依凭这种力量,人类将自身发展成一种独一无二的生物形式"。[1] 波利尔继续说道:

> 爱默生在(他的随笔)《论谨慎》(*Prudence*)里写道,"我们出于雄心壮志和对抗精神写作,同时我们也出于经验写作",他的意思是,尽管我们总渴望说出些新的东西,但手头的材料暗示着,无论我们说什么,只有当它是相对熟悉的,它才能够被理解。我们因此对语言的传统生出对抗情绪,尽管我们需要它(也需要理解它是如何运作,而只有专注的语文学阅读才能满足这个需求)。事实上,那些要求我们服从的社会和文学形式本身也是与更早的传统对抗之下的产物。即使是在那些现在看来已经陈腐或废弃的语词里,我们也能够发现那曾经充盈其中的对于变化的渴求。任何一个词,在它含义的复杂性甚至矛盾性之中,都有曾经的对抗性使用留下的证据,正是这一点鼓励着我们再次开启它们,使它们更进一步地改变或者转义。[2]

---

[1]　理查德·波利尔:《文学的新生:爱默生式的反思》,纽约:兰登书屋,1987 年,第 135 页。
[2]　同上,第 138 页。

真正的语文学阅读是积极主动的;它要求进入语词内部已经在发生着的语言过程,揭示出我们眼前任意一个文本里那些被遮蔽的、不完整的、被掩饰的、被曲解的内容。在这样的语言观下,语词并非被动的、毫无预设地指向更高现实的能指;恰恰相反,它们是现实本身的不可或缺的构成部分。波利尔在更早的文章处说道:

> 文学对我的注意力发出最为强烈的要求,因为相比其他任何一种艺术或者表达形式,它都更清楚地表明了从这一种人所共有、人人在生活的日常行为中都在使用的东西里,能够创造出什么;并且,其自身的词汇、句法里就包含着幽微然而可度的,对于一个社会的社会、政治、经济行为的总预设……但是(不同于音乐、舞蹈、绘画、或电影作品),文学有赖于素材来提供它的原则或本源,因此它必须完全以集体性的方式与一个社会群体及其历史来共享这些材料。没有什么能如此深刻地教会我们,语词如何影响我们,以及反过来,我们如何试着影响语词、甚至可能改变它们意义所系的事物的秩序。文学被赋予这一种独特性,它邀请读者与语词构成一种对话关系,这种关系的强度在其他任何地方都不被容许。①

以上种种,足以说明阅读是不可或缺的行为,是首要的姿态,没有阅读,语文学就毫无可能。波利尔简洁而不失优雅地补充道,文学就是在传统和创新的共同作用下组织语词,其复杂和精微程度甚于在社会上任何其他地方。我认为他完全正确,因此接下来我将保持他的观点——文学为我们如何使用语词提供了最鲜明的例子,因此从各种意义来说,它也是最复杂而最值得的一种语言实践。最近在反思这个问题时,我发现有一种令人震惊的异见在美国的文学教授之中处处通行,正如存在着性别歧视、精英主义、年龄歧视和种族歧视一样,也存在着一种必须被谴责的"阅读偏见"(readism),阅读被如此严肃却又如此幼稚地对待,以至于带来致命的缺陷。因此,有这样一种观点,人们不应该被阅读诱骗,因为读得太仔细就会被权力结构和权威所误导。我发觉这种逻辑(如果它还算逻辑的话)非常奇怪,如果期望阅读作为一种解放方式,带领我们摆脱对权威的奴性,我不得不说,哎,这真是另一种愚蠢的异想天开。如波利尔所暗示,只有越来越仔细

---

① 理查德·波利尔:《文学的新生:爱默生式的反思》,第133—134页。

地、越来越专注地、越来越广泛地、越来越包容地、越来越抗拒地（如果我可以自创一个说法）阅读，才能为人文主义提供足以与其核心价值相匹配的实践，尤其考虑到我上一讲谈到的——人文主义的基础已经被改变。

但是，对于一个文本的阅读者而言，立刻从一种快速的、肤浅的阅读，进入对庞大权力结构的笼统的甚至具体的陈述，或者含糊地进入有益救赎的治愈体系（对于那些相信文学使其成为更好的人而言），就相当于弃绝了一切人文主义实践的永恒基础。这种基础，实际上就是我一直在说的语文学——那种细致的、耐心的审察，以及终其一生的对于语词和修辞的专注力。正是基于语词和修辞，历史上存在的人们得以运用语言。因此我要用到"世俗性"（secular）、"现世性"（worldliness）这两个词，它们让我们意识到，并非恒常稳定的或者超自然的既定价值观，而是在新世纪中我们正在面临的现实——价值观和人类生活这些作为人文主义实践基础的东西，正在持续变化着。再一次援引爱默生和波利尔，我想要论证，阅读要求当代的人文主义者做出两个至为关键的行动，我称其为接受和抵抗。接受就是饱含洞察力地把自己交付给文本，首先暂时把它们当做离散的个体（因为这就是最初遇到它们时的样子）；接着努力地拓展和阐明它们所处的模糊不可见的框架，把它们还原到历史情境中，看看某些态度、感觉、修辞的结构如何与另一些潮流、历史和社会的规则在这个语境中彼此交织。

只有完全地接受一个文本的复杂性，并且带着必不可少的对变化的认知，这点我在上一讲中说明过，一个人才能把特定的文本放置在整体性和综合性的框架之中。因此，对于一个文学文本——无论是小说、诗歌、随笔或者戏剧——的细读，实际上都会逐渐把文本定位在它时代里一个大的关系网络之中，这个关系网的概貌和影响力决定了文本的形成。我还想提出一个重要的观点，对于人文主义者而言，阅读这一行为首先要求他把自己放在作者的位置上，对于作者而言，写作是用语词呈现的一系列决定和选择。几乎没有哪个作者是完全屈服于或者完全超脱于他（她）所处的时间、空间以及生活环境，这一点自不待言。当一个读者带着同理心、把自己置于作者的角度，这一点也很有必要理解。我打个比方，阅读康拉德（Joseph Conrad）这样的作者，首先就要带着康拉德自己的目光去阅读，就要试着去理解每一个词、每一个比喻、每一句话都是康拉德本人有意识地从众多可能性之中挑选出来的。当我们看见他的手稿，一定就会知道这个创作、选择的过程对他而言是多么费力、费时；因此，我们作为他的读者,有必要付出与之相当的努力,某种程度上说是要去进入他的语言,进入其中去理解为什么他做了那一种特定的表达,文本是怎么被创作的,我们就要怎么去理解。

请允许我现在暂时停止我的论述,而要来说一说美学问题。作为一个将大多数的智力生活都倾注于对伟大文学作品和音乐艺术的理解与教学的人,同时也倾注于社会和政治参与的事业——尽管这两件事是完全分开的——我已经意识到一个人的阅读质量,和一个人最初是如何以及为何阅读,同等重要。尽管我知道所有的读者不可能就什么是艺术作品达成共识,但我在这一系列课程中所讨论的人文主义事业,毫无疑问都基于一个信念:那就是每一个个体,无论出于传统、个人处境、努力或是教育,都有能力从阅读和体验之中发觉美学特质及其独特性,即使他不能完全理解,也是可以感觉到的。这在我所知道的所有传统中都如此——举个例子,文学的机制在这些传统中都存在——我现在也没必要长篇大论地来论证这一点。同样,我也相信,美学作为一个范畴,在深远意义上可以与我们日常的生存经验区别开来。去阅读陀思妥耶夫斯基、马哈富兹(Naguib Mahfouz),或者梅尔维尔(Herman Melville),去倾听巴赫、艾灵顿公爵(Duke Ellington)或者艾略特·卡特(Elliott Carter),是和你去读报纸,你在电话公司或医生让你不要挂断时听到那种录制音乐不一样的。但是,这并不是说,新闻或指导文件只需要被快速浮泛地阅读,我倡导在各种情形下都要专注地阅读,这一点我后面会说明。但是总的来说,我同意阿多诺的观点,审美性的和非审美性的之间的区别是不可调和的,这是我们作为人文主义者工作的一个必要前提。艺术并不是简单地存在于那里,它是作为与日常生活的破坏性不可调和的对立面而存在,作为兽性层面之上不可控制的神秘而存在。人们可以把艺术这种超越的地位归因于故作姿态,归因于长久的苦心经营(比如在伟大的小说或诗歌结构之中),或是精湛的技巧和洞见;但我自己不能够脱离美学范畴来讨论这个问题,归根结底,艺术提供一种抵抗力量,不仅为了我个人作为一个读者去理解、去澄清、去阐明的努力,同时也是为了逃离日常经验毁灭性的压力,悖谬的是,艺术恰恰源于这种压力。

然而,这个美学事实并不必然伴生一种超越世俗性,有些理论家和艺术家主张,这种终极理想性允许艺术作品全然摆脱于有意义的讨论和历史性的反思。尽管我被伊莱恩·斯卡里(Elaine Scarry)的论证深深吸引,我也不能像她一样激进,在热爱艺术之美和坚持公正之间画上等号。① 恰恰相反,就像我在《文化与帝国主义》(*Culture and Imperialism*)中论证的那样,一个伟大作品的有趣之处,就在于它会激发出更多的而非更少的复杂性,随着时间的推移,它成为雷蒙·威廉斯(Raymond Williams)所说的一整个文化注释的网络,其中往往充满了矛盾。即使是精心打造的小说,比如简·奥斯汀的,也是和她时代的情形紧密相关的;这就是为什么她详细描写了奴隶制、争夺财产的斗争这些肮脏的行为。但是,我要重申,她的小说绝对不能被简化为仅仅是社会的、政治的、历史的、经济的作用力,而是与它们形成一种无法消减的辩证关系,她的小说处于一种有赖于历史而不能化约为历史的位置。因此我想我们必须假定,总有一种伴随着艺术作品而产生的现实,否则,我所谈论的人文主义实际上没有本质内涵,而仅仅是一种工具。

这可以称为一种特殊的信念,或者,我更愿意称之为一种使创造人类历史成为可能的确信:对我而言这就是人文主义实践的基础,我前面也提到,美学的存在要求异乎寻常的细读和接受,其最佳范例,我相信是由利奥·斯皮策(Leo Spitzer)给出,他以语文学的方式来描述强有力的直观性。这个接受的过程涉及他所说的,通过反复地阅读奋力朝向与作者的同一,达臻精神之源。斯皮策解释道,必须要求学者—人文主义者—读者:

> 从艺术作品的表面进入它"内在的生命核心"(inward life-center):首先观察特定作品表面上的细节(一个诗人所表达的"思想"〔ideas〕也仅仅是艺术作品的表面特征之一);然后把这些细节进行分类,试着把它们融入一个可能存在于艺术家灵魂里的创造性原则;最后,回归到最初观察产生的其他各个类别里,检验这个临时建构的"内在形式"(inward form)能否对整体给出解释。在这样三到四次"往返旅程"(*fro voyages*)之后,这个学者一定能够判断,他是否找到了生命之源,是否找到了太阳系里的太阳(按照斯皮策的说法,这就是艺术作品的创作原则)。②

他接下来说道,这个过程实际上是在阅读活动中发生的,当一个人"被

---

① 见伊莱恩·斯卡里:《论美与公正》,普林斯顿,1999 年。
② 利奥·斯皮策:《语言学与文学史》,载于《语言学与文学史:文体论》,普林斯顿:普林斯顿大学出版社,1948 年,第 19 页。

一个细节震惊,由此坚信这个细节从根本上与艺术作品相连"。① 没有什么能够保证建立这个关联性是正确的,也没有科学的依据证明它是有效的。只有人文主义者内心的信念,即对于"个人的心智具有探求人类心智的能力"的信念,同时也恒久地坚信着,一个人在作品中发现的是真正值得探求的。当然,这也没有任何保障,人文主义者所有的只是深深的主观感觉,不可能为此找到任何替代、参考或绝对可信的来源。一个人必须自己做出选择,并为之负责。让我继续引用一段斯皮策:

> 尽管有了多年积累的关于方法论的理论经验,我仍是如此频繁地、就像我的刚起步的学生那样,茫然地盯着书页,而它就是不肯褪去它的魔力。唯一能引导我摆脱这个徒劳无益状态的办法就是阅读、反复阅读,耐心而自信地,努力直至仿佛完全沉浸在作品的氛围之中。突然之间,一个词,一句话(或是一组词句),凸现出来,我们意识到,就在此刻,某种关系在我们和这首诗之间建立。从这一刻开始,我常常发现,其他的观察累积于最初的观察之上,在此领域里先前的经验介入其中,曾经的教育也建立起更多联系……(还包括从前那些塑造我们成为一个社会局内人或局外人的规定和习惯)不久以后,"恍然大悟"的瞬间就到来,这瞬间意味着细节和整体找到了共通之处——这就是书写的源头。回顾这个过程,我们深切体会到,阅读过之后确有不同,欲求理解其实等同于已经开始理解。②

这一段关于细读的精彩绝伦的描述之中蕴含着同义反复的部分,我认为这部分恰恰是需要强调的。阅读的过程始于阅读者,也终于阅读者。使阅读成为可能的,是对阅读和阐释的全情投入,这是不可简化的个人行动。这是一种接受的姿态,其中包括将自身向文本敞开。同等重要的是,乐意针对文本的含义,及含义可能依附的东西做出有见识的陈述。福斯特(E.M. Foster)说,从细读之中衍生出的就是,把最佳的指令连接于陈述和意义链条。这就是布莱克默(R.P. Blackmur)说的让文学进入表现。③ 以及爱默生说的,"每一个头脑必须自己去体验全部——检验所有的范畴。它没有看见

---

① 利奥·斯皮策:《语言学与文学史》,第 27 页。
② 同上。
③ 见 E.M.福斯特:《霍华德庄园》,纽约:企鹅经典,1988 年。

的,它没有经历的,它就不会懂得。"①

我认为,正是由于回避这个过程、这样热忱地为个体阅读承担最终责任,导致了德里达的解构主义式阅读及其各种变体的致命局限,这种阅读终止于(正如其开始于)无法决断和不确定性。揭示出所有写作中都包含的犹豫和摇摆,在某种程度上是有用的,就像福柯揭示出知识最终服务于权力,也可能多多少少是有用的。但是这二者都延宕太久,迟迟不愿承认阅读事实上、根本上是一种审慎的对人的解放和启蒙行为,它改变并增进一个人的知识,而不是为了简化削弱、导向犬儒主义,或是让人袖手旁观、一无所获。当我们阅读,比如读约翰·阿什伯里(John Ashberry)的一首诗,或者福楼拜的一篇小说,比起阅读一篇关于外交或军事政策的报刊文章而言,我们对文本的注意力当然更集中。但是在两种情形下,阅读的注意力都要求我们警觉、建立联系,否则这些关联性就会被文本隐藏或模糊不清,比如一篇关于是否发动战争的政治决策文章,要求作为公民的我们带着责任感和严谨的态度进入文本。否则,何必费心阅读呢? 至于细读中的启蒙和解放最终究竟是为了什么? 我马上就会谈到这个问题。

没有人会被要求去效仿根本不可复制的斯皮策,或者另一个令人敬仰的、对我们在本世纪阅读西方经典产生如此深刻影响的语文学家埃里希·奥尔巴赫(Erich Auerbach)(我将在这本书的下一章谈到他伟大的作品《摹仿论》〔Mimesis〕)。但是,仍然有必要认识到,精读应当发源于批判性接受,同时源于一种确信:尽管伟大的美学作品最终是拒绝被完全理解的,也仍然存在批判性理解的可能;它也许永远不会被完成,但一定可以得到暂时肯定。所有的阅读都会被后来者再次阅读,这是不言自明的;但仍需要记住,总有英雄般的第一次阅读,是它使得之后的其他阅读成为可能。谁会忘记阅读托尔斯泰或聆听瓦格纳、阿姆斯特朗所感受到的强烈冲击,谁又能忘记由此带来的自我被改变的感觉? 去承受伟大的艺术成就需要一种英雄主义,才能体验创造《安娜·卡列尼娜》《卢巴弥撒曲》(Missae Luba)、泰姬陵的那种令人震动的晕眩。我认为人文主义的事业理应如此,无论作为读者、诗人、小说家、剧作家,都要把创作者的英雄主义,视作其模仿以至超越、仰慕、渴求的东西。举几个例子:并不只是焦虑驱使着梅尔维尔(Melville)去匹敌莎士比亚和弥尔顿,也不仅是焦虑驱使着罗伯特·罗威尔(Robert

---

① 见拉尔夫·沃尔多·爱默生:《随笔:第一、第二集》,纽约:古董书出版社,1990 年。

Lowell）去延续艾略特的衣钵，或是焦虑驱使着史蒂文斯（Wallace Stevens）去超越法国象征主义者的无畏，或是批评家的焦虑，像晚期的伊恩·瓦特（Ian Watt）去超越利维斯（F.R. Leavis）和瑞恰兹（I.A. Richards）。这其中当然有竞争性，但是也有仰慕和激情，对于这项事业永不满足的激情，直到沿着前人的路再度开辟出一条新路。关于人文主义式的英雄主义，也是一样，允许自己去体验一个作品的根本驱动力和启发性的力量。我们并不是拙劣的模仿者或是卑微的抄写员，而是以我们心智的活动构成了正在创造中的人类集体历史的一部分。

理想的情形下，使得人文主义者保持真诚的是这种与他人共同承担一份事业的意识，这项事业有它固有的限制和秩序。对此，我发现在伊斯兰传统里有一个绝佳的范例，而它在欧洲中心主义学者中并不为人所知，他们忙着赞美某种据说是西方独有的人文主义理想。在伊斯兰教里，《古兰经》是上帝的言语，因此它是永远不可能被完全理解的，尽管它必须被反复阅读。但由于它是语言写成的，这一事实使得读者有义务去首先试图理解它的字面意思，同时完全明白，在他们之前，其他人也已尝试过这个令人却步的任务。其他阅读者的存在，是以一种见证者群体的形象出现的，他们与现在的读者构成一个链条，每一个文本的见证者都某种程度上依赖于前人。这个相互依赖的阅读系统被称为"isnad"。共同的目标是试图接近文本的基底——它的原理或"usul"，尽管其中一定有个人投入和超乎寻常的努力，阿拉伯语里叫做 ijtihad（如果不懂阿拉伯语，很难知道"ijtihad"和现在臭名昭著的"jihad"这两个词是同一词根的衍生，它的主要意思不是圣战，而是一种为了真理的精神努力）。并不令人意外，自 14 世纪以来，持续有越来越激烈的争论，关于"ijtihad"是否是被允许的，在什么程度上能被允许，以及在什么限制范围之内。教条主义的正统伊斯兰教阅读认为塔米亚（Ibn-Taymiyya，1263—1328）是正确的，只有"as-salaf al-salih"（虔诚的先驱）是能够被效仿的，因此把个体解读拒之门外。但这个观点一直被挑战，尤其自 18 世纪以来，"ijtihad"的倡导者们从未被战胜。

其他阐释性的宗教传统也是一样，这些术语和它们可容许的意义范畴引起了大量争议，也许我危险地简化和忽视了其中的许多争论。但是我这么说是对的，任何一个个体为了理解一个文本的修辞和语义结构所付出的努力，其能够被容许的范围，狭义地来看，是由法律决定的；广义地来看，是由一个时代的惯例和智识水平决定的。即便表达的自由充分存在，在公共领域之内,法律或所谓的"qanun"仍然支配统治着个体的自发行为。负责任地来说,一个人不能够随心所欲,想说什么就说什么、想怎么说就怎么说。这种责任感和可接受性不仅很大程度上束缚了斯皮策所说的语文学式的推导,也为爱默生和波利尔提供的东西设置了限度。在我所举出的三个例子:阿拉伯的、语文学式的阐释学,和实用主义的美国传统之中,都有不同的术语来刻画类似于传统、语义框架、社会乃至政治团体等等所发挥的约束力。一旦没有这些,就会引发失控的个人狂热,这就是斯威夫特在《桶的故事》(*A Tale of a Tub*)里无情戏拟的对象。

严谨地致力于拷问意义的阅读(不仅仅是为了理解推理结构和文字实验,当然也不是说这两者不重要),并简述这种意义如何有益于启蒙和解放,这二者之间存在着充分的空间,让人文主义实践来发挥它的能量。大卫·哈伦(David Harlan)最近的一项研究恰当地在它的题目和内容中表达了不满——《美国历史的堕落》(*The Degradation of American History*)——在美国历史书写和理论中,严肃性和责任心逐渐丧失。① 关于美国人究竟应该从他自己的历史中学习什么,我不同意他这种感情用事的例外论者的结论,但是他对于当下学术写作的令人沮丧状态的判断是准确的。他认为反基础主义、话语分析、机械化和象征化的相对主义、专业主义,还有其他种种正统学说,异化且削弱了历史学家的使命。我想这同样也适用于人文主义文学实践,一种新的教条主义把一些文学专业人士不仅与公众领域区隔、还与其他使用不同术语的同行区隔开来。可供选择的少得可怜:要么成为一个技术型的解构主义者、话语分析家、新历史主义学家等等;或者是退隐到恋旧地庆祝着那种人文主义所唤起的往昔荣光。但这些选项中都缺失的,恰恰是一种与纯技术性相对的、人文主义实践的思想元素,这个元素在我们这样的时代显示出重要性。这就是我在此想要做的事,试着摆脱这种徒劳无益的二元对立。

终于要说到抵抗这个概念。如果没有前面对于接受的一系列讨论——无论这讨论多么简短和不充分:即阅读的过程和语文学式的接受是不可消减的核心——引入抵抗这个概念是没有意义的。我再次简要地重申一遍:接受基于"*ijtihad*"、精读、阐释学的推导,它包括把普通的语言转化为个人的批判性语言,同时充分意识到所探讨的艺术作品与我们保持着必要的终

① 见大卫·哈伦:《美国历史的堕落》,芝加哥:芝加哥大学出版社,1997 年。

极距离,不可调和,它作为一个坚实的整体要求我们必须努力理解、施加影响。但这个过程不可能就此停止。因为我相信,现在在我们的社会中正发生着一种对思想本身的攻击,更不用说对于民主、平等、环境的态度。这是全球化、新自由主义价值观、经济上的贪婪(委婉地称作自由市场),还有帝国主义的野心这些去人性化的力量招致的。现在由于交流的渠道被一小部分的新闻机构控制着,许多可能性被压制了,而人文主义者必须提供更多的可能。

打包好的、具象化的世界呈现形式持续包围着我们,它侵占了良知,取代了民主批评。赖特·米尔斯(C. Wright Mills)说得很对,需要颠覆和消除这些使人异化的东西,这就是有智识的人文主义学者应该致力的工作。无论如何,至少有一点是非常幸运的,美国的大学仍然是一个能够真正开展智力活动的公共空间,如今世界上再没有任何一个地方存在这样大规模的机构,我为我自己在其中度过了人生里最长的、最好的一段时间感到骄傲。大学中的人文主义者身处一种特权地位,但是他们的优势不仅仅是作为学院式的教授或者专家。毋宁说,学院——以其信奉的反思、科研、苏格拉底式的教学,和一定程度上怀疑主义式的疏离——使一个人拥有种种自由,包括免于截止日期的限制,对胡搅蛮缠、苛责的雇主履行义务,以及定期生产的压力。在我们这个遍布政策智囊的时代里,凡此种种折磨着专家学者们。一个人有时间在大学里进行反思和思考,这可绝不是一件微不足道的事。

一个立刻浮现的问题就是,在抵抗性的写作中应该运用什么样的语言,什么样的方式,什么样的态度对一个人的学生、同事、其他公民言说。在学术界和大众媒体里已经有相当多的关于所谓好的写作和坏的写作的争论。对于这个问题,我自己有一个实用的答案,非常简单,就是避免那些会使你疏远一大批潜在支持者的术语。确实,朱迪斯·巴特勒(Judith Butler)已经论证过,让原本可被接受的文章带上事先包装的风格,可能会掩盖它所基于的意识形态预设;她列举阿多诺那种复杂的语法、让人颇费脑筋的表达方式作为一种应该避免的先例,即使他戳穿了对于不公正和苦难的圆滑的粉饰——有时话语利用这种粉饰来掩盖其与政治上的不当行为存在共谋关系。不幸的是,阿多诺诗性的洞见和辩证的天才是非常罕见的,即使在那些试图模仿乃至超越他风格的人当中;犹如萨特在另一个语境中所言,瓦雷里是一个小资产阶级者,但并不是每一个小资产阶级的人都是瓦雷里。不是每一个制造令人讨厌的语言的人都是阿多诺。

　　无论在大学内外,专业术语对人文学科带来的风险都显而易见:它们不过是用一个事先包装好的习语替代另一个习语。为了使我们的事业尽可能明晰、高效,去神秘化和质疑至关重要,我们为什么不转而设想,人文主义阐释的作用就在于此呢?到底有什么必要把"坏的写作"变成一个议题?这无非是掉到陷阱里去,徒劳无益地关注着叙说的方式而不管更重要的东西——叙说的内容。在我们身边有太多现成的可被理解的语言范例,它们的可理解程度和可运用程度的阈值很大,从很难到相对简单都有,就好比从亨利·詹姆斯(Henry James)到杜波依斯(W.E.B. DuBois)的语言。没有必要反常地运用荒谬讨厌的个人用语来表明自己的卓尔不群和原创性。人文主义应该是一种揭露的形式,而不是秘密地、宗教性的启悟。专业性作为一种疏离的手段已经发展到失控的地步,尤其有一些学术表达已经到了反民主和反智的程度。我所说的人文主义抵抗运动,其第一部分是接受和阅读,其核心是批判。批判正是一个在永不停歇地追寻自由、启蒙、更多力量的同时进行自我澄清的过程,而非反其道而行之。

　　这些任务里的任何一个都不简单。首先,占据着我们思维模式的那些打包好的信息(媒体、广告、官方声明,以及那些意图劝说、诱人顺从而非激励思想、开启智识的政治意识形态论点)都很适合短小简洁的形式。CNN和《纽约时报》在头条和简短的广播中提供信息,往往紧跟着稍长一些的段落,声称是为了告诉我们"实际上"发生了什么。他们丝毫不提及关于这个话题的历史,而信息被选择、筛除、强调的过程,都是公之于众的,被当做无关紧要。因此,我一直所呼吁的"人文主义式抵抗"需要以更长的形式出现,在更长的文章里,在更长的反思时间中。这样萨达姆·侯赛因政府(总是被故意称之为他的"政权")的早期历史就会浮出水面,以及其中一切肮脏的细节,包括美国政府对他提供的大规模直接支持。当大多数美国人对于伊拉克本身的情况、它的历史、它的制度、这些年来我们与它的大量交易一无所知的时候,当我们以胜利者的姿态从战争走向"重建"(reconstruction)的时候,需要有人提供这些信息来引导我们。这一切都不可能通过对"邪恶轴心"(axis of evil)的简略报道,或通过声称"伊拉克拥有大规模毁灭性武器,对美国和我们的生活构成直接威胁"这种话去做到,这些用语需要费力地被拆解、揭示、求证、驳斥或证实。这些是对于美国的人文主义者至关重要的问题,他们同时是世界上唯一的超级大国的公民,他们的默许(或沉默)是受过教育的公民对重大问题作出决策时所必需的。因此,人文主义式的反思必须切实地打破那些约束我们简短的、头条式的、短广播式的形式，而要试着引入更长的、更谨慎的反思和调研，追根究底的争论，它们才真的关注着事件的核心。

关于语言问题还可以说更多，但我想谈谈其他问题。首先，毫无疑问，无论一个人进行何种阅读，都是在具体时间和空间中的，就像在人文学科的学习过程中一个人遇到的作品都置身于一系列由传统、文本的传播和变形、累积的阅读和阐释构成的框架之中。与此同等重要的是社会上的论争，总的来说我可以概括为美学和历史领域之间的论争。尽管这有过度简单化之嫌，可以说现在有两种情形正在发生：身处当下的人文主义者，以及置于框架之中的文本。二者都要求细心的分析，二者都处于一个具体的和一个更广阔的历史框架，都要求着人文主义者持续不断地质疑。我们当然可以假定，一个作家从其私人生活，乃至独处之中创作出文学文本，但是在这种特殊处境和作家的社会位置之间，始终存在着紧张关系。无论这个作者是个像亨利·亚当斯（Henry Adams）一样的历史学家，还是一个像艾米莉·迪金森（Emily Dickinson）一样相对孤僻的诗人，或如亨利·詹姆斯（Henry James）一样知名的文人。片面地关注作家的原创性、个人性，或是他的公众地位，而不去审视这两者如何成为我们的知识，是毫无意义的。或许是被课程大纲列为经典，权威所提供的思想或批判的框架——比如佩里·米勒（Perry Miller）曾经的实践，或者是大规模的围绕着传统归属、目的等等的争论。于是传统的构成和可被利用的过去浮现在我们眼前，反过来不可避免地把我们导向身份认同和民族国家。在这里以及在英国，斯图尔特·霍尔（Stuart Hall）和雷蒙·威廉斯（Raymond Williams）都做过一些有价值的分析，在其中讨论这个话题：无所不包的民族国家叙事，带有清晰划分出的开端、过程、结尾、分期、荣耀时刻、失败、胜利等等。

那么我要试着描述的是被构建的国家视野。人文主义的研究，包括它的一切内在运动、争议性的解读、理性的或引发争议的推论，都在这里发生。现在我想要警告，不要从私人的"*ijtihad*"，或精读，太快速地、太突然地、不经反思地过渡到全局视野。但是毫无疑问，对我来说人文主义作为一种世俗的实践可以超越最初的作家的私人性，或者是教室、书房这样的相对私密的空间，这对于我们人文主义者想要达成的目标来说是不可或缺和必要的。教育关乎扩展认知领域，每一个领域从分析层面来看明显有别，但是由于世俗现实的存在而相互联系。一个读者总是处于一个地点，在一所学校或是大学,在一个工作场所,或是在一个具体的国家,一个具体的时间、处境等等。但这些并非消极的框架。在拓展人文主义视野、洞见和理解的过程中,这些框架必须被主动地理解、建构和解读。这就是抵抗的内涵:一种能够区别出什么是直接被给出的、和什么是被保留的能力。出于个人经历,人文学科的专门学习者也许会被限制在一个空间中而不敢越界;或是在灌输之下,以至只能够认识到他受过教育的部分;或是预设了只有政策研究专家才有权讨论经济、医疗服务、军事和外交政策这各种对于同时也是公民的人文主义者来说十分紧迫的问题。一个人是选择接受现有的视野和限制,还是试图作为一个人文主义者去挑战它们?

我相信这些,就是人文主义对于它所处的当代美国和世界的适用性应当被阐明和理解之处,如果说,它在除了教育我们的学生和公民们更好地阅读之外还有什么意义。当然,这本身就是一个值得尊敬的工作,但是它所具有的创造性的能量也使得人越来越远离最珍贵的自我接受。是的,我们需要不断回到我们所读的书中的语词和结构,但是,正如这些语词是诗人们从世界中撷取并充满力量地从沉默中唤醒的,没有这力量任何创造力都无从谈起;读者们也需要把他们的阅读延伸到我们每一个人栖居的世界之中。当代的人文主义者们尤其应当培养一种多重世界和多重交互传统的观念,也是我所提到的归属和疏离、接受和抵抗之间的不可避免的融合。人文主义者的任务不仅仅是占据一个职位或位置,也不是简单地归属于某处,而是要做我们的社会、或另一些社会、甚至他者社会中流行观念和价值的局内人和局外人。说到这里,我又兴奋地想起(像我在别处做过的一样)艾萨克·多伊彻(Issac Deutscher)那本不为人熟知的文集,《没有犹太信仰的犹太人》(*The Non-Jewish Jew*),其中记录了伟大的犹太思想家们——其中首要的是斯宾诺莎,还有弗洛伊德、海涅,也包括多伊彻他自己——他们身处传统之中,同时拒斥传统,他们保留与传统的原始联结的方式是把它置于尖锐质疑之下,这使得他们超越这一联结,也使得他们在此过程中被驱逐出群体。①我们中不会有很多人能够,或者愿意达到这样一种辩证的焦虑,如此敏感地从属于一个阶级或群体之中,但是从他们的命运中窥见一种美国人文主义者的具象形式是具有启迪意义的——这就是非人文主义的人文主义者。

换句话说,如果我一定要为我自己作为人文主义者选择一个角色,要么

---

① 见艾萨克·多伊彻:《没有犹太信仰的犹太人》,伦敦:牛津大学出版社,1968年。

是充满爱国热情地"肯定"我们的国家,就像理查德·罗蒂(Richard Rorty)最近宣称的那样(他用的词是"铸就"而不是肯定,但归根结底是一个意思),或是不带爱国热情地质疑它,我毫无疑问会选择质疑者的角色。就像布莱克默在另一个语境里对现代主义的论述:人文主义,是一门使人困扰的技艺;如今,在国家和国际的视野经受巨大变形和重构的时期,它必须保持这种变革。① 这项任务本质上是无休止的,而且它不应该试图得到一个平庸的结论,在我看来那种结论会带来更多有害的推论,它确保一个人具有某种身份,并为这个身份斗争、辩护,却把世界上这么多有意思、值得探索的东西搁置不顾。在冷战后的世界,身份与种族隔离的政治(我指的只是侵略性的身份政治,不是在种族灭绝的威胁下对身份的维护,像巴勒斯坦人的例子)带来了比它应得的多得多的麻烦和苦难,当它们恰巧与人文学科、传统、艺术和价值联系在一起时尤甚。这种身份据说是为了维系和保护这些价值,也就等同于保卫领土和自我,而事实上这一切引起的是杀戮而并非生存。自"9.11"事件以来,这样的事情在美国发生了太多,结果,对于"我们"的角色和传统的沉思、非教条式的审视,往往再度确认了美国应当对全世界开战,这也是美国现在似乎正在实践的。

对于美国的人文主义者而言,保持审美性和民族性之间的张力而不是去解决它,用一种缓慢但是理性的、属于人文主义者的方式去接受和阅读,用审美性去挑战、检视、并抵抗民族性,还有什么比这更适合他们呢?至于建立那些使我们看到部分和整体的关联,最主要的问题是:要和什么相关联,如何关联,或如何不关联?

有必要讨论一部戏剧或小说之中蕴含的充满紧张性的道德空间,并把这种审美经验看成是矛盾和选择的焦灼人心的具体表现形式。但我认为,这实际上是放弃了真正的阅读,是对于我们周围各种各样的为了公正、解放、消除人类苦难的斗争视而不见。比如说,经济学就被误解为是仅仅属于金融大鳄、首席执行官和专家们的领域,这些人一年一度地聚集于达沃斯(即使是在那里,我们也难免质疑某种骚乱在发生着),但是另一些像约瑟夫·斯蒂格利茨(Joseph Stieglitz)、阿马蒂亚·森(Amartya Sen)一样的经济学家,他们所做的关于授权、分配、贫困、饥荒、平等和自由的基础性工作,对于几乎统治着所有地方的市场经济带来巨大挑战。我引用这两个诺贝尔奖

① 见理查德·罗蒂:《铸就我们的国家:20 世纪美国左派思想》,剑桥:哈佛大学出版社,1998 年。

获得者作为有启发性的范例,来说明在人文学科的各个方面正在发生着什么,知性地运作、重构、抵抗全球化征服一切的范式和错误的二元对立——举个例子,这表现于托马斯·弗里德曼(Thomas Friedman)在《凌志汽车与橄榄树》(*The Lexus and the Olive Tree*)或者本杰明·巴布尔(Benjamin Barber)在《圣战与麦当劳世界》(*Jihad Versus McWorld*)中所做的通俗化的消解。①1999 年 11 月在西雅图发生的事情,医疗保障系统的混乱,医院陷入困境,当HMO 整体的不公平过甚,甚至对于医生都无法承受,更不用说千千万万没有保障的病人,他们根本得不到关注——这些问题同样是我们人文主义视野中的一部分,尽管我们沉静的学科训练往往让我们不要去干预,但它事实上很需要我一直提倡的那种严谨的审视和抵抗,尽管我说的还很简要,并仅仅是个提议。当然,自"9·11"以来,在为我们的价值体系争强好胜地"捍卫"之际,我们需要更多的关心和怀疑,而不是像从前那些充满不满地、甚至恐吓地异见知识分子那样驱赶着整个国家。

当美国作为仅存的超级大国,我们的外交政策——基于规划和部署大规模的军事、政治以及经济资源——已经成为无法战胜的干预主义的一个新的变体。美国在多民族、多文化的世界中所处的位置,对于人文主义者而言是尤其重要的一个问题。此时此地,在美国做一个人文主义者,不可与在巴西、在印度、或在南非同日而语,甚至不像是在一个欧洲大国做人文主义者。当夜间新闻评论员礼貌地询问国会秘书长,对于萨达姆·侯赛因,"我们的"制裁是否值得,"我们"指的是谁?当确乎有成千上万的无辜平民,他们并非那个恐怖"政权"的一分子,却被杀害、致残、挨饿、轰炸,这样我们就彰显出我们的力量了吗?或者,曾有一个新闻的读者问现任国务卿,在我们决心把伊拉克的大规模杀伤性武器(尽管它至今尚未被发现)追查到底的暴怒之下,"我们"是否也要用同一标准对待以色列、去追查他们的武器?这些问题完全没有得到回应。

抒情诗、颂歌、挽歌、悲剧同样使用"我们""我们的"这样的介词,出于我们所受的训练,有必要提出对于责任和价值的质疑,对于骄傲和过分傲慢的质疑,对于这令人惊讶的道德无知的质疑。当"我们"轰炸平民,对于伊拉克无与伦比的历史遗迹被洗劫掠夺却冷漠地耸耸肩,说着"这种事情总是发

---

① 见本杰明·巴布尔:《圣战与麦当劳世界:全球化与部落主义正在改变世界》,纽约:巴兰坦图书,1996 年。

生"或者"自由是不洁的",这样的"我们"又是谁？一个人应该有能力，在某种情况下明确地说出，我不属于这个"我们"，"你们"做的事情，请不要以我的名义。

人文主义关乎阅读、关乎视角，我们作为人文主义者的工作是从人类经验的一个领域转换到另一个领域。它也关乎身份认同的实践，且不同于眼下的国旗或战争所标识的身份。当我们阅读，当我们把文本中各部分建立关联，当我们继续拓展，将更广阔的相关性纳入注意力范围，我们就是在运用这多重身份的可能。我所说过的关于人文学科和人文主义的一切都是基于一个固执的确信，如果不从特定的个体出发，就不存在真的文学，就没有什么言语值得被表达和珍视，也就没有什么人类的历史和机构需要被保护和鼓励。但是一个人也可以同时做个唯名论者和唯实论者，向着被动员起来的集体自我评论这种鸿沟——无需谨慎的过渡或深思熟虑，只需要直截了当的断言——这个集体自我比他们以为在捍卫的任何东西都更具有破坏性。这些未经过渡的跃进恰是最需要被认真审视和严肃对待的。它们所跃入的东西是卢卡契惯称为的总体性，它在经验上无法被感知，却具有强大的动员力量。它们拥有如此强大的力量恰恰是因为它们是一个整体，能够蛮不讲理地被付诸行动，而这些行动本应是小心的、谨慎的、人道的。"我们的观点是"，奥尔布赖特夫人（Madeleine Albright）说道，"这些制裁是值得付出代价的"，而这里的"代价"指的是一声令下、无数平民就被种族灭绝式地屠杀和摧毁。唯一能够阻止朝向这种集体暴行的词是"人道"（humane），如果人文主义者没有经历那种脱去外衣的、精心阐释的、去神秘化的普遍人性，他们就是俗语所说的徒有其响的锣鼓和铙钹。自然这也会把我们引向公民身份、权利、义务的话题，这是理所当然的。

当人文主义者被责令回到他们的文本，把世界留给那些本职是经营它的人们，就有必要，实际上是迫切需要提醒：我们的时代和我们的国家不只是具象化于已经确认的、恒久存在的东西之中，而往往是在未被记录的不安定的动乱，无家可归的流亡、迁徙、徘徊或被囚禁的人群之中，对于他们而言尚且没有文献记载，没有恰如其分的表达足以记录他们的经历。在这种全然不安定的能量之中，这个国家需要那种超越学科分野的、开人眼界的觉悟，全新一代的年轻的人文主义者们已经发出了世界主义的、见闻广阔的、变动交融的信号。

讽刺的是，在这个极端的时代，即便这是有史以来最伟大的文献扩张，以及随之而来的急速却扁平化的、一维的交流,我想,这也是一个越来越多的经验正在丢失的时代,因为边缘化、同质化的语言处理前所未有,不被记录的群体的经验被帝国的记者们如此傲慢、粗浅地描述为居住在地球末端。人文主义,我深信,必须凿开这沉默,这记忆的世界,它属于那些四处移居、勉强维生的群体,那些被排除在外的、不可见的地带,那种媒体报道上见不到的证词,它们恰恰是关于被过度开发的环境,可持续发展的小经济体和小国家,以及大都会中心咽喉内外的边缘群体能否在碾压、扁平、错位这些全球化的显著特征之下存活。

我想要以一个想法结尾,在我经常变化的思绪之中,以及我作为一个身在美国的人文主义者的接受与抵抗的实践之中,这个想法是最重要的:因为这就是我所理解的人文主义式的关注应该聚集的地方,在空间上、地理上,而不是仅仅在时间层面。我们时代和我们国家的变动是领土内外的变动:被移入或移出、努力留下、努力建设新的领地,由此以往,在永不停息的定位和错位的动态之中,在我们这无止境变化的国家之中,国界的隐喻和真实位置从未被确定,它仍然是一个很大的问题。

这个瞬间对我而言是人类历史的核心事实,也许因为我自身作为移民、朝圣者、被驱逐者的经历,在埃里克·霍布斯鲍姆(Eric Hobsbawm)的短暂"极端的世纪"(century of extremes),这世纪刚刚结束,但已经给我们对于过去的认知戴上有色眼镜,如此决断性地、政治性地、存在主义式地。[①] 就像布迪厄(Pierre Bourdieu)所写,地点或场所,无论是郊区、少数族裔聚集区、车臣、科索沃、伊拉克还是非洲——都是幻影,它们依赖于那些多少不受控制的语词和图像唤起的情绪体验,就像那些八卦小报,政治宣传或是谣言所传达的一样。[②] 但是去打破已被接受的观念和日常话语(在本质层面上这就是人文主义阅读的内涵),这根本不够,因为我们还会思考、有时还想去"亲眼看看"它究竟是什么样的。而事实上,经验主义者的幻想(在当代媒体对全球的报道之中这完全成为常态)毫无疑问从未如此强烈,在这样的例子中,直面现实往往伴随着困难,甚至是危险,正由于此它才是值得称道的。但是,我们完全有理由相信,切实的生活和见证只有在别处。

前所未有地,我们需要实践一种非同寻常的思维模式(para-doxal mode

---

① 见埃里克·霍布斯鲍曼:《极端的年代(1914—1991)》,伦敦:迈克尔·约瑟夫出版社,1994 年。

② 见皮埃尔·布迪厄:《世界的重量:当代社会的疾苦》,剑桥:政体出版社,1999 年。

of thought, *doxa* 意为常识、惯于接受的理念），也就是对于美的和好的情绪保持同样的怀疑。思想正直的人遭遇着危机，要么是来自那种"动摇资产阶级"的欲望，要么是对于我们社会中诸多的弱势群体的苦难抱有过分的冷漠。晚近布迪厄提出这样的建议，它也同样适用于美国的人文主义者。"只有通过对社会空间结构和物质空间结构关系的严密分析，一个人才能打破实体论者那种迷惑性的表象和根深蒂固的缺陷（就是我早前提到的不经反思的、毫无过渡的转化）。"①

我想，人文主义是方法，抑或是意识，其为我们提供了一种最终的唯信仰主义或对抗性分析法。以此我们审视词句及其不同的来源的空间，词句在物质和社会空间中的运用，从文本到具体被挪用、抵抗，到被传播、阅读和阐释，从私人到公共空间，从沉默再到阐明。回过头来，直到我们遭遇到自身的沉默，走到生命的终点——这一切都在这世间发生着，在日常生活中，在历史中，在希望中，在对于知识和公正、或许还有解脱的追寻中。

---

① 见皮埃尔·布迪厄：《世界的重量：当代社会的疾苦》，1999 年。

根源、种族与回归语文学

杰弗里·哈芬(Geoffrey Harpham)* 著

寿天艺、马艺芸等 译

> 语文学带来的后果：过高的期待；庸俗；浅薄；文本阅读与写作地位的过分拔高；与人和人类需求的疏离……语文学的任务：消失。
> ——弗里德里希·尼采《我们语文学家》("We Philologists")①

回 归 语 文 学

爱德华·萨义德(Edward Said)与保罗·德曼(Paul de Man)在学术方法与目标的理解方面展现出的分歧是如此显著,以至于人们非常容易忽视他们思想的共通点与连续性。然而,这一点在萨义德的遗作《人文主义与民主批评》(*Humanism and Democratic Criticism*)出版后却成为关注的焦点;理由无他,只因书中的核心章节以"回归语文学"为题,恰与二十多年前德曼最具纲领与辩论性质的文章之一所采用的标题一致。两篇文章观点的相同之处可追溯至更深的层面:首先就展现在两人对批评界现状的诊断作为开端。二人指出,当下的文学研究似乎已失去了目标,导致批评界的对话充斥着不着边际的空洞言论:萨义德将其定性为"宏大的权力架构或模糊的、带有疗愈意味的救赎性叙述";用德曼的话来说,这些论断并非立足于具体文

---

* 杰弗里·哈芬是美国国家人文中心主任、历史学家,主要研究方向为文艺理论、伦理学与教育发展。本文原文为:"Roots, Races and the Return to Philology", *Representations*, Vol.106, No.1(2009), pp.34-62。——译者注。

① 弗里德里希·尼采:《我们语文学家》,见威廉·阿罗史密斯(William Arrowsmith)编译:《尼采:〈我们语文学家〉注释》,《阿里昂》(*Arion*)1973/74 年,第一辑第二期。

本,而仅仅是基于"人类经验或历史的宏观语境"得出。① 此外,二人还达成了另一点共识,主张目标的迷失要归因于专业训练上语文学技巧的衰退。他们提出,缺乏语文学的批评,不过是披着职业外衣的享乐与消遣。唯有对语文学持有一种忏悔式的回归态度——萨义德描述为对文本"细致、耐心的谨慎审阅,以及毕生持之以恒的关注"——学术研究的完整性方能得到重塑(见萨义德《人文主义与民主批评》,第 61 页)。

尽管二人都未就自身的语文学技能提供实质性的证据,但德曼与萨义德都表明,他们具体实践的源头,应追溯至学术实践中最为传统、回归性的一支。正如德曼在一节典型的极富讽喻与挑衅意味的文段中写道:"技术上正确的修辞的解读或许会是无聊、枯燥、可预测与令人不快的,但它们也将是无可指摘且不容辩驳的"(见保罗·德曼《回归语文学》,第 19 页)。而对萨义德而言,尽管他本人并未表露出对枯燥或确凿品质的向往,但他的确将埃里希·奥尔巴赫(Erich Auerbach)、E.R.库尔修斯(E.R. Curtius)、利奥·斯皮策(Leo Spitzer)等著名的语文学家视作自己的英雄。② 一个更大的巧合是,两篇文章各自的写作时间恰巧分别是萨义德与德曼去世的前一年:向语文学的回归似乎成为大限将至之人共享的一种冲动。

然而,在两人所坚持的共同的大方向之内,始终存在着一系列不和谐之处与异见。对萨义德来说,语文学的关注对象——文本,更近似于一扇窗户,引导出其背后一整个具体的历史世界。为了理解那个世界,个体必须"设身处地地将自己置于作者的境地之中——而对后者而言,写作就是通过文字做出的一系列决断与选择"(见《人文主义与民主批评》,第 62 页)。正是这些选择构成了美学创作的过程;因其建构起一个反世界,由此代表了一种面对"日常生活的崩毁"与"国旗或民族战争赋予个体的当下身份"所持有的"不甘妥协的反对态度"(同上,第 63、80 页)。在萨义德看来,从文本出发的语文学直接引出了一场与某位强势作者的共情式遭遇,让读者得以

---

① 爱德华·萨义德:《人文主义与民主批评》,纽约,2004 年,第 61 页;此书名在后文中缩写为 *HDC*;保罗·德曼:《回归语文学》,《抵抗理论》,明尼阿波利斯,1986 年,第 3—26 页;第 23 页。

② 见爱德华·萨义德:《开端:目的与方法》,巴蒂摩尔,1978 年,第 7—8 页、第 68—70 页、第 366—367 页;萨义德在其他场合攻击了以 19 世纪为代表的学科实践中意识形态的东方化。见萨义德:《东方主义》第二版,纽约,1994 年,第 130—148 页;与《伊斯兰、语文学与法国文化:勒南与马赛农》,《世界、文本与批评》,马萨诸塞州剑桥镇,1983 年,第 268—289 页。关于萨义德与语文学更详尽的讨论参见蒂姆·布里南(Timothy Brennan):《精神田野与占领之地:爱德华·萨义德与语文学》,米歇尔·施普林克(M. Sprinker)编:《爱德华·萨义德:精读集》,牛津,1992 年,第 74—95 页。

全身心地沉浸在后者所栖身的历史世界之中,直面其对现实,尤其是对民族主义意识形态的英雄主义式抵抗。尽管许多——如果不是大多数——语文学家都表现出一种政治上的冷漠倾向,萨义德依旧争辩说,"阅读,从本质上来说,或许是一种适度的人类解放与启蒙行为"(同上,第 66 页)。而与此截然相反的,德曼则以一种机械的、明显非人化的方式看待语言,将学术研究作为一种技术性而非阐释性或评估性的实践。他敦促学者们为自己着想,将注意力集中在对语言学形式的研究上,"优先关注语言的结构,而非其产生的意义"(见《回归语文学》,第 25 页)。

令人感到惊奇的是,两位如此截然不同批判运动的领袖人物,竟会在他们的职业生涯乃至生命的尽头,对批评界的现状下达同一诊断,并提出相似的治疗方案;更奇怪的是,二人都声称自己是语文学传统的真正继承人;而最不可思议的是,萨义德与德曼选取了同一个词来指代如此迥异的思想方向:对萨义德来说它意味着亲密、抵抗、解放与历史认识,而在德曼看来则恰恰是对此种人文主义幻想的一次严格而直观的纠正。两人似乎都只是借用"语文学"这一术语来实现自己的目的,而并未将这一词汇原本的意义纳入考量范围。

这一好奇心理促使我们更加深入地探寻语文学本身;更重要的是,它让我们将目光转向我们自身的欲念、需求与渴望,它们在困扰文学研究与人文学术的同时,也始终推动着后者的长足发展。

在解读萨义德与德曼时,人们往往倾向认为他们中的某一人在理解上出现了偏差,但事实上语文学的概念对二人的描述都有所回应。德曼将语文学看作一门实证科学,一项技术性、系统化的文本检查,认为这始于正确文本的建立——如有必要还需对文本进行修复——并强调准确的描述及语言学的分析方法。不同于竭力保存、印刷古代手稿权威版本的文艺复兴学者,此处德曼所指的,更确切地说,似乎是 18 世纪末期由 F.A.沃尔夫(F.A. Wolf)创立的"新"语文学或"现代"语文学,后者将当时学界新近兴起的、用于研究圣经的文本分析法率先应用于荷马著作的钻研上。[1] 在他的主要作品《荷马导论》(*Prolegomena ad Homerum*, 1795)中,沃尔夫在深入研究文本语言的基础上主张,荷马史诗在书面形式问世的前 500 年,始终以一种松散连接的序列歌谣形式存在,通过口头创作与传诵得以流传。沃尔夫并未将现存的

---

[1] 关于沃尔夫对 J.G.艾克霍恩《旧约》研究的倚重详见安东尼·格拉夫顿(Anthony Grafton)、格伦·W.莫斯特(Glenn W. Most)与詹姆斯·泽特泽尔(James Zetzel)编译:《1795〈荷马前言〉》,普林斯顿:普林斯顿大学,1985 年;其中对 F.A.沃尔夫的介绍见第 3—36 页、第 18—26 页。

文本视作荷马原话的抄录,而是将其界定为一项二次转写的产物,认为每一文本都暗藏着真实但经过编码的荷马的原声,其本意须由缜密的学术劳动,从杂质经年累月的腐蚀之下将其破解。沃尔夫从职业角度出发对文本权威采取的不信任态度或许降低了荷马作为历史上文本作者的权威,但其更标志着批判认知的重大发展。他之后的语文学家普遍接受了这一假设,即,文本只是一种展现出来的表象,其内核仍须通过学术方法加以考证与鉴定。沃尔夫之后的学界,在将自己限定在初步研究的同时,也变得愈发具有怀疑性与攻击性。

沃尔夫把语文学定义为某种界定性方法论在特定领域内的应用,一项经验性的实践,为对意义和价值的考察做准备:后者并不在语文学本身的考虑范围内,而需在其他领域通过别种方法完成。在沃尔夫之后,语文学家大都致力于探究某一特定词汇或用法首次出现的场合、某种特定语言应用所覆盖的地域范围、拼写的不同方式、语词的声音结构、词义随时间的转变等。他们计数、度量与比较;他们记录不规则的动词形式、格的终止、词尾的曲折变化与语气。他们发展出比较语法、为语言划分语族的方法。工作是艰苦的,由一系列细节处的描述构成,而极少有进行综合、价值判断与反思的机会。① 沉浸在古语言写成的文本研究中——古北欧语、古波斯语、古斯拉夫语、梵语,尤其是古希腊语——学者几乎从未生活在当下。正如语言学家罗伊·哈里斯(Roy Harris)的冷淡评价,"我们被告知说,如此这般,一位学者对拿破仑的垮台、或是俄国革命毫无兴趣,只因他是如此专注于在巴黎或圣彼得堡图书馆中度过的分分秒秒"。② 那些投身于此类工作的人或许已经与幸福擦肩而过,但他们始终怀有一种安慰的心理,认为自己的劳动最终将产生某种免于抽象化荼毒的知识,不受任何利益、欲望与不相干目的的污染。此外,他们能够骄傲地认为,他们的计划仅仅向少数的智慧人士敞开,只有他们能够忍受年复一年单调乏味的生活,只为追寻前方无可辩驳的真实。他们可以告诉自己,所有成就都建立在他们无私的奉献之上。用拜占庭文化研究学者伊霍尔·谢维森科(Ihor Ševčenko)的话描述,即使在今天语文学依旧主要致力于"建立、阐释我们遇见的文本。它是一门狭窄的学

① 正如詹姆斯·恩格尔和安东尼·丹杰菲尔德写道:"在德国……人文学科而非科学在19世纪率先引进了严谨的实证研究。"见《在金钱的时代拯救高等教育》,弗吉尼亚州夏洛特维尔,2005年,第97页。

② 罗伊·哈里斯:《历史与比较语文学》,奈杰尔·拉夫编:《语言与历史:综合主义者之见》,伦敦,2006年,第41—59页、第57页。关于强调沃尔夫魅力与语文学学科性的学术苦行主义见威廉·克拉克:《学术魅力与研究性大学的起源》,芝加哥,2006年。

科,但没有它一切都将是不可能的"。① 正如杰拉德·格拉夫(Gerald Graff)指出的,与苦行生活中积累的博学紧密相连的语文学,塑造了美国最有声望的大学进入二十世纪后的教学实践,包括死记硬背的学习、逐一叙述、对语言学细节的审查等。② 通过将这一"狭隘但不可或缺的实践"与解构联系起来,德曼很显然不仅意在将他本人的实践标榜为一种传统教学法,而在此基础上试图进一步将其推崇为一种基础知识,认为其他一切理解与阐释都需在此基础上方能发展。

而此外,对语文学还存在着一种截然不同的理解,不是将其作为对限定性领域的经验性研究,而是视作一种阐释性、推断性的事业,目标直指时间深处及更遥远的领域。尼采在 1874 年的《我们语文学家》("We Philologists")一文中表达了他对大多数语文学家的蔑视,认为后者的作品只不过是理论上的非连贯性与傲慢自大的荒唐结合。但仅在几年以后,他在《朝霞》(*Daybreak*, 1881)中就以"不合时宜"的语文学家自居,唤起一种关于语文学实践罕见却真诚的设想:

> 语文学是一门值得尊敬的、率先对其追随者提出期待的艺术——教他们走到一边、寻几分闲暇时光、平静下来、放慢脚步——语文学就是这样一种加诸于语言之上的、从容而高雅的精工艺术:必须小心翼翼、一丝不苟地工作方可一窥其真容,如非足够徐缓地推进,则将一无所获。正因如此,语文学在今天比在任何时候都更为不可或缺:我们置身于一个被无节制的奔忙所充斥的时代,致力于立即"解决问题",甚至是书本中的内容,无论新旧;语文学则是在这个被"工作"占据了的时代中唯一残余的至高的追求与刺激。或许,语文学本身并不会如此立竿见影地"解决问题":但它教会人们如何成为良好的读者,即,缓慢、深入、专注、谨慎地阅读,运用内在的深思,用敞开的心灵之门,用娴熟的手指与敏锐的眼睛。③

---

① 引自扬·茨奥科夫斯基:《何谓语文学?——导论》,《论语文学》,宾夕法尼亚州大学公园,1990 年,第 6 页。
② 见杰拉德·格拉夫:《以文学为业:一部制度化的历史》,芝加哥,1987 年,第 28—41 页、第 67—69 页。
③ 弗里德里希·尼采:《朝霞:论道德的偏见》前言,毛德马力·克拉克(Maudemarie Clark)、布莱恩·雷特(Brian Leither)编,剑桥,1997 年。同见注释 1 与 J.M.肯尼迪(J.M. Kennedy)译:《论我们教育机构的未来/荷马与古典与文学》中尼采著《荷马与古典语文学》一文,爱丁堡,1909 年,第 145—170 页(网络资源:http://www.gutenberg.org/etext/18188)。同见威廉·阿罗史密斯:《尼采论古典文本与古典学家》,1963 年,第 5—27 页。

作为一位忠实而严谨的尼采读者，德曼在提倡关注语言结构先于其生成的意义、并进一步将此种解构作为破除封闭性阐释的方式时，脑海中毫无疑问曾浮现出这段著名的文字。但德曼未曾打算将他描述为"技术上正确的修辞式解读"的解构方式，与尼采在此处描述的漫无目的的反刍联系起来。换句话来说，德曼关于语文学回归的呐喊似乎只注重一个方面——其朴素却令人钦佩的狭隘品质——但事实上语文学这一概念本身还包含更多有待发掘的内涵。

这种"更多的"（内涵）在一开始就有所体现，但并非作为一种简单的补充形式出现。沃尔夫的著作内容，以最近的作品为例，可追溯至、且明显支持一项更为宏大的"亲希腊主义（philhellenism）"运动，即对古希腊文化超乎寻常的热情。这种热情为他最著名的继承者约翰·约阿希姆·温克尔曼（Johann Joachim Winckelmann）所继承，后者是推崇古典希腊文化最有影响力的支持者，主张希腊文明本身就是特定价值观的具体呈现，包括人与自然有机统一、蓬勃发展的公民文化、个体能力自由和谐的发展空间，及对美学观念的悉心培养。沃尔夫加入了莱辛、席勒、荷尔德林、洪堡兄弟、歌德、黑格尔等其他"新人文主义者"的行列，认为希腊与罗马文化不仅本身值得赞扬与钦佩，更可成为启发当代文化与制度发展的典范。他们主张，希腊文化独特的创造性本质，即是以其语言为媒介完成编码：而希腊语的语法本身就代表了某种基础哲学。沃尔夫的作品在这种语境下就变得十分重要，因为准确的文本被认为能向世人更清晰地呈现希腊人的天才之处。普鲁士政府支持沃尔夫与他的学生，是因为它在语文学中找到了推动文化团结与创新的工具，这意味着后者将不仅仅是哲学家的专利、也不再有依赖理性的必要性。正如列昂奈尔·高斯曼（Lionel Gossman）所说的，为语文学提供了出发点与目的的亲希腊运动是"反启蒙运动的浪漫主义者所采取的更精妙、更有欺骗性的伪装之一"①。尽管沃尔夫及其后继者们或许自认与当代政治和意识形态的漩涡保持距离，但他们并未与标榜古文明的文化政治规划划清界限，后者始终致力于将古代文明精神打造成一种供模仿的范式。

讽刺的是，毫不夸张地说，萨义德定义为可对抗"一切当下的战争或国旗

---

① 列昂奈尔·高斯曼：《爱希腊主义与反犹太主义：马修·阿诺德与他的德国榜样》，《比较文学》1994 年，第 46 期第 1 辑，第 1—39 页、第 13 页；同见苏珊娜·L. 马长德（Suzanne L. Marchand）：《奥林巴斯之下：1750—1970 年德国考古学与爱希腊主义》，普林斯顿：普林斯顿大学出版社，2003 年；尼古拉斯·蓝德（Nicholas Rand）：《海德格尔"符号"背后的政治真相：论翻译的隐藏》，《美国现代语言学协会会刊》（*PMLA*）1990 年第 105 期，第 437—47 页。

所给予身份"的语文学,其现代形式却是在民族国家政府推动民族内部团结的语境中诞生的。萨义德或许并未意识到这种讽刺,因为正如德曼一样,他仅仅希望提取和保留语文学内涵的一部分,用沃尔夫的职业抱负来表达即是:从现存的腐朽文本中重寻"最初从(荷马的)金口中传出的纯粹与真实之言"。[①]这一计划不仅需要大量的知识储备与长时间的精力投入,而且——对萨义德来说最重要的——需要敏捷的反应能力与想象力,从而让学者能够通过在仔细研究文本证据的基础上,推断出与其他个体乃至文化的联系。想象力对这项工作来说是必需的、甚至对语文学家的一切所作所为亦是如此。只有这种近似预言般的、得自灵感的猜测,能够辨认出几乎已无法辨认的、某个词在另一个词中出现的痕迹,或循着不同语言的词汇寻找它们共同的源头,即可能存在的同一种先前语言。据此,新语文学最为突出的特征之一,也是萨义德希望寻回与提倡的,是许多当今语文学家会视为非专业的投机取巧。

以最为基本的语文学实践为根基、随着规范的确立与成熟,这种大胆的尝试逐渐被应用于更广范围的研究。起初,沃尔夫宣称他的最终目标是阐明"希腊的人性史哲学(强调原初意义)"。[②] 这是一项浩大的工程;但在19世纪的历史轨迹中,语文学学科甚至发展出更大的雄心。沃尔夫最有造诣的学生,菲利普·奥古斯都·柏克(Philip August Böckh),将语文学视为一种关于古物研究的包罗万象的大师学科,涉及历史、地理、神话学、法律、宗教、艺术、碑文学,以及人们所谓的社会史。自此,语文学不仅关注希腊,还将目光投向希腊背后的诸多文明,甚至是那些早已消亡的文化,认为它们的迁移方向,甚至思维方式都有可能在语言学研究的基础上加以重构。在《论语言》(On Language, 1836)中,威廉·冯·洪堡(Wilhelm von Humboldt)争论说语文学能够揭示神话、宗教、甚至民族特性的起源——这些是构成"民族/国家"(德文:Volk)的基本要素。他认为,一种语言代表了一个民族的"精神力量"(mental power)的独有表达方式,是为完成"构建语言"这一普世任务而选取的独一无二的路径。[③] 在学习数种语言后,语文学家或许能够

① 沃尔夫:《荷马序言》,第45—46页。
② 同上,第233页。
③ 威廉·冯·洪堡:《论语言:论人类语言建构的多样性及其对人类物种智力发展的影响》,迈克尔·罗森斯基(Michael Losensky)编、彼得·西斯(Peter Heath)译,剑桥,1999年,第21页。关于18与19世纪"语言与国家的项目"的权威记载和通过语言谱系探索国家背后的深远历史见托马斯·R.特劳特曼(Tomas R. Trautman):《雅利安人与英属印度》,伯克利:加州大学伯克利分校出版社,1997年。

凭借经验构建起一种整体语言的分类法,进而发展出文化发展原则的历史性阐释与对人类文化现象本身的哲学理解。在辛勤研究的最终,语文学家甚至可能有幸一窥孕育了其他所有语言的源语言(德文:*Ursprache*)的真容,并就此知晓人类文明源头所盛行的思维方式。惊人的前景在学者们面前展开了,它是如此广阔,以至于连乔治·艾略特(George Eliot)《米德尔马契》中卡苏朋先生这样呆头呆脑的角色都能想象,作为数十年枯燥辛劳工作的回报,一切神话的关键都将处于他的掌握之中。

语文学就这样完成了向一门现代学科的过渡:语文学家找到了一种方式,将有限的经验主义与无限制的推断行为结合起来,完成从文本细读到文本语言研究的转变,继而将注意力投向作者本人、他所属的文化、其他文化、文化的起源、最后延伸到人类起源与其周围环绕的迷雾。在新语文学中,此"匠人的艺术"从文本的细枝末节扩展至具有更为深刻的历史的、哲学的、道德的意义的问题;在这一关系链中没有任何的薄弱环节,没有一门知识被视为是完全不相干的。

由于语文学探讨问题的广泛及其对学者奉献精神的高要求,这一学科,至少在德国与法国,逐渐被尊为现代学术研究的最高形式,甚至是现代性的先锋学科本身。作为一位 25 岁朝气蓬勃的年轻人,恩斯特·勒南(Ernest Renan)在 1848 年的诸多大事件发生后预测进步与科学的黎明即将降临,而语文学将成为新纪元引航的明灯。"现代精神",他写道,"即,理性主义、批判主义、自由主义,是和语文学在同一天诞生的。语文学家是现代精神的奠基人。"他为语文学的规范做出了规定,后者最终以其古文物研究式的精密闻名于世,成为"关于人类智慧产物的精确科学",甚至是科学精神本身缩影的主要话语(master discourse);他声称一切 15 世纪以来人类所取得的发展,都应归功于语文学的精神。①对其追随者而言,语文学对一切重要的事物和几乎所有重要的人敞开怀抱。尼采主张一切道德的谱系都可以在语文学的范畴中发现,并进而将歌德、瓦格纳、叔本华、莱奥帕尔迪称作为最高级别的语文学家。当海德格尔试图通过对语词的研究重新发现"存在"(Being)的第一性时,他就已经将自己置于这一伟大的传统之中了。对于语文学(philologue)来说,似

---

① 恩斯特·勒南:《科学的未来》,波士顿,1891 年,第 131 页、第 128 页;重点符号为原文所示;原书发表为法文,名为 *L'Avenir de la science: Pensées de 1848*。

乎没有任务是不可完成的。正如萨义德指出的，在 19 世纪，这一术语本身似乎已经囊括了"对语言卓越的洞察天赋，以及撰写带有美学张力与历史思维论述的著作"；他以一种谨慎的钦佩态度总结："确切无疑地，语文学家周身洋溢着一种无懈可击的权力的光环。"（见萨义德：《东方主义》，第 131—132 页）。

总体来说，萨义德与德曼的忧虑——即，未经历语文学熏陶的批评家可能过分沉浸在关于宏大权力构架或人类历史整体语境的宏观叙述中——在将近一个半世纪的时间内曾始终被骄傲地宣扬为语文学的根本特征与一切存在价值。

萨义德与德曼都没有强调，语文学训练是如何将苦行式的严苛实践——对经验主义、博学、微观与方法的信奉——转化为一股不容辩驳的批判性力量，强调推断性自由与参与宏大叙事的权威。他们试图凭借在安全、有限度、值得尊敬的实践基础上建立起新的批评体系，倒转学术研究发展历史的齿轮。然而，很难想象两位如此富有人格魅力与感召力的学者，竟没有同样对凝聚了众多语文学家的"权力的光环"做出任何回应，且在诉求回归语文学的同时，并未尝试着复原那种光环。他们默认，语文学那种超越世俗的权威来源于其在严格意义上作为一项基础特征，认为这足够将语文学研究本身与文化、政治或意识形态等目的性议程分离开来。相应地，两人都提出了在严格意义上具有局限性的、片面的语文学实践版本，并进一步将这种无懈可击的优点强调为专注、关怀与严谨。德曼根本无视了历史与阐释推断的维度，而当萨义德大力批判勒南等陷于东方主义指控的学者时，则将这些人的作品一概视作对真正语文学的歪曲。因此，他们作品中所提出的问题，不仅是学术研究是否能够凭借"回归语文学"来完善自我，更提出：人们是否能从切实的历史实践中发现并抢救出一种真正核心、本质的语文学。

语言、起源、种族

实际上，19 世纪的语文学家已经提出了这个问题，并以坚持这一学科应被视为一种真正的科学，一种可以与生物学、物理、化学、解剖学、电力学、植物学、人类学，尤其是地质学相比的精细而复杂的实践来回应。"没有一种科学"，马克斯·穆勒（Max Müller）写道，"比地质学更能使我们这样的语言学习者受教"。① 从语文学的角度讲，古代语言就如同化石，以和陈列在博物馆的石头反映地理信息相同的方式揭示人类过去的经历。"在语言中，就像在纯琥珀那样，"一位学者在 1858 年写道，"先代的思想、希望、错误、经验、过失、快乐和悲伤被以清晰、透明的美保留下来，使我们能始终欣赏，并从中得到启示。"②诚然，语言优于石头之处在于，当人们只能观察、分析和描述后者时，语言却可以阐释它自身。"语言"，作者继续道，"通过语文学复生的触碰，就能将自己沉默的过去叙述出来。"但是，正如这一说法所暗示，语文学，这一起到复生作用的学科，也被感到拥有了一些并非在严格意义上科学，甚至近乎超自然的力量。事实上，它代表着一种感官上的崇高和谐：如这篇长文章结论所书，"通过真正的语文学，语言研究将像所有精深的哲学一样，产生诗歌般的魅力"。（见《新英格兰人与耶鲁评论》，第 507 页）

享有诗歌、哲学和科学的地位——同时超越了学科性本身——语文学自我表现为一种"不合时宜"的，完全与政治目的和意识形态相独立的知识。然而，相信着自身方法的科学性和目的崇高性的语文学在 19 世纪的决定性特征，却是反复地被既不科学也非崇高的计划所盗用，甚至成为其附庸。其中最显著的例子，是语文学在种族概念中的深刻介入。通过对语言的宗谱学研究发现民族和国家的历史，分析其性格，这一高尚而富有野心的尝试的必然结果便是对种族的起源和特点的追问。对于语言感兴趣者而言，种族的吸引力是它提供了一种强有力的理解语言族群的方法，将它们看成可被观察生活的民族；于对种族感兴趣者而言，语文学的吸引力则是它提供了一种同样强力的方法——从经验和客观的角度——来描述这些群体的才能和性情。

这一段特定语文学历史的起点是 1786 年威廉·琼斯爵士（Sir William Jones）在加尔各答面对亚洲协会（the Asiatick Society）的演说，其中琼斯认

① 马克斯·穆勒：《语言科学讲演集》上下册，1994 年（1864 年），伦敦，卷二，第 14 页。
② 《现代语文学的历史》，《新英格兰人与耶鲁评论》第 16 辑，第 63 本（1858 年），第 465—510 页、506 页；网络资源：http://memory.loc.gov/cgi-bin/query/r? ammem/ncps：@ field（DOCID+@lit〔ABQ0722-0016-75〕）；除了科学展览，博物馆同时拥有帝国侵略所获的珍宝。这是在语文学话语中偶有提及的事实。萨义德在《东方主义》中讨论勒南时最常提到语文学将一位学者置于一个面向欧洲受众介绍海外历险调查所获舶来品的欧式专家的位置，"就像站在一个好奇的制高点俯瞰一个消极的、萌芽的、阴柔的、甚至沉默与消极的东方世界，然后他们'阐释'东方，让东方放开其神秘的面纱。"（第 138 页；句内引号遵从原文）

为希腊语、拉丁语和梵语间的相似性说明了它们有共同的源头。[1] 这一提示给予语言学家们一项远远拓展到荷马和古希腊之外的新任务。基于比较语言学的对人类历史的再塑造，直接导致了大规模、始料未及的对语言谱系的发现，并迫使人们重新思考欧洲文化的起源。"在欧洲历史中裂缝的发现"，如增泽知子（Tomoko Masuzawa）所称，创造出令人震惊的新历史和世俗谱系，并将欧洲文化的起源放置在至今被其看为极端遥远的世界的另一端，难以引发对异域的向往甚至兴趣——并且，附带激化了犹太人所代表的不同。[2] 随着这一进程的深入，语文学上的不同被固化为民族学或生物学上的差异：德国学者弗兰兹·葆朴（Franz Bopp）在 1833 年《比较语法》（*Comparative Grammar*）中提出的术语"印欧语系"，被许多人同时理解为一个"种族的"和语言学分类。[3] 语言学家发现在方法论上区分语言和其使用者越来越困难，且很多人认为这样做毫无意义，因为种族概念在对语言学研究结论的具体化中是如此地有用。

在葆朴的前一代，希腊化语文学已由于明确地"反犹太"而带有种族主义。语文学对古希腊的热情在其成为犹太宗教和文化的对抗者后更加高涨，后者被认为是机械化、抽象化、二元论和缺乏活力等特征的例证。[4] 在晚年的教学中，沃尔夫自己特别将希伯来人（包括埃及人、波斯人，和其他东方国家者）剔除出以"更高的"精神文化脱颖而出的一小群古人。对语言起源本身的兴趣，迅速被对语言史实性的追问所取代——这是赫尔德 1772 年在柏林获奖文章的主题——并产生出新发现，说明梵语是比希伯来语更古老的语言，因此后者不可能是"原初的"，更非"神圣的"语言。同时，当学者们比较不同语言的表达能力时，他们几乎无一例外地发现衍生出大多数欧洲语种的几种语言比闪族语更加高级。

比如，弗里德里希·施莱格尔（Friederich Schlegel）通过将梵语和其衍生语直白地和"粘着型"闪族语言的较少词源比较，赞扬了前者"使用屈折

---

[1] 威廉·琼斯：《皇家亚洲协会三周年主席致辞：论印度人》，载于 E. 彼得·A. 萨鲁斯（E. Peter A. Salus）编：《论语言：从柏拉图到冯·洪堡》，纽约，1969 年，第 167—172 页。

[2] 增泽知子：《世界宗教的发明/欧洲普世主义如何被保存在多元主义的语言中》，芝加哥：芝加哥大学出版社，2005 年，第 147—148 页。

[3] 弗兰兹·葆朴：《梵语、古波斯语、希腊语、拉丁语、立陶宛语、哥特语、德语与斯拉夫语言语法比较》，爱德华·B. 伊斯特维克中尉（Lieutenant Edward B. Eastwick）译，卷一（未发表材料，2007 年）；本文首次发表于 1833 年柏林。

[4] 高斯曼：《爱希腊主义与反犹太主义》，第 6—8 页。

词"的能力。他小心防范着在这一基础上将文化分层的诱惑,并特别指出"阿拉伯和希伯来语言崇高的力量和能量",但即使是他最有经验的读者也大多忽略了这一想法。① 冯·洪堡引用施莱格尔的比较语法研究,主张"梵语族"展现出独特的生发力量,在生物学事实上拥有一种"比其他语族更强大和在多方面上有创造性的*生命原则*"(《论语言》,第 183 页;保留原文斜标重点)。他认为,发明出这些语言的人比其他民族更加强健、有创意。在冯·洪堡之后,学者们更不止于致力从语言差异层面上解读文化差异,而是也试图证明在基督教欧陆上居住的群体的优越性。

其中决定性的,并在关键部分夹杂着语言学与种族主义的理论出自穆勒之手。穆勒是德国裔的比较语文学学者和东方学者,在 1840 年代末居住于英国,研究东印度公司收藏的梵文写本。与一些追随者不同,种族或语言都不是他的主要兴趣,而作为研究宗教起源和发展的信息源引起了他的注意。他与奥古斯特·施莱歇尔(August Schleicher)、卡尔·布鲁格曼(Karl Brugmann)及年轻的费尔迪南·索绪尔(Ferdinand de Saussure)一起,改善被葆朴称之为"印欧语系"的语族整合及相互联系的方法。语族的比喻——现认为是不完整且有误导性的——似乎使语言的发展变得易懂了;同样重要的是,它在某种意义上补全了《圣经》对人类历史的描述,以科学依据表明伊甸园和巴别塔的故事即使非完全真实,也是类似事件的原型,确实曾存在过一种为全人类使用的语言。表现语言谱系和相互关系最常见的方法是树状图,它以一种在达尔文等人看来极具暗示性的形式,显示一系列纷繁的现代语言无一例外地流回同一处泉眼:语言中的亚当。② 当然,语言需要使用者,所以原始种族的概念作为追寻语言发展的语文学的逻辑结果开始得到关注。

---

① 弗里德里希·施莱格尔:《论印度人的语言与智慧》,E.J.米灵顿(E.J Millington)编译:《弗里德里希·冯·施莱格尔美学与杂文集》(1808 年;重印版 1849 年,伦敦),第 451 页。

② 语音学中"语族"这个概念明显借用了"树"的特征形式,从而为新语文学潜在地下了争议的种子,即其默认了语言是自然的产物。更有意思的是,这种论调导向了语言学的发展受到衍化观的主导,即从一个共同的源头发展出不同的模式与变形。关于施艾彻语言学中的进化论思想与达尔文生物学中的观点同时出现的详细阐述参见罗伯特·J.理查兹(Robert J. Richards):《人类的语言创造:查尔斯·达尔文、奥古斯特·施莱谢尔、恩斯特·海克尔与消失的十九世纪进化理论之关联》,马修·多里斯(Matthew Dörries)编:《舌头上的实验:科学与语言学研究文集》,斯坦福:斯坦福大学出版社,2002 年,第 21—48 页。对 19 世纪语文学与进化论复杂关系最全面的研究见:史蒂芬·G.艾特尔(Stephen G. Alter):《达尔文和语言学形象:十九世纪的语言、种族和自然神学》,巴蒂摩尔,1999 年。

这传说中的语言之源是什么,又是谁使用着它? 穆勒决定将希腊语,拉丁语和梵语的共同祖先称为"印欧语"。在《论语言的科学演讲集》(*Lectures on the Science of Language*, 1861—1863)一文中,他引用18世纪晚期以来引发德国思想界大量猜想和神话化的一个部落的名字,将这种远古语言的使用者称为"雅利安人"。在这方面穆勒援引了施莱格尔,后者在1808年以语言为证指出了印度人和北欧人之间的联系。1819年,施莱格尔为两个人种的祖先命名"雅利安",这个词来自Ehre,即荣誉。穆勒囊括入雅利安后裔的不仅是德国人,还包括所有欧洲人和许多其他民族。他表示雅利安人的发源地(*Urheimat*)或者是位于里海和黑海间的高加索山脉,或更有可能是在中亚的帕米尔山脉(今塔吉克斯坦);其他人则将发源地放于波斯、安纳托利亚、立陶宛、乌克兰、喜马拉雅山脉、德国南部、幼发拉底河谷、瑞典南部、北极,甚至是北非等地。和大多数探寻雅利安人种者一样,他设想这是一个活跃、神秘的部落,最终居住在印度、俄罗斯、波斯、希腊和大部分欧洲的土地上。[①] 穆勒作为哲学家和东方学家日益增长的名望支撑了他对雅利安人故里的确认、关于其为印欧共同祖先的猜测,以及对黑格尔率先发展的、认为他们的存在与迁徙的最佳证据在语言学中这一理论的支持。

在威廉·琼斯指出古代语言的共同起源的八十年内,欧洲学者们就将注意力从希伯来语和希腊语转向梵语,然后从这些"子语言"转向一种未知语言,一种必须通过从其衍生语言中追根溯源来重建的印欧"原始语言"。学者们也试图用严格的语言学证据辨认出一些曾经留下生存证据的原始族群,并且已确认了这个原初的游牧部落,包括其文化特点、迁移轨迹和发源地。由于对失落的部落与语言的物证不足,语文学要保持经验科学的前提

① 见史蒂芬·阿尔维森(Stefan Arvidsson):《雅利安人偶像:作为科学与意识形态的印欧神话》(芝加哥,2006年);莱昂·波里亚科夫(Leon Poliakov):《雅利安神话:一部欧洲种族与民族观念史》(1974年;重印本1996年,纽约);托马斯·R.特劳特曼编:《雅利安的辩论》,德里,2005年;肯尼斯·A.R.肯尼迪(Kenneth A.R. Kennedy):《上帝之猿和化石之人:南亚的古人类学》,安娜堡:密歇根大学出版社,2000年,第80—85页。穆勒和其他语文学家关于雅利安人与16世纪侵略了印度的观点最近被提出讨论。争论主要基于深色肤种的南印度人与浅色肤种的北印居民(可能是雅利安人)的基因相似度。中亚人的"入侵"在基因学中的论证比起语文学的结论发生得早得多,甚至早至公元9000年前,详情参见S.萨霍(S. Sahoo)等:《印度人的Y染色体之史前史:人类散布结构的评析》,《美国国家科学学会文集》2006年,第103期第四辑,第843—848页;T.基维斯德(T. Kivisild)等:《印度人与西欧人线粒体DNA谱系的深层共同祖源》,《当代生物学》1999年,第9期第22辑,第1331—1334页。而对印欧语言原型源自中亚草原的权威论证(或可说最后的拍板之作)见大卫·W.安东尼(David W. Anthony):《马群、车轮与语言:论欧亚草原的青铜骑士如何塑造了现代世界》,普林斯顿:普林斯顿大学出版社,2008年。

变得困难。正如布鲁斯·林肯(Bruce Lincoln)所写,对原始语言的重建"是一种激发人们想象原始母语的使用者及其社会,然后是该社会的所在地、历史时期、特征,以及与其他原始母语所在的原始社会的对比关系的实践。而所有这些",他补充道,"需要说明的是,都没有实在的证据。"①但在整个 19世纪,一种具有相当的文化声望的渴求与好奇,以及赋予渴求者的猜测以科学外貌的方法论,都在缺乏此类证据的情况下盛行起来。在穆勒等人的支持下,语言被广泛接受为一块丰富而可靠的证据来源,语文学则是构建人类起源整体及种族理论的大师学科。

这一结论展现出一种历史的讽刺,因为穆勒看不起如阿瑟·德·戈平诺(Arthur de Gobineau)在《人种不平等论》(Essays on the Inequality of Races,1853—1855)中那样,以语言证据为种族差异辩护的行径。② 戈平诺延续冯·洪堡,声称语言是一个民族"智力"的指标,接着用"种族"代替"民族",并补充称种族是全面解释人类差异的最有力方法,特别是健康与堕落的文明间的差异。他表达的另一普遍观点是在他写道,雅利安人不仅仅是一个古代种族,更是种族中最技艺娴熟并"富有创造力"的。同时,当他主张不论何时,闪族和其他血统对雅利安族群的腐蚀和污染都是一场物种灾难时,他正是在对一个更小,但依旧数量可观且忠诚的群体说话。对那些像戈平诺一样投身于人类差异而非人类统一的原则的人来说,雅利安人迁徙的一个关键事实是,虽然他们在全部所到之处征服了当地人群并与其通婚,但是从未与犹太人通婚过。

穆勒不接受任何此类观点及其背后的动机。如同信仰一般,他相信人类的统一——当然,他相信"原始配对",这对他而言是常识和可靠的科学——并认为这种统一是语文学的前提。实际上,他主张甚至雅利安(印欧)、闪语族以及"都兰"语族都发源于一个更早的源泉,一种曾在人类起源时代使用的中亚语言。③ 至少在他后来的声明中,他坚持种族理论的邪恶以及它与语文学研究毫无关系。以历史与道德为据,他否认雅利安人种优越性这一观念,谴责语言学证据被征用为其支撑的事实。他特别将美国单独挑出批评,这里"比较语言学家被鼓励去证明语言和种族不可能有共同起源,以此在科学上正当化奴隶制这一不洁的理论"。他宣称,"我从不记得科

①　布鲁斯·林肯:《神话的理论学:叙述、意识形态与学术》(芝加哥,1999 年),第 95 页。
②　约瑟夫·亚瑟·德·戈平诺(Joseph Arthur Comte de Gobineau):《人种不平等论》,1853—1855年;重印本 1999 年,纽约,第 182—204 页。
③　见穆勒:《演讲集》第 1 卷,第 327 页、第 329—378 页。

学有比在一个美国杂志的封面上更受辱的时刻,其中在不同人种的档案里,猿比黑人被描绘得更像人类。"①但是他在观点的清楚表达上并不总是很小心,更有一些观点,特别是将比喻和神话的起源看作语言的"疾病",本身就是不清楚的——或更糟的是,清楚但错误,甚至愚蠢。② 他坚持认为语文学是一种科学,却寻求用这科学来证伪人类起源于灵长类动物的观念,证明神灵在自然中的普遍存在,并最终揭示基督教为所有的人类历史无意识的目标。③

穆勒对全人类的和谐统一的奉献是坚定不移的,他对种族的理解却存疑而且前后不一。种族在他的叙述中位于字面和比喻之间,在生物学和语言学之间。"没有一滴外来的血进入了英语的有机系统",他在《演讲集》中写道,"在不列颠群岛上使用的语言的语法、血液和灵魂,与那曾在德国海岸使用的英语一样纯净而不含杂质。"(第 1 页与第 70 页)在他几乎用戈平诺般的说法提到"雅利安种族"、并宣称英语使用者荣幸地成为其后裔时,这种字义的模糊更为加剧。他将康德的《纯粹理性批判》翻译成英语,是因为坚

① 见穆勒:《演讲集》第 1 卷,第 12 页。一个与穆勒描述较为相近的,且反映出其论述原始面貌的说法参见乔西亚・克拉克・诺特和乔治・R.格里顿(George R. Gliddon):《人类的类型:基于古代纪念碑、绘画、雕塑与头盖骨的人种学研究暨塞缪尔・乔治・莫顿未发表论文集》第八版(1854 年;重印于费城,1857 年),第 459 页。在此书中有一系列的人类(和动物)类型的图片,(非洲的)霍顿度人被指示性地放在了"大猩猩"的图片旁边;而在文中,作者们论证指出黑人是最低等的人类,其位于区分人类与其他物种的边缘地带,仅仅高于灵长类动物。穆勒可能注意到过这本书,因为就其论证人类诞生带有的无法磨灭的种族区别这一观点上,此书作者们挖苦了语文学家试图从现存语言中寻求一种单一的"源语言"(Ursprache)这一做法,他们坚信"语言有巨大的多样性,而语文学还没能力去解决这一问题"(第 285 页)。对于他们来说,能够证明最根本的人种区别的决定因素在于,虽然黑人可以学很多语言,但他"保持着古怪的、明显的'黑人'语调,而这是其他文化无法磨去的"(第 282 页;重点符号如原文所示)。

② W.D.惠特尼(William D. Whitney)对穆勒作为一名语言学家可信度的持续和成功的抨击详见琳达・道林(Linda Dowling):《维多利亚的牛津与语言的科学》,PMLA,第 97 期第二辑,1982 年,第 160—178 页。

③ 见莫里斯・奥伦德尔(Maurice Olender)著,亚瑟・葛汉莫(Arthur Goldhammer)译:《天堂的语言:十九世纪种族、宗教与语文学》,麻省剑桥:哈佛大学出版社,1992 年,第 88—92 页。穆勒不同意人类是从灵长类动物进化而来理论,宣称"语言是我们的'卢比肯'界限,没有任何畜生敢跨越之"。(《讲演集》第一卷,第 340 页)但他仍然呼应着达尔文(见《达尔文书信计划》)于http://www.darwinproject.ac.uk/darwinletters/namedefs/namedef-3233.html),在《论语言科学讲演集》中数次用达尔文法则来阐释语言学的变化。事实上,较之现代语言,古代语言所展示了惊人的近义词的丰富性。例如,对于穆勒来说,"物竞天择或为生命奋斗导致了那些不那么强大、愉悦和幸福的词汇的消逝,最后只剩有那么一个词语。它是在每一语言中对一个物品最被公认和合适的名字"(《讲演集》第一卷,第 368 页)。穆勒反对的不是物竞天择或竞争,而反对的是这样的力量推动了物种的改变。后者观点事实上在"科学种族主义"的不断发展中起着重要作用。见伊万・巴尔坎(Ivan Hannaford):《种族:西方一个观念的历史》,巴蒂摩尔,1996 年,与艾乐萨・巴尔康(Elazar Barkan):《科学种族主义的撤退》,麻省剑桥:哈佛大学出版社,1992 年,第 137—176 页。

信它代表了"雅利安心目中完美的男子气概",并将其提供给"使用英语的种族,未来的种族……(作为)另一件雅利安的传家宝"。[①] 戈平诺自己都不能说得更好了。

对穆勒的解读,为学术上的含糊其词与微妙差异进入大众视野后的命运提供了令人警醒的证据。基于语言给予的模棱两可的证据,穆勒试图做出对他不太情愿地称之为种族的推断。其他对种族比对语言更感兴趣的人在援引穆勒时轻巧地忽略了他的顾虑,并直接进入对种族、文化甚至宗教的高下对比,声称其理论拥有学术上的支持。

在恰当的学者的研究下,语言透露出令人着迷的新洞见,尤其是关于犹太人。关于犹太的学术论点产生的共鸣远超大学墙内和学术群体之外。穆勒的朋友恩斯特·勒南的作品尤其具有影响力。勒南关于闪族语言的历史的大部头著作,如他的多卷以色列民族史一样,是在对闪族思想具有深刻缺陷的确信中写就的。作为希伯来语教授,勒南将大部分生命投入对闪族语言和历史的研究,他是其同时代最开明和博学的思想家之一。但是他细致的历史和语言论辩,在进入大众视野并不出所料地被剥夺了其复杂性和语境后,并未与一般人反闪族(包括犹太人和穆斯林)的主义相矛盾:实际上,勒南引发了萨义德在《东方主义》中几段最有力的谴责。

与穆勒相反,在勒南看来人类存在伊始有两个部落,闪族和雅利安人,每个都曾经对人类进步产生作用,但据他说,闪族人的作用很多是负面的。古代闪族的缺陷是显著的:他们没有科学、哲学、文明、勇气和包容的能力;他们自私、死板、正直;他们的文化展示出"想象力和语言的匮乏"以及"思想惊人的简单化"。[②] 这些都可以从其文化习惯和宗教信仰中看出;但真正的机制,种族特征外表背后的决定性力量,既非文化也非宗教,而是语言。

勒南抱有一个与洪堡式观点极其相近的版本,相信语言一旦形成,就变成"一个模型,或者说一件紧身胸衣,甚至比宗教、法律、礼仪和习惯更具约束性"。[③] 因此他认为,对闪族文化的正确学术认知最好从对

---

① 穆勒:《译者序言》,《康德:纯粹理性批判》,伦敦,1881 年,第 v-1xii,lxi,lxii 页。
② 恩斯特·勒南:《以色列民族史》卷一《直到大卫王的时代》,波士顿,1892 年,第 39 页、第 13 页。
③ 同上,第 2—3 页。至少在一个场合上,勒南做出了让步,认为一个语言学意义的"模子"能够证明学过第二语言的更低等的生物的思想。但反映其不同想法的一部秘密版本《奴隶》(Caliban)中,勒南设计了一段阿里尔对奴隶卡利班说的话:"普洛斯贝若教了你三种雅利安语言,有了这样的神语,理性之脉将与你永不分离。"勒南著,埃莉诺·格兰特·维克里(Eleanor Grant Vickery)译:《奴隶:一部续写莎士比亚〈暴风雨〉的哲学剧》,纽约,1896 年,第 18 页。

《圣经》和其他文本的语文学研究中取得。这一研究不是聚焦于词语，而是由语文学发展出的语言的子单元，"词根"，他认为这一不可分解的词汇内核提供了针对民族深层特征的最佳证据。根据勒南，在雅利安语言中几乎所有的词根都"从襁褓中带着神圣"，然而闪语的词根"枯燥，无机，并不太有产生神话的能力"。① 被其语言的连字所限，古代闪族人没有能力进行抽象思考，更不能做比喻；他们的动词变化形式显示出令人失望的原始。

勒南对古代中东的诺曼底人的崇敬是毫无疑问的，他说他们"比所有同时期的民族更为优秀"，同时"占据了人类历史中最重要的位置"。对勒南来说，耶路撒冷是"人类的宗教首都"。② 但是他确信自己在闪族语言中发现了一种如此终极和根深蒂固的缺陷的证据，以至于他只能通过将闪族对人类文明的最伟大贡献——即一神教的发现——描述为"隐秘的倾向"，来将其归为一种不自知、某种程度不经意的种族倾向的表现。③ 确切的是，他写道，世界欠犹太人一笔巨大的财富。那预言之声的崇高的疯狂，以更高权威之名谴责世间的不公，完全是他们的发明；多样的雅利安人，着迷于世界的丰富又被无处不在的神性分了心，是无法自己发现那个声音的。但是，虽然以色列王国拥有"最高级别的创造力"，它却"不懂得如何掌握这个复杂体系"，它是不完整的，一截只有一枝"多产树枝"的"凋零的树干"；前者即基督教，它在适用闪族宗教的同时，又未承担那些搭建它的语言限制。④ 在某种意义上，犹太人欠基督徒和基督徒欠犹太人的一样多，因为一神教完整的辉煌的潜力直到雅利安人开始信奉它后才得以实现。在通过基督教的代理人征服世界后，勒南宣布犹太教作为一个世界历史中的力量实际上已经消亡。

比较语文学，即现代性的科学本身，给予勒南科学依据来证明本身看起来只是一种传统偏见的闪族的低等。当时勒南对种族这一术语的使用过于不连贯，以至于有时他的论点无法区分于那些更庸俗的同行，比本应该被其

---

① 勒南：《历史》第一册，第 40 页。
② 同上，第 21 页。恩斯特·勒南：《从希西家时代到巴比伦的回归》卷三《以色列民族史》，波士顿，1891 年，第 xiii 页；同氏，《以色列民族史》卷四《从大卫王朝上到占领撒玛利亚》，波士顿，1892 年，第 444 页。
③ 勒南：《历史》第一册，第 7 页。
④ 同上，第三册，第 xiii 页；第二册，第 444 页。勒南：《以色列民族史》卷五《犹太人独立和罗马统治下的朱迪亚》，波士顿，1895 年，第 355 页。

纠正的观点更有偏见。① 他一面主张种族概念本身只在作为看待遥远过去的方法时有用,在现代自由和理性的道德观中已经越来越无用,一面却认为"高级种族的国家对低级种族的征服没什么可吃惊的",甚至基督教的欧洲人组成了一个"主人与士兵的种族"。② 穆勒和勒南在种族的问题上都含混不清,但勒南甚至比穆勒还要摆向戈平诺一方。他和戈平诺通信,并在自己关于闪族语言的论文中将戈平诺作为语文学同行多次引用。确实,勒南对科学的忠诚(如语文学所体现的)使他的天平有时倾斜得比戈平诺更厉害。在《哲学对话》(*Dialogues Philosophiques*, 1876)中,勒南抱有关于一个由德国人组织、坐落于中亚的生产斯堪的纳维亚英雄的"工厂"的想法,该国家甚至在当时就因高效而受赞誉。③

对雅利安人的叙述被证明在广泛的持同政见者中具有强大的暗示意味,不仅影响了戈平诺和其支持者,还有其他很多依靠科学的语言研究的进步来论证开放或温和的文化论的人。比如马修·阿诺德(Matthew Arnold),就在吸收但并未完全认可对语言的种族化描述下,将它应用于《文化和无政府》(*Culture and Anarchy*, 1882)第四章对"希伯来与希腊文化"有名的反驳中。④ 与一些新人文主义者的前辈不同,阿诺德既不反犹太也不反闪语族。对他来说,希伯来和希腊文明代表了在健全社会中都存在的辩证式混合(如"良心的恪守"和"意识的自发性")。考虑到阿诺德对法国和德国的语文学毕恭毕敬,实际上,他有可能并非通过观察人类,而是在语言学者的基础上理解这些术语的。他关于"希伯来文化"僵化、受限的描述在一些方面似乎是从勒南对闪族语言的描述中得来的,而他笔下的希腊文化,使人联想到一些亲希腊文化课题的乐观的结合体,其重点放在给予了希腊语言以天生的和谐和轻快的启蒙文化。但是当阿诺德用"僵化、生硬、狭窄、偏激、缺乏洞见、无亲和力"等字眼形容希伯来文化,或者当他使犹太文化与希腊人、基督徒和"雅利安人"的"更高"精神力量和更深的人性形成强烈对比时,要坚持真正的犹太人完全不在他的参考范围内是困难的。⑤

① 见奥伦德尔:《天堂的语言》,第 57—63 页。
② 恩斯特·勒南:《当代问题》,亨利特·斯查理(Hendriette Psichari)编:《恩斯特·勒南全集》,巴黎,1868 年,第 390 页。作者翻译。
③ 见恩斯特·勒南:《哲学对话》,巴黎,1876 年,第 117—120 页。
④ 马修·阿诺德:《文化与无政府》,J.多福·威尔森(剑桥,1969 年);参见网络资源:http://www.library.utoronto.ca/utel/nonfiction_u/arnoldm_ca/ca_all.html。
⑤ 马修·阿诺德:《伊顿讲话》,R.H.苏普尔(R.H. Super)编:《马修·阿诺德散文全集》,安娜堡,1961 年,第 9 册,第 28—29 页。同见于高斯曼:《爱希腊主义与反犹太主义》,第 21 页。

这些不同是他 1891 年的《论凯尔特文献研究》(*On the Study of Celtic Literature*) 中的核心内容, 其中他使用语言学证据, 假设了雅利安人(更近期为条顿人与凯尔特人) 和闪族人民间遥远、早被遗忘的共同点。[1] 该论点是从穆勒处借来的, 后者从印度到爱尔兰追溯 "雅利安人" 这一词语 (Eire, 而非施莱格尔的 Ehre); 同时更直接的根据是勒南在《凯尔特种族之诗》中, 从夸大凯尔特人的种族纯粹性开始, 对凯尔特之 "高贵" 的温情描述。[2] "从未", 勒南说道(他生养于凯尔特的布列塔尼), "有一个人类家庭生活得更与世隔绝, 更纯粹且少与外人混合"。(见《论凯尔特文献研究》, 第 4 页)[3] 当然, 有关雅利安人优越性的令人毛骨悚然的传说至此还未曾展开, 而宽容又和气的阿诺德也会为该故事在离开学者掌控后的发展感到惊骇。然而, 雅利安人神话的关键前提——即很久以前, 一个原始部落移民到西方, 在未经过巴勒斯坦, 因此在避免与犹太人发生任何联系的情况下入信基督教一事, 保留了雅利安后人之纯洁性的小片区域仍然存在一事; 这些区域的文化在任何方面都比其他地方更优越, 而且确然与犹太文化针锋相对一事——都在阿诺德的时代就已存在, 确实握于学者的手中, 被当成关于语言的来之不易的科学知识。

到了世纪之交, 当理查德·瓦格纳(Richard Wagner)的女婿休斯顿·斯图尔特·张伯伦(Huston Stewart Chamberlain)在创作《19 世纪的基石》(*Foundations of the Nineteenth Century*)时, 一个含混不清的语言学术传统从赫尔德、施莱格尔和冯·洪堡一直延伸至穆勒和勒南等杰出新人, 以种种方式支持着种族概念, 包括种族间的差异、种族比较, 以及种族排名。[4] 穆勒已经提到了一种基于同一血统、囊括了欧洲人与印度人的 "大雅利安兄弟共同体"——一个在他看来暗示了英属印度的长治久安的概念——除一个特例

---

① 马修·阿诺德:《论凯尔特文学研究》与《论翻译荷马作品》, 纽约, 1883 年; 网络资源: http://www.sacred-texts.com/neu/celt/scl/index.htm。

② 见勒南:《讲演集》第一册, 第 223—236 页。

③ 勒南将纯正与女性特质联系起来, 将 "凯尔特人" 描述为 "一种本质上是女性的人种……而没人去仔细思考女性的理想, 或者说人们已经被其所支配, 让人如痴如醉"。见《凯尔特人的诗歌与其他研究》, 纽约州华盛顿港, 1896 年, 第 8 页; 网络资源: http://www.bartleby.com/32/302.html。丹麦语言学家奥拓·杰斯伯森(Otto Jesperson)曾说: "当我在想英语时脑海中总伴有一种表达方法, 一种积极的、具有表达力的、更男性化的表达。" 见《英语的发展与结构》, 1905 年; 1931 年重印, 纽约, 第 3 页。

④ 休斯顿·斯图尔特·张伯伦:《十九世纪的奠基石》第二版(伦敦, 1912 年); 此书原作为德文 "*Die Grundlagen des neuzehnten Jahrhunderts*"(1899 年)。

外,而张伯伦也同意这一观点。这一例外即是,在梵语中,"雅利安"表示高贵、自由和有技术的人,他便仅将当时被殖民的印度人移出了共同体。人类的天然领导者是雅利安人,而雅利安种族的天然领导者则是"北欧人"或"条顿人",他们优雅的特性和印欧语言是一支古老而高贵家系的标志,这一种族的独特才能便是统治。搁置张伯伦将岛国英人断定为古代雅利安人群最好的现代代表这一令人不适的认定,后来的一代德国学者从他、戈平诺和尼采的身上继承了意识形态,以及类科学的对种族国家主义的新种类的支持。在一战之后,德国的整个语文学学科都被支持君主制的怀旧和保守情绪支配了。确实,杰出的语言学家是反闪语族和德国第三帝国的仇外情绪最坚定的学术支持者,促成了克里斯托弗·赫顿(Christopher M. Hutton)口中的"母语法西斯主义",后者必须被视作对穆勒作品中所提出的人类统一的背景限定下关于印欧语言使用者的推论的极端倒置和亵渎。①

19 世纪的语文学历史并不是由戈平诺和张伯伦这样始终关注种族的人支配的,而是诸如沃尔夫、冯·洪堡、穆勒、博赫、勒南和阿诺德这样富有同情心的饱学之士。后者认为他们在运用科学方法增强人类的相互关联性,在提供一个对于人类起源世俗且理性的解释,在阐明理解和评价文化差异的方法,以及留存观察那些原始的纯洁性不知为何被保留下来的迷人事例。他们寻找着在语言、种族和物种的初生期盛行的、干净且简单的形式。但是语文学历史并不是历史的全貌,而这些令人尊敬的智者的工作,同时以明显和微妙的方式助长了其他并不那么博学而严谨的目的,而正是这些目

---

① 克里斯托弗·赫顿:《语言学与第三帝国:母语法西斯主义、种族与语言科学》,伦敦,1988 年。赫顿认为 1933 年至 1945 年可以被看作是受人尊敬的语文学学术的偏差。这一时期,印欧语文学界或被描述为"解构主义"的语言学的所作所为在更早期的、令人尊崇的语文学学科实践中就埋下了种子(第 260—261 页)。语文学不是所有学科中对意识形态的超定产生怀疑的唯一学科,但是明显的是,其杰出的学科人物从另外一个角度可被视作纯粹的思想理论家。他们作践自己的学科,使其附属在了一个外在的、甚至相反的、罪恶的极端。关于这一问题最尖锐的证明来自布鲁斯·林肯的早期文章。他在那些杰出的、令人崇拜的大学者著作里发现了他们参与纳粹运动的行径,事实证明确实如此。他说:"对于他们著作的另一面,我几乎视而不见。我看到并非那些危险的意识植入,而是语言学的天才,博学的东方学家(这一词汇仍不会令人生疑)与神话学的开拓者们。不论我有什么问题,况且我的问题并不很多,这些疑问都可以很迅速巧妙地被转移。杰出的学者让'雅利安的论题'掷地有声,尽管希特勒与其集团拙劣滥用之。但是没人会再提及将雅利安人或者其祖源(Urheimat)锁定(假定)在斯堪的纳维亚、德国或者北极。相反的是,战后关于印欧人的话语删除了对种族的讨论,将这群被洗白的人的起源归属到东方俄罗斯的草原上。在接下来的文中,我希望为大家展示一些并不简单的事,它们关乎此叙述与学科的道德与思想,是十分不容易解决的问题。"见布鲁斯·林肯:《理论化神话:叙事、意识形态与学术》,芝加哥,1999 年,第 48 页。

的更直接地影响了历史事件。

到 1940 年,语文学——这一狭窄、无趣、但是不可或缺的基础性任务,这一免疫于意识形态的观察与分析——已经与上一个半世纪的许多主流运动联系起来,包括浪漫主义、民族主义、自由主义、达尔文主义,以及心理分析。① 与人类学、考古学与地质学等其他几门科学一样,它曾经在使人们的想象力冲开《圣经》的描述,使得人类历史前所未有地成为系统探索的对象上起到关键作用。这些都是不可估量的成就,而语文学被普遍赞誉为最高的学术也不是无道理的。然而,它同样要为使学术成为一种卖弄学问的实践,且更重要的是,允许它具有远超任何学科之界限的普遍性和深度而负责。语文学家们援引语言学证据以支持种族理论,传播学术版本的反闪族主义,代表认为强者支配弱者是自然事实的理论,同时声称从语言的学习中推导出西方欧洲文化及其主要宗教,即基督教的优越性。当时的许多学界和次学界潮流围绕着这一理论,其他的则与其擦身而过,证明它或被它证明。② 关于 19 和 20 世纪学界和意识形态运动的树状图会反映出,它们许多都发源于语文学。因此,当一些当代的美国批评家希望恢复语文学的光荣时,供他们选择的是一个广阔的——且混乱的——大范围。

语文学的任务:重现

人们必须回忆起这些荣耀,因为在 19 世纪末成形的美国研究型大学中,语文学已经无法成为一门学科。其原因显而易见:语文学推测性的维度将它排除在自然科学的范畴以外,而其经验性和技术性的特质又使它失去作为人文科学的资格。然而,语文学却确实充当了两种叙述——语言学和文学研究——的"蚕蛹",其二者"破茧成蝶"为专业化的学科。它们的定

① 关于语文学与心理分析的联系参见约翰·福勒斯特(John Forrester):《语言和心理分析的起源》,纽约,1980 年。

② 众多吸收穆勒著作的名人还包括灵智学运动的创始人布拉维斯基夫人(Madame Blavatsky)。在驳斥了穆勒绝大多数结论的基础上,布拉维斯基夫人仍依据语文学去定义雅利安人与闪族人的关系。在她建构的体系下,闪族人是从一种更为古老的人种进化而来的第五代根,其祖先的秘密埋藏在喜马拉雅山中寺庙浩瀚的文库里。雅利安与犹太人一起被古老的人种踢出其外,但是他们是相连的:闪语是"早期梵文的长子们留下的杂种后裔"。而闪族人则是雅利安人的一支,他们"在精神上已经堕落,极其物质化"。H.P.布拉维斯基(H.P. Blavatsky):《秘密教法:科学、宗教和哲学的合成》(1888 年);参见灵智大学出版社网站版本:http://secretdoctrine.net/,第二册,第 200 页。

义本身都与语文学相对立,却不料随着时间的推移逐渐回归。

　　曾经,基于语文学的成就,语言学声称自己是一门科学。事实上,穆勒曾经预测,在当时由比较语文学主导的语言学这一新兴学科,最终将在"自然"科学中占据最高地位。他的继任者试图兑现这一预测,但会让穆勒感到惊讶的是,兑现的方式是摒弃语文学。索绪尔早期作为历史语文学家而为人所熟知。他认为,当语文学从文本本身转向"文学历史、习俗、制度等等"的那一刻起,它就已经偏离了其科学目的。① 索绪尔在一个创立了现代语言学的论述中指出,语言学若要成为一门科学,就不应该侧重于书面语言,而应该侧重于符号系统,侧重于使沟通成为可能的代码。这不是指任何一种语言文字,而是指语言本身,也仅仅指语言本身。而语文学却依然保持着近乎顽固的非科学性。它将注意力集中于语言图画般的一面,使自己与众不同,只属于某些具有某种起源的人。② 对索绪尔而言,语文学之于科学的语言学,就好像是对勒南而言的闪米特人之于雅利安人。二者都在历史上必不可少,但都是初步而不完整的。在《普通语言学教程》的开头,索绪尔把语文学归入"批评"领域,认为其主要历史功能是为真正科学的语言学,即为符号学铺路。无论是从语言到语言本身,从文字到符号,从历史到系统,还是从具体描述到理论,索绪尔的每一项创新,都旨在通过疏远语文学来提升语言学的科学资质。

　　索绪尔和他的继任者们通过将语文学描述成一种具有缺陷的实践,造成了这种距离的疏远,而他们则以高级的语言学的形式对这些缺陷提出修正。和索绪尔一样,本杰明·李·沃尔夫(Benjamin Lee Whorf)也认为科学的语言学比语文学更为高级,因为后者沉溺于"扫视历史和文化",未能聚焦于语言客体。然而,沃尔夫定义下的语言学真正的研究对象又和索绪尔大相径庭:他认为语言学的研究对象不应是符号系统,而是"作为文本的文本,确切的词语和语法"。在沃尔夫看来,研究这些"是语言学家们的首要职责"。③ 此外,索绪尔认为语文学在逻辑上是先于语言学的,而沃尔夫的看法恰恰相反。他提出,直到语言学用充分的事实描述停靠在文本的码头上,

---

① 索绪尔著,韦德·巴斯金(Wade Baskin)译:《普通语言学教程》(纽约,1959年),第1页。
② 索绪尔:《给安东尼·梅乐的信》,《索绪尔笔记》第21册(1964年),第93—96页;转引用自卡维特·瓦金斯(Calvert Watkins):《何谓语文学?》,扬·茨奥科夫斯基(Jan Ziolkowski)编:《论语文学》,宾州大学公园,1990年,第21—25页、第23页。
③ 本杰明·李·沃尔夫:《解密玛雅象形文字的语言学部分》,C.G.阿伯特(C.G. Abbott)编:《1994年史密斯索尼恩学院委员会年报》,华盛顿特区,1942年,第479—502页、第482页。

语文学都应该留在海港里。包括爱德华·萨丕尔(Edward Sapir)、罗曼·雅各布逊(Roman Jakobson)、莱昂纳德·布龙菲尔德(Leonard Bloomfield)和泽里格·哈里斯(Zellig Harris)在内的一些和沃尔夫同时代的语言学家们也投身于将语文学彻底遗忘的行动。最终,诺姆·乔姆斯基(Noam Chomsky)构成了最后一击,用一种不容置疑的权威,将语言学定义为认知心理学下的一个子学科,而认知心理学是没有任何历史维度的纯粹的科学学科。从穆勒到乔姆斯基,语言学领域将自己从内向外地,或者说从外向内地,由历史移动到了大脑。乔姆斯基实现了穆勒把语言学变成自然科学的梦想,但是途径却是把语文学从语言学中彻底驱逐。

虽然语言学在找寻更多的方法,试图将自己从语文学残余中净化出来,但是它也正沿着一条环形路径回到原点。乔姆斯基的语言学摈弃关于语文学的一切,却保留了一点,即它的原初目的。F.A.沃尔夫将这一目标定义为:在研究语言的基础上阐述人性的哲学。回首过去,显而易见的是,自索绪尔以来的语言学并没有完全摈弃语文学,而只是摸索前进,想要找到符合对科学进化的认知的方法,以及实现语文学最初抱负的科学手段。

通过语言学回归人文精神起源的道路是迂曲而迟滞的;尽管起初和语言学一样,对语文学断然摈弃,但是通过文学研究回归科学起源的道路却更加直接而坚决。诚然,回归语文学的欲望从一开始就是文学研究的关键特征之一。杰拉尔德·格拉夫在《以文学为业》中有一段著名论述指出,基于大学的文学研究学科源于一个世纪以前的一场斗争。这场斗争的双方分别是以科学为方向的语文学"学者"和通才,或者叫"批评家"。后者认为文学应该从解释说明的、人文主义的、甚至道德说教的角度来进行研究。① 20世纪初,通才批评家们从学者手中赢得独立。1948年,雷纳·韦勒克(René Wellek)和奥斯汀·沃伦(Austin Warren)提出,以幽灵的形式保留在期刊题目中的"语文学"一词在文学研究中已不再描述任何明确具体的内容,因此应该被抛弃。这一提议在当时被迅速接受。②

取得自由后,文学学者和批评家从此可以随心所欲地从事文学史、比较文学和思想史的研究。然而,有些批评家从一开始就对自己的行为忧心忡忡。他们越发感到暴露于大学的专业理念中,开始对他们过去弃置一旁的

① 见杰拉尔德·格拉夫:《以文学为业:一部制度化的历史》,第65—80页。
② 雷纳·韦勒克、奥斯汀·沃伦:《文学的理论》第三版(纽约,1956年),第38页。

学科和语言文学正在好转的前景投去期望的目光。他们试图与这些学科达成和解，并对它们再次进行挖掘。近乎所有席卷了20世纪批评界的蓬勃运动都是基于一种恐惧，害怕如果文学研究实践的定义与精细的文本研究形成过于鲜明的对比，那它就可能陷入失去基础的危险中，造成无根据的判断、印象、评估、推测、笼统概括、异端邪说和谬误。虽然萨义德和德曼打破了很多方面的传统观念，但是在这个方面，他们却是传统主义者，因为文学研究的历史包含着一系列的回归语文学。

　　语言学在逐渐科学化的过程中发现构建一个用以摈弃的语文学十分有用，而文学研究者更常发现构建一个用以理解的语文学是有效的。近年，最接近语文学的人文学科从中世纪研究开始，强调对文本的形式和技术研究。1990年，史蒂芬·G.尼克尔斯（Stephen G. Nichols）编辑了一期《明鉴》（Speculum）的特刊，致力于"新语文学"这一概念。他预测"新语文学"将通过把语文学复原为中世纪世界的写本文化——那是一个充满变化，不受印刷文化的规则性和精确性束缚的世界——来恢复中世纪研究的活力。[1]　作为这次运动的一部分，李·帕特森（Lee Patterson）于1994年也发表了一篇名为《回归语文学》这一致命性标题的文章，提出中世纪研究家应该欣然接受这一新的实践，"不是任凭，而是为了倔强的学究癖"——这是中世纪研究的特色，批评家们在不那么苛求的领域，可以为了自身的好处而大肆利用。[2]　自1987年，"女性主义语文学"的呼声开始出现。[3]　此外，"激进语文学"从经典著作内部产生，宣称自己的意图在于用理论的大胆精神去处理文

---

[1]　尼克尔斯不仅编辑了《明鉴》第65期（1990年）的特刊，还合编了《新中世纪主义》一书。见凯文·布朗李（Keven Brownlee）、玛丽娜·S.布朗李（Marina S. Brownlee）和史蒂芬·尼古尔斯（Stephen G. Nichols）编：《新中世纪主义》，巴蒂摩尔，1991年。特别可以关注的是在《明鉴》特刊中尼古尔斯的文章《导言：写本文化中的语文学》，第1—10页。尼古尔斯和其他人都承认了贝纳德·赛尔奎里尼（Bernard Cerquiglini）的影响，见贝斯提·威因（Besty Wing）译：《变形体的赞颂：一部语文学批评史》；原著名"Eloge de la variante"，于1989年出版。亦见R.霍华德·布洛克（R. Haward Bloch）和史蒂芬·尼古拉斯：《中世纪主义与现代主义的性情》，巴蒂摩尔，1999年。此书中作者们分别强调了中世纪研究中的历史主义，特别是19世纪语境下民族主义对抗与20世纪机构化的野心。关于新语文学对于中世纪研究的影响详见扬·茨奥科夫斯基：《超语文学》，《英语与日耳曼语语文学学刊》第104期，第二册（2005年），第239—272页、第243—247页。

[2]　李·帕特森（Lee Patterson）：《回归语文学》，约翰·冯·恩根（John van Engen）编：《中世纪研究的过去与未来》，印第安纳州圣母镇，1994年，第231—244页、第241页。

[3]　见米克·拜尔（Mieke Bal）：《处女：走向女性主义语文学》，《西班牙文学精选杂志》1987年第12期，第30—82页。

本发生学的问题。① 研究中美洲人种历史学的一众年轻学者试图通过坚持"新语文学",用语言学和历史学的方法来认识当地语源的重要性,从而恢复该领域的活力。② 甚至连圣经研究也想要通过回归语文学进行自我重振:一部名为《通往后现代的路上:〈旧约〉论文集(1967—1988)》(On the Way to Postmodern: Old Testament Essays, 1967—1988)的论文集中收录了一篇叫做《语文学与权力》(Philology and Power)的论文③;扬·茨奥科夫斯基编著的《论语文学》(On Philology)收录了一些 1988 年在一场哈佛会议上发表的精彩论文。解构主义学者和许多其他理论家,包括传统语文学家在内,都参加了那次会议。不仅如此,近年,在斯坦福大学发生着一场伟大的语文学觉醒。其标志之一是汉斯·乌尔里希·贡布莱希特(Hans Ulrih Gumbrecht)于 2003 年出版的《语文学的力量》(The Powers of Philology)一书,直截了当地呼吁把回归语文学作为克服文化研究中各种不正当自由的良方。这场觉醒的另一个标志是塞思·雷厄(Seth Lerer)编写的《文学史与语文学的挑战》(The Literary History and the Challenges of Philology)(1996),以及他自己撰写的《错误与学术自我》(Errors and The Academic Self)(2002)。④ 2007 年,《我们为什么应该记住语文学》("Why We Should Remember Philology")的作者迈克尔·霍奎斯特(Michael Holquist)升任现代语言协会主席,使语文学得到又一有力支持。⑤

类似的运动对语文学最为看重的一点,是其所谓的保证。无论存在何种缺陷和限制,许多学者感到语文学具有自知:它保持着自己本来的样子。然而,如果留意近期标题中保留着"语文学"一词的学术期刊可以发现,这一

---

① 一位此场运动的参与者曾说,"我们的目标是评估在一个古典文本的多个版本中存在的多个事实,从而帮助文字为本的语文学唤醒多元化的事实。我称这样的方法为激进语文学。"西恩·亚历山大·古尔德(Sean Alexander Gurd):《奥利斯的爱菲吉尼亚斯:文本多样性与激进语文学》(伊萨卡,2005 年),第 10 页。

② 见马修·雷思铎(Matthew Restall):《格格不入的音乐与文学》,纽约,2006 年。

③ 见大卫·J.A.克莱恩斯(David J.A. Clines):《语文学和权力》,《通往后现代的路上:〈旧约〉论文集(1967—1988)》,英国谢菲尔德,1998 年,第二册,第 613—630 页。

④ 汉斯·乌尔里希·贡布莱希特:《语文学的力量:文本学术的活力》,香槟城:伊利诺伊大学出版社,2003 年;该书导论见本书 57—62 页。塞思·雷厄编:《文学史与语文学的挑战:埃里希·奥尔巴赫的遗产》(斯坦福,1996 年);同氏,《错误和学术自我:从中世纪到现代的学者想象》(纽约,2003 年)。在《超语文学》中,茨奥科夫斯基尖锐但十分机智地评述了贡布莱希特的《语文学的力量》和雷厄的《错误和学术自我》。

⑤ 迈克尔·霍奎斯特:《我们为什么应该记住语文学》,《职业》(2002 年),第 72—79 页;同见《忘记我们的名字,记住我们的母亲》,PMLA,第 115 期,第 7 册(2000 年),第 1975—1977 页。

学科也已经和通常的文学研究一样,以宽松的折衷主义为特征了。《英语和日耳曼语语文学期刊》(*Journal of English and Germanic Philology*)曾刊登关于《中世纪冰岛文学中的狼人形象》("The Werewolf in Medieval Icelandic Literature"),以及诸如《重访〈吉斯拉萨迦传说〉:性爱主题和英雄的历史》("Revisiting *Gisla Saga*: Sexual Themes and the Heroic Past")这样的文章;《现代语文学》(*Modern Philology*)则将篇幅用于讨论"民族的发明""威廉·福克纳的南方骑士"以及"近代早期英语悲剧中的魅力型权威";《古典语文学》则为"马力与驴役:马科动物与古希腊的想象""论身体:贺拉斯《颂歌》(第 1 章第 13 节)中的抒情话语和性别的产生"等论文提供了一席之地。缺少了使语文学不同于文学批评和文学史的核心内容,这一词语所表示的与其说是一门学科——实际上,美国任何主要大学都没有传统的语文学院系——不如说是一种起源的梦想或神话。①

人们很容易把近期对语文学重燃兴趣的表达看成是一门暂时无法确定其研究对象、方法和目标的学科,在一个万事确定、稳定且值得尊敬的时代,在一个这门学科以一种严肃的方式讨论严肃的问题的时代,在一个它令人肃然起敬的时代,想要将自己固定在起源之中的征兆。然而,若想解释得更为全面,则首先要认识到虽然近年对语文学的兴趣突然增加,但是这种兴趣不应被看作是暂时的吸引甚至是复发的情绪,而应该是人文学术永久而典型的特征,是特别在文学研究下深深震动的和弦。语文学之于现代学术,就好像是荷马之词之于沃夫,雅利安原始语之于穆勒与勒南:那是一种撩人不断却可望而不可即的海市蜃楼,是一种只存在于幻想之中的万能解法。

语文学对现代学术的持续影响体现在三个方面。首先是起源的概念,语文学遗传给现代学术一种坚定的信念,认为事物在其起源得到确认后就得到了解释。这样的假设把学术研究置于无尽的追求中,因为起源可以有无数多种方式进行诠释,而每个起源又有它自身的多种起源。沃尔夫将荷马文本的起源视为其声音,再进一步则是荷马的思想;但荷马自身起源于希腊文化,而希腊文化自身又有着多种起源,这样可以一路回溯至人类的起

---

① 哥伦比亚大学法语与罗曼语语文学系则是一个例外,但根据其官网介绍,此系将自己定义为"欧美学术日益聚合的交汇点"。其特色不在于对传统方法的坚守,而是提倡"专业的多样性、领域的宽泛性",与"致力于教学"。很多美国大学的语文学系所在 20 世纪 40 年代变成了语言学系。而其他一些则是归入了比较文学系。如今,美国语文学主要收揽在古典学系下。东欧、北欧和俄罗斯的一些大学里仍保有语文学系。

源。显而易见,回归语文学并没有解决起源的问题,因为这个问题是我们从语文学那里得到的遗产的一部分。

其次,语文学传递给当代学术其典型的双重性:一方面投身于对语言事实的经验关注,另一方面又对语境、意义和价值问题持有更为主观的倾向。这种双重性使学术研究的方法和使命长期无法得到确定,而在很多人看来,语文学是解决这一问题的良方。但再一次,我们无法通过回归语文学解决问题,因为这些问题最初就是在语文学中出现的。在一些人眼中,这些困难虽然看似是回归语文学的理由,但实际上却是我们从未真正逃脱的最清晰的证据。

第三,现代人文学术和语文学一样,都被同一个关键的假设引导着:针对文本语言历史或形式维度的学术探究可以帮助阐明个人和集体身份的问题。在这一语境下,我们应该注意到近期有一种说法,认为当下尤其在文学研究者之间对于文化的兴趣只不过是从前人们对于种族的兴趣的重新编码。这证实当代学术找到了回归语文学的另一条路径。[1]

想要知道如何思考语文学是困难的,因为想要知道语文学究竟是什么本身就是困难的。语文学的支持者大多明确感受到语文学和其他学术研究之间的明显差别,他们也几乎都能分辨语文学有价值和无价值的方面,将他们认为好的实践认定为"激进的""现代的""女性主义的",或最常见的——"新的"。尼采声讨过几乎所有在世的语文学家,正如他赞美一种少见却真实的语文学的优点一样。萨义德提出贫乏和迂腐困扰着大多数的语文学,给人一种窒息的感觉,但却要求尊重他特定的偶像。德曼只想要回到修辞描写,而不想回到语文学推测性或理解性的一面。研究中世纪的学者不乏新语文学的提倡者,他们对旧语文学持否定态度,因其与"政治民族主义和科学实证主义"的联系曾对他们造成严重损害。[2] 虽然被称赞专一,但语文学事实上无比复杂,它令人反感的程度和吸引人的程度同样强烈。

虽然很难知道语文学究竟是什么,但是我们依旧可以辨别正确和错误的回归方式。我主张正确的回归应该从学科反省开始,把语文学的历史当作一种警示,提醒我们应用于研究对象的专业专注会让我们容易受到伏击,使广为接受的观点被误当作常识,甚至是经验性的发现。以萨义德和德曼

---

[1] 关于当代文化差异唤醒了对过去种族的讨论参见沃特·本·米歇尔(Walter Benn Michaels):《我们的美国:本土主义、现代主义和多元主义》,杜伦,1997年。

[2] 尼古尔斯:《导言:写本文化中的语文学》,第1页。

二人为例,他们在推动与种族主义和反犹太主义理论和实践密切相关的做法前,也许就考虑过这种可能性。① 然而,他们推动了错误的回归方式,把语文学当作恢复失去的根据性、确定性和专业性的自尊的手段。如此对待语文学,把它当作一种良心和谨慎的天真形式,或是被萨义德称为"可能是一种朴素的人类解放和启蒙的行为",会招致语文学再次消失,连礼貌的掌声都没有,就被请走。也许"学科"就和勒南著名公式中的"民族"一样,有许多需要记住和忘却的东西,因此选择性的回忆在某种程度上对精神和专业都是必要的。但语文学的历史无法从语文学中被清除,就像当代学术离不开语文学一样。这是我们的历史,延续至今的历史,我们必须承认它。

问题在于,我们能够从这一宗谱关系中得出什么? 一种推论或许是学者应该更加小心谨慎,尊重界限,以防犯下和前辈相同的错误。这无疑是个好的建议,但是语文学能够教给人们的远远不止这些。如果我们真的要设想语文学历史的全部重担,就必须让自己被语文学传统中最伟大的学者的真实成就教导、启发和挑战。他们的求知欲和抱负达到了我们难以想象的程度。他们的抱负或许在今天看来是一些错误的萌芽,但是我们不能因自己的卑微而自鸣得意;我们抛弃一切方法论的伪装或获取全面知识的企图也并不一定对我们有利。语文学的历史就像是一面透视镜,在同一图像中结合了学术研究的最高远的志向和最黑暗的恐惧。正在进行的挑战并非要选择,而是懂得将其分离。

---

① 萨义德至少对于语文学能够支撑起种族主义这一观点是敏感的,但是他并未对语文学反犹太主义表现出相似的敏感度。例如,他提到,种族的刻板印象给予勒南对于闪族(犹太和穆斯林)语言与文化的诠释基础。他过分强调了勒南对于穆斯林一味的反感,而没有提勒南对犹太人的偏见。据萨义德所说,勒南就是在"我们称之为东方学的大厦"里展开的工作,而在这幢大楼里,"他的主要项目就是要让伊斯兰教关门"(《伊斯兰、语文学与法国文化》,第 282 页、第 288 页)。

文本与决定

——十九世纪欧洲语文学中的种族主义

马库斯·麦思林(Markus Messling)[*]　著　张宁　译

时间切割：利奥·斯皮策与
种族主义的幽灵

与萨尔维奥尼(Salvioni)和《罗马词源辞典》将意大利语的"*razza*"（血统）一词等同于"*generatio*"（产生）一词的结论相反,我已经努力用语音学和语义学的理由证明,学术形式的拉丁语"*ratio*"（种属）是"*race*"（种族）的现代表达的基础,或者更为准确地说,是意大利语"*razza*"（种族）的基础,其他语言似乎借鉴了意大利语……在我的文章发表的时候(1933),向德国人提出"如今与'精神'(spirit)对立使用的这个词,有着高度精神化的来源"是一种恶意的消遣。[①]

以斯皮策(Leo Spitzer, 1887—1960)作为开篇,我在这里关心的明显不是语文学的细节,[②]而是斯皮策的独创思路,它打开了语文学通向政治关联

---

[*]　马库斯·麦思林是德国萨尔兰德大学罗曼语语文化研究教授,马克·布洛赫中心副主任,主要研究方向为罗曼语语文学。本译文原文为："Text and Determination: On Racism in 19th Century European Philology", *Philological Encounters* 1(2016), pp.79–104;英文版由凯文·肯尼迪(Kevin Kennedy)译自德文——编者注。原德文版题为"Text und Bestimmung: Determinismus und Rassenlogik in der Philologie",载于马库斯·麦思林、奥特马·埃特(Ottmar Ette)编:《文字、权力、种族:语文学中的种族主义与决定论》(*Wort Macht Stamm: Rassismus und Determinismus in der Philologie*)(*18./19.Jh.*),慕尼黑:威廉·芬克出版社,2013年,第31—53页。——译者注。

[①]　利奥·斯皮策:《从种属到种族》("Ratio>Race"),载利奥·斯皮策:《历史语义学文集》第二版,纽约:罗素&罗素出版社,1968年,第147—169页。

[②]　"种族"(race)一词的语源学,参见弗里德里希·克鲁格(Friedrich Kluge):《德语语源学辞典》(*Etymologisches Wörterbuch der deutschen Sprache*)(1883年),第24版,艾尔玛·希博尔德(Elmar Seebold)编,柏林:德古意特出版社(De Gruyter),2002年;以及赫尔曼·保罗(Hermann Paul):《德语辞典》(*Deutsches Wörterbuch: Bedeutungsgeschichte und Aufbau unseres Wortschatzes*),第10版修订增补本,赫尔穆特·亨纳(Helmut Henne)等编撰,图宾根:尼迈耶出版社(Niemeyer),（转下页）

的大门。斯皮策在《历史语义学文集》(*Essays in Histotical Semantics*)中的词条所指向的那个时代,语文学的"伟大"传统在"种族"(völkisch)的叫嚣和嘲弄中丧失了可信度,在纳粹德国的反犹太狂热中扮演了命途多舛的角色,而与此同时,经由包括利奥·斯皮策在内的受迫害的知识分子,语文学的"伟大"传统经历了一次人文主义和世界主义的革新,至今仍熠熠生辉。这一国家认可种族主义的年代呈现在我们所有人面前,它不仅属于德国史学,也为所有人文学科的意识所共有,大概是全世界范围的。①

斯皮策认为,"种族"这一刻意的伪生物学概念本身来源于唯心主义构想的精神领域,源自文化与文明的氛围,这个观点将我们带到了张力的中心地带,学术上解放并制度化的现代语文学学科从中产生。在 1800 年后不久,对历史的、文化的特质所进行的语文学发现和探索,与关于自然的假设尤其是关于人类认知的假设,两相交织、联结、竞争。斯皮策对种族这一概念在词源上的再度文化化,暗示着关于语言的设想创造了部族。

爱德华·萨义德(Edward Said)在其关于欧洲文本文化的伟大论争——《东方主义》(*Orientalism: Western Conceptions of the Orient*, 1978)中得出的著名结论认为,语文学学科为政治权力提供了分类和亲属关系的范畴,首先这使殖民征服变得可以想象,同时在思想上为之正名。尽管有一些重要的研究,但在语文学领域内总体欠缺对这一论点的系统性的重新评价,②这可能

(接上页)2002 年。其语义史参见:维尔纳·康策(Werner Conze)、安特耶·佐默(Antje Sommer):《种族》("Rasse"),载于《历史的基本概念——德国政治社会语言历史辞典》(*Geschichtliche Grundbegriffe: Historisches Lexikon zur poltisch-sozialen Sprache in Deutschland*),卷 5(Pro-Soz),奥托·布伦纳(Otto Brunner)等编,斯图加特:克勒特-科塔出版社(Klett-Cotta),1984 年,第 135—178 页;克里斯蒂安·戈依伦(Christian Geulen):《种族主义的历史》(*Geschichte des Rassismus*),慕尼黑:贝克出版社,2007 年,第 13—16 页;格奥尔格·特普弗(Georg Toepfer):《种族》("Rasse"),载于《历史生物学辞典》(*Historisches Wörterbuch der Biologie: Geschichte und Theorie der biologischen Grundbegriffe*),卷三,斯图加特:麦茨勒(Metzler)出版社,2011 年,第 104—112 页。

① 参见克里斯托弗·赫顿(Christopher M. Hutton):《语言学和第三帝国:母语法西斯主义、种族与语言科学》,伦敦:劳特利奇出版社,1999 年;同著者,《种族和第三帝国:语言学、种族人类学与种族辩证法中的遗传学》,马萨诸塞州剑桥市:政体出版社,2005 年。弗兰克·鲁特格尔·豪斯曼(Frank-Rutger Hausmann):《"吞没在事件的漩涡中":"第三帝国"的德国浪漫主义》(*"Vom Strudel der Ereignisse verschlungen": Deutsche Romanistik im "Dritten Reich"*),法兰克福/美因:克洛斯特曼出版社,2000 年;同著者,《"第三帝国"中的英美研究》(*Anglistik und Amerikanistik im "Dritten Reich"*),法兰克福/美因:克洛斯特曼出版社,2003 年。

② 参见莫里斯·奥伦德尔(Maurice Olender):《天堂的语言》(*Les Langues du Paradis: Aryens et sémites: un couple providentiel*),巴黎:伽利玛出版社/瑟伊出版社(Gallimard/Le Seuil),1989 年,英文版参见《天堂的语言:19 世纪的种族、宗教和语文学》,马萨诸塞州剑桥市:哈佛 (转下页)

与萨义德纪念这一观点的原因相同,也就是说,关于语文学认识论的回顾性观点,是由斯皮策的论述所代表的文明的失败来定义。19 世纪对决定论话语及种族主义话语的抵抗与斗争,其重要意义已然瓦解,消减为不过是一场序幕。这样一来,它们在我们的学科里最多能构成类似于潜意识的存在。然而,在见证回归到关于人的自然主义讨论的时期,这几乎是没有帮助的,当然与 19 世纪认识论挑战所受到的政治支持不同,但二者之间的距离并不如我们想要相信的那样遥远。如果将语文学理解为,用谢尔顿·波洛克(Sheldon Pollock)的话来说,是"关于文本性的理论和文本化意义的历史",是一项关注人类象征性产物的"全球的知识实践",[①]并试图对这些产物在历史上和人类学上进行定位,那么,语文学从哪个方面为人类做了贡献呢?

(接上页)大学出版社,1992 年;同著者,《没有历史的种族》(Race sans histoire),2005 年,修订版,巴黎:瑟伊出版社,2009 年;同著者,《种族与博学》(Race and Erudition),哈佛大学出版社,2009 年;同著者,《天堂的语言:宗教、种族主义与文本文化》(Die Sprachen des Paradieses: Religion, Rassentheorie und Textkultur),修订版,由马库斯·麦思林编辑并作序,柏林:卡德摩斯·文化出版社(Kulturverlag Kadmos),2013 年;鲁斯·罗默(Ruth Römer):《德国的语言学与种族主义思想》(Sprachwissenschaft und Rassenideologie in Deutschland)(1985),第二版,慕尼黑:威廉·芬克出版社,1989 年;茨维坦·托多罗夫(Tzvetan Todorov):《我们与他人:关于人类多样性的法兰西思考》(Nous et les autres: La réflexion française sur la diversité humaine),巴黎:瑟伊出版社,1989 年;萨尔加·穆萨(Sarga Moussa)编:《人文学科和文学里的"种族"概念(18 世纪至 19 世纪)》(L'idée de 'race' dans les sciences humaines et la littérature [XVIIIᵉ et XIXᵉ siècles]),巴黎:拉罗谢尔出版社(L'Harmattan),2003 年;菲利普·雷尼埃(Philippe Régnier)编:《人种学:文学——艺术——科学——历史》("Raciologiques: Littératures—arts—sciences—histoire"),载于《浪漫主义:十九世纪的杂志》(Romantisme: Revue du dix-neuvième siècle)第 130 期,巴黎:阿曼-科林出版社,2005 年;苏珊娜·L·玛常德(Suzanne L. Marchand):《帝国时代的德国东方主义:宗教、种族和学术》,华盛顿:剑桥大学出版社,2009 年;杰弗里·哈芬:《根源、种族与回归语文学》,载于《表现》2009 年第 6 期,第 34—62 页;塞林·特劳特曼-沃勒(Céline Trautmann-Waller):《语言、人民、种族、国家:种族概念的使用,19 世纪下半叶法国和德国语言学家之间的学科界限与政治问题》("Langue, peuple, race, nation: Usages de la notion de race, frontières disciplinaires et enjeux politiques chez les philologues en France et en Allemagne Durant la deuxième moitié du XI Xᵉ siècle"),载于《所有的人是否平等? 种族思想的比较史学(1860—1930)》(Tous les hommes sont-ils égaux? Histoire comparée des pensées raciales [1860—1930]),卡罗尔·雷诺·帕里戈特(Carole Reynaud Paligot)编,慕尼黑:奥登伯格出版社(Oldenbourg),2009 年,第 81—97 页;马库斯·麦思林:《语文学与种族主义:语言和文本的科学中的历史性》("Philologie et racism: A propos de l'historicité dans les sciences des langues et des textes"),载于《历史与社会科学年鉴》(Annales. Histoire, Sciences sociales)67,2012 年,第 153—182 页(英文版见:http://www.cairn.info/revue-annales-english-2012-1.htm);马库斯·麦思林、奥特马·埃特编:《文字、权力、种族》。
① 谢尔顿·波洛克:《未来语文学? 一个硬世界中的软科学之命运》,载于《批判研究》2009 年第 35 期,2009 年,第 931—961 页。

回归语文学的政治

鉴于近来偏离文本理论的情况,[①]这一问题亟待解答,文本理论也正如在"回归语文学"[②]的标签下所讨论的那样,声明了语文学的重要性。[③] 这场争论的两个主要参考点是保罗·德曼(Paul de Man)在 1986 年和爱德华·萨义德在 2004 年的言论,存在着明显间隔的这二者出现在同一标题下——"回归语文学"。[④] 将这两位截然不同的思想家团结在一起的,是他们对于语文学能力的需求,这使得他们著作的客观化成就首先成为可能。然而,他们对"客观性"的寻求不应被曲解为是简单回归到利用语言和文本结构的实证主义方法论。对于这两位思想家来说,这种寻求有着批判性的、政治性的维度:于德曼而言,是通过一种结构上的、语言学文本的内在,作为对欧洲人文主义的质疑;于萨义德则相反,恰恰是对这种作为民主的、启蒙的阅读实践的人文主义的肯定,此类阅读实践通过将文本嵌入其自身所处的时代和内部结构,产生了理解的政治深度。语文学在这里成为一种文化诠释学,其伟大的角色典范是埃里希·奥尔巴赫(Erich Auerbach)基于文本表达的欧洲文化史[⑤]著作。[⑥] 杰弗里·哈芬(Geoffrey Galt Harpham)在其颇有见地的文章《根源、种族与回归语文学》("Roots, Races and the Return to Philology")中指明,上述两个维度在 19 世纪的语文学中已经出现,而且文本内在通向语言的方法的严密性从最初就产生了诠释的文化模式,后来又加以强调。[⑦] 如果那些主张回归语文学的规划所追求的不仅仅是充当传统

① 尤其要参见汉斯·乌尔里希·贡布莱希特:(Hans U. Gumbrecht):《在场的生产:意义无法表达的东西》,斯坦福:斯坦福大学出版社,2004 年。

② 参见汉斯·乌尔里希·贡布莱希特:《语文学的力量:文本学术的活力》,厄巴纳:伊利诺伊大学出版社,2003 年;另可参见杰弗里·高特·哈芬:《根源、种族与回归语文学》,第 53—54 页,他将贡布莱希特视为在语文学中寻求方法论稳定性的整体运动的一分子,这项运动是人文学科遭遇合法性危机的结果。

③ 参见马塞尔·莱佩尔(Marcel Lepper)在《语文学导论》(Philologie zur Einführung)中的综述,汉堡:隽思出版社(Junius),2012 年,第 112—129 页;另参见马库斯·麦思林《导论》(Einleitung),载于奥伦德尔:《天堂的语言》,第 7—16 页。

④ 保罗·德曼:《抵抗理论》,明尼阿波利斯:明尼苏达大学出版社,1986 年;爱德华·W.萨义德:《人文主义与民主批评》,纽约:帕尔格雷夫·麦克米伦出版社,2004 年,第 57—84 页。

⑤ 埃里希·奥尔巴赫:《摹仿论:西方文学中所描绘的现实》,普林斯顿:普林斯顿大学,1953 年。

⑥ 参见萨义德:《人文主义与民主批评》中的《埃里希·奥尔巴赫的〈摹仿论〉导论》章节,第 85—118 页。

⑦ 参见哈芬:《根源、种族与回归语文学》,第 34—41 页。

学问和教育结构面临危机所作的反射,那它们就必须将这一文化过剩的维度纳入考量,因为恰恰是语文学的文化诠释学维度包含着产生文化方针的危险,这些文化方针将毁灭性地破坏对人文主义实践的诉求。

爱德华·萨义德远早在他称赞语文学为进步的知识实践之前就已看到了这一点,并在前文提及的关于"东方主义"的名著中揭示了核心机制。而萨义德的专论提出了一个难题,即受到提倡的围绕欧洲霸权语文学的辩论永远不够细致入微,这意味着他那些就语文学实践而言的民主乐观主义的理由,要在他后来提及的利奥·斯皮策和埃里希·奥尔巴赫文中的"世界语文学"中去找寻。最终,萨义德用后者的世界性人文主义来对抗完全被污染的史前史。[1] 这种概念是以令人费解的终结传统的理念为基础的,这不单对历史有失公允,更主要是对在 19 世纪就已力主"开放"和文化差异的语文学家们不公。因为他们无疑存在过,也正是他们给予了奥尔巴赫的模式以历史深度,萨义德十分看重这一点。如果不诉诸这些抗争的传统,那如今的语文学应该去呼吁什么?

同时,这个问题不应被误解作是一种简单的改进,亦即对削减文化诠释语文学所投下的高大阴影所做的尝试。对语文学历史的再解读与据称的复兴计划无关,当然也无关修正主义的计划。不如认真对待杰弗里·高特·哈芬的英明警告,即对源头的找寻实际上是 19 世纪欧洲语文学的认识论原则,其为建设一种毁灭性的文化传统做出了重大贡献。[2] 而对语文学的讨论如果不重视历史的抵抗和对霸权地位的批判,那在另一种意义上它仍是盲目地与这种传统绑在一起。归根到底,这种方式源于认为业已建立者缺乏替代物的观念,这应当与对自身实践的反思最为相关。这便是不应忽视有关语文学话语异质性的著作的原因。

语言形态中的决定性思想

现代语文学话语被镌刻在一个认识论框架中,符号形态与发展问题在这个框架中相互交织。在这个紧张的领域中,语文学著作对人类及人类对世界的不同塑造进行陈述。从这个意义上讲,正如米歇尔·福柯(Michel

---

[1]　参见萨义德:《人文主义与民主批评》,第 10 页及以下。
[2]　参见哈芬:《根源、种族与回归语文学》,第 54 页及以下。

Foucault)所论述的,①语文学实际是由类似于生物学新兴领域的认识论条件所构成的,后者研究的是生命形态的起源与发展。因此,令人毫不惊讶的是,语文学从18世纪起就采用那些试图解释可变性的生物学概念,比如"种族"的概念。对于戈平诺(Gobineau)和恩斯特·勒南(Ernest Renan)来说,这个概念经历了一场与语言学对象的意义的明显融合。② 然而我的观点是,语文学对种族主义的关键贡献在于由文化决定的方面。

在《论人类知识的起源》(*Essay on the Origin of Human Knowledge*)中,埃蒂耶纳·博诺·德·孔狄亚克(Étienne Bonnot de Condillac)(1714—1780)展现了一种关于思想起源和理解过程的感觉论,这后来从总体上影响了启蒙运动,更为具体地说是影响了革命思想。③ "督政府"(1794—1799)时期在教育学和政治上有影响力的哲学家群体被称为"意识形态家",德斯蒂·德·特拉西(Destutt de Tracy,1754—1836),作为"意识形态家"的思想领袖,将语言和文字视作符号系统,认为当中包含一种特质,一种"单一性",换言之,一种特定的思想授权的结构。在文本文化中所呈现的文明成就,也意味着科学的成就,表明了这些系统对思想的不同适宜性。在启蒙运动晚期,尤其是1800年前后二十年间,更多的注意力因此被放在了书写系统上。德斯蒂·德·特拉西也因此将《意识形态原理》(*Elements of Ideology*)第二卷第五章用来阐述"我们思想的持久符号"。④ 此处的一个重要例子是中国,在这一点上德斯蒂·德·特拉西恐非首创。德·特拉西称,中国的知识因其所谓过分简单化的符号,发现其自身"处于一种停滞的甚至是倒退的状态"。⑤ 黑格尔(Hegel)晚些时候把这个关于停滞的思想的概念纳入《精神哲学》(*Philosophy of Mind*)的第459节,并在他关于精神展开的历史中进行描述。⑥

---

① 参见米歇尔·福柯:《词与物:人文科学考古学》(*Les Mots et les choses: Une archéologie des sciences humaines*),巴黎:伽利玛出版社,1966年,尤其是第262—313页。
② 参见特劳特曼·沃勒(Trautmann-Waller):《语言、人民、种族、国家》。
③ 参见特拉班特(Trabant):《高卢的赫拉克勒斯:论法国和德国的语言与政治》(*Der Gallische Herkules: Über Sprache und Politik in Frankreich und Deutschland*),图宾根、巴塞尔:弗兰克出版社(A. Francke),2002年,第62—75页;列夫席兹(Lifschitz):《语言与启蒙:18世纪的柏林辩论》,牛津:牛津大学出版社,2012年,第33—38页。
④ 德斯蒂·德·特拉西:《意识形态原理》(*Élémens d'idéologie*)第二部分《语法学》(Grammarie),巴黎:库尔西耶出版社,1803年,第269页。
⑤ 同上,第298页。
⑥ 格奥尔格·W.F.黑格尔:《哲学科学全书纲要》(*Enzyklopädie der philosophischen Wissenschaften im Grundrisse*),第三部分:《精神哲学:口头附释》(*Die Philosophie des Geistes: Mit den mündlichen Zusätzen*)新版,法兰克福/美因:苏尔坎普出版社,1986年,第276页。

德斯蒂对书写系统的阐释,有趣之处在于两个方面:它与传统差异显著,不再依赖于一种全球宗谱的观念,而是有赖于一种在他看来介于图形文字("象形的或象征性的文字")与字母("实际的或真正的文字")之间的不可跨越的类型学鸿沟的概念。① 这意味着文字不再是由此及彼地按遗传学进化,也不再源自一个统一的符号学经济,打破了自威廉·沃伯顿(William Warburton)关于埃及象形文字的著名论述②以来的惯有状态,转而建立起了历史进程不同质的层面。诚然中国的文字文化由此被视为特殊的存在,但同时也被贬低了。就符号学的历史进程而言,它不能再继续扮演在人类书写语言学发展中的中介角色,也不能追赶上欧洲的"现代化":

> 不管怎样,一个民族从在使其思想符号永久化的这两条道路中做出选择的那天起,从二择其一的那天起,它就彻底地决定了自身的命运。如果它选择了象形文字,它就自我剥夺了增长知识的一切途径,甚至失去了在自身的纯粹中保存早先已经接收的所有知识的方法;它已经决定了自身的存在将和那些是人类种族史上一段或短或长的空白的野蛮人一样,对人类精神的未来进程几乎毫无用处,无论它此前已经延续了多久。③

---

① 参见德斯蒂·德·特拉西《意识形态原理》,第280—299页,特拉西对这两种书写系统做了比较;首先参见第301—302页对类型的区分。

② 沃伯顿的《摩西的神圣使命》(*The Divine legation of Moses*)(两卷,1737年和1741年)本是格洛斯特主教对正统基督教信仰的保守辩护,但当书中涉及语言起源和书写系统发展的部分作为专论被译为法文(*Essai sur les Hiéroglyphes des Égyptiens, où l'on voit l'Origine et le Progrès du Langage et de l'Ecriture, l'Antiquité des Sciences en Egypte et l'Origine du culte des Animaux* 〔1744〕)(巴黎:奥布耶·蒙田出版社〔Aubie Montaigne〕,1977年),这份论述在对符号的反思和对启蒙运动的理解上产生了相当大的影响,更被广泛引用,比如孔狄亚克的《论人类知识的起源》(*Etienne Bonnot de Condillac, Essai sur l'origine des connaissances humaines: Ouvrage où l'on réduit à un seul principe tout ce qui concerne l'entendement humain* 〔1746〕),巴黎:阿莱伍出版社(Alive),1998年。关于沃伯顿的理论,参见雅克·德里达(Jacques Derrida)的透彻分析(《涂写:能力/书写》〔"Scribble: pouvoir/écrire"〕,威廉·沃伯顿:《论埃及象形文字(圣书体)》〔*Essai sur les hiéroglyphes des Égyptiens*〕的前言,第5—43页);关于其反响,参见马库斯·麦思林:《巴黎东方读物:论威廉·冯·洪堡的圣经理论》(*Pariser Orientlektüren: Zu Wilhelm von Humboldts Theorie der Schrift*).《除了第一版的信和让·弗朗索瓦·尚波利翁·勒吉恩(1824—1827)》(*Nebst der Erstedition des Brief und Jean-François Champollion le jeune* 〔*1824—1827*〕),帕德博恩:舒宁出版社,2008年,第108—119页,以及同著者,《作为文明理论的书面理论:1800年前后欧洲圣经话语中意象的历史化形式》("Schrifttheorie als Zivilisationstheorie: 〔Ent-〕Historisierungsformen der Bildlichkeit im europäischen Schriftdiskurs um 1800"),载于《图像—权力—文字:视觉上至关重要的文字文化》(*Bild-Macht-Schrift: Schriftkulturen in bildkritischer Perspektive*),安东尼奥·洛普莱恩诺(Antonio Loprieno)等编,魏勒斯维斯特:威尔布鲁克出版社,2011年,第243—269页。

③ 德斯蒂·德·特拉西:《意识形态原理》,第313页。凯文·肯尼迪(Kevin Kennedy)翻译。

这段话表明德斯蒂的观念融合了决定论观点和关于自由的启蒙概念。一旦符号系统被选定，一个集体的思想及其历史命运就被完全决定了。然而这种决定论被认为是集体实际选择了自身符号系统的观点削弱了。事实上，德斯蒂将这种选择视作前意识的，而且认为由于文化习惯的影响，这几乎是不可逆的；[①] 然而，在理论上出现了自由的火花。从人类学角度来看，中国人原本可以选择一种不同的文字，甚至是一种不同的语言，如此一来他们通往科学进步的道路将不再受阻。在这个观念背后，是对人类语言能力的普遍认识。正是在这一点上，德国浪漫主义语文学家弗里德里希·施莱格尔（Friedrich Schlegel，1772—1829）的著作中出现了激进观点。

施莱格尔于 1808 年出版的《论印度人的语言与智慧》（*Über die Sprache und Weisheit der Indier*）（英文版于 1849 年出版），最应理解为对启蒙运动理性主义的一种纲领性的反对，成书时代正是理性主义者转向皈依天主教的时期。[②] 这本书虽然很少被讨论，但它无疑是施莱格尔的主要著作，施莱格尔在书中摒弃了启蒙运动关于语言多样性之唯一起源的观点，建立起一种

---

① 参见《意识形态原理》，第 302—304 页。

② 关于施莱格尔在拿破仑战争期间的政治与宗教的转变内容，参见厄休拉·斯筑克（Ursula Struc）：《弗里德里希·施莱格尔的东方研究》（"Zu Friedrich Schlegels orientalistischen Studien"），载于《德国语言学杂志》（*Zeitschrift für deutsche Philologie*）1969 年第 88 辑《"弗里德里希·施莱格尔与浪漫主义"特刊》，第 114—131 页、第 127 页；塞巴斯蒂亚诺·廷帕纳罗（Sebastiano Timpanaro）：《弗里德里希·施莱格尔与德国的印欧语言学开端》，施莱格尔（1808），德文版；重印本（阿姆斯特丹：本杰明出版社，1977 年）：第 XI—XXXXVIII，XVII，XXVII—XXX 页；约根·特拉班特（Jürgen Trabant）：《天堂中的米特拉达梯：语言记忆小史》（*Mithridates im Paradies: Kleine Geschichte des Sprachdenkens*），慕尼黑：贝尼出版社，2003 年，第 239—245 页；彼德·K.J.帕克（Peter K.J. Park）：《泛神论世界里的一位天主教护教论者》，载于《梵文与"东方主义"：德国的印度学与比较语言学》，麦格金（McGetchin）等编，新德里：马诺哈尔出版社，2004 年，第 83—106 页；陈·佐里夫·阿什肯纳西（Chen Tzoref-Ashkenasi）：《弗里德里希·施莱格尔的〈论印度人的语言与智慧〉中的民族主义方面》，载于《梵文与"东方主义"》，麦格金等编，第 107—130 页；勒内·马克·皮乐（René-Marc Pille）：《古典主义和浪漫主义的断裂：印度，歌德和弗里德里希·施莱格尔之间不和的主题》（"À la fracture du classicisme et du romantisme: l'Inde, sujet de discorde entre Goethe et Friedrich Schlegel"），载于《印度在德国的魅力（1800—1933）》（*La fascination de l'Inde en Allemagne 1800—1933*），马克·克鲁特（Marc Cluet）编，雷恩（Rennes）：雷恩大学出版社，2004 年，第 25—45 页；安科·博斯（Anke Bosse）：《东方学狂热？论弗里德里希·施莱格尔对"宗教"和"东方"的概念化》（"'Orientalomanie'? Zu Friedrich Schlegels Konzeptionalisierungen von 'Religion' und 'Orient'"），载于《浪漫主义宗教》（*Romantische Religiosität*），亚历山大·冯·鲍曼（Alexander von Bormann）编，维尔兹堡：科尼西豪森及诺依曼出版社，2005 年；帕斯卡·拉鲍特·费尔哈恩（Pascale Rabault-Feuerhahn）：《档案的起源：19 世纪德国的梵文、语文学和人类学》（*L'archive des origines: Sanskrit, philologie et anthropologie dans l'Allemagne du XIXᵉ siècle*），巴黎：瑟夫出版社，2008 年，第 66—78 页；玛常德：《帝国时代的德国东方主义》，第 58—65 页。

多元发生论：按照施莱格尔的观点，印欧语言起源于一种"光辉的清醒"，亦即源于理性；然而其他的语言群体，却源自一种"动物性的麻木"，其中就有受到推崇的闪米特语。① 这不仅通过各自的自然倾向决定了语言和语族的发展，也让语言成为那些业已存在的智慧展现的表达，体现为一条形式原则。就起源而言，这条形式原则决定了思想是否自由，是可以有机发展还是必须停留在萎缩状态；因此我们可以说思想的能力被决定了。屈折语使一种更高级形式的思想成为可能，屈折语即从中产生，而粘着语最多能达到平庸水平，它们象征着停滞。对施莱格尔来说，这类推测的历史证据将又一次在中国找到。存在于这两个语言世界之间的障碍不可跨越，因为它从后天堂情境中人类语言的最初就已设定，因此在结构上是不可改变的。

可是对语言学结构的这种评价从何而来？派别思想大概要追溯到这个时期基本的人类学假设。② 然而，这并不适用于文化归属。文化归属来源于一种文本文化的及美学的评价，也就是来自对印度诗学和哲学的评价。有观点认为，如果屈折变化的梵文有利于理清思路，这只是因为其语言学结构根源于一种印欧"智识宗教"的深奥。③ 语言与智慧，施莱格尔精神宣言的这两个方面，同义反复地相互关联；故而语言的起源可以被平行解读为诗歌的起源：

> 因此在我看来，所有哲学著作（除非某些更高层次的影响令其别有安排）都应当从语言最初的自然起源追溯到它开始走向衰弱并从此在衰退的深渊越陷越深的转折点。语言的建构通过后缀与词缀来构成语法，在细节上迥然相异，让思路很容易就变得令人困惑且难以跟进……与之相反，这类语言，如希腊语和印第安语，其原始含义的每一次改变都来自词根的屈折变化，在细小的语法细节和整体的组合排布上都自然简洁且优美。④

---

① 关于此种区分，参见弗里德里希·冯·施莱格尔：《论印度人的语言与智慧》（1808），收入《弗里德里希·冯·施莱格尔的美学作品与杂集》，艾伦·J.米林顿（Ellen J. Millington）译，伦敦：亨利·G.博翰出版社（Henry G. Bohn），1849 年，第453—458 页。

② 参见曼纽尔·达·罗查·阿布瑞（Manuel Da Rocha Abreu）：《学派偏见：弗里德里希·施莱格尔的语言比较与当代德国比较解剖学》（"Die Schule des Vorurteils：Friedrich Schlegels Sprachvergleich und die zeitgenössische vergleichende Anatomin in Deutschland"），载于《文化革命：应用话语理论期刊》（*Kulturrevolution: zeitschrift für angewandte diskurstheorie*）2003 年第 45 期，第 109—115 页。

③ 施莱格尔：《论印度人的语言与智慧》，第 523 页。

④ 同上，第 525 页。

从诗性智慧的角度来看：

> 一种广为接受的观点认为，人类的原始状态是近乎无理性的愚痴，受到必需性或者其他外界刺激的驱使，才逐渐通过不懈努力获取一定程度的智慧。抛开对于这一观点与所有已知的哲学系统完全不符的考虑不谈，必须承认的是，它远远得不到古代历史记载的支持，相反其自相矛盾，并被证明是基于武断且不足的依据而被采用……尤其是在印度，许多惊人的发现已经出色地描绘出人类智慧在古代的进步。①

将印度的思想、语言的表达与智慧的表达联结在一起的基础，意味着以诗的形式表现的哲学，是"灵魂感知的情感强度，生机勃勃而鼓舞众人；是概念的明亮清晰与决定"。② 这一在语文学意义上和神学意义上决定的本质论不仅阐述了一种关于印欧语言优越性的意识形态，也因其关于起源的决定论及其精神维度，施莱格尔的思想在用法文表达的"种族"（raciologique）的意义上，为现代种族主义谱写了一出序曲，指明了一种人类学的概念化，假定的认知表现与特定的历史表达在这种概念化中再次融合。

　　施莱格尔关于语言的多因子论文，在某种意义上被他对于语言的原始多样性实际可与《旧约》故事相调和的论断所削弱了。由此，他就《历史哲学》（Philosophy of History）所做的第二次讲座从基督教原罪观念的角度，解释了人性的衰颓。③ 依照施莱格尔的观点，人类的历史多样性是远离上帝的结果。被驱逐出伊甸园导致了流散，在流散中产生了最初的语言。这样早在人类时代的精神语言学多样性出现之前，便留下了团结人类的根源。施莱格尔的讲演进一步表明了他认为希伯来语，而非印欧习语，具有珍视同一性的文化智慧的力量，同一性换言之即一神论，这在施莱格尔的思想中占有中心地位。施莱格尔独特的谱系学思维的神学嵌入不仅在对于他作品的批判接收中遗失，还遭到了严重抵制，我们当然不能认为施莱格尔要为这一事实负责。印欧谱系学这个概念后来有了沙文主义的来世却并不令人惊讶。

---

① 施莱格尔：《论印度人的语言与智慧》，第 465 页。

② 同上，第 524 页。

③ 可以肯定的是，弗里德里希·施莱格尔仅于 1828 年在维也纳做了关于历史哲学的讲座，然而这些讲演同属一栋反启蒙的、天主教知识大厦，它在有关印度语言与智慧的著作中目睹了其令人印象深刻的开端。在某种程度上，它们回顾性地传递着基本的救世假设，这些假设仅在有关印度的文本背景中稍微浮出水面。

不仅因为它被置于启蒙运动普世主义的对立面,更主要因为其历史文化的暗示矛盾地展现出了与启蒙运动关于进步的意识形态同样排他的特质:对施莱格尔来说,只有印欧部族跨越了历史发展的桥梁。他认为符号系统不再独立于人类学而存在,相反地,语言与"人类部族"在他所说的后灾难性的情境中深深交织。于施莱格尔而言,后天堂般的衰败是以一种反卢梭主义(/反回归自然论)(anti-Rousseustic)的形式跌入野蛮,是"不断退化"的过程,①人性的一部分在这个过程中不断堕向原始,变得更具兽性,而作为人类塑造世界的表达结晶——语言,则变得更加粗简,包含越来越少的来自其神圣起源的"智慧"。由此,出现了两类"人类部族":

> 作为世界最初的史实,远古历史中的伟大反抗这一原始主题,如今对历史中的民族和时代的整体后续发展也关系重大。因为人类这种原初的反抗与纷争有双重方向——寻求神明的、神圣的意愿,或被自然世界掌控的专横的、热爱自然的意愿,这经常在后来的历史中以小型而单一的形式重现,或者至少是作为某种类似的存在,某种循环反射和遥远的回响。②

施莱格尔认为这些面向精神或沉迷于自然的人类"部族",不仅是"宗教和非宗教"③的形而上学两分法,也是在他所处时代的人类学意义上的文明民族和土著民族(*Kulturvölker* and *Naturvölker*),这一事实不仅显示在他对于巴塔哥尼亚人平庸的伟大所做的思考中,④也表露在他大量关于人可以逐渐从"远胜于黑人""堕落"到"新西兰的食人族",进入一种野蛮而且愈发"兽性的原始"状态⑤的那些段落描述中。⑥ 与上帝的相似性之间的距离,以及假设的人类原初的精神本质,对施莱格尔来说,不仅通过文明的"缺乏"来展现,而且由人类学所描述的退化的特征所证实。

施莱格尔坚持认为,这些"本质的而且无可避免的特征……起到了作为

---

① 费里德里希·冯·施莱格尔:《历史哲学》(*Philosophie der Geschichte*),1828 年在维也纳举行的 18 次讲座,《施莱格尔文集》(*Kritische Friedrich-Schlegel-Ausgabe*)卷 9,让·雅克·安斯泰德(Jean-Jacques Anstett)编,慕尼黑:舒宁出版社,1971 年,第 43 页。凯文·肯尼迪(Kevin Kennedy)翻译。
② 同上,第 44 页。
③ 同上,第 41 页。
④ 参阅同上,第 48 页。
⑤ 参阅同上,第 36 页及以下诸页。
⑥ 同上,第 37 页。

通往在后来及历史记载时期中的世界和人类文化发展的实际历史的门径或大门的作用"。① 因此,从中国、埃及、印度以及希伯来的文字文化开始,他不仅致力于揭示"最为重要的民族取得了高水平的独特的知性文化"②这一思路,还试图分配给"野蛮民族或者原始部族以重要却在更大范围内仅是从属的地位"。③ 施莱格尔大概想要将人类作为神圣生命的最初尊严从启蒙运动的分析唯物主义中挽救出来。然而他的神学叙事并没有重述从伊甸园被驱逐之后不同部族起源的圣经故事,而是致命性地灌输后天堂的思想,即历史性的分离,伴有一种认为不同部族与神的智慧之间存在或大或小的接近度的神学理念。这些"部族"——坠入了一种自然状态,因此从基督教意义上看来是"偏离正轨的"——与他所处时代的人类学模式之间的一致性是明显无误的,这正是他对于现代性的批评令人惊讶的"现代"之处。通过在印欧谱系中探寻用于恢复原初精神与理性的符号和潜力,他讲述了一个由神学主导的、基于起源优越性的故事,这个故事只能被理解为是在人类学上得到了证实的。这种历史概念包含了关于将世界分为"原始的"与"文明的"民族的所有种族主义暗示,它进而在 19 世纪演变成了一则主要的教条。

而施莱格尔,在其关于《历史哲学》的讲演中,无疑是依赖于民族志方法的成就与自然科学的成果,④他在《论印度人的语言与智慧》中的理念还未受到生物主义的影响;相反地,他这本书旨在成为一本反对被他称作"狡猾的推理者"⑤的精神著作,⑥换言之,成为一本反民族主义者、反实证主义者的著作。因此,施莱格尔明确声明:"就今已确定的而言,在人类不同种族之间识别出的物理差异并不具有实质的重要性。"⑦然而,这并没有引导施莱格尔在《论印度人的语言与智慧》中彻底放弃包含当时就人的差异进行人类学划分的模式的思想。施莱格尔在书中谈论"关于人类部族"的"退化的物理适应性与可塑性",明确将"改良"的概念与(印)欧人的白度联系起来。⑧

---

① 费里德里希·冯·施莱格尔:《历史哲学》(*Philosophie der Geschichte*),1828 年在维也纳举行的 18 次讲座,《施莱格尔文集》(*Kritische Friedrich-Schlegel-Ausgabe*)卷 9,让·雅克·安斯泰德 (Jean-Jacques Anstett)编,慕尼黑:舒宁出版社,1971 年,第 50 页。

② 施莱格尔:《历史哲学》(*Philosophie der Geschichte*),1971 年,第 50 页。

③ 同上。

④ 参见同上,第 49—50 页。

⑤ 施莱格尔:《论印度人的语言与智慧》,第 522 页。

⑥ 参阅同上,第 520 页。

⑦ 同上,第 502 页。

⑧ 参阅同上,第 168 页及以下诸页。

尽管如此,施莱格尔著作的中心概念既非"种族"的概念,亦非施莱格尔坚持生物主义的唯心主义精神世界。

这很难令人惊讶。施莱格尔的分析并不旨在当时人类学"种族"概念仍以之为基础的外部分类。某种程度上类似于布鲁门巴赫(Blumenbach)深具影响力的"内在形塑力"(*Bildungstrieb*)理念,①施莱格尔在找寻关于文化的可知内在原则,它存在于意识之中,也因此较有形的外观而言更为深奥,施莱格尔明言认为它受到气候环境与物理环境的影响。这里存在着与认知形式的关键区别,那些认识形式从此代表它们自身的内在逻辑。尽管在文明范围中有类似于历史领域的存在,它通过诸如移民、语言学影响,以及"文化民族"对"原始人"进行"精神施肥"等形式来影响发展,②但这只能造成表面现象,怪异地停留在历史之外。后者的展开不能由"机械定律"(力学定律)解释,只能放在自身的遗传学中来理解:

> 只有这样一个遗传学视角可以解释这包含事实、传统以及根基或牢或弱的理论的混乱,它们构成了通常所称的古代历史。③

施莱格尔的理论明显源自生物学学科诞生的认识环境,因其超出了分类学思想并让历史屈从于一种内在的进化原理。然而,仔细观察之下,可以看出实际上更为关键的是与现代生物学的区别,现代生物学几乎在同一时期通过拉马克(Lamarck)的《动物哲学》(*Philosophie zoologique*)(1809)来探索其学科基础。

拉马克在他关于内在线性进步的基本概念中坚持有关人类统一体的启蒙思想,而施莱格尔假定有若干不同的思想文明谱系存在。拉马克借助时间的

---

① 不管他的形象如何,由于在对他作品的反响中对"高加索人种"的见解与发明的关注,约翰·弗里德里希·布鲁门巴赫(Johann Friedrich Blumenbach)(1752—1840)这位哥廷根大学的医学教授提出了关于单一人种的观点。在他关于人类的人类学观点中,差异在根本上来自外部对"形成原理"的影响(比如气候、营养、生活方式等等)。在这个意义上,较之有关起源的有机展开的浪漫主义观点而言,布鲁门巴赫的"活力论"更接近于拉马克的观点。参阅塞林·特劳特曼·沃勒(Céline Trautmann-Waller):《约翰·弗里德里希·布鲁门巴赫的作坊》("Die Werkstatt Johann Friedrich Blumenbachs〔1752—1840〕"),载于《1800年哥廷根的科学者》(*Die Wissenschaft vom Menschen in Göttingen um 1800: Wissenschaftliche Praktiken, institutionelle Geographie, europäische Netzwerke*),汉斯·厄里克·波德科(Hans Erich Bödeker)等编,哥廷根:范登霍克与鲁普来切特,2008年,第231—251页。

② "如果美洲的和南非的那些未开化的国家停留在了他们最初的贫困与野蛮的条件中,不曾接受任何来自欧洲或亚洲的新驱动,不曾被植入更高级的思想活动的萌芽、教养与运动,那些国家很难有任何历史可言。"见弗里德里希·冯·施莱格尔:《论印度人的语言与智慧》,1808年,第504—505页。

③ 同上,第503页。凯文·肯尼迪对译文略作修改。

和环境的因素来使人类学的分类法更为有效,而施莱格尔通过一些偶然的形式原则来推定人类的发展演变。通过环境和适应来实现变迁的理念几乎被彻底摒弃。语言原初就是有条件的,它们有机地创造了文化的形式与历史。在施莱格尔理论中有趣的一点是,认为这种条件性并未带来进步的历史,而是导致了一段衰落的历史:语言与思想形式受制于一个磨损和衰微的过程。屈折变化的印欧语言至少具备追溯自身传统的智力,并能由此寻回精神上的"印度母亲"。此中存在一个谱系学上的自我发现的理念,这个理念被施莱格尔在政治上加以扭曲,继而被戈平诺歪曲为颓废的种族主义场景,并被黑格尔倒置为一段进步的历史。施莱格尔因此提出一个范式,语言在其中作为思想的有机体,通过形式的内在原则,创造历史并且不受历史影响。

这个范式的黑格尔说变体将极大地影响奥古斯特·施莱谢尔(August Schleicher, 1821—1868),他将其纳入自己被忽视的《论语言对于人类自然历史的意义》(*On the Significance of Language for the Natural History of Man*)(1865)一书中,使施莱格尔的决定论扎根在脑海中。施莱谢尔是一位以语言谱系理论而闻名的德国语言学家,他的这一理论对印欧语研究与新语法学派最具影响力,他将施莱格尔的谱系理念转化为元理论思想,作为屈折语内在优势的结果以及由此带来的文化与科学的历史地位,使得欧洲人有可能辨识出进化动力的常规机制,而最初正是这种进化动力给他们带来了辨识的可能性。① 而跟随达尔文的步伐,生物学几乎与此同时将适应性与应变性的原则引入进化论,语文学排斥语言使用从而排斥文本文化,却通过在自然决定论中对它们加以编纂,继续从中获取意识形态的基质。有充足的证据表明,应该将施莱谢尔的谱系树与达尔文著名的进化树视作互为替代物,而非等价物(参见图 1 和图 2)。

由此我想推论几条总体思路:

语文学与生物学的关系并非显而易见。正如塞巴斯蒂亚诺·廷帕纳罗(Sebastiano Timpanaro)所言,②施莱格尔归属于唯心主义的自然哲学(idealist philosophies of nature)传统,与生物学在严格意义上的关系难以得到文本证

① 参阅施莱谢尔的"自然主义",见马库斯·麦思林:《语言的进步:奥古斯特·施莱谢尔,黑格尔主义和生物学在文明理论中的转折点》("La langue du progrès: August Schleicher, l'hégélianisme et le tournant biologique dans la théorie de la civilisation"),载于《十九世纪与其语言》(*Le XIXᵉ siècle et ses langues*)网络特刊《罗曼语研究协会与九十年代的人们》(*Société des études romantiques et dix-neuvièmistes en ligne*),萨尔噶·穆萨(Sarga Moussa)编,2013 年。
② 参阅廷帕纳罗:《弗里德里希·施莱格尔与印欧语言学在德国的开端》。

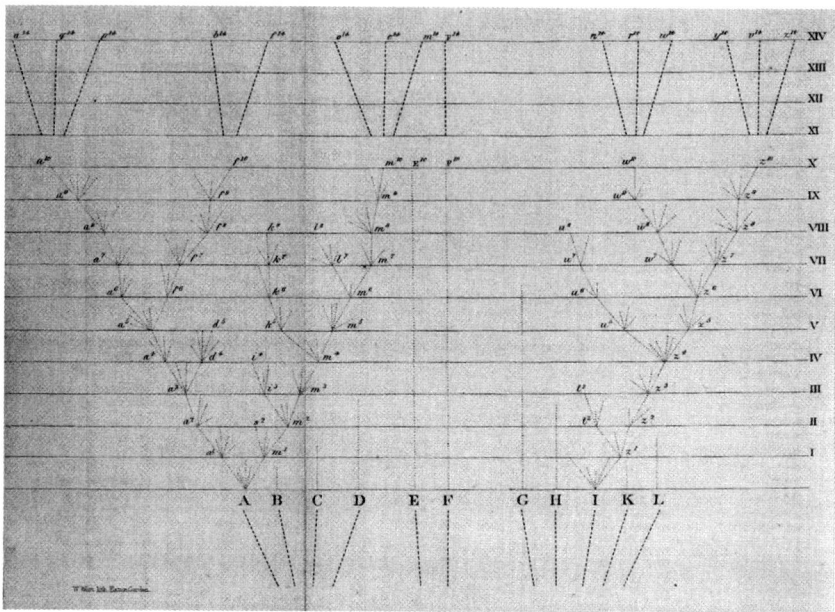

图1 查尔斯·罗伯特·达尔文（Charles Robert Darwin）：《"自然选择"图解》，载于《物竞天择，适者生存之物种起源论》（1859），第 4 版，伦敦：约翰·穆莱出版社，1866 年，第 130—131 页。

实。最终不得不有赖于福柯式意义上的认识论考量，这揭示出概念上的交叉点。在这一语境下，引用人类学的"种族"思想对语文学家们似乎并无助益，人类学的"种族"思想经由布封（Buffon）、布鲁门巴赫（Blumenbach）、康德（Kant），已牢牢地刻在欧洲人的意识里，因为从语文学家的角度看，这一"种族"思想与人的外在有关，而归根结底他们想要领会的是人的意识与思想的历史。因此威廉·冯·洪堡（Wilhelm von Humboldt）（1767—1835）在《论爪哇岛上的卡维语》（*Über die Kawi-Sprache*），这本他关于古爪哇语书面语、书写系统及所在马来群岛的文化语境的代表作的导论中，回归到布鲁门巴赫和康德关于种族的见解，并阐释了其对于民族志的祖先描述的潜在意义。他却丢弃所做的这一切，因其对人类历史而言无足轻重，归咎于受语言约束的特性，必然导致一个交际集体，并因此去除了任何关于血统或谱系的观念：①

---

① 更多细节，参见马库斯·麦思林：《人？在洪堡对戈平诺的接受过程中毁灭人类》（"L'Homme? Destruktion des Menschen in der Humboldt-Rezeption bei Gobineau"），载于尤特·廷特曼（Ute Tintemann）、于尔根·特拉班特（Jürgen Trabant）编：《威廉·冯·洪堡：共性与个性》（*Wilhelm von Humboldt: Universalität und Individualität*），慕尼黑：芬克出版社，2012 年，第 183—208 页。

对语言来说,一切都因此集中于民族的这个概念······①

与此同时,对语言的关注显示出语文学对于现代意义上的种族思想的贡献,这在拉森(Lassen)的作品中有所表现。在戈平诺的作品中则展现得更为明显,融合了在"种族"概念中关于认知与体质的假设:言语形式与假定的文化成就的机体论交织,生发了关于认知决定论的关键争论。早在关于大脑的人类学之前,语文学传递了一种有关心理差异的刻印和分析的精巧组织。奥古斯特·施莱谢尔这样表述:

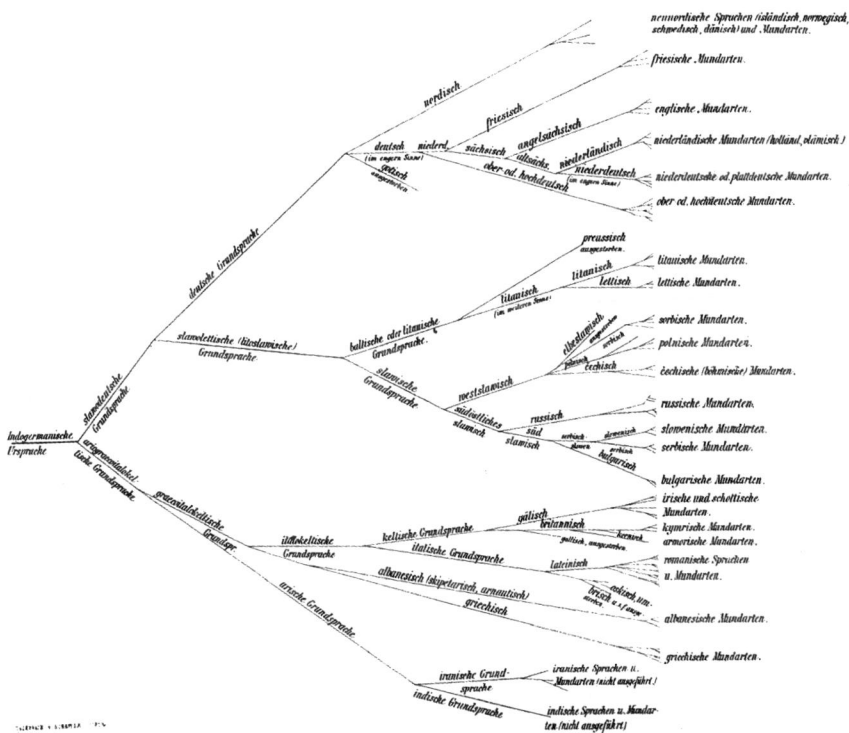

图 2 奥古斯特·施莱谢尔:《印欧语系的谱系树》("**Stammbaum der indoeuropäischen Sprachen**"),载于《达尔文学说与语言学》(*Die Darwinsche Theorie und die Sprachwissenschaft*),魏玛:柏和劳出版社,**1863 年**,附录。

---

① 威廉·冯·洪堡:《威廉·冯·洪堡全集》(*Gesammelte Schriften*)〔1903—1936〕,艾伯特·莱茨曼(Albert Leitzmann)等编,17 卷(柏林:B. Behr;柏林:德古鲁特出版社,重印本,1968 年),卷1,第 202 页。凯文·肯尼迪翻译。

于我们而言,颅骨、面部骨骼和躯体骨骼的外部可观测形式对于人类的重要性要明显低于同样物质的、但更为无限精细、具有身体特征的存在,其表现即是语言。在我看来,语言的自然系统同时也是人类的自然系统。人类生命所有更高级的活动都与语言密不可分,人类首先是因为语言才值得关注。①

关于决定(determination)的问题在这里明显是关键性的。不同思想家之间的重要分歧成为焦点,比如施莱格尔与洪堡之间的分歧:施莱格尔的遗传学将历史中形式的出现与精神力量相融合。在这个意义上,文化最终是生命的有机表现。威廉·冯·洪堡在他有关古爪哇语的书(或者说是关于古爪哇语的代表作)中,也将生命力的概念从结构上转移到精神力的概念上来。与施莱格尔一样,洪堡也熟知语言的自然倾向原理,而且在洪堡看来,后者也是或健全或不甚幸运的。欧洲的进步经验已初露端倪,洪堡最后从符号学上借助屈折变化的首要地位对其进行解释,他认为屈折变化的首要地位具有充满活力的、科学推进的特点。然而,洪堡也是一位真诚的历史思想家,他一直将意识的工作假定在思想的物质结构上,也就是说,个体对语言的利用。② 基于这一理由,恩斯特·卡西尔(Ernst Cassirer)认为,语言于洪堡而言是结构层面上的有机,而非本体论意义上的有机。③ 洪堡明确坦言:所有的文化群体都可以在他们的思想中达到文明的高度。

由此,我们又绕回到了语文学的文本文化这一面,因为做出决定的需求和必要性仅仅来自文明的优越性。这并不是可从符号系统自身的差异中推论的,而只能从以美学评价为准的最终产物来推论。以中国的情况为例,这些美学评价比现代语文学要古老得多,而后者却用科学的热望为它们再次注入活力。而比起美学评价更为重要的是历史哲学的基底,它由语文学提供,与鲁道夫·海姆(Rudolf Haym)所言的浪漫主义者的“印度狂热”(Indomania)尤为相关。④ 由此产生了一种元叙事,即通过印欧的成功故事,

① 奥古斯特·施莱谢尔:《论语言对于人类自然历史的意义》(1865),J.彼得·马希尔(J. Peter Maher)译,载于《语言学与进化论:奥古斯特·施莱谢尔、恩斯特·赫克尔、威廉·布里克的三篇论文》,孔拉德·科尔纳(Konrad Koerner)编,阿姆斯特丹:本杰明出版社,1983年,第73—82,79页。

② 有关这些对于洪堡的评论,见麦思林:《巴黎东方读物》(*Pariser Orientlektüren*),第264—276页。

③ 参阅恩斯特·卡西尔(Ernest Cassirer):《现代语言学中的结构主义》,载于《词:纽约语言学会会刊》1945年第1期,第99—120页。

④ 鲁道夫·海姆:《威廉·冯·洪堡:生平与特征》(*Wilhelm von Humboldt: Lebensbild und Charakteristik*),柏林:加尔特纳出版社,1856年,第582页。

将诞生于一种特定的文化主义的熟悉谱系置于人类普遍性的对立面。尽管从与法国大革命相反的对特殊性的政治渴望演化而来，但它生成了自己的"伟大历史"。

因此爱德华·萨义德将种族争论理解为生物学的"核心"并没有错，作为一种决定论话语的固化，它将文化的展开归功于无可避免的、不可变的本质。[①] 这种观点在历史上是有启发性的。因为即使"种族"这个概念在其现代的、生命政治学的意义上作为文化属性的生物学刻印不会被削减，生物主义本身并不导致多样性的阶层化（"种族"）。正如艾伯特·梅米（Albert Memmi）所强调的，[②]后者仅通过关于人类学差异的社会文化的语境化生成。

几乎没有人像雷慕莎（Jean-Pierre Abel-Rémusat）一样看得透彻，他是与施莱格尔和洪堡同时代的人物。[③] 这位欧洲伟大的语文学家、汉学家，不仅用他的《中国语言文学论》(*Essai sur la langue et la littérature chinoises*)（1811）来反对时人的屈折中心主义，正如《中国语言文学论》这一题目所示，此书以有关施莱格尔的争论的镜像倒转结构为特征，试图借助对美学偏见的修正来消除对汉语言的贬低。雷慕莎实际上用《论东方人的天性和风俗》(*Discours sur le génie et les mœurs des peuples orientaux*)（1843）传达了一种对语文学协会的社会辐射的清醒批判，这实质上要早先于萨义德辩论的许多方面：对文化群体的本质化的批判；对有关他者沉默的思想的批判；对认为他者缺乏形式与历史的观念的批判。所谓的中国欠缺历史成了批判屈

---

① 在这一点上，萨义德与的安瓦尔·阿卜杜·马利克（Anwar Abdel Malik）一致（参阅爱德华·萨义德：《东方主义》〔1978〕，第 4 版，伦敦：企鹅出版集团，1995 年，第 96 页及之后诸页）。

② 艾伯特·梅米（Albert Memmi）：《掌权者》(*L'Homme dominé: Le Noir—Le Colonisé—Le Juif—Le prolétaire—La femme—Le domestique*)，巴黎：伽利玛出版社，1968 年，第 244—245 页。皮埃尔·布迪厄（Pierre Bourdieu）出于同样的原因创造了"任何种族主义都是本质主义"这个说法〔皮埃尔·布迪厄：《任何种族主义都是本质主义》("Tout racism est un essentialisme")载于《干涉》(*Interventions*)（1961—2001），马赛：阿贡出版社，2002 年，第 177 页〕。

③ 其他出色的例子是亚历山大·冯·洪堡（Alexander von Humboldt）关于美洲文化的著作〔参阅奥特马·埃特（Ottmar Ette）：《世界意识：亚历山大·冯·洪堡及其他未竟的现代性项目》(*Weltbewußtsein: Alexander von Humboldt und das unvollendete Projekt einer anderen Moderne*)，魏勒斯维斯特：威尔布鲁克，2002 年〕；奥特马·埃特、维拉·M.库金斯基（Vera M. Kutzinski）：《清单与发明：亚历山大·冯·洪堡的古巴风景》载于亚历山大·冯·洪堡：《有关古巴岛的政论文》，维拉·M·库金斯基、奥特马·埃特编，芝加哥：芝加哥大学出版社，2011 年，vii－xxiii；以及亨利·格雷瓜尔（Henri Grégoire）及其关于"黑人文学"的作品〔参阅汉斯·于尔根·吕泽布林克（Hans-Jürgen Lüsebrink）：《格雷瓜尔与解放的人类学》("Grégoire and the Anthropology of Emancipation")载于《格雷瓜尔神父与他的世界》(*The Abbé Grégoire and His World*)，杰里米·D.波普金（Jeremy D. Popkin）、理查德·H.波普金（Richard H. Popkin）编，多德雷赫特（Dordrecht）：克吕维尔出版社，2000 年，第 1—12 页〕。

折语本质的自我观察式兴起的起点。① 雷慕莎已经意识到世界上种族主义单调化的力量：

> 所有这些民族的实践知识让位于西方人的实践知识；他们为我们的利益放弃他们的思想、文学、语言，放弃构成他们民族个体性的一切；他们学着像我们一样思考、感受、谈论；他们自满于我们的学者们的愿望，致力于我们的商人的利益，他们温和、和善、友好、恭顺。以此为代价，人们承认他们向社交性迈出了几步，允许他们列入等级，但与独享占有、统治、了解、毁灭的能力的特权阶层，与最卓越的种族相距甚远……当地球上只剩下欧洲人的时候，再来研究人类就太迟了。②

相比之下，如果雷慕莎让中国传统发声，他是出于对文本传统纪念阅读的担忧，类似于在利奥·斯皮策关于风格的著作中所表达的那样。其《风格研究》(Stilstudien)一书更为明确地反思"艺术语言"(wortkunst)，斯皮策抵制语言历史的形而上学，并用他个人主义的信条来进行反对：

> 找寻语言的艺术稳定之结果，是语言的全部历史呈现为一个平面……"优良的语言没有历史"(第 176 页)这一措辞正如其应用"波斯维特、伏尔泰、勒南三人的习语在根本上是同样的习语，因三种风格和三位不同的天才而不同"一样是历史性的谬误(基于希望传达比三位作家都用法语写作这样的陈词滥调更多的意义而言)……艺术作品从来都不是依据单一模型创造出来的，这一点恒准不变。③

---

① 关于雷慕莎的语文学，见马库斯·麦思林：《表现与能力：雷慕莎的批判与文学》载于《东方研究丛刊》2011 年第 44 期，第 1—23 页。

② 雷慕莎：《论东方人的天性和风俗》("Discours sur le génie et les mœurs des peuples orientaux")，载于雷慕莎：《有关东方历史和文献的遗稿》(Mélanges posthumes d'histoire et de littérature orientales)，巴黎：皇家印刷厂，1843 年，第 251—252 页，马库斯·麦思林翻译。

③ 利奥·斯皮策：《风格研究》(Stilstudien)(1928)，两卷，第二版，慕尼黑：马克思·赫伯出版社，1961 年，卷 II，第 532—533 页，注 1。

未来语文学?
一个硬世界中的软科学之命运

谢尔顿·波洛克(Sheldon Pollock)[*] 著　马洲洋　译

　　我想以两句箴言作为我这篇对语文学时运的简短论述的前言。第一句来自埃德蒙德·胡塞尔(Edmund Husserl)——我对他仅有的些许了解来源于汉斯-乔治·伽达默尔(Hans-Georg Gadamer):"先生们,别总拿大额钞票;拿点零钱,零钱!"[1]在这篇文章中,我试着尽可能做得清晰和具体,这是因为它的主题要求如此。第二句来自贝托尔特·布莱希特(Bertolt Brecht):"先吃饭,再谈道德。"[2]在我看来,今天语文学的核心问题是它在根本上还是否能生存下去的问题。而我所关心的正是语文学的生存以及如何才能保证它的生存。

　　1872 年,一位年轻的语文学家出版了一本对于今人来说陌生的小册子。这位语文学家对现今的非古典学家们来说同样陌生,他的名字是乌尔里希·冯·维拉莫维茨-默伦多夫(Ulrich von Wilamowitz-Möllendorff),而小册子的名字是《未来语文学》(*Zukunftsphilologie*)!它向那时弗里德里希·尼采(Friedrich Nietzsche)刚刚出版的《悲剧的诞生》一书发起了进攻。彼时,语文学在欧洲正处于巅峰,是当时最实在的学问之一,是教育的核心,是所谓"批判性"思维最突出的展现(就算不是它的源头),以及其他科学诸如进化生物学的典范。[3] 这两位作者之间的争论并不在于古典学在德意志学

---

* 谢尔顿·波洛克原文为:"Future Philology? The Fate of a Soft Science in a Hard World", *Critical Inquiry*, vol.35, no.4(2009), pp.931-961。——译者注。

　　除专门注明以外,所有的翻译均为我自己的翻译。(波洛克原注)

[1] 引自伽达默尔:《哲学解释学》,大卫·E.林格(David E. Linge)编译,伯克利,1997 年,第 133 页。

[2] 贝托尔特·布莱希特:《人靠什么生活?》("Denn wovon lebt der Mensch"),载于《三文钱歌剧》(*Die Dreigroschenoper*),柏林,1969 年。

[3] 参见罗伯特·J.欧哈拉(Robert J. O'Hara):《系统学和语文学的谱系》,载于《意大利自然科学学会和米兰自然历史博物馆备忘》(*Memorie della Società Italiana di Scienze Naturalie*（转下页）

科之中的地位如何,因为这在当时还是确定无疑的;从这一点以及其他许多方面上来看,他们二人要比他们激烈的争论所体现的距离接近得多。他们的争论围绕着古典学研究的方法和意义而展开。对于维拉莫维茨来说,任何关于过去社会或文化现象的真正知识只能通过研究它历史背景的每一个特征来获得,并且由此将它完全从今时今日的视角中抽离出来。①对于尼采来说,新近专业化(并且只是那时新近才得名)的语文学方法完全僵化了古老的事物,并且扭曲了它研究的真正目标;语文学家本身"对于什么是应该被正名和守卫的,毫无知觉"。②

从更大的角度来看,这其实是一场历史主义者与人文主义者之间、科学与教化③之间、学术与生活之间的争论。它以一种对于欧洲现代性来说并不奇特的方式展开(梵文班智达们常常诵读如下偈颂:"死亡之刻骤临时,变形表格无可救")。④ 在这个时候,胜利垂青了历史主义者——那些被称作"知识的冷酷的恶魔"⑤的人;尼采放弃了他的教授职位,正如维拉莫维茨所提出的:他的观点需要他这样做。然而,这是一场空洞的胜利。正如它所预示的,在接下来的几个世纪中,语文学经历了文化资本上的粉身碎骨。在转向首要任务之前,我所希望在本文中弄清的正是语文学何以崩溃。而首要

(接上页)*del Museo Civico di Storia Naturale di Milano*)第 27 本,1996 年第一期,第 81—88 页。欧哈拉展示了生物学是如何从语文学的谱系图表中衍生出它的分类范式的。这些图表包括语文学中语言发展的图表和更重要的写本源流的图表。

① 参见乌尔里希·冯·维拉莫维茨-默伦多夫:《〈未来语文学〉! 对弗里德里希·尼采〈悲剧的诞生〉一书的回应》(1872),格特鲁·普斯特(Gertrude Postl)译,《新尼采研究》第 4 期,(2000年春一秋),第 1—32 页;詹姆斯·波特(James Porter):《尼采和未来语文学》,加利福尼亚州斯坦福,2000 年,第 59 页。

② 弗里德里希·尼采:《我们是古典主义者》,威廉·阿罗史密斯(William Arrowsmith)译,《非现代观察》,阿罗史密斯、赫伯特·戈尔德(Herbert Golder)、加里·布朗(Gary Brown)译编,康狄洛格州:纽黑文,第 371 页。他们的争论从某种程度上来看总结了一代人以前在戈特弗雷德·赫尔曼(Gottfried Hermann)和奥古斯特·柏克(August Boeckh)之间的争论。这在下文将有讨论。针对这一 19 世纪德国思想史中古希腊研究的转变的出色叙述是 M.S.斯勒克(M.S. Silk)与 J.P.斯特因(J.P. Stern):《尼采的悲剧观》,剑桥,1981 年,第 1—14 页;有关构成尼采攻击的背景的洪堡教育改革的思想史,参见格林·W.慕斯特(Glen W. Most):《论古希腊生活的使用与滥用》,《德国文化》2002 年 10 月第 20 期,第 31—53 页。众所周知,弗莱德里希·沃尔夫(Friedrich Wolf)在 1777 年将语文学开创为一个现代的学术领域。

③ 原文德语为"Wissenschaft"与"Bildung",可粗浅译为"科学与教化",但它们在德语语境中均有更广泛意涵。——译者注。

④ 来自一首中世纪晚期的礼赞 *Bhajagovinda*: *saṃprāpte sannihite kāle na hi na hi rakṣati ḍuṅkṛṅkaraṇe*。

⑤ 尼采:《生活的服务和非服务史》,布朗译,《非现代观察》,第 113 页。

任务——一件愚公式的任务，就好像我们的星球午夜前的那两分钟①一般——则是如何重建它。

首先，当我在谈论语文学时我到底在谈些什么？绝大多数人今天对这个词的含义只有最模糊的概念，而这就是语文学失宠最精确的索引。我曾听到它被和颅相学②相混淆，此外就算对一些懂得更多的人来说，语文学还与19世纪的伪科学在某些问题上是一丘之貉。诚然，对任何学科所下的定义都一定在某些层面上是权宜性的，这是因为学科本身应当随着知识的增长而发生改变。此外，我们也没有任何理由去要求任何学科的定义应当比它所声称要理解的这个凌乱的世界更加整洁。尽管如此，语文学家们也没有为他们的宏图伟业提供多少助力。在19世纪的草创期，一位主要人物下了一个经常被引用的定义，它成就了语文学不可思议地伟大——"所知的知识"（the knowledge of what is known）③——尽管这和前一个世纪维柯（Giambettista Vico，1668—1744）所下的定义差异不大。对于维柯来说，语文学是"对人们语言和行为的认知"（awareness of peoples' languages and deeds）。④ 罗曼·雅各布森（Roman Jakobson），一名诚如他所自诩的"俄国语文学家"，⑤是20世纪来临时的一名重要人物。或许在对上述这些言论的回应之中，是雅各布森成就了这一定义不可思议地谦逊：语文学是"慢读的艺术"（the art of reading slowly）。⑥ 今天的绝大多数人，包括我将在下面提到的一些人，都要么认为语文学就是精读（文艺批评家），要么认为它就是历

---

① 出典于重金属乐团"铁娘子"（Iron Maiden）于1984年所演唱的歌曲《两分钟后即午夜》（2 Minutes to Midnight）。歌曲讲述了《原子科学家快报》所使用的表示世界毁灭的时钟在1953年由于美苏对峙，分针指向午夜前两分钟的故事。——译者注。

② "Phrenology"，它在读音上与语文学"philology"非常接近。——译者注。

③ 奥古斯特·柏克："das Erkennen des Erkannten"（"〔重新〕认知〔人类思想产生的东西一即〕被认知的东西"），引自迈克尔·霍奎思特（Michael Holquist）：《忘记我们的名字，记住我们的母亲》，《美国现代语言学会会刊》（PMLA）2000年12月第115期，第1977页；同样参见阿克塞尔·霍斯特曼（Axel Horstmann）：《古典理论与现代科学：奥古斯特·柏克的语文学概念》，法兰克福美因河，1992年，第103页。

④ 詹巴蒂斯塔·维柯：《新科学：国家共性的新科学原理》，大卫·马尔什（David Marsh）译，哈蒙兹沃思，1999年，第79页；以下简称为《新科学》。同样参见《新科学》第5页："说语文学，我指的是一切基于人类意志的东西的科学：举例来说，在战争与和平中的不同人群的语言、习俗和行为的所有历史"。

⑤ 迈克尔·霍奎思特：《忘记我们的名字，记住我们的母亲》，第1977页。

⑥ 引自扬·茨奥科夫斯基（Jan Ziolkowski）：《何谓语文学？——导论》，载于《论语文学》，宾夕法尼亚州立大学伯克分校，1990年，第6页。尽管这实际上是尼采的想法，他将自己描述为"ein Lehrer des langsamen Lesens"〔尼采：《全集：15卷精校版》的前言，乔治·科利（Giorgio Colli）、玛志诺·蒙提纳里（Mazzino Montinari）编，慕尼黑，1980年，第三册，第17页〕。

史—语法的研究以及文本的考证校勘(自诩的语文学家们)。

　　与之不同,我所提供的一种粗陋而立竿见影的,同时体现一种程式乃至一种挑战的定义是:语文学是,或说应该是,把文本搞清楚的学科。它不是语言的理论——那是语言学——或者意涵或真理的理论——那是哲学——而是文本的理论,同时还是文本化后意涵的历史学。如果哲学如康德所言是思想批判性地思考其本身的一门学问,那么语文学就可以被看作是语言批判性地自我反思。或者我们将它作成维柯式的俗语:"如果正如伽利略所说,数学是自然之书的语言,那么语文学就是人文之书的语言。"①一切有关语文学的著作都把它视作是研究欧洲古典学的学科,这种看法令人震惊。但尽管如此,即便从未有人撰写过它的全球史,语文学是并且早已是对全球知识的一种实践了。它以全球的形式和文本化语言本身的形式体现。因此,在穿越时间、空间的理论和实践二者的层面上,语文学都与哲学或数学一样,应该在诸学科中享有中心位置。

　　或者至少说它在原则上应当如此。事实上,还没有哪一门学科在今天的大学中受到更多的误解、轻蔑和威胁。对很多人来说,"语文学家"一词比一种冒犯之辞好不到哪儿去,是对"这一行中笨小伙和傻姑娘的称呼"。②对于其他人来说,语文学已经销声匿迹了。它是一个"如今不存在的领域",③是一种"原始人文经验科学"而"现今早已不那样存在",它的衰落是"显而易见而又令人困惑的事实"。④ 从某种程度上说,这一危机是我们语文学家的自作自受,并且还因为我们未能明晰地或通过实践为我们的学科提供强有力的论据,我们默许了这些荒天下之大谬的无知继续进行下去。但是,人文学科的学习在性质上的深远变化也促成了这种无知:过去二十年中过度膨胀的理论常常以置换它所研究的对象而告终;贬抑严格的文本

① 唐纳德·凯丽(Donald Kelley):《维柯的道路:语文学到法理学的背后》,乔治·塔利亚科佐(Giorgio Tagliacozzo)与唐纳德·韦雷诺(Donald Verene)编:《詹巴蒂斯塔·维柯的人文科学》,巴尔的摩,1976年,第19页。
② 迈克尔·霍奎思特:《忘记我们的名字,记住我们的母亲》,第1977页。
③ 迈克尔·达顿(Michael Dutton):《言语的伎俩:亚洲研究,翻译和知识问题》,载于乔治·斯坦梅茨(George Steinmetz)编:《人文科学中方法论的政治:实证主义及其他认识论》,北卡罗来纳州达勒姆,2005年,第100页。
④ 约翰·吉莉瑞(John Guillory):《文学研究与现代学科体系》,载于阿曼达·安德森(Amanda Anderson)与约瑟夫·瓦伦特(Joseph Valente)编:《世纪末的学术纪律》,普林斯顿,2002年,第28—30页。同样参见丹尼尔·瑟尔顿(Daniel Selden):《对茱莉亚·西莎的回应》,载于《古典语文学》1997年第92期,第175—179页。

性而转向口头性和视觉性;对外语学习不断增长的冷漠和无能,尤其是对历史语言,全球皆如此;以及学界肤浅的现代主义甚至还有对"过去"这种东西的厌恶。语文学界时下正发生却常常不被承认的学科不平衡则会引发进一步的并发症:美国的南亚和中东研究在建制上就要比东亚研究弱得多,更毋庸提及古典学了。最后但不是最不重要的一点是,全世界的语文学国家都发生了骇人的变异。在印度,它正危险地接近于一去不复返的边缘,并且接下来的几代人是否还能读懂他们传统中的文本在现在都已经成为一个很现实的问题。还存在着经济上的约束,它使得存续语文学变得风险极高,我会在后面提到这一问题。但是,假如说语文学真的如此宝贵以至于值得在这样问题重之下还要令它存续,那么这样一些严重的观念问题就需要首先被指出。

所以,《未来语文学?》一文涉及了我的一些简要思考,我对语文学这样一门软科学在这个越来越精打细算和对历史语言和文本不耐心的世界中将去往何方的思考。但不仅如此,它还意味着提出"语文学是否还有任何未来"这样一个问题。我知道 A.E.豪斯曼(Houseman)是怎样评论我将要进行的一些工作的:"每个人都有自己最爱的研究,他因此会有意定立一个目标,作为一般的学习目标。他最爱的研究似乎是为实现这一目标而量身定制的。并且,这一目标若是被承认为一般的学习目标,那么这一研究的热度和那些研究者的重要性就会获得提升"。① 然而,我们并非在此讨论我们的最爱,而是在讨论一种能力是否能得以存续的问题,一种人类阅读他们的过去乃至现在,以及是否能因此保存他们一定程度人性的能力。

我试着在这篇文章中做四件事:从历史上考察语文学,以此来帮助我们理解它的全球表现——包括一场在现代早期席卷全欧亚的非凡变革——并且理解它今日不如意的状态;②评估在当前危机下大学所面临的实用主义选择;指出理论的一些组成部分,尤其是在语文学中尚未解决的与历史知识问题相关的部分,这会开启讨论重构学科实践以及创造不同的、具有真正批判性的语文学的大门;最后,非常简要地思考作为一种生活方式的语文学可

① A.E.豪斯曼:《介绍性讲座》,琼恩·卡特(John Carter)编:《精选散文》,剑桥,1962年,第2页。
② 这是为这种特定的学科史有意而作的一个谦虚的开头,正如詹姆斯·钱德勒(James Chandler)所指出的,这种学科史应该既是长期性的,又是全球性的。参见詹姆斯·钱德勒:《批判性的学科》,载于《批判研究》2004年第30期,第355—360页。

能意味着什么——不是意味着成为一名职业语文学家,而是"语文学地"去生活。

一、近代语文学的三条极简史:
欧洲、印度、中国

出于对语文学这一学科的多重理解,语文学在欧洲的起源已经从不同角度被追溯探索过:追溯至公元前 3 世纪亚历山大编纂者和语法学家;追溯至文艺复兴时期的人文主义者和历史科学的兴起;追溯至宗教改革和理解上帝所言的难题,在那时的世界之中,人人都突然成为自己的解释者,并且需要一种保险的方法来面对芜杂的翻译。对于米歇尔·福柯(Michel Foucault)来说,现代的语文学开始于 18 世纪末人们对语言本身性质的理解发生转变之时。在《事物的秩序》①一书的"劳动、生命和语言"一章中,福柯将他所谓的这种语文学的"发现"与"诞生"加之以神奇的特性。所有的语言在历史上首次获得了一种平等的价值,而只是各个拥有不同的内部结构;语言开始被作为语音的而不是字形或元素的总体来对待,这使得对于口头语言的兴趣释放了出来;语言"不再与对事物的认识进行捆绑,而是与人类的自由连结";等等诸如此类。不论我们常常如何将它理解成玄之又玄的宣言,福柯的中心思想是再明了不过的:在 18 世纪的结束之时,语言首次在西方被历史化了。此外,他的宏大论述尤为引人注目:后来对语文学类型的发明是一件概念上的事件,它与另外诞生的两个核心学科——经济学与生物学等量齐观,尽管语文学"在我们的文化中延伸的还要远得多,至少在穿越和支撑语文学的文化亚层中是这样"。②

这一论断的有效性确实得到了高等教育史的证实。语文学的系所以及许多它的分支——东方语文学、比较语文学,以及(越来越难以操作的)现代语文学——飞速发展。因此在 19 世纪末已经取得了正如最近的一部大学史所说的"学术霸权"。③ 它的毁灭却还没有被仔细探究过,而且许多因素

---

① 汉译本译名为《词与物》,从法文原本译出。英文本题为《事物的秩序》(*The Order of Things*)。——译者注。

② 米歇尔·福柯:《事物的秩序:人文科学的考古学》(译编版),纽约,1970 年,第 291、282 页。

③ 威廉·克拉克(William Clark):《学术魅力与研究型大学的起源》,芝加哥,2006 年,第 237 页;他的社会学解释则显得简单化了("精英们却选择了将他们自身进行个人魅力的合法化,以他们对晦涩难懂的死语言的精湛技艺颇具魅力地将自身的官人老爷身份颇具合法化。"(转下页)

在不同的时期都扮演了不同的角色。在 20 世纪初期，文学研究作为语文学的反人文的科学主义的对立面而兴起，它还为民族主义和"人文化的"新工业劳动阶级而服务；不久之后，语文学变成了欧洲"种族主义科学"的角色，这进一步玷污了它的科学荣耀；二战之后，区域研究的模式钟情于现代语言并且几乎将它完全工具化——所有的这些因素都促进了这一学科的消亡，助其一臂之力的还有语文学家们的自我僵化以及他们如何——再提一次尼采的证言——拒绝"找到问题的根本……（并且）把语文学本身作为一个问题提出来"。①

在那些把语文学看作是把文本搞清楚的学科的语文学历史学家眼中，福柯对于是什么成就了语文学的现代性的论述只有整个故事的一半还不到。若要更深入地理解这一领域中真正的转折点及其在现代早期欧亚世界惊人的平行，就不仅需要包含洛伦佐·瓦拉（Lorenzo Valla）于 1440 年针对君士坦丁的赠礼问题所著的《考辨》②（于下文讨论），还要囊括一些所知较少但影响深远的发明，如斯宾诺莎在《神学政治论》（1670）中的圣经语文学。这里，要理解斯宾诺莎在本书 16—20 章中支持民主政体的论述就必须要理解那些前十五章里的内容，他的那些完全而彻底的历史和校勘的分析研究导致了圣经叙事的去神圣化。对于斯宾诺莎来说，阐释圣典的方法和阐释自然的方法别无二致。要理解圣经的文本绝不能祈求于任何文本本身之外的权威；文本的信息和由它们而引出的结论是作出阐释的唯一标准。圣经本身亦不享有任何超越其他文本的特殊地位；它同样是一种人类的创造，在时间的长河中被以不同的风格和口吻制造

（接上页）见上书，第 238 页），尽管如此，参见皮特·古德里奇（Peter Goodrich）：《拉丁文中不可靠的语录》，载于《批判研究》2003 年第 29 期，第 193—215 页。富朗索瓦丝·瓦奎特（Francoise Waquet）：《拉丁文或标志性的帝国》，琼恩·豪（John Howe）译，伦敦，2001 年。关于由 19 世纪语文学所引起的教育学转变，一个不错的简要叙述是瑟尔顿：《对茱莉亚·西莎的回应》，第 172—175 页。

① 尼采：《我们是古典主义者》，第 372 页。（译者注：作者这里的引文略有跳跃和改写，导致理解起来意思较为模糊，兹将原书全句摘录如下："When philologists discuss their discipline, they never get to the root of the matter; they never propose philology itself as a problem. Bad conscience? Or mindlessness?"翻译如下："当语文学家们讨论他们的学科时，他们从不找到问题的根本，他们从不把语文学本身作为一个问题提出来。缺少良知？抑或没有头脑？"）有关语文学中种族科学位置的讨论包含在莫里斯·欧莲德（Maurice Olender）：《天堂的语言：十九世纪的种族、宗教与语文学》，阿瑟·戈德哈默（Arthur Goldhammer）译，麻省剑桥，1992 年；有关文学研究的分裂参见吉莉瑞（Guillory）：《文学研究与现代学科体系》。

② 指《君士坦丁赠礼的辨伪》（De falso credita et ementita Constantini Donatione declamatio）。——译者注。

着。因此,我们必须对"用以创作圣经书籍的语言的本质与属性"抱以十分的关注。[①] 在所有 17 世纪对圣经进行的文本校勘之中,只有斯宾诺莎提出应该审视和研究圣经作者的语言、语言的使用方式,以及书籍撰写时的背景情况,包括作者们的意图。但这里依照斯宾诺莎的观点,我们遇到了许多棘手并且有时难以解决的问题。由于时间和空间的遥远和陌生,我们对圣经词汇的含义并没有确切的理解,更不用说理解它的原始文本了,而且对于某些书籍(如福音书)来说,原始的希伯来文或阿拉米语文本已经消失,剩下的只是它们在不完美的希腊语翻译中的影子。《神学政治论》中被明确主题化的对希伯来文性质的关注促使斯宾诺莎于 1677 开始撰写一本这一语言的语法书(同年著有《伦理学》),这或许是它在史上首次被作为一种"自然的"而非"超然的"文字来评估。[②] 在《神学政治论》中,许多在现代语文学军械库里的武器都得以呈现,为某种政治解放的科学而服务。

对于福柯而言——对于他来说这些早期的历史是索然无味的——将现代语文学发明为一种历史—语法的研究应归功于弗兰兹·葆朴(Franz Bopp)。葆朴的《梵语的动词变位体系》(*Conjugationssystem der Sanskritsprache*)(1816)阐释了梵文、波斯文、希腊文以及其他因此成为印欧语系成员的语言之间的形态学关系。众所周知,葆朴的理论建立于威廉·琼斯(William Jones)这位东印度公司的法官和近乎神秘的东方主义者的洞见之上。并且,现在已不新奇的另一个观察(尽管福柯未能观察到)是:还有另一个欧洲现代性的核心的特征是由英国的殖民地知识提供的。但是,正如学者们最近开始提出的,这一现代比较语文学肥沃的种子或许埋在了非西方的前现代性之中。正如波斯人琼斯[③]很可能知道的那样,语言学的亲缘理论那时已经由一位即将成

① 斯宾诺莎:《神学政治论》,迈克尔·西尔弗索恩(Michael Silverthorne)与乔纳森·以色列(Jonathan Israel)编,剑桥,2007 年,第 100 页。

② 参见理查德·波普金:《斯宾诺莎与圣经的学问》,《自然与经典之书:最近对斯宾诺莎时代的荷兰与牛顿时代的不列颠群岛的自然哲学、神学和圣经批判的文章》,詹姆斯·E.福斯(James E. Force)与波普金编,多德雷赫特,1994 年,尤其是第 11 页;以色列:《启蒙:语文学与现代性的形成 1650—1750》,牛津,2001 年,第 447—449 页;以及史蒂芬·纳德勒(Steven Nadler):《斯宾诺莎:生活》,剑桥,2001,第 324—325 页。伽达默尔的语文学解释学历史因此需要更正;参见伽达默尔:《事实与方法》,约埃尔·魏因斯海默(Joel Weinsheimer)与唐纳德·马歇尔(Donald G. Marshall)译,第二版,纽约,1989 年,第 176 页。我希望有一天能针对斯宾诺莎的语文学方法和它与政治批判在概念上的联结写更多的东西。这一方法的一部分来源于霍布斯,但是被激进化了;参见阿里戈·百奇(Arrigo Pacchi):《霍布斯和服务于国家的圣经语文学》,《论点》1988 年 12 月第 7 期,第 231—239 页。

③ 威廉·琼斯从事了许多与波斯语文相关的工作,并拥有"Youns Uksfardi"之波斯语笔名。作者在此处进行了微妙的反讽。——译者注。

为殖民地臣属的西拉杰·阿尔丁·阿里·汗·阿尔祖（Siraj al-Din Ali Khan Arzu）（卒于 1756 年，德里）搭起了部分的框架。阿尔祖首次，并且他也知道自己是首次，辨认了波斯语与梵语之间的对应关系（tavafuq）："除了末学阿尔祖和他的追随者之外"，他写道，"迄今为止还无人发现 Hindavi〔梵语〕和波斯语之间的'tavafuq'，即便这两种语言都有着不可胜计的词典学家和其他的研究者"。① 或许语言的历史性和充分的比较研究方法还未能在阿尔祖的著作中明确发展出来，但二者已经恰恰隐含在了这一问题之中。

在晚期近代（或说早期现代）的印度，阿尔祖这样的人并非异类。事实上，波斯的语文学在这一时期以惊人的推动力和创新性而著称。此外，波斯语文学实践中显著的革新产生于印度斯坦而非卡扎尔王朝的这一事实也并非巧合。在印度斯坦，语文学——而不是数学或神学——一直以来都是诸学科的王后，并且，由此产生于那里的对语法、修辞以及解释学的分析在古代世界之中最为精密。很有可能的是，17 和 18 世纪波斯语研究的成就是由刺激而诞生，这一刺激或来源于那些在印度语文学的其他形式中受到训练的人，抑或来源于与那些徜徉于更广阔大海中的学者所进行的对话；举例来说，米尔扎·汗·伊本·法赫鲁丁·穆罕默德（Mirza Khan Ibn Fakhru-d-Din Muhammad）对布拉吉语②（或说古典印地语）进行了或多或少首次系统化阐述，他将此作为其著作《印度赠礼》（*Tuhfatu-ul Hind*，约 1675 年）的一部分——一部涵盖全面、引人入胜的语文学纲要著作。③ 所以说，前现代和现代纪元中的语文学海洋广阔无比，其言不虚。

这应当引起我们的思考——并且应当引起不少的羞愧——我们这些印度学家们从来没有为那些活跃于英国的印度殖民巩固之前 3 到 4 个世纪的

① 引自穆扎法尔·阿拉姆（Muzaffar Alam）：《前殖民时期印度斯坦的波斯文化与政治》，《历史上的文学文化：来自南亚的重构》，谢尔顿·波洛克编，伯克利，2003 年，第 175 页。参见穆罕默德·塔瓦科里（Mohamad Tavakoli）：《重塑伊朗：东方主义、西方主义与史学》，贝辛斯托克，2001 年，第 65 页。至早于 16 世纪就存在着欧洲的语言学亲缘理论，尽管我并不清楚这些多大程度上进入了葆朴的谱系。（这要归功于弗里德里希·施莱格尔〔Friedrich Schlegel〕和亚历山大·汉密尔顿〔Alexander Hamilton〕，而不是戈特·弗里德·莱布尼兹〔Gottfried Leibniz〕，更别说是克劳德·梭莫斯〔Claude Saumaise〕或马库斯·兹威里斯·万·波克霍恩〔Marcus Zverius van Boxhorn〕了。）参见安娜·莫伯格·戴维斯（Anna Morpurgo Davies）：《十九世纪的语言学》，《语言学的历史》，第四册，伦敦，1994 年，第 46 页。

② Braj bhasha，使用于印度西北部，被认为是印地语方言的一种。——译者注。

③ 关于 *Tuhfatu-ul Hind*（只出版了一章），参见斯图尔特·麦格雷戈（Stuart McGregor）：《印地语的进步》第一部分《跨文化成语的发展》，《历史上的文学文化》，第 942—944 页。18 世纪大多数伟大的波斯语文学家本身都是印度人；参见阿拉姆：《前殖民时期印度斯坦的波斯文化与政治》，第 165 页。

印度语文学家们的丰功伟绩勾勒出一幅完整的图景。事实上,从某些角度来说,印度语文学在早期近代的这段历史仍然处于比中古或上古还要模糊不清的状态,那些将它引导至现今僵局的条件也是如此。不过,人们可以提到一些机构、实践以及人物。在全面的深入的研究之后,他们或许可以作为这一总体的代表。

在机构历史的层面上,我们不妨看一眼由拉克帕提·辛哈(Lakhpati Sinha)(1741—1761年在位)在古吉拉特的布吉(Bhuj)建立的古典印地语学院(Brajbhasha Pathasala)这个例子。学院每年录取五十名学生,他们来自喀奇(Kutch)、索拉什特拉(Saurashtra)、拉贾斯坦(Rajasthan)、中央邦(Madhya Pradesh),乃至于旁遮普(Punjab)或马哈拉施特拉(Maharashtra)。他们当中约十几人将会完成五年的学业。学生们学习布拉吉语语法(这部著作不为人所知,但应被算作是北印度俗语的第一部语法书)、16世纪著名诗人格谢沃达斯(Keshavdas)的著作(包括他的为复杂的梵文诗学所作的《喜乐月光》〔*Ramchandrachandrika*〕,这部著作自那之后便变得晦涩无比)、修辞学及其他语文学科目,还有其他从厘定写本到马术等等多种多样的知识。这座非凡的、免费的学校大约在印度独立的时刻(1947)由于经费不足被关闭,它藏有1100件写本的图书馆也遭到遣散。这是当时降临于许多皇家图书馆的命运。

不论导致崩溃的更大的原因是什么,在独立后的印度,对古典印地语的学习简直衰落得令人震惊。尽管我们仍然可以在晚至20世纪50年代的时期找到拥有一定程度的文本研究技艺的学者,如维什瓦纳普拉萨特·密须拉(Visvanathprasad Mishra),但这也很快被操着政府印地语的人所产出的二流作品取代了——当真的还有所作品时;已经初露端倪的是,方今在印度的首都德里之中,任何一所联邦资助的大学都已经不再教授古典印地语。由于缺少训练有素的编辑和能力足够的读者,就算说布拉吉文学的传统——早期现代北印度文学想象的辉煌——今日已然在印度的写本图书馆中躺着腐烂,也绝非危言耸听。

我们可以描绘一条在南印度所进行的类似的发展或说反发展的线索,正如卡纳达(Kannada)的案例所展现的那样。17世纪中期之时,一位叫作巴塔·阿卡兰卡·德瓦(Bhatta Akalanka Deva)的卓越的语文学家创作了一部详尽的古典卡纳达语语法书(以极其灵动的梵文写就)。在其中,他使用了一种令人惊奇的、富有创造性的语文学手段。这部著作显示出,他所研究的习语事实上已经死亡了近 4 个世纪。尽管自阿卡兰卡·德瓦的时代至 19 世纪晚期之间的语文学史难以追寻，但这一时期走进我们视野的一些伟大的语文学项目——诸如始于 1875 年的《卡纳提克碑铭》(*Epigraphia Carnatika*)系列——伴随了一类技艺超群的大师。我们有完全的理由去相信《碑铭》系列的材料在李维斯·莱斯(Lewis Rice)编辑之前就已经形成了，莱斯只是将它们收入了他的项目之中。最近一项针对安得拉的世俗婆罗门①的技艺——古文书学、历史语义学等等——的研究证实了上述想法。这些婆罗门在 19 世纪伊始为首任印度调查部主任②科林·麦肯锡(Colin Mackenzie)上校收集了一手材料。由于推论大于证据，要说这些学者"乃至将碑铭定义为一种历史探究的方法"，③那这一研究显然还不足以支撑。对于铭文严格的史料学兴趣源于殖民者，而想要否定这一结论是困难的；此外，我们仍无法明确这些技艺之中有多少是发展于殖民地司法行政背景而被上推至前殖民化时代的。即便如此，我们没有理由比他们同时代的卡纳塔克(Karnataka)人去更多地怀疑这些安得拉世俗婆罗门身上总体的语文学禀赋与兴趣。

　　尽管那之后两个世代的卡纳达语文学有许多拥有同样天才和活力的学者之中，④今时今日的情况却前途黯淡。根据报纸的叙述，如今联合政府或许"很可能将会授予卡纳达语期盼已久的古典语地位"，⑤但这一语言政治

---

① "Niyogi Brahman"，指的是那些放弃了宗教责任而仅遵守世俗责任(如兵役)的婆罗门。——译者注。

② "Surveyor-general"，英属印度政府对印度进行人文地理调查以及测绘部门的部门主管。——译者注。

③ 菲利普·梵高尼(Phillip Wagoner)：《前殖民时期的知识和殖民知识的生产》，《社会与历史比较研究》2003 年 10 月第 45 期，第 810 页。举例来说，古文字学事实上是印度非常古老的一门科学，我们知道碑铭的使用者们给予了文本足够的关注——并且是在历史的层面上足够——去制作王朝世系乃至于伪造品的改定版。参见波洛克：《人类世界中的上帝语言：现代化之前印度的梵语、文化与权力》，伯克利，2006 年，第 148—161 页。

④ 这些学者在我脑海中的名字应该对于几乎所有这篇文章的读者来说都是陌生的，但他们值得被记录：R·纳拉西哈察(R. Narasimhachar)、D.L.纳拉西哈察(D.L. Narasimhachar)、B.M.斯里堪塔(B.M. Srikantia)、M.V.斯塔·拉玛(M.V. Seetha Ramiah)、M.堤玛吧雅(M. Timmappaya)、M.G.派(M.G. Pai)。

⑤ 梵卡塔苏巴·饶(K.N. Venkatasubba Rao)：《卡纳达可能会被贴上古典标签》，载于"印度"新闻网，2006 年 10 月 4 日，www.thehindu.com/2006/10/04/stories/2006100419510100.htm。这如今已经发生了；参见波洛克：《古典语言真实的争论》，载于"印度"新闻网，2008 年 11 月 27 日，www.thehindu.com/2008/11/27/stories/2008112753100900.htm。有关"古典语地位"所产生的政治，参见 A.R.梵塔查拉帕斯(A.R. Venkatachalapathy)：《"古典"语的问题》，载于《经济政治周报》2009 年 1 月 10 日，第 13—15 页。

上的巅峰却讽刺地被其于尘世的凋亡笼上一层阴影。几乎可以确定,在一两代人之内,能够读懂卡纳达语的人数将会接近统计数据上的零。

我对布拉吉语和卡纳达语所做出的描述在任何一种南亚历史上的语言都是事实;系统化的语文学知识正在迅速地走向灭亡。梵文似乎是唯一的例外,但即便是在这里也无人能否认,那种作为这一传统两千年以上特征的学术类型几乎已经消亡。我不会试图在此勾勒梵文语文学在早期现代和现代异常复杂的发展,但我想试着针对这一历史轨迹提出些东西,从它在早期近代积极的创新到今日的枯竭与僵化。

17 世纪喀拉拉最为卓越的学者是那罗衍那(原名: Melputtur Narayana Bhattatiri,卒于约 1600 年,因此几乎完全是斯宾诺莎同时代的人)。他在范围极广的学科中留下了深远的影响,尤其是在语法学、诠释学与诗学之中。在他庞大的一套文集中,最为值得一提的如今几乎不为人所知的一篇小论著,它的名字是《非标准梵文的有效性证明》(" A Proof of the Validity of Nonstandard Sanskrit")。他在出版这一论著的同时附上了一封致他的反对者"朱罗国学者们"(今印度泰米尔纳德邦)的公开信。这篇文本中包含或隐含的革命性思想要比它的标题所指示的多得多。至 17 世纪中期之时,一种新传统主义(neotraditionalism)已经在梵文思想的许多领域兴起,它重新宣示了古人的绝对权威而无视那些被称作"新(navya)学者"的人的挑战(除了最终结果,这一对立冲突与"古今之争"[①]的相似程度简直惊人)。[②]这在语法领域的表现最为显著。在语法领域,那罗衍那在北方的同时代人巴托吉·迪克希塔(Bhattoji Diksita)积极地重新肯定了"三智者"(波你尼、卡特雅亚那与帕坦伽里,[③]约公元前几世纪在世)的观点,并认为他们是无可争议的。那罗衍那或许并未试着去推翻那些观点,而仅仅只是去补充它们。("要说波你尼学派有着独特的价值,我们完全愿意接受;但要说其他人完全没有任何权威,我们不愿意接受。")[④]然而,他论述的结果却远远不只

---

①　"Querelle des anciens et des modernes",起源于 17 世纪法国的思想争论。由于文艺复兴的影响,古典派认为社会的一切权威和依据应往古典时期上溯;现代派则认为现代的发明(如印刷、火药、指南针)可以独立于古典时期而存在,因而社会无需完全依赖于古典学。——译者注。

②　参见波洛克:《人类的毁灭与前现代化的终结》,阿姆斯特丹,2005 年。

③　Pāṇini、Kātyāyana 与 Patañjali,三人均为古印度著名梵文语法学家。——译者注

④　纳拉亚那·巴特帕达(Narayana Bhattapada):《为非帕尼尼语法正名:*Apaniniya-pramanya-sadhana*》,斯里克里斯纳·萨尔纳(E.R. Sreekrishna Sarma)译编,《斯里兰卡文卡斯特斯瓦拉大学东方学学报》1965 年第 8 期,第 21 页,译文有所修正。

是补充而已，因为这些论述暗暗地回复到了梵文的历史性之中，并且因此回到了它的人文主义之中。对许多这一时期的学者来说，古老的权威被视作神的使者；对于那罗衍那来说，一个核心的论点便是波你尼并非一个神话角色，而是个史上真实存在过的人物。在他之前必然有其他语法权威的源流。波你尼或许完善了语法但并未发明它，所以那些在他之后出现的人物（如 5 世纪的 Chandragomin，9 世纪的 Shakatayana，或甚至是 11 世纪的 Bhoja 和 13 至 14 世纪的 Vopadeva）能够被认为是权威的，因为权威的基础是知识，而非在一种传统中的定位。[1] 所有的这些都不是仅仅是抽象地被论证的，它们是通过对受尊崇的诗人和注疏家的实践的经验分析而得以论证的。我们在那罗衍那的宗教思想中见到了某对概念革新的类似态度；在他的文学著作中，对虔信主义的颂扬被正确地看做一种对僵化了的婆罗门祭祀主义的批判。[2] 诗歌和语文学——延伸出来还有社会与政治的秩序——是同质化的，正如他们的重构一般。

那罗衍那之后三个世纪梵文语文学的发展是个复杂的故事。无需多说，正如在梵文其他的知识系统中的智识生产一般，在 18 世纪末之时，语文学似乎已经到达了它巅峰的极限——原因或许是一些对我们来说不明确的某种熵约束，[3]而不是西方知识涌入后的必然结果——尽管这种在殖民时代仍被制造的学术有着许多大班智达传统的烙印。混合了传统印度和西方语文学模式的现代梵文学兴盛于 20 世纪的前半叶，但在那之后却陡然衰落了。[4]

在这样一个复杂的文化系统中，在遍及了如南亚这样广大的地域中的

---

[1] 纳拉亚那・巴特帕达（Narayana Bhattapada）：《为非帕尼尼语法正名：*Apaniniya-pramanya-sadhana*》，斯里克里斯纳・萨尔纳（E.R. Sreekrishna Sarma）译编，《斯里兰卡文卡斯特斯瓦拉大学东方学学报》1965 年第 8 期，第 24—25 页、第 21—22 页、第 28 页。

[2] 弗朗西斯・齐默尔曼（Francis Zimmermann）：《真实的模式》，载于《印度哲学学报》2008 年第 36 期，第 645—650 页。局限于婆罗门教内部的梵文经典批判并未产生出一个斯宾诺莎，但概念革新的时刻是存在的，尤其是在 14 世纪。这些值得在一个语文学史的框架内进行研究，然而目前却还没有类似的研究。（我提供一些初步的想法于《现代化早期的印度的语文学是什么样的？》，载于《世界语文学》，本杰明・艾尔曼、波洛克编〔即出〕）。译者注：本书已于 2015 年由哈佛大学出版社出版，波洛克此文更名为《何谓梵文语文学？》，于更大的框架内讨论此问题，见本书第 196—223 页。

[3] 原文为"entropic constraint"（熵约束），作者借用源于热力学的概念来暗喻能量发展在一定限度后必然难以继续发展。——译者注。

[4] 诠释学的现代谱系包括了 Kuppuswami Sastri，Chinnaswami Sastri 和 Pattabhirama Sastri 等，没有一个人仅仅值得在这里顺带一提。弥曼差（Mimamsa）的知识还没有完全地消亡，但要说今天在印度还有任何一个人能够编辑仍然以写本形式存在的复杂文本中的任何一个都是不可能的。

这样一个总体的崩溃必然有着多重的原因。举例而言,古典卡纳达语早在13世纪的时候成为一个遭受攻击的靶子,这一影响深远的攻击来自文化内部,来自由反种姓的弃世者们——即所谓的"英勇湿婆教徒"(Virashaivas)们——所发起的运动。他们对卡纳达语广泛的使用提出抨击。与之相对,在古吉拉特,拉杰普特(Rajput)的赞助角色的改变或许在削弱对古典印地语的支持中起了某些作用,尽管来自殖民化的文人本身的批判是更具摧毁性的。前现代性使他们羞愧难当,他们因此将布拉吉文学视作是中古主义后裔的面庞;正如一位作家在1910年所写的,在一个印度需要男子的时代,布拉吉语却"将印度人变成了阉人"。① 在波斯语文学的方面,它随着莫卧儿帝国国运的衰落开始走下坡路,与新俗语乌尔都语的竞争也导致了它的没落。

尽管如此,正如我所提出的那样,这些语文传统中的绝大多数能够在20世纪的前半叶推动了令人惊异的深刻学术。因而必须有其他的一些东西,一些更深远的转变能够说明在后独立时代中那种以令人惊骇的速度生发的崩溃和解体。对于19世纪中期那些新兴大学中所有的教授们而言,要和今日的文科硕士(Master of Arts)学位要求一样简单是不太可能的。这保证了那些传统上将成为语文学家的伟大学者们将会从科研院校中被剔除,并且无法再繁殖自身。更进一步,这或许还确保了20世纪20年代席卷南部广泛而常常被误导的反婆罗门运动能够吞噬大半个印度。此外,完全可以预见的是一种总体社会意识形态的转变,在其中,语文学成为一个尼赫鲁发展模式的国家中最"软"的科学。在这样一个国家中,巨大的水坝被举世闻名地转变成了"现代印度的神庙",②而如此转变在今日过度发展的国家中清晰可见。在这样一个国家中,所有人类的智识都将被IT业的卡律布狄斯③旋涡吞噬一空,或者被服务业的斯库拉④碾成粉末。不论最终的原因如何,这种崩溃都过于全面以至于我们完全有理由去担忧在不远的未来印度,还

---

① 克里斯多夫·金(Christopher King):《建立一个新的语言学认同:贝纳勒斯的印地语运动(1868—1914)》,《贝勒纳斯的文化与权力:社区、表演与环境 1800—1980》,桑德丽娜·弗赖塔格编(Sandria B. Freitag),伯克利,1989年,第192页。

② "现代印度的神庙"(the temples of modern India)是尼赫鲁着手建造巴克拉大坝(Bhakra Dam)时所用的词语,指独立后的印度带来科技与工业上飞跃的种种科研院所和大型工厂。——译者注。

③ Charybdis,希腊神话中的旋涡女神,会吞噬过往的船只。——译者注。

④ Scylla,希腊神话中的礁岩女神,会摧毁过往的船只,与 Charybdis 配对出现。——译者注。

是否会有任何一个人能够读懂那些代表了它对世界文明最为杰出的贡献之一的语文文化。①

这所有的一切都与这一学科在中国的历史形成鲜明的对比。而于此，我只能简要处理。感谢本杰明·艾尔曼（Benjamin Elman）的杰出工作，如今我们对于这一生发于 17 和 18 世纪的语文学——或使用专门术语，"考证学"——非凡的再兴有了一幅画面。这一发展与 1644 年明朝的崩溃紧密相连，并且标志着对道德再兴的一种尝试。这是为了能够去理解是什么带来了这一灾难并且如何去修补经典的语文学学习传统——"搞清楚""五经"和"四书"的文本。正如艾尔曼所说的，文人们开始"用新的眼光和新的策略"来阅读和阐释。这引导他们从一种宋明先验的理性主义"到一种更为怀疑和世俗的经典经验主义中"。② 这些新的语文学家们极富活力地采用了古文字学、铭文学、历史语音学、词汇学以及文本考证对勘的方法。它们中的许多都是旧方法，却在清代被翻新到了一个前所未有的高度。学者们用这些方法来重新审定传统经典，同时带着一种系统性的疑问和相对世俗的精神去研究它们。③

在今天的中国，或许是由于这一早期现代的转向而形成的语文学和历史学研究，总体上既在西方的现代化之下、又在民族主义—共产主义的现代化之下生存了下来，并且事实上还兴盛发展了。"国家已经花费并且正在继续在花费巨大的资金用于支持学生、学术项目以及学者们。语文学工作的质量并不是普遍都好，但在好的地方，它是真的好。"④这与印度的二者相较是令人惊骇和引人深思的；或许在中国的案例中，长期的政治自主性扮演了一定的角色，但这一角色在多大程度上起作用却依然不得而知。如果殖民

---

① 印度国家知识委员会在其"Note on Higher Education, 29th November 2006"中只是敷衍地提到人文学科，并且完全没有提到语言学习。在下一个五年中计划成立的四十所大学将全部会是科学、管理、技术或信息技术的机构；参见莎伊垃荜·尼克拉卡恩塔恩（Shailaja Neelakantan）：《印度首相宣称建立 40 所大学的计划》，《高等教育年鉴》，2007 年 8 月 17 日，chronicle.com / daily/ 2007/08/2007081705n htm。

② 艾尔曼：《语文学与它的敌人：中国晚期古典主义的转变》，论文发表于研讨会《语文学的图像》，普林斯顿大学，2006 年 2 月；同样参见艾尔曼：《理学的阐释：从晚清的哲学到语文学》，载于《清华国学学刊》1983 年第 15 期，第 73 页。目前还不清楚新的知识种类在多大程度上是出于耶稣会士的冲击；见同上书第 85 页。

③ 几个与印度形成的鲜明对比需要分开来对待：印度未曾经历 17 世纪的经济危机；莫卧儿的权力（不像清朝）不被觉得是和过去的一刀两断，从而因此并没有与文人的精神追寻产生联系（因此印度从 16 世纪开始明显的对经典研究的回归有着其他一些还未知的源流）；此外尽管耶稣会士在印度长期存在，却并没有在它的思想史上扮演明显的角色。

④ 和宇文所安（Stephen Owen）的私人交流，2009 年 3 月。

从未发生,那么印度的传统语文学或许能够继续自我繁殖,但证据显然揭示的是,杀死了它的是后殖民的独立和现代化中,而并非殖民的臣属和传统主义。

无论如何,今天那些将印度语文学推向悬崖边缘的压力似乎只是量上的,而非质上的。这与目前我们在美国所见的事态不同。在美国,同等的挑战正在铺陈开来。

二、语文学与学科性

在今天的美国,语文学所面临的挑战之一要描述起来是容易的;那就是经济,这个全新而生硬的世界中最为生硬的部分。在一个首席财务官的视野中,语文学是个烧预算的无底洞一般的噩梦,是个劳动密集型、未产业化、工匠式的手工制品。它完全和大多数人文学科的福特式方法及大众营销相反。几乎没有大学认为他们能够将资源投入到这一实践中去,并且当他们这样做的时候,它常常暗示着文明价值的递减。古典学大体上最不受成本效益理性分析的掣肘;对于第二和第三世界语文学的下属领域来说,资金支持的依据是它们在这一渐变带中的位置,因此,古典汉语文学要比中古印地语文学开展得好。如今有着这样一种新的共识,认为让终身职或终身职位的教员去教授构成语文学基石的某种原始语言的高级文本课程是一种浪费。而这种共识竟是如此广泛,令人郁闷。

第二个挑战是概念上的,并且描述起来较为困难。在此,赛场则更为公平,而且每一种区域语文学都似乎要败下阵来。这一问题在于,正如它存在了一个世纪或更多的那样,语文学学科的性质,或更直接地说是语文学缺乏学科性。语文学从未发展成一个独立的、概念上连贯的、并且制度上统一的知识领域,而还保持着一种方法的模糊堆砌状态。这种学科性上的缺陷要比它乍一眼看上去古怪得多,这是因为如数学一样,语文学也既是在跨领域(或说是跨区域)中使用,又是以其自身组成了一个知识的客体。由于它在历史上形式多样的呈现,语文学自然而然地有着许多的地方性变形,以一种数学没有的方式——我在下文讨论了这些地方语的媒介——但这些地方变形增补并不排斥一种更为总体性的语文学理论。然而,语文学却没有要去成为一门学科,而是首先被划归于在了古典学(部分地在"前语言学系时代"被划分到了短命的、延续了葆朴的项目的、被称作"比较语文学"的诸单元之中），而后分散至东方学的不同领域（最终是西亚、南亚、中亚和东亚研究）之中，以及——在上世纪的世纪之交时——分散至了新成立的欧洲民族文学系之中。在所有的这些领域中，语文学已经渐渐但确定地被放逐了。

以欧洲民族文学项目作为案例中的故事常常已经被讲得足够清楚，[①]而对于东方语文学来说，则是一个短语。[②] 它在一定程度上被叙说，但却引起了毁灭性的效果。这一短语紧随着爱德华·萨义德（Edward Said）的批判而来，如今则携来了一丝罪行。尽管某种形式的政治举措——从庇西特拉图（Peisistratos）对《荷马史诗》的编订到普法战争内部的语文学战争[③]——总是会、并且也一定会启发语文学，但萨义德虽揭露了恶毒的、奠定了东方主义基石的殖民主义认识论的面目，却瘫痪了一个在 1978 年已经危如累卵的领域。在对东方语文学的贬抑开始的二十年之后，新的安全化的美国[④]开始转化非西方的语文学，将那种有着重要人文科学理论正当性的知识形态转化为以区域研究为名的应用社会科学中纯粹的内容提供者。[⑤] 语文学一声叹息，而后制造了一只实验室小白鼠："服务性系所"。

然而，并不仅仅是首席财务官、后殖民时代的批评家和联邦的官僚们对语文学做了些什么；我们语文学家们同样对自己有所为，亦有所未为。我们已经向自我的细枝末节化屈服了一个世纪以上——这是在说对细微差别的自我陶醉——而且我们惊人地未能将我们自己的学科概念化。[⑥] 理论家们

---

① 参见霍奎斯特：《忘记我们的名字，铭记我们的母亲》以及吉莉瑞：《文学研究与学科的现代体系》。

② 此处当是隐指"东方主义"（Orientalism）一词。——译者注。

③ 这些指的是对法国《武功歌》（Chanson de geste）的合法主权以及正确的文本考证校勘方法。（卡尔·兰彻曼〔Karl Lachmann〕对阵约瑟夫·贝戴尔〔Joseph Bédier〕）参见霍华德·布洛赫（R. Howard Bloch）：《新语文学与古典法语》，《明鉴》1990 年第 65 期，第 38—58 页。（他针对这一问题所作的七篇文章中的一篇。）卢西亚诺·加弗拉（Luciano Canfora）的文章是更加狭义上的政治语文学，详细叙述了俾斯麦时代的德国对上古日耳曼的再发现；艾德乌德·麦尔（Eduard Meyer）对资产阶级民主的批判；维拉莫维茨和学校改革等等。参见卢西亚诺·加弗拉：《政治语文学：经典研究和现代国家意识形态》，沃克·贝里德克（Volker Breidecker）、乌里奇·豪斯曼（Ulrich Hausmann）、芭芭拉·豪费（Barbara Hufer）译，斯图加特，1995 年。

④ "American security state"，是有关美国在 9·11 之后国家性质的概念。参见德纳·普利斯特（Dana Priest）和威廉·阿尔金（William M. Arkin）：《绝密的美国：新安全化美国的兴起》，纽约，2011 年——译者注。

⑤ 参见达顿：《文字的恶作剧》，第 117 页。

⑥ 罗马语文学体现了某种例外；参见如《新中世纪精神》，玛丽娜·布朗利（Marina S. Brownlee）、凯文·布朗利（Kevin Brownlee）与史蒂芬·G.尼古拉斯（Stephen G. Nichols）等编，巴尔的摩，1995 年。（相比之下汉斯·乌尔里希·贡布莱希特〔Hans Ulrich Gumbrecht〕的《语文学的力量：文本学术的活力》仅有些许增添，见本书 57—62 页。）对古典学研究的批判从《古典学：一个学科与职业危机》（菲利斯·卡尔汉姆〔Phyllis Culham〕与洛厄尔·艾德蒙斯〔Lowell （转下页）

说我们"穿戴整齐却无处可去"比我们评论他们的"约会多多却无衣可穿"杀伤力要大许多。语文学家们毫不动摇地否认他们对理论有任何兴趣,尽管理所当然他们的实践中嵌入着大量隐含的理论——有关历史性意义的理论,正如它在西方典型的实践那样,即是一例。它作为系统化的教义源于19世纪早期的德国思想(尽管我们可以看到,这一理念至少与斯宾诺莎一样古老)。[①]一些晚近对语文学重新概念化所做出的尝试就此而言什么也没做到。就拿保罗·德曼(Paul de Man)的怪异观点来说,他把"转向理论"本身视作是"回归语文学"。语文学在这里成为一个枯萎、起皱的东西,任何自认为是语文学家的人都认不出了;它"仅仅是先于一切理论之前的阅读……",关注"意义是怎样被传达的",而不是"意义本身"。回归——事实上是发明——德曼的语文学是要转向到一种文本自主性的理论,这即是说将文本从它的审美与道德层面分离开来。[②]尽管这看起来颇具影响力,但由于这一论断错误地赋予这一学科的工具之一特权,并且做得是如此的不连贯以至于它事实上将这一学科去精取粗了。这因此恰恰表明了真正的语文学还有多少真正的理论工作要做。

如果我们还要去为语文学学科的同一性、连贯性、必要性进行立论,那么它必须是现在。如今,国家和地区对外国文学研究的系所的支持看起来似乎越来越过时;比较文学在自我批判的重压下粉身碎骨,此外,与比较文学共时而生的顽固的欧式偏见如今仍在许多大学中存在,由于它,对于一个后西方的世界来说,比较文学运作得越来越离题;还有,语文学本身在世界的绝大部分地区都被列入了濒危物种名单。

就我看来,申请进入21世纪诸学科圣域的那些成功者,如果想要被视作是核心的知识形态的话,就必须达到一些最低的要求。其中有三条便是历史的自觉、普遍性、方法和概念的多元主义。首先,21世纪的诸学科不能还对它们自己的历史性、建构性和可变性保持傲慢的漠视——这是一种认知上的必要,而不是道德的偏好——并且因此,对于谱系的谦逊态度必须是

(接上页)Edmunds〕等编,马里兰州拉纳姆,1989年)到《古典学的规范化:作为一种职业的古典学研究》(莫斯特编,哥廷根,2002年)。在我看来都没能满足将语文学重构为一种学科实践的要求。

① 我说"正如它在西方典型的实践那样"时,在脑海中是清楚地包括了印度的,但注意下文关于清代语文学的叙述。

② 保罗·德曼:《回归语文学》,《抵抗理论》,明尼阿波利斯,1986年,第24、23页。见本书323—328页。

任何学科实践中不可分割的一部分。第二，诸学科不能再仅仅是戴着科学面具、以普遍方式行走的特殊知识形式。他们必须从一种新的全球的、并且最好是全球比较性的认知中生发而来，他们还应寻求全球的、并且最好是全球比较性的知识。最后，要理解过去时代的学者们是以怎样的方法、根据怎样的标准来树立他们的论点的，这种理解必须是我们自己对真理的理解的一部分——并非全部，而是一部分——还必须是我们或称为"认知政治"的一个重要层面。

要在一个新的学科性中满足包含这些历史性、全球性、方法—概念的要求，或许没有什么能比批判性的——或说解释性的或说反身性的——语文学更具雄心壮志。然而，有这样一种思考：尽管语文学的分析对象是统一的，它相互关联的实践如今碎片化地存在于不同的系所，那么，我们便去将这些碎片重新连结为某种制度化的结构，①这种结构将是新的、反射性的、概念上统一的、由理论驱动的、全球比较性的。这种思考是否合理？任何这样的重组都假定，有关语文学学科性概念上的问题已经被很好地解决了。这使得这种重组能够不仅仅制造出在理论上足够的智识实践，还能够制造出自身就能够衍生新的、更高层次普遍性的实践，或至少是能够与其他学科所衍生出的普遍性相争竞的实践。我现在所想要讨论的正是这种更具普遍性的语文学理论。事实上，我之所以要跨越福柯，正是要指出一些从未单独被比较性地研究过的东西。这不仅仅是对作为福柯的欧洲现代性的一部分的亚洲前现代性基础而言，也是对语文学本质的普遍性而言，这从未被记录与说明，更遑论比较了。如果我们真的要去拥有一所拥有重新思考规划的全球性课程设置的大学，那么对于一种未来的语文学来说，一项核心的任务便是恢复跨越了时间的、世界范围内的学者们对于把文本搞清楚的主动性、理论、方法和洞见。这甚至会为语文学的学科基础填充一大部分。这是因为，当我们对为什么这一学科很重要以及怎样去做的更好有了更多的理解时，我们就可以通过学习其他人不同的做法来给它添砖加瓦。②

---

① 就这一点看来，它不仅类似于数学，也类似于处于光谱另一极端的物质文化研究。在我的大学中，古学（archaeology——在此类似于福柯"知识考古学"中的考古学，或曰古学、古代学，与一般意义的考古学不同——译者注）分散为一连串令人眩目的单元：人类学系、艺术史系、古典学系、东亚语言文化系、中东和亚洲语言文化系、历史保护和环境研究与保护中心。

② 就我所要讨论的实践而言，当然存在着一个19世纪的或甚至是9世纪的领域，并且人们或许会觉得信息技术能更好地指明更新的道路。但事实上，计算机只能让语文学家们去更好（转下页）

　　正如我对语文学的定义所指出的,对于语文学的学科性理论来说至关重要的一点是面对以原始语言呈现的材料时的文本性。它事实上包含着什么?写本文化的历史以及我曾称作"写本重商主义"的东西;它与印刷文化和印刷资本主义之间的关系;文本传承的逻辑;注疏的性质与功能,以及注疏所揭示的阅读实践的历史;地方对于语言、意涵、体裁、话语概念的源流和发展;地方文本性与超地方文本性之间的竞争,以及那些社会文本性共同体,还有因此而产生的流通领域——所有的这些以及更多都被视作是既汇流于同一种文本的全球理论,又与地方实践的分流保持着恒常的紧张关系。他们为语文学完全发展的学科性自我概念构成了根基的一部分。

　　要记住的是这些因素离读者越远则越复杂。由于这种时间—空间的距离化,历史语言的语文学垄断了这一学科。出于某种放大效应,当文本及其语言离读者越远时,我们的方法意识就越清晰地感知到语文学的神经反射。然而反过来说,文本及语言越近,这种感知就越模糊,几近消失。除非我们被训练去这样做,我们永不会意识到那种隐含的语文学,正如尼采对于那些"读书、看新闻报道、关注那些最为重大的事件、查询天气数据"[①]的活动所体察到的那样。的确,正如民族主义一般,语文学成长于流亡;当你从时间和空间上距离这种语言越远,你富有主动性的语文学注意力就会越集中——反之亦然。这就是为什么(从空间上来看)波斯语文学是一种印度现象,为什么(从时间上来看)瓦拉关注拉丁文而非意大利语,以及为什么梵文——这一众神永恒的语言——是地球上最为"语文化"的语言。

　　对语文学理论来说另外根本的一点是那些由文本而产生的历史理解。作为维拉莫维茨与尼采之争焦点的"过去的意义"仍旧是语文学的核心,并

　　(接上页)地回答他们所一直以来提出的问题,而不是改变这些问题的性质。下面实用性的论述来自语文学和计算机领域的一位领军人物:"一切语文学的探究,无论是古典的还是其他的,如今都是语言学语料库中的一个个案。它的根本工具应越来越多地来自计算机语言学,同时以人类和机器的分析进行……人类的判断必须凭借并且合作于有效的、基于数学的模型。"(格雷格·克兰〔Greg Crane〕、大卫·鲍恩〔David Bamman〕与艾里森·琼恩斯〔Alison Jones〕:《语文学:当书籍与它们的读者对话时》,载于《数字文学研究指南》,雷·西门子〔Ray Siemens〕与苏珊·斯奇里曼〔Susan Schreibman〕,牛津,2007 年,第 53 页。)如果事实上语文学家们广泛地相信这抓住了他们事件的整体,那么我们便面临着比我的想象严重的多的问题。

① 尼采:《反基督》,载于《全集》第 6 册,第 233 页。

且,它本身也必须成为语文学探究的一个对象。然而对于过去是否还有任何仍然重要的意义? 这一问题在今日的世界中是不确定的,它为语文学的衰亡助了一臂之力。这里,我们面临着一种解释性的循环:只有我们接受语文学的培养,获取了认识过去的文本性的手段之后,我们才能进一步去争论认识过去是否有价值。但是,除非我们已经完全确信那种知识是有着固有价值的,我们才会费心去学习那些手段。走出这一循环的捷径并不存在;对于记忆的价值的立论会轻易地被对遗忘的伦理的立论抵消。那些下了某种帕斯卡赌注①的人提供了唯一可能的出口,他们通过指明你能够最终赢得很大的东西来清晰地展现认识过去的价值。然而,从哲学上来讲,"认识过去"是什么意思?

三、历史的语文学

语文学与历史的关系已经在数代人之中进行了讨论,我对此没有什么全新的东西要说。我在这里想做的是将讨论的线索汇集在一起。这一讨论似乎已经被阐明。并且为此,我描绘了与语文学相关的历史的、或说是历史意义的三个领域:文本的意义、背景的意义、语文学家的意义。我将这其中的前两项以一种实用的分析方法进行区别,这种区别来源于梵文概念中的"圣义谛"(*paramarthika sat*) 和"世俗谛"(*vyavaharika sat*)——终极的和实用的真理。或许这二者应更好地翻译成维柯所谓的 *verum* 和 *certum*(埃里希·奥尔巴赫曾将这种区分称作是人文科学中的哥白尼革命)。② 前一术语指称理性终极的真理,后一术语指称人们在历史不同阶段所拥有的确信,这些确信构成了他们信仰和行为的基础。维柯事实上将前者定义为哲学的层面,将后者定义为语文学的层面。然而,无论我们对 *certum* 和 *vyavaharika sat* 赋予怎样的重要性,并且即便这样去做是正确的,*verum* 和 *paramarthika*

---

① 17 世纪法国哲学家帕斯卡提出的理论。简而言之,如果一定要在上帝存在或不存在之间下注,一个理性人应选择下注于"上帝存在"。这是由于,即便上帝不存在,下注者因此而遭到的损失也较小(意即若上帝事实存在却下注于不存在,那么则会受到潜在的惩罚)。——译者注。

② "真理的"(truth)或真正的意义(就一部文本的原始意义而言)和"事实上的真理"(truth of fact)之间的区别已经可以在斯宾诺莎中找到。在后者中,他囊括了诸传统接受的真理。以色列将此描述为"教条和信众所接受的看法"(以色列:《斯宾诺莎简介》,《神学政治论》,第 xi 页)。然而他因此忽略的以及自然无法承认的是文本性的"真相"自身具有历史的可能性。

sat 对于语文学来说仍然是极为关键的。[①] 就此而言,语文学家的真相在文本的历史性与接收性的协调中获取了决定性的平衡,它因此增加了语文学家自我的历史性这一重要维度。

1. 文本的意义(我所说的 *paramarthika/verum*)

伟大的印度解释学家鸠摩利罗·跋陀(Kumarila Bhatta)曾说人们经常撒谎,[②]而文本也是一样。虽说如今这样说或许已经不怎么时尚了,但文本的谎言与真相必须仍旧是任何一种未来的语文学的首要对象。欧洲近代语文学历史中为人广泛所知的一个转折点是讨论君士坦丁赠礼问题的《辨伪》。在其中,瓦拉研究了君士坦丁(卒于 337 年)的诏书。这份诏书有效地使将来的教宗们都有权任命西方的世俗君主。瓦拉运用了新的历史语义学和其他相关的分析手段来证明这份诏书是 8 世纪的伪造。瓦拉是个先于"历史主义者"一词存在的历史主义者。他对拉克坦提乌斯时代所应使用的拉丁文有着极好的语感,而赠礼诏书所用的语言却并非如此。[③]

通过文本勘定来消除谎言进而拯救世界是与实证主义语文学的伟大时代联系起来的一种动力。这最早始于 J.J.斯卡林格(J.J. Scaliger),他在 16 世纪晚期给出了著名的宣言:"一切宗教争端起于对语法的无知。"[④]而要嘲笑它是容易的。入门级的梵文学生都知道,或说曾经都知道,一部吠陀葬仪

[①] "哲学以理性思考,由此我们衍生出我们对于何为真理的抽象知识。语文学观察创造性的作者和人类意志的权威,由此衍生出我们对于何为确信的共同知识。"(《新科学》,第 79 页)。《新科学》试图寻找一种能够联合哲学和语文学的批判性解释;参见《新科学》,第 124—131 页,尤其第 359 段。有关文艺复兴的这种综合的背景,参见吉尔·卡瑞(Jill Kraye):《语文学家与哲学家》,《剑桥人文科学复兴指南》,卡瑞编,剑桥,1996 年,第 142—160 页。早在 16 世纪晚期利普西尤斯(Lipsius)就宣称他对当时当日和塔西佗之间的关联的理解促使他从语文学转向哲学;参见安东尼·格拉夫顿(Anthony Grafton):《什么是历史? 现代化早期欧洲的历史的艺术》,剑桥,2007 年,第 226、228 页。那也是柏克在两个半世纪后的目标;参见霍斯特曼:《古典理论与现代科学》,第 100—101 页。

[②] 参见鸠摩利罗·跋跎:《密教注疏》,《弥曼差论》(*Mimamsadarsanam*),K.V.艾伯彦卡尔(K.V. Abhyankar),共 7 册,普纳,1970—1976 年,第 2 册,第 170 页。

> *na ca puṃvacanamṃ sarvaṃ satyatvenāvagamyate.*
> *vāg iha śrūyate yasmāt prāyād anṛtavādinī*。

[③] 参见塞尔瓦托·坎波雷阿莱(Salvatore I. Camporeale),《洛伦佐·瓦拉对君士坦丁赠礼的辨伪:早期人文主义复兴的分歧与革新》,载于《思想史学刊》1996 年第 57 期,第 14—15 页。同样参见令人振奋的新译本:洛伦佐·瓦拉:《君士坦丁的赠礼》(*On the Donation of Constantine*),格伦·鲍尔索克(Glen Bowersock)译,剑桥(麻省),2007 年。

[④] "Non aliunde dissidia in religione pendent quam ab ignoratione grammaticae",引自 J.H.格鲁特(J.H. Groth):《维拉莫维茨谈尼采的〈悲剧的诞生〉》载于《思想史学刊》1950 年第 11 期,第188 页。

赞美诗中的一行允许烧死寡妇，而根据 F.马克斯·缪勒的说法，这是"由一名无耻的祭司有意篡改的，这一被篡改后的版本……应对成千上万无辜牺牲了的生命负直接责任"。① 缪勒致力于通过还原文本的本来面貌来停止这一仪式。即使在我们这个衰亡的时代，这种动力仍然持续着。以克里斯托弗·卢森堡(Christoph Luxenberg)为假名的作者试图阐明《古兰经》最古老的语言地层是以叙利亚语而非阿拉伯语创作的，并且这一假说使得解开许多文本的死结成为可能，尤其是对有关殉道者可获得七十二个处女的段落而言。以叙利亚语来读，这些成为七十二种珍稀的白色水果："我们将会使他们(天堂的有福者)以(如水晶)宝石一般的白(葡萄)获得新生。"②

然而，我们不应把文本真相的婴儿和如今或过往的东方主义洗澡水一起泼掉。当伟大的梵文剧作家薄婆菩提(Bhavabhuti)写作关于罗摩回想早年他年轻的新娘这一情节时，新娘到底是对罗摩的四肢(*aṅgānām*)还是罗摩的母后(*ambānām*)激起了兴趣？莎士比亚的肉是太硬(solid)还是太脏(sullied)？梅尔维尔的鱼是太脏(soiled)还是太卷(coiled)？③ 要说文本的东西有意义的话，那么有意义的就是这些东西。诚然，有时作者或许两种都写过(薄婆菩提似乎发表过他剧作的另外一版，留下了这一不可改变的变形)，或至少有意要写两种(solid 和 sullied 可能在莎士比亚的英语中是同音异形异义词或双关语)。此外，在较早时代被认为是文本传承问题的东西对于这个"文本恐慌"的世界来说已经成为一场狂欢的滥交。如贝纳尔·赛何格里尼(Bernard Cerquiglini)所言，它是"*l'excès joyeux*"(过度的欢愉)。在这里，原初文本成为"纯粹的变形"。④ 但是，变形本身当然也是可变的——举

---

① 查尔斯·罗克韦尔·兰曼(Charles Rockwell Lanman)：《梵语读物：文本、词汇与注释》，波士顿，1912 年，第 382—383 页。缪勒将《梨俱吠陀》10.18.7 "*ā rohantu janayo yonim*）*agneḥ*"（"〔降临至〕火之〔胞宫〕"）的 *agneḥ* 改为 *agre*，"于生起之所/以此为始"（译者注：*agneḥ* 为 agni〔火〕之属格，*agre* 为 agra〔始〕之位格。）；参见 F.马克斯·缪勒(F. Max Müller)：《语言、神话与宗教精选短文》（共两册），伦敦，1881 年，第 1 册，第 333 页。缪勒对这一段的解读和对这一刑罚的理解都错了。

② 克里斯托弗·卢森堡：《用叙利亚—阿拉姆语阅读〈古兰经〉：对〈古兰经〉语言解读的一个贡献》，柏林，2000 年。（阿拉伯语文学家还远没有就将这部作品认定为是严肃的学术作品达成共识。）正如米拉亚姆·汉森(Miriam Hansen)在谈话中所提出的，人们当然还是可以问在这一新解读中，隐喻的手法在多大程度上是可行的。

③ 以上三个情节分别来源于薄婆菩提《大雄传》(mahāviracarita)、莎士比亚《威尼斯商人》、梅尔维尔《白鲸记》。——译者注。

④ 参见贝纳尔·赛何格里尼(Bernard Cerquiglini)：《变异的赞美：语文学的批判性历史》，巴黎，1989 年，第 55—69 页。同样参见杰罗姆·麦甘(Jerome J. McGann)：《文本的条件》，新泽西州普林斯顿，1991 年。

例来说,印度的一些写本传统并没有表现出任何明显的"文本偏移",而变形仅仅是在印刷兴起后才出现①——所以我们或许应对不同的历史状况采取不同的编辑手段。这里,至关重要的一点是变形本身仍然是一种文本真相,是一种触手可及、板上钉钉的真相。去捕获这种真相是语文学的事,而进一步,当这是一种多元而非单一的真相之时,它便尤其该是语文学的事了。

这种对这类真相的追寻不仅只对单个的语义单位而言有效,也在语文学探究的每一层面上运作。事实上它是如此地具有普遍性。印度学者从早至 10 世纪的时候就开始将文本或段落评价为"正确"(或"较佳")、"可信""错文""讹文""脱误""落韵""上古""衍文"——以及同样重要的,"较美"。② 正如瓦拉一般,18 世纪中国新考据学的倡议者试图去说明直到那时还被认为是古经的整篇文献为伪经。在他"令人震惊"的 17 世纪晚期的著作《尚书古文疏证》之中,阎若璩证明了——而且是有理有据地证明了——《尚书》之中的某些段落系后世添加。那时,他对那些愤怒的传统主义者的回应是:"何经何史何传? 亦唯其真者而已。经真而史传伪,则据经以正史传可也。史传真而经伪犹不可据史传以正经乎?"③与此并不完全不同的是近代印度的一套诠释理论,它围绕见于吠陀文献却不见于吠陀口头语汇的词语展开。这一理论认为唯一能给出正确解释的是那些衍生了这些词语的、非吠陀的口语族属的成员。④ 这一理论还指出了更大的真理:一部文本的真相——甚至是一部圣典——无法成为任何解释性的族群想让它成为的那样,无法如"汉普提邓普提"⑤一般。或者,说得更好一点,那些解释性的选择也构成了语文学试图去理解的一部分,即便已经理解到它们并非生来

---

① 参见波洛克:《前殖民时期印度的文学文化与写本文化》,西门·艾略特(Simon Eliot)、安德鲁·纳什(Andrew Nash)、伊恩·威力森(Ian Willison)等编:《文学文化与物质书籍》,伦敦,2007 年,第 77—94 页。一篇杰出的对于印刷和变形的议论,参见托尼·斯图尔特(Tony K. Stewart):《终极的世界:"*Caitanya Caritamrta*"与宗教语法传统》,纽约,2009 年,第四、六章。

② 梵文单词分别是:*sādhu/yukta/samīcīna/samyak*,或 *sādhiyān/yuktatara pāṭha*;*prāmānika pāṭha*;*ayukta pāṭha* 或 *apapāṭha*;*prāmādika pāṭha*;*duṣṭa pāṭha*;*asaṃbaddha pāṭha*;*arṣa/prācīna pāṭha*;*prakṣipta śloka*;*sundara pāṭha*。

③ 引自艾尔曼:《从理学到朴学:中华帝国晚期的思想与社会变化面面观》(第二版),洛杉矶,2001 年,第 33 页。(译者注:汉文原本见阎若璩《尚书古文疏证》〔清经解续编本〕2: 2a—2b。)

④ 参见波洛克:《现代化早期中国的语言科学》,载于卡琳·普里恩旦茨(Karin Preisendanz)编:《视野的拓展与融合:纪念威廉·哈布费斯南亚与跨文化研究》,维也纳,2007 年,第 203—221 页。

⑤ "Humpty Dumpty",童话故事《鹅妈妈》中的人物,他利用任何词来指称和词本义不同的意义。——译者注。

平等——与"武断的多元主义"相反,这种"武断的多元主义"使得维护一个对含义的批判性立场实际上丧失意义。[1]

把这一论点说得更概括性些,尽管语文学式的探究所具有的科学性不应在福柯式的、有关"真理体制"言论的迷雾中消失,但这些体制也不是毫无重要性。此外,从历史上理解它们实际上构成了优先的语文学行为。语文学家们知道他们无法超越传统的接受方式,除非他们必须这样做(尽管他们最终是必须要这样做的,因为没有文化能够在它的总体性中理解它自身)。但他们同样知道他们超越它的唯一途径便是穿越它。

2. 语境的意义(我所说的 *vyavaharika/certum*)

正如昆廷·斯金纳(Quentin Skinner)所说,这里具有首要性的东西是"以他们的方式看事物"。这说的即是一部文本对于历史角色的意义。[2] 为何后世印度的法学家们(如 16 世纪的 Raghunandana)"误读"了吠陀葬仪的赞美诗并因此批准了寡妇殉葬?又为何早期的伊斯兰注疏家将叙利亚文(或阿拉伯文)的语句理解成是意指着七十二个处女,以及这种解释在不同的时间对于信众群体来说意味着什么?这些都很容易成为与实证语文学之真相同等重要的真相。我们或许可将这些称之为地方的媒介,它们相互竞争着宣称自己拥有过去传统中存在的文本和世界的知识。它们在批判性语文学中扮演着关键的角色。这些论断在传统的注疏中表现得最为明显,尽管它们在更大的层面上遍及了文化的实践。

当代语文学训练中传统注疏的位置昭示了关于这一领域的首要的几件错事之一。我自己的本科训练的特征是严格的维拉莫维茨式的历史主义。我们从没读过亚历山大学派对荷马所作的注疏,事实上我从不知道对于柏拉图还有那样的注疏存在(我在 Hermann-Wohlrab 1886 年的版本中才偶遇它们)。如果我是通过多图纳斯与赛尔乌斯(Donatus-Servius)而不是康宁顿与奈托西普(Conington-Nettleship)阅读的维吉尔,我最初的阅读体验将会多么不同。[3] 尽管

---

[1] 让·波拉克(Jean Bollack):《意义与意义:如何阅读》,巴黎,2000 年,第 175 页;同样参见第75—76 页,以及丹尼斯·斯欧德(Denis Thouard):《语文学的挑战》,《波拉克〈意义与意义〉一书的书评》,《批判》2003 年 5 月第 672 期,第 349—350 页(一篇绝佳的、简要的赏析)。

[2] 昆廷·斯金纳:《关于方法》,《政治视野》(第一册),剑桥,2002 年,第 1 页。

[3] 举例来说,如今没有任何一种赛尔乌斯对维吉尔所作的注疏以印本形式呈现。对于古代的注疏在现代对经典的接受上扮演了怎样的角色这一问题,我并不知道有任何全面的历史;参见卡瑞:《语文学家与哲学家》,这篇简要但令人饶有兴味的文章探讨了彼时新近发现的对亚里士多德所作的注疏对意大利人文主义者的影响,以及语文学家针对哲学家所作的自我学科性的肯定。

我自己的梵文课程要对地方性的媒介更接受一些,但印度学作为一个整体从威廉姆·惠特尼(William D. Whitney)时代就已经倾向把那些"粗滥和无用的非真实"作为不相关的东西而剔除,以此来抓住那些著作中唯一的真实的含义。①

在语文学家对地方性媒介的关注之中存在着历史主义根本性的元素之一,但这种元素却存在着问题。这其中之一便是自我矛盾和很大程度上(尽管不是最终的)的自我抵消。虽然诸传统通过这些媒介来繁殖他们自身,但那种参与其中的历史主义是上古和中古时代的传统本身从未实践过甚至从未想象过的。这是因为这种思维模式是一种近代概念的革新。② 然而,仅因为其不合传统的认知方式就放弃历史主义,是一种极端的本土主义,这就好像因为创世说而放弃日心说一般。但走得太远的历史主义会给思想体系意义的单一性作担保;制造一部单一文本的意义被盲目地迷恋,以此去实现对文本意义多元性完全的漠视,还有对文本意义随时间而改变这种理所当然的道理完全的忽略。

对一些最近的理论著作,如让·波拉克的作品而言,历史中所产生的意义的多元性成为方法论的集结点。③ 按照他们的方式去看事物对于概念的革新来说有种更深远的意义。对于文本和语境真实而反思不仅能够帮助我们恢复人文共同体不同的维度,还能够帮助我们恢复非资本主义的非西方中闭塞和殊为分裂的"他者"。这种"他者"不能仅仅被想象;它应该从文本性的过去的深度之中被不辞辛劳地挖掘出来。《开启社会科学》(Open the Social Sciences)的作者伊曼纽尔·沃勒斯坦(Immanuel Wallerstein)和他的合著者们指向了政治力量的一种大乘理论,它"将〔西方的〕权力逻辑的普遍

---

① 惠特尼这里说的是波你尼。惠特尼认为波你尼应该"作为一种我们学习梵文的途径被彻底丢弃",(惠特尼:《晚近对印度语法的研究》,载于《美国东方社会学刊》1896 年第 16 期,第 xviii 页)。他不知怎的忘了许多古典作家本身正是从波你尼和波你尼的传统学习了或至少润饰了他们的梵文。

② 尽管这并不单单是欧洲的思维方式,因为中国的数据也有显示。相比之下,近代印度的语文学家们虽然常常显示出明显的对于语言和文本的时间性(temporality——此一如本尼迪克特·安德森在《想象的共同体》中指出的时间性。宇宙论与时间性的分离为民族主义起源提供了基础,当人们无法感知时间和历史的线性延伸时,日常便无法与唯一、终极的救赎分离——译者注)的感知,但却从未构想出狭义上系统的历史主义。

③ 对这部著作的一篇上佳的介绍,参见波拉克:《没有人是希腊人:神话语境下的话语》,巴黎,1997 年。

性证明为伪"。① 他们只是在幻想，因为这样一种理论并不存在。但这里的动力是正确的。此外他们做的更好的是运用了"一神多化身"这种深刻文本化的概念，把它作为一种手段去在观念上将旧有的西方普世主义替换成一种新的"多元普世主义"。② 根本性不同的、甚至是违反直觉的文化和力量的图版以及它们之间的相互关系从过去而来，并受用于语文学家们。我曾经试着去恢复这其中的两样，它们是一种非压迫性的大同主义，对从暴政到"像我们一样"③都一无所知。与之并存的还有一种自发的地方性，它对民族压迫一无所知。④ 进一步，发现语文学的这一领域是去发现一条走出以语言劳力为范式的区域研究死胡同的重要路径。那种区域研究的语言劳力仅仅是在为自我普世的西方理论的兰开夏工坊（Lancashire mills）⑤提供原材料罢了。

　　就我这前两项文本和背景意义的而言，或许我会被指责是在简单地更新 19 世纪德意志古老的"方法论争"（Methodenstreit）⑥。在其中，"词语文学"（Wortphilologie，很大程度上是与赫尔曼相关的文本精研的方法）被用于抵抗"物语文学"（很大程度上是与柏克相关联的思想以及社会历史的方法）。⑦ 但事实上，"论争"一词本身就是被错误使用了。从总体的倾向上来看，"词语文学"与"物语文学"似乎是在争论，从一个方面来说，语文学对于知识来说既是必要的又是充分的条件；而从另一个方面来说，它显然不是一个充分的条件，并且或许也不是一个必要的条件。我所想要坚持的与这二者不同：语文学，至少基于它通常的定义，是永远必要但永不充分的。它的

① 伊曼纽尔·沃勒斯坦等：《开启社会科学：古尔班基安社会科学重组委员会报告》，加利福尼亚州斯坦福，1996 年，第 56—57 页。
② 迈克尔·布洛维（Michael Burawoy）：《将社会科学地方化》，《人文科学中的方法政治》，第 509 页。
③ "Be like us"。美国的一种实现种族平等的理论，即当非白人族裔在各方面都与白人相同时，种族平等即可实现。——译者注。
④ 参见波洛克：《上帝的语言》，第 567—574 页。
⑤ 兰开夏郡是英国首先发展出大规模工业生产的地区。作者在这里以兰开夏的工场暗喻和讽刺西方普世理论下的大规模标准化学术生产。——译者注。
⑥ 19 世纪德意志地区有关经济学方法论的论争，传统的经济历史学派提倡以过去的历史考察当下的经济活动，新兴的维也纳经济学派则认为经济行为具有普遍性，经济理论应更加基于人与物本身内在所具有的普遍规律而非历史数据与证据。——译者注。
⑦ 参见威尔弗里德·尼培（Wilfried Nippel）：《语文学争论与学校政策：戈弗里德·赫尔曼与奥古斯特·柏克的争论》，载于《历史话语》第三册《历史化的时期》，沃尔夫冈·库特勒（Wolfgang Küttler）、勒琼·吕森（Jörn Rüsen）、恩斯特·斯库林（Ernst Schulin）编，法兰克福美因河，1997 年，第 244—253 页。

不充分性中的一部分只能通过面向背景的意义来获得满足,正如我刚刚描述的那样。同等重要的另一部分则需要囊括语文学家自身的意义来作为语文学对象的一部分。

3. 语文学家的意义

与未来的语文学家相关的历史意义的最后一个领域是他或她自己的意义。我相信哲学式的诠释学已经为这一关联性提供了论证,事实上,也已经为它的不可或缺性提供了论证。而这一论证是无懈可击的。正是我们对历史主义的接受需要我们自身当下的历史性。这里的解释循环应当是有效的,我们可以在个人预先判断和文本之间往复迁回来实现真正的历史理解。要说形而上学的幽灵游荡在历史主义之中或许也八成是真话,这是由于我们对获取历史主义知识有一种确信,确信思想、文本、意义与生平属于他们独有的历史时刻,而这种确信预设了将我们自身的历史存在抹去。但这是不可能的。我们不知为何假定我们可以逃离我们自身的时刻以捕捉"历史的他者"的时刻。并且我们将由此获得的知识提高为一种本身并不具历史性的无条件真理。① 然而,这却是个可以被镇抚的幽灵。我们无法将我们自身从语文学的行为中抹去。并且,我们不该允许一个空间的存在,这个空间能够在我们的存在和不存在的过去之间拉开距离,在其之中,不反身语己的历史主义捕捉了文本。文本不能不被运用到我们的存在之中,无论是我们去积极的接受它还是拒绝它。回归语文学就好像回归一个神秘与神圣的真实性的基础,为了立刻与毫不犹豫地放弃这种一意孤行的冲动而将语文学和"读者与文本之间的往复交流"对立起来,实际上创造了虚假的对立。这种对立是错误的。② 比这还不理智的是将文本的存在放置在它所产生的意义之前,正如德曼试图去做的那样,他将他所谓的"语文学"置放于考证和人文之上。当一部文本并无意义,当它对我们来说意味着虚空之时,它还能以怎样的模式存在于我们面前? 比这还要更愚蠢的是以高歌语文学无法辩护

---

① 参见珍·格朗丹(Jean Grondin):《哲学诠释学入门》,威什米尔译,康涅狄格州纽黑文,1994 年,第 11 页、第 111 页。

② 杰弗里·哈芬(Geoffrey Galt Harpham):《回归语文学:文学研究的过去与未来》与《文学研究的新趋向》,载于哈芬与安思佳·努宁(Ansgar Nünning)著,昆·黑尔贝克(Koen Hilberkink)译:《文学研究的新展望》,阿姆斯特丹,2005 年,第 23 页。在第 26 页哈芬提供了另一种语文学和批判性之间的空洞二分法,这其实是来源于保罗·德曼:《回归语文学》,第 24 页;以及利·帕特森(Lee Patterson):《回归语文学》,约翰·范恩金(John van Engen)编:《中世纪研究的过去与现在》,美国印第安州南本德,1994 年,第 236 页。

的不合理性的方式去为它辩护①——愚蠢之极且迷不知返。

伽达默尔——对我来说这里蕴藏有他前所未有的极致的潜力——因此正确地强调了古老的"应用"（applicatio）的解释学层面，不论他这样做有多少是为了他对历史主义本身的批判。"应用"在法律或圣典的案例中可见度最高，并且如果在一个更前意识的层面来看，在艺术中则更是如此。这些文本的存在不仅仅是为了从历史上被理解；它们的存在通过被解释而变得对于我们来说有效——根据伽达默尔的意思，这并不是就"权威"而言，而是就"有用"而言。通过诠释这些文本来发掘它们的意义，发掘如何将它们运用到具体的法律或精神的案例上，甚至是思考一件艺术作品与某人自身生活的联系，这些都不是分离的行为，而是一个统一的过程。这里的原则对于所有的解释来说都适用；"应用"不是额外的选项而是理解的一部分。因此，所探求的历史对象并不以自然的形式存在，而是相反的，仅仅以历史对象的形式出现，而这些历史对象均是因我们今日之利益关切而生的。②

真正具有批判性的语文学必须认同过去主宰于我们之上的论断，只有如此我们才能直面于它。但这必须与自我意识相并行。这里便是皮埃尔·布迪厄（Pierre Bourdieu）对伽达默尔所作的补充登场的地方。双重的历史化是必要的，这是说语文学家的历史化——我们语文学家历史化我们自身的场合和医生治疗他们自己的场合一样少——不应少于文本的历史化。③从这个角度看来，历史主义和人文主义是相互补充甚至相互建构的，这与维拉莫维茨和尼采将它们说成是相互排斥是相去甚远的。

因此，历史真相与应用之间本质的矛盾并不存在，要说有的话也只是

① 参见帕特森：《回归语文学》，第 239 页。
② 伽达默尔：《真理与方法》，第 335—336 页。
③ 同上，第 307 页、第 285 页。我将布迪厄的观点视为对伽达默尔的一种补充，正如布迪厄也相信，并非偏离（见皮埃尔·布迪厄：《纯美学的历史起源》，《艺术的规则：文学领域的起源与结构》，苏珊·艾默尔〔Susan Emanuel〕译，加利福尼亚州斯坦福，1996 年，第 305—306 页）；另一方面，伊格尔顿（Terry Eagleton）过快的驳斥道"这是一种过于自满的历史理论"使其失去了一个潜在的盟友（见特里·伊格尔顿：《文学理论：入门》，明尼阿波利斯，1996 年，第 63 页）。较老的语文学当然清楚这一自我历史化，正如它也清楚地方性媒介一般。但它从未将自我历史化或地方性媒介系统性地建立为自己的语文学方法。举例来说，奥尔巴赫（Erich Auerbach）仅仅举棋不定地说到了"应用"，并且只是因为遭到了说他过于"时间限制"于他的解释，过于受制于当前的批判，才以此作为回应："如今，无人能够从当时今日之外的视点去观察〔欧洲文学广阔的背景〕，事实上，这一今时今日的视点由观察者的个人背景、历史和教育决定。有着对时间限制的自觉要比没有好。"见奥尔巴赫：《拟态：西方文学现实的再现》，威拉德·特拉斯克（Willard R. Trask）译，新泽西州普林斯顿，2003 年，第 573—574 页，翻译有修改。

paramarthika sat 和 *vyavaharika sat* 之间以及 *verum* 和 *certum* 之间的矛盾。是时候让我们来搞清楚两件事了。历史性的知识并不站在真相的某种根本性的对立面。它也并不要求我们的公平公正；客观并不确保中立。①

四、政治的语文学

这篇简明扼要的文章为语文学的复兴而作，而它的复兴是要作为今日大学学科体系之中的一员而发生的。本文认可那种体系所具有的先决条件。或许，与其这样做不如去挑战它们会更好，去谴责今日消费主义大学令人震惊的公司化，去抨击马尔科姆·格拉德威尔（Malcolm T. Gladwell）所说的已成为"奢侈品管理行业"的大学，②去否定对不断增长的对学术创意的荒诞崇拜，去拒绝学者的商品化，拒绝对不断的"生产工具革命"的默许，拒绝"永远焦虑和躁动"的资本主义。③ 且不论成为更好的生活阅读者了，教导学生如何去成为更好的文本阅读者看起来都好像是我们最后才该做的事，也好像是蒙尘的语文教师们想着能够去做或愿意去做的最后一件事。

我们在这里所面对的问题——如何去联结文本、世界和语文学批评

① 关于理性历史主义（或历史理性主义），参见布迪厄：《科学的科学与反思》，理查德·尼斯（Richard Nice）译，芝加哥，2004 年，第 271—284 页。关于客观与中立，参见托马斯·L.哈克斯尔（Thomas L. Haskell）：《客观性不是中立性：历史上的解释方案》，巴尔的摩，1998 年。维柯的哲学语文学——"在我的科学中，哲学承担了研究语文学的任务"。（《新科学》，第 5 页；同样参见《新科学》，第 79 页）——提供了我能找到的、我想要在这里提出的那种批判性语文学最相近的相似物；注解参见约瑟夫·M.莱文（Joseph M. Levine）：《詹巴蒂斯塔·维柯与古今之争》，载于《思想史杂志》1991 年第 52 期，第 55—79 页，尤其是第 74 页。而这是尼采早年的信条；在他以"荷马与语文学"为题的开创性讲演的末尾，他说道：
"语文学家应该描述他的立场以及这其中的逻辑，这应在一部分简短的、对信念的坦诚中完成，这就是件对的事；让它以塞内卡（Seneca）的箴言实现吧！我因此在这里将塞内卡的 'quae philosophia fuit facta philologia est' 颠倒为 'philosophia facta est quae philologia fuit'〔"曾经的语文学现已作成哲学"（*Epistles*, 108.23）〕。通过这样说，我希望强调的是一切的语文学活动都应在某种哲学的观点所形成的封闭空间中进行，在其中，一切单个和孤立的个体都应被看做可恶的而被消去，只有总体和统一体能够呈现"（"in der alles Einzelne und Vereinzelte als etwas Verwerfliches verdampft und nur das Ganze und Einheitliche bestehen bleibt"）。（尼采：《荷马与语文学》，J.M.肯尼迪译，载于 www.geocities.com/thenietzschechannel/hacp.htm，翻译有修改。）

② 马尔科姆·格拉德维尔（Malcolm Gladwell）：《入学：常春藤联盟招生的社会逻辑》，《纽约客》2005 年 10 月，www.newyorker.com/archive/2005/10/10/051010crat_atlarge? currentPage=5。

③ 卡尔·马克思（Karl Marx）与弗里德里希·恩格斯（Friedrich Engels）：《共产党宣言》，载于罗伯特·C.特克（Robert C. Tucker）译编：《马克思恩格斯读物》，纽约，1978 年，第 476 页。

家——将我们带回了晚期的爱德华·萨义德。几乎是他的最后一篇的文章以"回归语文学"（德曼和帕特森之后的第三篇以此为题的文章）为题。萨义德体现了许多的倾向，一些是积极的，一些是消极的。它们对于我到此为止所议论的东西来说极为关键。从一方面来说，他是遵循他的理论导向的学者之中对语文学做出了些许思考的为数不多的学者之一。另一方面来说，他做了更多，手段则是通过怀旧式地引入 20 世纪罗曼语研究的模范三巨头（奥尔巴赫、库尔提斯、斯皮策，顺道一提，这三巨头的分类法是既差又乱的）而不是通过自身的实践。如同德曼，他也将语文学定义为细读，或更准确地说（尽管这里和德曼有根本性的矛盾），"对意义的阅读所作出的严酷投入"，同时则忽略了语言、文本性、地方性媒介以及我在前文所探讨的解释所具有的其他限制条件。在承认自身语言限制的基础上，他在些许非英语和非西方的文本上（如阿拉伯文献）实践了这种语文学，但他在很大程度上受制于康拉德（Conrad）、奥斯汀（Austen）、吉卜林（Kipling）以及其他现代英语的模范作家。① 针对应当从语文学实践中发展而出的"应用"，他在《回归语文学》中——或许有些人会说这是不诚实的宣言——宣称"理解"文学和"投入"政治是他"分开来做"的事。（粗浅的长老式思想认为学术和倡议是相互排斥的，似乎是这一宣言加强了这一思想，但事实却是萨义德削弱了它——这是一种"对位法式"②的手段——在这一文章的后面他将自己表现为"非人文主义的人文主义者"，坚持认为"正是抛弃〔人文主义式的〕阅读蒙蔽人的双眼，以致视而不见身边正义斗争中的相似场景"。）③就拿《东方主义》中全部积极的价值来说，它所具有的深刻有害的结果之一就是使整整一代学生都无法参与到他在自己生命终点所想要回归的那种语文学实践中去。毕竟，假如说非西方的知识早已被深深地殖民化，那么学习或阿拉伯、

---

① 参见萨义德：《起点、意图与方法》，纽约，1975 年，第 7—8 页；他建议使用翻译。

② "Contrapuntally"，音乐术语，意即第二声部并不同时为第一声部提供和谐的和声，而是延迟于第一声部进行旋律模仿，虽然表面上落入了不和谐，但总体上却能达到另一种形式的和谐，著名的音乐形式"卡农"便是一种对位法实践。在这里是比喻萨义德表面上似乎落入了传统的固化思维，但他是事实利用了另一种迂回手段来达成真正的人文主义。——译者注。

③ 萨义德：《回归语文学》，《人文主义与民主批评》，纽约，2004 年，第 62、77—78 页（见本书 329—347 页）这篇文章或许包含着萨义德一辈子写过的仅仅两页的阿拉伯语文学，这大概是对那些"欧洲中心主义的学者"所做出的全部的矫正，这些学者"全都忙着鼓吹某种独有的、人文的西方理想"（第 68—69 页）。相关的问题讨论于萨义德：《伊斯兰教、语文学与法国文化：雷南与玛希农》，《世界、文本与评论家》，马萨诸塞州剑桥，1983 年。但即便是在那里，阿拉伯文本也没有扮演任何角色。

或波斯、或梵语文学的意义到底是什么？深入地利用这些语言它们的文本世界去做研究的意义又是什么？这些早就成为许多后东方学学者所具有的隐含的、自我摧残的立场，而我不清楚《东方主义》的作者是否曾经试着去控制他的理论所引起的这些谬论和妄言。

然而回过头来，以对萨义德的回归语文学做结论的方式，我想强调的不是他语文学的政治，而是他政治的语文学。萨义德最重要的贡献或许并没有多少在于他教了我们如何去在政治层面上阅读文学——毕竟，"帝国主义语文学"的领域在他登场之前就早已是被精耕细作过的土地了——但与之不同的，他教了我们如何去在语文学的层面上阅读政治，通过指明一个政治问题的文本是如何在历史上被传承、重构、接受和误读的。事实上，萨义德在此并非孤身一人。这正是尼采在他最好的时刻理解语文学事业的方式。它是"将最重大的事件……好好阅读的艺术……而其间不在理解它们的努力中失去小心、耐心和细心。"①一个人还可以同样说维柯对于调和语文学和哲学所做出的整个努力是在为普世的正义服务，正如斯宾诺莎在《逻辑哲学论》中的圣经语文学是为民主理论服务一般。萨义德或许从未在这样一种政治的语文学上做的有多广阔，②但这却是很容易在解读他的实践时被读出的——事实上，它应该被解读为我刚刚所提出的三条原则的一种具体实践：他似乎是在告诉我们，不要因非批判性地接受而屈从于他人；与之相反，挑战和要求真相，因为真相是存在的；同时，尽你最大的努力去做以从他们的角度看事物，对你想法的改变持开明的态度，寻求一种可共享的解释，对他人展现一种"试着去理解彼此的友好、尊敬的精神"的善意。最后也是最重要的，你自身的历史性构建了你的解释，他人的问题触及了你的存在并且对你的存在有意义，你必须对这些事实保持反思；毅然地坚持客观但热情地保持非中立。③

这些对我来说似乎是非常值得去学习的教训——或说重新学习，因为

---

① 尼采：《反基督》，《全集》第六册，第233页。
② 举例来说，他有时会将语文学与"阅读一个外交或军事政策时的注意力"相联结，这种注意力需要"警觉，并且意识到被文本隐含或模糊的东西的意义"（《回归语文学》，第67页）。
③ 参见萨义德：《奥尔巴赫介绍》，载于《拟态》，第 xiv 页。此论述被进一步展开说明参见萨义德：《世界的一扇窗》，载于英国《卫报》2003年8月2日：www.guardian.co.uk/books/2003/aug/02/alqaida.highereducation；同样参见尼采的《反基督》，这篇1888年所作的文本（出版于1895年）对我来说要远比他的《我们是语文学家》（"Wir Philologen"，1873—1875）能够代表他对语文学的观点。

它们早已通过他们的方式为近代的思想家如斯宾诺莎、那罗衍那和阎若璩所知——尤其是在午夜前的两分钟之时。而且，批判性的语文学尤其够格去施予此类教训。

语文学的三个维度

谢尔顿·波洛克(Sheldon Pollock)[*] 著　王淼　译

　　如果理智上有理由对语文学的命运感到悲观的话,尤其考虑到人文科学非常的危险境况,且语文学历史上就是人文科学最重要但也是最被误解的组成,[①]那么在意愿上我们有乐观的理由吗? 我一直认为如果我们能在每一个可能的论坛上清楚阐明危险所在,大学、基金会和政府里的决策者就一定会明白,失去语文学我们将可能失去一些珍贵和不可替代的事物。因为语文学面临的危险并不仅仅是丧失在文本中定位与获取信息的能力——这无论怎样都会被保留下来——而在于一些更为宏大的东西:使文本产生意义的学科(the discipline of making sense of texts)。[②]

　　在这个宏大意义上,语文学在教育上同哲学或数学一般重要。如果哲学是批判性反思自身的思维,语文学则是语言的批判性自我反思。如果数学是自然之书的语言,语文学则是人类之书的语言。正是语文学的历史说明,在任何一座将全球主义严肃地视作知识的一种形式而非仅是营销工具的21世纪大学里,它或许是在学科性竞争中领先的参赛者。语文学在组成上即是自觉的,始终意识到自身作为一种知识形式的人为性与历史性,也因此具有无限的适应性(而不像,比方说,经济学,后者已经将自身自然化了且策略性地抹除了自身学科性的历史)。语文学也是一个普遍的知识形式,而并非一个假装如此特殊性或地方性的形式(并不像政治科学,其在美国大多数学院里都变成了数学化的美国研究)。语文学就其本质在方法和概念上

---

[*]　谢尔顿·波洛克原文为:"Philology in Three Dimensions", *Postmedieval: A Journal of Medieval Cultural Studies*(2014)5, pp.398-413;本译文删减了摘要与致谢部分。本文初译版本由白明泽于2017年完成,王淼在该基础上进行了重译。——译者注。

①　詹姆斯·特纳(James Turner):《语文学:被遗忘的现代人文学科的起源》,新泽西州普林斯顿:普林斯顿大学出版社,2014年。

②　谢尔顿·波洛克、本杰明·埃尔曼、张谷铭编:《世界语文学》,马萨诸塞州剑桥:哈佛大学出版社,2014年。

即是多元的,因为使文本产生意义的一部分工作就是了解其他人是如何实现的,而且往往是如何不同地实现的。

与这些学科性特点密切相关的事实是,语文学教诲我们两个看似矛盾但实则全部知识同时必须的核心要求。语文学增强批判的理解力与对真理的需求。同时,它也通过提高我们从他人的(前人或任何其他不同于我们的人)视角看待事物的能力来扩大真理的范围。此外,我一直认为语文学促进了最好的教学法,一个在抵御工具化和牟取暴利上尤其根本的教学法。它鼓励对记忆的关切,也帮助塑造一种实用的对过去的理解力,既保护记忆使其不屈服于它的敌人,也将过去向负责的、循证的批评敞开。语文学将不同的关于作为人意味什么的思考,有时甚至是令人惊讶的不同的思考,呈现在我们面前,以便我们能获取新的"生活的装备"。最后,文本持久的智慧与美丽体现千年来人类思想的创造性劳动。语文学不仅使与之相遇成为可能,也赋予我们智识上无比的兴奋以及令人震撼的同逝者交流的魔力。①

倘使语文学是使文本产生意义的学科,而使文本有意义就是使生命有意义,那么使文本产生意义事实上应该如何做?回答这个问题似乎需要某些重量级的语文学理论,但在此我只想提供一些相当微不足道的自传:反思自己是如何协调于我曾相互冲突的阐释模式。我一直接受严格的历史主义训练,但作为一名梵语学者,我也继承了优秀的接受学传统及其对知识坚定的立场与看法。长时间以来,一个批判阐释学的理解和新实用主义的(neopragmatist)真理观念也持续影响我。这样的自我经历促使我构架一种语文学实践,一种能同时在文本存在的三个维度上为自己确定方位的语文学:文本生成的时刻;文本的历时接受;及文本于我自己主体性的呈现。使文本"产生意义"就寓于由这三个维度而生的多样意义的总和,也寓于我们脑海中三者活跃的共同在场。

或许不少人会震惊于这般多元主义阐释观点在语文学上的相互抵牾。但我将尽力论证的却正相反。尽管这样的语文学对其实践者要求颇多,但在我看来它是实证上最丰富的、认知上信息最全面的以及伦理道德上最合理公正的语文学。同样重要的是,这种语文学帮助我们增长三类于当下意

① 谢尔顿·波洛克:《未来语文学? 一个硬世界中的软科学之命运》,詹姆斯·钱德勒(James Chandler)、阿诺德·I.戴维斯(Arnold I. Davidson)编:《学科的命运》,载于《批判研究》2009 年,第 35 卷第 4 期,第 931—961 页,见本书译文,第 395—427 页;《古典研究中的危机》,载于《社会研究:国际季刊》,第 78 卷第 1 期,2011 年,第 21—48 页。

义特殊的价值：对真理、团结和批判自觉的忠诚与坚持。

语文学的三个维度

当尼采将语文学定义为"慢慢阅读"时，①他想表达的，或本想表达的，是一种高度自觉于当下确切阅读行为的阅读。如此自觉的产生与将我们同文本起源分开的时空距离直接相关。文本越近，我们就越难意识到赋予其意义的过程："语言越是一种当下现存的行动，我们就越少察觉到它"。② 相反，文本越遥远，我们的意识就越能清晰地感觉到这个过程。当然，所有的文本在某种程度上于我们而言是未知的，否则我们最初就不会去读它们；但时空距离却直接成正比地加深了那个程度。历史上也的确如此，这解释了，就空间而言，为什么波斯语文学大体上是在印度而非伊朗被发明的；就时间而言，为什么洛伦佐·瓦拉（Lorenzo Valla）关切的不是意大利语而是拉丁语；以及为什么梵文——众神的永恒的语言，因而显现出疏远至极的距离感——是世上最被语文学的语言。

尽管我们或许会天真地以为当代文本是透明而易进入的，但解读并赋予它们意义却始终是唯有语文学方才能实现的二阶判断。（同哲学的类比或许在此处十分有用。语文学对阅读就像哲学对思考：越好地领会语文学及哲学，我们就能越好地完成相应的实践。但就像我们不会清晰直接地哲学化每一个思考，我们同样也不会语文学化每一个文本。）③我们越清晰地意识到这个产生意义的学科，它就会越有效。当我们阅读的文献形式在时空上都最遥远时——例如当现代西方人阅读非西方的非现代文本时——语文学就最大程度在场了。而且对于某个接受这般训练的人而言，语文学则趋向于出现在全部的文本处，无论它们有多近。顺便一说，正是在这里历史意义上的死语言体现了其活力。

一旦我们开始理解距离是不断变化而非单一维度的，这个时空模型也

---

① 弗里德里希·威廉·尼采（1881）：《曙光》，载于乔治·科利、马志诺·蒙提纳里编：《全集：15卷精校版》，第3卷，慕尼黑：德国平装书出版社，1980年，第5页。

② 汉斯-乔治·伽达默尔（Hans-Georg Gadamer）：《哲学诠释学》，D.林格编译，加州伯克利：加利福尼亚大学出版社，1976年，第65页。

③ 印度哲学区分了 *svārthānumāna*（"为自比量"或"自比量"）与 *parārthānumāna*（"为他比量"或"他比量"）：在前者，推度是不形之于语言文字的意识实践，在后者，推度则是清晰明确的，是一种理论意识实践，并且形式化为一个五阶段的"过程"（*prakriyā*）。

主动积极地塑造着我们的阅读实践。它可以沿着产生意义的三个维度被标绘出：文本生成的时空；前人阅读的时空及我现时现地阅读的时空。因此这也产生了三个或许根本不同维度的意义（作者的、传统的与我自己的）以及三个或许也根本不同的文本的真相（历史主义的〔historicist〕、传统主义的〔traditionist〕与当下主义的〔presentist〕）。相信这三种真相是相互排斥的，甚至其中有二者根本就不是真相，这在我自己的职业生涯里带来许多与阅读有关的难题。而我个人的难题其实概括了一段很长的学科史。

自文艺复兴以来西方许多有关文本的思考都关切历史主义阅读（维度一）与当下主义的阅读（维度二）之间的张力。我们可以在每一种对文本的夺取和占有中找到这两个模式之间的竞争，无论是文学的、宗教的、法律的还是哲学的。这始终是无休止争论的源头，囊括从神学经律主义（theological literalism）到宪法原旨主义（constitutional originalism）的几乎全部事物。安东尼·格拉夫顿（Anthony Grafton）就这个张力给出了一个历史的叙述。意大利的人文主义者将历史的阅读同修辞的或寓言的阅读区分开来。后者是为了当下而服务的（产生了格拉夫顿称之为"无历史的经典"〔ahistorical classics〕的东西），也有部分学者同时相机使用二者。① 哲学阐释学则提供了一个理论的叙述，并不顾耀武扬威的历史主义的反对而宣称读者主体性不可超越的历史性。文学"到底关于什么"，对伽达默尔来说，"只能当人被其呼唤时才能经验"。② 如伽达默尔所说，我们始终确信一旦抓住了过去历史的意义则我们自己历史的存在就能被消除，而这是一直纠缠着历史主义的形而上学的幽灵。③ 最后，关于历史主义与当下主义间张力一个尚未被书写的语文学的叙述则会将它置于"语文学"这个词本身语义的核心处。海德格尔式的词源学或许会将其解释为艺术（philia）——或者其他和读者主体性相合的意思，与理智（logos）——历史研究所确定的客观含义，这二者的结合。

尽管我并不知道有讨论维度一和三之间张力的知识社会学，但除我之外也有其他人发现这不仅是难以化解的也是徒劳的，尤其是那些曾经忠于

---

① 安东尼·格拉夫顿：《文本的捍卫者：科学时代的传统学术，1450—1800》，马萨诸塞州剑桥：哈佛大学出版社，1994年，第44页及各处。

② 汉斯-乔治·伽达默尔（Hans-Georg Gadamer）：《真理与方法》，J.魏因斯海默与D.G.马歇尔译，纽约：连续出版社，1996年，第283页，强调为原文所有。

③ 我相信其他人也提出过类似的观点。但我第一次是在让·格朗丹（Jean Grondin）那里了解到的。

作为历史—政治实践的马克思主义的人。这般忠诚要求人因为了解过去本身就是被建造出来的而相信自己可以重新建造未来,相信文学阅读即是获取这类关于过去的知识的一种方式。在我看来,这一观点的无意后果,尤见于詹姆逊(Frederic Jameson)1982年的忠告"始终要历史化!"①及其例证,是消除了一个历史文本所有关键的当下理解。你或许将了解巴尔扎克某部小说里意识形态盲见,一个坚定的保皇党人被无意识的小说艺术冲动变成共和党人。但那部小说本身对处在当下的你没有任何意义;它仅因为自己纯粹的历史性而有意义——而这暗示它已经死去了。马克思自己极度敏感于作品逃脱历史的神秘能力:"困难不在于理解希腊艺术和史诗同一定社会发展形式的结合,困难的是,它们何以仍然能够给我们以艺术享受。"②然而理解这个"艺术享受"(或者无论什么作品在第三个面向上所提供给我的)似乎从来不是马克思主义或作为任何文化批判研究的一部分。

关于历史主义和当下主义之间的张力还有许多可论。但几乎所有的叙述都将语文学的第二个维度排除在外,那些由传统提供的阅读与理解。大多数学者仅简单地忽略掉它们,就像我的古典学老师过去一直所做的,在这些学者看来没有任何传统的解读,无论是希腊化时期的注释家、罗马时代的注疏者或中世纪的抄写员,都不可能给出任何真理性的主张。即便是并不忽视他们的学者,例如我在印度的老师或梵语同行,也很少阐述为什么我们应该严肃地对待这些传统的理解,或曰真理。

传统主义阅读与阅读传统

构造上而言,生发于过去传统的阅读实践同我们现在的阅读并无不同。相对于历史主义的疑问"圣经中的这个段落在公元前800年时意味什么"或"美国宪法在1787年意味什么",我也可以问"这对我来说,在此刻此地,意味着什么?"和我一样,历史上某一传统的读者也尝试——必须尝试,鉴于他们自身主体性和历史性的本质——使文本在他们现下产生意义。但区别在

---

① 弗雷德里克·詹姆逊(Fredric Jameson):《政治无意识:作为社会象征行为的叙述》,纽约州伊萨卡:康奈尔大学出版社,1982年,第9页。
② 卡尔·马克思(1857—1858):《〈政治经济学批判〉导言》,伦敦:企鹅出版社,1973年,第111页。

于我对他们主张的判断。我只相信我自己的诠释,并将历史上的理解视作一系列的误解。这既是因为我们确信知识在不断增长,也是因为我们心照不宣地明白,不如此,我们自己的诠释,乃至我们自己,都将变得毫无必要。

对传统理解的轻视有比上述认识论上的自然主义所暗示的更为具体的历史。在西方,这和近代早期世界的知识革命密切相关,发生于 1680 年代末的法国的"古今之争"(*La Querelle des Anciens et des Modernes*)尤为典型。但它语文学上第一次真正表现其实早发生于十年前斯宾诺莎出版《神学政治论》(*Tractatus Theologico-politicus*)之时。这部著作一直以来都仅仅被视为西方现代性的一个宪章性的文件:根据一个最新的解读,斯宾诺莎是"那个给我们带来现代性的犹太变节者"。① 但斯宾诺莎的语文学工程却常常被忽略。事实上,这本书甚至绝对可以被冠以"语文学政治论"(*Tractatus Philologico-Politicus*)的标题,因为其核心正是相信好的阅读带来好的政体——相信以语文学的方式阅读《圣经》能改变知识与权力之间的关系,并由此塑造一个公正的民主政体。

对斯宾诺莎而言,什么是好的阅读? 其实不过是最基本的现代语文学方法。当代语文学家会将这个好的阅读的组成部分视作他们的训练与实践的雏形,《神学政治论》第一次以完整协调的程序将其阐明。好的阅读须尽可能熟稔于:文本的原始语言(基于文本材料的全集);文本传播的历史与它当下的厘定程度;文本体裁类别的显著特征;文本经典化的过程;不依教条而基于文本本身连贯性的话语分析形式;文本内和作者其他有助厘清晦涩之处的著作中所有相关段落的整合;历史语境的重构;作者的相关传记及其写作意图的历史局限性;原始读者的特性以及他们的思想世界;以及所有相关的互文本。斯宾诺莎的方法在精神上是历史的——我们必须避免年代错位——同时,他的方法也是历史主义的:文本所处的时代有其自身具体特殊的思考和存在模式。

更为重要的是斯宾诺莎认知上的绝对主义。他的语文学方法是唯一正确的:

> hanc〔rationem interpretandi Scripturam〕unicam et certiorem esse
> viam ad eius verum sensum investigandum … haec nostra methodus …

---

① 丽贝卡·戈德斯坦(Rebecca Goldstein):《斯宾诺莎:带来现代性的犹太变节者》,纽约:肖肯出版社,2009 年。

unica et vera fit.（括号为引文原文所有）①

　　我们在提供解读《圣经》方法的同时证明了它是展现《圣经》原貌的唯一最准确的方式。我们的原则是，《圣经》的学问只能从经文中寻找，这是唯一正确的道路。②

斯宾诺莎将语文学的真理性筑基于科学之上。语文学的方法是"完全一致"于"诠释自然的正确方法"，后者"正在于构建一种自然史并从中获得自然事物的定义，就像面对某些数据资料一样"。③（"hanc viam non tantum certam, sed etiam unicam esse, eamque cum method interpretandi Naturam convenire."④）目标是实现绝对的客观性：一段落一定存在一个"真实的"或"真正的"含义，且仅源于它如何"组织其语言"；这是"圣经经文作者所思所想"。⑤（"verum sensum ... ex solo linguae usu"；"mentem authorum Scripturae."⑥）且根据斯宾诺莎所理解的真理的本性，这个真实含义是唯一的。

　　为发现斯宾诺莎所指的"真实的"含义，我们读者必须"将自己的心灵从神学成见和将人为虚构视为上帝教诲的盲目中解放出来"，也即他人（历史先辈）的诠释⑦（"nec temere hominum figment pro divinis documentis amplectamur"⑧）。再者，"我们决不能据自己的理智或前见改变经文的含义"⑨（"ne nobis non licet ad dictamina nostrae Rationis et ad nostras praecoceptas opinions mentem Scrioturae torquere"⑩）。好的阅读因此不仅要求我们擦除全部前人的可能解读，甚至需彻底摒弃读者自身。这种唯一的正确阅读方式——维度一完全而彻底的胜利——使两千余年来出于维度二之上的神父式及其他方式的阅读全然失色，也因此是语文学意义上一场十足的资产阶级革命，一切"素被尊崇的观念和见解"，就像马克思所说，"都

---

① 斯宾诺莎：《全集》，第1卷，约翰内斯·范·沃腾（Johannes van Vloten）、扬·皮耶特·尼古拉斯·兰德（Jan Pieter Nicolaas Land）编，荷兰海牙：奈霍夫出版社，1882年，第467—468页。
② 乔纳森·伊斯雷尔（Jonathan Israel）、M.西尔弗索恩（M. Silverthorne）编译：《斯宾诺莎：神学政治论》，英国剑桥：剑桥大学出版社，2007年，第105—106页。
③ 同上，第98、101页。
④ 斯宾诺莎：《全集》，第1卷，第461页。
⑤ 乔纳森·伊斯雷尔、M.西尔索恩编译：《斯宾诺莎：神学政治论》，第98、100页。
⑥ 斯宾诺莎：《全集》，第1卷，第461、463页。
⑦ 乔纳森·伊斯雷尔、M.西尔弗索恩编译：《斯宾诺莎：神学政治论》，第98页。
⑧ 斯宾诺莎：《全集》，第1卷，第460页。
⑨ 乔纳森·伊斯雷尔、M.西尔弗索恩编译：《斯宾诺莎：神学政治论》，第101页。
⑩ 斯宾诺莎：《全集》，第1卷，第464页。

烟消云散了"。①

不论称《神学政治论》是语文学现代性的宪章性文本在历史上是否正确或易懂,赋予其生命的那些价值观都最终成为所有人的价值观。不论斯宾诺莎语文学工具箱中每一件工具有怎样的历史——他们确实都有先例——在他之前从未有人将其整合为一个协调连贯的方法。在和那些支持神父式阅读及其"终极"(finalist)解读之人的斗争中——在他们那里文本解读必须遵循先前存在的教条——以及和全部将传统过度看重之人的斗争中,语文学最终以胜者的姿态出现。②

在其诞生的时刻斯宾诺莎的专著是对那些依靠着阐释的权力肆意行使社会和政治权力之人的英勇抵抗:荷兰的神学家和教士总是援引经文以捍卫无论什么能增强自身利益的东西。但是或许会有人质疑是否斯宾诺莎削减阐释的多元性的企图真的应该不被挑战。我们真的应该继续坚定地忽视数代先辈读者? 同样十分有问题的是试图彻底抹去读者自身的历史性。与其说是讽刺毋宁说是不可避免的是斯宾诺莎自己的阅读正应该揭示这样的当下主义:如同许多《神学政治论》的注疏者所言,所谓圣经的"真实的含义"不过是那些符合斯宾诺莎自己哲学的含义。最终,那种认为存在一个单一而恒定的含义且这个含义是全然历史主义的并且能根据自然科学式的程序所确定的观点,只表现出一种对文本含义非历史的理解。简言之,今日似乎已不可避免地去问是否斯宾诺莎的好的阅读还是随处可见且仍是好的阅读?

但对古典或其他语文学家而言,斯宾诺莎式的观点是纯之又纯的常识,甚至深埋于意识之下,更别说需要被批评了。这段历史从德国的后斯宾诺莎的圣经批评(雷玛勒〔Hermann Reimarus〕)延伸至古典语文学(沃尔夫〔F. A.Wolf〕、柏克〔August Boeckh〕)再延伸到一些非西方分支。几乎从一开始这一点就清晰地显示于我自己所在的印度学领域。19 世纪末,惠特尼

---

① 卡尔·马克思、弗里德里希·恩格斯(1848):《共产党宣言:最新版》,伦敦:维索出版社,2012 年。

② "终极解释"参见茨维坦·托多洛夫(Tzvetan Todorov):《象征和解释》,凯瑟琳·波特(Catherine Porter)译,纽约州伊萨卡:康奈尔大学出版社,1982 年,第 164 页。早期,古典作品的印刷版本中,会在文本底部列出古代以及中世纪评论家的注,由此人们和认同原诗一样认同传统主义的阅读,参见伊芙琳·B.特里布尔(Evelyn B. Tribble):《页边空白和旁注》,弗吉尼亚州夏洛茨维尔:弗吉尼亚大学出版社,1993 年,第 59—61 页。于 17 世纪旁注逐渐减少,注释也逐渐消失,参见詹姆斯·特纳:《语文学:被遗忘的现代人文学科的起源》,新泽西州普林斯顿:普林斯顿大学出版社,2014 年。

（William Dwight Whitney），美国第一个伟大的梵语学家，谈及一位中世纪的《吠陀》注疏者时写道：“事实上在我看来，没有什么人能比那些同 Sāyaṇa 一样自认为理解且能教他人理解《吠陀》中艰涩章节的人更荒唐”（他还补充说道：“也有一些例外情况，比他们更荒唐的是那些自称能听懂并带着赞美与崇拜之情的西方学者”）。毫不令人惊讶，伴随着如此关于传统之观点的，是对维度一之上的历史主义式真相的排他性的坚定支持（惠特尼总是谈到“真实的《吠陀》”及其“真实的含义，且必须是唯一的而非多元的”），也是对维度三之上的由读者主体性而来的真相的坚定抑制。① 这种现代语文学在印度尤其难以理解，在那里解经的传统寻求的是丰富而非削减含义，且许多题材正是为了显示语言丰富多义性的禀赋而发展的。②

在数个世纪的轻视与否定后，想要重新恢复传统阅读的真实性显然并非易事。我当然并非第一个倡导这种维度二的传统主义阅读应当是阅读专业训练中一部分的人，另两位知名的支持者包括——尽管他们在方法与政治上或许并不完美相合——由研究中世纪转为研究现代的汉斯·罗伯特·姚斯（Hans Robert Jauss，在他对波德莱尔的“忧郁”〔Spleen〕的接受史程序式的阅读中）以及古典学家让·波拉克（Jean Bollack，在他关于数百年来人们阅读《俄狄浦斯王》的历史的四卷本著作中）。当我多年后重读姚斯并发现他早已采用了三分式的语文学方法（源自伽达默尔，而后者则习得于从中世纪诠释学家处），我既因为他先于我之前提出而略感懊恼，又同时因为被肯定而感到快慰。但姚斯和波拉克的方法及他们接受史研究的目的和我此处真正想说的仍有很大不同。③

---

① 谢尔顿·波洛克：《何谓梵文语文学?》，载于谢尔顿·波洛克、本杰明·埃尔曼、张谷铭编：《世界语文学》，马萨诸塞州剑桥：哈佛大学出版社，2014 年，第 114—136 页。见本书译文第 196—223 页。

② 因此一个注疏者在一首 12 世纪的宫廷诗歌（*Naiṣadīyacarita*，《尼奢陀国王行传》）的第一偈颂中找到了十二种意思。关于双关语（Śleṣa）体裁，参见伊戈尔·布朗纳（Yigal Bronner）：《极端诗歌：南亚的同步叙事运动》，纽约：哥伦比亚大学出版社，2010 年。

③ 其他人也提起过三分法，但都忽视了传统这个层面：费尔德希·阿斯特（Friedrich Ast）（语法性，历史性与“精神性”，即作者的精神，所有古典物的精神，参见茨维坦·托多洛夫：《象征和解释》，凯瑟琳·波特译，纽约州伊萨卡：康奈尔大学出版社，1982 年，第 150 页）、爱米罗·贝提（Emilio Betti）（认知性，演绎性与规范性，由此我们能试图理解一部戏剧的起源，理解如何展现它以及理解它对我们生活的意义，参见约埃尔·魏因斯海默（Joel Weinsheimer）：《前言》，载于彼得·斯丛狄（Peter Szondi）编，玛莎·伍德曼斯（Martha Woodmansee）译：《文学诠释学导论》，英国剑桥：剑桥大学出版社，1995 年，第 16 页）、杰罗姆·麦凡（Jerome McFann）（话语的原始时期，生产与再生产的第二时期，以及解释的当下时期，参见杰罗姆·麦凡：《学者的艺术：管控世界中的文学研究》，伊利诺伊州芝加哥：芝加哥大学出版社，2006 年，第 141—143 页）。

姚斯的诠释学将维度二之上的意义,即传统以来的诠释,基本上视作一个有关错误的历史。如他所说,前人的解读可能是"歪曲"的,如果阐释者提出的是不真实或不合理的问题。① 类似地,波拉克则试图为文本寻求一个单一的含义(*compréhension simple*),将多样的观点化约至一个(*se rallier à l'une des positions inventoriées*),且因为坚信文本必须对阐释或多或少有所抵抗而拒绝"开放的教条"("dogma of openness")。② 姚斯和波拉克的研究话题和我脑海中的恢复传统阅读的真实性根本上有所不同。波拉克的研究范围大体是过去两个世纪内索福克勒斯研究。他对前现代的阅读兴趣不大,很少从古籍注疏中引用接受传统。③ 姚斯启发了当下关于接受的理解,将其等同于文学影响甚至是文学史(谁读奥维德以及奥维德对他们有何影响),而非等同于诠释学(他们自己如何理解奥维德著作的含义④)。⑤

将过去的阅读视为错误,就像姚斯和波拉克所认为的,对普遍的阐释理论及语文学都有深刻的影响。德国的文学理论家孔妮格(Christoph König)最近直言不讳地指出了这个问题:"一个人如何能在承认充满误解的历史性的同时不自己也屈服于理性思考本身的历史性——这种历史性暗示原则上根本不存在那种叫作文本的正确解读的东西"。⑥ 我并不想通过宣称可能存在一个正确的阐释以拯救理性思考,恰恰相反,我这里想要论证的是:与维度二之上的含义与真相相关,或许根本不存在那种叫作不正确的解读的

① 汉斯·罗伯特·乔斯:《指向接受的美学》,T.巴提(T. Bahti)译,明尼苏达州明尼阿波利斯:明尼苏达大学出版社,1982年,第139—185页。也见汉斯·罗伯特·乔斯:《文学诠释学的局限和使命》,载于《戴奥奇尼斯》1980年第28期,第92—119页。
② 让·波拉克:《意义对意义:我们如何阅读?—— 帕特里克·劳埃德(Patrick Llored)访谈》,法国里昂:逆风之径出版社,2000年,第175页、第75—76页,强调为作者所加。也见让·波拉克:《索福克勒斯的俄狄浦斯王:文本及其解释》,四卷,法国里尔:里尔大学出版社,1991年,第13、15页。
③ 帕特利夏·E.伊斯特林(Patricia E. Easterling)展示了这样一种古典阅读的历史是完全可能的。波拉克的确间或提及14世纪拜占庭评注家莫斯彻婆罗(Moschopoulos)。见帕特利夏·E.伊斯特林:《注解的注解:索福克勒斯的古老评注》,载于S.埃克隆德(S. Eklund),T.霍兰德(T. Hollander)、D.西尔比(D. Searby)和O.斯特里德(O. Strid)编:《扬·弗雷德里克·克斯特拉德(Jan Fredrik Kindstrand)颂祝文集》,瑞典乌普萨拉:乌普萨拉希腊研究,2006年,第21—36页。
④ 查尔斯·马丁代尔(Charles Martindale)、理查德·F.托马斯(Richard F. Thomas):《经典和接受的用处》,英国牛津:布莱克威尔,2006年。
⑤ 诚然,这种含义往往隐含于任何创造性的诠释中。
⑥ 克里斯托弗·孔妮格:《语文学实践的智慧——以里尔克十四行诗〈哦来了又去〉的解释为中心》,载于谢尔顿·波洛克、本杰明·埃尔曼、张谷铭编:《世界语文学》,马萨诸塞州剑桥:哈佛大学出版社,2014年,第285—320页、第295页。

东西,因为所有的解读都是人类意识的体现,而文本的某些特性则唤起了这些意识。就其历史性的存在而言,这些意识无所谓对错。我们语文学家在沿着传统层面阅读时试图去捕捉与理解的——但请记住这只是三个层面中的一个——是那些意识本身、文本的什么特性召唤出这些意识,以及读者的世界如何塑造其对文本的见解。

显然,我们需要在如此阅读传统的过程中划定判断标准。并非所有的阐释都值得语文学付出等量的关注。历史上人们会传承质量较差的文本版本,也会犯基础的语法错误。而这些误解,除非他们带来了许多不同解读,以语文学的尺度判断,其历史意涵是要低于其他误解的。换言之,并非所有的错误(或那些以维度一的标准看是误解的东西)都是平等的:有些错误(或那些看起来是错误的东西)会比其他的错误富含更深刻的真理,尤其在于他们的历史效应上。需要再次强调的是,这一维度的意义并不是,或不仅是,告诉我们读者的历史意识。它还告诉我们文本以及文本所具有的某些特性,而这些特性则可能会引向这样或那样的解释。维度二的阅读并不通向那一个正确的释读,它只终于对自身的正确的释读。

让我引用在别处曾提及过的两个例子。对于继承了第二维度的传统真理的读者来说,古兰经有一著名的篇章提到虔诚的殉道者被许诺进入天堂后会有"七十二名处女"作为奖励。但维度一的历史主义却并非以阿拉伯语而是以叙利亚语阅读这一篇章的(后者据称是古兰经最初编纂时所用的语言),且因此认为这一段落其实是指(字面上,而非比喻义)"七十二种珍贵的白色水果"。同样的,历史主义的《梨俱吠陀》(*RgVeda*)文本精校发现,在审判 *sati*——一名自焚的寡妇——这一章节中,传统将 *agre* "向前"("〔朝〕前"),误读作 *agneh* "火"("〔走进〕火")。在这两个例子中,错误的维度二的阐释的真实性,承载着一样甚至更重的历史意义,和维度一的阐释的真实性一样真。早期伊斯兰教的注释者对《古兰经》章句的解读以及中世纪印度法律学者对《吠陀经》葬礼颂歌意义的解读(七十二名天堂处女的许诺,为 *sati* 的辩护),以及上述解读长久以来对信仰群体的意义,与维度一的文本意义与历史主义真实性同样重要。①

这些关于传统理解的真实性的观点,我的时空模型中的维度二,听起来

---

① 谢尔顿·波洛克:《未来语文学? 一个硬世界中的软科学之命运》,第 931—961 页、第 952 页。见本书 395—427 页。

似乎不过是任性乖张之举。但它们却有着值得尊敬的系谱,至少可以追溯到利奥波德·冯·兰克(Leopold von Ranke)于1854年所做的关于史料编纂方法的"出发点与核心理念"的著名演讲。他批评了那种将每一代人仅视作通向下一代人的通道的观点:上帝在分配历史意义上没有一丝一毫的不公;每个时代都"就其存在本身,就其自身"(*in ihrer Existenz selbst, in ihrem Eigenen selbst*)而有价值①。与之相似,对一个像我自己一样世俗的兰克语文学家而言,每一种释读都是正确的——这并非因为不如此便是暗示天命不公,而是因为一个简单的事实,每一种理解都是见证,见证了人类思维意识在使文本产生升意义的求索过程中如何被其所激发。下文中我将列举几个梵文文学史的例子来说明三个层面是如何互动的。

阅读梵文传统

跋弥(Valmiki)的《罗摩衍那》(*Rāmāyaṇa*),梵语传统上最重要的文学作品且对南亚、东南亚的文学有巨大影响,大致应在公元前一二年写就。它成文年代不详,接受史则更为复杂。以一个维度一的历史主义者的眼光理解,我们或许可称(就像我已经说过的)《罗摩衍那》属于印度后阿育王(post-Ashokan)时代的思想世界。它显然受阿育王的新的准佛教政治神学的影响,权力具有了显著而前所未有的被精神化的维度。在这一特定历史背景下,《罗摩衍那》似乎试图寻找权力的离心倾向这个深刻问题的答案:创造一个既承认又超越政治生活中暴力这一基本组成的政治秩序何以可能?

以维度二之上的一些传统印度教读者的眼光来看《罗摩衍那》(其他的传统读者,例如耆那教教徒和佛教徒,有其他的视角),我们看到了经文的存在。这样看文本的视角仅仅在两千纪才有,而且即便从早先的政治神学中衍发而来,它也并不再显然如此了。对这些读者而言,即中世纪的神学注疏家们,这部史诗绝对是神尘世事迹的真实记录——罗摩(Rama)是毗湿奴神(Vishnu)的化身——这一信念使得各种俗语版本,尤其是16世纪印地语的改编本《罗摩功行录》(*Rāmacaritmānas*),跻身于印度最重要的宗教文本

---

① 利奥波德·冯·兰克(Leopold von Ranke):《历史上的各个时代》,特奥多·施德尔(Theodor Schieder)、赫尔穆特·贝尔丁(Helmut Berding)编,德国慕尼黑:奥登伯格出版社,1960年,第58—60页。此句为波洛克自译。

之列。

　　作为维度三之上的当下主义者阅读时,我们发现了一个令人震惊的景象:一个古代的文本被印度教原教旨主义政客改用为反穆斯林的小册子——导致在 1992 年阿逾陀(Ayodhya),罗摩公认的出生地,一座清真寺被毁,将这个民族国家带向内战的边缘,并且至今仍在制造社会动乱。① 如此一种理解促使我们反思古籍在当代印度的存在,反思这个特殊文本的延展性与易变性,更要反思我们批判性地关注这种延展性与易变性的历史的义务(通过维度一与维度二的阅读)。上述全部的含义——历史主义的、注疏—传统主义的,以及当下主义的(包括政治的以及我自己的对这个文本在当下的理解)都是真实的:没有一者比其他的更真实或更不真实。

　　任何被要求讲授世界文学的人都极有可能遇上《沙恭达罗》(Sākuntala),迦梨陀娑(Kalidasa)5 世纪所作的梵文戏剧。当向本科生教授这部作品时,你不可避免地会遇到维度三的阅读,学生们发现这部戏剧中的性别不平等——尤其是迦梨陀娑弱化了在史诗源头《摩诃婆罗多》(Mahābhārata)中十分强大的女主角——这在当代任何文学鉴赏中都几乎是致命的。我们学生这种典型的极度反历史主义的阅读方式令很多教授这个文本的人印象深刻。而这种方式本身也彰显了一些事实,即体现了(积极而言)古今观念之间的距离,但也(消极而言)说明了学生们未能觉知到这一距离并进入其他阅读维度。

　　考虑到文本漫长而复杂的接受史,维度二的阅读和一系列问题有关。例如,梵文注疏传统并不热衷于将《沙恭达罗》视作典型的由一连串行动组成的希腊式戏剧(drama)。相反,梵文传统更关心这部剧中的情感状态,以及详述这种美学的结构(一种状态是如何关联于其他的)。另一种传统路径,一种潜在的世俗社会学,将这部作品视作理想家庭的历史。就像一个流传了数世纪的诗所说,梵语戏剧文学的精华就在《沙恭达罗》中;而其全部七幕的精华则在第四幕中;而第四幕的精华则在沙恭达罗(Shakuntala)的养父,一个住在森林中的隐士,在送别她同其丈夫团聚时所说的四行诗中——而这四行诗的精华如下:"我的心被悲伤所触动/因为沙恭达罗今天必须离开……/如果一个自律的苦行者/如此受爱的折磨,/父亲们如何能够忍受这

① 在 2014 年 2 月,温蒂·多尼格(Wendy Doniger)的《印度人:另一种历史》被它的印度出版商撤销出版,因为考虑到一个控诉称这本书宣布《罗摩衍那》是虚构的而伤害了上百万印度教徒的感情。

一痛苦/当每个女儿离开时?"①对于很多传统的"社会学"的读者,迦梨陀娑的戏剧正关于最原始的父女分离,印度日常生活中的重要现实。

晚近的传统读者——带着他们自己的世俗社会学——则包括1 800年前后的歌德,虽远自另一个时代和世界但仍然是接受史的一部分。作为近代欧洲所知的第一部印度文学作品,《沙恭达罗》为歌德构建了一个纯洁想象的完美化身,而其产生于孕育了欧洲的(这是那时所相信的)文化的婴儿期。或许更为隐晦的是,这同时是印度文化与文明的进一步证明,也因此是欧洲对这一国度的殖民统治的非理性的证明。自歌德一个世纪后,孟加拉诗人拉宾德拉纳特·泰戈尔(Rabindranath Tagore)则以一种现代读者很难赞扬的方式阅读《沙恭达罗》。他坚持这部戏剧的主题是性的堕落与拯救。戏剧本身从来没有视女主角的行为为应受谴责的,这几乎不重要。殖民后期孟加拉的新维多利亚式的敏感以及、或许更为重要的,对与即将独立的印度相适应的道德性的需求,使得泰戈尔在这部戏剧中发现——而且确实是将其视作终极含义——对以约束来节制自由的关切。②

维度一上的历史主义式阅读很可能并不关注维度二、三上的问题。尽管沙恭达罗似乎看起来代表了那样的年轻女子,但她远不止于此。作为一位天女与一位有权势的尘世圣贤的女儿,她在森林中于苦行者间长大,她在某种潜在的状态中体现了自然之力本身。她未来的丈夫,豆扇陀(Dushyanta),也并非凡人。他是个国王——如同跋弥在《罗摩衍那》中所说,"一个以人的形象在大地上行走的神"③——也是伟大的湿婆神的化身。如此两位非凡人物的结合与重逢也并非偶然,而是整部戏剧都暗指的天意的一部分,也在二人于天界重逢团聚的一幕里体现最为清晰。一些细致的维度一上的读者发现了维度二的读者,两千年来的全部读者,所未曾发现的:剧作家是如何将宇宙设定的概念与对唱结构(antiphonal)结合在一起的——对称的行为平衡了第一幕与第七幕、第二幕与第六幕、第三幕与第五幕——这概括了命运的设计,它把人—神王与自然的基本力量结合起来以产生一位将统治世界

---

① 芭芭拉·斯通勒·米勒(Barbara Stoler Miller)编:《记忆剧场:迦梨陀娑的戏剧》,纽约:哥伦比亚大学出版社,1984年,第126页。

② 关于歌德与泰戈尔,见我对达姆罗施所编作品的评论,见大卫·达姆罗施(David Damrosch)、大卫·L.派克(David L. Pike)编:《朗文世界文学选集》,第一卷,纽约:朗文出版社,2004年,第1034—1037页。

③ 谢尔顿·波洛克:《跋弥的〈罗摩衍那〉:一部古代印度的史诗》之《猴国篇》(Kiṣkindhākāṇḍa)第18章,第38颂。

四部的儿子。这位儿子就是婆罗多(Bharata),他的名字——婆罗多的地域(Bharatavarsha)是印度的古名——指向了笈多王系(Gupta)所统治的新帝国的形成,而迦梨陀娑的写作是在这一时期完成的。当下主义读者的性别问题,传统主义读者的世俗社会学(现代与中古的),以及对历史主义者而言的政治—文化符号的设计,都是,且都同等是,使《沙恭达罗》有意义的一部分。

平衡三个维度的阅读

学会在三个维度上阅读,这是我语文学的自传,就是习得一种精致的平衡性实践。这既需要也不需要训练。对于我自己这般坚定的历史主义者,这种实践是尤其困难的。但真正的历史主义不仅要求一致性也要求历史性。没有语文学家会怀疑沿着维度一的阅读总能获得一个更深刻的也更真实的文本真相,且他们必须不断沿着科学的道路朝其努力。我们或许会称如此关于原初含义的观点为历史主义1。这种历史主义无疑往往会带来与后世的解释相区别且显著区别的真相。无论绝对的文本真相将如何永远在我们力所能及的范围之外,我们必须不断追寻它。如尼采所称,"根据他全部的语文学实践……根本就没有无所不包的诠释"("Kurz, der alte Philologe sagt, aus der ganzen philologischen Erfahrung heraus: es gibt keine alleinselig-machende Interpretation")[1]。这也就是说,"我们语文学家"("Wir Philologen")必须前行,如同真的有这种文本真相一般,怀着诚实与公正(用尼采的话说是 Gerechtigkeit 与 Redlichkeit),并坚信文本是关于其自身的,至少和其关于许多包括我们自己在内的读者是一样的程度。[2]

同时我们也必须理解凝聚在误读中——或看起来是误读的东西——的历史意识也蕴含并不少于正确解读——或者看起来是正确解读——的真相。就其自己本身的存在和文本中引发它们的无论什么特性而言,这些解读都是正确真实的。衡量我们自己此时此地的阅读也同理。经由我们自己的历史性而得的这种阅读必然将会与其他两种显著不同。至少在认识到我

---

① 艾伦·道格拉斯·斯里福特(Alan Douglas Schrift):《尼采和解释的问题》,伦敦:劳特里奇出版社,1990年,第164页。此句为作者译。

② 这一"二分论点"——不同的探究领域要求不同的探究——使得这一理解与我在此赞同的(有限度的)新实用主义一致。参见罗伯特·克劳特(Robert Kraut):《实用主义的多样性》,载于《意识》第99卷,第394期,1990年,第157—183页。

们必须治疗我们自身的自觉的历史主义医生的头脑中，我们也许会将传统主义的阅读也视为一种历史主义 2，当下主义则为历史主义 3。但就像历史主义的历史显示的那样，自斯宾诺莎自己始，除非我们完全分离开这三者，否则我们无法同时主动横跨三个维度而阅读。唯有如此我们才能明白一个文本所表达的不是别的，只能是特定读者认为它所想表达的。它唯一的真实含义也不是别的，只能是所有这些含义的集合。基于我们所试图赋予世界的意义，我们会以各种不同的方式运用这些含义：文本对第一个读者来说意味着什么；它对历史长河中的读者们意味着什么；对此时此地对我来说意味着什么。

如此阅读所需要的平衡实践确实十分精致，尤其考虑到我们希望三者都展现某些形式的真相，但却并不试图去确定地位高低或者调和它们。这样的多元性会带来些许不安，一些人将其上溯至独特的柏拉图式的一元主义。这种不安不仅是某种特定传统所特有的，而且可能其自身在哲学上就是可疑的。理查德·罗蒂（Richard Rorty）曾说："我们保有着共存但相异的平等相容的种种欲望。它们并不总能彼此相融，但它们也并不因此而变得更差。柏拉图是错的：你并不需要把所有事物整合在一起"。① 批判性语文学最大的智识挑战便是同时尊重真理的科学价值、多元主义的实用价值以及思考"文本提供了何种理解我自身存在的可能"的诠释学必要性。②

与此同时，理解语文学的三个维度也有助于以一种只有"好好阅读"才能做到的方式涵养一些重要的政治—伦理价值——不论是梭罗在《瓦尔登湖》第三章中提及的道德感，③或者尼采在《敌基督者》第 52 节和第 59 节中

---

① 理查德·罗蒂（Richard Rorty）、德里克·奈斯特龙（Derek Nystrom）、肯特·帕克特（Kent Puckett）编：《反对老板，反对寡头政治：对话理查德·罗蒂》，伊利诺伊州芝加哥：普利克里范式出版社，2002 年，第 63 页。

② 我认为我是在 2004 年芝加哥大学的一个工作坊上发明了"批判语文学"（以期鼓励反思可能出现的同义反复）这一概念。我现在认为皮埃尔·朱代·德·拉·孔布（Pierre Judet de la Combe）在我之前已提出类似的概念。我很大程度上赞同他的定义"Une 'philologie critique', c'est-à-dire une philologie (entendue au sens classique de science des œuvres) qui associe à son travail d'interprétation des textes une dimension autoréflexive, et pour cela examine les conditions de possibilité et l'histoire de l'interprétation"（一种"批判性语文学"，换句话说，在古典意义上理解语文学为一种文本的科学），但对它的解释工作增加一个反思性维度，并在这一结果下，探索解释的可能性的条件及其历史。参见皮埃尔·朱代·德·拉·孔布：《解释和解释的历史的关系》（Sur la relation entre interprétation et histoire des interpretations），载于《国际日耳曼评论》1997 年第 8 期，第 9—29 页、第 10—11 页。引文参见汉斯·罗伯特·乔斯：《文学诠释学的局限和使命》，载于《戴奥奇尼斯》1980 年第 28 期，第 92—119 页、第 105 页。

③ 亨利·戴维·梭罗（1854）：《瓦尔登湖》，纽约：哈珀兄弟出版社，1950 年。

提到的与诠释学有关的。[①] 此处,我更愿意将语文学视为一种生活方式。在生活中,语文学变成了我所称为的"解放语文学"的实践。因为阅读,或语文学,践行了这样的价值——这是斯宾诺莎最根本的且不容争辩的洞见:你是由你如何阅读决定的,学着以不同方式阅读意味着学着以不同方式存在。三个维度的语文学实际上是人理解作品的方式:没有理由拒绝承认过去的在场以及当下的不可逃脱。当我们开始直面这两个方面时,我们正在实践"解放语文学"也正在解放语文学。这样的语文学帮助我们所涵养的政治—伦理价值可以同时否定或肯定地表达。

维度一的语文学(历史主义)有助于约束消费者型读者的傲慢,他们只想要能够取悦他们的东西,仅用他们自己的生活区衡量全部前人的生活。维度二的语文学(传统主义)有助于抵御那些自言自语之人的偏狭,他们认为所有的意义都是单一的,而且仅有他们自己掌握了它。维度三的语文学(当下主义)有助于驱散历史主义者的幻觉,他们相信历史主义适用于除了他们自己外的每一个人,并拒绝相信他们可以——事实上,他们必须——根据他们自身的经历理解文本。

但也能以肯定的方式说,维度一的语文学(历史主义)有助于我们更好地把握人类存在的本性或诸多本性,以及随后人类存在所展现出的极端不同,即作为人类的各种各样的方式。维度二的语文学(传统主义)帮助我们更好理解他者的观点并培育对待这些观点的耐心,从而扩展了人类团结的可能性(这是阅读一个深厚且遥远的历史——如印度的历史——的伟大价值。因为正是呈现了一个漫长的且非常陌生的阅读与解释的历史,我们才如此有效的应用追求理解与团结的品质)。维度三的语文学(当下主义)帮助我们理解自身的历史性以及我们与所有的包括最初解释在内的早期历史解释的关系,并因此获得了新的对自身认知能力限度的谦逊以及新的对持续尝试的重要性的尊重。

或许会有其他的智识实践也能同时以肯定与否定的方式教会我们这些道理,但我尚不知道其中有任何一种能像语文学意义上的好的阅读一样一致并迅速地实现这个目标。

---

① 弗里德里希·威廉·尼采(1895):《反基督教者》,载于乔治·科利(Giorgio Colli)、马志诺·蒙提纳里(Mazzino Montinari)编:《全集:15 卷精校版》,第 3 卷,慕尼黑:德国平装书出版社,1980 年。

语文学与自由

谢尔顿·波洛克(Sheldon Pollock)[*] 著　蒋净柳　译

尊敬的各位同事、尊贵的嘉宾、亲爱的同学们：①

　　十分荣幸今晚能受邀与各位探讨语文学这个话题。我认为，在近期语文学历史上——自语文学成为全球现象以来——最重要的制度性发展无疑要数"未来语文学(*Zukunfts philologie*)：重访文本学术之经典"研究项目的立项与实施。该项目由跨区域论坛主办，并在过去三年中获得了柏林参议院的资金支持。幸得该项目，数十位博士后及年轻教授们能够潜心研究，互学互鉴，独立发表或通过项目新设期刊《语文学的相遇》(*Philological Encounters*)发表了令人欣喜的新成果。更有数以百计的学生、学者以及对语文学感兴趣的圈外人士有机会聆听有关语文学的公开演讲，并对这一知识形态的重要性有所感悟。这是我本人的亲身经历：2012 年 12 月，应发展中社会研究中心及未来语文学项目的邀请，我在印度新德里于他们联合主办的"语文学纵观亚洲"国际冬令营上为两百名听众就此主题演讲。当时几乎在座全员(冬令营参与者除外)对此话题都一无所知。而鉴于印度的语文学传统长达数世纪之久，这一现象相当出人意料，也令我非常沮丧。我将之视为语文学正面临危机的又一迹象，不仅限于印度，在全球范围内亦是如此。原因在于，语文学可算是与我们的生活最为休戚相关的知识形态，也是最不被理解、最濒临消亡的一个。

　　从欧洲语文学近现代史上看，未来语文学项目起源于德国，尤其是柏

* 　谢尔顿·波洛克原文为："Philology and Freedom", *Philological Encounters* 1(2016), pp.4-30。本译文保留了原文演讲稿形式，仅删去了发表时的摘要部分。——译者注。
① 　原文为作者在 2013 年 10 月 17 日柏林洪堡大学"跨区域研究论坛"上的演讲，经过稍许校订及扩展之后的版本。作者感谢伊斯兰·大叶(Islam Dayeh)的邀请将此文作为《语文学的相遇》创刊号开篇发表，感谢他以及该期刊的其他编辑们，尤其是迈克尔·艾伦(Michael Allan)以及惠特尼·科克斯(Whitney Cox)，帮助作者整理了思绪。

林,可谓恰如其分。正如很多在座的各位所知,正是在 1777 年的德国,弗莱德里希·奥古斯特·沃尔夫(Friedrich August Wolf)——他当年是哥廷根大学一名 18 岁的学生,后来成为编辑以及研究荷马作品的批评家——坚持要求入学注册登记在以"语文学"为名的学科下(而非他的古典派前辈们所选的"神学"学科),由此在西方开创了作为现代学术科目的语文学。同样地,也正是在德国的疆土上,威廉·冯·洪堡(Wilhelm von Humboldt)新创办的"菩提树下大学"(Universität Unter den Linden,沃尔夫也终将加入该校)中,弗兰兹·葆朴(Franz Bopp)——于 1821 年成为柏林首位梵文教授——创立了比较语文学的分支学科,对欧洲学界影响深远。而这一成就在福柯(Michel Foucault)关于里卡多(David Ricardo)、居维叶(Georges Cuvier)及葆朴的著名言论中也有所涉及。① 各位可能并不了解,葆朴最优秀的梵文学生就是洪堡本人。② 19 世纪下半叶,也是在德国的大学里,语文学奠定了思想以及体制上的统治地位,这在世界史上是前所未闻的。仅有的可能例外是在晚清中国,自 1700 年后至西学热潮兴起之时,在"考证学"(evidential research studies)的影响下,大量学术名篇由此问世。③

　　而自那之后,语文学这一统治地位几乎在世界各地都逐渐消亡殆尽。我们细看便知,2012 年开始,自葆朴之后首次,梵文在柏林的各所大学里皆不再被正式讲授的课程。除了柏林之外,这种现象绝非孤例。甚至未来语文学项目的构想本就是鉴于以柏林梵文教学事件为代表的泛及全球的语文学的消蚀。前景令人警醒,一个三千年以来首次缺失了语文学的世界,当下正出现在我们眼前。

后语文学的未来?

　　我清楚地认识到,自人文学和语文学开创之初,人文学者,尤其是语文

---

① 见《劳动力、生活及语言》,载于《词与物》第八章,米歇尔·福柯:《词与物》(*Les Mots et les choses*),1966 年。

② 冯·洪堡对于梵文的热忱在他与奥古斯特·威廉·施莱格尔(August Wilhelm Schlegel)的通信中表露无遗,二人的书信往来发生在前者创建柏林大学的时期。(见阿尔博特·莱茨曼〔Albert Leitzmann〕编:《威廉·冯·洪堡与奥古斯特·威廉·施莱格尔往来书信集》,哈勒:捏梅尔,1908 年)

③ 本杰明·艾尔曼(Benjamin A. Elman):《从理学到朴学:中华帝国晚期的思想与社会变化面面观》第二版,洛杉矶:加州大学洛杉矶分校亚太专题论文系列,2001 年。

学学者就已经觉察到或想象出了某种危机。法国语文学家伊斯梅尔·利奥（Ismael Boulliau）1657 年时曾发出疾呼，称"考证及语文学的时代已经过去，哲学和数学已经取而代之"。[①] 我们近期也获悉，语文学总是"生来"就哀悼"当下的衰落"。[②] 然而，即使我们目前所见的情况是重复而非革命，但一旦充分理解，就会发现最近的发展趋势前所未有地令人不安。上述趋势中最重要的事实是，堪称语文学根基的语言的学问在全世界消亡，这堪比全球生物多样性的丧失。这里我仅给出两个例子，一个有关印度一个有关欧洲。

在印度，只有 1947 年殖民统治刚结束时才孕育出了诸多令人称道的世界级学术成就，采用的均是经典文学语言，从阿萨姆语到奥利雅语，从波斯语到乌尔都语，而如今能够娴熟运用这些语言中任一种的学者已寥寥无几。譬如，你在印度首都任何一所大学都已经无法学习古典印地语（尽管印地语是印度的国语）。作为学科的波斯语则几乎已经彻底消失。哪怕梵语学者也鲜有人能够达到印度独立前的学术水平。印度（或南亚）语文学家的作品也极少面向国际受众。印度全境竟也没有任何一家机构专门从事语文学研究或古典研究。那些 20 世纪前叶发行过数个版本古典文本的重大系列丛书已经不复存在。而当下致力于语文学研究的印度学术期刊也都无法达到国际高度。简言之，我想方设法、查尽资料，结果都表明，如果目前的趋势持续下去，那么我们完全可以预见在未来一代或至多两代人之内，几乎便再也没人能够阅读印度——这个拥有着三千年文学史，以及世界上最悠久最丰富的多文化文字记载的国家——的历史语言了。

类似的情况在欧洲也正日渐成为现实。再次以梵文学界近期发展为例，在过去的数十年间，德国的梵文语文学界至少已经失去了十一个教席；荷兰梵文界的二十个教席如今也仅剩一个。剑桥大学和爱丁堡大学的终身教授席也被讲师席取代，前途晦暗。而且，梵文语文学的发展并非孤例，反倒呈现出了演变的规则。我并不是唯一，也绝非首个注意到这些发展趋势的人。埃里希·奥尔巴赫（Erich Auerbach）——因其完美实践了后二战时期的语文学而广为人知——于 1969 年提出了警告，称语文学将濒临消失。他曾说，"这一景象（指仅可由语文学进入的欧洲古代与中世纪文学）的失

---

① 安东尼·格拉夫顿（Anthony Grafton）：《文本的捍卫者：科学时代的学术传统（1450—1800）》，麻省剑桥镇：哈佛大学出版社，1994 年，第 3 页。

② 塞思·雷厄（Seth Lerer）：《错误与学术自我：从中世纪到现代的学术想象》，纽约：哥伦比亚大学出版社，2011 年，第 6 页。

落……是一个无法弥补的损失"。① 而如今的情况印证了他当初的警告,语文学的教职——从苏美尔语到古叙利亚语、斯拉夫语、再到梵语(这还仅仅只是以字母 S 开头的语言!)——在欧盟每一个成员国中都饱受生存压力,并且每况愈下。

我们可以将上述一切归结到一个相当戏剧化的构想中——当然有人会认为过于戏剧化,即:我们可能正处于一个历史事件的边缘,自三千年前语文学的知识于巴比伦语及亚述语文献注疏中兴起至今,一个没有语文学的世界(或一个大多地区没有语文学的世界)即将首次到来。② 而这实际上也是我们选用"未来语文学"这个名字的原因:语文学有没有未来?

在提出这个判断之时,首先我承认这基于两个凭空假定。其一,我假定大家都知道何为语文学;其二,与假定一密切相关,也就是我们都了解为什么要保护语文学。但我本人认定这两个情况都不是现实。毫无疑问,在这一充斥着全球危机以及资源匮乏的时代,语文学的颓靡现状只是整个人文科学普遍萧条的一部分。我们面临的危机源于一些史无前例的全球性问题,例如气候变化,或大规模杀伤性武器的扩散;而资源匮乏则是因为我们名正言顺地将人力物力投入到了解决上述问题当中。但我们自身的所作所为也是导致语文学之颓势的原因之一,是语文学者自身未能为语文学占据一席之地。没错,这些老生常谈我们可以信手拈来:未经审视的人生不值得过;运作有序的共和制离不了开明的公民;人文学科独有的能力则在于能够培养批判思维及创造思维,使我们成为更好的雇员和雇主。但出乎意料的是,我们语文学者所不擅长的竟是在语文学层面为语文学安身立命,正如弗里德里希·施莱格尔(Friedrich Schlegel)所告诫的那样,"语文学家应当〔像语文学家一样〕进行哲学探索"(这个句子所指的"完全不同的事情是",他补充说,"哲学家也应当将哲学运用到语文学中")。③ 这一失败的缘由还

---

① 埃里希·奥尔巴赫:《世界文学中的语文学》,载于 W.亨增(W. Henzen)等编:《世界文学:弗瑞茨·施特里齐颂寿文集》,伯尔尼:弗兰克出版社,1952年,第39—50页、第41页("这样一个景观的消失……是一个无法弥补的损失")。莫雅(Maire)著,爱德华·萨义德(Edward Said)译:《百年回顾》第13卷,第1—17页。

② 见埃卡特·弗拉姆(Eckart Frahm)近作《巴比伦及亚述文本评述:诠释的起源》,明斯特:乌咖里特出版社,2011年。

③ 弗里德里希·施莱格尔:《校勘本》卷16,恩斯特·贝勒尔(Ernst Behler)等编,帕德伯恩:肖宁赫,1959—1990年,第39—42页。又见罗伯特·利文萨尔:《诠释原则:莱辛、赫尔德以及德国诠释学,1750—1800》,柏林:古鲁特出版社,1994年,第283页。("语文学家应当像一位语文学家一样作哲学思考〔这个句子还说的完全不同的事是'哲学家也应当将哲学运用到语文学中'〕。")

在于,我们语文学者并没有完全理解、更遑论珍视这样一个事实,即语文学本可代表 21 世纪全球高校的杰出学科形式,它最大的优点在于能够激励我们培养一些价值观——致力于追求真理、人类团结,以及批判性的自我意识,这对于我们的具备思想性、社会性以及伦理性的人生至关重要。前文提及的两个假定,关于语文学的本质以及语文学的价值观,都是我今晚想要尝试阐明的核心内容。当我谈论"语文学与自由"时,相应的我会关心的是,首先如何使语文学自我解放——或者说从语文学者们这里解放!——其次,无论是作为学者还是作为公民,语文学如何帮助我们获得自由。

语文学的过往与当下?[①]

语文学在现代西方的体制命运——与印度、中国、阿拉伯世界等地大相径庭,但今晚不一一赘述——与其自身特性及宗旨,即其学科的自我认知,紧密相连。纵观历史,我们便能发现这一密切关联:如果语文学越能深刻把握自身力量,越是深切渴求智识的发展,其在体制上就越能凸显存在感——反之亦然。自语文学首次被视为独立学科开始,这种关联及语文学兴衰的历史皆可被清晰描绘。

我已经提及,人们普遍认为,语文学作为独立学科自成一派,是在沃尔夫以"语文学者(*studiosus philologiae*)"的身份进入哥廷根大学并成为该专业在欧洲的第一位正式学生之时。而事实当然比沃尔夫的传奇要复杂得多,德国语文学研究班成立的时间实际上早于沃尔夫一代人。他的老师,伟大的古典主义学者克里斯汀·戈特洛布·海涅(Christian Gottlob Heyne)当时已在哥廷根大学致力于将由背诵、重构、辩论组成的"古语文学"(*Altphilologie*)转变成名副其实的历史学与诠释学的学科。[②] 但是年代的先后顺序并不能否认沃尔夫的重要性,他之所以享有重要地位,并不是因为他开天辟地提出语文学的概念,而是因为他的努力争取使得语文学从神学当中分离了出来。此后,语文学不再仅是神学的预备、附属学科,而是一脉独

---

① 下文内容基于一篇更为详尽的讨论文,选自谢尔顿·波洛克:《世界语文学》引言,谢尔顿·波洛克等编,麻省剑桥镇:哈佛大学出版社,2015 年。
② 此处涉及的思想史背景,见马塞尔·莱普(Marcel Lepper):《十八世纪德国语文学:研究报告与文献目录》载于《十八世纪》2012 年第 36 期,第 71—105 页。

立的知识形态。①

20 年后，浪漫主义哲学家弗里德里希·施莱格尔草拟了"语文学哲学"这一概念(1797)，其范畴远远超出了沃尔夫的新三要素论，即语法、文本考证与历史分析。施莱格尔认为，语文学包括了所有"语言的学问"(Sprachgelehrsamkeit)，即"语言中的所有学识"，它已到了"非凡以及无可计量"——确实是"庞然大物"(ungeheuer)或者"怪物"——的程度。② 而詹巴蒂斯塔·维柯(Giambattista Vico)似乎早就预料到了施莱格尔的观点，并在半个世纪之前就提出(文章发表于《新科学》，1725 年)，语文学所涵括的绝不仅仅只是"人们语言与行为的意识"，而是"依人类意志所衍生出来的全部科学"：譬如，和平与战争年代里不同民族的语言、风俗及行为的全部历史。③ 但施莱格尔的定义旨在提出概念性观点，而非仅仅推出知识的另一种组织形式。他的主要结论与他提倡的语文学哲学一致，即语文学与诠释本身相同："我们经常将语文学称作'批判性审定'，是因为在基于语言的学问里，一切都取决于解释和诠释上的精准理解。"④奥古斯特·柏克(August Boeckh)对基于语言的人类思维相关之全部知识的这一语文学的宽泛观点进行了删芜就简，他是沃尔夫的学生，也是洪堡大学的教授(其任期自 1811 年开始至 1867 年逝世为止)。他指出："语文学的真实任务是对所有已知的——即人类思想所生产的所有东西——的认知。"⑤在沃尔夫、施莱格尔、波克和其他一些学者的著作中，根据某些实属复杂的辩证，可以看到对语文学其重要性的学科自我认知与之前所述的语文学在体制上的领头地位有所关联。

早年语文学概念化与制度化的地位显赫一时，囊括了一切与思维相关的领域，更重要的是，语文学的理论及方法构建了学术研究以及科学事

---

① 马克·帕蒂森(Mark Pattison)关于沃尔夫一文给出了更便于记忆的解释，格雷戈里·克兰(Gregory Crane)作品《重新发现语文学》(2013 年)中援引，在线阅读：http://sites.tufts.edu/perseusup-dates/2013/04/15/rediscovering-philology/2015 年 2 月 17 日刊载。

② 见托马斯·夏思达克(Thomas Schestag)，《语文学，知识》，载《目的》2007 年第 140 期，第 28—44 页、第 36 页，其中涉及施莱格尔在科隆的演讲(1805—1806)，见《概论与批评》。

③ 詹巴蒂斯塔·维柯：《新科学》，伦敦：企鹅出版社，2001 年，第 79 页、第 5 页。

④ 施莱格尔《校勘版〈文集〉》卷 16，第 42 页。译者注：此句的德文原文为，"Man nennt die Philologie auch oft Kritik, insofern bei der Sprachgelehrsamkeit auf richtiges Verständnis im Erklären und Deuten ... alles ankommt"。

⑤ 奥古斯特·柏克：《语文学的方法论和百科全书》，欧内斯特·鲍图申特(Ernest Bratuscheck)编，莱比锡：特乌布纳尔出版社，1877 年，第 10 页；又见阿克塞尔·霍斯特曼(Axel Horstmann)：《古代理论和现代科学：奥古斯特·柏克〈语文学的概念〉》，法兰克福：蓝比特出版社，1992 年，第 103 页。

业——包括解剖学及动物学等①——的自我认知。此后,19 世纪的学者们则寻求一个更加适度并合理的中间地带。弗里德里希·尼采(Friedrich Nietzsche)是当时最有远见、最为重要的语文学家之一,他在《朝霞》的序言中写道:语文学构成了"慢速阅读"的实践,即"将金匠的闲适艺术运用至语言中",因此慢速阅读正是"劳动"年代(匆忙的年代,有失分寸的颠沛和匆忙,旨在雷厉风行地完成事情)里极具吸引力与煽动性的所在。② 但我们不能简单地认为语文学这一知识形态的构建离经叛道,或说其具有反现代性。语文学远非于此。尼采认为,语文学向我们传授了一些本初的知识:"如何更好地阅读,即应当放缓速度,揣摩词句,全神贯注,谨慎品味,深入思考,用心领会,体察入微。"③尼采在最后出版的一部著作当中,用更为平实的语言将语文学描绘为一种诠释学:"语文学作为诠释的约束",通过它我们能学习到"正确领会事实而避免误读,并能保持以谨慎、耐心和敏锐来解读事实的能力"。尼采所说的"良好阅读"不仅仅适用于希腊语、拉丁语(或阿拉伯语、汉语及梵语)经典作品,而是对于读书看报,或是运筹帷幄、观测天气等皆如此,更不用说"灵魂救赎"。④

20 世纪早期,学者们就纷纷开始承袭语文学这一稳固占据中心位置的学问。典型代表是美国梵语学家和准语文学家(所谓"准"是因为语文学彼时还并非一门独立的学科)威廉姆·德怀特·惠特尼(William Dwight Whitney,1827—1894),他为著名的第十一版大英百科全书撰写了一篇文章,文中以近乎维柯式(Vico-like)的方式将语文学定义为"知识的分支,涉及人类语言,以及一切揭示有关人类本性与历史的言语"。而惠特尼不论是在该文章当中,还是终其学术生涯,都尤为关注"表达思想的工具",即语言;却彻底忽视了"所表达的思想",即文学以及其他文本形态。⑤ 因此,惠特尼

① 见丹尼斯·杜华德(Denis Thuard)等:《以语文学为知识模式》,柏林:古鲁特出版社,2010 年。
② 弗里德里希·尼采:《朝霞》(1881 年),载于《全集:15 卷精校版》,第 3 卷,乔治·科利(Giorgio Colli)、马志诺·蒙提纳里(Mazzino Montinari)编,慕尼黑:德国平装书出版社,1980 年,第 5 页,J.M.肯尼迪(J.M. Kennedy)译,纽约:马克米兰公司。
③ 同上。
④ 弗里德里希·尼采:《反基督》(1895),载于《全集:15 卷精校版》卷 6,第 52 页。本段文字作于 1888 年(1895 年出版),比《我们语文学家》(1873—1875)更能代表尼采的语文学观点。H.L.门肯(H.L. Menken)译,纽约:科诺夫出版社,1918 年。
⑤ W.D.惠特尼:《阿闼婆吠陀本集:修订完整版》,查尔斯·罗克韦尔·兰曼(Charles Rockwell Lanman)编,麻省剑桥镇:哈佛大学出版社,1905 年,第 414 页。在这一版的阿闼婆吠陀中,译文旨在"完全符合"注释,且注释的语言要具备"通用性"(1905 年:第 xxxvii 与 xxi 页)。

充分代表了这一发展变化的趋势。

仔细观察惠特尼所引领的潮流，便能发现，19 世纪语文学宏伟殿堂之中存在着"两大分支"，其中之一很快就被新兴的语言学所剥夺。[①] 而另一分支则迅速经历了学科细分，前述新晋分支学科攫取了最合意的宫室：比较文学以及后期的文学理论。剩余的宫殿则出借给区域语文学或民族语文学各部门的集合体（东亚、中东、罗曼语、斯拉夫、南亚、乌拉尔-阿尔泰⋯⋯当然还包括英文和古典学）。而更糟糕的居所，则给了发展规模略逊一筹的文化，印度稍近，非洲垫底。我们完全可以理解，语文学的一切分支最终都被嗤之以鼻，语文学本身如今也被学术界弃之如敝履。语文学弥留至今——正如一位眼光模糊但无疑代表了很多人的观察者所道"曾经的准人文主义实证科学典范⋯⋯如今已威名不再"——却已是苟延残喘，黯然失色。[②] 语文学所剩（如果我们信任语文学家们），全都是他人遗留的东西：文本考证、目录学、历史语法、语料库语言学。这些都是语文学方法论的重要组成部分，但是并非全部，也仅是方法手段，并非目的。如今，饱受掠夺的语文学被迫将之视为目的和全部，这就不仅将语文学这一学科贬抑得面目全非，更是将它曾被夸耀的缜密性——它最后的庇护所——扼杀殆尽。

"未来语文学"研究项目也含蓄地指出，如果我们要为知识和生活而解放语文学作为一个学科的真正力量，就必须将语文学从上述的历史境遇当中挽救出来。

被解放的语文学之内涵？

借用安东尼奥·葛兰西（Antonio Gramsci）的说法，如果在智识层面，我们不得不对语文学的命运感到深切悲观，那么在意志层面，我们是否还能找到乐观的理由？语文学当中真正岌岌可危的不仅仅是定位文本信息的能力——不靠语文学，也能以其他办法维系——而是更重大的能力：理解文

---

① 美国语文学朝向语言学变异（尤其是 1925 年成立美国语言学会之后），以及因为语文学比之语言学的非科学性而使得前者逐渐被边缘化的历史。关于美国部分参见温特（Winter）与南森（Nathan），1992 年（译注：原文在参考文献部分疏漏了此书的信息）；关于欧洲与东亚见张谷铭（Kevin Ku-ming Chang）：《语文学或语言学：跨大陆的回应》，载于谢尔顿·波洛克等编：《世界语文学》，麻省剑桥镇：哈佛大学出版社，2014 年。

② 迈克尔·达顿（Michael Dutton）：《文字游戏：亚洲研究，诠释以及知识的难题》，载于《人类科学研究方法中的政治：实证主义及其相关认识论》，乔治·斯坦梅茨（George Steinmetz）编，达拉谟：杜克大学出版社，2005 年，第 100 页。

本以使之有意义。这也是我想要赋予语文学的定义——或者说是对语文学的再定义,我也清楚地认识到,许多学者在这一方面与我不谋而合,在不断争论着语文学这一学科的名称与本质。[①] 但当我从如今语文学的狭义建构转到广义认识,正如我之前谈到诠释的本质时所说,诠释学是语文学的正统理论,我在此仅是还原了它的历史演变,就像威廉·狄尔泰(Wilhelm Dilthey)(此前还有施莱格尔)所述:"诠释的艺术……起源于个人,激发了语文学家的精湛技艺,并依此进一步发扬壮大。"[②]

我一直认为,语文学一旦在这一广义层面上得以正确认知——运用诠释学、基于源语言以理解文本——便自然而然能够得到学术界的管理层及"决策者"们的重视,而将其作为一种智识活动而定位于教育的核心,地位等同于哲学或数学。若哲学强调思想的批判性自我反思,语文学则强调语言的批判性自我反思。若数学是自然之书的语言,语文学则是人类之书的语言。事实上,从这一层面来看,语文学如同哲学与数学是跨越时空的学科,极具普遍性,但极少有人研究语文学的历史分布情况。[③] 在 21 世纪,尚有一些高校能够严肃看待全球主义,将其视为知识形态而非市场工具,在此背景下,语文学的历史本身只是奠定语文学在这些机构当中学科领先地位的首要特性。

首先,语文学是真正意义上的普适性(而非"普遍性")知识形态——哪里有文本,哪里就有语文学(但并非所有语文学都是一成不变或具有普适性的),绝非带着普适性面具的特殊知识形态(例如政治学,如今该学科在美国的实践基本上已沦为了美国研究的数学化变种)。其次,语文学在其历史进程当中演化出了自我反思的本质,作为一种知识形态,能够意识到自身的人为性与历史性,因而得以反复地进行自我调整;而语文学真正的学科特性,"将其本质定义为反思性分析的学科"(不同于经济学等学科,已归化了自身,并有策略地逐步抹杀了其学科历史)。[④] 语文学的第三个特性,源于该

---

① 见纳迪亚·阿尔丘尔(Nadia Altschul):《何谓语文学:文化研究与校勘学》,载于《语文学及其历史》,肖恩·哥德(Sean Gurd)编,俄亥俄州哥伦布:俄亥俄州立大学出版社,2010年。

② 威廉·狄尔泰:《注释学起源》,载于《著作集》卷 5,哥廷根:范登霍克与路佩切特出版社,1990年,第 320 页。弗雷德里克·R·詹姆森(Fredric R. Jameson)、鲁道夫·A·马克李尔(Rudolf A. Makkreel)译,载于《注释学及其历史研究》(选集卷 4),鲁道夫·A·马克李尔、弗里斯霍夫·鲁迪(Frithjof Rodi)编,新泽西州普林斯顿:普林斯顿大学出版社,1996年。

③ 波洛克 2014 年所编书的作者们希望能帮助修正这种状态。

④ G.斯夸尔斯(G. Squires):《英国高等教育的跨学科性》,载于《欧洲教育期刊》1992 年第 27 期,第 202 页;布拉德·狄龙(Brad DeLong):《经济学是一个学科吗?》(2011),在线阅读http://delong.typepad.com/sdj/2011/03/is-economics-a-discipline,2015 年 2 月 17 日刊载。

学科的自我认知:语文学的方法与概念本质上都是多元化的,原因在于,使文本产生意义包含了要了解他人的理解方式及其巨大差异所在——这使得语文学本身还具有内在的比较性,稍后我会就此进行阐述。

语文学的优点绝不仅限于常规的学科特性(普适性,反思性,概念多元性以及对比性),而我认为,如果管理层能够了解这些特性,一定会为此感到震撼。语文学推动了最优质教学法的发展,尤其是激进教学法,大家对此可能始料未及(请参见 1920 年葛兰西为工人们开设的语文学课程),其目的是要极力反对——实际上也是最后的一道防线——知识的直接工具化,以及利用知识牟取暴利以至于当今的大学变成了一桩桩生意。① 语文学可激发我们对记忆的关照,如今全人类都生存在阿尔兹海默症的阴影之下,这一点便具有了前所未有的必要性。我所谓"关照记忆"是指为过去塑造一个可用的意义,同时保留与其敌对冲突的记忆,以体现记忆本身的动荡及易变性,并给予过往以可靠的审视。语文学还能够赋予我们——借用美国思想家肯尼斯·博克(Kenneth Burk)的说法——"生存的装备",使我们接触到不同的、有时甚至是千差万别的概念,而这些概念使生而为人有了意义。② 最后,语文学不仅能够使我们接触到源远流长的思想以及字字珠玑的文本,饱览其中书写的数千年来人类创造性劳动的奥妙,还使我们得以与先贤展开无与伦比的思想性交流。语文学的沦亡,意味着我们再也无法保全教育与记忆、无法追寻被摧毁于现代化之下的各种生命形态,以及丢失与过去进行对话的秘诀。在语文学这一学科当中,只有真正掌握了语言,真正用心诠释,才能够真正使文本产生意义。

除了上述常规特性和独有的闪光点之外,这种知识形式还拥有特殊的学科统一性。但令人惊讶的是,这一要素几乎从未得到充分讨论。而毫不意外地,其结果导致了语文学——即便是在 19 世纪晚期德国语文学迎来荣光之时——从未享有它所提倡并追求的制度统一性。

那么我们应当如何保障语文学的学科自主性呢?任何一门学科至少应当包括以下三个特征。首先是独一无二的研究对象,语文学的研究对象满足了这一标准,即研究文本当中具体化的语言——包括了口头的、书面的、

---

① 安东尼奥·葛兰西(Antonio Gramsci):《狱中札记选》,伦敦:国际出版社,1971 年,第 37—38 页;更多见于哈罗德·恩特威斯尔(Harold Entwistle):《安东尼奥·葛兰西:针对激进政治学的保守式教育》,伦敦:鲁特莱吉与科干保罗,1979 年。

② 肯尼斯·博克:《文学体裁的哲学》,伯克利:加州大学出版社,1973 年,第 296 页、第 304 页。

印刷版的、电子版的,富于表现或平铺直叙的,古老悠久或当今时代的所有文本中,"语言所组成的任何要素"(梵文里有一个优美的术语 *vāṅmaya*)。语文学并非语言的理论(并非语言学),也非用语言表达真理的理论(并非哲学),而是研究文本所使用的语言的理论。语文学的研究对象包括文本及其历史、存在方式、文本性、内容,以及作为文本之原动力所在的文本的构成语言。在此,对语言的研究并不是要将语言作为媒介来研究内容,语言本身就是一个研究目的。这便是语文学的研究对象。

　　第二个学科要求是必须具备独一无二的理论。如前所述语文学具备了相应的理论,即"诠释"(interpretation),更大而化之的说法则是"诠释学(hermeneutics)"。该理论在欧洲,甚至在古代近东、阿拉伯世界、印度、中国,以及试图对文本加以理解的其他地区发展兴盛。它具有多维性,一旦得到充分理解——稍后我将阐述我所理解的"充分"应当包含哪些要素——这个特性就能在语文学的复兴过程中发挥关键作用。第三个特征则是,要有一套独一无二的研究方法。语文学也具备了相应的条件,包括语法分析、文本精校分析(以及手稿学、古文书学、纸草学或其他分析方法,视不同研究领域而定)、修辞分析和历史分析。可见,语文学恰好具备了人类学家约翰·科马洛夫(John Comaroff)所说的一个学科应当具备的三项条件,即"独一无二的研究对象、理论概念及研究方法"。[①] 目前而言欠缺的是科马洛夫概念当中的第四项,即独一无二的学科劳动分工。与数学类似,语文学的研究对象、理论概念及研究方法在整个学界应用甚广;而二者的区别在于,语文学在学术界无立足之地。

　　语文学作为一种学术实践,其未来很大程度上取决于其立足之地的建立,并由此确保它从制度上享有自由,使其得以生存、发展、并实现多样化。我们需要建立的学科领域与当下宣扬学科交叉的呼声或许背道而驰。但我们要想推动语文学或其他形式的知识跨学科、多学科或超学科发展,释放潜能,则首先必须要释放该学科自身的潜能,在制度上对其认可,从而实现该学科的深入发展以及完好保全。(诚然,我已经从历史、思想以及概念层面上给出原因,便能清楚地看到语文学的学术学科化应当始于柏林!)

　　然而,语文学的未来及其能力的展现还取决于如何能清楚地解释我先

---

① 约翰·可马洛夫:《人类学的终结,再看:一个(无)学科的未来》,载于《美国人类学家》,2010年,第 527 页。

前提出的第二个假定,即我们能够理解保护语文学的重要性——我们能够理解语文学在我们作为公民、作为人类解放自我的过程中,起到的推动作用。在此我们遭遇一个在语文学当中远比我先前已经提到的东西更为基础的事物,即它能够推动激进教育学,能够关照记忆。尼采将其描述为语文学所"传授的良好阅读",语文学就是"良好阅读的艺术"。尼采向我们传授了他所理解的"良好阅读":"慢条斯理,深入揣摩,反复思考,细致品味"等等。我个人认为,"良好阅读"的内涵要更为深远。我将阅读与我所称之为的"语文学"建立了联系,阅读能够帮助我们培养更为广博的承诺:对真理、团结、批判的自我意识的承诺,这对于我们当下所论的自由,意义重大。

历史上的语文学与自由

在语文学的昌盛年代,人们锲而不舍地探求对文本的理解,当时在政治以及精神领域推动人性解放的普罗米修斯式的壮举,是时代的突出特点。在座各位最了解的人物之一,15 世纪的洛伦佐·瓦拉(Lorenzo Valla),其著作《论伪造的君士坦丁圣赐》采用了对语言变化的全新历史认识,证明了君士坦丁的法令(在西方世界被有效运用于赋予未来的教皇能够任命世俗统治者的权力)事实上写成于君士坦丁之后的数世纪。另一位人物则是伊拉斯谟(Erasmus),继瓦拉之后,他撰写了首版希腊文的新约全书,揭露了长期以来被教廷视为神圣不可侵犯的拉丁版本实则佶屈聱牙、错误连篇,以此为宗教改革垫下了基石。[①] 第三位人物是斯宾诺沙(Spinoza),虽然作为语文学家不太出名,但却是一位享有盛誉的哲学家。他创作了近代早期欧洲最为重要的语文学著作《神学政治论》,一经问世便被称为"地狱之书",是为试图削弱人们"对启示、神的旨意以及奇迹,也就是教会权威的信仰"所作的最积极的努力。[②]但这部作品的寓意远超出了语文学思想的历史范畴。若非本书写于沃尔夫的将语文学脱离开神学这一学科性姿态之前的一个世纪,书名有可能就会是《语文学政治论》了,原因在于本书核心论点旨在推崇良好的阅读有助于建立健全

---

① 关于圣经评判、语文学及真相(与下文描述的有所不同)的更详尽解释,见卢西亚诺·坎福拉(Luciano Canfora):《语文学与自由》,米兰:蒙达多里出版社,2008 年。

② 史蒂文·纳德勒(Steven Nadler):《斯宾诺莎的诽谤性论著和世俗年代的诞生》,新泽西州普林斯顿:普林斯顿大学出版社,2011 年;纳森·伊斯雷尔(Jonathan Israel):《民主启示:哲学、革命与人权(1750—1790)》,牛津:牛津大学出版社,2011 年,第 10 页。

的政体,具体来说则是,学习使用语文学的方式阅读圣经能够将共和体中的知识与权力的关系进行转换,进而产生一个平等公正的共和国。

伟大的语文学家也不仅存于近代早期的欧洲。与瓦拉类似,在帝制晚期的中国,新实证研究的支持者们也发现了新的阅读方法。在清朝初期的严峻政治环境下,随着汉族统治王朝的垮台及满族"蛮夷"统治的推行,传统文人被迫重新解读传统,最终沦落到论证至今被奉为经典的整套文本的虚假性。阎若璩于17世纪晚期发表了"惊世之作"《尚书古文疏证》,指出《古文尚书》中的章节为后期添加,并如是回应震怒的传统主义者:"何经何史何传,亦唯其真者而已。经真而史传伪,则据经以正史传可也。史传真而经伪犹不可据史传以正经乎?"[1]在印度,喀拉拉邦的那罗衍那(全名:Narayana Bhattapada)是与斯宾诺莎及阎若璩同一时期的人物,他向两百年来梵语对语言的思考提出了挑战——该语言毕竟算是诸神的语言——并首次提出:"智者之所以能树立权威,是因为依靠了语言的固定用法、传统语法以及洞彻事理。"[2]那罗衍那的目的在于让梵语再现其历史性,进而再现其人性,与这一目的密切相关的则是那罗衍那在其文学作品中展现出来的宗教思想的概念革新,其创作年代充斥着由新虔敬主义激发的强有力的社会挑战(比较而言,莫卧尔王朝的当权与清朝政府不同,一般不被认为是蛮族危机)。在那罗衍那看来,语文学以及社会/宗教的秩序是同源而生的,重建前者有助于重整后者。

这一同源性表明与无处不在的普罗米修斯式语文学(Promethean philology)都表明,"良好阅读"与自由——不论是宗教、政治或其他自由——之间的密切关系。社会自由部分体现在语言及文本之中,对这两者增进理解将能够(或假定能够)改进社会。但这里尚存在一些问题。其中最明显的一个即是,语文学的鼎盛时期早已成为过去,而我们当今的语文学家们既没有抱负也更没有机会能够成为另一个瓦拉或阎若璩。我们亦不需要生产语文学的英雄的语文学系。一个不太明显但更为令人担忧的问题则是,良好阅读与健全政体并非总是直接相关,例如20世纪欧洲的高度文明中低等的野蛮行为(语文学对此也产生过强制性及非语文学的影响)就清晰地说明了问题。[3]

---

[1] 埃尔曼:《从理学到朴学》,第33页。

[2] 那罗衍那:《论非波你尼语法的权威性》(*Apāṇinīyaprāmāṇyasādhana*),斯里范卡蒂斯瓦拉大学,载于《东方学报》1965年第8期,第33辑,第2—3页。

[3] 见马库斯·麦思林(Markus Messling)、奥特玛尔·艾特(Ottmar Ette)近作《语言构建种族:语文学中的种族主义和决定论》,慕尼黑:威尔亨木·芬克出版社,2013年。

第三个问题在于,我们的英雄们采用的阅读方式揭露的是权威压迫,并非仅是良好阅读的方式,也并非仅是利于完善政体的方式。此外,与"英雄"的形式相对应,还有一种公民式的语文学、阅读方式以及理解世界的方式,为帮助我们成为人类群体中更好的一员而作出了极大贡献。公民语文学(civic philology)的目的在于,如已故美国哲学家理查德·罗蒂(Richard Rorty)曾说过的那样,"要能够、并有义务构建一个全球范围内的包容主义者群体"。① 这种公民语文学——我们不妨称之为人类世(anthropocene,指一个拥有潜在星球意识的纪元)语文学,也是我下文将要谈及的主题。

语文学的三个维度②

在尼采将语文学定义为"慢速阅读"时,他应当指的是(而我认为这并非他本意)在阅读时我们的自我意识清晰,完全意识到我们的所作所为、所读内容。这种自我意识的生起,取决于我们与所读文本的起源之间所隔时空距离的远近。时空距离越近——例如读的是早上的《法兰克福汇报》(FAZ)(或 TAZ)——我们就越少意识到我们理解文本的这一过程;反之,文本的时空距离越远,我们就越能意识到这一过程。或许我们会天真地认为当代文本公开可得,但要理解它,则通常是只有依靠语文学才能实现的一阶或二阶判断。我们越是能感知这种理解,这种理解进程就会变得更为有效。因此,当我们阅读时空上距离最远的文本时,例如非现代非西方文本,就有可能最大限度地展现出语文学——也以此展现出历史上已绝迹的语言——所蕴含的超凡的思想活力。但对于训练有素的人来说,不论时空距离多近,都能将语文学最大限度地代入。如果你受过语文学的阅读训练,那么你绝不会说出最近一位美国最高法院检察官说的那种话,"文字就是字面意思"。③

---

① 罗伯特·布兰登(Robert Brandom):《罗蒂及其批评者们》,牛津:布莱克威尔出版社,2000年,第1页。
② 详见谢尔顿·波洛克:《语文学的三个维度》,载于《后中世纪》2014年第五期,本章节根据此文改编而成。
③ 皮特·拉德洛(Peter Ludlow),在《鲜活的词汇》一文中引用安东尼·斯卡利亚(Antony Scalia)在《纽约时报》2012年4月22日上的文章。他最近解释道:"词汇是具有意义的。其意义亘古不变。我指的是,宪法的理念,按照法庭的判决,在人们为其投票支持时,意思与其原意就有所出入了——坦白地说,我们应当从这个问题的另一个方面发问! 他们究竟是怎么走(转下页)

时空距离可以根据以下三种不同层面来进行划分,即(1)文本起源;(2)文本早期读者;(3)当下阅读的自我。这同时也揭示了三个层面的含义——对于作者、传统与自我,并意味着文本的真理有三种或许截然不同的形式。我本人在职业生涯中与"良好阅读"的抗争一直围绕着如何能使上述三个方面协调统一。诚然,我今晚给诸位讲的,与其说是有关阅读的重要理论,倒不如说是我关于阅读的自传,其中包括了我的三种人生:一名接受了严格历史主义训练的古典学者;一名梵语学者,自认为在某种错综复杂的意义上继承了一种伟大的接受传统;以及一名学生,年轻时总是提一些20世纪60年代风格的问题,如"这一古典文本的现代意义何在",之后再慢慢发现这也是哲学诠释学所提出的问题。

现在我明白了,这种斗争并非我的个人特例,而是概括了相当长的一段历史。层面一和三之间的紧张关系——文本之含义对于作者或作者第一批受众以及对于当下的自我——自文艺复兴时起就困扰着欧洲学者们。历史主义试图证明,文本的一个真正含义是文本于其起源所在的历史时刻表现出来的含义。而哲学诠释学试图证明的则是,如伽达默尔(Gadamer)所说,"对人类科学研究的目标,以及传统的内容而言,要真正有所体验,人们就应当置身其中,亲身探讨"。[①] 历史主义和现世主义阅读之间的角逐直至今日还依然是历史文本诠释中各方各面持续不断的纷争来源。我们只需想想圣经直译主义以及美国的宪法原旨主义,就能明白其中的剑拔弩张。

通常对于语文学阅读的二元解释中,不包括语文学的第二层面,即我们之前的读者对文本的理解——其本身固然也是现世主义阅读,而后成为历史,并演变成了我们的"传统"(同时这些文本自身也必然激发了历史主义和现世主义评判)。多数学者,实际上从我们的普罗米修斯式语文学家们起,基本都忽视了这一层面。我的古典文学导师们就是如此,对他们而言,所有的古典译文,不论是早期希腊注解者、罗马注释者还是中世纪文人的译文,都完全失真。就算是那些没有忽视这一层面含义的学者们,例如我的印

(接上页)到这一步的?"在詹妮弗·西尼尔(Jennifer Senior)《对话:安东尼·斯卡利亚》中引用,纽约,2013年10月6日.在线阅读:http://nymag. com/news/features/antonin-scalia-2013-10/,2015年2月17日刊载。

[①] 汉斯-格奥尔格·伽达默尔:《真理与方法:一个哲学诠释学雏形》,图宾根:摩尔出版社,1972年,第266页(原文强调:"对人类科学研究的目标以及传统的内容而言,要真正有所体验,人们就应当置身其中,亲身探讨"),约埃尔·魏因斯海默(Joel Weinsheimer)、唐纳德·G.马歇尔译,纽约:传承出版社,1996年。

度导师们或梵语研究的同事们，也很少能够力证，甚至无法证明这些译文的正确性。

对阅读传统的漠视甚至是轻视，都有史为证，并不仅仅是一种认识论自然主义的结果。这种现象还与早期现代性思想革命有关，其中最典型代表是 17 世纪的《古代与现代的争论》，以及启蒙运动的兴起。但这一现象最初明确的语文学表征则是上文所提到过的一个文本，即斯宾诺莎的《神学政治论》。在斯宾诺莎看来，诸如圣经之类的文本"真正"或"真实"的含义——他称之为"科学的"含义——要想得以发掘，就必须让读者们首先解放思想，摆脱他人、前人之传统的诠释（"要将我们的思想从……认为人类文学来源于神的教诲这种盲目认知中解放出来"）；其次，要"提高警惕，避免受到我们自身推理（尤其是我们的先入之见）的蒙蔽"。① 对斯宾诺莎这位科学语文学家而言，所有层面二的早期阅读及其传统的与潜在的真理，以及层面三，即当下的读者所认定的真理，都应当一笔勾销。唯一可取的只有层面一所展示出来的事实。这种语文学观点在资本主义初期的阿姆斯特丹（与经济转型之间有某种目前尚且不可名状的联系）之前的年代可谓难以想象，是真正意义上思想层面的革新，使得"古老传统和信仰的追随者们"一时间"不知所措"。② 同时，催生了这一论述的资本主义—现代主义语文学价值观也成为每一个西方语文学者们的价值观。现在我们大家都属于斯宾诺莎学派；他的真理即是我们的真理，不论好坏；并且我们最纯粹的常识已被深埋在批判意识的门槛之下。

然而，不论是这方面的思想史，还是哲学诠释学及其对于读者（其中包括历史主义者）意识之历史性的担忧，都不是促使我考虑常识性语文学的因素。我认为真正的诱因应当是所谓的"后殖民主义"，我不常使用这个词，但在现在的语境中似乎恰如其分。我认为，我必须得说在我之前的所有印度读者都无知至极，对世界一无所知，甚至不了解他们自己所处的世界——普

---

① 乔纳森·伊斯雷尔（Jonathan Israel）、迈克尔·西尔弗索恩（Michael Silverthorne）编译：《斯宾诺莎：神学—政治著作》，剑桥：剑桥大学出版社，2007 年，第 98 页、第 100 页。

② 卡尔·马克思（Karl Marx）、弗里德里希·恩格斯（Friedrich Engels）著：《共产党宣言》（1848），汉堡：传统出版社，2012 年，第 33 页（"一切固定的速成的关系以及与之相适应的速来被尊崇的前见和主张都被消除了"）。赛米尔·穆尔（Samuel Moore）译，伦敦：威廉·李维斯出版社，1888 年。在此我基于茨维坦·托多洛夫（Tzvetan Todorov）的作品，他是模拟而并未深入发掘早期资本主义和概念革命（斯比诺莎的语文学就是一个例子）这一关系的第一人。茨维坦·托多洛夫：《象征主义和诠释》，伊萨卡：康奈尔大学出版社，1982 年，第 165 页。

遍的说法为,英国殖民者们直截了当地"败坏"了印度传统①——或者,我必须得问清楚他们自己的真实是什么,或者他们如今会对我提出什么要求。然而,在传统被剥夺资格之后数世纪再来裁定这个问题,明显并非易事。

几乎所有愿意揣摩层面二之含义的学者,都会对旧时阅读是一段充斥着偏误的历史这一理念颇有感触。相较而言,我逐渐发现我个人倾向为该理念的对立面辩护,为传统的真理及含义辩护——对于任何传统,不论是底蕴深厚、源远流长的阿拉伯语、汉语、希伯来语、梵语等的历史传统,还是稍浅显一些的出现在诸如莎士比亚集注本(Variorum Shakespeare)或诺顿精校版(Norton Critical Editions)中的传统——都不存在着所谓不正确诠释的说法。我在此特指:一切的诠释都体现了切实的人类意识,都是由文本的某些特性引发的,这类形式的意识的历史存在没有正确与错误之说。我们语文学家在进行传统层面的阅读时,要理解掌握的就是那些意识的形态本身,以及造就读者们对文本产生观点的世界环境,更重要的是要理解掌握引发这些意识的文本本身。层面二的阅读——对于更狭义的文本校勘语文学而言,还包括了层面二的文本创作和编辑——并不能让我们接近更为理性的语文学。这种阅读也并不能更真实更准确地解读作品(或文本),它只能带来本身这一层面上的真实与准确的诠释。

那些宣称第一和第三层面的阅读传统以及真实性似乎完全站不住脚的说法,虽然听着有失偏颇,却有着令人敬畏,甚至历史悠长的起源。利奥波德·冯·兰克(Leopold von Ranke)于1854年发表了一场著名演讲,旨在批评进步主义以及辉格党诠释的前身(avant la lettre)历史,他强烈反对了如下观点:"即认为,每一代人都彻底超越其前辈,所以,最后一个总是受偏爱的那个,而前面的一辈则仅仅是后面一辈的载体而已"。"一个如此一致地被工具化了的一代人",他接着说,"于其自身和对其自身来说都是没有意义的"。这与神授并无直接关联;相反,这种历史概念会假设存在着神授的不公正,因为这将昭示上帝在安排历史重要性方面的不公正性。对兰克而言——如果人们还记得那场演讲的话,肯定会记得这个著名的言论——"每一个纪元,都与上帝直接关联,其价值并不与这个时代的产物相关,而只在

---

① 苏迪普塔·卡维拉吉(Sudipta Kaviraj):《梵语学问的猝死》,载于《印度哲学学报》2005年第33期,第132页。

它的存在本身中、和它的自我本身当中体现。"①

对于一名世俗的兰克学派语文学家,比如我本人而言——至少在认定层面二上的文本理解是三维时空矩阵内必不可少、至关重要的一部分这个方面坚持"兰克学派"——任何一种诠释必须相应地具有某种不寻常的正确性。而这不是因为蔑视阅读传统之误读将侵犯神威,或暗示神授不公,或会冒犯逝者、没有给予他们同样为我们自己所需求的严肃对待。主要原因是在于拒绝阅读传统是冒犯了真理——冒犯了每一种阅读都代表了一种切实存在的人类意识的这一事实,而这种意识是在寻求对文本的理解之时由文本激发而来的。

一个文本的含义可能只是汇集了它对特定的时间地点对特定受众产生的含义;而事实也可能只是各类事实的集合。我们语文学家应当关注的是在这段时期以及这些地点,是什么、以及是基于何种原因被当作事实/真理传颂至今。我们不应当纠结所谓绝对真确,因为绝对真确在理解文意这一领域毫无意义。"所谓一篇特定文本的实际内容能够严格通过某种方法得以揭露出来的这一理念可谓无稽之谈,这就类似亚里士多德的一个观点,称一个物体的本质可能完全不同于其显然、偶然或相关的表现。"②换言之,所有的诠释都非误解(引用哈罗德·布鲁姆〔Harold Bloom〕的构想并稍有改动);③但一切"误解"都是诠释,是对理解文本的一种尝试,体现了特定历史时刻的人类意识。语文学的目的不在于判断诠释按照某种权威标准而言是否正确;而是要了解诠释的存在及其与相关文本的关系。

我提倡三个维度的语文学首先不仅仅是因为其源于我个人的切实经历,也还因为它是一种真实现象。这就是我们实际阅读的方式,不论我们是否察觉,或是否刻意压制。的确,如施莱格尔所说,正是语文学本身产生了阅读的"哲学"。一方面,由于我们现代人不可避免地从要历史的角度进行思考,因此这里指的是历史阅读的特征现已自然化,以及我们有进行历史阅读的意愿;另一方面,由于我们只能借由传统而获取文本,因此这里指的是

---

① 利奥波德·冯·兰克:《历史上的各个时代》(1854),慕尼黑:奥登伯格出版社,1971年,第59—60页。("人们认为,每一代人都彻底超越了其前辈,越是新生代则越是备受青睐,而老一辈人仅被看作是后辈的导体而已","这种被工具化了的一代人,其自身、且于其自身都毫无意义。""每一个纪元,都与上帝颇有着直接的渊源,其价值不取决于时代产物,而是体现在其存在,其自身当中。")
② 理查德·罗蒂:《哲学与社会希望》,伦敦:企鹅出版社,1999年,第141—142页。
③ 哈罗德·布鲁姆:《影响的焦虑》,第二版,纽约:牛津大学出版社,1997年,第30页、第43页。

我们有必要认可传统主义阅读的存在——但并非出于伽达默尔式对所谓权威的虔诚（我们开诚布公地来说，传统通常是"胜者的故事"），而仅仅是要承认其人性现实。[①] 最后，由于我们的主观思想是由我们的历史性所决定，因此这里指的也是现世主义阅读的根深蒂固性。

可以肯定的是，我们很容易就将三个层面的含义归结到历史主义本身，并将传统主义看成历史主义（层面二），现实主义当作历史主义（层面三），而历史主义医师奉行的历史主义则是他必须要自我治愈。但是这种合并使得我们更加难以或者几乎不可能分离这三种层面，更难以学习如何同时、有意识地、大量地在三种层面上进行阅读（这一点在历史主义阅读的历史上有清晰的表现，自斯宾诺莎起就是如此，他对圣经的诠释竟然也印证了他自己的哲学）。而这恰是语文学所提倡的阅读方式，尽管这种方式确实过于精妙，难以找到平衡点。当代多数语文学家本身都对这种方式不太熟悉，更别说那些法学家、传教士、政治家或其他从事文本处理的工作者们，他们更是难以运用这三个维度来呈现形形色色的真实。他们觉得有必要给这三个层面分级排序，或者至少协调统一，但这已经不再是我们的使命了，在此从准实用主义的角度来看，我们的使命是要在一个工具箱内给不同的工具排序。罗蒂对于此的看法是准确的，他表示，这类的冲突根本就不存在，因为不同层面的目的截然不同："柏拉图错了：我们没必要把所有事物都合为一体。"[②]

其次，我提倡这种三维语文学还出于伦理上的考虑。如果我们将那种现象学真实转变为有意识的且明确的方式，便有可能有助于催生某种公民产物，这也是我接下来会讨论的一点。因此，如果我们接受了我们究竟如何阅读的这一事实，我们就必须慢慢摆脱真理之绝对主义的理念（即真理只有一个，且必须找到）并开始思考我们对其进行探索的目的，这应当是一种祈求，不是乞求调和——甚至不是"融合"——而是形成一种想法来解读不同的诠释以及它们各自捍卫的真理。我们也将不再在假定（文本或其他的）现实不变的情况下仅仅执意寻求事物的正解，而同时还会就我们的文本之用

① 本条引文见约翰·卡普托（John Caputo）：《伽达默尔隐秘的存在主义：德里达的评论》，载于戴安·米雪费尔德（Diane Michelfelde）、理查德·帕尔默（Richard Palmer）译：《对话与拆析》，奥尔巴尼：纽约州立大学出版社，1989年，第254页。
② 罗蒂：《哲学与社会希望》，第186页；以及理查德·罗蒂等：《反对首领，反对寡头》，芝加哥：普利科里范式出版社，2002年，第63页。

途达成共识。我们将会追问,我们依靠我们的阅读方式是为了达成怎样的目的?其他人是否追求的是其他的目的,而我们能否理解并接受,以至于不会顾此失彼?以及,在实现一些事情的鸿业远图之时,这些诠释能否导向最小化的苦难和最大化的安乐?

要掌握这些诠释学的平衡方式,即能够同时尊重史实的科学价值、传统多元主义的使用价值,以及进行追问的诠释学必要性。"文本如何能够使我理解自身?"[①]这一命题,对我而言,是批判性语文学(critical philology)的一个极大的智力挑战,也是其朝向自由之最有力姿态的根源。

实践中的语文学与自由

最后我要转而谈谈先前提到的伦理产物,并指出上述三种层面的语文学对于培养有着今非昔比之重要性的价值观为何必不可缺。指出语文学潜在的伦理层面——虽然这与我前述内容大相径庭——并不是为了"不公平地区分寻求正解与发挥作用此二者",也不是为了推进那"异想天开"的宣言,称只要"人人善读书",世界和平与正义的太平盛世就会来临。我更关注的是诠释学上的操作,而非零零散散的结果;我更关心如何理解及运用文本,而非文本"最终"的含义。要再重复一遍,关键不在于(也无意如此)单纯地透过现象去看它背后的真实情状(这一所谓透过现象看其内在真实的以伦理性为导向的阅读策略,为很多人所倡导,比如从希利斯·米勒〔Hillis Miller〕到爱德华·赛义德乃至彼得·布鲁克斯〔Peter Brooks〕),而是要理解现象本身的真实情状,理解现象与文本之间的关系形式,以及它们的作用。[②] 在伦理层面上,语文学不再只是一门学科,而成为一种生活方式:如何阅读成就如何的你,那么,学习与众不同地阅读便意味着最终你能够学会如何变得与众不同。

---

① 鲁道夫·布特曼(Rudolph Bultmann)在汉斯·罗伯特·姚斯(Hans Robert Jauss)的《文学诠释学的局限与使命》中引用,见《第欧根尼》1980年第28期,第105页。

② 罗蒂的批评(《哲学与社会希望》,第146页、第129页)的论点倾向类似于米勒(1989)的论点,而与本人的论点大相径庭。萨义德的第一层面阅读(他称之为"接受")属于纯历史主义;他的第三层面阅读("抵抗")不再属于语文学范畴,而归于"人道主义",属纯政治类,按照他的定义,两者之间联系甚微(因此这也解释了他的职业,使其能够夸耀称"理解和讲授伟大作品或艺术"是与"社会、政治参与及承诺","分开"进行的),见《人文主义与民主批评》,纽约:哥伦比亚大学出版社,2004年,第57—84页,重点第62页。布鲁克斯的近期项目(其多数投稿者似乎并没有完全理解)详情见皮特·布鲁克斯(Peter Brooks)编:《人文科学与公众生活》,纽约:福特汉姆大学出版社,2014年。

这类批判性语文学帮助我们养成的这种价值观——我说"帮助"是因为我们通常要假定还存在有更加广泛的一套承诺的、社会的、政治的、伦理的背景——具有消极和积极的两面作用。接下来我将分而述之。从其消极作用来看，层面一的语文学（历史主义）能够帮助我们约束消费性读者的骄傲自满，这些人只愿看到迎合他们的内容，其生活也尽是参照前人标准。层面二的语文学（传统主义）则可以帮助我们应对独白者的狭隘僵化，这类人认为含义只能是独一无二的，并且只能为他们所掌握。层面三的语文学（现实主义）能够帮助我们抵挡历史主义者的虚幻妄想，这类人坚信历史主义对除自己以外的一切具有普适性，也拒绝认为他们能够——但实际上他们只能——根据自身经验来评判文本。

同时，语文学的积极功效也在与日俱增，层面一的语文学能够让我们更好地理解自然、天性、人类存在以及古往今来人类所表现出来的千差万别——也即是历史所呈现的多种多样的作为人类之方式。层面二的语文学能够促进我们理解并尊重他人观点——通常是与我们截然不同的，例如不同年代、不同地域的人们——并以此增进人类团结。层面三的语文学有助于描绘出我们的历史性以及我们与早先历史诠释之间的关系，从而使我们能够虚心接纳自身认知能力的短板，以及强化对于积极尝试之重要性的感知。

或许我们也能从其他类型的知识当中学到这些或消极或积极经验教训——关于真理，关于团结古今之他者，以及关于批判性的自我意识——这在一定程度上决定了我们的自由。但我认为，在批判性语文学的领域，只有"良好阅读"才能一以贯之地、立竿见影地教会我们这些。当我们学着解放语文学之时，我们同时也正在学习一种解放自我的方法。

后　记

　　2017年春季学期，我在清华大学首次为本科生开设了一门题为"语文学与现代人文科学研究"的课程。以后，我每年一次继续为清华大学的本科生上这门课，最近它荣幸地被新成立的清华大学日新书院列为人文基础课程之一。2018年秋季学期，我应北京大学人文社会科学研究院的邀请，在北京大学元培学院开了这门课程，参加的同学既有本科生，也有研究生。刚刚结束的2020年学期，对每一位教师和学生都将是一段十分特殊和难忘的教学经历，我以网课的形式分别给清华大学和中国人民大学的学生开了这门语文学课程，师生之间虽然远隔万里，且昼夜颠倒，不在同一个时区内，但教与学的热情却似更胜于往日。人大国学院（古典学院）从今年开始将这门课增设为学术方法基础课程，是一门必修课，故这次国学院共有四十余位同学（包括少数几位外院选课的同学）一起上了这门课，十分难得。

　　这些年来，我不辞辛劳地在北京几个高校专门给本科生开设"语文学与现代人文科学研究"这门课程，主要目的就是希望能提升本科大学生的语文学意识，让他们一进校就重视人文科学的基础训练，并为他们尽快确定自己今后的学术定位提供一些帮助。当然，我也希望通过这门课的教学实践促使中国的高等院校能将语文学确立为人文科学研究的基本方法，尽可能地为本科大学生们提供全面和系统的语文学学术训练，并最终能将曾经是现代人文科学研究的代名词、而今却已被人遗忘了的语文学，重新引入中国高等教育和人文科学研究的视野和体系之中。

　　能当一名大学老师自然是一件极其光荣的事情，但要能够自信地当好一名大学老师却并不是一件很容易的事情。譬如，要教好一门课，让学生们真心觉得有所收获，得到了启发，这对老师来说肯定是一件十分富有挑战的事情。"语文学和现代人文科学研究"这门课无疑是我迄今在中西多个大学中教过的所有课程中最具挑战性的一门课。过去，虽然我自认为是一位语文学家，可实际上我只是一位以语文学为基本的学术方法做西藏历史和藏传佛教研究的专业学者,我对作为人类两大知识体系之一的语文学的了解,不但有限而且片面,故虽有满腔热情,却很难胜任和圆满完成这门课的教学任务,故常诚惶诚恐,惴惴不安。为了教好这门课,这些年来我放下我专业的藏学和汉藏佛学研究,收集和阅读了大量有关语文学的研究著作,从中获得很多新知,也得到很多启发,对语文学的理解不断地被更新和改进。而在这四年来的教学实践中,教学相长,很多以往没深入了解的知识领域和很多未求甚解的想法和问题,在课堂讲授和与学生们讨论的过程中得到了提示和启发,常常让我有恍然大悟的感觉。教授语文学这门课的过程事实上也是我进一步学习语文学的过程,今天我终于觉得自己或真的可以胜任这门课的教学了。

为了能够长远地建设好这门语文学课程的教学,从第一次准备给清华学生开这门课时,我就设想要编译一本"语文学与现代人文科学研究"的教材。我给这门一学期每周三小时的课制定了一个详细的讲授提纲,为每节课开列了一至二种请学生课前阅读的参考文章。这些参考文章绝大部分是英文论文,是当代西方学术大家有关语文学的方法、历史与现状,以及语文学与文学、历史、宗教、哲学等现代人文科学专门学术领域的关系的精彩论述和经典作品。我计划中要编写的这本语文学教材即主要由我所开列的这些参考论文组成,希望通过"语文学与现代人文科学研究"这门课的教学实践,先对这些论文做语文学式的阅读和讨论,以求全面和准确地领会、理解各篇文章的主题思想和微言大义,然后选择其中最具典型意义的一些文章,将它们翻译成汉文,以组成一本既有学术前沿意义、同时又有实用教学价值的语文学教材。

这些论文的译者主要由两班人马组成,一部分是随我攻读藏学和汉藏佛学的博士生,另一部分则是随我上"语文学和现代人文科学研究"这门课的本科生。第一部分人显然和我一样,对语文学充满了职业的和个人的偏好和激情,但把语文学作为一个独立的学科,对它的学术历史、方法、专业门类、技术训练,以及它与现代人文科学研究的关联和它对眼下人文学术进步和发展的意义等,做如此全面和专业的探讨,却也还都是第一次。第二部分人则是第一次接触语文学,对语文学充满了好奇,或许受到了老师和Sheldon Pollock教授等人对语文学的激情的感染,希望通过参与对这些文章的翻译而能够对语文学有一个更深刻的了解。不得不说,将这些文章翻译好,并形成这一本语文学的教材,这本身就是一次非常艰苦和难得的语文学学术训练。要准确地理解原文中的每一个字和每一个句子,并把它们的真实意义尽可能用顺畅和准确的汉字呈现给读者,这是一件非常不容易的事情。虽然我们的译者大部分都有不错的英文阅读能力,其中不少人还同时受过法文、德文、日文,或者梵文、巴利文、藏文、西夏文、蒙古文和满文等许多语种的基础训练,但是,能让这些译文以现在读者所见到的这个样子呈现出来,还是经历了一个很长、很艰难的过程。一位好的翻译者,不但要很好地掌握至少两种语言,而且还必须具备良好的语文学基础训练,必须时时刻刻发挥语文学的精神。

这本教材的最终编成首先要感谢本书的编者之一姚霜博士。姚霜是我在清华大学首次开设"语文学和现代人文科学研究"这门课时的助教,她对这门课的课程设计、教学目的、过程、亮点和难点等,都有很清晰的了解,所以对这本教材的组织有很好的理解。她不但承担了这本书的翻译和校对的全部组织工作,而且还自己翻译了本书中的两篇重要文章,付出了大量的时间和辛勤的劳动。在邀请各位译者分头将每篇论文试译出来之后,她又组织起了一个语文学学术兴趣小组,对所有译文都一句句地对照原文,进行了一遍又一遍的校对、修改和润色。多篇论文的初译被推翻重来,另请译者重译。整个翻译、重译和校对的过程,耗时近三年之久。据姚博士自述,他们校读、修订译文的现场有点像是中古佛经翻译的道场,或者文艺复兴时期人文主义语文学家的书斋。其基本模式是,一人念汉文译文,一人审阅英文原文,遇有疑义之处即随时叫停,或讨论商议,或咨询方家,查阅资料,千方百计,直至问题解决。由于每位参与者背负的"背景书"不尽相同,对某一句话乃至某一个单词的理解时有差异,故不得不一次次地核对原文,力求译文尽可能不在原文之上多添一分的意涵,或减缺一丝的情韵。这样持久的编译工作,让他们愈发理解语文学这门学问的甚深和广大,对语文学也就愈加深爱。显然,编译这部语文学教材对他们而言是一次难得的语文学实践,使他们对学术人生的理解和语文学专业训练、团队协作的能力,都得到了考验与升华。现在这本小书的编译工作已告一段落,但我相信对他们来说语文学式的生活却才刚刚开始。

先后参与了这本教材翻译工作的有姚霜、李梦溪、石美、王珞、马洲洋、蒋净柳、张宁、李含冰、李婵娜、张孝明、朱轩慧、刘晨、白明泽、喻晓刚、郭华苓、屈晨钰、张嘉麟、马艺芸、寿天艺、宋文佳、刘雨桐和王淼等同学,参与校对的有柴建华、格格其、郝凤凤、喻晓刚和张永富等同学,在本书的翻译过程以不同的方式给予过帮助的还有吴娟、孟瑜、李梦妍、竺笑、丁一木、严祥海和巴桑普赤等老师和同学，他们都为本书的编译成功付出了艰苦的劳动，在此我谨向他们表示衷心的感谢。

上海古籍出版社的众多师友们长期以来对我们的学术研究和教学工作予以热情的鼓励和大力的支持，这是我们今天在学界积极倡导和推动语文学的推广和发展的强劲动力。上海古籍出版社一贯以出版古典研究著作、推广古典文化传统为己任，拥有强大的古典学著作专业编辑力量，所以，它是我们出版这本语文学教材的不二选择。

愿我们协力编译的这本语文学教材，能成为语文学在中国人文科学研究领域重新生根开花的增上缘和善巧方便！

沈卫荣

2020 年 10 月于美国双城

图书在版编目（CIP）数据

何谓语文学：现代人文科学的方法和实践／沈卫荣，
姚霜编. —上海：上海古籍出版社，2021.5
ISBN 978－7－5325－9965－3

Ⅰ.①何… Ⅱ.①沈… ②姚… Ⅲ.①语言学—文集
Ⅳ.①H0－53

中国版本图书馆 CIP 数据核字（2021）第 078679 号

何谓语文学

——现代人文科学的方法和实践

沈卫荣　姚　霜　编

上海古籍出版社出版发行

（上海瑞金二路 272 号　邮政编码 200020）

（1）网址：www.guji.com.cn

（2）E-mail：guji1@guji.com.cn

（3）易文网网址：www.ewen.co

上海惠敦印务科技有限公司印刷

开本 700×1000　1/16　印张 29.75　插页 2　字数 488,000

2021 年 5 月第 1 版　2021 年 5 月第 1 次印刷

印数：1—3,000

ISBN 978－7－5325－9965－3

H·239　定价：128.00 元

如有质量问题，请与承印公司联系